Hanscarl Leuner

Lehrbuch des Katathymen Bilderlebens

Hanscarl Leuner

Lehrbuch des Katathymen Bilderlebens

Grundstufe
Mittelstufe
Oberstufe

«Bilder und Worte sind Korrelate, die sich immerfort
suchen.»

Goethe

Verlag Hans Huber Bern Stuttgart Toronto

Meiner Frau Erdmute

in Dankbarkeit gewidmet

CIP-Kurztitelaufnahme der Deutschen Bibliothek

Leuner, Hanscarl:
Lehrbuch des Katathymen Bilderlebens /
Hanscarl Leuner. – 1. Aufl. – Bern; Stuttgart;
Toronto: Huber, 1985.
ISBN 3-456-81349-X

33;11

Adresse des Autors:

Professor Dr. med. Hanscarl Leuner
Leiter der Abteilung für Psychotherapie
und Psychosomatik
der Universität Göttingen
von Siebold-Straße 5
D – 3400 Göttingen

1. Auflage 1985
© 1985 Verlag Hans Huber Bern
Herstellung: Satzatelier Paul Stegmann Bern
Druck: Lang Druck AG Liebefeld-Bern
Printed in Switzerland

Inhaltsübersicht

Wegweiser für eine orientierende Lektüre

Vorwort

Das Erscheinen dieses Lehrbuches hat sich leider verzögert. Ich bin dem Wunsch des Verlages nachgekommen und habe das ursprünglich sehr viel umfangreichere Manuskript gründlich überarbeitet, systematisiert und gekürzt. Diese Straffung ist dem Buch zugute gekommen. Sie hat zudem erlaubt, bislang unveröffentlichte therapeutische Ansätze der jüngeren Zeit zu berücksichtigen.

Die erweiterte Mittelstufen- und Oberstufentechnik wird hier zum ersten Mal dargestellt. Dadurch bietet sich die Gelegenheit, Mißverständnissen entgegenzutreten, die im Laufe der Jahre deutlich geworden sind. Unzutreffende Vorstellungen dieser Art sind etwa, das Katathyme Bilderleben (KB) sei ein «übendes Verfahren», der Schwerpunkt liege auf einer direktiven Führung durch den Tagtraum, das Durcharbeiten werde vernachlässigt.

Dieser Band gibt mir auch Gelegenheit, Dimensionen ausführlich einzubeziehen, die das KB erweitern: die «Befriedigung archaischer Bedürfnisse» unter Integration des Narzißmuskonzeptes sowie die Dimension der kreativen Entfaltung.

Das Anliegen des Buches ist, die Methoden des KB so anschaulich wie möglich zu vermitteln. Die Imaginationen im Tagtraum bieten dabei Therapeuten und Patienten eine außerordentliche Möglichkeit, die latenten Selbstheilungstendenzen der Psyche zu erschließen und zu entfalten. Jedoch ist trotz aller Technik hervorzuheben, daß die Persönlichkeit des Therapeuten entscheidend zum Gelingen der Therapie beiträgt.

Dieses Lehrbuch ist betont klinisch-praktisch angelegt. Bedingt durch die Fülle des inzwischen vorliegenden Erfahrungsmaterials hat es zum Teil den Charakter eines Nachschlagewerkes. Dem habe ich durch ein differenziertes Inhalts- sowie ein ausführliches Stichwortverzeichnis Rechnung zu tragen versucht. Vielfache Querverweise sollen helfen, die Grenzen der Gliederung zu überbrücken.

Das theoretische Konzept des KB beruht auf der Tiefenpsychologie, vor allem ihrer jüngeren Entwicklung. Aber auch die analytischen Richtungen der Individualpsychologie, der Jungschen Schule und der Daseinsanalyse könnten eine theoretische Grundlage für das KB bieten.

Vom Leser wird die Kenntnis des wichtigsten Vokabulars der Tiefenpsychologie erwartet. Mit Rücksicht auf die Lesbarkeit habe ich jedoch gelegentlich die Gefahr begrifflicher Unschärfe auf mich genommen. Spezifische Fachausdrücke werden aber teils erklärt, teils wird auf bekannte Nachschlagewerke verwiesen.

Die Indikations- und Prognosestellung nimmt einen relativ großen Raum ein. Es war schwierig, die Indikationen der einfachen Grundstufentechnik gegen die Techniken der höheren Stufen abzugrenzen. Das gleiche gilt für die Unterscheidung von anderen konfliktzentrierten Verfahren. Eine Grenzziehung hängt wesentlich von der Kompetenz des einzelnen Therapeuten ab. Die Ergebnisse von Effizienzkontrollen des KB und eine neuere Studie von STURM (1985) bestätigen, daß eine Domäne des Katathymen Bilderlebens die Kurztherapie unter 30

Sitzungen ist. Das Spektrum der Therapie erstreckt sich im übrigen auch weit in den psychosomatischen Bereich hinein. Die Gruppe der alexithymen Patienten wird großenteils erfaßt.

Ich möchte mit diesem Lehrbuch dazu beitragen, die Psychotherapie mit dem Katathymen Bilderleben weiter zu verbreiten und das im übrigen noch immer relativ schwerfällige psychotherapeutische Instrumentarium im Interesse der Patienten praktikabler und wirksamer zu gestalten. Falls mir dies gelungen sein sollte, würde ich darin den schönsten Lohn für alle diejenigen sehen, die seit Jahrzehnten an der Entwicklung dieser Therapieform arbeiten.

In meinen vor 30 Jahren erschienenen grundlegenden Publikationen über das Katathyme Bilderleben habe ich es als ein «klinisches Verfahren der Psychotherapie» dargestellt. Sowohl in der Einzeltherapie als auch in den neueren ergänzenden Therapieformen, wie etwa der Gruppen-, Paar- und Familientherapie, der Therapie von Kindern und Jugendlichen sowie der durch Musik unterstützten Therapie (mKB), ist das KB bis heute ein klinisches Verfahren geblieben.

In Gesprächen mit befreundeten Psychoanalytikern und Vertretern imaginativer Techniken habe ich manche Anregungen gewonnen. Ich möchte hier vor allem meinen Kreis von Mitarbeitern an der Psychotherapeutischen Abteilung der Universität Göttingen sowie die Dozenten der Arbeitsgemeinschaften für Katathymes Bilderleben in der Bundesrepublik, in Österreich, der Schweiz und Schweden erwähnen. Ihren Publikationen verdanke ich eine Fülle von interessantem Material.

Mein besonderer Dank gilt Frau Edith Caspari, meiner langjährigen, in der Durchsicht der Manuskripte unermüdlichen Sekretärin. Frau stud.jur. Sabine Foerster hat dankenswerterweise die Bearbeitung des umfangreichen Apparates übernommen. Im Verlag Hans Huber danke ich Herrn Dr. Peter Stehlin für manche Ermutigung, zahlreiche technische Hilfen und Geduld.

Göttingen, den 15. Januar 1985   HANSCARL LEUNER

8

Inhaltsverzeichnis

Kapitel 1: Die Grundstufe

1.1. Einweisung: Zum Verständnis dieses Lehrbuches; seine Grenzen und notwendige Ergänzungen

Das vorliegende Lehrbuch ist die Frucht einer 30jährigen Entwicklung des Katathymen Bilderlebens (KB), auch *Symboldrama*[1] genannt. Dieses wurde in der Einzelpsychotherapie durch ein internationales Therapeutenteam erprobt. Die Erfahrungen der seminaristischen Weiterbildung von Ärzten und Diplom-Psychologen zum KB-Therapeuten sind berücksichtigt.[2] Der Inhalt des vor allem der Praxis gewidmeten Lehrbuches geht jedoch über den Stoff dieser Seminare hinaus. Es umfaßt das gesamte System mit Grund-, Mittel- und Oberstufe und stellt die Varianten des psychotherapeutischen Prozesses in ihren technischen Ansätzen und vielfältigen klinischen Ausprägungen dar.

Beispiele, Verlaufsprotokolle und Falldarstellungen sollen dem Leser die Eigentümlichkeiten der katathymen Kategorien und ihre therapeutische Relevanz und Breite erlebnisnah vermitteln. Die relativ strenge Systematik der Gliederung und die operationalisierte Darstellung soll den Überblick über das System des Katathymen Bilderlebens erleichtern.

Vergleicht man die ersten Publikationen (LEUNER 1954, 1955a), in denen das KB bereits als Verfahren der diagnostischen und klinisch-therapeutischen Tagtraumtechnik gekennzeichnet wurde, sind Grundstruktur und Konzept die nämlichen geblieben.

Die Erweiterung unserer Erkenntnisse und Behandlungsergebnisse führte zu einer Auffächerung des Spektrums der therapeutischen Strategien und des zugrunde liegenden Konzeptes. Die Wahrnehmungseinstellungen und die Strukturierung des Tagtraumes im verbalen und nicht-verbalen Bereich wurden verfeinert. Die verbesserte empathische Hinwendung auf das Erleben des Patienten führte zu einer stärkeren Berücksichtigung von Übertragung und Gegenübertragung. Konzeptionell konnten die neueren präödipalen und Ich-strukturellen Positionen der Psychoanalyse mit Gewinn assimiliert werden (LEUNER 1983). Das Grundkonzept des KB ist ausgesprochen tiefenpsychologisch, also der Dynamik der Psychoanalyse verbunden. Das schließt nicht aus, den Phänomenen des KB Konzepte anderer tiefenpsychologischer Schulen zugrunde zu legen. Selbst daseinsanalytische Interpretationen im Sinne von BOSS (1975) können herangezogen werden. Gemessen an der Eigenart des KB und der Notwendigkeit einer spezifischen Form der Weiterbildung und der vom Therapeuten zu for-

---

[1] Dieser Begriff wurde zunächst für die Praxis geprägt, um den schwerfälligeren wissenschaftlichen Namen «Katathymes Bilderleben» zu relativieren. Er hat sich in letzter Zeit besonders in Schweden eingebürgert, z.T. erscheint er auch im nordamerikanischen Schrifttum. Dort ist das KB jedoch vor allem unter dem Begriff «Guided Affective Imagery» publiziert worden (LEUNER 1969, 1975, 1977, 1978, 1984; SWARTLEY 1963).
[2] Ausbildungsstätten vgl. Anhang.

dernden Selbsterfahrung muß das KB jedoch im Rahmen der Therapieverfahren als eigenständige Methode betrachtet werden.

Da die vielfältigen technischen Ansätze des «Systems Katathymes Bilderleben» nicht durch die einmalige Lektüre in ihren Feinheiten assimiliert werden können, sollte dieses Lehrbuch ein «steter Begleiter» auf den therapeutischen Pfaden durch das katathyme Panorama sein, die der Therapeut mit seinen Patienten in vielfältigen individuellen Varianten zu beschreiten hat.

Natürlich habe ich nicht die Absicht, therapeutische Rezepte zu geben. Vielmehr ist es mein Anliegen, die empathische und kreative Offenheit für die individuelle Eigenart der jeweiligen katathymen Szenen zu fördern. Der Therapeut

kreative Anwendung

möge die technischen Anregungen für die Lösung der unterschiedlichsten, bei seinen Patienten individuell zu bearbeitenden Probleme aufgreifen. Ich gehe von der Prämisse aus, daß das Katathyme Bilderleben als *kreatives Verfahren der Psychotherapie* den Einfallsreichtum des Therapeuten wie des Patienten zu fördern vermag. Die Technik der Grundstufe könnte manchen Leser veranlassen, sich schon nach der Lektüre therapeutische Aufgaben zuzumuten. – Dieser Vorstellung muß ich entgegentreten. Die aus didaktischen Gründen gewählten,

Gefahren

einfach erscheinenden Verlaufspassagen erwecken den Eindruck, das KB verliefe in der Regel so komplikationslos und einfach wie beschrieben oder wie es der Betreffende bei ersten orientierenden Versuchen an Gesunden beobachten kann. Auch Lesern, die dank der Beherrschung anderer psychotherapeutischer Verfahren glauben, erste therapeutische Schritte im KB unternehmen zu können, möchte ich folgendes vor Augen halten: Die psychotherapeutische Arbeit im Raum der regressiven Tagtraumwelt ist beim emotional gestörten (neurotischen) Menschen oder in Krisensituationen gekennzeichnet durch schwer übersehbare affektive Reaktionen, mitunter mit dramatischen Passagen. Mit Recht wird hervorgehoben, daß das KB keineswegs indifferent ist. Nur mit gestufter

Selbsterfahrung

Dosierung kann es nach Selbsterfahrung und Einübung des Führungsstiles kompetent und ohne Schaden für den Patienten angewandt werden. Grundlegende seminaristische Erfahrungen zur Kontrolle der regressiven Einstellung des KB und des autonom ablaufenden therapeutischen Prozesses sind zu gewinnen. Basis ist eine breite Ausbildung in allgemeiner Tiefenpsychologie und Psychotherapie. Didaktisch gestaffelte Kurse und Seminare, vermittelt durch die nationalen Arbeitsgemeinschaften für Katathymes Bilderleben, werden regelmäßig angeboten (Anhang 1).

Unter den vorwiegend verbal orientierten Psychotherapieverfahren nimmt das *Katathyme Bilderleben eine Sonderstellung* ein. Über die hier angesprochene empathische Einfühlung hinaus sind die *Interventionen* des Therapeuten infolge der regressiven Einstellung des Patienten ungleich verbindlicher als bei den verbalen Verfahren. Deshalb ist es verhängnisvoll, wenn ein Therapeut die empfohlenen Regeln der Interventionen außer acht läßt. Auch die reziproke Position, daß der empathisch mitempfindende Therapeut allzu sehr an das Bilderleben des Patienten engagiert ist und seine Distanz zu ihm verliert, ist bedenklich. Die dem ungeübten Therapeuten und dem Patienten gleichermaßen fremde Ebene des Bildbewußtseins ist die Basis der Therapie. Deshalb bedarf es einer Brücke beim Übergang von der verbalen zur Tagtraumtechnik.

Von dem Katathymen Bilderleben, das die Darstellung unbewußten Seelenlebens so unmittelbar freigibt, geht für viele eine eigentümliche Faszination aus. Es erweckt den Eindruck einer besonders evident erlebten «*Teilhabe an der Sprache des Unbewußten*». Schon beim ersten Kennenlernen scheint sie dem intuitiven, für emotionale Prozesse offenen Interessenten allzu leicht. Trotzdem bleibt ihm die unerhörte Verbindlichkeit und tiefe psychologische Bedeutsamkeit, ja hintergründige Gewichtigkeit des Symbolismus im Tagtraum oft lange Zeit verschlossen.

Faszination

1.2. Praxisnahe Charakterisierung der Grundstufe

1.2.1. Einleitung

Die Grundstufe, früher «Unterstufe» genannt, hat sich im Verlauf der praktischen Anwendung des Verfahrens als weit bedeutsamer und therapeutisch weitreichender erwiesen, als ursprünglich angenommen. Inzwischen liegen von vielen Therapeuten gesammelte Erfahrungen vor und systematische Untersuchungen einer 15- und 20-Stunden-Kurztherapie an unausgelesenen Patientengruppen (WÄCHTER & PUDEL 1980; KULESSA & JUNG 1979/1980). Danach müssen die Indikationen der Grundstufe revidiert werden. Die Entstehung neurotischer Symptome liegt bei vielen Patienten fünf, zehn und mehr Jahre zurück, was nach allgemeiner Auffassung als Hinweis auf eine chronische, also schwer zu behandelnde Störung gilt (DÜHRSSEN 1962; HEIGL 1972). Mit 15 und 20 Behandlungssitzungen konnten jedoch bei unausgelesenen Probanden klinisch befriedigende und katamnestisch gesicherte Ergebnisse bei zwei Dritteln erreicht werden. In den positiv entwickelten Fällen zeichnete sich häufig eine – wenn auch begrenzte – charakterwandelnde Wirkung ab. Pathologische Abwehrmechanismen lockerten sich; unter Freisetzung bislang gehemmter Impulse waren die Patienten besser angepaßt, ihre neurotische Struktur war offenbar besser kompensiert. Therapeutisch wirksame Techniken des Katathymen Bilderlebens sind bereits in der Grundstufentechnik enthalten (vergleiche S.31ff.). Der in der Grundstufe ausgebildete Therapeut ist im Prinzip in der Lage, Psychotherapie an einem relativ breiten Spektrum unterschiedlicher Formen von Neurosen und psychosomatischen Zuständen durchzuführen.

therapeutische Valenz

1.2.2. Grenzen der Grundstufe

Die therapeutischen Grenzen der Grundstufe sind durch folgende Faktoren gesetzt:

Einschränkungen

(1) Die Technik ist relativ unspezifisch, gemessen an verfeinerten Einstellungen und Interventionsmöglichkeiten, die das Katathyme Bilderleben darüber hinaus bereithält.
(2) Eine unmittelbare Krisenintervention ist nur bedingt möglich.
(3) Die Grundstufe ist nur anwendbar bei Patienten ohne primäre Übertragungswiderstände.

17

(4) Der Therapie ausgeprägter charakterneurotischer Deformierungen (Reaktionsbildung, Borderline und narzißtische Störungen) sind deutliche Grenzen gesetzt. Ein systematisches Durcharbeiten ist Gegenstand der Mittelstufentechnik (vergleiche S. 219).

keine
Spezifität

Zu (1): Relativ unspezifische Technik: Ein großer Vorteil der Grundstufe liegt in den auf breite Projektion vielfältiger Konflikte hin eingestellten Motiven. Ihre Technik greift damit nicht auf vertiefte Kenntnisse in spezieller Neurosenlehre zurück, um wirksam zu werden. Eine wichtige *Domäne* der Grundstufe ist zudem die *Kurzpsychotherapie* (10 – 30 Sitzungen). Der Grundstufe mangelt es jedoch an der Einstellung spezifischer Konfliktfoci.

Zu (2): Krisenintervention in spezifischen Konfliktbereichen finden wir erst auf der Mittelstufe. Aber auch dort wird nur der sehr erfahrene Therapeut in der Lage sein, ein individuell anstehendes Problem gezielt zu fokussieren.

keine
Bearbeitung
der
Übertragung

Zu (3): Primäre Widerstände gegen das Verfahren: Sie beruhen in der Regel, vereinfacht ausgedrückt, auf einer negativen Übertragung des Patienten auf den Therapeuten oder auf das Verfahren (vergleiche Abschnitt 4.4.2.3.). Sie können sich bereits während der Anamneseerhebung äußern in Gehemmtheit, primärer Angst oder später im Nicht-imaginieren-Können. Da Verständnis für Widerstände und das technische Repertoire des Therapeuten zu ihrer Bearbeitung auf der Grundstufe nicht ausreichen, können Übertragungswiderstände nicht abgebaut werden. Entsprechende Schwierigkeiten lassen sich in der Regel auch nicht mit technischen Mitteln, etwa durch die Wahl eines bestimmten Motives im KB, meistern. Der Therapeut der Grundstufe muß sich bei diesen Fällen vielmehr zufriedengeben, daß sie für ihn «noch nicht geeignet» sind. Durch eine subtile Widerstandsanalyse wäre es aber durchaus möglich, das Symboldrama praktisch bei fast jedem Patienten anzuwenden. Der Grundstufen-Therapeut muß sich dieser Grenzen bewußt sein und sich im Einzelfall auch Klarheit über die Indikation der Grundstufe verschaffen (Supervision). Die meisten Mißerfolge gehen auf mangelhaftes Erkennen der Übertragung des Patienten und der korrespondierenden Gegenübertragung zurück (vergleiche Abschnitt 4.4.2.).

Mangel an
Durcharbeitung

Zu (4): Charakterneurotisch gestörte Patienten: Wenn die Symptomatik auf dem Hintergrund einer charakterneurotisch stark gestörten Persönlichkeit (einschließlich Borderline und narzißtischer Störung) beruht, kann eine Psychotherapie auf der Grundstufe und erst recht eine Kurztherapie nicht zum Erfolg führen. Der Grundstufen-Therapeut verfügt im allgemeinen weder über ausreichende Kenntnisse in spezieller Neurosenlehre noch schließt sein therapeutisches Repertoire Instrumente zum Durcharbeiten neurotischer Charakterhaltungen ein. In manchen Fällen muß anfänglich sogar eine generelle Charakterabwehr(«-panzerung») bearbeitet werden, um den Patienten für die konfliktzentrierte Psychotherapie aufzuschließen.

Der erfahrene Therapeut orientiert sich wegen der einzuschlagenden technischen Schritte des Gesamtsystems nicht mehr an seinem Ausbildungsstand, sondern an den Bedürfnissen des einzelnen Patienten. Insofern ist die Beherrschung der Durcharbeitungstechniken im Symboldrama, unter eingehender Supervision, von großer Bedeutung. In diesen Ich-strukturell gestörten Fällen ist mit längeren therapeutischen Perioden (50, 100 oder 150 Sitzungen, besonders bei Patienten im Alter von über 45 Jahren) zu rechnen.

Das Katathyme Bilderleben ist aus didaktischen Gründen in drei Stufen eingeteilt. Die Stufung hat, gemessen an den Belangen der praktischen Therapie, etwas Künstliches. Die funktionale Dynamik des Tagtraumes geht darüber hinweg. Trotzdem hat sich die Dreigliederung des umfangreichen Systems bewährt. Es drückt sich am deutlichsten in der Gruppierung der Standardmotive aus. Ich folge deshalb der Stufeneinteilung und konzentriere mich zunächst auf die Standardmotive der Grundstufe (vergleiche Tabelle 12, S. 64 f.).

1.2.3. Technische Eingrenzung der Grundstufe

Diese zeigt sich an drei Kategorien: (1) der Art und Zahl der Standardmotive, (2) der Wahl der Instrumente der Führung und (3) dem Therapeutenverhalten.

begrenzte Technik

1.2.3.1. Die Standardmotive

Sie dienen der Vorstellung als Kristallisationspunkte und thematische Vorgabe der individuellen Projektion unbewußter Probleme. Tabelle 12 zeigt das Repertoire der fünf Motive der Grundstufe: Wiese, Bachlauf, Berg, Haus und Waldrand. Sie liegen ausschließlich im landschaftlichen Bereich und lassen spontane Projektionen aus allen wichtigen tiefenpsychologischen Konfliktbereichen zu. Die basale Interventionsstrategie der Grundstufentherapie ist dabei das sukzessive Einstellen der fünf Motive in lockerer Reihenfolge, etwa eines in jeder Sitzung. Aus ihnen heraus entwickelt sich in der Regel ein breites Repertoire problemgetragener, aber auch therapeutisch entspannender, konfliktfreier Szenen. Bereits diese therapeutische Entfaltung des Tagtraumes und die Auseinandersetzung mit seinen Inhalten erlauben eine schrittweise therapeutische Entwicklung und spontane Einsichten des Patienten in die Bedeutungszusammenhänge der konfliktgetragenen (fixierten) Bilder.

Wegen dieser fünf Standardmotive der Grundstufentechnik ist das KB gelegentlich mißverstanden worden. Unter dem Begriff «übendes Vorgehen» war der Eindruck entstanden, daß die mit den Motiven gestellten Aufgaben *stereotyp* zu lösen seien, wie etwa die Besteigung des Berges oder die Verfolgung des Bachlaufes. Die kreative Ausgestaltung der nur vage angeregten Vorstellungsmotive (vergleiche Tabelle 12 Spalte 2) hat einen hohen Stellenwert. Alle sich anlehnenden Inhalte und abschweifenden Szenen sind zugelassen und werden als *Eigenproduktion des Patienten* geschätzt.

1.2.3.2. Die Instrumente der Führung

des Symboldramas sind auf der Grundstufe ausgewählt nach dem Gesichtspunkt, daß der «therapeutische Neuling» und sein Patient vor angsterregenden oder anderweitig belastenden Reaktionen weitgehend bewahrt bleiben sollen. Die in Tabelle 12 wiedergegebenen Prinzipien von «Nähren und Anreichern» und vom «Versöhnen» sind symboldramatische Interventionen gegenüber auftretenden feindlichen Symbolgestalten. Sie haben eine bemerkenswerte therapeutische Bedeutung und schützen den Patienten vor auftauchenden Ängsten und den Therapeuten vor unübersichtlichen Gefahrensituationen im KB.

Der Außenstehende neigt zu der Auffassung, daß erst durch die Erarbeitung der Mittel- und Oberstufentechnik eine profunde Therapie mit dem Katathymen Bilderleben möglich sei. Er läuft damit Gefahr, vorschnell zu den höheren Stufen vorzudringen, ohne die basale Grundstufentechnik in ihrer ganzen Breite sowohl durch Selbsterfahrung als auch durch Behandlung einer ausreichenden Zahl eigener Fälle unter Supervision wirklich kennengelernt und voll ausgeschöpft zu haben. Deshalb möchte ich entschieden dafür plädieren, daß dieses begrenzte Instrumentarium der Grundstufe und die dazu gelehrten Therapeutenvariablen (vergleiche 409f.) gut und sicher beherrscht werden, ehe man erweiternde Techniken zur Ergänzung heranzieht. Dafür sprechen die Erfolge der Grundstufentechnik, die wissenschaftlich bislang am besten abgesichert werden konnten (vergleiche 1.3.2.).

1.2.3.3. Das Therapeutenverhalten

ist auf der Grundstufe in zweierlei Hinsicht begrenzt.

anaklitische Übertragung

a) Der Therapeut ist auf die dem Tagtraum innewohnende spontane anaklitische Übertragungslage des Patienten angewiesen. Sie wird gestützt durch Einübung eines definierten Therapeutenverhaltens.

b) Unter dieser Prämisse ist das Therapeutenverhalten auf eine empathisch-protektive Haltung auch bei mit negativem Affekt besetzten Tagtrauminhalten begrenzt. Zum Schutz des Patienten und des Therapeuten vermeidet es bewußt affektgeladene Konfrontationen mit stärker regressiven, d. h. archaischen und angsterregenden Inhalten. Das hat sich therapeutisch kaum als nachteilig erwiesen, wenn auch die Freisetzung und Bearbeitung stark negativer Gefühle und Affekte nur in vorsichtiger und langsamer Sequenz erfolgt.

1.3. Effizienz und klinische Ergebnisse der Grundstufe

1.3.1. Klinische Leistungen

Die Einführung eines neuen Verfahrens der Psychotherapie rechtfertigt sich letztlich nur, wenn klinisch und wissenschaftlich der Nachweis seiner therapeutischen Effizienz erbracht wird. Diese sollte sich von anderen Methoden der

20

Psychotherapie qualitativ, vor allem aber auch quantitativ überzeugend abheben. Deshalb stelle ich einige Proben der Leistungen des KB (Grundstufe) voran.

In der ersten Periode von 1955 bis etwa 1968 wurde das Katathyme Bilderleben überwiegend von mir und einigen wenigen Psychotherapeuten angewandt. Damals argumentierte man nicht selten, daß ich als Initiator und meine Schüler, etwa dank besonderer Intuitionen, Schulung oder wegen unseres pionierhaften Enthusiasmus, besonders gute therapeutische Wirkungen erzielen würden. Diese Argumentation ist heute, angesichts der Vielzahl der im In- und Ausland von den unterschiedlichsten und meist unabhängig voneinander arbeitenden Therapeuten behandelten Fälle, leicht zu entkräften. Überzeugend ist vielmehr eine eigentümliche Konvergenz der therapeutischen Prozesse und ihre analogen Ergebnisse. Das wird besonders bei Durchsicht der Sammlungen von Einzelfallanalysen deutlich (LEUNER, HORN, KLESSMANN 1978; LEUNER, LANG 1982, STURM 1984).

1.3.2. Systematische Behandlung

Das KB weicht – wie schon angedeutet – von allen herkömmlichen gesprächstherapeutisch orientierten Psychotherapieverfahren einschließlich der Psychoanalyse dadurch ab, daß der Patient geführt wird. Obgleich die anzuwendende Technik des KB einfach erscheint, ist die Therapie auf der regressiven Ebene der Imagination oder, wie es früher gelegentlich genannt wurde, des «Bildbewußtseins» für eine Reihe von Therapeuten zumindest ungewohnt. Auch junge Therapeuten sind im Umgang mit Patienten oft noch unsicher und haben Schwierigkeiten, diese aus dem geläufigen gesprächstherapeutischen Setting in das Setting der regressiven Tagtraumtechnik überzuleiten. Das ist sicher nicht nur ein persönliches Problem. In unserem Kulturkreis und damit auch in der abendländischen Wissenschaft blieb, auch in der Psychologie, bislang die Bearbeitung regressiver Gefühlszustände, auch die Beschäftigung mit Imaginationen, ein Stiefkind. Das Katathyme Bilderleben hat seit seinem Bekanntwerden trotz vielfältiger Publikationen 15 Jahre ein Schlummerdasein in der wissenschaftlichen Öffentlichkeit geführt. Im US-amerikanischen Sprachraum sind erst in letzter Zeit zwei profunde Werke über die psychotherapeutische Bedeutung der Imaginationen (SINGER 1978b, c) erschienen, in denen das Katathyme Bilderleben ausgiebig berücksichtigt worden ist. Auf die Gründe einzugehen, bedürfte einer gesonderten Untersuchung. Eher scheint es bezeichnend, daß die imaginative Welt am ehesten in der privativen Erlebnissphäre, in Äußerungen von Schriftstellern, Lyrikern, bildenden Künstlern, auch Musikern, breiteren Raum gewinnen konnte. Dort stört sie auch unser herkömmliches Wissenschaftskonzept nicht, und sie findet in der Öffentlichkeit uneingeschränkt Anerkennung. Beispiele dafür hat RIEDEL (1974) in einem Aufsatz über den «Tagtraum in der schönen Literatur» geliefert.

Auch die Psychoanalyse sieht noch heute von der Einbeziehung emotionsgetragener tagtraumartiger Inhalte während der «Sitzung» weitgehend ab, ohne sie freilich verleugnen zu wollen. Tauchen entsprechende Passagen dennoch einmal bei einem Patienten auf, sind sie Anlaß zu einer Publikation (STRELETZKI

1971). Dabei ist es kein geringerer als FREUD selbst, der 1895 in den Studien zur Hysterie die von ihm damals als besonders erfolgreich geschilderte Methode der Förderung optischer Phantasien bei FREUD beschrieb.

Diese Fremdheit gegenüber der imaginativen Welt und der Freisetzung starker Emotionen sowie die viel stärkere Eingeübtheit im verbalen Vorgehen führten selbst erfahrene Psychotherapeuten häufig dazu, erste Versuche mit dem Tagtraum bald wieder aufzugeben. Das Katathyme Bilderleben kam nur zögernd oder bruchstückweise zur Anwendung und konnte seine wirklichen Leistungen nicht unter Beweis stellen. Diese Situation war Anlaß, Mitarbeiter und auswärtige Kollegen anzuregen, systematische Forschungsprogramme durchzuführen. In ihnen sollte nach Erhebung der tiefenpsychologischen Vorgeschichte (3 – 4 Stunden) konsequent und in schulmäßiger Form mit einem Minimum an gesprächstherapeutischen Passagen das Katathyme Bilderleben angewandt werden.

Diese nach wissenschaftlichen Gesichtspunkten durchgeführten, z. T. kontrollierten Studien haben ein anschauliches, in sich geschlossenes Bild von den klinischen Leistungen des Katathymen Bilderlebens als Kurztherapie gegeben. Sie haben gezeigt, daß die *konsequente Anwendung des Tagtraumes eine Vorbedingung für die z. T. recht überraschenden und nicht vorauszusehenden therapeutischen Ergebnisse (auch auf der Grundstufe) ist.*

In dem folgenden Abschnitt greife ich auf einen Vortrag, gehalten auf dem VI. Internationalen Forum für Psychoanalyse 1977 in Berlin, zurück. Von den vorliegenden sechs statistischen Studien zur Frage der Effizienz der Grundstufentechnik berichte ich hier aber nur über zwei. In stark gekürzter Form referiere ich die Ergebnisse von WÄCHTER & PUDEL (1980) sowie von KULESSA & JUNG (1979, 1983), die Kurztherapie betreffend. Wegen weiterer Studien verweise ich auf LEUNER, HORN, KLESSMANN (1979), LEUNER (1983) sowie LEUNER & LANG (1982).

Programm 1

Studie I

WÄCHTER & PUDEL (1980) haben eine kontrollierte Studie über 14 unausgelesene neurotische Patienten vorgelegt, die aus der Poliklinik der Psychiatrischen Klinik der Universität Göttingen stammen. Dieser Gruppe wurde eine Kontrollgruppe von 15 Patienten gegenübergestellt, die auf eine Fremdwarteliste gesetzt war. Tabelle 1 gibt die diagnostische Gruppierung der KB- und Kontrollgruppe wieder.

Tabelle 2 zeigt die Altersverteilung und die Dauer der Symptome beider Gruppen. Tabelle 3 stellt die Ergebnisse der Therapie- und der Kontrollgruppe gegenüber, gemessen an den Vor-/Nach-Werten der Gießener Liste für psychosomatische Beschwerden und der Göttinger Liste für psychopathologische Symptome. Abbildung 1 dient der Veranschaulichung dieser Werte.

Tabelle 4a gibt die Werte der Veränderungen der Angstskala (MAS) von TAYLOR ($p \leqslant 0.05$) und der Skalen von BRENGELMANN & BRENGELMANN für Neurotizismus ($p \leqslant 0.05$), Rigidität und Extra-/Introversion vor und nach der 15-Stunden-Therapie wieder.

Tabelle 4b zeigt diese Werte bei der Kontrollgruppe, die im wesentlichen unverändert sind. Daraus ergibt sich eine signifikante Herabsetzung der Werte für Angst und Neurotizismus durch das KB im Gegensatz zur Kontrollgruppe.

Abbildung 2 gibt die Ergebnisse der Beurteilung der klinischen Daten (Fremdbeurteilung) wieder.

Tabelle 5 zeigt das Ergebnis der Nachuntersuchung nach durchschnittlich zwei Jahren.

Die Relation von Therapie-Ergebnis und Dauer der Symptome zeigt Tabelle 6.

Tab. 1: Diagnosen der beiden Gruppen (nach WÄCHTER & PUDEL).

	KB-Gruppe	K-Gruppe
Depressive Neurose	3	5
Angstneurose und Phobie	6	5
Mißbrauch Alkohol, Drogen	2	2
Borderline	1	–
Psychosomatische Erkrankungen	2	3
	14	15

Tab. 2: Daten der Patienten: N 14 + 15 = 29 (nach WÄCHTER & PUDEL).

		KB-Gruppe	K-Gruppe
N		14	15
weiblich/männlich		4/10	10/5
Alter ∅		27;3 Jahre	28;3 Jahre
von/bis		18 – 39 Jahre	18 – 40 Jahre
Alter der Symptome	0 – 2 Jahre	1	1
	2 – 5 Jahre	5	5
	5 – 10 Jahre	6 ⎫ 8 chronisch	7 ⎫ 9 chronisch
	über 10 Jahre	2 ⎭	2 ⎭
		14	15

Tab. 3: Veränderungen der Werte der Gießener und der Göttinger Beschwerdenliste vor und nach der Behandlung (nach WÄCHTER & PUDEL).

Fragebogen	KB-Gruppe			K-Gruppe	
	vor	nach		vor	nach
1. psychosomatische Beschwerdenliste (Gießener)	38,67	27,6 *	(D 10,05)	44,6	40,6
2. psychopathologische Beschwerdenliste (Göttinger)	39,8	33,25*	(D 10,05)	38,4	40,6

* p > 0.05 Test für abhängige Stichproben.

23

Tab. 4a: Summenprofil KB-Gruppe N 14 (nach WÄCHTER & PUDEL).

MAS, E-N-NR Skalen

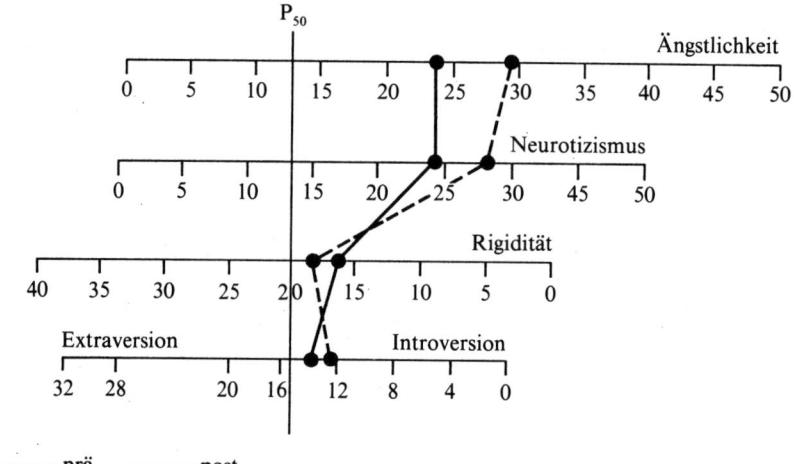

------ prä ⸻ post

	prä	post	M
A	28,9	23,5	14,5
N	27,9	24,7	14
R	17,9	16,4	20
E	12,5	13,2	15

Behandlung 54 Tage, 15 Sitzungen

Tab. 5: Katamnese nach 2 Jahren (nach WÄCHTER & PUDEL) (11 von 14 Patienten haben geantwortet.

	klinischer Fragebogen	Gießener Beschwerdenliste
gut gebessert	7 ⎫ 9	
mittelmäßig gebessert	2 ⎭	6
geblieben	–	2
verschlechtert	2	3
N	11	11

Tab. 4b: Summenprofil Kontrollgruppe N 15 (nach WÄCHTER & PUDEL).

MAS, E-N-NR Skalen

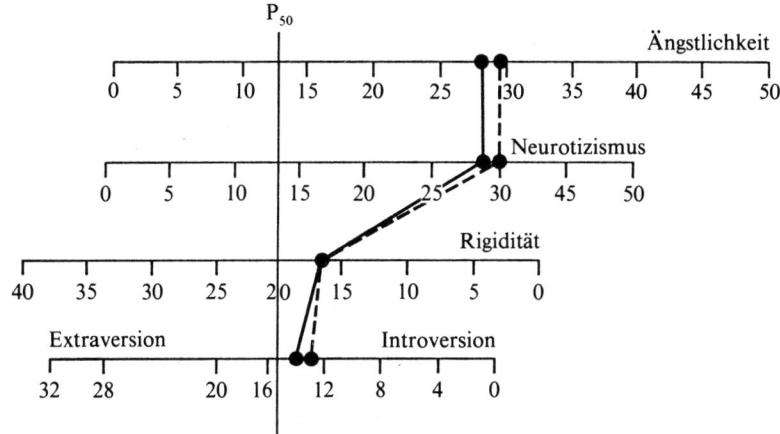

--- prä ——— post

	prä	post	M
A	29,7	28,9	14,5
N	30	29,6	14
R	17	17	20
E	13	13,3	15

Latenzzeit 46 Tage

Tab. 6: Behandlungserfolg in Relation zur Dauer der Symptomatik (KB-Gruppe) (nach WÄCHTER & PUDEL).

Dauer in Jahren	Patienten-Zahl	gebessert	nicht verändert	ver-schlechtert
I (0 – 2)	1	1		
II (2 – 5)	5	4		1
III (5 – 10)	6	3	3	
IV (10 –)	2	1	1	

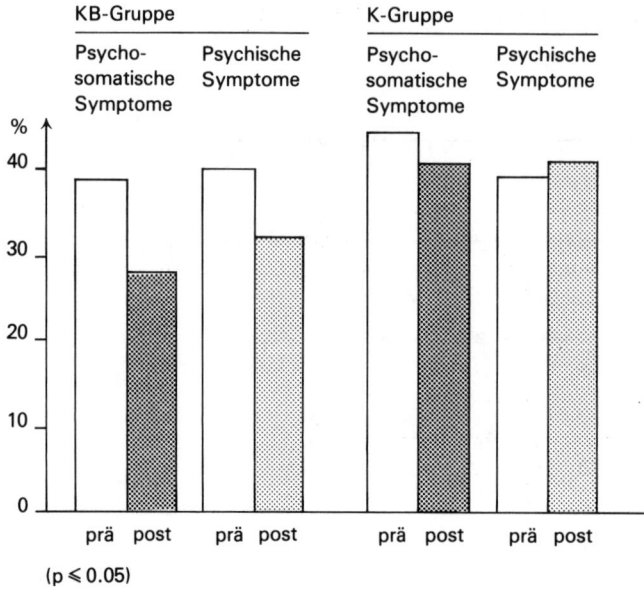

Abb. 1: Ergebnisse der Gießener und Göttinger Beschwerdenliste im prä/post-Vergleich (nach Wächter & Pudel, aus: H. Leuner: Katathymes Bilderleben. Huber 1983[2], S. 134).

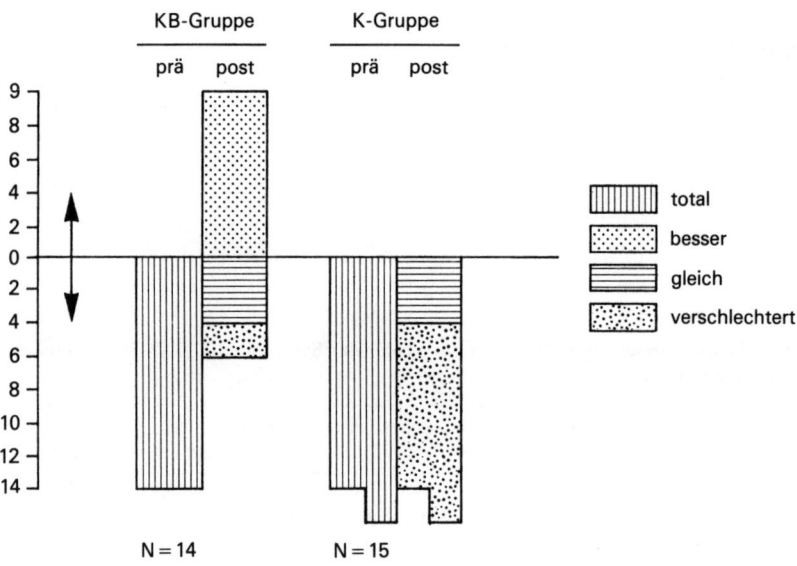

Abb. 2: Klinische Ergebnisse nach Fremdbeurteilung (Rating) (nach Wächter & Pudel).

Programm 2

Diese Studie von KULESSA & JUNG (1979) ist eine Fortsetzung der Studie I. Auf-
grund deren Ergebnisse wurden jetzt KB-Therapien mit 20 Sitzungen an einer
Gruppe von 26 unausgelesenen Patienten, ebenfalls aus der Poliklinik der
Psychiatrischen Universitätsklinik Göttingen, durchgeführt.[3]

Studie II

Tabelle 7 gibt die diagnostische Gruppierung der Patienten zu Programm 2
wieder.

Tabelle 8 zeigt die Altersverteilung. Sie entspricht der von Programm 1.

In Tabelle 9 ist die Dauer der Symptome der 26 Patienten aufgelistet.

Tabelle 10 gibt die Veränderungen der Werte der bereits erwähnten Angstskala und der Skala nach BRENGELMANN & BRENGELMANN wieder. In dieser Studie ist offensichtlich aufgrund der größeren Patientenzahl und der Verlängerung
der Behandlungsdauer von 15 auf 20 Sitzungen eine hochsignifikante Verbesserung der Werte für manifeste Angst und Neurotizismus und eine signifikante des
Wertes für Rigidität zu verzeichnen. Die Gießener Beschwerdenliste ist in diesem Falle nach den Syndromen von ZENZ differenziert ausgewertet worden
(Tabelle 11). Danach zeigen sich hochsignifikante Verbesserungen bei dem Syndrom Erschöpfungsneigung, das für depressive Verstimmung stehen dürfte, bei
Schulter- und Nackenschmerzen sowie Schlaf- und Sexualstörungen, signifikante bei intestinalen Störungen und vegetativen Symptomen, nicht dagegen bei
Herz-Kreislauf-Störungen.

Die Ergebnisse sind nach durchschnittlich 18 Monaten mit den gleichen Testverfahren kontrolliert worden. 23 Patienten konnten erfaßt werden (JUNG &
KULESSA 1983). Abbildung 3 zeigt am Schema des Freiburger Persönlichkeits-
inventars (FPI) die Ausgangswerte vor der Behandlung, die Ergebnisse nach
Abschluß der Behandlung und in einer dritten Aufzeichnung die Werte 18 Monate danach. Eine Verschlechterung nach 18 Monaten ist in keiner der 12 Skalen
zu erkennen. Hingegen wird deutlich, daß die Skala für Depressivität im Nach-
beobachtungszeitraum eine hochsignifikante Abnahme der Werte aufweist. Die
Patienten fühlen sich jetzt zufriedener und selbstsicherer als bei Abschluß der
Behandlung (Wilcoxon Test $p \leq 0.01$). Die Skalen Nervosität beziehungsweise
psychosomatisch gestört, Aggressivität und Gehemmtheit sowie extra-introver-
tiert weisen ebenfalls am Ende der Nachbeobachtungsperiode eine signifikante
Nachbesserung auf ($p \leq 0.05$). Die Ängstlichkeitsskala (MAS nach TAYLOR)
zeigt auf Abbildung 4 nochmals einen hochsignifikanten Rückgang der Werte
($p = 0.01$) nach 18 Monaten. Das gleiche gilt im E-N-NR-Fragebogen signifikant für den Faktor «Rigidität». Die analogen Verhältnisse bei der Beschwerdenliste gibt Abbildung 5 wieder.

---

[3] (In beide Studien wurden nur Patienten einbezogen, die an psychogenen oder psychosomatischen Erkrankungen litten und zwischen 18 und 50 Jahre alt waren.)

Tab. 7: Klinisch-diagnostische Gruppierung (nach KULESSA & JUNG).

Klinische Diagnosen	Anzahl
phobische und Angstneurosen	9
depressive Symptombildungen	6
Herzphobien	2
psychosomatische Störungen	2
Sexualstörungen	3
Charakterneurosen	3
akute Erlebnisreaktionen	1
	N = 26

Tab. 8: Altersverteilung in der Stichprobe (nach KULESSA & JUNG).

Alter	Anzahl
bis 25 Jahre	15
26 – 35 Jahre	7
36 – 50 Jahre	4
	N = 26

Tab. 9: Symptomdauer in Jahren (nach KULESSA & JUNG).

Symptomdauer	Anzahl
weniger als 2 Jahre	1
2 – 5 Jahre	7
5 – 10 Jahre	9
10 und mehr Jahre	9
	N = 26

Tab. 10: Mittelwerte im E-N-NR und MAS-Test (N = 26) * (t-Test für abhängige Stichproben).

Variable	prä X_1	post X_2	Diff.-Wert	$PR_{50}s$ Standard *		Irrtumswahrscheinlichkeit
MAS (Angst)	15,8	11,7	4,1	8,5	5	$p \leqslant 0.01$
N = (Neurotizismus)	25,7	19,5	6,2	19,0	10	$p \leqslant 0.01$
NR = (Rigidität)	16,2	12,8	3,4	20,0	7	$p \leqslant 0.05$
E = (Extraversion)	9,9	12,7	2,8	14,0	7	n.s.

* gemäß dem Test

Trotz gewisser methodischer Probleme, die die Autoren dieser Untersuchung sorgfältig abwägen (JUNG & KULESSA 1980), sind die Ergebnisse sehr ermutigend. Sie sind weder als Soforttergebnisse noch bei den spontanen Besserungen in der 18monatigen Nachbeobachtungsphase zufällig. Daraus kann geschlossen

Tab. 11: Veränderungen psychosomatischer Beschwerden in der Gießener Beschwerdenliste.

| | Mittelwert | | | | |
	prä	post	t	DF	p
Erschöpfungsneigung	7,08	2,50	2,8	25	0,009
Herz-/Kreislaufbeschwerden	5,73	2,65	0,46	25	0,640
Magen-/Darmbeschwerden	4,00	2,15	2,0	25	0,052
Schulter- und Nackenschmerzen	4,08	2,04	4,0	25	0,010
Vegetative Symptome	6,81	3,27	2,5	25	0,023
Sexualität und Schlafstörungen	2,58	0,95	3,7	25	0,013

werden, daß *eine Kurztherapie von 20 Sitzungen mit dem Katathymen Bilderleben bemerkenswerte Aussicht auf stabile Besserung* von psychischer Fehlangepaßtheit und der vegetativen Organsymptome hat. Diese hier testpsychologisch nachgewiesenen Daten stimmen mit publizierten Einzelfallstudien überein (vergleiche auch Kapitel 1.3.3.). Die Nachbeobachtungsperioden erstrecken sich dort über drei bis acht Jahre.

Die alleinige Feststellung der Vor-/Nachergebnisse kann Täuschungen unterliegen. Diese aufeinander hin konvergierenden Ergebnisse der beiden unabhängig voneinander durchgeführten Studien können meines Erachtens kaum Zweifel lassen, daß eine Kurztherapie mit dem Katathymen Bilderleben über die klinische Evidenz episodischer Einzelfälle (siehe unten) hinaus zu überzeugenden quantitativen Ergebnissen führt, zumal unausgelesene Patienten zur Behandlung kamen, d.h., zur Einhaltung eines wissenschaftlich korrekten Forschungsdesigns wurden keine von der Poliklinik angebotenen Patienten mit psychogenen und psychoneurotischen Störungen zur Behandlung in dieser Studie abgewiesen. Die Symptome bestanden bei zwei Drittel der Patienten länger als fünf beziehungsweise zehn Jahre; ihre Behandlungsprognose mußte deshalb als zweifelhaft gelten. *Interpretation der Studien*

Fast immer sind es Patienten, die aus der Sicht von Allgemeinärzten, Internisten und praktizierenden Nervenärzten nicht mehr behandelbar scheinen. Der Entschluß, einen Patienten in die Ambulanz einer Psychiatrischen Universitätsklinik zu schicken, wird von den überweisenden Ärzten spät gefaßt. Insofern dürfte dieses Patientengut prognostisch eher eine negative Auslese darstellen. Derartige statistische Untersuchungen, die wenig anschauliches Material liefern, lassen den anekdotischen Charakter von Einzelfallschilderungen überwinden. So gaben diese Studien mit ihren insgesamt 40 unausgelesenen Patienten mit Neurosen, psychosomatischen und psychovegetativen Störungen ein breiteres Bild von der klinischen Bedeutung des KB auf der Ebene der Grundstufe. Wegen weiterer Untersuchungsprogramme, so über Sexualstörungen bei Mann und Frau (ROTH 1983), Pubertätsmagersucht (KLESSMANN & KLESSMANN 1978), Colitis ulcerosa (WILKE 1980) kann auf die Originalarbeiten verwiesen werden.

Der Kliniker wird kasuistische Schilderungen nicht missen wollen. Eine Gruppe von Einzelfällen wird in den folgenden Abschnitten kurz dargestellt und diskutiert. Sublime Fallanalysen sind an anderem Ort publiziert worden (LEUNER & LANG 1982).

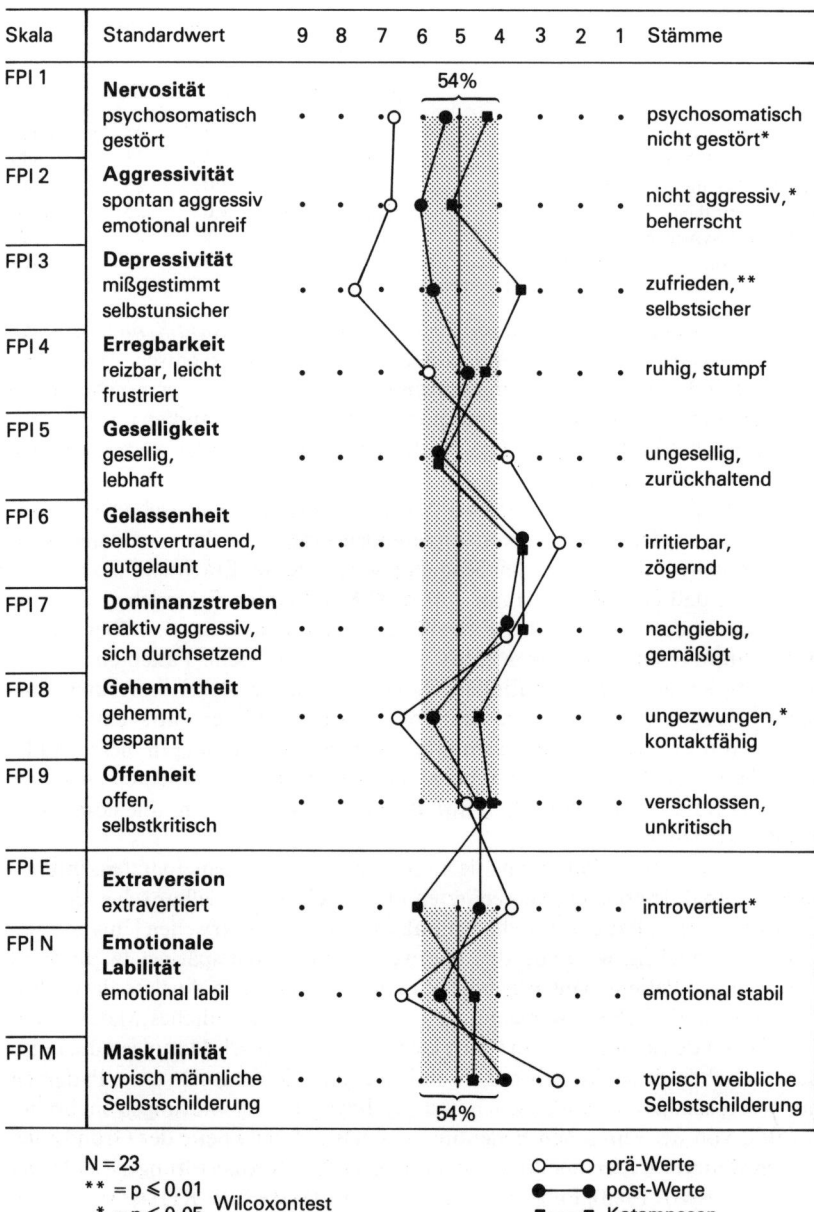

FPI-Halbform

Skala	Standardwert	9	8	7	6	5	4	3	2	1	Stämme

FPI 1 **Nervosität**
psychosomatisch gestört — 54% — psychosomatisch nicht gestört*

FPI 2 **Aggressivität**
spontan aggressiv, emotional unreif — nicht aggressiv,* beherrscht

FPI 3 **Depressivität**
mißgestimmt, selbstunsicher — zufrieden,** selbstsicher

FPI 4 **Erregbarkeit**
reizbar, leicht frustriert — ruhig, stumpf

FPI 5 **Geselligkeit**
gesellig, lebhaft — ungesellig, zurückhaltend

FPI 6 **Gelassenheit**
selbstvertrauend, gutgelaunt — irritierbar, zögernd

FPI 7 **Dominanzstreben**
reaktiv aggressiv, sich durchsetzend — nachgiebig, gemäßigt

FPI 8 **Gehemmtheit**
gehemmt, gespannt — ungezwungen,* kontaktfähig

FPI 9 **Offenheit**
offen, selbstkritisch — verschlossen, unkritisch

FPI E **Extraversion**
extravertiert — introvertiert*

FPI N **Emotionale Labilität**
emotional labil — emotional stabil

FPI M **Maskulinität**
typisch männliche Selbstschilderung — 54% — typisch weibliche Selbstschilderung

N = 23
** = p ≤ 0.01
* = p ≤ 0.05   Wilcoxontest

O——O prä-Werte
●——● post-Werte
■——■ Katamnesen

Abb. 3: Testpsychologische Veränderungen im FPI bei 23 Patienten nach einer ambulanten Psychotherapie mit dem Katathymen Bilderleben (JUNG & KULESSA).

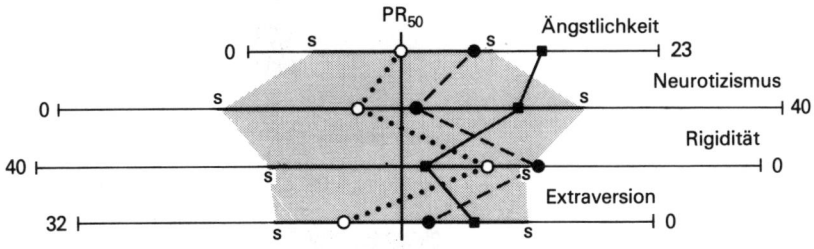

	M	S	M	S	M	S	Signifikanz
Ängstlichkeit	16.3	3.7	12.6	5.3	8.6	4.1	* p ⩽ 05
	L___**___J L___**___J						** p ⩽ 01
Neurotizismus	25.6	10.3	19.4	9.3	16.7	9.6	
	L___**___J						
Rigidität	15.8	10.5	12.2	7.0	14.9	7.6	
	L___*___J						
Extraversion	9.9	7.6	12.5	7.4	17.1	6.3	
			L___*___J				
	■——— prä		- - -● post		•••••○ nach 18 Monaten		

Abb.4: Veränderungen im E-N-NR-Fragebogen (BRENGELMANN) und MAS-Fragebogen (TAYLOR) bei 23 Patienten vor, nach und 18 Monate nach einer 20stündigen Behandlung mit dem Katathymen Bilderleben (JUNG & KULESSA).

1.3.3. Kasuistik

Aus Raumgründen gebe ich die folgenden Fallberichte stark gekürzt wieder. Anamnestische Daten sind nur andeutungsweise aufgezeigt, knappe klinische Daten stehen im Vordergrund, um erste Orientierungspunkte zu geben.

klinische Einzelfälle

Fall 1 (Therapeut LEUNER)

Bei einem 35jährigen Werkmeister war ein Jahr vor Beginn der Behandlung ein mit einer Schrecksituation verbundener banaler Arbeitsunfall auslösendes Ereignis. Unmittelbar darauf stellten sich Anfälle von Herzjagen, Schwindel, allgemeine Schwäche und Mattigkeit, Schweißausbrüche, Kollapsneigung und Angstzustände ein. Es bestand insgesamt das Bild einer Herzneurose bzw. Herzphobie. Arbeitsversuche nach vorübergehender Schonung verstärkten die Beschwerden. Der Patient war schließlich weinerlich, konnte nicht mehr lesen, die Wohnung nicht verlassen und fürchtete, an seinen Herzbeschwerden sterben zu müssen. Bald entwickelte sich ein reaktives depressives Syndrom. Ein knappes Jahr nach Beginn dieser Beschwerden, die zur Arbeitsunfähigkeit geführt hatten, kam der Patient in meine ambulante Behandlung. Alle internen Befunde waren unauffällig. Die psychogene Verursachung wurde dementsprechend schnell deutlich. Die Therapie nahm nach Erhebung der Vorgeschichte 26 Einzelsitzungen im Symboldrama – einmal wöchentlich durchgeführt – in Anspruch. Der Patient, der aus einem kleinen oberhessischen Land-

Herzneurose

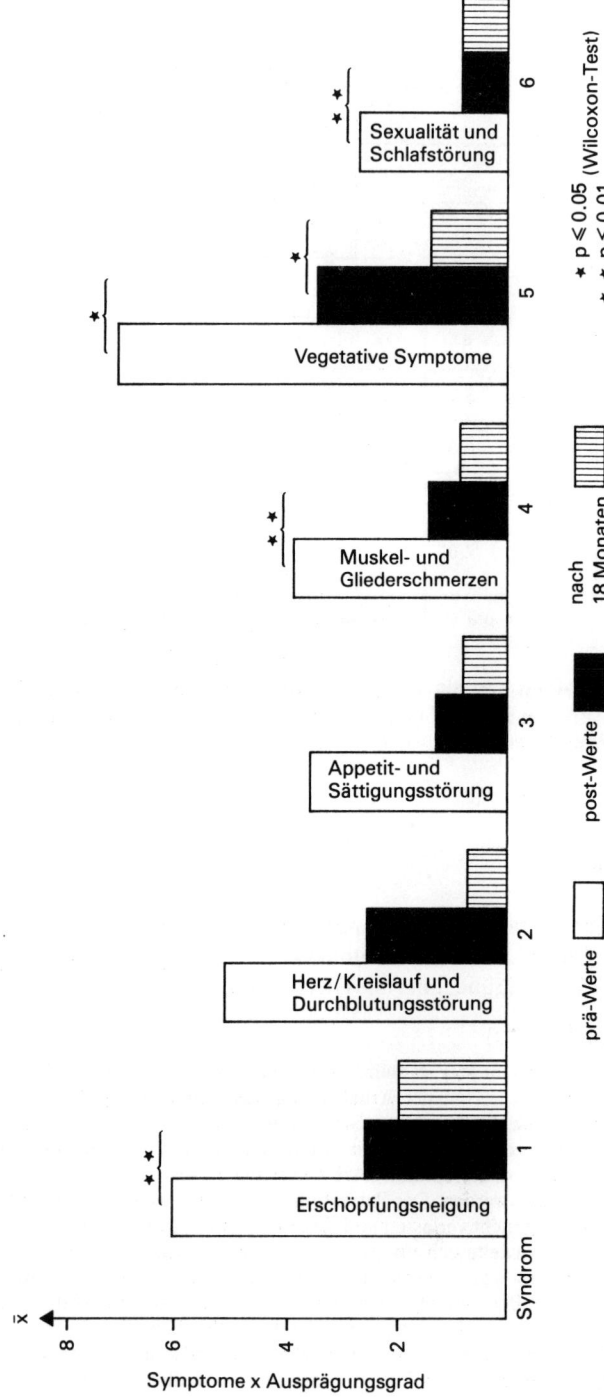

32

Abb. 5: Veränderungen in der Gießener-Beschwerdenliste bei 23 Patienten vor, nach und 18 Monate nach einer 20stündigen KB-Behandlung (Jung & Kulessa).

städtchen stammte, war eine schlichte Persönlichkeit. Die Anamnese förderte nur einige oberflächliche Daten; auch war er nicht in der Lage, zu den Inhalten im Symboldrama Einfälle zu bringen.

Ergebnis: Trotzdem durchlief der Patient die wesentlichen Phasen einer typischen Behandlung auf der Grundstufe. Am Ende der Therapie (Dauer sechs Monate, wöchentlich eine Sitzung) hatte er seine Beschwerden weitgehend verloren und nahm seine Arbeit wieder auf. Er war vor allem auch fähig, seine passive Erwartungshaltung aufzugeben, seine Rechte besser zu wahren und sich zu seinen eigenen Gunsten durchzusetzen. Bei der katamnestischen Nachfrage, die ich noch nach acht Jahren durchführte, berichtete er, nie wieder krank gewesen zu sein.

Kommentar: Zwei Gesichtspunkte scheinen mir vor allem bemerkenswert. Der Patient ist ein überaus schlichter, zwar intelligenter, aber in der Introspektion und Klärung von Konflikten gänzlich ungeübter Techniker. Die Symptomatik besteht zwar erst seit einem Jahr, aber abgesehen von der vordergründigen Reaktion auf die Herzphobie ist ein hohes Maß an aggressiver Gehemmtheit und Gefügigkeit und sind verdrängte Wiedergutmachungstendenzen im Symboldrama unverkennbar. Trotzdem erreicht die 26-Stunden-Therapie auf der Grundstufe eine charakterwandelnde Wirkung mit Rückfallfreiheit über acht Jahre. Die tiefer liegende phobische Struktur selbst ist naturgemäß nur begrenzt bearbeitet worden.

Fall 2 (Therapeut KUKOLJA[4])

Die 32jährige ledige Tänzerin (Primaballerina) leidet an einem ausgeprägten psychovegetativen Syndrom: Luftnot, nächtliche Schweißausbrüche, allgemeine Mattigkeit, Weinen ohne Grund, Unterleibsbeschwerden, häufiges nächtliches Wasserlassen und allgemeine Aufgeregtheit. Zur Zeit ist sie unfähig, ihren Beruf auszuüben. Die zum Teil hysterisch strukturierte, phantasiebegabte Patientin leidet ferner seit Jahren unter erheblichen Angstzuständen mit eigenartigen, als hypnagog erscheinenden Phänomenen, wie Auftreten von «schwarzen Massen» und «Füllung des Zimmers mit Wellen», Hören von Stimmen, die ihr sagen: «Wenn du atmest, wirst du sterben!» Seit zwei Jahren besteht schließlich eine psychogene Lähmung beider Beine, später wieder eines Beines bei verschiedenen Krankenhausaufenthalten. Hinweise auf eine Psychose finden sich nicht. Auf die zum Teil sehr traumatisierende Kindheitsentwicklung soll hier nicht eingegangen werden. Vielfältige psychogene und organische Symptome hatten sich schon frühzeitig miteinander gemischt. Es bildete sich teils eine Angst-, teils eine depressive Neurose mit Neigung zu Konversionssymptomen.

Die stationär durchgeführte Psychotherapie nimmt sechs Wochen in Anspruch mit wöchentlich fünf Behandlungen im Katathymen Bilderleben (etwa 30 Sitzungen insgesamt). Die Behandlung ist zunächst als Hypnotherapie geplant. Nach den ersten drei Sitzungen stellt sich jedoch die verhältnismäßig gute Imaginationsfähigkeit der Patientin heraus. Der Therapeut fühlt sich deshalb aufgefordert, die Behandlung mit dem Katathymen Bilderleben fortzusetzen.

Ergebnis: Das von ihm berichtete Ergebnis wird geschildert als «Befreiung von depressiven Verstimmungen und Ängsten, einschließlich der Angst, nicht mehr auftreten zu können. Gewinnung von Sicherheit und der Fähigkeit, körperlich in ihrem Beruf als Tänzerin wieder voll funktionstüchtig zu sein». Die die Patientin überschwemmenden hypnagogen Visionen, die außerhalb gelegentlich als psychotische Symptome gedeutet worden waren, bestehen nicht mehr. Die Nachbeobachtung von zwei Jahren mit locker geführter Nachkontrolle gibt keine Hinweise auf einen Rückfall. Die Patientin kann ihrer Tätigkeit beim Ballett mit großer Befriedigung ohne Unterbrechung nachgehen.

psycho-vegetatives Syndrom

---

[4] Herrn Prof. Dr. Dr. med. ST. KUKOLJA danke ich für die freundliche Überlassung dieses Fallberichtes.

33

Kommentar: Dieses Beispiel weist auf eine therapeutisch bedeutsame Komponente des Symboldramas hin: die schnelle Entlastung stark andrängenden und vom Ich schwer zu bewältigenden Konfliktmaterials. Die Inhalte des Katathymen Bilderlebens der Patientin zeigen reichliche Tendenzen von Versöhnungen und optimistischen Ausblicken sowie Ausgleichstendenzen, die im einzelnen zu analysieren wären und auf das später zu erörternde Narzißmus-Konzept (vergleiche S. 262f.) hinführen würden. Die kurze Dauer der Behandlung läßt Zweifel offen, ob bei der konstitutionell labilen Patientin mit den häufigen Rückfällen in der Anamnese unter erneuten auslösenden Situationen später nicht vielleicht wieder mit einer Dekompensation gerechnet werden muß. Der Therapeut sollte sich in derartigen Fällen zu nachfolgender, periodischer therapeutischer Stützung in Krisen bereithalten.

Fall 3 (Therapeutin Wätzig[5])

chronische Phobie

Der 36jährige, selbständige verheiratete Kaufmann leidet seit 22 Jahren an einer Herzneurose (Herzphobie), die erstmals bei Beginn seiner Lehre im 14. Lebensjahr auftrat. Eine nachfolgende angstneurotische Entwicklung mit depressiver Symptomatik ist deutlich. Die Vorgeschichte gibt häufige Einweisungen in Universitätskliniken zum Ausschluß organischer Erkrankungen einschließlich eines Hirntumors wegen einseitigen Kopfschmerzes wieder. Drei Monate vor der Übernahme des Patienten in die Psychotherapeutische Abteilung des Nervenzentrums der Universität Kiel erreicht das Syndrom seinen Höhepunkt mit Arbeitsunfähigkeit des Patienten wegen der Angstanfälle, Unfähigkeit, ein Auto zu steuern, sowie zunehmendem Mißbrauch von Schlaf- und Kopfschmerzmitteln wegen der seit 17 Jahren bestehenden hartnäckigen Kopfschmerzen. Die Psychotherapie mit der Grundstufe des Katathymen Bilderlebens nimmt 72 Sitzungen in Anspruch. Dabei ist der Patient sechs Wochen stationär aufgenommen (zwei Sitzungen wöchentlich), wodurch bereits eine wesentliche Besserung mit Wiederherstellung der Arbeitsfähigkeit eintritt. Die nachfolgende ambulante Therapie wird mit wöchentlich einer Sitzung über etwa zehn Monate fortgesetzt.

Ergebnis: Die massiven Angstanfälle treten bereits nach Beendigung der stationären Behandlung nicht mehr auf. Die frei flotierenden Ängste lassen später ebenfalls nach. Der Patient wird geschäftlich wieder voll leistungsfähig, kann wieder Auto fahren und sich aus seiner starken Abhängigkeit von der dominanten Mutter lösen, so daß er erstmals allein mit seiner Frau einen dreiwöchigen Urlaub ohne Angstzustände verbringt. Der hohe Medikamentenabusus wird bis auf kleine Reste anxiolytischer Tranquilizer abgebaut. Während der mehrjährigen Nachbeobachtungsperiode bleibt das Zustandsbild stabil.

Kommentar: Hier taucht erstmalig die Behandlung einer chronischen, seit 22 Jahren bestehenden, sich in der Folgezeit noch weiter entwickelnden Neurose auf. Leitsymptome sind Kopfschmerzen und eine Phobie bei stark tablettenabhängiger Persönlichkeit und Tendenz zur symbiotischen Beziehung zur Mutter. – Die Therapieperiode gliedert sich in sechs Wochen einer entscheidenden Besserung und eine Nachbehandlungsperiode, die aus äußeren Gründen langgestreckt verlaufen mußte. Trotz dieser Erschwernis führt die Behandlung auf der Grundstufe zum Ziel und erreicht eine deutliche Nachreifung der Person. Als Nebenergebnis ist die Besserung der hypochondrisch verarbeiteten chronischen Tumorphobie (Kopfschmerz) zu vermerken.

---

[5] Die Krankengeschichte wurde mir freundlicherweise von Frau Dr. med. H. Wätzig, seinerzeit wissenschaftliche Assistentin an der Universitätsnervenklinik Kiel, überlassen.

Zum Abschluß folge noch ein Fall, der die Grenzen der Kurzpsychotherapie mit der Grundstufentechnik veranschaulicht.

Fall 4 (Therapeut WÄCHTER)

Der 24 Jahre alte, ledige Diplom-Volkswirt klagt über folgende, wesentlich in seiner neu- *mangelnder* rotischen Charakterstruktur liegende Schwierigkeiten: Kontaktstörungen, Schüchtern- *Erfolg* heit, Gehemmtheit im Umgang mit dem anderen Geschlecht (seit sechs Jahren keine Freundin), allgemeine nervöse Unruhe in Gesellschaft, Neigung zu depressiven Verstimmungen und zu vorübergehendem Alkoholmißbrauch, der seine soziale Situation noch verschlimmert. Er leidet ferner unter Kopfschmerzen, starkem Erröten und «inneren Verkrampfungen», wenn sexuelle Dinge angesprochen werden. Die relevante Symptomatik begann nach bestandenem Abitur vor fünf Jahren, als er bei der Wahl des Studienfaches über seinen weiteren Weg unschlüssig war. Er ließ sich von den Eltern beeinflussen und war bis zu Beginn der Behandlung von ihnen abhängig. – Vorbehandlungen in einer Studentenberatungsstelle und bei einem Nervenarzt blieben ohne Erfolg.

Der Patient wird im Rahmen des erwähnten 15-Stunden-Therapieprogrammes (WÄCHTER & PUDEL 1980) behandelt. Die Persönlichkeitsstruktur ist schizoid-depressiv. Im Verlauf der Therapie fällt die starke Tendenz abzudecken auf, zu intellektualisieren sowie seine ambivalente bis negative Einstellung gegenüber der Therapie und dem Therapeuten. Diese wird unterstützt durch seine Kontaktarmut und seine ausgeprägte Passivität. Die Übertragungssituation kann wegen mangelnden Verständnisses des Patienten nicht zur Sprache gebracht werden.

Ergebnis: Das Behandlungsergebnis bleibt insgesamt unbefriedigend. Subjektiv empfindet der Patient die Therapie zwar als angenehm und beruhigend, gibt aber an, daß sie zur Lösung seiner Probleme nicht viel beigetragen habe. Lediglich – so äußert er – «von den letzten sechs Jahren der Frustration sind etwa eineinhalb Jahre wieder gutgemacht». Darin werden Fehlerwartungen des Patienten mit seiner Neigung zur passiven Wiedergutmachung deutlich. – Der Beschwerdenkomplex bleibt fast unbeeinflußt. Die einzige Änderung besteht immerhin in der Erkenntnis des Patienten, daß er zur Lösung seiner Probleme Eigeninitiative entwickeln müsse. Klinisch wirkt er jetzt etwas ruhiger und hat sich beruflich zu dem Entschluß durchgerungen, trotz seiner anfänglich hochfliegenden Pläne realistischerweise zunächst eine Stelle als Bankkaufmann anzutreten.

Die testpsychologischen Ergebnisse zeigen in keiner Hinsicht signifikante Veränderungen.

Kommentar: Den erfahrenen Therapeuten wird es nicht überraschen, daß bei diesem Patienten eine Kurzpsychotherapie von 15 Sitzungen zu keinem relevanten Ergebnis geführt hat. Die ausgeprägte Charakterneurose hätte eine längere Behandlung mit eingehender Charakteranalyse gefordert. Das hauptsächlich belastende prognostische Moment ist die passive Einstellung gegenüber der Therapie und dem Therapeuten.

Immerhin ist nicht gleichgültig, daß der Patient entspannter und gelöster geworden ist. Er hat Ansätze entwickelt, seine Ressentiments gegenüber den vergangenen Frustrationen zu bewältigen und eine realitätsgerechtere Einstellung zu seiner Karriere zu gewinnen. Die ihm angebotene Weiterbehandlung greift er auf. Epikritisch wäre zu vermerken, daß eine längere Therapie auf der Mittelstufe von vornherein vorzuziehen gewesen wäre. Die charakterlichen Fehleinstellungen und die zu Beginn eingetretenen Übertragungswiderstände bedürften des konsequenten Durcharbeitens mit der fortgeschrittenen Mittelstufentechnik.

Die Vielzahl der Behandler der hier und der an anderer Stelle veröffentlichten Einzelfallanalysen (LEUNER & LANG 1982) weisen darauf hin, daß die «*Einfluß*-

größe Therapeut» für die klinische Effizienz des Katathymen Bilderlebens nur begrenzte Bedeutung hat. Das betrifft offenbar – soweit bislang geprüft – auch den *soziokulturellen Hintergrund* der Patienten. Ob in Deutschland, Österreich, der Schweiz oder in Schweden, in England oder den USA sowie in Argentinien behandelt, zeichnen sich offensichtlich immer analoge Reaktionsweisen der Patienten und analoge therapeutische Ergebnisse, selbst auf der Grundstufe, ab.

1.3.4. Extreme Kurzbehandlung und Krisenintervention

Fast jeder Therapeut, der längere Zeit konsequent mit dem Katathymen Bilderleben arbeitet, kann über Fälle mit überraschenden Resultaten nach wenigen Behandlungssitzungen berichten. Diese überdauern nicht selten auch längere Perioden der Nachbeobachtung. Die Psychodynamik des therapeutischen Prozesses wird dabei allerdings nicht immer voll überblickt, obgleich neuere Konzepte, z.B. das des Narzißmus, hier weiterzuhelfen scheinen. Die Ergebnisse sind aber häufig genug, um mitgeteilt werden zu können. Sie sind offensichtlich ebenfalls unabhängig von der Person des Therapeuten.

Fall 5 (Therapeut ROTH[6])

Sexualstörung Eine 25jährige, ledige Verkäuferin leidet seit drei Jahren unter Erythrophobie, klaustrophobischen Zuständen in überfüllten Räumen, allgemeiner Unsicherheit und Hemmungen, sich etwa im Strandbad oder auf der Tanzfläche zu zeigen. Sie wird vom Gynäkologen zur Psychotherapie einer Anorgasmie geschickt. Die 18jährige informiert sich aufgrund der außerehelichen Schwangerschaft ihrer älteren Schwester über den Intimbereich. Nach der ersten intimen Erfahrung mit 19 Jahren sucht sie den Orgasmus «zu erzwingen». Anläßlich einer gynäkologischen Untersuchung jedoch erlebt sie orgasmusartige Sensationen, die plötzlich in eine heftige Angstattacke umschlagen. Sie muß schreien und verläßt fluchtartig die Praxis des Gynäkologen. Der gleiche Ablauf mit Flucht stellt sich seitdem bei jedem Intimverkehr ein.

Auf die belastende Kindheitsvorgeschichte mit einem trinkenden Vater, diversen kinderneurotischen Symptomen, Angstträumen, Kontaktscheu usw. soll nicht weiter eingegangen werden. Entsprechend ist die Übertragungslage bei der mühsam zu erhebenden Anamnese. In zehntägigen Abständen werden nach Einübung der Entspannung acht Sitzungen mit dem Katathymen Bilderleben (je eine halbe Stunde) durchgeführt. Nach der fünften Sitzung berichtet die Patientin, daß sie zweimal intime Beziehungen ohne die genannte Störung mit voller Befriedigung habe vollziehen können. – Nach der sechsten Sitzung erzählt sie von einer Auseinandersetzung mit ihrem Vater. Zum ersten Mal in ihrem Leben habe sie ihm widersprechen und seinem Wutanfall standhalten können. – Nach der achten Sitzung bittet die Patientin, die Behandlung abbrechen zu können. Sie werde kaum noch rot in der Öffentlichkeit. Schon seit der fünften Sitzung habe sie Cafés und Kaufhäuser, auch Menschenansammlungen ohne Hemmungen besuchen können. Ihre früheren Ängste seien verschwunden. Auch das Problem des angsterfüllten Orgasmus sei für sie gelöst.

Bei der Nachuntersuchung acht Monate später hebt die Patientin hervor, sie sei inzwischen noch selbstsicherer, ausgeglichener und kontaktfreudiger als bei Abschluß der Therapie. Die anfänglich geklagten Symptome bestünden nicht mehr, auch nicht die vielfältigen, sie früher behindernden Kontakthemmungen.

[6] Herrn Dr.med. J.ROTH, seinerzeit Oberarzt an der Psychiatrischen Poliklinik der Universität Bern/Schweiz, danke ich für die Überlassung dieses Fallberichts.

Kommentar: Den erfahrenen Psychotherapeuten wird es vielleicht nicht allzu sehr verwundern, daß, wie im vorliegenden Fall, eine sehr «laute», traumatisch ausgelöste Symptomatik, die schätzungsweise seit einem Jahr besteht, durch eine extreme Kurztherapie behandelt werden konnte. Umgekehrt ist aber bekannt, daß derart isoliert erscheinende Angstreaktionen einer längeren aufdeckenden Therapie nur schwer oder gar nicht zugänglich sind; selbst Hypnose versagt häufig. Bemerkenswert an dem letzten Fall ist, daß die ganze Breite der geklagten Symptomatik durch eine Acht-Sitzungen-Psychotherapie verschwindet und wenig Tendenz zum Wiederauftreten zeigt. Man wird den Umstand einbeziehen, daß der Abfall des Hauptsymptoms für die Patientin eine erhebliche Ermutigung bedeutet haben mag. Eine charakterwandelnde Wirkung zeigt sich von dem Moment an, in dem sich die Patientin nun zum ersten Mal gegen den sehr autoritären, angstbesetzten Vater behaupten und damit erste Schritte ihrer Ablösung vollziehen kann. Der Therapeut hat übrigens keinerlei spezifische Techniken des KB angewandt, sondern ist dem routinemäßigen Konzept der Grundstufe gefolgt.

Fall 6

ist ein 29jähriger lediger Arzt[7], der sich für Psychotherapie interessiert und in einer psychotherapeutischen Ausbildung in Norddeutschland steht. Er berichtet: «Seit sieben Jahren leide ich an einer sich im letzten Jahr dramatisch zuspitzenden Arbeitsstörung, die sich vor allem auf die Abfassung von Krankengeschichten und Gutachten konzentriert. Die Mißerfolgserlebnisse haben zu depressiven Verstimmungen geführt, verstärkt durch ernsthafte Auseinandersetzungen mit Vorgesetzten wegen liegengebliebener Akten.» Anläßlich einer erneuten Zuspitzung der Krise ruft er nachts eine ihm bekannte, 200 km entfernt wohnende Psychotherapeutin an. Sie führt mit ihm am Telefon eine Krisenintervention mit dem Katathymen Bilderleben durch. Er lernt dabei erstmals das Symboldrama kennen. Von einer südlichen Sommerlandschaft ausgehend, wird er aufgefordert, einen in seinem Fall felsigen, ihn sehr anstrengenden Berg zu ersteigen. Auf dem Gipfel steht ein alter Turm, dessen Tor verschlossen ist. Mit letzten Kräften erklettert er ihn. Auf der Plattform angekommen, begegnet er der Therapeutin. Zusammen genießen sie in erhebender Stimmung miteinander still einen Sonnenuntergang.

Krisenintervention bei Depression

Dazu gibt der Betreffende eine Erklärung: «Daraufhin war mein schwerer depressiver Zustand schlagartig wesentlich gebessert. Meine damalige private wie auch berufliche Stirb-und-Werde-Phase ließ sich während der nächsten Wochen durch einige Entscheidungen konstruktiv beenden. Daraufhin konnte ich in zwei bis drei Monaten in einem Kraftakt den riesigen Aktenberg komplett abtragen.»

Kommentar: Die Möglichkeit einer Krisenintervention in einer einzelnen Sitzung im Katathymen Bilderleben, hier sogar in einer 50-Minuten-«Telefonsitzung», ist im Prinzip nicht neu. Im vorliegenden Fall ist aber bemerkenswert, daß die seit Jahren bestehende Arbeitsstörung und die depressiven Verstimmungen auf diese Weise schlagartig überwunden werden konnten und eine Besserung der Arbeitsstörung möglich wurde. Erfahrungsgemäß beruhen diese auf einer relativ hartnäckigen, psychogenetisch tief wurzelnden Problematik. Psychodynamisch ist die positive Beziehung des Probanden zur Therapeutin zu beden-

---

[7] Diese Selbstschilderung stellt der Kollege dankenswerterweise zur Verfügung. Um persönliche Daten unkenntlich zu machen, wurden diese verfremdet.

ken. Durch seine therapeutische Weiterbildung war er vielleicht auch für einen solchen Akt etwas vorbereitet und hatte eine gute Motivation. Die offensichtlich positive Übertragung und eine fast narzißtisch-symbiotische Beziehung zur Therapeutin angesichts des beglückenden Naturschauspiels akzentuiert die Dynamik dieses Vorganges.

Zur weiteren Veranschaulichung verweise ich auf den später im Rahmen der Regieprinzipien vom Nähren und vom Versöhnen beschriebenen Fall der Krisenintervention bei schwerer Examensangst (vergleiche S. 111, ferner S. 115).

1.3.5. Behandlung von Kindern und Jugendlichen

Häufig wird die Frage gestellt, ob sich das Verfahren auch für die Behandlung von Kindern und Jugendlichen eigne.

Über dieses Thema ist das erwähnte Buch: H. LEUNER, G. HORN, E. KLESS-MANN, «Das Katathyme Bilderleben bei Kindern und Jugendlichen», im Reinhardt-Verlag, München, erschienen (2. Auflage 1978). Grundlegende Kapitel sind enthalten über die spezifische Technik des Katathymen Bilderlebens bei den genannten Altersgruppen, die ersten Ansätze der KB-Therapie bei neurotisch gestörten Kindern vom achten Lebensjahr an. Weitere Kapitel beschreiben die Therapie von Pubertätsmagersucht, einer schweren schizoiden Neurose, eines Adoleszenten, von Phobien, Schulängsten, Tics und Rauschmittelabhängigkeit.

Es ist hier nicht der Ort, auf die speziellen Probleme und die Behandlung dieser Altersgruppen einzugehen. Um die Möglichkeiten der Kurzpsychotherapie bei Kindern und Jugendlichen zu veranschaulichen, gebe ich zwei kurze Fallberichte wieder.

Fall 7 (Therapeutin SOMMER[8])

Schulversagen

Die 10,6 Jahre alte Schülerin wird wegen mehrerer kleiner Diebstähle in der Schule in eine nervenärztliche Sprechstunde gebracht. Im letzten halben Jahr sind ihre Schulleistungen stark abgefallen. Sie kann sich schwer konzentrieren und hat begonnen zu schwänzen. Das Kind hat keine Freundin, findet wenig Kontakt, und die Kleinigkeiten, die sie in der Schule entwendet, gehören Schülerinnen, von denen sie sich geärgert fühlt, die sie gleichzeitig beneidet und bewundert. So ist sie in der Klasse in die Isolierung geraten. Sie ist das jüngere von zwei Mädchen. Beide Eltern sind berufstätig und haben wenig Zeit für ihre Kinder.

In der KB-Therapie wird deutlich, daß das Kind Angst vor der Lehrerin hat. Die Sehnsucht nach mehr Zuwendung durch die Mutter steht im Mittelpunkt der KB-Szenen. Die Therapie nimmt sechs Sitzungen mit dem Symboldrama in Anspruch, um eine Verhaltensänderung und Aufhebung der Leistungsstörung zu erreichen.

Das Kind ist nun deutlich kontaktfähiger, hat keine Ängste mehr der Lehrerin gegenüber und stiehlt nicht mehr. Die Lernstörungen haben nachgelassen, und die Schulleistungen erreichen wieder ihren alten Stand.

Kommentar: Die erfahrene Kindertherapeutin mit psychoanalytischer Vollausbildung hat die gezielte Technik der Symbolkonfrontation (LEUNER 1955b)

---

[8] Der Text ist dem genannten Buch entnommen.

(vergleiche auch S. 204) und des Versöhnens (S. 115) angewandt, was innerhalb einer sehr kurzen Behandlungszeit zum Erfolg führt.

Fall 8 (Therapeut HORN[9])

Ein 16jähriger Adoleszent leidet in schwerer Ablösungskrise von seinem konservativen Elternhaus an Verfolgungsängsten bei Dunkelheit, Schulversagen, Verweigerung des Schulbesuches, Opposition jedweder Autorität gegenüber, häufigen Kopfschmerzen, Durchfällen und depressiven Verstimmungen mit Suizidtendenz seit dem elften Lebensjahr. Der 65 Jahre alte Vater, von schizoider Struktur und mangelndem Verständnis für den Sohn, steht in Spitzenposition. Die Mutter bildet mit ihrer kontaktfreudigen, warmherzigen Art «die Brücke zu den Menschen» und den Ausgleich zwischen Vater und Sohn. Der Patient selbst wirkt schwer gestört und zeigt in den Testergebnissen einen hohen Grad an Depressivität, Aggressivität und Dominanzstreben, tiefenpsychologisch eine ausgeprägte Gegenabhängigkeit.

Adoleszenten-krise

Nach 35 Sitzungen der KB-Therapie sind alle phobischen und oppositionell bedingten Symptome einschließlich der psychosomatischen bis auf kleine Reste abgefallen. Die Fähigkeit, Konflikte zu lösen und zu bewältigen, ist jetzt erheblich besser als vor der Behandlung.

Die Beziehungen zum Vater sind ausgeglichener. – Äußerlich: regelmäßiger Besuch einer Gewerbeschule, Zunahme an eigenverantwortlicher Aktivität, Teilnahme an einem Tanzkurs, Erwerbung des Führerscheins, Entwicklung eigener musikalischer Fähigkeiten mit Aufnahme in eine Tanzband, mit beruflicher Entfaltung unter Abtragung von Schulden usw.

Im FPI zeigt sich eine Herabsetzung des Standardwertes für Depression (von 7 auf 5) und für Dominanzstreben (von 4 auf 2 Punkte).

Die Nachuntersuchung des von zu Hause getrennt lebenden 18jährigen, 18 Monate nach Abschluß der KB-Therapie, ist frei von Rückfall.

Kommentar: Der extrem komplizierte Fall wird von einem mit dem KB lange erfahrenen Psychagogen behandelt. Naturgegebene Entwicklungstendenzen mögen dieser Altersgruppe therapeutisch entgegenkommen. Die Vielfalt und vor allem Chronizität der Symptome (Suizidtendenzen seit dem 11. Lebensjahr) markieren die Schwere des Falles. Prognostisch günstig einzuschätzen waren die Offenheit der Eltern für die Therapie, die sehr gute intellektuelle Veranlagung des Patienten und ein gewisser Grad an Ich-Stärke, die sich in der oppositionellen Gegenabhängigkeit – wenn auch destruktiv – äußert. Das eingesetzte therapeutisch-technische Repertoire überstieg das Niveau der Grundstufe. Die positive Übertragungsbeziehung gelegentlich analysierend anzusprechen, war wichtig. 35 Sitzungen sind im Hinblick auf die schwere Charakterstörung des Patienten gering. Im Protokoll der Inhalte des KB wird die Fruchtbarkeit des imaginierten Probehandelns für diese Altersgruppe deutlich. Eine Kurzpsychotherapie als Parallelfall vergleiche S. 132.

1.3.6.   Spezielle Indikationen

Im Laufe der jüngeren Entwicklung der KB-Therapie wurden wertvolle neue Anwendungsbereiche gefunden. Sie sind an anderer Stelle ausführlich dargestellt. Zwei der wichtigsten möchte ich vermerken und an Beispielen erläutern.

[9] Dem Text des genannten Buches entnommen.

(1) Nicht vollzogene Trauerarbeit. FREUD hat erstmals 1915 darauf hingewiesen, daß beim Verlust einer nahestehenden Bezugsperson die Notwendigkeit besteht, ausgiebig zu trauern. Diese Trauerarbeit ist Ausdruck der seelischen Aktivität zur Lösung der Bindung an das «vernichtete Objekt». Wir begegnen nicht selten Menschen, die aufgrund innerpsychischer oder äußerer Umstände Äußerungen der Trauer vermeiden. Auch können sie durch die Tiefe der Betroffenheit daran gehindert sein. Die Folge ist nicht selten eine sich unter Umständen über Jahre hinziehende depressive oder subdepressive Verstimmung mit für die Umgebung deutlicher Wesensveränderung. Der Kinder- und Jugendlichen-Therapeut SZONN (1983) hat zwei dieser Fälle behandelt, LITTORIN (1978) einen weiteren beschrieben. SZONN konnte zeigen, daß selbst nach mehreren Jahren mit zehn und weniger therapeutischen KB-Sitzungen eine befriedigende Trauerarbeit geleistet werden kann. Das hat in beiden Fällen zu einer Umstimmung der ihn aufsuchenden Mütter geführt, in einem Fall sogar unter gleichzeitiger «Heilung» des Bettnässens ihres neunjährigen Sohnes.

Beispiel:

In diesem Fall liegt ein tragischer Tod der vierjährigen Tochter der Patientin vor, die sie bei der Feldarbeit mit einem Trecker versehentlich überfahren hatte. Der Unfall lag zu Beginn der Behandlung sechs Jahre zurück. Hier konnte durch sechs Einzelsitzungen mit dem KB ein wesentlicher Teil der Trauerarbeit geleistet werden. Dann auftretende Ängste bedurften weiterer psychotherapeutischer Behandlung. Schließlich entwickelte die Patientin ein erfreuliches Selbstgefühl und war fähig, die Erziehung ihres in der Pubertät schwierig werdenden Sohnes aktiv wahrzunehmen.

(2) Sterbehilfe. An anderer Stelle (LEUNER 1984a) referiere ich über zwei einschlägige ausführliche Berichte (EIBACH 1979; LANDAU 1983).

Die erstgenannte Autorin beschreibt den Verlauf einer trostvollen Sterbehilfe bei einer ihrer an akuter Leukämie erkrankten Psychotherapie-Patientinnen. Die Ärzte der Medizinischen Universitätsklinik Göttingen ziehen die Therapeutin hinzu, die in einer Reihe von KB-Sitzungen unter persönlichem Engagement die Patientin schließlich dazu führen kann, dem herannahenden Tod versöhnt, gefaßt entgegen zu sehen. Sie erlebt in überraschender Weise die direkt auf den nahen Tod hinweisenden drastischen Imaginationen als Erleichterung.

Im Fall von LANDAU ist es eine Monate vor dem Tode stehende 42jährige Krebskranke. Ihre Ängste führen sie zur Psychotherapeutin. Der Tenor im KB ist Einsamkeit, Isolierung, Eingeschlossenheit, die mit der realen Ehesituation in Verbindung gebracht werden. Die neurotische Entwicklung mischt sich mit der Realsituation des drohenden Todes. Die Autorin findet einen Weg, kreative Kräfte der Patientin zu mobilisieren. In einer Phase des Handelns lebt diese auf und kann innerhalb von 15 Sitzungen mit dem KB und einschlägiger Lektüre die Angst vor dem Tode und die Trauer um den Verlust ihres Lebens bearbeiten. Sie versöhnt sich in der Imagination mit nahen Angehörigen, wird «ruhiger, reifer und gefaßter . . .»

Es wäre wünschenswert, diese Möglichkeit des Katathymen Bilderlebens im Interesse der Patienten in breiterem Rahmen anzuwenden. Auch hier fällt, wie bei seiner Anwendung zur Trauerarbeit, auf, daß mit relativ wenigen Sitzungen unter einer guten anaklitischen («positiven») Übertragung mit dem KB tiefgreifende Lebenskrisen und existentielle Bedrohung überwunden werden können.

1.4. Therapie auf der Grundstufe

1.4.1. Psychologische Grundlagen

Die therapeutische Anwendung des Katathymen Bilderlebens kann als ein dauernder kreativer Prozeß im Entwurf der eigenen vor- und unbewußten Konfliktstrukturen aufgefaßt werden, in Form einer bildsymbolischen Projektion des Innenlebens. Dieser Prozeß seelischer Abbildungsvorgänge (KRETSCHMER 1922) wird zum Gegenstand der Selbsterkenntnis. Die Pforten zu vor- und unbewußten Bereichen der Psyche, zu allen Formen von Konflikten und positiven Erlebniskernen werden geöffnet. Die ersteren zeigen einen Kompromiß zwischen Vitalimpulsen und Abwehrvorgängen und können als «inneres Drama» (STIERLIN 1969) der introjizierten Objektgestalten (Bezugspersonen) aufgefaßt werden. Sekundär herauszulesen sind die Funktionen der drei Instanzen Es, Ich und Über-Ich gemäß dem Strukturmodell der Psychoanalyse. Aus Respekt vor den angedeuteten Eigengesetzlichkeiten und der inneren Autonomie der natürlichen imaginativen Selbstdarstellungsfähigkeit der Psyche sollte die therapeutische Führung darauf bedacht sein, den spontanen Verlauf der imaginativen Vorgänge zu fördern. Diese sollten zunächst intuitiv und schließlich auch empirisch bis in ihre Feinheiten hin erfaßt und zu diagnostischen und therapeutischen Zwecken kognitiv umgesetzt werden. Bei der Entwicklung des Katathymen Bilderlebens bin ich dieser Hypothese von der natürlichen Autonomie imaginativer Selbstdarstellungen gefolgt.

Ein einfaches Experiment veranlaßt die Psyche, «freiwillig» zu zeigen, worauf es bei dem imaginativen Prozeß ihrer Selbstdarstellung ankommt. In ihm scheint sich tatsächlich der Drang zu manifestieren, Spannungen, Ängste, Bedürfnisse und Schutzsuche abzubilden. Das «einfache Experiment» wurde bereits 1914 von FRANK beschrieben. Es ist jederzeit wiederholbar. Man veranlaßt gesunde, besser noch neurotische Menschen, sich auf die Couch zu legen, und weist sie an, sich bei geschlossenen Augen so gut wie möglich zu entspannen. Sie sollen passiv liegen bleiben, nichts wollen und nichts erwarten. Wenn man Geduld hat und die Betreffenden zehn Minuten bis zu einer halben Stunde in Gegenwart des Therapeuten so verharren läßt, ereignet sich früher oder später etwas Eigentümliches: Sie werden unruhig, die Augenlider flattern etwas, die Arme beginnen, sich in kurzen, unkoordinierten Zuckungen zu bewegen, ebenso vielleicht die Beine. Sie können sich hin- und herwerfen. Nach einiger Zeit berichtet ein Teil der Betreffenden, daß gleichzeitig oder unabhängig davon vor den geschlossenen Augen spontan eigentümliche optische Erscheinungen auftreten. Der Betreffende beschreibt etwa das Auftauchen abstrakter Muster, zunächst vielleicht nur ganz zarter Gebilde, wie Kreise, Kugeln oder Stäbchen, die sich zu geometrischen Figuren zusammenschließen. Anfangs stehen sie nur schwarz-weiß, später auch farbig vor Augen. Diese Phänomene hat J.H. SCHULTZ (1973) auch für die Oberstufe des autogenen Trainings beschrieben. Für uns ist wichtig zu wissen, daß derartige optische Erscheinungen nach Art von Imaginationen[10] auch ohne eine systematische, lange Übungszeit (etwa

grundsätzliches
Experiment

---

[10] Begrifflich bedarf es folgender Klärung: Unter *Vorstellung* verstehen wir mit JASPERS

autogenes Training oder andere Entspannungsübungen) von selbst entstehen können. Diese abstrakten Gebilde vervollständigen sich im weiteren Verlauf zu Bruchstücken von Bildern. Bald folgen Einblendungen von farbigen Einzelbildern, die sich, zunächst vielleicht noch sinnlos scheinend, allmählich zu einer szenischen Bildabfolge zusammenschließen können. Je nach Veranlagung erscheinen diese Bilderlebnisse schließlich in leuchtenden Farben, können sich zu traumartigen Gebilden verdichten und werden dabei oft so plastisch und lebendig wahrgenommen, daß selbst die feinsten Nuancen unterscheidbar sind. Mit anderen Worten: *Im Endstadium können vollständig ausgebildete szenisch-bildhafte optische Imaginationen vor Augen stehen.* Sie haben in ihrer Hochform beinahe den Charakter von Wahrnehmungen, besser «inneren Anschauungen». Der Imaginierende vergißt aber niemals, daß er sich auf der Couch befindet, und ist zeitlich und räumlich voll orientiert. Damit steht dieser Vorgang im Gegensatz zum Traum oder zu den Halluzinationen Geisteskranker. In diesen beiden Fällen ist bekanntlich die kritische Unterscheidung zwischen innerem Bild und Realität aufgehoben. Der Tagtraum operiert hingegen auf zwei Bewußtseinsebenen gleichzeitig. Eine «Ich-Spaltung» liegt vor. Der eine Teil des Ichs operiert auf der Ebene des Bildbewußtseins, der andere auf der des Realbewußtseins.

Die Imaginationen können zunächst wie ein «inneres Kino», ein Begriff, den Patienten gelegentlich benützen, mit geringer oder fehlender emotionaler Beteiligung als etwas «Ich-fremdes» am inneren Auge vorüberziehen. Nach wiederholter Übung, die meist eine Vertiefung der damit verbundenen Entspannung und Versenkung zur Folge hat, bemerkt der Übende in der Regel ein zunehmendes persönliches Engagement: Stimmungen, Gefühle und Affekte stellen sich ein, etwa Heiterkeit, wenn der Betreffende eine Sommerwiese vor Augen hat, Ergriffenheit angesichts eines Sonnenunterganges oder aber Ängste und Furcht vor auftauchenden phantastischen Gestalten.

Bildbewußtsein   Diese in dem «einfachen Experiment» angeschnittene Bewußtseins- und Erlebnisebene haben HAPPICH (1932) und HEISS (1956) als *«Bildbewußtsein»* bezeichnet. Es ist eine jedem Menschen zugängliche Stufe des Bewußtseins, die sich spontan auch beim Einschlafen in den sogenannten «Schlummerbildchen» zeigt (HOCHE 1906). Wir bezeichnen die vollentwickelten Imaginationen als *«katathyme Bilder»* oder Imaginationen. Ihre äußere Eigenart liegt in ihrer Farbigkeit, Plastizität und Gefühlsgetragenheit, im Gegensatz zu den einfachen Vorstellungen des Alltags. Die katathymen Bilder gehorchen dem Willen kaum noch oder gar nicht mehr. Sie haben einen eigengesetzlichen Ablauf, eine eigene Autonomie. Freilich gibt es hier *Zwischenstufen* von der Vorstellung bis zum voll ausgeprägten katathymen Bild. Das muß gesagt werden, um Mißverständnisse zu vermeiden.

(1959) das Phänomen, daß der Mensch willentlich optische Inhalte vor sich stellen kann. Diese Vorstellungen sind in ihrer typischen Form blaß, drohen zu verschwinden und bedürfen, um erhalten zu bleiben, der willentlichen Anstrengung. Unter *Imagination* sind die geschilderten Phänomene gemeint, die in ihrer vollen Ausprägung farbig, dreidimensional und plastisch sind und vor allem ohne intentionale, d.h. willentliche Anstrengung von selbst vor den Augen stehen. Ich gebrauche in diesem Band *synonym* dazu die Begriffe: katathymes Bild, «Bild» oder «Bilder».

Fast jeder Mensch ist fähig, in sich derartige Inhalte des Bildbewußtseins vor dem «geistigen Auge» aufsteigen zu lassen. Während künstlerisch empfindende und optisch begabte Personen diese Erscheinungen zum alltäglichen Erfahrungsgut rechnen, bedürfen andere, etwa mehr schizothym oder stark rational eingestellte Menschen, oft längerer Zeit der Übung, um die Ebene des Bildbewußtseins zu erreichen. Bezeichnenderweise entwickeln sich derartige katathyme Imaginationen am besten in *Gegenwart eines «Führers»* durch die seelische Innenwelt des Patienten.

Die klinische Erfahrung hat inzwischen gezeigt, daß aber auch die bloßen Inhalte von überwiegendem Vorstellungscharakter therapeutisch nutzbar sind. Aber selbst *Vorstellungen, die bei geöffneten Augen,* also unter vermehrter Kontrolle des Bewußtseins hervorzurufen sind, können trotz ihrer Bläßlichkeit für die KB-Therapie genutzt werden. Die geschilderten Qualitäten des «katathymen Bildes» sind keine Conditio sine qua non für den Beginn einer Therapie.

Die Manifestation frei steigender innerer Bilder ist schon lange bekannt. Sie hat in den Anfängen der Psychoanalyse eine maßgebliche Rolle bei dem bekannten Schlüsselfall der Anna O. (Studien zur Hysterie von FREUD und BREUER 1895) gespielt. FREUD selbst wandte bei seinen Patienten von 1882 bis 1888 eine Methode der induzierten Imagination zur Förderung unbewußten Materials an. Dann ging er jedoch bekanntlich andere Wege. Später beschrieb SILBERER (1909, 1912) plastische Imaginationen, die er im Schwellenzustand zwischen Wachen und Schlafen einstellen konnte und systematisch untersuchte. Auf die «kathartische Methode» des Schweizer Psychotherapeuten FRANK (1914) bin ich in den «einfachen Experimenten» eingegangen. E. KRETSCHMER (1922) übernahm diese Anregungen und gab ihnen, soweit es sich um den selbsttätigen Ablauf innerer Bilder handelte, den Namen «Bildstreifen*denken*»[11]. C.G. JUNG (1916) regte analysierte Patienten zu «aktiven Imaginationen» zu Hause an (vergleiche auch AMMANN 1979).

Imagination bei Freud

Vorläufer

Im Schrifttum verstreut finden sich danach Autoren, die diese Phänomene in ihrer Weise beschrieben oder auch der Psychotherapie zugänglich zu machen versucht haben (HAPPICH 1932; FREDERKING 1948; BRACHFELD 1954). Auf Einzelheiten dieser historischen Hintergründe brauche ich hier nicht einzugehen. In dem Kapitel «Verwandte Verfahren» wird darauf Bezug genommen. Ein Vergleich des KB mit der weniger strukturierten pragmatischen Tagtraumtechnik von DESOILLE (1945) wird an jener Stelle erfolgen. Eine gute Übersicht über die europäischen Tagtraumverfahren gibt SINGER (1978b).

---

[11] Es scheint mir bemerkenswert, daß selbst ein so guter Kenner katathymer Prozesse wie E. KRETSCHMER den Begriff *denken* gebraucht, obgleich hier im Grunde kategoriell eine gänzlich andere Erlebnisform als «Denken» im Spiel ist, nämlich die bildhaft assoziative. Sie ist ontogenetisch vor der Entwicklung des Denkens in rationalen Kategorien in der frühesten Kindheit (13. bis 18. Monat, SPITZ 1955/1956) bereits voll ausgebildet. Dazu FREUD (1921): «Das Denken in Bildern ist also ein nur sehr unvollkommenes Bewußtwerden. Es steht auch irgendwie den unbewußten Vorgängen näher als das Denken in Worten und ist unzweifelhaft onto- wie phylogenetisch älter als dieses.» Diese Abbildungsvorgänge sind die zentralen Bewußtseinsinhalte im Katathymen Bilderleben. Denkvorgänge, die kategoriell anders geartet sind, treten dabei völlig zurück. Die Imaginationen sind damit psychische Phänomene eigener Art, die vom Denken auch nicht abgeleitet werden können (LEUNER 1983, S.84).

Schließlich ist noch wichtig hervorzuheben, daß die katathymen Bilder beziehungsweise die Imaginationen den in der psychiatrischen Fachsprache sogenannten *hypnagogen Visionen* nahestehen beziehungsweise mit diesen offenbar identisch sind. Man kann nämlich nicht an der Tatsache vorübergehen, daß der Mensch beim Auftauchen von optischen Phänomenen bei geschlossenen Augen in eine leicht veränderte Bewußtseinslage versinkt. *Ein Kreisprozeß scheint einzutreten*: Die beginnende Imagination ruft vermehrte Entspannung hervor, diese vermehrt die Plastizität der Imaginationen, diese wiederum fördert die Entspannung, d.h. den Zustand herabgesetzter Wachheit. Obgleich man voll orientiert bleibt und sich über seinen Zustand Rechenschaft ablegen kann, auch alle Außenreize wahrnimmt, *ist das aktive Wachbewußtsein «abgeblendet»*, am besten vergleichbar mit der schon genannten Schwelle zum Schlaf (vergleiche «Schlummerbildchen»). Die Aufmerksamkeit ist dabei offensichtlich auf diesen einzigen Bewußtseinsinhalt hin konzentriert. J.E. MEYER (1952) vergleicht diesen Fokus des intensiven Bewußtseins mit einem Scheinwerfer, der auf dunkler Bühne seinen Lichtkegel auf eine Tänzerin wirft. Aus dieser fokussierenden Intensivierung des Bewußtseins erklärt sich vielleicht ein später beschriebenes Phänomen (S. 293), daß die katathymen Bilder nicht selten supranatural in strahlenden Farben und als besonders bedeutungsvoll erlebt werden können.

Der Vollständigkeit halber sei erinnert, daß sich diese optischen Erscheinungen auch im Zustand der Hypnose hervorrufen lassen oder in einem leichteren hypnoiden Zustand, z.B. auf der Oberstufe des autogenen Trainings (SCHULTZ 1973). Wir finden eine Palette von Zugangsmöglichkeiten zum Bildbewußtsein. Diese Positionen zeigen, daß die eigentliche Technik des Symboldramas zwar mit einem hypnoiden Versenkungszustand einhergehen kann, aber keineswegs daran gebunden ist als einer konstituierenden Voraussetzung.

Um mit der eigentümlichen Welt der katathymen Bilder vertraut zu werden, können dichterische Zeugnisse herangezogen werden, die bis ins Altertum zurückreichen. In jüngerer Zeit hat der französische Maler und Dichter MICHEAUX (1899) seine Welt der inneren Schau vor geschlossenen Augen beschrieben. Er kann dann Dinge inszenieren, die ihm Spaß machen. Er jagt z.B. Kamele in eine Stadt hinein, um die Bewohner zu schrecken. Die bekannte Dichterin MARIE-LUISE KASCHNITZ beschreibt in dem Essay «Das Haus meiner Kindheit» (1956), wie sie in einer krisenhaften Entwicklung ihres Lebens monatelang Passagen spontaner Imaginationen erlebt. Sie bewegt sich in einer offenen Landschaft, als sei diese Wirklichkeit. Sehr erstaunt und zugleich enttäuscht ist sie, daß diese lebhaften Imaginationen ihrem Willen entgleiten. Statt zurück in das Haus ihrer Kindheit geführt zu werden, überfallen sie bald die scheußlichsten und angsterregendsten Bilder, unter denen sie leidet. RIEDEL (1974) hat die Rolle des Tagtraumes in der Belletristik bearbeitet. Hier berührt uns nicht nur die Sprache des Dichters, wir finden auch die *Charakteristika der katathymen Bilder* wieder; lebhafte Farben und eigenmächtiger Verlauf auch gegen den Willen des Betreffenden, Begleitung von mehr oder weniger starken Gefühlen. Der Imaginierende vermag sich wie in einer realen Landschaft zu bewegen, kann handeln, Personen begegnen, Reisen unternehmen, d.h. beinahe wie in einer zweiten Welt in jeder erdenklichen Weise aktiv werden. Aber auch jene phantastischen Wesen und Gebilde können auftauchen, die man aus Märchen, Sagen, Mythen und vom

verändertes Bewußtsein

Imagination in Belletristik

44

Nachttraum her kennt. Diese freizügige Landschaft des Bilderlebens habe ich das «*katathyme Panorama*» genannt. Es kann im KB nach allen Richtungen hin durchstreift werden.

Welche Bedeutung soll man den katathymen Bilderlebnissen zuschreiben? Der Unvoreingenommene neigt bei Einführung in die Welt des Bildbewußtseins anfänglich dazu, in ihr sinnlose Produktionen seiner Phantasie zu sehen. Sie haben mit ihm selbst nicht das Geringste zu tun. Er lehnt es ab, in ihnen irgendeine Beziehung zu eigenen seelischen Hintergründen zu erblicken.

An einfachen Vorgängen habe ich an anderer Stelle (LEUNER 1974) zu zeigen versucht, daß die Determinanten der Imaginationen im Sinne des «*Autosymbolismus*» von SILBERER (1912) in der unbewußten und vorbewußten Dynamik des Gefühlslebens wurzeln[12]. Das folgende Beispiel[13] einer jungen Ärztin soll das veranschaulichen.

Auto-symbolismus

Die junge Kollegin arbeitet in einem Krankenhaus. Im Nachtdienst nimmt sie einen Patienten auf, der einen vital bedrohlichen Kreislaufkollaps hat. Vor der Trage des Patienten stehend, muß sie in akuter Not entscheiden, was zu geschehen hat. Fieberhaft überlegt sie, was diagnostisch in Frage kommt und was sie zunächst verordnen muß. Um sich besser konzentrieren zu können, schließt sie für einige Momente die Augen. Da erscheint vor den geschlossenen Lidern deutlich das Bild einer Landschaft, die von einem breiten Strom überschwemmt wird. Das Wasser steigt in beängstigender Weise höher und höher. Seine Massen überfluten Wiesen und Felder, fließen in die Häuser hinein, und schließlich versinkt alles in den Fluten: Bäume, Häuser und die ganze Landschaft. Hinterher wundert sie sich selbst über diese blitzschnell abgelaufene Imagination. Sie versteht sie als Ausdruck ihrer inneren Erregung, die sie selbst nur andeutungsweise gespürt hat, glaubte sie sich doch nüchtern und gefaßt, in ärztlicher Routine handelnd. Nachdem sich der Zustand des Patienten später gebessert hat, schließt sie instinktiv – gewissermaßen, um nun zur Gegenprobe in sich «hineinzuschauen» – die Augen nochmals. Wieder erscheint eine ganz ähnliche überschwemmte Szene, die Fluten gehen nun aber zurück. Unter den abfließenden Wassern breitet sich bald eine Landschaft mit großen, lichten Wiesen im Sonnenschein aus. Eine maigrüne Birkenallee führt durch das heitere, freundliche und beruhigende Bild.

spontane Imagination

Kommentar: Zunächst bestätigt sich hier meine Auffassung, daß das Symboldrama natürliche, im Seelenleben bereitliegende Fähigkeiten der Selbstdarstellung aufgreift. Ferner ist interessant, daß der Autosymbolismus, den SILBERER im Schwellenerleben des Einschlafens beschreibt, hier eindrucksvoll in einer gespannten Wachsituation «vor Augen geführt» wird. Dazu muß bemerkt werden, daß die Kollegin überdurchschnittlich optisch begabt ist und sich bei ihr damit die Befähigung zur Malerei verbindet. Hier kommt es mir vor allem auf den inhaltlichen Zusammenhang an: Parallel zum Steigen und Abebben der inneren Erregung wandelt sich das Bild von der überschwemmten Landschaft. Es bedarf keiner großen Symbolkenntnis anzunehmen, das Bild der Überschwemmung sei eine Allegorie zur emotionalen Erregung der Betreffenden. Die der Ärztin bewußte Gelassenheit hebt sich deutlich von der bewußtseins-

---

[12] Ich spreche hier die *tiefenpsychologische Seite der Imaginationen* an. Daß ihnen noch weitere Determinanten zukommen, wird deutlich, wenn das KB z.B. in den Dienst des kreativen Prozesses gestellt wird (LANDAU & LEUNER 1978).

[13] Das folgende Beispiel entnehme ich meinem Buch: Katathymes Bilderleben, Grundstufe, ein Seminar. Thieme, Stuttgart 1982.

ferneren emotionalen Beunruhigung ab. Offenbar ist diese zunächst weitgehend verdrängt, kann bestenfalls als vages Gefühl oder bloße innere Erregung über die Schwelle des Bewußtseins treten.

Das über die Phänomene der katathymen Bilder Gesagte muß also um eine *weitere Dimension* ergänzt werden: *Eine untergründige dynamische Steuerung der Imaginationen bestimmt den Bedeutungsgehalt ihrer Inhalte* als einen *seelischen Abbildungsvorgang* (KRETSCHMER 1922; LEUNER 1958).

Betrachtet man die einzelnen Bildinhalte sorgfältig und werden diese genau beschrieben, wird eine *dritte Dimension* deutlich, der *hohe Grad an Prägnanz der Imaginationen*. Dieses prägnante Bild bildet bei der Analyse des Inhaltes bis in die feinsten Verästelungen hinein einen *Konflikt* ab. Der Prägnanzgrad kann besonders gut veranschaulicht werden, wenn nach Abschluß der Imaginationen die eine oder andere der Szenen gemalt wird. Die darin zum Ausdruck kommenden Details erweitern sich bei einer Bildanalyse unter Zuhilfenahme der Einfälle und Assoziationsketten des Patienten zu einem enggeknüpften Netz der emotional determinierten Konnotationen (BOESCH 1960). Insofern zeigt der *projektive*
Projektion   *Spiegel verdrängter Konflikte* der *katathymen Bildinhalte* einen hohen Grad an Verläßlichkeit.

Psychologisch betrachtet kann das Symboldrama damit als ein *projektives Verfahren, analog den projektiven Testmethoden* verstanden werden. Ich denke etwa an die Zeichen-Tests, den Spiel- beziehungsweise Szeno-Test für Kinder (v. STAABS 1951/1952), den Rorschach-Test (1960) und den Thematic-Apperception-Test (TAT) (REVERS & TAEUBER 1968). Allen gemeinsam ist ein vorgegebenes Material, das durch innere psychische Strukturen der Person (auch gefühlsbetonte Motive) eine individuelle Gestalt erfährt. Aus ihr können in der einen oder anderen Hinsicht Rückschlüsse auf die Struktur des Betreffenden gezogen werden. Der gleiche produktive Vorgang vollzieht sich im Katathymen Bilderleben. Die von der optischen Phantasie getragenen Imaginationen projizieren sich in das Dunkle vor den Augen als Bühne des szenischen Tagtraumes. Diese ist ein Wahrnehmungsfeld eigener Art. Gegenüber allen bekannten projektiven Testverfahren hat das *Symboldrama den Vorzug, daß der Projektionsschirm,* auf dem sich die psychische Struktur bildhaft manifestiert, eine *immaterielle, nicht* im geringsten *vorstrukturierte Grundlage* besitzt. Die Strukturierung des Feldes ist ausschließlich die Gestaltgebung der optischen Phantasie, im Gegensatz zu den genannten Tests. Die praktische Konsequenz für das *Katathyme Bilderleben* ergibt sich daraus von selbst; denn die optische Phantasieproduktion ist die einzige abhängige Variable. Die *feinsten Wandlungen innerpsychischer Impulse und Gefühlsregungen schlagen sich in dem katathymen Bild unverzüglich nieder.* Diesen trägheitslosen Ablauf habe ich als «*mobile Projektion*» bezeichnet. Über ihre Bedeutung für die Diagnostik und Therapie wird noch zu sprechen sein. Für den Nachttraum trifft das Phänomen der mobilen Projektion ebenfalls zu.

Traum –   Kenner des Nachttraumes haben mich darauf hingewiesen, daß Duktus und
Tagtraum   bildhafte Ausdrucksweise des katathymen Tagtraumes erhebliche Unterschiede gegenüber denen des Nachttraumes aufweisen. Unter psychodynamischem Aspekt betrachtet, sind diese Unterschiede der Phänomene kaum relevant. In beiden Fällen drücken sich unbewußte seelische Konflikte in symbolischer

Form aus. Aus phänomenologischem Gesichtswinkel gesehen, sind die Unterschiede aber bemerkenswert. Der Tagtraum ist – wie FREUD (1895) hervorhebt – bereits «sekundär bearbeitet» (im Sinne des Sekundärvorganges). Er steht dem Bewußtsein näher und ist insofern auf die kontinuierliche Durchführung eines Themas stärker zentriert als oft der Nachttraum. Seine Inhalte sind klarer und auch simpler als die des Nachttraumes. Sie erinnern nicht selten an volksliedhafte oder märchenhafte Darstellungen. Die KB-Inhalte sind, im Wachzustand erlebt, leichter zu merken als Nachtträume.

Die Fähigkeit zu imaginieren hat zwar jeder Mensch; ähnlich aber wie die musikalische Begabung ist sie bei einzelnen Menschengruppen verschieden ausgeprägt. Beispielsweise entwickelt sich spontanes Bildstreifendenken bei schizothymen Menschen schwerer als bei zyklothymen (KLUGE & THREN 1951). Bei Patienten kann diese Fähigkeit von der Struktur und der Schwere der Neurose abhängen. Hysterisch teilstrukturierte Neurotiker sind produktiver als einseitig zwangsstrukturierte oder schizoide Patienten. Momente der Verdrängungsbereitschaft, der Intellektualisierung und anderer Formen von Abwehr spielen ferner eine Rolle.

1.4.2. Einleitung des Katathymen Bilderlebens

Um das Symboldrama zu einem in der praktischen Handhabung und klinisch «sicheren Instrument» auszubauen, entstand im Gegensatz zu den spontanen Methoden der aktiven Imagination (JUNG 1916), dem Bildstreifendenken (KRETSCHMER 1922) die Notwendigkeit, operationalisierte, klare, einfache und vom Therapeuten leicht nachvollziehbare Techniken zur Einleitung der Therapie zu entwickeln. Mit ihrer Hilfe sollte es *beinahe bei jedem Patienten gelingen, die «Tore zum Bildbewußtsein zu öffnen»*, und die Tagtraumimaginationen sollten mit nahezu «experimenteller Sicherheit» hervorgerufen werden können. Wenn wir also nicht wie bei den spontanen Methoden warten, bis sich Bilderlebnisse von selbst einstellen, gehen wir nacheinander in zwei Schritten vor:

Technik KB

I. *Erster Schritt: Einleitung der Versenkung*

a) Induktion von Ruhe und Entspannung durch den Therapeuten oder
b) autogenes Training als autosuggestive Versenkung mit Schwere- und Wärmeübung.

II. *Zweiter Schritt: Aufforderung zur Vorstellung eines Standardmotives als Startposition für Tagtraumimaginationen*

Zu I.a), Induktion von Ruhe und Entspannung: Die eleganteste und am schnellsten realisierbare Einstellung der Versenkung ist die verbale Induktion einer nur leichten Entspannung durch den Therapeuten. Dazu bedarf es weder einer Hypnose noch der Verwendung fremdsuggestiver Verbalisationen, wie ich früher glaubte und wie Kollegen noch heute annehmen. Einige verbale Formulierungen zur Selbstentspannung genügen in der Regel, um schon nach wenigen Minuten die gewünschte «Versenkung» zu erreichen (Wortlaut vergleiche S. 51 f.). Nur

I. Entspannung

in besonders gelagerten Fällen kann sich empfehlen, diese «Ruhestörung» mit leichten, verbalen Suggestionen zu vertiefen[14]. Der erste Versuche mit dem KB unternehmende Therapeut ist im allgemeine überrascht, wie leicht der Patient zum «Bildern» zu bringen ist.

Das *Problem von Suggestionen und der Induktion im Katathymen Bilderleben* überhaupt ist hier kurz zu erörtern. Im wohlerwogenen Interesse einer jeden tiefenpsychologischen Psychotherapie liegt es, den suggestiven Einfluß so gering wie irgend möglich zu halten. Ganz auszuschließen ist er niemals, sei er auch nur nicht-verbaler Art. FREUD (1925) hat selbst für die Psychoanalyse ein suggestives Moment nicht ignoriert. Ein konfliktzentriertes Vorgehen wie im Katathymen Bilderleben mit dem Parameter einer leicht bewußtseinsverändernden Entspannung birgt eine vermehrte Suggestibilität des Probanden in sich. Die Interventionstechniken sollten deshalb alle auf ein Minimum suggestiven Einflusses abgestellt sein.

Deshalb ist zu den Einleitungsschritten zu sagen, daß *der Tagtraum* in der Regel *ohne jede Anleitung zur Entspannung entstehen kann.* In dem später noch zu beschreibenden «Blumentest» wird der Patient nur gebeten, sich in gelockerter Haltung, bei geschlossenen Augen im Sessel sitzend, eine Blume vorzustellen. Das gelingt ohne Umschweife schon in der ersten Sprechstundensituation bei 90% der Probanden. Diese spontane Unmittelbarkeit der Induktion des Katathymen Bilderlebens erfolgt also ohne das Ritual der therapeutischen Sitzung mit der Aufforderung, sich auf die Couch legend, einen Positionswechsel vorzunehmen, der Mißtrauen hervorrufen kann; der bedeutsame Schritt, *«jetzt beginnt die Therapie»,* unterbleibt. Wenn die Patienten die sich in einigen Sekunden spontan einstellende Blume «betrachten» und in Ruhe auf sich wirken lassen, können sie sie nach Form und Farbe gut beschreiben. Mitunter erleben sie die Blume in ihren Farben überhöht und können den Duft wahrnehmen. Sie sind oft überrascht, wie leicht ihnen derart plastische Imaginationen gelingen, und von dem Erleben emotional angesprochen. BARTL (1978) hat hervorgehoben, daß im Prinzip von der verbalen Einleitung des Versenkungszustandes ganz abgesehen werden kann. Damit wird dem Einwand mancher Kritiker begegnet, das KB sei eine «hypnoide Methode». Der oben genannte Kreisprozeß stellt sich von selbst ein: Vorstellung − − → leichte Versenkung − − → sie intensiviert die Vorstellung usw., Imagination und eingeengtes Bewußtsein korrelieren miteinander. Am Ende einer etwa 30minütigen KB-Sitzung besteht eine Schwere der Arme wie am Ende eines lang geübten autogenen Trainings.

Zu I.b): Einleitung durch autogenes Training. Dem Anfänger mag es methodisch sicherer scheinen, die ersten Stufen des autogenen Trainings nach J.H. SCHULTZ (1973): Schwere- und Wärmeerleben, einüben zu lassen. In der Regel vergehen zwei bis vier Wochen, oft mehr, bis neurotische Patienten diese Übungen beherrschen, sofern sie dazu überhaupt in der Lage sind. Schwerer gestörte Patienten stoßen dabei bekanntlich auf Schwierigkeiten. Diese Vorbereitungszeit und ihre mitunter unlösbaren Probleme möchte man gern umgehen. Sie

---

[14] Das Spielen beruhigender Musik kann als Hilfsmittel zur Vertiefung des Entspannungszustandes dienen. Einzelheiten vergleiche S.459.

schränkt die Wirksamkeit des Katathymen Bilderlebens in Fällen ein, in denen schnell geholfen werden soll und muß.

Ergänzung: Als eine besonders günstige Starthilfe hat sich in neuerer Zeit die von uns entwickelte intensive Entspannungstherapie mit Hilfe des Respiratorischen Feedback erwiesen (LEUNER 1977a). Selbst der völlig ungeübte Patient kann mit dieser Behandlung sofort beginnen. Etwa 80% der Patienten lernen schon nach etwa fünf halbstündigen Sitzungen eine ausgeprägte Tiefenentspannung in ein bis zwei Wochen.

Mit Beginn der KB-Therapie sollte allerdings autogenes Training oder Respiratorisches Feedback *abgesetzt* werden (Ausnahmen wären zu diskutieren). Die Entspannungstherapien haben eine sedierende, die Konfliktproblematik einebnende Wirkung (vergleiche S. 463).

Exkurs: Kolleginnen und Kollegen, die glauben, die Entspannung durch *Hypnose* vertiefen zu müssen, um das KB schnell einstellen zu können, handeln so in der Regel aus Unsicherheit. Ich rate davon dringend ab.

Ein hypnotischer Versenkungszustand, gleichgültig, ob fremdsuggestiv, auch als leichte Hypnose, ändert die Bedingungen, unter denen der Patient seinen Tagtraum beginnt, nicht unerheblich. Einerseits wird die *Abhängigkeit des Patienten vom Therapeuten verstärkt,* was wir vermieden sehen möchten (siehe oben). Andererseits sind ausgeprägte hypnoide Versenkungszustände Anlaß, *andrängende Konflikte einzuebnen und das emotionale Klima im Symboldrama auf konfliktärmere, versöhnliche Inhalte zu verschieben.* In der Studie von STAMM (1983) wurde der Einfluß der Hypnose auf das Katathyme Bilderleben experimentell untersucht. Der orale, beschwichtigende Charakter durch unspezifische Suggestionen von Ruhe und Entspannung führt zu einer schnellen Harmonisierung des ganzen katathymen Panoramas, deckt also die Konfliktwelt ab.

Zu II: Vorstellung eines Standardmotives. Dadurch unterscheidet sich das Symboldrama ferner von den spontanen Verfahren. Man braucht im klinischen Alltag nicht zu warten, bis sich der imaginative Prozeß einstellt. Technisch gesehen geschieht der «Start» zum Tagtraum durch einen verblüffend einfachen Kunstgriff, den zuerst HAPPICH (1932) gezeigt hat. Der Therapeut bittet den auf der Couch oder in einem Lehnsessel entspannten Patienten, sich einen gewissen Inhalt «vorzustellen». Der Begriff *«vorstellen»* ist dabei wichtig: Man bietet dazu ein vage formuliertes Motiv an, etwa: «Können Sie sich einmal eine Wiese vorstellen?» In der Regel sind es Motive der Landschaft, wie z. B. ein Fluß, ein Berg usw. In der praktischen Arbeit soll bewußt immer der *Begriff «vorstellen»* benutzt werden und niemals «sehen». Ich ergänze häufig: «Vorstellen ist einfach». Benutzt man den Begriff «sehen», entsteht leicht das Mißverständnis, man müsse ein Motiv in voller Ausstattung «sehen». Das gelingt naturgemäß in dieser Form nur selten. Die mit dem Bestreben zu «sehen» verbundene Anstrengung führt zur Anspannung und verhindert die notwendige Haltung «passiven Wollens» zur spontanen Entfaltung der Imaginationen.

Bei vager Anregung der Vorstellung tritt das nicht Vorauszusehende ein: Das in der Vorstellung blaß, unscharf, grau erscheinende Motiv wandelt sich mit

II. Vorstellung

zunehmender Versenkung (mehr oder weniger schnell) in ein *katathymes Bild* von der genannten *Deutlichkeit, Farbigkeit und Dreidimensionalität*. Es ist beim Geübten autonom und bleibt im Gegensatz zu den Vorstellungen von selbst im Blickfeld, d.h. vor den Augen stehen; die katathymen Bilder entfalten ihr Eigenleben schrittweise, und die «andere Welt des Tagtraumes» entwickelt sich. In ihr kann sich der Betreffende frei bewegen und handeln, als sei es eine neue Realität. Trotz häufig bestehender Zwischen- und Entwicklungsstufen ist es wichtig, sich den phänomenologischen Unterschied von Vorstellung und katathymem Bild zu vergegenwärtigen. Je besser die schrittweise Versenkung und die Übung des Patienten im Symboldrama, desto wirklichkeitsanaloger, farbenreicher und nuancierter sind im allgemeinen die Imaginationen. Weitere Sinneswahrnehmungen können hinzutreten und sollen vom Therapeuten auch angeregt werden. BARTL (1978) empfiehlt, den Patienten auf Gerüche, Geschmack und Geräusche hinzulenken. Auf der Wiese liegend sieht er beispielsweise die Grashalme sich im Winde bewegen, spürt den Wind im Gesicht, hört die Bienen summen, den Wald rauschen und riecht die Blumen. Nun kann man den Patienten leicht bitten, diese Umgebung analog der Situation in der Wirklichkeit mit dem «inneren Auge» genau zu betrachten, Einzelheiten zu beschreiben, z.B. die Ausdehnung der Wiese und ihre Begrenzung. Der Patient kann jetzt etwa Blumen pflücken, einen Bach entdecken, der durch die Wiese fließt, daraus Wasser schöpfen, um sich die Stirn zu kühlen usw. Er kann, wenn der Therapeut es anregt und er zustimmt, einen Pfad finden, der durch die Wiese führt und zu einem Spaziergang einlädt. Diese wenigen Hinweise zeigen, daß der Therapeut den Patienten anzuleiten sucht, weitere Strukturen im katathymen Panorama zu entdecken. Gleichzeitig bittet er ihn, über die auftauchenden Inhalte des Symboldramas sofort zu berichten, so daß der Therapeut in Kontakt mit dem Tagtraumerleben des Patienten bleibt. Der Therapeut kann so das Phantasiebild des Patienten und seine Welt der Imaginationen in eigenen Vorstellungen begleitend miterleben. Dieses im wahren Sinne des Wortes «Im-Bild-Sein» ist für das tiefere empathische Verstehen des individuellen Erlebens des Patienten unerläßlich. Der Therapeut soll diese *Aufgabe des inneren Mitvollzuges* jedoch nicht dadurch erfüllen, daß er selbst die Augen schließt und gemeinsam mit dem Patienten «vor sich hin» imaginiert. Involviert von seiner eigenen Bilderwelt wäre der Therapeut in dieser Position kaum noch in der Lage, die Inhalte des Patienten-KB und die zu bedenkenden Führungsprinzipien kognitiv zu reflektieren.

Stellt der Therapeut im Kontext mit den auftretenden Tagtrauminhalten hier und da eine Frage nach Details des Bildes, manifestieren sich nicht selten neue Einzelheiten oder verstärken sich vorhandene Bildeindrücke.

Aus allem ist leicht vorzustellen, daß sich zwischen tagträumendem Patienten durch die Verbalisation seines KB-Erlebens und dem Therapeuten mit seinen verbalen und nicht-verbalen Signalen ein Wechselspiel von Interaktionen ergibt – eine *dialogische Situation* –, in deren Mittelpunkt das Tagtraumerleben steht.

Im Gegensatz zu der Methode des französischen Ingenieurs DESOILLE (1945) hat das Symboldrama nicht den Namen «gelenkter Tagtraum» erhalten. Die Aktivität des Lenkens beschränkt sich im KB bewußt auf ein Minimum. Die überwiegende Haltung des Therapeuten ist die eines Begleiters, eines Geburtshelfers, der die Entfaltung des Tagtraumes fördert, dem Patienten Schutz bietet und nur durch angepaßte Interventionen therapeutische Hilfe leistet, wenn das notwendig erscheint. Wenn sich der *therapeutische Prozeß im Symboldrama in dialogischer Form vollzieht,* setzt sich das Verfahren von den unsystematischen Imaginationsmethoden wie Oberstufe des autogenen Trainings (J.H. SCHULTZ 1973), der aktiven Imagination (JUNG 1916) und dem Bildstreifendenken (KRETSCHMER 1922) ab, bei denen kein Rapport mit dem Therapeuten besteht. Ich würde sie insofern als «*monologische Methoden*» kennzeichnen; das Problem des Dialoges während des Tagtraumes ist von diesen Autoren niemals auch nur erwogen worden.

KB eine dialogische Therapie

Ich veranschauliche das Gesagte an einem praktischen Beispiel. Versuchsperson (Vp) ist eine 30jährige verheiratete Akademikerin. Sie ist weder in das autogene Training eingeübt, noch besitzt sie irgendwelche Vorerfahrung mit dem Symboldrama.

Versuch: Die Vp wird gebeten, sich auf einer Couch niederzulegen. Anweisung: «Bitte legen Sie sich so bequem wie möglich hin. Suchen Sie sich eine Stellung, in der Sie sich ganz entspannt fühlen, etwa, als schickten`Sie sich an, einen kleinen Mittagsschlaf zu halten.» (Analog sind die Anweisungen, wenn der Betreffende gebeten wird, sich in einen Lehnsessel zu setzen.)

Als Standardanleitung zur Entspannung folge ich einem Wortlaut, den ich aus Gründen der Sicherheit benutze, um eine ausreichende Relaxation zur Einleitung der KB-Therapie *beim Ungeübten* zu erzielen. Diese Wiedergabe erfolgt in einfacher, regelhafter Form. Falls notwendig, können die Sätze sinngemäß mehrfach wiederholt werden. Die *Sprache* soll *langsam,* leicht betont und gleichmäßig, etwas monoton sein und beruhigend wirken. Diese versenkende Phase nimmt nicht mehr als zwei bis fünf Minuten in Anspruch. Der Erfahrene wird an meinen Formulierungen erkennen, daß ich alle autoritären, die Passivität des Patienten anregenden Worte vermeide, wie sie in der Suggestivtherapie benutzt werden. Vielmehr gebe ich *Anleitungen zur eigenen, aktiven Selbstentspannung.*

KB einer Vp als Modell

Diese Formulierungen gehören aus noch zu nennenden Gründen zum Standard der schulischen Einleitung des KB. Wer das Verfahren anwenden will, sollte sie sich deshalb genau einprägen.

Ich formuliere also (Tonbandprotokoll): «Bitte versuchen Sie, jeden Muskel Ihrer Schultern ganz locker zu lassen, lockern, lösen und entspannen Sie bewußt jeden einzelnen Muskel Ihrer Schultern. – – –[15] Lassen Sie jeden Muskel Ihrer Schultern schlaff, locker und gelöst liegen. – – – Das gleiche tun Sie bitte mit den Muskeln der Oberarme. Lockern Sie, lösen Sie und entspannen Sie bewußt jeden einzelnen Muskel an den Oberarmen. – – – Lassen Sie die Oberarme so schlaff, müde und gelöst wie irgend möglich liegen. – – – Übertragen Sie das nun auch auf die Unterarme. Lockern Sie und lösen Sie bewußt auch jeden Muskel der Unterarme, allmählich bis hinunter in die Hände und in die Fingerspitzen. – – – Bitte jeden Muskel bewußt lockern und lösen; lassen Sie die Glieder

Entspannung

---

[15] Die Striche sollen die zeitlichen Pausen andeuten. Zwischen den Pausen können diese Aufforderungen zweckmäßigerweise ein- bis zweimal ähnlich wiederholt werden.

51

schlaff, bis hinein in die Fingerspitzen, locker und gelöst liegen. – – – Beide Arme also ganz locker und gelöst liegen lassen . . .

[Nun versuchen Sie bitte das gleiche an den Beinen. Lassen Sie jeden Muskel an den Oberschenkeln locker; jede Muskelfaser bewußt lockern und lösen, jeden einzelnen Muskel lösen, – die Oberschenkel also schlaff und locker liegen lassen. – – – Und nun lassen Sie schließlich auch jeden Muskel des Unterschenkels locker; lösen Sie und lassen Sie die Unterschenkel erschlafft liegen. – – – So werden allmählich Arme und Beine gelöst, müde und später schließlich auch schwer. Bitte geben Sie sich diesem Zustand der Lösung und Entspannung mehr und mehr hin. – – – Dösen Sie so allmählich vor sich hin, schalten Sie ab und geben Sie sich diesem angenehmen Entspannungszustand hin. – – Dabei werden Sie allmählich immer ruhiger. Eine angenehme innere Ruhe breitet sich allmählich aus; Sie schalten ab und alles andere ist gleichgültig.»][15a]

Zwischenbemerkung: Der Leser möge bedenken, daß es bei dieser Formulierung wirklich auf jedes Detail ankommt. Ich fasse noch einmal zusammen, was mir dabei vor allem wichtig ist:

(1) Relativ detailliert wird die Aufmerksamkeit des Patienten auf einzelne, umschriebene Muskelpartien gerichtet.

(2) Ich schreite von oben nach unten fort, wobei der Schultergürtel eine spezifische psychophysische Bedeutung hat (STOLZE 1953); das entspricht der Hierarchie des Körperschemas von der emotionalen Ich-Nähe zu größerer Ich-Ferne.

(3) Alle Formulierungen einer hypnoid-suggestiven Technik der Fremdbeeinflussung im Sinne suggestiver Behauptungen vermeiden, wie etwa: «der rechte Arm *ist* schwer» (was anfänglich nicht stimmt und vor allem bei jüngeren Menschen leicht Widerspruch erregt). Vielmehr fordern die Formulierungen den Patienten auf, selbst etwas zur muskulären Entspannung an den jeweils begrenzten Bezirken zu tun.

(4) Die Formulierungen reduzieren den Begriff (ent-)«spannen» so weit wie möglich, obgleich man zum Verständnis ohne ihn nicht auskommt. Er bleibt jedoch eingebettet in die Begriffe wie: lösen, locker lassen, müde, schlaff liegen lassen» usw. Der Begriff *«lassen»* ist dabei von besonderer Bedeutung, wie MÜLLER-HEGEMANN (1956) bereits für das autogene Training hervorgehoben hat.

Sollte der Patient jetzt noch eine gewisse Unruhe in Form einer Erwartungsspannung, sichtbar am Lidflattern oder an unruhiger, schneller Atmung zeigen, setze ich fort:

«Alles, was vorher war, ist Ihnen gleichgültig. Sie liegen hier ganz gelöst, ein wenig dösig und vielleicht auch müde, und geben sich ganz dem Zustand hin.»

Dies ist ingesamt schon eine relativ weitgreifende Form, Selbstentspannung anzuregen. Einzelne Passagen können bei Bedarf mehrfach wiederholt werden.

Vorstellungs-
motiv

Jetzt folgt der *zweite Schritt, die Induktion eines Vorstellungsmotives:*

Therapeut: «Nun versuchen Sie bitte, sich eine Wiese vorzustellen, irgendeine Wiese. Sie warten geduldig, bis sich eine Wiese einstellt.» – Nun ist jedoch folgende Ergänzung sehr wichtig: «Aber auch alles andere, was vor Ihre Augen kommen will, ist recht, und Sie lassen es bitte zu.»

Dieser ergänzende Hinweis sollte niemals vergessen werden.

Therapeut: «Wenn Sie etwas Derartiges oder auch etwas anderes vor Augen

[15a] Diesen Teil wende ich nur beim noch gänzlich ungeübten Patienten an.

52

haben, nicken Sie bitte mit dem Kopf und versuchen Sie, es mir zu beschreiben.» (Pause) ... «Auch wenn Sie Schwierigkeiten haben sollten, versuchen Sie bitte, mit mir darüber zu sprechen.» *Auch dieser Hinweis ist zu Beginn einer Therapie wichtig,* um vom Patienten bald eine Schilderung seines eventuell abweichenden Erlebens zu erhalten, an die der Therapeut dann weitere Interventionen anknüpfen kann.

In der gewählten Wortwahl ist jeder Begriff genau bedacht. Sie sollte deshalb für den jungen Therapeuten *schulgemäß* als *Richtschnur gelten und gut beherrscht werden.*

Technische Ergänzung: In jenen seltenen Fällen, in denen der Patient, aus welchen Gründen auch immer, mit diesem einfachen Vorgehen nicht zur Imagination angeregt werden kann, benütze ich ein Hilfsmittel: Ich lasse ihn sich vorstellen, wie er in meinem Zimmer auf der Couch liegt (im Lehnsessel sitzt). Das gelingt fast sofort. Dann bitte ich ihn, sich vorzustellen, wie er aufsteht, die Tür öffnet und aus dem Zimmer hinaustritt. Minutiös beschreibe ich dann den Weg zum Ausgang aus dem Haus, den ich ihn bitte, in seiner Vorstellung zu folgen. Ich vergewissere mich, ob er die jeweiligen Eindrücke wirklich vor Augen hat, mögen sie zunächst auch nur blaß und unscharf sein. – Damit habe ich ihm zunächst einmal zeigen können, daß er die Fähigkeit zur imaginierenden Vorstellung besitzt.

Anschließend veranlasse ich einen Spaziergang in der Umgebung meines Hauses, bis dieser in Bereiche führt, die der Patient nicht mehr erinnern kann. Die freie Imagination ist erreicht.

Eine weitere, elegante Starthilfe für den Tagtraum kann der Blumentest sein (S. 336). Bei begabt erscheinenden Patienten versuche ich, ihn bereits in der Sprechstundensituation (nach Aufnahme der Vorgeschichte) zu veranlassen, den Blick am Stengel der Blume nach unten wandern zu lassen, um herauszufinden, wo die Blume wohl steht. Manche Patienten imaginieren dann ein Beet und befinden sich bereits im Freien, etwa im Garten der Großeltern als kleines Kind (Altersregression). Diejenigen, die die Blumen in einer Vase imaginieren, werden gebeten, den Standort und das Zimmer in allen Einzelheiten zu beschreiben. Daran übt sich die Imagination. Vom Motiv des Zimmers kann unter Umständen in die Natur oder die Besichtigung des Hauses weitergegangen werden. – Das gleiche Vorgehen gelingt auch, wenn Tage zwischen der ersten Einstellung des Blumenmotives vergangen sind. Der Patient ist gern bereit, die Blume auch zum zweiten Mal einzustellen.

Zurück zu unserer Probandin: Nach Einleitung des Tagtraumes auf diese Weise liegt die Vp offensichtlich gut entspannt, mit lockerem Gesicht und ruhig atmend auf der Couch. Nach einigen Sekunden öffnet sie die Lippen; die Sprache ist langsam, leise und zunächst etwas schwer verständlich. Sie wird aber bald kräftiger und deutlicher.

«Ja, ich sehe grünes Gras vor mir, dünnes, fast hohes Gras. Es bewegt sich leicht im Wind.»   *Verlauf*
(«Lassen Sie das bitte einmal auf sich wirken.»)
«Ja, das ist angenehm, ein schönes sanftes Grün.» – – –
(«Versuchen Sie, wenn Sie wollen, sich umzublicken, damit Sie die Wiese und überhaupt alles, was es noch gibt, erkennen können.»)
«Ja, ich habe den Kopf gehoben, ich sehe eine schöne, fruchtbare Wiese vor mir. Sie ist

groß, und hier und da sind einige Blumen verstreut sichtbar. – Nun wird alles noch deutlicher. Ich erkenne die blauen und die gelben kleinen Blumen. Das Gras erscheint jetzt niedriger, das Ganze macht einen lieblichen Eindruck und ist freundlich. Die Wiese streckt sich weit hin, die Sonne scheint wie im Sommer. Alles ist üppig, fruchtbar und angenehm. Die Wiese ist nach beiden Seiten breit ausgedehnt, vorn und hinten ist sie durch einen Wald mit hohen Buchen begrenzt.

Vorn ist sie besonders breit. Seitlich kann ich außerordentlich weit blicken. Links hinten erheben sich einige Berge, ganz fern sogar ein Gebirge mit schneebedeckten Gipfeln.»

(«Vielleicht handelt es sich bei diesem Bild um eine Ihnen bekannte Landschaft? – Oder ist sie allein aus der Phantasie geboren?»)

Anmerkung

Bei einem noch nicht sehr geübten Patienten sollte man sich früher oder später vorsichtig Klarheit über diese Frage verschaffen. Zu der folgenden Antwort geben wir keinerlei Kommentar. Wir lassen offen, ob uns beide, eine phantasiegetragene Wiese oder eine Wiese aus der Erinnerung, gleich lieb sind.

«Eine solche Landschaft ist mir nicht bekannt. Sie erscheint mir ganz neu. Ich möchte sagen, doch mehr aus der Phantasie.»

(«Sie können noch mehr erkennen?»)

«Ja, jetzt sehe ich rechts einen Einschnitt, es ist – ja tatsächlich – ein Bach, der sanft geschlängelt durch die Wiese läuft. Er ist schmal und führt ganz klares, sauberes Wasser. Ich hätte fast Lust, daraus zu trinken.»

(«Tun Sie es doch.»)

«Ja, jetzt sitze ich schon auf dem Gras und stütze mich mit der Hand ab und schöpfe mit der rechten Hand das Wasser. Es ist angenehm und schön kühl. Ich trinke aus der hohlen Hand; ich reibe das Wasser auf die Stirn; es ist angenehm erfrischend. Ich wiederhole das auch im Gesicht, eine große Erfrischung! – Ich bin zufrieden. Die Sonne scheint sommerlich warm. Ich werde müde und möchte mich hinlegen.»

(«Bitte.»)

«Ich mache die Augen zu und liege auf der Wiese. Die Sommersonne brennt mir ins Gesicht. Das Gras rauscht leise im Wind. Insekten summen herum. – Auch der Bach scheint ein wenig zu murmeln. Das Ganze atmet Ruhe und Frieden. Ich würde gern hier bleiben. Es ist ein Gefühl von innerer Ruhe und Frieden, wundervoll, was Sie hier mit mir machen.» – Längere Pause, in der die Vp offenbar diese Stimmung genießt und ganz in sich aufnimmt.

(«Schauen Sie sich doch nun einmal etwas um, vielleicht sind irgendwo Tiere zu sehen.»)

«Wenn ich mich umblicke, sehe ich, daß sich die Wiese inzwischen geweitet hat. Dort, wo früher die Grenze des Waldes war, ist jetzt eine Viehkoppel. Eine Anzahl von Kühen grast mit einigen Kälbern in aller Gemütsruhe. Im Hintergrund sehe ich auch einen Stier. Er stampft unruhig auf und ab und läuft mit wehendem Schwanz umher.»

(«An dieser Stelle wollen wir zunächst abbrechen. Lassen Sie bitte das Bild abklingen. Nehmen Sie die Übung nun zurück nach Art des autogenen Trainings und ballen Sie beide Fäuste, beugen und strecken Sie die Arme dreimal kräftig. – – – Dann einmal ganz tief einatmen und die Augen öffnen. Sie kehren wieder in diese Welt zurück, aus der Bilderwelt in die Wirklichkeit. Sie können sich nun noch etwas räkeln und strecken, und warten Sie ab, bis Sie bewußtseinsmäßig ganz zurückgekehrt sind. – Dann setzen Sie sich bitte auf.»)

zurücknehmen

Bemerkung: Die Form des *Zurücknehmens* nach J.H. SCHULTZ (1973) ist ebenfalls ein Standardvorgang der KB-Sitzung. Durch die intensive Anspannung der Armmuskeln mit energischem Ballen der Fäuste und turnübungsartigem Beugen und Strecken der Arme wird ein Weckeffekt durch Aktivierung der

54

motorischen Hirnrinde und damit auch der gesamten Hirntätigkeit (Vigilanz) erreicht. Dieser «Weckübung» wegen sollte der Patient regelmäßig und strikt dazu angehalten werden, den Tagtraum korrekt abzuschließen. – Entsprechend der schon mehrfach erwähnten Beobachtung der versenkenden Wirkung der Imaginationstätigkeit kann der Zustand am Ende einer 30minütigen KB-Sitzung, gemessen an dem oft sehr ausgeprägten Schwereerleben der Gliedmaßen (was einer objektiven Herabsetzung des Muskeltonus entspricht), mit einem tiefen autogenen Training verglichen werden. Es wäre *fahrlässig,* den Patienten *ohne die Aktivierungsübung* aus der Behandlung zu entlassen und ihn vielleicht sogar dem Straßenverkehr zu übergeben. Trotz der Weckübungen hält der veränderte Bewußtseinszustand noch eine Weile an, und der Patient ist oft nur wenig geneigt und kaum in der Lage, in einem angeschlossenen Nachgespräch Einfälle zu den Inhalten des Tagtraumes zu sammeln. Ich empfehle dem Patienten deshalb, im Wartezimmer noch eine *«Besinnungsphase»* von 10 – 15 Minuten anzuschließen. Sie gibt Gelegenheit, erste Notizen für das zu Hause anzufertigende Protokoll zu machen, oder mit dem bereitliegenden Zeichenmaterial Skizzen anzufertigen.

Fortsetzung des Protokolls (die Vp hat sich seitlich auf die Couch gesetzt, und ich bitte sie, über ihr Erleben zu berichten):

Bericht

«Ja, das war sehr eigentümlich. Ich war relativ schnell gut entspannt. Darin hatte ich gar keine Schwierigkeiten. Es erinnerte mich an die Situation, wenn ich abends einschlafe, ich meine, wenn ich mir vornehme einzuschlafen. Das grüne Gras kam ganz von selbst vor die Augen. Einige Mühe hatte ich freilich, es nachher auszuweiten zu einer Wiese. An dieser Stelle stockte es etwas, ich hatte auch einen gewissen Unwillen, vielleicht hätte ich mir viel lieber etwas anderes vorgestellt[16]. Dann folgte ich aber Ihren Empfehlungen. Das übrige habe ich geschildert. Die Deutlichkeit der Bilder hat mich überrascht. Als die Wiese ganz aufgetaucht war, wurden die Bilder immer deutlicher. Schließlich standen die Farben ganz klar vor Augen. Ich hatte alles um mich herum nach einiger Zeit völlig vergessen. Ich war ganz in dieser Landschaft. Das kühle Wasser spürte ich deutlich, hörte die Insekten summen. Für mich war das Ganze ein äußerst angenehmes Erleben. Ich war davon erfüllt. Noch jetzt fühle ich mich beruhigt. Auch die Kühe habe ich sehr deutlich gesehen, wie sie träge dalagen und vor sich hinmalmten. Das Ganze war ein friedliches und sich weit in die Landschaft hinaus erstreckendes Bild.»

(«Die Wiese war nach dem Trunk weiter, hat es Sie nicht überrascht? Die anfängliche Begrenzung durch den Wald war weggefallen?»)

«Ja, das stimmt. Nach dem, was Sie gesagt hatten, war ich aber auf solche Überraschungen eingestellt. Ich muß sogar noch sagen, daß ich zunächst etwas viel Phantastischeres erwartet hatte. Wenn das Ganze nicht so deutlich und lebendig gewesen wäre, wäre ich vielleicht ein wenig enttäuscht gewesen, daß ich gewissermaßen eine so alltägliche und der Wirklichkeit ähnliche Situation erlebte. Ich hatte mich viel mehr auf symbolische Gestalten oder irgendetwas Traumhaftes eingestellt.»

Kommentar: Zu der letzten Bemerkung der Vp ist festzustellen, daß es sich nicht um das Panorama eines Patienten handelt. Es findet sich kaum Konfliktstoff. Vielmehr ist es ein Seminarteilnehmer, der sich freundlicherweise zur Ver-

Interpretation

---

[16] Hier wird ein Widerstand gegen die Führung nachträglich deutlich. Wir ermutigen im allgemeinen unsere Patienten, während der Sitzung ihre eigenen Intentionen zu verbalisieren und lassen ihnen die Möglichkeit, auch andere andrängende Inhalte zu imaginieren.

fügung gestellt und möglicherweise situativ bedingt das Aufkommen problematischer Inhalte unbewußt zum eigenen Schutz abgewehrt hat.

Das Stimmungsmoment der Wiese ist gekennzeichnet durch Friedlichkeit, Ruhe, warmen Sommer und anfänglich eine gewisse Einengung der Landschaft. Die Vp kann sich dem hingeben und gibt einen klaren Bericht über das kardinale Motiv der Wiese, wie es beim Gesunden erwartet werden kann. Etwas Spezifisches bedeutet aber offenbar die Ausweitung der Wiese als ein Wandlungsphänomen, nachdem sich die Vp am Wasser gelabt hat. Bei diesem Vorgang, der recht lebendig geschildert wird, geschieht etwas Bestimmtes. Bedenkt man, daß die zwar quasi-realistisch erscheinenden szenischen Inhalte des KB zugleich immer symbolische Bedeutung haben, sind noch weitere Gesichtspunkte zu bedenken. Von der Bewußtseinsebene des Traumes und der damit verbundenen Traumarbeit im Sinne von FREUD (1900) ausgehend, ist z.B. die Labung am Bach insofern nicht nur ein tief empfundenes Erlebnis körperlicher Erfrischung, sondern rührt an die Thematik des oralen, frühkindlichen Versorgtwerdens als Befriedigung eines elementaren menschlichen Bedürfnisses. Die sich anschließende Wandlung des Wiesenmotives deutet darauf hin, daß diese orale Befriedigung einer inneren, unbewußten Bedürfnisspannung entspricht (die Vp hat Durst) im Sinne ihrer Herabsetzung. Der Wandel der Landschaft wird positiv signalisiert, sozusagen eine Ausweitung des innerseelischen Raumes. Die Erweiterung der Wiese verweist jetzt auf einen größeren Freiheitsgrad. Die Präsenz der mütterlich-nährenden Welt wird in den auftauchenden Kühen und Kälbern deutlich und als angenehm empfunden.

An einer Stelle jedoch, nämlich bei dem unruhig stampfenden Stier im Hintergrund, wird die Stimmung dieses Themas durch ein anderes Stilelement durchbrochen, das die männlich-väterliche Welt andeutet.

Ich glaube, der Leser hat einen ersten Eindruck von der Einleitung des KB und der Erlebnisweise des Symboldramas bei einem unneurotischen Menschen erhalten. Konflikthafte Projektionen sind nur andeutungsweise aufgetreten. Deutlich wird die Einheit von der Stimmung des Bildes mit der eigenen Gestimmtheit der Vp. Deutlich wird ferner die therapeutisch wichtige emotionale Intensität des Erlebens. Sie entlockt der Vp den spontanen Ausspruch: «Das ist ja ganz wundervoll, was Sie hier mit mir machen.» Mehr am Rande sei schon an dieser Stelle vermerkt, daß die Vp mit dieser Formulierung ihre Gefühlsübertragung auf mich als Therapeut signalisiert. Sie erlebt mich als einen, der etwas «mit ihr macht» – nicht eigentlich, daß diese Gestaltung des Wiesenmotives aus ihr selbst kommt als Ausdruck ihrer eigenen unbewußten, d.h. momentanen Sehnsucht nach Ruhe, Erholung und Sicherheit. Wir nehmen diese Beobachtung zunächst einfach zur Kenntnis und würden sie auch, wenn es sich um einen Patienten handelte – außer einer freundlichen Bestätigung – erst im Rahmen der weiteren Behandlung näher ansprechen. Auf keinen Fall würden wir auf der Grundstufe zu irgendwelchen Interpretationen der Inhalte schreiten. Dazu wird später noch mehr zu sagen sein. Trotzdem sammelt der Therapeut alle die Daten für sich, um ein immer dichter werdendes Mosaik der Antriebs- und Abwehrstruktur des Patienten zusammensetzen zu können.

Auch die Technik des Rapports zwischen Therapeut und Patient wird deutlich. Er ergibt sich zwanglos, ohne die Vp zu stören. Dabei dürfen wir nicht vergessen, daß bei dem mitempfindenden inneren Nachzeichnen des Bildes jeder Therapeut natürlich ihm gemäße, eigene Vorstellungen entwickelt. Sie decken sich nur sehr bedingt mit den Tagtrauminhalten des Patienten. Der Leser wird – weniger deutlich, als wenn er die dazugehörige Tonbandaufnahme gehört hätte – bemerkt haben, daß ich der Vp viel Zeit gelassen habe, die Bilder zu entfalten. Ich habe sie im weiteren Verlauf nicht gedrängt. Es wäre ein Irrtum anzunehmen, das therapeutisch Wesentliche läge allein in den Tagtraumproduktionen. *Ebenso wichtig ist das Ansteigenlassen von Stimmungen und die Anregung von Emotionen und Affekten,* die die Bilder begleiten. Die Entfaltung von Gefühlen hat jedoch erfahrungsgemäß einen gewissen Grad von Trägheit, d. h. Gefühle können nicht so leicht wie Imaginationen, Gedanken oder Willensakte kommen und gehen und «umgeschaltet» werden. Stimmungen heben langsam an und breiten sich träge aus. Gefühle brauchen für ihre Entstehung eine entsprechende Einstimmung und verlaufen langsam und nach eigenen Gesetzen. Wenn die Behandlung mit dem Symboldrama wirksam sein soll, müssen wir *die Manifestation von Stimmungen und Gefühlen beachten* und sollen ihr ausreichend Zeit lassen, d.h., wir dürfen auch nur begrenzt mit Fragen eingreifen. Stimmungen und Gefühle sollten wir zeitweilig produktiv anreichern lassen, wie ich das z. B. beim Ausruhen auf der Wiese und bei der Erfrischung am Bach bewußt getan habe.

Das naheliegende Bedürfnis des (jungen) Therapeuten, aus Wissensgründen Einzelheiten durch *Detailfragen* zu erhalten, *kann den therapeutischen Prozeß in emotionaler Hinsicht stören.* Ich selbst hatte mich in der ersten Phase der Entwicklung des KB stärker an die Bildphänomene gehalten. Erst später mußte ich mich überzeugen, daß zwischen einer mehr explorierenden *aktiv-diagnostischen und einer abwartenden therapeutischen Technik* unterschieden werden muß (Leuner 1970). Ich möchte deshalb im Gegensatz zu früheren Empfehlungen, der Therapeut solle durch Fragen an den Patienten versuchen, sich ein präzises Bild über den aktuellen Bildinhalt zu verschaffen, heute raten, manche inhaltliche Unklarheiten in den Schilderungen des Patienten zunächst hinzunehmen. Wenn erwünscht, möge der Therapeut ihn hinterher (nach Rücknahme) bitten, die Beschreibungen undeutlich gebliebener Inhalte zu ergänzen. So gehört es schließlich auch zur Technik, Fragen an den Patienten während des KB möglichst breit und allgemein zu formulieren, wie ich es in diesem Beispiel getan habe, um eine spontane und freie Entfaltung an den Standardmotiven zu ermöglichen, statt ihn zu früh auf Details festzulegen.

Ich gehe nun einen Schritt weiter und lasse das Protokoll einer ersten KB-Sitzung mit deutlich konflikthaften Inhalten folgen. Von einer 38 Jahre alten weiblichen Versuchsperson stammend, ist es einem Videoband entnommen, das 1970 im Studio des Bayerischen Rundfunks für den Bayerischen Medienverbund der Hochschulen aufgenommen wurde. Das Setting war entsprechend streßreich, so daß latente Probleme der Versuchsperson situativ bedingt aktiviert wurden. Die Passage eignet sich deshalb besonders für die Demonstration von Konfliktmaterial im KB.

*Gefühle
anreichern*

Detailfragen?

Protokoll (Transskript von Videoaufnahme)

KB mit Konflikt- darstellung
(«Bitte versuchen Sie doch einmal, sich eine Wiese vorzustellen. Irgendeine Wiese, wie sie gerade vor Augen kommt. Etwas anderes, was sonst kommen will, ist auch zugelassen. Alles ist zugelassen. Vielleicht beginnen Sie mit einer Wiese.»)

«Ich sehe eine große Wiese, nein, es sind eigentlich drei, drei Wiesen.»

(«Ja.»)

«Abschnitte, ganz unterschiedlich. Die eine Wiese ist voller Blumen und hellgrünem Gras. Es sieht hübsch aus, sommerlich. Und die geht dann über in eine zweite Wiese mit hohem Gras, kniehohem Gras, sehr voll, kräftige Farben.»

(«Lassen Sie es einmal auf sich wirken. Wie empfinden Sie die Wiese?»)

«Voll, das Gras ist grün, das Wetter ist schön, der Himmel ist blau. Die Sonne sehe ich nicht. Ich weiß, daß die Sonne scheint, aber ich sehe sie nicht. Eine dritte Wiese, die ist verbrannt.»

(«Verbrannt sagen Sie?»)

Verlassenheit
«Abgebrannt.»

(«Können Sie sie ein bißchen genauer beschreiben?»)

«Sie ist schwarz, ist verkohlt. Davon möchte ich weg.»

(«Ja, vielleicht können Sie sie von der Ferne erstmal ein bißchen betrachten.»)

«Ich stehe in der Wiese mit dem hohen Gras und sehe die verbrannte Wiese und möchte weglaufen. Da ist ein Wald, ein Wald zieht sich an dieser Wiese entlang. Da würde ich gern hinlaufen.»

(«Bitte noch nicht weglaufen, versuchen Sie mal, standzuhalten, aus sicherer Entfernung, und versuchen Sie, die verbrannte Wiese genau ins Auge zu fassen, jede Einzelheit.»)

«ja, – – –»

(«Und beschreiben Sie sie mir.»)

«Da sind keine Einzelheiten, sie ist verbrannt.»

(«Ja, wie groß ist denn die Wiese? Können Sie sie begrenzen, mit den Augen abtasten?»)

«Vielleicht 50 Meter im Quadrat.»

(«Ja, und da ist gar nichts?»)

«Nichts, – – – an der einen Seite ist Wald, ja.»

(«Und dies berührt Sie wie?»)

«Ja, ich fühle mich unbehaglich, habe eigentlich Angst.»

(«Was befürchten Sie denn?»)

«Daß ich darauf gehen müßte. Daß ich darin stehen würde.»

(«Das wäre schlimm?»)

«Ja, ich würde mir sehr verlassen vorkommen. Die Wiese, in der ich jetzt stehe, die flößt mir Vertrauen ein.»

(«Das wäre verlassen, Sie würden sich verlassen vorkommen? Das Verlassenheitsgefühl, das kennen Sie auch sonst schon mal?»)

«Ja, das kenne ich auch sonst. Wenn ich allein bin, ja, das Gefühl, ich bin abgebrannt. Ah, ja, das ist es, ich bin abgebrannt. Nicht die Wiese.»

(«Wie meinen Sie das denn?»)

«Ich weiß es nicht. Ich möchte da weg.»

(«Sie möchten da weg. Nun, trotzdem, versuchen Sie ein bißchen noch standzuhalten, und bitte blicken Sie sich doch einmal um, ob Sie vielleicht in der Nähe irgendwo einen Bach finden.»)

«Ja, das ist kein Bach, das ist ein Strom. Ziemlich breit, aber sehr reißend. Die Wellen, die haben kleine Schaumkämme, und reißend wird das Wasser davongetragen. Ich habe das Gefühl, es ist sehr kalt, eiskaltes Wasser.»

(«Woran merken Sie das denn?»)

«Ja, ich stehe plötzlich am Ufer und bekomme mal einen Spritzer ab, und das brennt in der Haut wie Eiskristalle.»

(«Ist das unangenehm?»)

«Ja, ich spüre es förmlich. Es brennt sich in die Haut ein.»

(«Das ist ein Gebirgsbach, wenn ich es recht verstehe, ein Strom, der . . .»)

«Das weiß ich nicht, ich weiß nicht, wo er herkommt.»

(«Gut, ich hätte jetzt einen Wunsch und zwar, daß Sie einmal versuchen, diesen Bach zu verfolgen. Sie können ihn nach oben zur Quelle hin verfolgen oder ihn stromabwärts verfolgen und versuchen, ob Sie vielleicht sogar bis zum Meer gelangen. Was würden Sie lieber tun?»)

«Ich kann mich so schwer entscheiden. Ich würde wohl lieber stromaufwärts gehen, aber irgend etwas zieht mich runter, zieht mich mit dem Wasser. Obgleich – ich hab' das Gefühl, da ist irgendeine Gefahr – aber die zieht mich an. Die Gefahr zieht mich an. Und trotzdem ist mir unbehaglich, ich würde lieber stromaufwärts gehen; ich, ich würde da Zuflucht suchen.» – – –

(«Was würden Sie nun lieber tun?»)   *Konflikt*

«Ich, ich kann nicht, ich kann nicht stromaufwärts gehen, ich kann nicht.»

(«Sie können nicht? Haben Sie es schon versucht?»)

«Ja, ich kann nicht, ich bin festgenagelt.»

(«Wie meinen Sie das?»)

«Ja, wenn ich in die Richtung stromaufwärts gehen will, dann, dann bin ich festgenagelt, dann bekomme ich meine Füße nicht von der Erde.»

(«Die sind so wie festgeheftet?»)

«Ja, festgeklebt sogar.»

(«So wie man das nachts im Traum manchmal kennt?»)

«Ja, ich kenne das vom Traum. Wenn ich weglaufen möchte und nicht laufen kann.»

(«Also, was würden Sie vorschlagen?»)

«Ja, ich muß wohl in die Richtung gehen, in die ich gehen kann. Stromabwärts kann ich ja gehen.»

(«Gut versuchen Sie es mal; versuchen Sie es mal in aller Vorsicht. Und Sie erzählen mir bitte ganz genau, was nun im einzelnen kommt.»)

«Ja, ich gehe am Strom entlang, der nach wie vor reißend ist. Gehe an einem grasbestandenen Ufer entlang – – – , komme an eine Schlucht, einen Wasserfall. Da stehe ich und gucke runter.»

(«Mal in Ruhe vorsichtig da hinunterschauen.»)

«Das Wasser fällt sehr steil hinunter. Mindestens, ich weiß nicht, ich kann gar nicht so tief gucken. Ich sehe unten gar nichts, das geht ja endlos. Mit vielen Felsen, unten Felsspitzen, das Wasser fällt drauf und sprüht. – – –[16a] Es schiebt sich eine Erinnerung dazwischen. Eine reale Erinnerung.»   *Einfälle*

(«Wollen Sie darüber sprechen?»)

«Ja, an die Niagara-Fälle.»

(«Die Niagara-Fälle? Sind Sie da mal gewesen?»)

«Ja.»

(«Verbindet sich ein Erlebnis damit?»)

«Ich habe mich da auch alleine gefühlt. Mich sehr einsam gefühlt. – Es war so gigantisch alles, und ich war alleine da, und das Gefühl habe ich jetzt ja auch. Ich stehe da, und es ist nichts um mich herum.»

(«Nichts um Sie herum?»)

«Wasser ist da, das ist kalt und reißend.» – – –

(«Wenn Sie mal nach unten blicken, können Sie unten das nächste Plateau sehen, wo die Landschaft sich fortsetzt?»)

«Ja, ich kann über diese Schlucht hinweggucken, und da ist es ziemlich eben, flach,   *Konfliktlösung*
eigentlich eine sehr freundliche Landschaft. Ach, das erleichtert mich! Eine sehr freundliche Landschaft, ich sehe Häuser dahinten auf der anderen Seite. Es ist so weit weg von mir. Es ist sehr weit, aber es ist da, es ist wenigstens da.»

[16a] Hier entsteht eine längere Pause der Ratlosigkeit und Unentschlossenheit, vergleiche dazu S. 289.

59

(«Können Sie noch genauer ausmachen, was man da noch erkennt?»)

«Ja, Kühe, Pferde, ein Traktor, sitzt ein alter Mann drauf. Jetzt sehe ich den ersten Menschen. Es ist urgemütlich da drüben. Ich wünschte, ich könnte rüber.»

(«Können Sie den alten Mann ein bißchen mehr ins Auge fassen? Wie er ausschaut?»)

«Er schaut aus wie ein Großvater. Vielleicht hätte ich den gern als Großvater, ich habe meine Großväter nicht gekannt, nie einen Großvater gehabt. Vielleicht hätte ich den gerne, ich habe Vertrauen zu dem Mann.»

(«Ein gütiger, alter Mann?»)

«Ja, aber er ist so weit weg, für mich gar nicht erreichbar.»

(«Für Sie gar nicht erreichbar?»)

«Nee. – – –»

(«Nun hätte ich doch die Bitte, ob Sie nochmal den Blick hinunterwerfen auf den Wasserfall, und ob es irgendeinen Weg gibt, vielleicht dort hinunterzuklettern, oder ein Treppchen, oder einen Pfad oder etwas Ähnliches.»)

«Ja, eine Strickleiter. – – – Ich könnte da runterklettern.»

(«Würden Sie das mal versuchen?»)

«Och, da hätte ich zuviel Angst.»

(«Da hätten Sie zuviel Angst? Ja, das müssen Sie jetzt nicht unbedingt tun. Aber es gäbe da vielleicht einen Weg. – – – Gut, jetzt würde ich bitten, Sie kehren einmal um und gehen zurück auf diese Wiese, die Sie zuerst fanden. – – – Kommen Sie jetzt voran?»)

«Ja, jetzt kann ich zurückgehen.»

(«Und, beschreiben Sie bitte noch ein bißchen. – – –»)

mobile
Projektion

«Also, im Grunde, die Wiesen sind genauso da, wie ich sie zuerst gesehen habe. Aber die verbrannte Wiese, die schreckt mich nicht mehr so; sie ist mir gleichgültiger geworden. Die Häuser, diese Landschaft drüben, die hat mich irgendwie ruhiger gemacht.»

(«Also, hat sich jetzt ein bißchen was geändert? Auch Ihre Stimmung?»)

«Ja, dieses Gefühl von Einsamkeit ist nicht mehr da. Nicht mehr so stark da. Es ist weniger.»

(«Und Sie kommen zurück zur Ausgangswiese. Da ist alles so wie vorher?»)

«Jetzt sind in dieser zweiten Wiese, der Wiese mit dem kniehohen Gras, auch Blumen, da waren vorher keine Blumen, das war nur Gras, und da sind jetzt auch Blumen. Es sieht alles noch etwas üppiger aus, noch ein bißchen freundlicher.»

(«Also doch so eine kleine Änderung?»)

«Ja.»

(«Und wie fühlen Sie sich?»)

«Ja, ich fühle mich nicht mehr so trostlos.»

(«Nicht mehr so trostlos. Gut, ja, dann können wir hier an dieser Stelle für heute schließen.»)

Kommentar: Diese noch relativ kurze Passage zentriert sich auf zwei Standardmotive, die später noch im einzelnen dargestellt werden. Das *Wiesenmotiv* für den Anfang, das *Bachmotiv* als zweites.

Auch dem tiefenpsychologisch unvorbereiteten Leser wird deutlich, daß sich an verschiedenen Bildinhalten Störungen beziehungsweise Konflikte, und zwar in recht ausgeprägter Form, darstellen.

Die Vp bringt an einigen Stellen über den begleitenden Gefühlston hinaus auch Einfälle zu den Inhalten.

Interpretation

Betrachten wir die Konfliktpunkte unter thematischem Aspekt, so signalisiert sich an verschiedenen Stellen das *Thema «Verlassenheit».* Es steht sowohl in Beziehung zu ihrer aktuellen Situation als auch zum Verlust naher Angehöriger und frühkindlicher Erfahrungen. Auffällig ist dabei der Kontrast zwischen den beiden fruchtbaren Wiesen und jener dritten, abgebrannten Wiese. Man assoziiert unvermittelt den Begriff «verbrannte Erde» und zu Schwarz Trauer. Dieser

Teil der Wiese kommt ihr «verlassen» vor, und sie hat das Aha-Erlebnis von «ich bin abgebrannt». Abgebrannt von etwas? (Hier wohl nicht Geld, sondern von menschlicher Zuwendung, Nähe, vielleicht sogar Liebe.) – Das gleiche Thema taucht wieder auf am Wasserfall. Er fällt endlos tief hinunter, sie fühlt sich verlassen und assoziiert dazu ein vor mehreren Jahren erlebtes Ereignis (Niagara-Fälle). – Nicht also die Großartigkeit des Naturschauspieles steht im Vordergrund, sondern das Gefühl des Alleinseins. – Es ist charakteristisch für im katathymen Panorama stark andrängende Probleme, daß sie sich an verschiedenen Stellen und in unterschiedlicher Form, aber thematisch immer wieder als das gleiche Problem darstellen.

Ich führe später den Blick auf die sich vor ihr ausbreitende Landschaft, in der Absicht, daß sie vielleicht nach Verbalisierung ihres Gefühles die andere Ebene, auf die das Wasser hinunterfällt, erkennen kann. Das gelingt nach anfänglicher Schwierigkeit. Der Blick in die Ferne läßt sie dann Häuser, Kühe und den «Großvater» erkennen. Diese Szenerie wird als «Erlösung» von dem herrschenden Einsamkeitsgefühl aufgenommen. Sie kommentiert sie mit dem Begriff «urgemütlich» und würde gern «dort hinüber» gelangen. – Dieser verständliche, beinahe sehnsüchtig ausgesprochene Wunsch ist jedoch mit der spontanen Äußerung von Resignation verbunden: «Ist für mich gar nicht erreichbar.» – Um hier eine Brücke zu schlagen, biete ich einen Pfad, Stufen oder ähnliches an, um ihr vielleicht doch, wenn auch mit viel Anstrengung, den Weg in dieses verheißungsvolle, urgemütliche Land zu ermöglichen. Aber ohne auch nur entsprechende Erwägungen anzustellen, winkt sie kurzerhand mit der Bemerkung ab: «Zu viel Angst.» Ich habe den Eindruck, daß sie diese mögliche Angst aus einer inneren Haltung heraus vermeiden will, denn schon anfangs hatte sie eine Vermeidehaltung signalisiert, als sie sich, statt die abgebrannte Wiese genauer zu mustern und sich damit dem Verlassenheitsgefühl stärker auszusetzen, anschickt, in den Wald zu laufen. Er schien ihr offenbar Geborgenheit zu vermitteln.

Die ihr nun nahegelegte Rückkehr zur Ausgangswiese (eine häufig angewandte Technik, um die Sitzung abzuschließen) gelingt im Gegensatz zur anfänglichen Verfolgung des Bachlaufes ohne Mühe und recht schnell. Vergleicht man ihre Wiese jetzt mit dem Ausgangsbild, zeigen sich nun mehrere Wandlungsphänomene. Die verbrannte Wiese ist zwar noch vorhanden, schreckt sie aber nicht mehr so sehr. Das Gefühl der Einsamkeit ist nicht mehr so stark. Die andere Wiese mit dem kniehohen Gras hat jetzt ebenfalls Blumen und ist freundlicher und fruchtbarer. Alles ist nicht mehr so trostlos. Ich würde aus diesen Wandlungsphänomenen den Schluß ziehen, daß die Exkursion der Vp im katathymen Panorama mit dem tröstlichen Blick in die «urgemütliche», von Menschen besiedelte ferne Szene, aber auch das Durchstehen der verschiedenen belastenden Szenerien und Gefühle, zumindest Trost, wenn nicht gar einen minimalen therapeutischen Schritt bedeutet.

Zwei andere Inhalte sind noch stark konfliktbeladen: der reißende Strom, dessen eiskalte Wasserspritzer auf der Haut brennen, und ganz besonders jener schwer zu lösende Konflikt, ob der Bach besser stromauf oder stromab verfolgt werden soll. Die Qualitäten der beiden Konfliktanteile werden dem Gefühlston nach gut beschrieben. Der Weg stromauf, dem sie in ihrer Einsamkeit gern folgen würde, könnte eine Zuflucht bedeuten. Sie ist aber behindert, da sie «wie festgenagelt» dasteht. Der Weg stromab signalisiert eine Gefahr, die zugleich als Herausforderung erlebt wird. So werden an dieser Stelle widerstreitende Gefühle im Sinne eines manifesten, zunächst allerdings nicht sofort inhaltlich klärbaren Konfliktes freigesetzt, die eine Entscheidung fordern. Diese gelingt schließlich auch, nachdem durch die Verbalisierung der Gefühle und die Oszillation zwischen den ambivalenten Tendenzen eine gewisse emotionale «Neutralisierung» erfolgt ist. Der Therapeut hat dabei nicht eingegriffen, sondern nur zur Klärung der Gefühle angeregt. Diese Szene ist insofern geradezu charakteristisch, als die Patientin die Lösung des Problemes als eine sich ihr spontan stellende Aufgabe mit eigenen Mitteln findet.

Das Feedback des Therapeuten ist relativ dicht, was sich in diesem Falle aus meinem Bemühen erklärt, ein allzu starkes Ausufern der andrängenden Konfliktspannungen zu vermeiden. Ich nehme eine schützende Haltung ein in der Absicht, die Videoaufnahme auf jeden Fall zum Gelingen zu bringen.

1.4.3. Systematik des KB durch Standardmotive (Grundstufe)

Die Technik der Induktion von Imaginationen nach Entspannung geht vom Angebot gewisser Vorstellungsmotive aus. Das erfolgt aus zwei Gründen:

Technik der Standardmotive

(1) Das Vorstellungsmotiv erlaubt einen sicheren «Einstieg in den Tagtraum». Es soll dank seiner offenen, ganz vagen Formulierung ein *Kristallisationskern zur Manifestation der initialen Tagtraumszene* in ihrer individuellen Gestaltung sein.

(2) Das Vorstellungsmotiv ist geeignet, gemäß seiner Symbolbedeutung und einer mit dem Motiv verbundenen Aufgabenstellung einen *vom Therapeuten angestrebten Konfliktkern zur projektiven Darstellung zu bringen.*

Wahrscheinlich gibt es praktisch keinen anderen Weg beim wenig geübten oder wenig begabten Patienten, das «Bewußtseinsmedium» der Imagination zu erreichen, als durch die von außen herangetragene Strukturierung.

Hinsichtlich der *Technik der Einstellung eines Vorstellungsmotives* (gleichgültig welcher Art) sind drei Aspekte zu unterscheiden:

(1) Die hier bereits genannte Benutzung eines Motives als *thematisch strukturiertes Projektionsfeld,* z.B. das Bachmotiv im letzten Beispiel. Das Vorstellungsmotiv wird ohne Eigenstruktur nur vage vorgegeben: Ich erinnere an die ergänzende Formulierung mit dem Passus: «. . . *oder was Ihnen sonst noch vor Augen kommt – alles was kommt, ist recht.»* Der Patient soll dadurch das Gefühl haben, daß er die Freiheit für jeden anderen Inhalt hat, der ins Bewußtsein drängen könnte. Tatsächlich treten gelegentlich andere Szenen an die Stelle des angeregten Motives oder zwei konkurrieren zunächst miteinander. Läßt man die Formulierung über eine alternative Imagination aus, kann der Patient in einen inneren Widerstreit geraten. Er fühlt sich einerseits an die gestellte Aufgabe fixiert, andererseits stört ihn ein spontan auftretendes Bild in ihrer Erfüllung. Er wird dann stocken, um mit diesem Konflikt zurechtzukommen.

Im einzelnen ist es hier falsch, etwa wie folgt zu formulieren: «Sie stehen jetzt auf einer Wiese.» – Oder: «Sie sehen jetzt eine Wiese vor sich.» Die erste Wahl ist zu suggestiv und verlangt, daß der Patient auf der Wiese *stehen* soll. Das kann er vielleicht gar nicht, weil sich dagegen ein Widerstand bildet. Die zweite Formulierung geht vom *«Sehen»* aus. Der Begriff «sehen» sollte, wie schon hervorgehoben, strikt vermieden werden. Er appelliert ungewollt an das Leistungsstreben des Patienten.

(2) *Wiederaufsuchen eines in einer früheren Sitzung* bereits vom Patienten projektiv *strukturierten Motives.* Das kann z.B. geschehen, um eine etwaige Wandlung an diesen Bildstrukturen zu erkennen, teils zu diagnostischen Zwecken, teils um die Entwicklung des therapeutischen Prozesses verfolgen zu können. Hilfreich ist z.B. die Einstellung des Rundblickes von dem vom Patienten in der KB-Therapie erstmalig bestiegenen Berg (Beispiel mit kartographischer Skizze, LEUNER 1982b, S.69f.). Die Anleitung des Patienten lautet dann etwa: «Bitte stellen Sie doch noch einmal ... (z.B. den Rundblick vom Berg) ein, wie Sie das Bild mit ... vor ... Tagen/Wochen gehabt haben.» Analoge Hinweise dienen dazu, die Erinnerung des Patienten anzusprechen. In der Regel taucht das betreffende ehemalige Bild wieder auf, unter Umständen gewandelt in einer Weise, die der aktuellen emotionalen Situation entspricht.

(3) *Einstellung* eines weitgehend *ausgestalteten* Bildes gemäß der Intention *des Therapeuten.* Ein dort angestrebtes, vom Therapeuten vorstrukturiertes Bild kann im allgemeinen nur von nicht-neurotischen Versuchspersonen (und auch von diesen nur bedingt) realisiert werden. Der Projektionsdruck tendiert dazu, das Bild individuell zu verändern oder gar nicht zuzulassen. Die hier diskutierte Absicht des Therapeuten impliziert einen nicht geringen suggestiven Einfluß, der dem kreativen Konzept des KB zuwiderläuft. Darin unterscheidet sich unser Verfahren gegenüber amerikanischen Schulen (z.B. SHORR 1983; SIMOTON et al. 1980).

Auf der Grundstufe benutzen wir die folgenden Standardmotive und verbinden sie zum Teil mit einer Leistung (vergleiche Tabelle 12, 13):

Standardmotive der Grundstufe

(1) eine *Wiese,* oft nützlich als Beginn einer Sitzung;
(2) einen *Bach,* mit der Aufforderung, ihn zur Quelle oder zum Meer hin zu verfolgen, und mit der Anregung, Wasser in einer als angenehm empfundenen Weise anzuwenden;
(3) einen *Berg,* der zu besteigen ist, um von ihm einen Rundblick zu gewinnen;
(4) ein *Haus,* das durchsucht wird;
(5) einen *Waldrand.* Er wird von der Wiese aus betrachtet mit der Vorhersage, eine Gestalt werde aus dem Dunkel des Waldes hervortreten. Selten wird der Wald auch einmal betreten.

Erläuternder Exkurs: Von Beginn der Entwicklung des KB an bestand die technische Notwendigkeit, stabile reproduzierbare Verhältnisse zur Einleitung des Tagtraumes zu schaffen. Das wird mit Hilfe der angeregten Vorstellungsmotive am leichtesten möglich. Patienten finden ohne Motivvorgabe in der Regel keinen oder einen nur sehr schweren Zugang zum Tagtraum. Das trifft in höchstem Maße für die anfänglichen Sitzungen zu. In

Tab. 12: Die Instrumente der Interventionen im Katathymen Bilderleben (KB).

Standardmotive	Struktur*	therapeutische Techniken	Regieprinzipien
Grundstufe			
1. Wiese	br.	I. übendes Vorgehen	a. Versöhnen
2. Bachlauf	m.	II. Entfaltung kreativer Imaginationen	b. Nähren
3. Berg	br.		
4. Haus	m.	Malen imaginativer Inhalte	
5. Waldrand	br.		
Mittelstufe			c. Schrittmacher
6. Beziehungsperson	n.	III. Assoziatives Vorgehen	d. Symbolkonfrontation
7. Sexualität (Rosenbusch)(Mitgenommenwerden, Kutsche, Auto)	n.	IV. Nachttraum	
	n.	V. Fokussierung akuter Konflikte	
		VI. Inspektion des Körperinneren	
		VII. Befriedigung archaischer Bedürfnisse	
8. Aggressivität (Löwe)		VIII. Durcharbeiten	
9. Ich-Ideal	n.	IX. Übertragungsanalyse	
Oberstufe			e. Erschöpfen und Mindern
10a. Höhle	br.	X. Kombination mit konventioneller Psychoanalyse	f. Magische Flüssigkeiten
10b. Sumpfloch	n.		
11. Vulkan			
12. Foliant			
musikalisches KB (mKB)	(Fokussierung 1.–8. möglich)	III. Assoziatives Vorgehen	
KB in Gruppen (GKB)	(Fokussierung 1.–8. möglich)	Typ 1: Individuelle Phantasien Typ 2: Gruppenphantasien	Feedbacktechniken

* br.: breit; m.: mittelbreit; n.: eng

Tab. 13: Die von den Standardmotiven angesprochenen Konfliktkreise.

1. *Aktuell andrängende Konflikte,* aktuelle Gestimmtheit: Motiv der Wiese, Einstellung eines Landschaftsmotives im Kontext der vorherrschenden Gestimmtheit, Gebilde von Wolken.

2. *Orale Thematik:* Motiv der Quelle, der Kuh, der Küche in einem Haus.

3. *Aggressiv-expansive Thematik:*
   a) anal-aggressiv: Motiv des Sumpfloches, des Vulkanes**
   b) oral-aggressiv (Durchsetzung): Motiv eines Löwen*
   c) expansive Entfaltung und Entwicklung: Motiv eines Bachlaufes, einer Fahrt mit der Eisenbahn, dem Schiff, eines Fluges mit dem magischen Teppich*, in einem Flugzeug oder in der Rolle eines Vogels*

4. *Ödipale und sexuelle Thematik:* Motiv eines Sumpfloches**, eines Obstbaumes, dessen Frucht gegessen wird*, eines Rosenbusches mit Abpflücken einer Blüte (für den Mann)*, einer Pferdekutsche oder eines Automobils, mit der Aufforderung einzusteigen (für die Frau)*.

5. *Leistungs- und Konkurrenzthematik* (Identifikation mit leistungsstrebigem Introjekt): Motiv einer Bergbesteigung mit Rundblick.

6. *Selbsteinschätzung:*
   a) der eigenen Person hinsichtlich Kontaktbereitschaft, Impulsfreudigkeit, Aufdeckung genetischen Materials usw.: Motiv eines Hauses, das betrachtet und eingehend besichtigt wird
   b) der eigenen Person hinsichtlich verdrängter Verhaltens- und Triebtendenzen, auch auf der Introjektebene zu lesen: Motive von Symbolgestalten, die sich aus dem Dunkel des Waldes, der Höhle**, aus dem Sumpfloch** oder dem Meer frei entfalten
   c) Prüfung der Hingabefähigkeit: Motiv des Sich-Treibenlassens in einem Bach oder Fluß, des Badens und Schwimmens im Wasser überhaupt

7. *Problem der Identität beziehungsweise des Ich-Ideals:* Motiv, zu einem spontan einfallenden gleichgeschlechtlichen Vornamen eine Person zu assoziieren*

8. *Begegnung mit Bezugspersonen* aus der Gegenwart oder der Genese (Introjekt)*:
   a) symbolisch eingekleidet in allen Motiven der Landschaft wie Berg, Bäume und Baumgruppen, Pflanzen; in Tieren (auch Tierfamilie für die eigene oder die Herkunftsfamilie) entwickelt auf der Wiese, aus dem Dunkel des Waldes oder den erwähnten Erdöffnungen wie Höhle, Sumpfloch, Tiefe des Meeres, dort als Symbolgestalten spontan erscheinend
   b) als reale Personen der Gegenwart wie Eltern, Geschwister, Kinder, Lehrer, Chef, Konkurrent usw.; auch regressive dramatische Kindheitsszenen (etwa Mittagstisch im Kreise der Familie) gehören dazu

9. *Darstellung der libidinösen Besetzung von Körperorganen** bei psychogenen und psychosomatischen Organerkrankungen: Introspektion des Körperinneren dadurch, daß die Körperdecke als aus Glas imaginiert wird und den Blick in ein Organ ermöglicht oder daß der Proband zu einem «Winzling» schrumpft und, durch eine der Körperöffnungen eindringend, zu dem betreffenden Organ wandert, um es zu besichtigen.

---

*   Mittelstufentechnik
** Oberstufentechnik

der dementsprechend nicht zu umgehenden Thematisierung besteht die unvergleichliche Chance, das KB über die unendlichen Möglichkeiten der optischen Phantasie hinaus zu einem leicht überblickbaren und sinnvoll geordneten Gefüge zusammenzuschließen.

Bei der technischen Handhabung des Tagtraumes bedeutet das aber nicht, daß man im Prinzip das KB nicht auch «frei», ohne eine vorgegebene Vorstellung beginnen könne und daß ein derartig unstrukturiertes Vorgehen einen schwerwiegenden Fehler bedeuten würde. Vielmehr wäre damit ein hohes und im Prinzip auch wünschenswertes Maß an Spontaneität der imaginativen Entfaltung gewährleistet. Da wir jedoch davon ausgingen, ein leicht und mit großer Sicherheit von vielen Therapeuten bei unterschiedlich begabten Patienten gut anwendbares imaginatives Verfahren zu entwickeln, war es zweckmäßig, sich eines so einfachen technischen Hilfsmittels wie der Anregung von Vorstellungsmotiven regelmäßig zu bedienen.

Natürlich liegt in der Wahl des jeweiligen Motives durch den Therapeuten (als Kristallisationskern zu Beginn eines Tagtraumes) eine gewisse strukturierende Beeinflussung. Wir werden später noch Möglichkeiten des Vorgehens kennenlernen, in denen der Patient das Thema in Einklang mit seiner inneren Stimmung selbst wählt. Die von außen herangetragene Struktur der Imagination wird dann belanglos. Die Zurückhaltung bei der Strukturierung durch den Therapeuten wird in der Methode des assoziativen Vorgehens der Mittelstufe zum Prinzip erhoben. Sie verlangt jedoch vom Therapeuten große Erfahrung mit dem KB. – Wegen des genannten Einwandes möchte ich an dieser Stelle gern noch etwas weiter ausholen. Die thematische Strukturierung des Tagtraumes ist für das Katathyme Bilderleben charakteristisch. Das angeregte Vorstellungsmotiv dient dieser Strukturierung des durch die Entspannung beziehungsweise Versenkung kognitiv entleerten Erlebnis- oder Bewußtseinsfeldes. Mit dem Vorschlag eines bestimmten Inhaltes verbindet sich zwangsläufig immer die Notwendigkeit der Thematisierung entsprechend dem Symbolwert des vorgegebenen Motives.

Die *thematische Strukturierung* ist – verglichen mit anderen Tagtraumtechniken – nicht nur eine Spezifität des KB, sondern gehört, nach KOSBAB (1972), zu seinen Stärken im Hinblick auf *Lehrbarkeit und wissenschaftliche Nachprüfbarkeit der Psychodynamik* der Imagination mit der *Fähigkeit, relevante Konfliktkerne* auf Wunsch *gezielt anzusprechen.*

Begründung   Ich bin oft nach Begründung der *Auswahl der Standardmotive* gefragt worden. Die Wahl erfolgte nach langjähriger klinischer Erprobung bei Patienten. Die meisten, vor allem die Landschaftsmotive, ergaben sich aus der Häufigkeit ihres spontanen Auftretens, also offenbar aufgrund einer inneren Bereitschaft der meisten Menschen. Ein weiterer Teil der Motive wurde aus Kenntnis der tiefenpsychologischen Konfliktbereitschaft und der ihr zuzuordnenden Symbolik konzipiert mit der erwähnten Absicht, wichtige ergänzende Konfliktthemen zur Projektion anzuregen. Das kommt besonders bei einigen Motiven der Mittelstufe zum Tragen. Die zur Verfügung stehenden Motive ergänzen sich untereinander relativ gut. Es lag nahe, für die *Einstellungen der Grundstufe* zunächst nur solche zu wählen, deren Symbolwert der spontanen Projektion relativ breiten Raum läßt. Darüber hinaus schien es wichtig, die unbewußten Schichten zunächst noch «verschleiert», zugleich auch relativ «oberflächlich» «anzuschneiden». Dadurch sollte auf der Grundstufe vermieden werden, dynamisch hochgespanntes und beunruhigendes Material zu früh und zu schnell freizusetzen. Anfänglich noch schützende Abwehren kann das Ich dadurch schrittweise abbauen, und es wird vermieden, Widerstände unnötig zu provozieren. Auf diese Weise bleibt die Führungstechnik im KB relativ einfach.

Die didaktische Staffelung des Systems in drei Stufen dient dem gleichen

Zweck, die praktische Anwendung des Katathymen Bilderlebens in Einklang mit dem Weiterbildungsstand des Therapeuten zu bringen.

Manche jungen Therapeuten meinen, sie sollten möglichst bald über die begrenzte Zahl der Grundstufen-Motive hinausgehen. Ich möchte dem angehenden KB-Therapeuten aber nahelegen, im Hinblick auf die bemerkenswerte Wirkung der Grundstufentechnik zu verzichten, die begrenzte Zahl der Motive zu überschreiten. Stattdessen sollte er der kreativen Entfaltung der Imaginationen von diesen Startpunkten aus seine Aufmerksamkeit widmen.

Erstes Standardmotiv: die Wiese

Wiesenmotiv

Wir beginnen die erste Sitzung und häufig auch die späteren zwanglos mit der Wiese. Sie kann als Beginn einer kreativen Entfaltung, gewissermaßen als deren Bühne, dienen. Das Wiesenmotiv spiegelt die in der landschaftlichen Szenerie zum Ausdruck kommende *aktuelle Gestimmtheit* des Patienten wider. Aus diesem Grund kann sich ihr Bild von einer Sitzung zur anderen ändern. Mitunter ist dem Patienten diese hintergründig herrschende Stimmung primär nicht bewußt. Ich erinnere an die Szenen des Landschaftsbildes der Ärztin im Krankenhaus (S.45f.). In der Regel jedoch stimmen die Patienten angesichts der Wiesenszene der Vermutung zu, daß die «Stimmung der Landschaft» ihrer eigenen Stimmungslage entspricht. Manchmal staunen sie auch, wenn sich hinter einer zur Schau getragenen heiteren Fassade eine «Verdüsterung» des Wiesenmotives verbirgt. Mit Hilfe des KB gewinnt er dann erstmals Einsicht in seine «Stimmungshintergründe» und erkennt seine Verdrängungsbereitschaft. Die Stimmung äußert sich am ehesten im Wetter. Die Sonne kann scheinen, es kann regnen oder stürmen, und Wolken können eine düstere, vielleicht sogar bedenklich depressive Stimmung kundtun. Die jeweilige Jahreszeit gibt offenbar Hinweise auf eine tiefere, andauernde Grundgestimmtheit, wie etwa die herbstliche Situation auf eine depressive Traurigkeit, die des Frühjahres auf eine optimistische Erwartung und die des Sommers auf befriedigende Erfüllung, um nur einige Möglichkeiten zu nennen.

Mit der *Symbolik der Wiese* als solcher verbindet sich zunächst am ehesten eine Beziehung zum *Garten Eden,* also einer friedfertigen, ausgleichenden, konflikt- und rivalitätsfreien und hinsichtlich der zu erwartenden Fruchtbarkeit *mütterlich-oral* getönten *Welt.* Das zeigen auch die freien Assoziationen von Teilnehmern meiner Seminare. Der mütterlich-nährende Akzent kann ferner durch die häufig zu findenden weidenden Kühe bestärkt werden. Der nicht-neurotische Mensch und auch gewisse Neurotiker, die über gut funktionierende Abwehren verfügen, können ein harmonisches, grünes Wiesenbild im Sonnenschein imaginieren, belebt von Tieren, vergleichbar mit dem Beispiel S.75. Die Wiese kann schließlich als eine *Bühne für* spontane oder induzierte *Begegnungen* (vergleiche S.69f.) genutzt werden.

Störungsformen (fixierte Bilder) als Hinweise auf akute emotionale oder neurotische Probleme äußern sich in einer Beeinträchtigung dieses fruchtbar-spendenden und erholsamen Charakters: Die Wiese ist etwa abgefressen, durch Sonne ausgedörrt, besonders klein oder von einem Stacheldrahtzaun (Weide) oder Wald stark eingegrenzt. Selten auch einmal ist der Patient selbst (als Zeichen einer schweren Neurose) hinter einem Zaun gefangen.

Störungsformen

Beispiel 1: Eine 25 Jahre alte Patientin imaginiert sogleich eine relativ kleine Wiese am Waldrand. Es ist regnerisch. Nebelschwaden ziehen über die Wiese. Sie steht mitten darauf, traut sich aber kaum, sich vom Fleck zu rühren, da die Wiese feucht und morastig ist. Sie kann sie aber auch nicht verlassen; denn ein starker Weidezaun umgibt sie, und es findet sich kein Gatter.

Kommentar: Das Ganze zeugt von starker innerer Einengung, tiefer Verlassenheit und Trostlosigkeit. Das Wetter, die unfruchtbare Wiese, vom Morast ganz abgesehen, vor allem aber die enge Umzäunung und die Unbeweglichkeit, aus der sich die Patientin nicht befreien kann, signalisieren eine stark depressive (und vielleicht auch zwanghafte) innere Verfassung. Gemeinsam mit PRINDULL (1964) haben wir die Veränderungen des katathymen Panoramas bei depressiv verstimmten Neurotikern genauer untersucht und charakteristische Zeichen bei neurotischer Depression gefunden.

Ausgesprochen pathologische Inhalte liegen – in aufsteigender Reihe – auch dann vor, wenn anstelle einer Wiese etwa ein Stoppelacker, ein Sumpf, ein asphaltierter Platz oder eine Wüste erscheinen. In allen diesen Fällen kann die Anwendung der Grundstufentechnik problematisch oder gar kontraindiziert sein. Das trifft besonders dann zu, wenn analoge, relativ depressiv und hoffnungslos getönte Stimmungsmomente hartnäckig in den verschiedenen Grundmotiven wiederkehren und klinisch und anamnestisch analoge Daten zu finden sind (vergleiche auch S. 69 ff.).

Eine besonders schöne, liebliche Wiese kann unter geeigneten Umständen auch Ausdruck einer verdeckenden Abwehr (Reaktionsbildung) sein, hinter der sich das eigentliche Problem verbirgt. Das Beispiel auf S. 54 f. könnte dafür stehen.

Zur Veranschaulichung folgen noch einige Beispiele.

Beispiel 1: Spontan kreative Ausgestaltung des Wiesenmotives einer 32jährigen Patientin. Nach einem harmonischen Bild entwickelt sich unversehens eine problematische Szene und zeigt, daß der aufdeckende Prozeß nunmehr deutlich fortgeschritten ist.

Protokoll: «Es ist eine Wiese im Frühjahr, das Gras ist noch kurz, so wie im März, ich sehe einige kleine Blumen, sonst aber nichts besonderes. Links steht ein Haselnußstrauch, an der anderen Seite ist ein Kartoffelacker, in den eben Kartoffeln gelegt worden sind. Eine Hochspannungsleitung läuft über die Wiese zu einem Transformatorenhäuschen. Sie führt durch einen kleinen Sumpf, davor habe ich Angst, daß ich dort hinaufgehen sollte auf die Straße. Dort kommen nämlich amerikanische Panzer angefahren. – Ein alter Mann in der Tracht eines Helgoländer Fischers, ich meine, er hat eine solche Mütze auf, kommt an. Ich rufe ihm zu, daß er aufpassen soll, damit er nicht überfahren wird. Er hört aber sehr schwer und sieht nicht recht. Ich laufe deshalb hin und halte ihn ab weiterzugehen. – Ich möchte ganz gerne einen kleinen Spaziergang machen. Ich gehe über die Wiese und eine kleine Anhöhe hinauf. Hier ist eine Ruine, vielleicht von einem alten Schloß. In einem Flügel ist ein Ausflugslokal notdürftig eingerichtet. Ich gehe ein bißchen hier herum. Plötzlich wird es schlüpfrig, ich rutsche aus, falle hin und rutsche in ein dunkles Loch hinein. Das ist sicher das Burgverlies. Es ist schrecklich dunkel hier unten, und ich weiß nicht, wie ich herauskommen soll. Die Wände sind glatt, der Ausgang ist ziemlich hoch oben. Ich habe Angst, für immer hier eingeschlossen zu sein. Die Angst wird immer größer.»

(Der Therapeut macht einige Angebote, damit die Patientin wieder herauskommt, was auch gelingt.)

68

Den Weg zurück findet sie sehr mühsam. Sie muß wieder durch den Sumpf hindurch auf die Wiese, fühlt sich angestrengt und erschöpft.

Kommentar: In einer späteren Sitzung, nach Einfällen zu der Schloßruine gefragt, antwortet sie mit einem Bericht über ihr Elternhaus. Sie erlebt es offensichtlich als zerstört, aber mit Zeichen großer Wertschätzung und nicht ohne Großartigkeit («Schloß»). Die heranrückenden, gefährlichen Panzer weisen vielleicht auf aggressive maskuline Impulse hin; der alte Mann eventuell auf eine Vater- oder Großvater-Imago in Hilflosigkeit. Besonders konfliktbeladen ist offenbar das Loch, in das sie hineinrutscht. Man denkt zunächst an ein frühkindliches Trauma, symbolisch an die Imago der «verschlingenden Mutter».

Beispiel 2 (P. A.): Das kontrastreich ausgestaltete Wiesenmotiv einer 42jährigen, gehemmten und schlichten Frau wird zu einer Bühne spontaner Szenen und Begegnungen und offenbart unvermittelt eine tragische Vitalproblematik. Die Eigenart ihres äußerst schleppenden Interaktionsstiles mit träger Entfaltung der abgewehrten Konflikte wird am Ausdruck der Stimme und der Verhaltenstendenzen am deutlichsten beim Anhören einer Tonbandaufnahme:

ausführliches Beispiel

«Die Wiese ist riesengroß oder eben ganz, ganz kurz gemäht.»
(Hm)
«Ganz exakt.»
(Hm, ja.)
«Ist nicht schön, irgendwie so, hm, mutet so, so an, als dürfte man da gar nicht den Rasen betreten.»
(Hm)
«Obwohl er irgendwo dazu einlädt, weil er so 'nen weichen Eindruck macht.»
(«Ja, hm, und die Umgebung?»)
«Dann stehen da noch so 'n paar Rosensträucher.»
(Hm)
«Halt mehr Garten.»
(Hm)
«Und weiter hinten Wald und, und sonst Häuser.»
(Hm)
«Weißgetüncht.»
(Hm, ja.)
«Aber der Rasen hat, ist irgendwie gar nicht so begrenzt durch 'nen Zaun oder so hinten, sondern geht direkt so gegen den Wald, nicht . . .»
(Hm)
«Sieht ein bißchen eigenartig aus.»
(Hm)
«Ich weiß gar nicht, was ich damit machen soll.»
(«Ja, eigenartig. Was wollen Sie machen, in diesem Garten? Was möchten Sie gerne?»)
«Hm, ich bin so 'n bißchen unsicher.»
(Ja.)
«Ich denke, betreten sollst du ihn auch nicht.»
(«Ja, wer sagt das? – Das sagen Sie?»)
«Ja, das sag' ich.»
(Hm)
«Ja, so als hätt' mir das jemand gesagt, hab' ich das Gefühl.»
(Ja)
«Als hätt' mir mal jemand gesagt: ‹Also, da gehst du aber nicht rauf.›»
(Ja)

«Der ist so schön gemäht und, und gestaltet.»

(Hm)

«Dabei hätt' ich so richtig Lust, den mal einzurichten, so, so zum Spielgarten oder so was.»

(Ja, ja)

«'Ne Schaukel hinzubauen und, und, ach, 'ne Wippe und irgendwie so 'n paar Holzblöcke dann.»

(Hm)

«Auf denen man rumklettern kann.»

(«Ja, das möchten Sie?»)

«Weil die Fläche halt dazu geeignet ist und» – (ja) – «groß ist, und dann geht das so 'n bißchen abschüssig.»

(«Hm – ja, das können Sie ja mal tun.»)

«Für Kinder, möglichst viele Kinder möchte ich drauf spielen haben.»

(Hm)

«Die da alles mögliche machen können, Purzelbäume schlagen und klettern und» – (hm) – «und was weiß ich, Häuschen bauen oder sonst was.»

(«Hm, haben Sie das früher auch gemacht?»)

«Nee, na ja, doch 'n bißchen. Na, geklettert bin ich nicht viel.»

(«Purzelbaum gemacht?»)

«Na, ja so was.»

(«Ja, Sie könnten ja, wenn Sie wollen, das mal ein bißchen einrichten in Ihrer Phantasie.»)

«Hm, tja, mach' ich. Ich seh' das schon so vor mir, wie das sein wird.»

(Ja)

«Oder wäre und» – (hm) – «kann man sich halt mal austoben.»

(«Ja, ja»)

«Und wär' halt selbst Kind drunter.»

(Ja?)

«Ich möcht' da nicht jetzt so zugucken.»

(Hm)

«Ich möcht' eigentlich lieber dabeisein.»

(«Ja, ja, sind die Kinder schon da?»)

«Ja, und ich bin nämlich mal mitten drin und nicht irgendwie abseits.»

Das sich in dieser Weise fortsetzende Protokoll zeigt, daß sich die Patientin früher in der Gruppe anderer Kinder immer abseits fühlte. Sie vergleicht sich mit einer Freundin, die sich gern stritt und mit Jungen prügelte, wovor sie sich ängstigte und Spannung nicht ertragen konnte. Sie war schüchtern und voller Neid wegen der Vitalität und Durchsetzungskraft der anderen. Im Bild klettert sie aber dann doch als Mädchen auf das Dach eines Gartenhauses und spuckt Kirschkerne herunter, was sie früher nie gedurft hätte. – Damit kommt sie auf ihre Erziehung zu sprechen:

«. . . weil bei uns war's nie fröhlich und nie laut.»

(Hm)

«Bei uns durft' man auch nie Musik anmachen.»

(So?)

«Mein Vater, wenn Vater kam, mußte es ausgemacht werden.»

(Hm)

«Das Radio, also wurd's eigentlich auch gar nicht erst angemacht.»

(Hm)

«Er kann das, konnt' das nicht ab, das ist heut' noch so.»

(Hm)

70

«Und dabei, ich hör' den ganzen Tag Musik.»

(Hm)

«Ach, furchtbar still war das da» – (hm) – «langweilig im ganzen Haus» – (hm) – «und ich hatt' auch nie Freundinnen oder Freunde mit bei mir zu Hause viel, oder so, daß mal so 'ne richtige Gruppe . . . Gesellschaft war nur am Geburtstag, und der war sowieso immer beschissen.»

(Hm?)

«Und wenn, dann gingen die halt, wenn mein Vater kam, aber mehr als zwei hatt' ich auch nicht.»

(Hm)

«Wir haben aber auch nichts machen dürfen im Haus.»

(Hm)

«Dann hatt' meine Mutter Angst, ich schmeiß' was hin: ‹Um Himmels willen, die gute Vase!›, oder weiß ich nicht was.»

(Hm, hm)

«Und, ach, ist man so richtig doof erzogen» – (hm) – «so eingeengt von A bis Z.»

(Ja) . . .

Kommentar: Das Beispiel veranschaulicht – wie gesagt – die Funktion des Wiesenmotives, bei dem Impulse und deren Abwehr in (spontanen) Szenen ausgetragen werden. Die Patientin greift den von der einladenden Wiese ausgehenden Impuls auf und phantasiert eine muntere Kinderwelt. Mit ihr kann sie sich aber nur teilweise identifizieren, kann sich von Verbotsinstanzen nicht lösen, von denen sie dann in wortkarger Schilderung auf das häusliche Milieu zu sprechen kommt. Protest oder Befreiungstendenzen bleiben aus. Die Welt der Verbote und Einengungen scheint zunächst überhand zu nehmen und lähmt die ganze Szene mit den schließlich «doof rumsitzenden» Kindern. Die hier vermittelte Hoffnungslosigkeit überträgt sich vielleicht auf den Leser. Der Gefühlston ist zunächst weniger hoffnungslos als nüchtern, konstatierend und distanziert. Die Patientin scheint sich mit der Isolierung der Gefühle gegenüber diesem Dilemma, das im KB zum ersten Mal ihre Kindheit beleuchtet, schützen zu müssen. In dem zuerst eingestellten Motiv wird offenbar sofort ein ganz zentrales Problem ihrer Neurose abgehandelt: ihre expansive und aggressive Gehemmtheit als Basis ihrer neurotischen Depression.

Zur Technik des Wiesenmotives: Ist es eingestellt, wartet man zunächst ab und läßt den Patienten seine Eindrücke beschreiben. Der Lernprozeß zur Intensivierung der Imaginationen kann durch *zurückhaltende* Fragen nach Details, etwa der Höhe des Grases, seiner Farbe, nach Blumen und deren Farbe, nach Tieren, dem Wetter und nach der Begrenzung der Wiese an ihren vier Seiten usw., gefördert werden. Man kann insgesamt bitten, über das Bild ausführlich zu berichten und sich nach allen Seiten umzusehen (vergleiche Beispiel S.239f.). Dabei differenziert sich das imaginierte Bild von selbst, und bislang noch nicht erkannte Einzelheiten werden wahrgenommen. Die Fragen können auch der Ergänzung noch bestehender Lücken dienen. Man sollte jedoch vermeiden, auf allzu komplette Schilderungen zu drängen, und nicht in den Fehler verfallen, gewissermaßen in der Rolle eines Wissenschaftlers die Bilderwelt des Patienten systematisch «explorieren» zu wollen.[17]

[17] *Exkurs zur Fragetechnik* im KB und in der Psychotherapie im allgemeinen. Da junge

Ist das Szenarium der Wiese einigermaßen deutlich geworden, kann die weitere Strukturierung in drei Richtungen erfolgen:

a) Man fragt, was er wohl gern tun möchte.

b) Man kann spezifische Fragen stellen, z. B. ob sich Tiere finden, ein Bach oder ein Weg und anderes, wie schon erwähnt.

c) Man kann den Patienten zu einem Spaziergang anregen.

spontane
Wünsche

Die spontanen Wünsche der Patienten («Was möchten Sie gern tun?») sind sehr unterschiedlich. Manche möchten sich zunächst einmal ins Gras legen und von der Sonne bescheinen lassen (vergleiche Beispiel S. 170), andere möchten Blumen pflücken, wieder andere herumtanzen oder einen Spaziergang machen, um die Umgebung kennenzulernen usw. Bewußt lassen wir den Patienten weitgehend gewähren. Die später noch beschriebene Beobachtung des Verhaltens im KB gibt dabei mancherlei Aufschlüsse (vergleiche Beispiel Wiese S. 170 und Bachmotiv S. 59).

Jetzt kann der Lernprozeß auch auf die Wahrnehmung begleitender Gefühle ausgedehnt werden. Die herrschende Stimmung kann als von der Landschaft ausgehend erlebt werden. Frage: «Wie ist die Stimmung der Landschaft?» oder «Wie wirkt die Landschaft gefühlsmäßig auf Sie?» Einige Stimmungen können zur Wahl angeboten werden: «freundlich, heiter oder unfreundlich, düster oder wie sonst?» Die Stimmung kann aber auch unabhängig davon den Patienten als eigene Stimmung selbst betreffen. Frage: «Wie fühlen Sie sich jetzt?» – «Wie ist Ihre Stimmung?» Auch Einfälle können angeregt werden. Die Beispiele auf S. 69 f. und S. 239 f. gaben eine Reihe von Interventionsmöglichkeiten wieder.

Manche Teilnehmer unserer Seminare meinen, der Patient müsse sich in seinem Bilderleben selbst sehen. Ich weiß nicht, wie man zu der Auffassung gelangt, es sei ein Hinweis auf die Intensität der Imagination, wenn der Tagträumende sich in der Szene selbst beobachten kann. Diese ist durch nichts gestützt. Das Sich-selbst-Sehen in einer hypnagogen Vision, die so geheimnisvoll erscheinende Heautoskopie (MENNINGER-LECHENTHAL 1935), hat meines Erachtens keine spezifische Bedeutung für das KB. – Die Regel ist, und das entspricht auch dem von uns angestrebten quasi-realen Erleben im Symboldrama, daß der Patient das katathyme Panorama aufnimmt, als erlebe er es mit seinen eigenen Augen und sonstigen Sinnen.

Bachmotiv

Zweites Standardmotiv: der Bach

Zu diesem Motiv gibt es zwei Zugangswege.

(1) In derselben Sitzung oder nach Einstellung der Wiese in einer anderen, können wir den Patienten bitten, sich nach einem Bach umzusehen. Verstär-

---

Therapeuten immer wieder unwillkürlich die gleiche kardinale, die Kommunikation beeinträchtigende «naive» Fragetechnik anwenden, möchte ich an dieser Stelle einen *wichtigen Hinweis* geben. Es gibt (a) *geschlossene* und (b) *offene Fragen*. Die ersteren (a) erlauben in der Regel nur die Antworten «ja» oder «nein», beziehungsweise ganz kurze Daten werden bekannt. Die letzteren (b), die offenen Fragen, geben breite Auskünfte. Beispiele: zu (a): «Ist das Gras hoch?» – «Nein.» – Dagegen (b): «Wie ist das Gras?» – «Nicht allzu hoch, etwa 30 cm, aber saftig grün und kräftig, ich spüre es richtig an den Beinen.»

kend kann man hinzufügen, man vermute, daß sich ein Bach in der Nähe befinde. Diese leichte Suggestion genügt in der Regel. Stellt sich ein Bach jedoch nicht ein, sollte dieses Motiv vorerst zurückgestellt werden. Berichtet der Patient, einen Bach gefunden zu haben, lassen wir ihn zunächst alle Einzelheiten der Stelle beschreiben, an der er sich gerade befindet. In den beiden oben genannten Beispielen geschah das nicht allzu ausführlich. In schulischer Weise würde man stärker darauf bestehen.

(2) Beim geübten Patienten kann man das Bachmotiv auch ohne Umschweife einstellen lassen: «Bitte versuchen Sie doch einmal, sich einen Bach vorzustellen – aber auch jeder andere Inhalt ist recht.»

Das Motiv kann sich in folgender Weise zeigen: als ein kleines Rinnsal, als munter dahinfließend oder bereits als größerer und breiterer Bach, vielleicht sogar schon als ein kleiner Fluß.

Zunächst ein Wort zur symbolischen Bedeutung des Bachmotives. Wir fassen es ganz allgemein auf als Ausdruck der fließenden seelisch-emotionalen Entwicklung, der ungehinderten Entfaltung psychischer Dynamik oder seelischer Energie, etwa im Sinne der «Lebenstriebe» (Libido) im psychoanalytischen Sprachgebrauch. Eine klare Definition der Bedeutung läßt sich wohl kaum geben. Wir vergessen nicht, daß Wasser einerseits in engster Beziehung zur Symbolik des Unbewußten steht, andererseits aber auch als «Element» seit jeher mit «Lebenskraft» verbunden worden ist. Wasser erfrischt, belebt, Leben ohne Wasser ist nicht denkbar. So gehören auch Fruchtbarkeitsvorstellungen hierher. Wo eine Wiese, wo fruchtbare Landschaft zu finden ist, wird auch immer Wasser sein, ein Bach, ein Fluß, ein See. Der Strom als Symbol kann in der Tat einen außerordentlich breiten Sinngehalt haben, wie NIEDERLAND (1956) gezeigt hat.

Bach und Strom können aber auch eine Grenze bilden. Sie kann, muß aber nicht durch Brücken oder Fähren überwunden werden oder indem das Wasser durchwatet wird.

Nicht unerwähnt soll bleiben, daß, entsprechend den natürlichen Verhältnissen und der polaren Bedeutung der Symbole, Wasser allgemein und auch in Form des Stromes negative und feindselige Aspekte haben kann: Der Strom kann eiskalt sein, reißend, kann Strudel haben, kann Überschwemmungen hervorrufen, deren Wassermassen können reißende Gewalt besitzen und Leben vernichten.

Mit dem Bachmotiv verbinden wir zwei Aufgaben, seinen Verlauf

A) nach oben zur Quelle
B) stromab bis zum Meer
zu verfolgen.

Der Bach bildet dabei gewissermaßen eine natürliche Leitlinie durch das katathyme Panorama, wie sie die Natur geschaffen hat. Sinngemäß spricht man auch vom «Wasserweg». Die Verfolgung dieses Weges stünde also für die erwähnte Entwicklungsdynamik. Der Mensch hat eigentümlicherweise eine primäre Affinität zu Wasser im allgemeinen. Im besonderen aber fühlt er sich von Wasserläufen angezogen und tendiert spontan dazu, sie zu verfolgen, sei es um an ihrem Ufer entlang zu gehen, sei es, sie mit einem Boot zu befahren.

A) *Weg zur Quelle*

Er wird vom Patienten in der Regel bevorzugt und scheint meist leichter vollziehbar zu sein. So ist es auch eher eine Ausnahme, wenn der Weg zur Quelle durch Gestrüpp oder ähnliches behindert wird. Nur bei schwerer Gestörten gelingt das Auffinden der Quelle nicht. Biographisches Material tritt dabei sehr selten auf, obgleich man annehmen könnte, daß dieser Weg zurück auf Versagungen in früheren Entwicklungsphasen hinführen würde.

Dem Schoß der mütterlichen Erde entspringt die reine, erfrischende und kühlende Quelle, wäre ideal-typisch zu sagen. Sie ist aber verschieden ausgeprägt. Das Wasser kann aus dem Boden, aus einem Fels oder künstlich aus einem Rohr kommen. Wir registrieren auch, wenn technische Vorrichtungen vorhanden sind, ein Wasserreservoir, ein Behälter mit einem Deckel, unter dem die Quelle gefaßt ist. Ob das Wasser unscheinbar und dünn oder ganz flach aus dem Sand hervortritt oder als ein breiter Quellstrom, scheint für das Ausmaß der selbsterlebten Vitalität zum gegenwärtigen Zeitpunkt zu sprechen. Ist der Patient an der Quelle angelangt, bieten wir ihm an, das Wasser zu kosten. Ob er wirklich das «kühle Naß» spürt und sich dadurch erfrischt fühlt, gibt einen Hinweis, inwieweit er in der Lage ist, im KB auch intensiv sensorisch zu erleben. Er mag sich die Stirn und die Arme kühlen, ein Bad können wir ihm anbieten, indem er das Wasser staut. Störungszeichen sehen wir, wenn das Wasser schmutzig oder eiskalt ist, schlecht schmeckt oder Bakterien vermutet werden oder der Betreffende sich aus anderen Gründen scheut, es anzuwenden. Wir vermuten, daß eine genetisch tiefliegende Beeinträchtigung der oralen Beziehung zur mütterlichen Welt signalisiert wird. Deshalb ist es wichtig, jede Praktik mit dem Wasser vorsichtig anzubieten.

Beispiel 1

Eine zum Alkoholismus neigende und der Anamnese nach in ihrer mütterlichen Beziehung in der frühen Kindheit beeinträchtigte Patientin findet bei der Verfolgung des Bachlaufes nach oben statt der Quelle einen sumpfigen Bereich in der Wiese. Aus ihm kommen eine Vielzahl kleiner Rinnsale, die jedoch sauberes Wasser haben und bald in einem ihr angenehm erscheinenden kleinen Bach zusammenfließen.

Beispiel 2

Eine verheiratete Bauerntochter imaginiert beim Weg zur Quelle jene, die sich in der Nähe des elterlichen Bauernhofes befindet. Sie ist aber unterirdisch eingefaßt, so daß sie einen Eisendeckel öffnen muß, um das aus der Tiefe quellende Wasser schöpfen zu können.

Beispiel 3

Ein Patient gelangt nach einem freundlichen Weg durch sonnendurchleuchteten Wald zu einer Quelle, die aus einem Felsen hervorspringt und sich in ein natürliches kleines Becken, eine Vertiefung im Wald, ergießt. Er folgt meiner vielleicht etwas abrupt vorgebrachten Anregung, in diesem angestauten Wasser zu baden, was er zunächst auch als angenehm erlebt. Plötzlich jedoch wandelt sich das Wasser in Sand, in dem er bis an den Hals eingegraben ist und aus dem er sich, nach Luft ringend, nur mühsam befreien kann.

Beispiel 4

Eine Versuchsperson, die emotional relativ ausgewogen wirkt, folgt dem Weg zur Quelle durch einen lichten Buchenwald, der ihr sehr angenehm ist. Das Murmeln einer aus mit

Moos bewachsenem Abhang hervorspringenden Quelle nimmt sie auch akustisch wahr. Sie setzt sich daneben, und der Wald belebt sich in romantischer Weise durch zwitschernde Vögel, Rehe, die durch das Unterholz huschen, und sie gibt sich der sie beglückenden Atmosphäre dieser Szenerie hin.

Die Anwendung des Quellwassers in der einen oder anderen Weise als «Heilmittel» kann bei Konversionssymptomen einfach strukturierter Patienten überraschend wirken. Bei Schmerzen etwa lassen wir den betreffenden Körperteil, bei Funktionsstörungen die entsprechenden Körperstellen mit Wasser einreiben oder dort «nasse Umschläge» machen. Ein Kollege sprach scherzhaft von der «katathymen Hydrotherapie». – Die Wirkung des imaginierten Wassers hat zunächst etwas Unglaubhaftes, und man ist geneigt, eine solche Methode in den Bereich der Magie zu verlegen. Ich kann jedoch auf eine Reihe einschlägiger Fälle verweisen (vergleiche S. 80; S. 270 und S. 271). Wasser wird insofern in die auf der Oberstufe beschriebene Kategorie «magischer Flüssigkeiten» eingeordnet.

Verhinderungsmotive im Umgang mit Wasser und am Bach gehören wahr- *Konfliktzeichen* scheinlich zu den typischen Neurosezeichen. Beispielsweise kann sich beim Versuch, im gestauten Quellwasser zu baden, dieses in Sand verwandeln. – Das Wasser des Baches kann heiß oder eiskalt sein, ein Wasserfall kann Tausende von Metern herabstürzen.

Zwei etwas aufführlichere Beispiele möchte ich anschließen. Beide stammen von demselben, etwa 30 Jahre alten Akademiker, dessen Hauptproblem in einer stark ambivalenten Mutterbeziehung liegt. Während im ersten Fall das Motiv als äußerst befriedigend – aber Probleme wohl abwehrend – erlebt wird, ist es im nächsten Beispiel, aus dem zweiten Jahr seiner Therapie, mit dem Aspekt der «bösen Mutter» belastet.

Beispiel 5 (A. D.)[18]

«Jetzt bin ich unten am Fluß angelangt. Hier ist eine Quelle, klares, frisches Wasser. Ich benetze meine Hände, das Gesicht. Es ist erfrischend, ich trinke von dem Wasser. Es belebt unwahrscheinlich. Ich gehe an dem Bach entlang. Er fließt zwischen Geröll und Steinen, stürzt teilweise über Felsen hinunter, einen Meter hohe Abbrüche. Es wird kühler. Rechts und links fangen Bäume an zu wachsen, Gras. Ich gelange auf die Aue, die ich von oben gesehen habe. Ich schaue zurück – der Berg ragt unheimlich hoch. Irgendwo muß ich gebannt darauf schauen. Es geht jetzt weiter, es ist angenehm kühl. Das Wasser ist klar, ich sehe Fische, kleine Fische, die mich ansehen, freundliche Fische. Der Bach fließt ruhiger durch eine blumenübersäte Sommerwiese. Ich setze mich an den Rand, lasse meine Füße in den Bach baumeln, der einen Meter tief ist. Ich ziehe mich aus und steige in das Wasser. Ich setze mich in den feinkörnigen Sand, lasse das Wasser um mich spielen. Es ist schön. Das Wasser belebt. Ich steige heraus, gehe ein Stück auf die Wiese, möchte mich ins Gras legen . . . Es ist schön zu träumen. Aus dem Wald kommen einige Rehe. Sie kommen zu mir her, strecke die Hand aus, sie lecken meine Hand. Ich streichele ihren Kopf, den Hals, sie legen sich neben mich. Ein Raubvogel kreist hoch über mir. Er kommt heruntergeschwebt, vorsichtig. Er kommt dazu. Ich sehe einen Storch, der nach Fröschen sucht. Er stolziert auf der Wiese entlang, kommt her, setzt sich auch dazu. Es ist schön mit den Tieren.»

---

[18] Initiale und Namen sind verändert.

Beispiel 6 (A. D.)

«Über der Wiese liegen Schwaden von Nebel. Darüber geht klar und leuchtend die Sonne auf. Ich gehe mit Elfriede, meiner ältesten Tochter, über die Wiese, barfuß, durch taunassen Klee. Wir gehen am Bach entlang der Quelle entgegen und baden. Ich sehe Elfriede auf einem Reh reiten, vornübergebeugt, als bereite es ihr Vergnügen. Zeitweilig sind auch Miriam und meine Frau dabei, als gehörte es sich nicht, daß ich mit Elfriede allein bin. Ich befinde mich im Quellbecken, das Wasser ist angenehm warm, aus der Tiefe steigen große Blasen hoch. Ich fürchte mich vor der Tiefe. Es sind lange, grüne Schlingpflanzen, die sich langsam bewegen. Tiefer unten lauern Kraken. Dennoch möchte ich gern hinuntertauchen. Irgendwo auf dem Grund ist eine Hexe. Es zieht mich etwas Unwiderstehliches hinein, vor dem ich mich trotzdem fürchte. Das Wasser ist warm. Ich schwebe in ihm, ohne ein Gefühl zu haben, wo oben und unten ist. Ich drehe mich langsam, empfinde wie von fern ein dumpfes Pochen. Zwischen meinen Händen befindet sich ein etwa armdickes Seil, schleimig, um das ich mich drehe. Das Pochen wird stärker und schneller. Ich spüre Druck auf meinem Kopf, wie Kopfschmerzen, die ich öfters habe, als wollte der Kopf von innen aufspringen. Ich ringe nach Luft, atme tief durch und tauche aus dem Tagtraum auf. Ich fühle mich müde, hilflos und kalt.»

Kommentar: Der Leser möge die Bilder dieser beiden Tagträume unmittelbar auf sich wirken lassen. Der zweite Traum kennzeichnet sich nicht nur durch die unheimlichen Gefahren mit der Phantasie vom Kraken, sondern die Szene ist durch die Gegenwart der Tochter und der Ehefrau überhaupt viel stärker mit weiblichen (und auch ödipalen) Inhalten belebt.

B) *Weg stromabwärts*

Stromlauf

Ihn sollte man in einer späteren Sitzung vorschlagen, oder wir folgen dem Wunsch des Patienten danach von vornherein. Im Idealfall führt er den «Gesunden» oder gut behandelten Patienten vom Bach, der immer breiter wird, zum Fluß, zum Strom bis schließlich hin zu seiner Mündung ins Meer. Auf dieser langen Strecke kann dem Patienten eine Zahl von Verhinderungsmotiven (im Sinne der fixierten Bilder) begegnen. Häufig ist der Bach nach einiger Zeit gestaut oder das Wasser fließt aus irgendeinem anderen Grund nicht weiter, versickert oder verschwindet in einem Loch in der Erde. Typische Szenen sind auch: Der Bach endet plötzlich an einer Staumauer[19], in einem Tümpel oder Teich. Ich halte es für wichtig festzustellen, daß sich die hier angekündigten Verhinderungsmotive (fixiertes Bild, siehe dort) dadurch überwinden lassen, daß der Patient gebeten wird, nach einem Abfluß (z. B. aus dem Teich, an einer verborgenen Stelle der Staumauer usw.) zu suchen. Dies gelingt häufig, wenn man den Blick auf Details fokussiert, sei es auch nur, daß er sich zunächst lediglich als kleines Rinnsal darstellt. Das *Entwicklungsprinzip des fließenden Wassers* bleibt auf diese Weise gewahrt. Besonders drastisch kann sich die Stauung an einer Mauer darstellen, die vom Patienten als «unerhört hoch» erlebt wird, so daß er die obere Kante nicht mehr sehen kann.

Konflikt-zeichen – Verhinderungs-motive

Als Zeichen seiner neurotischen Störung kann der Patient von vornherein ein leeres, trockenes Bachbett vorfinden. In diesem Falle wird er für die Behand-

---

[19] FREUD sprach in seinen frühen Arbeiten von der «Affekt-» oder «Libido-Stauung» beim neurotisch Gestörten. Auch vom «Abfließen der Affekte», therapeutisch etwa durch kathartische Maßnahmen erleichtert, ist die Rede.

lung auf der Grundstufe wenig geeignet sein. Das auffällige Störungszeichen eines unendlich tiefen Wasserfalles zeigte das Beispiel S. 59 f.

Die unbehinderte Verfolgung des Bachlaufes meerwärts gelingt meist nur bei neurotisch nicht Gestörten oder gegen Ende einer erfolgreich fortgeschrittenen Therapie. Dann gelangt der Patient allmählich durch wechselnde Landschaften mit Dörfern, Städten und anderen Zeugnissen menschlicher Aktivität. Zuflüsse von anderen Seiten bilden allmählich einen Fluß. Jetzt kann man auch einen Kahn oder ein Boot anbieten, um den sich ausdehnenden Strom hinunterzufahren und die Mündung zu erreichen. Ein solcher Verlauf drückt meines Erachtens die Fähigkeit der komplikationslosen individuellen und emotionalen Entwicklung aus, beziehungsweise daß entscheidende neurotische Widerstände und Gehemmtheiten in der personalen Entfaltung, oder wie immer man es nennen will, nach dem subjektiven Erleben ihre Bedeutung verloren haben.

Den Bach oder Strom hinunter zu fahren, besser noch, sich mit dem Boot ohne Steuer oder Ruder treiben zu lassen, hat «die besondere Qualität, sich den Kräften der Natur» vorbehaltlos hinzugeben. Dieses Erleben kann noch intensiviert werden, wenn der Patient auf mein Angebot sich schwimmend dem Fluß des Wassers anvertraut. Damit wird an die Bereitschaft zur *voraussetzungslosen Hingabe* appelliert. – Neurotische Menschen können sich nicht oder nur bedingt derart hingeben. Das spricht für genetische, traumatische Erfahrungen, die zur Verunsicherung und zu Mißtrauen geführt haben und drückt sich im KB aus als: Ablehnung des Sich-treiben-Lassens, Furcht vor Verlust der Kontrolle ohne Steuer, vor einem Wehr oder Wasserfall, einem Strudel, Hängenbleiben des Bootes am Ufer, wenn man versucht hat, sich ihm anzuvertrauen. Der Therapeut soll diese Abwehren, die meist mit Angst verbunden sind, respektieren und nichts forcieren. Trotzdem können analoge Versuche in größeren Abständen wiederholt werden, da sich die Widerstände allmählich doch lockern.

Eine seltene Version des Widerstandes kann sich als Täuschung tarnen. Der Patient verfolgt dann getreu (gefügig?) den Verlauf des Wassers. Nach einiger Zeit merkt er jedoch, daß die Landschaft stereotyp die gleiche bleibt. Die Entwicklung schreitet also offensichtlich nicht fort. Ein analoger Versuch der Täuschung (auch wohl der Selbsttäuschung) kann darin bestehen, daß der Patient nach längerer Verfolgung des Bachlaufs feststellt, wieder an seinem Ausgangspunkt in der Landschaft angelangt zu sein.

Einer anderen Form widernatürlichen Verlaufes begegnen wir, wenn der Bach entgegen den physikalischen Gesetzen bergauf oder in einer hügeligen Landschaft immer auf und ab fließt. Die kindliche Phantasie einer unreifen Persönlichkeit scheint die Naturgesetze illusionär zu überwinden (häufig bei infantiler Persönlichkeit oder hysterischer Struktur im Sinne von Schultz-Hencke 1965). Mit anderen Worten, die Eigenart der Verhinderungsmotive am Bachlauf können Hinweise auf unbewußte Tendenzen, Haltungen und Erwartungen geben, auf die der Therapeut den Patienten sachlich ansprechen kann.

Alle ausgeprägten Verhinderungsmotive am Bach können für den Patienten eine überraschende Konfrontation bedeuten. Sie müssen deshalb mit Vorsicht beobachtet und eventuell abmildernd kommentiert werden. An der Mündung angelangt, können in realistischer Weise etwa eine große Stadt oder ein Hafen mit emsigem industriellem Leben erscheinen oder aber Landschaften von stiller Einsamkeit. Am Meer besteht wieder die Möglichkeit, dem Patienten ein Bad anzubieten. Auf das Beispiel einer überraschenden therapeutischen Wirkung vom Schwimmen im imaginierten Meer auf S. 270 sei verwiesen.

Bach als Grenze

Beispiel 7 (M. J.)

19jährige, in ihrer psycho-sexuellen Entwicklung retardierte Patientin mit einer Charakterneurose und psychogener Gangstörung. Sie schildert nicht nur den Verlauf des Baches, sondern eine Komplikation, aus der verschiedenerlei neurotische Störungszeichen und Abwehren deutlich werden. Der Bach bildet eine Grenze, dessen Überschreitung sie in einen neuen, ihr fremden Teil des katathymen Panoramas führt und damit für sie offenbar einen wichtigen Entwicklungsschritt anbahnt: Die Patientin ist auf einer Wiese, die groß ist und deren Gras ihr bis an die Knie reicht. Sie erkennt Margeriten und Löwenzahn. Nach dem Bach gefragt, berichtet sie:

Protokoll: «Dort liegen Geröll und Steine. Daraus kommt eine kleine Quelle, ein kleiner Bach mit ganz klarem Wasser. Im Wasser liegen rötliche Steine, die mit dem Gras verschlungen sind. Der Bach ist ganz seicht.»
(Aufgefordert, den Bach entlangzugehen:)
«Da ist ein Ginsterbusch, allmählich wird der Bach tiefer und breiter. Das Wasser ist jetzt dunkel und eher grünlich. Ich gehe weiter und komme an eine Stelle, an der das Wasser mit Steinen gestaut ist. Das ganze Wasser schäumt, fließt aber glatt herunter; jetzt ist der Bach breiter. Ich sehe keine Tiere, auch keine Fische im Wasser. Er fließt jetzt aber langsam weiter. Ich komme jetzt an eine Stelle, ein Stück in der Wiese, in dem der Bach abbröckelt. – Das Bild bröckelt ab, es ist nicht mehr deutlich, und ich kann nicht feststellen, woran es liegt.»
(Offensichtlich eine schwere Störung der Imagination – sie wird deshalb aufgefordert, das Bild wieder zu erfassen, indem sie sich zunächst mehr auf die Umgebung konzentriert.)
Sie setzt fort: «Vor mir ist es hell, und ich blicke auf die Sonne. Sie scheint aber durch einen dunklen Dunst hindurch. Ich kann da kaum was wahrnehmen, dann wird es aber ganz hell dahinter, und die Wiese geht schräg den Berg hinauf und fließt mit dem Horizont zusammen. Links ist jetzt auch ein dunkler Schleier.»
(Aufgefordert, nach vorn zu blicken:)
«Ich muß durch den Bach hindurch, das ist mühsam, aber ich versuche es. Ich nehme die Schuhe in die Hand, damit ich besser laufen kann. – Ich habe Angst – – – ziemliche Angst.»
(Versuchen Sie, ruhig weiterzugehen.)
«Ich gehe über das Feld mit Gräben, über die ich springen muß.»
(Sie will in der Imagination jetzt die Augen schließen. Ich ermutige sie, hindurchzugehen und nicht nachzulassen.)
Mühsam reißt sie in ihrer Vorstellungswelt die Augen auf. «Da wird alles hell, ich sehe nur helles Licht, weiß aber nicht, woher es kommt. – – – Dann kommt eine schöne Wiese da unten und ein völlig neues Bild, ganz junges, frisches Gras. Veilchen stehen darin, ganz frisch im Morgentau. – Ich sehe jetzt zwei Sonnenstrahlen, sonst aber gar nichts mehr.»
(Aufgefordert, sich umzusehen.)
«Es ist ein heller Schleier und ein dunkler Schleier – ekelhafte Tiere sind dort drüben, Schlangen, Kröten und komische Vögel, so ekelhaft, die picken im Schlamm herum.»
– – – Wendet sich mit Entsetzen davon ab.
(Wird wieder aufgefordert, das Bild im Blick nach vorn klarer ins Auge zu fassen.)
Sieht die Sonne außen dunkel und ganz verschwommen wie ein «Sonnenkranz, Strahlenkranz», als sei sie mit Wasserfarben rot und gelb gemalt. Rechts und links kann sie nichts sehen, «weil ich nicht will». Aber als sie schließlich doch will, kann sie am Boden lediglich Marienkäfer und Pilze entdecken, auch lilafarbenes Moos; eine Amsel singt dazu. Rechts sieht sie kleine Birken mit ganz jungen Blättern, ein Eichhörnchen und eine

Eidechse sonnen sich dort. Das Wasser ist verschwunden. Die Wiese hört gar nicht mehr auf, obgleich sie nur 50 Meter weit blicken kann. Dort ist es wiederum nur hell, und dort strahlen wieder zwei große Sonnen.

Kommentar: Im Nachgespräch beschwert sich die Patientin über Schwierigkeiten mit dem Pflegepersonal und den Patienten auf der Station, und ihr Symptom einer psychogenen Gangstörung klingt in Form leichten Hinkens an. Sie malt dazu später ein drastisches Bild: Im Vordergrund der kleine Bach, von Gras umwuchert, im Hintergrund die mühsam überwundene Welt mit den schreckenerregenden Tieren und der schwarzen, dunklen Wand, dahinter wiederum die lichte, helle Frühlingswiese mit Birken und darüber die Sonne mit dem Strahlenkranz. – Hier wird deutlich, daß der Bach eine Grenze zu einem anderen Teil des katathymen Panoramas darstellt. Er wird zunächst abgewehrt durch die dunklen Schleier, hinter denen sich eine Welt archaischer Symbole wie Schlangen und Kröten verbirgt. Sie weisen auf eine unausgereifte sexuelle Entwicklung hin. Erst nach Überwindung der Vermeidung als Widerstand (Nicht-hinblicken-Wollen) und energischem Voranschreiten gelangt die Patientin, gewissermaßen als Belohnung dafür, daß sie dieses Abenteuer überstanden hat, auf die «neue Wiese», eine «jungfräuliche Wiese», die man als «Neubeginn» (BALINT 1970) verstehen kann. (Auf das kollektive Motiv der Sonne mit Strahlenkranz und der beiden Sonnen soll hier nicht weiter eingegangen werden.)

Beispiel 8 (A. H.)

Eine 45jährige Frau mit einem Hingabeproblem:

«Es ist ein Bach, der durch unser Dorf fließt, und zwar ein bestimmtes Stück, welches auf beiden Seiten durch eine Brücke begrenzt ist, ein Stück von etwa 200 Metern Länge. Der Bach ist voll Wasser; es fließt sehr schnell. Das Wasser ist trübe; es ist durchsetzt mit Erde. Diese Verschmutzung ist mir nicht unsympathisch, da Erde auch etwas Natürliches ist.»

(Wie ist das Wetter?)

«Der Himmel ist bedeckt, trübe, etwas milde Luft, nicht unangenehm. Ich schaue in das Wasser, um zu sehen, ob ich einen Fisch entdecke. Da taucht einer auf. Er versucht, durch Sprünge gegen den Strom vorwärts zu kommen. Er macht auf mich einen vitalen und vergnügten Eindruck, obwohl er sich sehr anstrengen muß, gegen das schnell fließende Wasser anzukommen.»

(«Erinnert Sie der Fisch an jemanden?»)

«Ich kann mich selbst gut mit ihm identifizieren. Ich habe oft das Gefühl, gegen den Strom zu schwimmen.»

(Haben Sie schon mal versucht, sich treiben zu lassen?)

«Nein, davor hätte ich Angst. Ich weiß nicht, wo es hingeht und was mir unterwegs passiert.»

(Wo schwimmen Sie gegen den Strom?)

«In meiner Kindheitsfamilie, in der Kirchengemeinde, zum Teil im Dorf. Ich fühle mich anders als die anderen Menschen dort, denke anders, lebe anders.»

Kommentar: Diese Passage gab wiederholt Anlaß, das hier besprochene Thema therapeutisch weiter zu bearbeiten und Probehandeln im Sinne des vermehrten Sich-Hingebens an den Strom des Wassers anzuregen.

Die folgenden drei Beispiele sind eine Sequenz aus der Therapie einer sehr um ihre charakterliche Stabilität ringenden Patientin, die aus einem lieblosen Elternhaus stammt und Hinweise auf sehr frühe, orale Störungen zeigt.

Hingabeproblem

Beispiel 9 (E. T.) 28jährige Studentin mit einem Alkoholproblem:

«Ein schmaler Fluß, der in einen Sumpf mündet. Eine schmale Gleisanlage, offensichtlich für eine Hafenbahn; die Gleise hängen in den Sumpf. Da ist kein Weiterkommen, nur Morast ... Ich wende mich flußauf und erreiche bald ein Dorf. Ich werde mißtrauisch gemustert oder geflissentlich übersehen, ich bin fremd, wie immer und überall unter Menschen. – Ich verlasse das Dorf, erreiche wieder den Fluß, setze mich ans Ufer und träume. Ich gehe ins Wasser, träume weiter, da ist das Wasser schön. Dann komme ich zur Realität zurück und spüre Schmerzen an den Füßen, bemerke meine vom Schilf zerschnittenen Hände und habe Durst. Ich gehe weiter – aber wohin? Keine Ahnung.»

Beispiel 10 (E. T. nach 5 Sitzungen KB):

«Eine sich neigende Waldwiese im Mittelgebirge, rechts eine ansteigende Grasfläche voller Zäune, im Tal ein Bach. Ich folge ihm aufwärts, um seine Quelle zu erreichen – aber er hat keine Quelle, sondern entspringt einem Sumpfgebiet. Dennoch ist das Wasser klar, es fließt schnell, hüpft über Steine und Wurzeln, ich kann den Grund sehen. Links steigt das Ufer steil an, ist mit Bäumen bewachsen und endet in einem schroffen Gipfel.

So folge ich dem Bach talwärts. Er wird bald breiter, langsamer und trüber. Er verläßt das hügelige Gelände und fließt im Tal weiter. Ich folge ihm, bis er sich an einer schmalen Brücke staut. Das Wasser ist schlammig und voller Unrat, zerbrochenen Flaschen, Abfall; es riecht faulig und unangenehm. – Hinter der Brücke wird der Bach noch breiter, sumpfiger und schmutziger und mündet in einen Abwasserkanal, der an Fabriken entlangführt. Aus der angrenzenden Ziegelmauer ragen Rohre, aus denen sich übelriechende, vielfarbige Abwässer in den Kanal entleeren. Das ist kein Wasser mehr, das hier fließt, sondern nur noch widerlicher, häßlicher Abfall, eine Kloake.»

Beispiel 11 (E. T.) 3 Monate nach dem ersten Bachmotiv und etwa 20 KB-Sitzungen. Sie ist eine partnerschaftliche Beziehung eingegangen:

«Es ist ein wunderbarer, heißer Sommertag. Ich habe mich auf den Weg gemacht, um allein in einem Bach, weit oben auf einer Halde, zu baden. Ich hasse Freibäder mit dem Geschrei der Menschen. – Ich steige die Halde, die mit Felsbrocken bedeckt und mit Heide, Gebüschen und Ginster, Brombeeren und hohen Gräsern bewachsen ist, ziemlich langsam empor. Ich bin gelöst und heiter, trotz der Hitze. Ich freue mich über den Sommer und den freien Tag. Als ich an meinem Platz angekommen bin, sehe ich, daß der kleine Bach, der sonst schmal und eilig strömt und dann als Wasserfall ins Tal stürzt, sich gestaut hat. Die Ursache kann ich nicht erkennen, aber ich freue mich darüber. . . . Später steige ich ins Wasser – es ist klar, kühl und prickelnd wie Sekt. – Ich fühle mich denkbar wohl.

Plötzlich merke ich, daß eine starke Strömung mich erfaßt. Ich blicke nach vorn und sehe, daß das Hindernis, das die Stauung bewirkt hat, vom Wasser überwunden wird. Die Strömung wird in Sekunden reißend. Ich werde mitgerissen und kämpfe voller Schrecken und Angst dagegen an: Ich weiß genau, wenn ich in den Wasserfall gerate, ist es um mich geschehen. Aber ich erreiche den jenseitigen Rand der Spalte nicht. – Ich stürze in einen unendlichen Abgrund. – – – Als ich erwache, finde ich mich in einer grünbewachsenen Grotte mitten im Berg. Die Wände sind bemoost und feucht, Wasser rieselt von allen Wänden und sammelt sich in einem schmalen Bach, der sich irgendwo verliert. Es riecht kühl und gut. Ich friere nicht, sondern fühle ein unendliches Gelöstsein und Glück. Neben mir ist ein Mann. Er ist mir zugewandt (und zugetan). Ich weiß, daß ich ihn liebhabe. Er sagt ganz still und froh: Du bist zu mir gekommen? – Ja, sage ich, ich bin Dir sozusagen zugefallen! – –

Na, so ein Zufall!! Wir lachen beide und sind glücklich.»

Kommentar: Auch in diesem Fall tendiere ich, wie schon vorher, dazu, den Tagtraum als einen in sich geschlossenen Zyklus auf den Leser uninterpretiert wirken zu lassen. In seiner ursprünglichen Weise möge dieser sich den Inhalten zunächst intuitiv hingeben. Damit folge ich in vereinfachter Form der phänomenologischen Traumbetrachtung, die Boss (1975) begründet hat. Dieser unmittelbare Nachvollzug statt einer psychoanalytischen Bearbeitung wird noch behandelt werden (Abschnitt 4.3.2.7.).

Technische Hinweise zum Bachmotiv

Bei der Verfolgung in Richtung Mündung lassen wir schulmäßig ähnlich wie beim Wiesenmotiv zunächst Einzelheiten des Baches und seiner Umgebung detailliert beschreiben. Von Bedeutung sind seine Breite, der Bewuchs des Ufers, die Strömung des Wassers, seine Tiefe, ob es klar ist oder nicht, ob Tiere, etwa Fische, erscheinen usw. Das beim Wiesenmotiv über die Ausführlichkeit der vom Therapeuten erbetenen Detailbeschreibung Gesagte gilt sinngemäß auch hier.

Technik zum Bachmotiv

Die Verfolgung stromabwärts ist in der Regel durch Verhinderungsmotive oder andere fixierte Bilder länger und viel komplikationsreicher als der Weg zur Quelle. Dementsprechend ist sie auch zeitraubender und wird vom Patienten oft als mühsamer erlebt. Ausnahme ist die Situation der frühen Behinderung des Bachlaufes. Insofern ist anfangs schwer vorauszusehen, wie viel Zeit die Sitzung zur Verfolgung des Baches in Anspruch nehmen wird. Man sollte sich eine ganze Sitzung reservieren. Mitunter kann als erster Schritt die Beschreibung und der Umgang mit dem Wasser im Zusammenhang mit dem Wiesenmotiv vollzogen werden, eventuell auch mit der Verfolgung zur Quelle verbunden sein. – Stromabwärts kann sie auch mehr als eine Sitzung in Anspruch nehmen. Dann setzen wir sie in der nächsten Stunde an der Stelle fort, wo die voraufgehende aufgehört hat. Insgesamt geht es hier, wie bei allen Motiven, keineswegs darum, in kurzer Zeit möglichst viele Aufgaben oder Einstellungen zu absolvieren. Die Wahrnehmung des begleitenden Gefühlstones und der Stimmung der Landschaft sowie der Wünsche und Tendenzen des Patienten sollten gerade im Bereich dieses Motives mit dem vielfältigen und therapeutisch fruchtbaren Umgang mit dem Wasser voll genutzt werden. Alle möglichen Details auf dem Weg abwärts sind an den Ufern zu beobachten.

Das Meer erscheint bei ungehinderter Verfolgung des Baches und des sich anschließenden Stromes an der Mündung meist spontan. Symbolisch betrachtet ist es gewissermaßen ein «Sonderfall von Wasser». Es gilt als Symbol des Unbewußten. Ihm werden auch weiblich-mütterliche Qualitäten zugeordnet. Es trägt Schiffe und den Menschen, kann aber auch bösartig sein und ihn verschlingen. Unheimliche archaische Tiere, wie Kraken, die den Menschen hinabziehen oder fressen, kann es in seinen Tiefen bergen. Ganze Welten eines weiblich oder männlich regierten Königreiches mit Nixen als ihren Abgesandten können in der Tiefe des Meeres verborgen phantasiert werden, aber auch einfach nur Wracks.

Zur Veranschaulichung seien einige typische Szenen genannt, die in den seltensten Fällen problembeladen sind:

typische Szenen

Der breite Strom mündet in einer einsamen Landschaft allmählich in das Meer. Flußwasser und Meereswasser gehen ineinander über. Unter Umständen ist das Meer durch Wellen bewegt, und der Patient wird ängstlich, wenn sich sein Boot diesen Wellen nähert. – An der Mündung befindet sich eine Industrie-und Hafenstadt mit großen Fabriken, Werften, kleinen und großen Schiffen und emsiger Tätigkeit. Gelegentlich kann hier auch eine Täuschung vorgespiegelt werden. Bei einem jungen Arzt erlebte ich, daß die von ihm auch sehr kunstvoll dargestellte Industrielandschaft bei genauem Hinsehen tot dalag, da dort zur Zeit gestreikt wurde. Der Betreffende hatte eine erhebliche Arbeitsstörung bei der Formulierung seiner Doktorarbeit. – Ein zwangsneurotischer Patient fand sich jedoch auf einem hohen Felsenriff über dem Meer. Die gewaltigen Wellen griffen nach ihm, um ihn in die Tiefe hinabzuziehen. Der verschlingende Charakter verband sich mit Einfällen über das Verhalten der eigenen Mutter.

In einer technischen Variante kann *das Meer* bereits *zu Beginn einer Sitzung eingestellt werden.* Die Strukturierung lautet dann beispielsweise: «Stellen Sie sich vielleicht einmal vor, Sie stehen irgendwo am Strand und blicken auf das Meer hinaus.» Diese Formulierung ermöglicht eine relativ unspezifische Projektion in verschiedenen Richtungen. Die Betreffenden stehen dann etwa auf einer Klippe, auf einer Düne oder am Sandstrand und haben das Meer vor sich. Von Bedeutung kann außer dem Meer natürlich auch der Badestrand sein. Hier kann er sich als Badegast bewegen, oder seine Kontaktstörung beziehungsweise Einsamkeit kann sich ausdrücken.

Dieses Motiv dient dazu, *Stimmungen* und starke *emotionale Bewegtheit* – sie mögen mehr ungerichtet oder aggressiv getönt sein, haben vielleicht auch depressiven Charakter – *im Meer zu spiegeln.* Sie stellen sich hier leichter dar als im Wiesenmotiv. Die See kann also bewegt und stürmisch sein oder aber auch bleiern und unbewegt daliegen unter einer schweren, grau-verhangenen Wolkendecke. Diese Beobachtungen führen dem Patienten sehr schnell seine *unbewußte Erregung oder Verstimmung* vor.

Bei schwerer gestörten Patienten oder in Krisensituationen mit regressiven Tendenzen ist das Motiv auch geeignet, durch das Auftreten archaischer *Meerungeheuer, die an den Strand kriechen,* die Szenerie schnell zu klären. Symbolgestalten, wie große Kraken oder walfischartige Phantasieungeheuer, erheben sich bedrohlich aus dem Meer und sind dann aus der Distanz zu beobachten und genau zu beschreiben. Diese Benutzung des Meermotives gehört jedoch der Oberstufentechnik an und sollte dem erfahrenen Therapeuten vorbehalten bleiben.

Einschaltung

protektives Prinzip der Grundstufe

An dieser Stelle muß ich eine weitere Bemerkung über den Führungsstil im KB machen, die das *protektive Prinzip der Grundstufentechnik* betrifft. Wie schon hervorgehoben, bevorzugen wir bei der Interventionstechnik im KB eine von der Oberfläche, d. h. von einer bewußtseinsnahen Ebene sich nähernde Aufdeckung des Konfliktmaterials. Dementsprechend vermeiden wir, ganz besonders auf der Grundstufe, Tiefenmaterial zu fördern. Das bedeutet für das Meermotiv, daß wir aus Sicherheitsgründen unbedingt verhindern, den Patienten in die Tiefe tauchen zu lassen. Im Gegensatz zu unserer Absicht strebt DESOILLE (1945) das in dem von ihm beschriebenen Rêve eveillé dirigé an, dessen Motive THOMAS (1967) für die Oberstufe des autogenen Trainings empfohlen hat. Die damit verbundene Gefahr liegt bei neurotischen Patienten in der Begegnung archaischer und schreckenerregender Tiergestalten von großer Feindseligkeit. Z.B. sah einer meiner Patienten, der sich nicht abbringen lassen wollte, in das Meer zu tauchen, einen gewaltigen Kraken, der ihn mit seinen Fangarmen umschlang. Ein angsterregender großer Fisch bedrohte einen anderen. Wenn das auch nicht immer der Fall ist und sich bei manchen Patienten angenehmere Szenen darstellen, etwa in der Begegnung mit den erwähnten Nixen, einem Meergott usw., müssen wir immer zuerst davon ausgehen, daß bei den von uns behandelten schweren Fällen von Neurosen und psychosomatischen Erkrankungen mit diesem Material zu rechnen ist. Es provoziert Ängste und Widerstände, so daß das KB dadurch in Mißkredit kommen und die Patienten dazu führen kann, die KB-Therapie abzubrechen. – Ähnliche potentielle Gefahrenmomente liegen in den Motiven des Waldes, der Höhle und des Sumpfloches. Statt dem Patienten zu erlauben, aktiv in diese Strukturen einzudringen, begnügen wir uns deshalb auf der Grundstufe bewußt damit, sie davor verweilen zu lassen und abzuwarten, welche Art von Gestalten aus ihnen hervortreten. Häufig sind auch diese freigesetzten Symbolfiguren bereits stark affektgeladen und von archaischer Natur (vgl. Mittelstufentechnik). Deshalb sind die Motive der Höhle und des Sumpfloches von der Grundstufentechnik strikt ausgeschlossen (vergleiche Abschnitt 3.3.2.).

Eine andere Technik der gerichteten Einstellung des Meermotives bietet sich an, um einen Stimmungsumschwung von depressiven zu oral-befriedigenden Inhalten hervorzurufen. Eine südliche Szene am Mittelmeer mit blauem Himmel und schönem Sandstrand kann angeboten werden. Das gelingt je nach innerer Bereitschaft des Patienten mehr oder weniger gut. Bei bereits ausgeprägtem depressivem Wiesenmotiv mißlingt dieser Versuch allerdings in der Regel. Hier stößt man auf Grenzen, die in der Verstimmung des Patienten liegen.

Drittes Standardmotiv: der Berg

Bergmotiv

Dieses Übungsmotiv sieht zwei Formen vor:

A) *den Aufstieg* auf den Berg mit einem Rundblick
B) *die Betrachtung eines Berges aus der Ferne*

A) *Aufstieg mit Rundblick:*

Wir geben dem Patienten folgenden Hinweis, nachdem wir eine Wiese eingestellt haben oder eine andere Stelle der Landschaft, an der er sich gerade befindet:

«Blicken Sie sich doch bitte einmal um. Vielleicht können Sie einen Weg oder auch nur einen kleinen Pfad finden.» Dann warten wir ab, bis der Patient von einem Weg berichtet. Nach kurzer Beschreibung sagen wir ihm voraus, der Weg werde ihn durch einen Wald auf einen Berg führen. Von dort oben werde er einen Rundblick haben.

Der Patient folgt in der Imagination diesem Weg meist ohne Schwierigkeiten. Er führt ihn fast immer, wenn auch vielleicht nach Hindernissen, in der vorausgesagten Art auf einen Berg. Unsere Voraussage und die Vorstellung des Weges bilden also den thematischen Kern für die nun folgende individuelle Ausgestaltung des Aufstieges und des Gipfelmotives. Die Art des Aufstieges sowie die Höhe des Berges und vor allem, was der Patient bei dem Rundblick über die Landschaft des katathymen Panoramas («Seelenlandschaft») erblickt, wird von seiner unbewußten Konfliktdynamik gestaltet. Das bezieht sich natürlich auch auf den sogenannten «Gesunden». Ein in idealer Weise behandelter Patient oder der ideale «Gesunde» folgt dem Weg ohne Schwierigkeiten. Er wandert Schritt für Schritt durch den Wald und berichtet Einzelheiten des Weges und seiner Beobachtungen in der Umgebung. In mäßigem oder steilerem Anstieg gelangt er auf einen vielleicht mittelhohen Berg (ich denke an 500 – 1000 Meter). Oben findet er eine Stelle, von der aus er nach allen Seiten einen erfreulichen Rundblick haben kann. Im idealen Fall herrscht sogar schönes Wetter. Der Betreffende hat eine weite Sicht auf eine bewohnte mitteldeutsche Landschaft mit Landstraßen, Dörfern, bestellten Feldern und arbeitenden Menschen. In der Ferne wird er einen Fluß, irgendwo auch einen See oder ein Gebirge am Horizont ausmachen können.[20]

3 Symbol-
bedeutungen

Bei der Klärung des symbolischen Bedeutungsgehaltes des Bergmotives muß man dessen verschiedene Facetten einzeln ins Auge fassen:

I. den *Aufstieg* als eine Leistung,
II. den *Rundblick* über das katathyme Panorama als einen mehr kontemplativen Akt,
III. den *Abstieg* als das Gegenteil vom Aufstieg.

Aufstieg

I. *Der Aufstieg:* Damit verbinden sich Phantasien von persönlicher Entwicklung, Bewältigung von Aufgaben, Aufsteigen im Sinne einer Karriere, von der Bewältigung des Lebens oder gesetzter Lebensziele. Diese der Sprache entlehnten Metaphern finden Stütze in der erwähnten Entdeckung des Psychologen KORNADT, daß der Ehrgeiz eigener Zielsetzungen sich statistisch signifikant in der Höhe des Berges ausdrückt. Ein an einer Zwangsneurose mit depressiven und phobischen Zügen leidender Physiker erlebte einen 10 000 Meter hohen, spitzen Berg, der prasselnde Elmsfeuer in die Atmosphäre strahlte. Er konnte deshalb den Gipfel nicht mit dem Fuß berühren, schwebte vielmehr darüber. Diese Entfernung von der Erde und ein Dasein in Eis und Schnee entsprachen offenbar einerseits seiner Vereinsamung, andererseits aber auch seinem abnorm

---

[20] Die bei Diskussionen über dieses Motiv häufig angesprochene Frage, ob die landschaftliche Herkunft eines Probanden die Gestaltung des Bergmotives entscheidend beeinflußt, ist mir natürlich geläufig. Sie ist bis heute noch nicht endgültig beantwortet: Imaginiert also ein aus der Norddeutschen Tiefebene stammender andere Bergmotive als ein in den Alpen aufgewachsener Mensch? Ohne mich auf theoretische Erörterungen über die verschiedenen Determinanten einzulassen, die die Ausprägung der Standardmotive bestimmen (ein zweifellos sehr interessantes Thema), gehe ich für die praktische Therapie mit dem KB von der Hypothese aus, daß die relevantere Ausgestaltung des Motives von der individuellen, projektiven, tiefenpsychologischen Dynamik bestimmt ist. Diese Hypothese basiert auf allgemeinem klinischem Urteil und beim Bergmotiv im besonderen auf der statistischen Untersuchung von KORNADT (1958), daß nämlich die geschätzte Höhe des Berges hochsignifikant mit dem Anspruchsniveau einer Person korreliert. Das wurde freilich nur bei Probanden aus dem abendländischen Kulturkreis ermittelt. Eine transkulturelle Untersuchung, wie sie SINGER (1978a) angeregt hat, etwa bei Arabern oder bei Steppenbewohnern, würde vielleicht ganz andere Ergebnisse bringen.

gesteigerten Ehrgeiz, seinen extrem überhöhten Erwartungen und seiner Idealbildung (Ich-Ideal). Sie offenbarten sich auch darin, daß er im Tal einen Mann entdeckte, in dem er Albert Einstein erkannte. Der Patient bestätigte im Nachgespräch, daß er den geheimen Wunsch hege, einmal ein «zweiter Einstein» zu werden.

Nicht alle Menschen erleben die exponierte Position auf dem Gipfel eines Berges derart positiv. Gegenteilige Erlebnisqualitäten, die mitunter bei jenen Personen verdrängt sind, die der Gipfelsituation eine besondere Wertschätzung entgegenbringen, beziehen sich darauf, sich allein, von den Menschen entfernt, unbehaust und von der lebendigen Welt abgeschnitten zu fühlen. Sie erleben die Szene eventuell als kalt, windig und in vieler Hinsicht unangenehm, so daß sie möglichst bald absteigen wollen. Oft können sie auch nur mit Mühe den Rundblick über die Landschaft genießen. Man darf annehmen, daß im Wertesystem dieser Menschen Erfolgsstreben nur sehr begrenzt oder gar nicht relevant ist.

Ein weiteres interessantes Verhalten bieten depressive Patienten beim Thema «Bergbesteigung». Sie imaginieren entweder hohe Berge oder schroffe, steil aufsteigende Klippen oder das Gegenteil, niedrige Berge oder Hügel. Die extrem schwer zu ersteigenden Berge sind eine kaum zu bewältigende Aufgabe. Sie könnten ohne Absolvierung eines Kletterkurses nicht erstiegen werden. Sie können auch aus Glas, aus Kunststoff oder anderem unnatürlichem Material sein. Das Ideal-Ich ihres Über-Ich kann derart unerbittlich sein, daß es ihnen letztlich nicht gelingt, ihre hochgesteckten Ziele zu erreichen.

Das erwähnte Gegenteil, der Hügel, weist darauf hin, daß sie wegen ihres hochgespannten Ideals (schon) resigniert haben und «lieber ganz bescheiden» sind. Ein solcher Hügel ist dann mühelos und bequem zu ersteigen und kommt wahrscheinlich jener passiven Bequemlichkeitshaltung entgegen, hinter der sich «Riesenerwartungen» verbergen (SCHULTZ-HENCKE 1947). Aber sie haben von diesem Hügel dann kaum noch einen befriedigenden Rundblick, wie ihn ein höherer Gipfel versprechen würde.

Um eine Information über die Höhe des Berges zu erhalten, habe ich mir angewöhnt, den Patienten zu bitten, seine *Höhe «ganz roh» zu schätzen.* Das kann beim Blick auf den Berg in der Landschaft geschehen, und sollte wiederholt werden, wenn er den Gipfel erreicht hat. Mitunter differieren die beiden Angaben beträchtlich. Manche haben anfangs den Eindruck, der Berg sei unerreichbar hoch. Vom Gipfel aus gewinnen sie dann den Eindruck, sie stünden weniger hoch oder umgekehrt. Erwartungen, Befürchtungen und realistische Einschätzungen können also divergieren, was den Patienten erstaunt und vom Therapeuten angesprochen werden sollte.

Die Frage drängt sich auf, auf welche Weise Patienten mit ambitiösen Berghöhen das Ideal ihres gesteigerten Anspruchsniveaus gebildet haben. Die prägenden Maßstäbe der frühen Kindheit, hervorgerufen durch engste Bezugspersonen, können nicht übersehen werden. Wie ich später noch zeige, verkörpert das Bergmotiv in der Regel auch wichtige Bezugspersonen, teils Vater, teils Mutter. Insofern beinhaltet das Aufstiegsmotiv gleichzeitig auch eine Konkurrenzproblematik, die sich genetisch erstmals an jener Elterngestalt entzündet hat, die für diese Maßstäbe verantwortlich war und sich nun als introjizierte Imago (Introjekt) im Bergmotiv ausdrückt. Als Introjekt können andere wichtige Bezugspersonen in Betracht kommen. Charaktere des Bergmotives können klar und für den Patienten eindrucksvoll zur Darstellung kommen.

Unter dem Aspekt des Berges als Repräsentanz einer leistungsstrebigen Elterngestalt bedeutet die erfolgreiche Besteigung auch die gelungene Identifikation mit dieser. Das ist tiefenpsychologisch eine wichtige Position in der Entwicklung des jungen Menschen, die bei neurotischen Patienten nicht selten gestört ist. An anderer Stelle (vergleiche S. 381) habe ich den Fall eines jungen Mannes mit einer Stotterneurose beschrieben. Seine Restsymptomatik, die nur noch in Gegenwart von Autoritäten auftrat, verschwand schlagartig, nachdem er einen großen Berg bestiegen hatte, zudem noch den phallischen Turm, der augenscheinlich die väterliche Imago repräsentierte.

Konfliktzeichen   Beim stark neurotisch Gestörten kann schon der Aufstieg auf den Berg behindert sein. Das mag sich darin zeigen, daß er den Berg nur mit Mühe erklimmen kann. Ein schwer gestörter Stotterer rutschte auf einem steilen Weg im Morast ab. Oben angekommen, erhob sich ein furchtbarer Sturmwind. Der Himmel verdunkelte sich, Schneetreiben nahm ihm die Sicht, und er konnte sich nur mühsam an das Gipfelkreuz klammern. – Ein anderer gelangte überhaupt nicht auf den Berg, sondern entsprechend seiner depressiven Resignation führte ihn der Weg in der Ebene immer tiefer in einen dunklen Wald hinein, aus dem er kaum noch herausfand. Mitunter versteigt ein Patient sich hilflos und findet nicht weiter. Leistungsmäßig überbetonte Menschen erklimmen im KB spontan jeden Berg, der irgendwo auftaucht, selbst ohne vom Therapeuten dazu aufgefordert zu sein.

Charakteristisch für Patienten mit hysterischen Strukturanteilen (nach SCHULTZ-HENCKE 1965) ist die Eigenart, daß sie den mühseligen Aufstieg in der Phantasie «überspringen», indem sie plötzlich auf dem Gipfel stehen. Ein ähnlicher Mangel an Realitätsbezogenheit wurde deutlich, als eine Patientin beim Rundblick ringsherum nur geballte Wolken sah, die die Erde verhüllten. Die Betreffende schien auch real in einem «Wolkenkuckucksheim» zu leben.

Ich habe hier einige Beispiele von sehr gestörten Menschen gebracht, die zwar nicht mit der Grundstufentechnik behandelt werden können, jedoch sind die Projektionen am Motiv des Aufstieges sehr aufschlußreich wegen der ausgeprägten Störungszeichen. Sie geben Hinweise darauf, ob ein Patient mit der Grundstufentechnik noch behandelt werden kann oder nicht. Patienten, die für diese Technik in Frage kommen, zeigen meist leichtere Störungen bei der Realisierung des Bergmotives. Beispielsweise ist dann der Aufstieg durch Baumsperren behindert oder durch tiefgezogene Gräben, wird aber doch immer noch möglich.

Rundblick   *II. Rundblick vom Berg:* Er kann verstanden werden als der geistige Überblick über die eigene innerseelische und emotionale Verfassung, aber auch als die subjektive, d.h. emotionale Einschätzung der derzeitigen äußeren Lebenslage, was nichts mit der objektiven Situation zu tun zu haben braucht. Dabei kann hypothetisch der Blick nach vorn in die Zukunft und der Blick nach hinten in die Vergangenheit in Beziehung gesetzt werden. Wir lassen auch die Rechts- und Linkssymbolik nicht außer acht. Bekanntlich gilt die rechte Seite als die sogenannte «männliche» und «Verstandesseite», die linke als dem «Herzen», also

86

dem Gefühlsleben nahestehende, wird damit auch als die «weibliche» Seite apostrophiert. Das sind freilich kollektive Kategorien, die im Einzelfall der Differenzierung bedürfen[21]. Als grobe Anhaltspunkte darf man sie aber wohl heranziehen.

Wie steht es um den Bedeutungsgehalt des Rundblickes? Sofern er von der Spitze eines einigermaßen hohen Berges erfolgt, wird er beim sogenannten Gesunden oder beim Patienten gegen Ende der Therapie in der Regel von einem erhebenden Gefühl begleitet. Wie oft auch in der Wirklichkeit, ist es ein freudiges, beschwingendes oder stärkendes Element. Höhe scheint eine gewisse euphorisierende Wirkung zu haben, enthoben von der Erdenschwere. Der «Höhenrausch» der Astronauten scheint dieser Kategorie anzugehören.

Gewisse Regeln hinsichtlich der landschaftlichen Darstellung haben sich beim Rundblick vom Berg bereits abgezeichnet. Zu Beginn einer Therapie ist die Vegetation der Landschaft häufig vorfrühlingshaft. Aber nicht nur diese Kärglichkeit, sondern auch die relative Unberührtheit von Zeugnissen menschlicher Aktivität ist dann oft auffällig. Das Ausmaß der Kontaktproblematik eines Patienten zeigt sich hier offenbar darin, daß die Landschaft ringsherum nur bewaldet ist, und wenn keine oder ganz wenige Straßen, Eisenbahnlinien, Dörfer oder gar größere Siedlungen, Städte usw. sichtbar werden. Im Verlauf der Therapie kann der Rundblick in Abständen – nicht zuletzt auch aus diagnostischen Gründen – vom gleichen Berg erneut eingestellt werden. Dann wird deutlich, wie sich die Landschaft über den frühlingshaften Bewuchs in den Sommer hinein bis zur Reifeszene des Spätsommers mit gelben Feldern und erntenden Bauern verwandelt. Parallel dazu entwickeln sich vielfältige Zeugnisse menschlichen Lebens in einer jetzt stärker gegliederten Landschaft. Idyllische Dörfchen liegen in Talmulden, in der Ferne werden eine Stadt, Fabriken und Schornsteine sichtbar. Bäche und Ströme, Eisenbahnlinien und Hochspannungsleitungen durchziehen das Land. Manche Bereiche bleiben unter Umständen von dieser Entwicklung ganz unberührt, wie etwa die Landschaft beim Blick nach hinten (im Sinne der Vergangenheit). Beim Blick nach vorn können sich verheißungsvolle große Ebenen mit hell beleuchteter Szenerie bis zum Horizont ausweiten. Nahe am Berg liegende Städte weisen wohl besonders auf die Bereitschaft zu mitmenschlichen Kontakten hin. Jetzt finden sich auch andere Spaziergänger, denen der Patient auf dem Weg zum Gipfel oder dort oben begegnet usw.

Vergleicht man diese fast regelhaft verlaufenden Wandlungen bei einer größeren Zahl von Patienten, entsteht ein hoher Grad an Evidenz dafür, daß sich immer wieder analoge Verlaufstendenzen abzeichnen. Der fortschreitende therapeutische Prozeß spiegelt sich hier qualitativ und mit Hilfe technischer Mittel auch quantitativ wider (Kartographische Darstellung des Wandels vergleiche LEUNER 1982b).

Der Rundblick ist bei neurotischen Patienten häufig beeinträchtigt (fixierte Bilder beziehungsweise Behinderungsmotive). Die Bergkuppe kann bewaldet sein, so daß ein Rundblick nicht gelingt. Er kann nach gewissen Richtungen

kartographische Skizze

---

[21] In letzter Zeit werden auch hirnphysiologische Erkenntnisse von der unterschiedlichen Funktion der beiden Hirnhemisphären herangezogen, um diese These zu stützen (SHORR 1977).

durch Felsen oder andere Hindernisse versperrt sein. Wir lassen uns vom Patienten den Blick nach vorn, nach hinten, nach rechts und links möglichst eingehend mit dem Augenmerk auf die verschiedenen Distanzen (Vorder-, Mittel- und Hintergrund) beschreiben, um Einzelheiten zu erfahren. Ausgesprochen pathologische Bilder des Panoramas sind: Der Gipfel liegt inmitten einer Berglandschaft von überragenden anderen Gipfeln; nach allen Richtungen blickt man über dichte Wälder ohne den geringsten Hinweis auf Ansiedlungen oder andere Zeugnisse menschlichen Lebens. Auch Landschaften, die nicht den mitteleuropäischen entsprechen, sind dazuzurechnen: Eine Wüste dehnt sich aus oder trockenes, unbebautes Land.

Beispiel *Beispiel* (C. E.): ein 19 Jahre alter Oberschüler von überwiegend schizoider Persönlichkeitsstruktur mit einer ausgeprägten Stotterneurose:

Protokoll: «Ich stehe auf einer unübersehbar großen Wiese mit lauter Buckeln. Nach keiner Richtung ist ein Ende zu sehen. Das Gras ist teilweise gemäht und zu Heu getrocknet. Eine Bauersfrau recht alles zusammen und macht Haufen daraus. In der Nähe ist ein breiter Bach. Das Wasser, das unnatürlich grün ist, fließt über die Steine hinweg. Am Rand sitzt eine große Kröte. Ich gehe, wie Sie mir geraten haben, über die Wiese, die bis zum Horizont reicht, und komme an ein Hochmoor, das sumpfig ist. Das Wetter wird diesig, alles ist grau in grau. Der kleine Pfad, auf dem ich weitergehe, führt mich durch einen Laubwald mit abgefallenen Blättern. Hier liegt Neuschnee. Der Weg läuft durch eine Schneise. Ich folge dann Skispuren und sehe auch Spuren von Tieren. Offensichtlich handelt es sich um die Spur eines Hasen, dann die eines Fuchses, beide führen zu einem Kampfplatz. Hier muß sich etwas abgespielt haben, gemessen an dem vielen Blut, das den Schnee rot färbt. Der Weg wird steiler, ich rutsche immer wieder aus und komme zu einer breiten vereisten Stelle, die ich im weiten Bogen umgehe. Dann stehe ich auch schon auf einem Grat. Es schneit in großen Flocken, ist sehr düster, und ein kalter Wind pfeift. Ich muß mich mühsam emporkämpfen. Wenn Sie mich nicht ermutigt hätten, hätte ich vielleicht aufgegeben. Dann komme ich zu dem Gipfelkreuz. Ich kann zunächst gar nichts sehen. Dann kommt Nebel. Einsam und ängstlich stehe ich in der Dunkelheit und suche nach dem Gipfelkreuz. Schließlich kann ich mich daran festhalten. Beim Blick durch die Wolken sehe ich unten einige Häuser eines kleinen Dörfchens mit einer Kirche. Ringsherum ist sehr viel Wald. Mein Berg ist offenbar der höchste, denn die anderen ringsherum sind viel kleiner. – Dann trete ich den Rückweg an und folge dem gleichen Pfad, den ich gekommen bin. Es ist sehr glitschig, und ich habe Mühe, meinen Weg zu finden. Der Schnee ist jetzt unten weggetaut und das Heu auf der Wiese ist fortgeschafft. Diese ist noch genauso unübersehbar groß, der Bach erscheint mir noch reißender und ist jetzt schmutzig.»

Kommentar: Obgleich das Wiesenmotiv anfangs eine Reihe recht positiver Szenen zeigt, sind die folgenden Inhalte: «abgefallene Blätter», «Neuschnee», «Kampfplatz», «vereiste Stelle», vor allem die unwirtliche, angsterregende und ihn beinahe zur Aufgabe der Besteigung zwingende Situation des Schneesturms in typischer Weise gestaffelt angeordnete Störungszeichen. Sie entsprechen einer ganz erheblichen neurotischen Problematik. Bemerkenswert ist auch, daß «sein» Berg offenbar einer der höchsten ist. Auch der Rundblick ist nicht allzu positiv. Vielmehr sind offenbar die in dem Motiv liegenden Probleme jetzt in bedrückender Weise geweckt worden. Entlastung durch die erfolgreiche Leistung wird zum Teil allenfalls in den leichten Wandlungen auf der Ausgangswiese deutlich. Nach der Anamnese war der recht begabte junge Mann von seiner dominierenden, zwanghaften Mutter in überfordernder und hastiger Weise dauernd vor hohe Leistungsanforderungen gestellt worden.

III. *Der Abstieg:* Er bringt eine weitere Dimension in das Bergmotiv. Nach Be-
schreibung des Rundblickes und des Stimmungsgehaltes der Landschaft legen wir dem Patienten schließlich nahe, wieder abzusteigen und auf die Wiese zurückzukehren, oder wohin auch immer er will. Dabei ist es beinahe gleichgültig, ob er den alten oder einen neuen Weg wählt und ob er auf die gleiche Weise zurückkehrt, von der er ausgegangen ist, oder nicht. Die Rückkehr auf die Ausgangswiese bietet die Möglichkeit, dem Patienten Wandlungsphänomene, auch subtilerer Art, deutlich zu machen. Diese Wandlungen können sich in vielfältiger Weise ausdrücken: Die Wiese kann eine andere Größe haben, das Gras kann höher erscheinen, neue oder mehr Blumen können sichtbar werden, das Wetter kann sich gebessert haben, oder andere, zunächst als belanglos erscheinende Details können sich nun geändert haben. Wir sprechen von einer *«synchronen Wandlung»*, wenn an dem sich wandelnden Motiv selbst keine therapeutisch wirksame Intervention vorgenommen worden ist, sich aber eine deutliche Wandlung an einem anderen synchron zu der am Hauptmotiv vollzogenen Entwicklung abzeichnet. Sie beruht auf jenen therapeutischen Einflüssen, die auf den spezifischen anderen Teil des Panoramas im Sinne des Ganzheitsprinzipes der Psyche gewirkt haben. Bereits das erste Beispiel der Seminarteilnehmerin, bei der sich das Wiesenmotiv nach einem Trunk aus dem Bach veränderte (die Wiese wurde größer), veranschaulichte diesen Mechanismus (S. 55 f.), ebenso das Beispiel auf S. 245. Die synchrone Wandlung begegnet dem Therapeuten in der Arbeit mit dem Symboldrama häufig. Er registriert sie aufmerksam und erkennt daran die kleinsten Entwicklungsschritte des therapeutischen Prozesses beziehungsweise einer therapeutisch fruchtbaren Intervention. Beim Motiv der Bergbesteigung wird oft eine Stärkung des Ich nach vollbrachten Leistungen deutlich.

Der «Abstieg» selbst ist – als Gegenstück zum Aufstieg – nicht allen Patienten angenehm. Schon die Sprache deutet emotionale Beziehungen zum Abstieg an: «Er ist abgestiegen (abgesunken)» – gemeint in seiner Karriere – oder «jemand kommt herunter», was sich auf den beruflichen, geschäftlichen oder geistig-moralischen Bereich beziehen kann. Man kann aber auch in die «Niederungen des Lebens» absteigen, was wohl so viel meint, wie sich auf eine profane, geistlose, materielle Einförmigkeit einer «Allerweltsebene» zu begeben, gesehen vom Aspekt hochfliegender, illusionärer Pläne ehrgeiziger Menschen. Dementsprechend wird der Abstieg gewissen Personen zum Problem. Widerstände in verschiedenen Verhinderungsmotiven signalisieren das: Zum Beispiel finden die Patienten keinen Weg um abzusteigen, der Weg ist nur ein schmaler Saumpfad, er ist steinig, besonders steil und unzugänglich, macht Angst, verliert sich irgendwo, führt durch allerlei Gestrüpp usw.

Diagnostisch scheint diese Patientengruppe es unbewußt als Kränkung zu empfinden, sich als Mensch unter Menschen zu bewegen, ohne über diese hinauszuragen. Das soll der Grundstufen-Therapeut nicht interpretieren, es aber als einen Mosaikstein zu seiner Hypothese über die emotionale Struktur seines Patienten vermerken.

B) *Betrachtung eines Berges aus der Ferne*

Erst zu einem späteren Zeitpunkt bin ich auf diese vereinfachte Version des Bergmotives aufmerksam geworden. In Kapitel 4.3. komme ich ausführlich darauf zurück.

Die technische Anleitung nach B lautet: «Können Sie sich einen in der Ferne liegenden Berg vorstellen?» Das gelingt in der Regel mühelos. Wir lassen uns diesen Berg genau beschreiben, und zwar: seine Konfiguration (eventuell indem er mit dem Finger in die Luft «gemalt» wird), ob bewachsen oder nicht, das Material, aus dem er besteht, ob der Betreffende glaubt, den Berg allein, in Begleitung eines Bergführers usw. besteigen zu können, und wie hoch er diesen Berg von seiner Basis aus grob schätzt.

Besondere Bedeutung hat dabei ferner die differenzierte Schilderung der «emotionalen Ausstrahlung» des Berges, die der Betreffende empfindet. Um diese Kategorie zu verdeutlichen, fragt man nach den Gefühlsqualitäten dieses Berges, beziehungsweise die angesichts dessen beim Tagträumen angeregt werden, z. B. «majestätisch, erhaben, göttlich, unnahbar», oder «überragend, erdrückend, kalt, unbesteigbar». Er kann aus glattem Gestein, aus Gummi oder aus Kunststoff bestehen, Material, auf dem man nicht Fuß fassen kann, um nur einige drastische Beispiele zu nennen.

Dazu eine technische Ergänzung: Ein *nicht-besteigbarer Berg* wird den Therapeuten auf der Grundstufe in Verlegenheit bringen, wenn er sich schulgemäß bemüht, die Bergbesteigung zu inszenieren. Und das sollte er meines Erachtens auch nach einigen Sitzungen versuchen, selbst wenn er gemäß der Einstellung nach B zunächst darauf verzichtet hat, den von Ferne zwar beschriebenen, aber offensichtlich unbesteigbaren Berg erklimmen zu lassen. Ich würde in einem solchen Fall zwar empfehlen, die Besteigung nicht zur forcieren. Mißerfolgserlebnisse im KB, vor allem so lange es sich um eine anstehende Leistungsproblematik wie bei diesem Motiv handelt, sollte man auf jeden Fall vermeiden. Es gibt in dieser Situation aber zwei erleichternde Wege:

1. Hat der Therapeut den Eindruck, die Bewältigung des Berges unter Voraussetzung von B würde für den Patienten letztlich doch eine wichtige Erfahrung oder Lösung eines anstehenden Problems bedeuten, folgt er dem Prinzip des «Sich-schrittweise-Näherns». Bei Motiv B hieße das, den Berg erst einmal zu umwandern, um ihn von allen Seiten betrachten zu können. (Prinzip der Exploration von Details.) Häufig stellt sich der Berg dann von einer anderen Seite als leichter begehbar dar. Der nächste Schritt wäre der Versuch, eine Wanderung etwa bis zur halben Höhe vorzunehmen, um mit dem Berg und seiner Natur besser vertraut zu werden. Man begnügt sich dann mit dem ausführlich zu beschreibenden Ausblick von dort.

2. In einer späteren Sitzung wird die Besteigung nach dem Motiv A angeboten. Ausgangspunkt ist der dort beschriebene Weg aus der Ebene. Der zu besteigende Berg ist dann häufig ein anderer als der nach der anfänglichen Einstellung B induzierte, der nicht ersteigbar schien.

Viertes Standardmotiv: das Haus

Das Hausmotiv sollte erst bei dem *in der Therapie fortgeschritteneren Patienten,* im Verlaufe einer Therapie aber mehrmals eingestellt werden. Man knüpft am einfachsten dort an, wo sich im Panorama ein Haus spontan zeigt, oder schlägt dem Patienten zu Beginn einer Sitzung vor, sich ein Haus vorzustellen.

Die symbolische Bedeutung des Hauses kann neben anderem nach FREUD als *Symbolik* Ausdruck der eigenen Person gelten («Du altes Haus»). Es kann den Patienten darstellen, wie er sich selbst sieht oder wie er im Sinne eines idealen Selbstbildes sein möchte. Entsprechend den verschiedenen Teilen der Wohnsphäre kann ein imaginiertes Haus auch Aufschluß über unbewußte (Trieb-)Tendenzen geben, beziehungsweise Einstellungen zu den Antriebsbereichen widerspiegeln.

Das Eintreten in ein Haus kann vom Manne her als Introitus, als Symbol des sexuellen Aktes, aufgefaßt werden. Diese Symbolik bleibt meist jedoch unbewußt und ist meines Erachtens im allgemeinen auch wenig evident, da stark verdrängt und in anderen Motiven viel eindeutiger darzustellen.

Technische Hinweise: Zunächst lassen wir uns das Haus von außen genau *Technik* beschreiben, auch seine Umgebung sowie seine Lage. Die Beschreibung eines eventuell vorhandenen Gartens kann mit Fragen nach dessen Gepflegtheit, Fruchtbarkeit der Anpflanzung usw. unterstützt werden. Der Stimmungsgehalt des ganzen Bildes, auch des Hauses, ist wichtig. Dann fordern wir den Patienten auf, um das Haus herumzugehen, weil sich gelegentlich herausstellt, daß die Hinterseite mit der Fassade stark kontrastiert, z. B. vorn ein attraktives Einfamilienhaus, hinten aber eine abbruchreife Scheune. Schließlich fragen wir, ob er nicht in das Haus eintreten möchte. Zögern, vielleicht aus Scheu, «in eine fremde Sphäre» einzudringen, und die sich daran anknüpfende Debatte geben wichtige Hinweise auf Kontakt- und Verhaltenstendenzen. Die überwiegende Zahl der Patienten hat jedoch keine Schwierigkeiten und öffnet die Haustür, um einzutreten. Das Haus kann auch verschlossen sein, man muß klingeln. Eine abweisende Gestalt öffnet die Tür und schickt den Patienten weg. Der Therapeut muß dann ein Gespräch fördern, um die Besichtigung zu ermöglichen. Zuvor läßt er die Gestalt genau beschreiben. Selten werden bei neurotischen Patienten in dem Haus Menschen gefunden. Mitunter aber zeigt sich in der Küche eine alte Frau, und andere Symbolgestalten machen sich hier oder dort zu schaffen. Sie sollten beobachtet und ihr Gesichtsausdruck sollte genau beschrieben werden. Eventuell kann auch mit ihnen ein Gespräch angeknüpft werden. Der Patient sollte ermutigt werden, das Haus zu besichtigen. – Wir überlassen ihm die Auswahl und die Reihenfolge der zu betrachtenden Räume.

Das *Innere des Hauses* ist bei den meisten Patienten – soweit es sich um ein *Inneres* Einfamilienhaus handelt – konventionell geprägt. In machen Fällen wird deutlich, daß es sich um das «Wunschhaus» von erlesenem Geschmack handelt mit übermäßiger Gepflegtheit und großzügigen Räumen. Nicht selten zeichnen sich die Betreffenden dann durch ein hochstilisiertes Abwehrverhalten («seelisches Make up») aus. Aber das Gegenteil ist häufiger. Wichtig ist außer dem *Flur* vor allem die *Küche* mit *Speisekammer* beziehungsweise Kühlschrank, später noch ergänzt durch die *Vorratswirtschaft* in den Kellern. Der Stil der Küche, ihre Ausgestaltung, Kultur beziehungsweise Unkultur geben viele Hinweise auf eine etwa vorhandene orale Problematik. Ich denke an die Bereitschaft zu einer gewissen asketischen Versagung, die überwiegende Vorliebe für oder die Abneigung gegen gewisse Speisen. Das Ausmaß an Ordentlichkeit und Sauberkeit als Zeichen hausfraulicher Aktivität kann auch Hinweise auf zwanghafte Züge oder bei einer Frau auf das eigene Rollenbewußtsein geben, aber auch auf die orale Sphäre und auf mütterliche Fürsorgehaltung überhaupt.

Schließlich sind die *Wohnräume* nicht zu vergessen. Die Einrichtung der Zimmer, das Ausmaß an einströmendem Licht, die Eigenart der Möbel, die Farben und der Einrichtungsstil, die ganze Atmosphäre des Raumes, Gefühle, die diese bei dem Patienten anregen usw. sind von Bedeutung. Die Betrachtung der Bilder (sofern das gelingt) und alles in allem Fragen nach Erinnerungen an ähnlich eingerichtete Räume geben eine Fülle von Eindrücken, Hinweisen und Anlässen, Reminiszenzen zu wecken und Parallelen zu anderen bekannten Räumen aus der Vergangenheit zu ziehen. Der Therapeut regt den Patienten dabei zu Einfällen an.

Der Stil der Einrichtung, ob modern, ob altmodisch, aus welcher Epoche in etwa stammend, ist insofern von Bedeutung, als es dem Patienten dann im allgemeinen nicht schwerfällt, durch Einfälle die Art der Einrichtung mit gewissen Personen aus seiner Biographie zu verbinden, z.B. mit den Großeltern.

Im *Schlafzimmer* sind die Stellung der Betten zueinander sowie der Inhalt der Schränke und Nachtschränke von Interesse. Sie drücken eventuell die aktuell herrschende Situation im partnerschaftlichen, sexuell-erotischen Bereich bzw. die mangelhafte Überwindung ödipaler Bindungen aus. Nicht selten findet z.B. ein junges Mädchen seine eigenen Kleider neben denen eines älteren Mannes im Schrank und ein junger Mann die seinen neben denen der Mutter beziehungsweise einer älteren anonymen Frau, was dasselbe bedeutet. Hinsichtlich der Betten – und auch sonst – sollte der Therapeut sich im klaren sein, daß mitunter recht eindeutige fassadenhafte Darstellungen vorkommen, die eine Harmonie vortäuschen. Dementsprechend können z.B. im Schlafzimmer bei einer etwa 23jährigen Patientin die Doppelbetten «comme il faut» ausgerüstet sein und nebeneinander stehen. Die Prüfung der Schrankinhalte zeigt dann aber, daß die Kleider für «sie» und für «ihn» Personen betreffen, die ihre Eltern sein könnten. Mit anderen Worten, das Problem der «reifen» Sexualität wird an die Eltern delegiert.

Bei genauer Prüfung der Betten kann sich auch herausstellen, daß diese ganz frisch bezogen, aber gar nicht benutzt sind. So wird das Schlafzimmer gewissermaßen zur Attrappe des intimen partnerschaftlichen Zusammenseins. Bei weiterer Suche findet sich dann im Haus vielleicht noch eine einsame Dachkammer mit einem einzigen Bett, das einschließlich der bescheidenen Umgebung dafür spricht, daß die Patientin hier ihre «eigene» Schlafstätte sieht.

Wenn der Patient nicht von selbst alle Räume gefunden hat, stellen wir am Ende der Besichtigung ergänzende Fragen. Die Tatsache des Vergessens, d.h. des Verdrängens, ist natürlich diagnostisch von Bedeutung. Am häufigsten betrifft es die Küche, das Badezimmer und die Toilette. Auch sie in Augenschein zu nehmen, ist von Wichtigkeit, einmal, um das Verdrängte ins Bewußtsein zu heben, und zum anderen, weil sich dort naturgemäß Hinweise auf fixierte Bilder, d.h. Konfliktmaterial, finden lassen.

Besonders wichtig ist ferner die Durchsuchung von *Boden und Keller.* Dabei ist nach alten Kisten, Truhen oder Schränken zu suchen. Eventuell muß man vorher sagen, daß diese zu finden sind, und daß sie alte Kleidungsstücke, Spielzeug, Bilderbücher und Erinnerungen, wie Familienalben, Photos usw. enthalten. Bei sorgfältiger «Durchsicht» kann hier eine Fülle detaillierten Materials gefördert werden, um auf wichtige Reminiszenzen zu stoßen.

In einem Fall fand eine jugendliche Patientin in einer Truhe ihren eigenen Mantel, den sie mit 14 Jahren getragen hatte, neben den Hosen ihres Großvaters, bei dem sie nach der Scheidung der Eltern gewohnt hatte. Daraus wurde die ödipale Beziehung zum Großvater deutlich. In einem anderen Fall fand ein 12jähriges Kind in einer Truhe Kasperle-Puppen eines Marionettenspiels. Sie waren ihm zwar fremd, regten aber doch zum Spiel an. Es entwirrte die verfilzten Fäden (was die Kindertherapeutin als Hinweis auf den Versuch ansah, die verwirrenden Beziehungen seiner Eltern zu klären) und spielte im KB ein dramatisches Kasperle-Theater nach Art einer Spieltherapie. Damit konnte es die familiären Probleme darstellerisch ausdrücken, in Worte fassen und im Probehandeln ausagieren. Das war ein wesentlicher Schritt zur Entschärfung der Unsicherheit des Jungen im Umgang mit seinen Eltern.

Das Auffinden von Familienalben und alten Folianten, z. B. einer bebilderten Bibel usw., kann – wie erwähnt – auch hier weiteres Material bringen und zu Altersregressionen (siehe S. 315) anregen. Finden sich diese Dinge nicht, kann man induzieren, im Keller sei noch eine Falltür, die zu heben sei, um (mit einer Taschenlampe) noch einen tieferen Raum zu besichtigen, in dem sich derartiges Material finden werde. Freilich ist es nicht sinnvoll, hier forciert vorzugehen, um «auf jeden Fall» fündig zu werden. Man sollte respektieren, daß der Patient die Form eines leeren Kellers zunächst vorzieht, um ein weiteres Eindringen abzuwehren. Es hat therapeutisch wenig Sinn, an Stellen, an denen Widerstände deutlich signalisiert werden, «tiefer zu bohren».

Bei der Bearbeitung des Hausmotives muß der Therapeut die lange Zeit berücksichtigen, die sie in Anspruch nimmt, zumal sie in aller Ruhe und Ausführlichkeit vorgenommen werden sollte. Wenn die Zeit einer Sitzung nicht ausreicht, kann dem Patienten gegen Ende der Sitzung bedeutet werden, die Durchsuchung aus Zeitgründen zu beenden und das nächste Mal an der gleichen Stelle fortzufahren. – Das Haus wird wieder verlassen und der Patient gehalten, die Umgebung noch einmal zu betrachten, um etwa aufgetretene Wandlungsphänomene zu erfassen; sie sind nicht selten.

Eine Anzahl unsystematisch aneinandergereihter Beispiele soll die Vielfalt der konflikthaften Inhalte des Hausmotivs veranschaulichen.

Beispiele

Bei der Beschreibung des *Äußeren des Hauses* beginnend, zeigen schwer gestörte (jedoch nicht nur schwer gestörte) Patienten nicht selten Gebäude, die kaum noch als Wohnhaus anzusprechen sind: eine Blockhütte im Wald, eine verfallen und windig aussehende Gartenlaube, einen auf freiem Feld stehenden Bunker mit Schießscharten und verschlossenem Eingang. Häuser tauchen auf: Ein prächtiges Einfamilienhaus, das von hinten einen verfallenen Eindruck macht, ein Hochhaus, ein Geschäftshaus oder statt eines Hauses ein feudales Barock-Schloß, eine Försterei im Walde mit männlichen Attributen, ein freundliches Bauernhaus, dessen Fenster jedoch mit Brettern vernagelt sind und das keine Tür hat, eine alte, leerstehende Mühle, verfallene Häuser, die bemerkenswerterweise keinen Schornstein haben, und mancherlei andere Varianten. Der genauer zu betrachtende Garten kann fruchtbar sein, voller Blumen und Gemüse, teils gepflegt, teils verwildert. Er kann umgekehrt verlassen, verfallen, verdorrt, unfruchtbar sein usw. Ein Wandlungsphänomen zeigt sich im Garten nicht selten darin, daß er nach Besichtigung des Hauses verändert, schöner bepflanzt, fruchtbarer usw. ist.

Noch ein Wort zu *einigen Bedeutungsgehalten:* Bei unproblematischen Menschen können wir ein Wohnhaus erwarten, meistens ein Einfamilienhaus. Eine kleine Hütte kann für mangelndes Selbstbewußtsein sprechen, fehlende Fenster lassen starke Isolierungstendenzen, Mißtrauen und Kontaktscheu vermuten. Ein Schloß, in dem sich womöglich noch ein Thronsaal mit Thronsessel befindet, weist auf grandiose narzißtische Erwartungen und Überschätzungen hin. Ähnliches gilt für ein Hochhaus oder für einen Wolkenkratzer. Ein Geschäftshaus, ein Gasthaus oder ähnliches lassen erkennen, daß die private Sphäre des Patienten offenbar vernachlässigt wird.

Extreme Abwehrformen äußern sich darin, daß das Haus ganz leer ist oder daß sich vielleicht nur eine Hütte darstellt, in der ein einziger unbewohnter Raum ist. Dann bewährt es sich zu versuchen, eine Klappe in dem Boden zu öffnen und tiefer hinabzusteigen, um Material zu finden. Besser noch, man stellt bei nächster Gelegenheit ein anderes Haus ein.

Beispiel 1

Ich erinnere mich an eine schwer gestörte 25jährige Patientin, deren Haus von außen düster ausschaute und eine alte Holzkonstruktion war. Beim Eintritt kam sie in einen dunklen Gang, der sich hin- und herwand und bald den Charakter eines Labyrinthes annahm. Wände wichen zurück, es war feucht, man hörte Tropfen fallen, etwas stöhnte einmal rechts und einmal links, Schreie ertönten. Die Patientin mußte sich mühsam durchtasten und verlor sich schließlich darin voller Angst. Sie sprach von einem «Geisterhaus», und ich hatte Mühe, mit ihr einen Ausgang zu finden.

Beispiel 2

In einem anderen Fall war die Küche düster, die Wände waren schmutzig, auf dem Küchentisch lagen Reste einer zubereiteten Speise, Messer und andere Geräte waren benutzt; es roch dumpf. Fliegen saßen auf den Speiseresten. Alles war schmuddelig, und alter Aufwasch stand herum. Die Speisekammer war fast leer, einige Wurstzipfel, verfaultes Gemüse, ein paar fast leere Vorratstöpfe, darunter auch solche mit verschimmelten Gurken, waren zu sehen. Das Ganze machte einen verrotteten und stark vernachlässigten Eindruck. Es korrespondierte mit der Tatsache, daß die noch relativ junge Patientin keine Möglichkeit hatte, ihre weibliche Rolle zu übernehmen, und Bereiche der konventionellen weiblichen Tätigkeit verachtete. Daß damit auch eine Verachtung ihrer oralen Ansprüche verbunden war, wurde ihr erst später deutlich.

Beispiel 3

Gegenpol war eine Küche, nach modernsten Gesichtspunkten eingerichtet, hoch funktionell, mit weißen Möbeln und modernen Maschinen ausgestattet. Alles war tadellos aufgeräumt, fast unbenutzt, steril wirkend. Im Kühlschrank fanden sich wenige Vorräte, jedoch ausreichend Flaschen mit Cognac, Weißwein, Whisky und anderen alkoholischen Getränken, in denen sich die Patientin gut auskannte. Eine Speisekammer oder nennenswerte Vorräte zur Bereitung von Speisen fanden sich nicht. Der Keller war leer. Ohne Deutungen wird die zwanghafte Tendenz der Patientin zur Sauberkeit und zur Mechanisierung des oralen Bereiches evident und wie Essen als Genießen und dessen Wertschätzung unterdrückt und auf die regressive Form des Trinkens reduziert wird.

Wegen ihres instruktiven Charakters füge ich noch einige zusammenhängende Beispiele an.

Beispiel 4

Eine unverheiratete Akademikerin mit einer ausgeprägten depressiven Neurose bildert ein großes, stabiles, aber in traurigem Verfall begriffenes Haus aus der wilhelminischen Zeit. Es erinnert sie spontan an das Haus ihrer Großeltern (der Großvater war ein in ihrer Heimatstadt prominenter Baumeister gewesen). Im Inneren ist das Haus verlassen, obgleich noch intakt. Die großartigen Räume sind verstaubt, die Fauteuils in der großen Halle zugedeckt, die geräumige Küche unbenutzt, aber wohl aufgeräumt. Im düsteren Keller findet sie einen langen Lattenverschlag, hinter dem sich kleine Zellen befinden. Beim Versuch, diese zu öffnen, strecken sich überlange, dürre Arme heraus und suchen, nach ihr zu greifen. Die Hände erhalten (auf mein Anraten) Brotscheiben und beruhigen sich. Nach Öffnen der Zellentüren kommen völlig verhungerte Gestalten, zum Teil halb Mensch, halb Tier, hervor.

Kommentar: Wir versuchen, den Bedeutungsgehalt dieses Hausmotives für uns hypothetisch zu interpretieren als eine tiefenpsychologische Stilübung, ohne das Ergebnis der Patientin mitzuteilen. Wir können hier formulieren: Die Patientin hat bislang noch kaum Gelegenheit gehabt oder den Mut gefunden, ihr «eigenes Haus», ihr eigenes Selbst beziehungsweise ihre eigene Identität zu entwickeln. Sie muß stattdessen eine Anleihe bei dem großzügigen Modell ihres erfolgreichen Großvaters machen. Dort liegt ihr Vorbild beziehungsweise ihr Ideal. Obgleich sie unbewußt auch weiß, daß sie dieses Ideal nie wird erreichen können, geht von ihm als einem nicht bearbeiteten narißtischen Elternideal eine Faszination aus. Noch glaubt sie, dieses großartige Haus irgendwann einmal beziehen zu können; denn fast alles ist dafür bereit. Die in den Keller verbannten abgemagerten Tiermenschen, die schicksalhaft in totaler Vernachlässigung hausen, weisen wohl auf stark unterdrückte, abgespaltene Vitalimpulse hin. Aus der Vorgeschichte ist eine strenge, solche Impulse verbannende katholische Erziehung bekannt. Das korrespondiert auch mit der gegenwärtigen Tabuisierung natürlicher Lebensansprüche zugunsten einseitigen Leistungsstrebens und akzentuierter Intellektualisierung. Meine Anregung, die eingekerkerten, abgemagerten Symbolgestalten in ein freundliches Milieu zu bringen und zu nähren, scheitern in den nächsten Sitzungen.

Beispiel 5

Eine 20jährige Patientin bilderte mehrere Häuser. (Das Beispiel ist ausführlich zitiert worden, LEUNER 1955a.) In den Häusern fanden sich niemals Räume für Wohnzwecke. Sie imaginierte eine Bäckerei, ein Wirtshaus und ein großes Bürohaus. Jedes Haus hatte außer dem oralen Aspekt der ersten beiden Häuser auch jeweils einen eigenen, wie man sieht. Zugleich zeigen sie als gemeinsamen Nenner alle: das Fehlen der privaten Sphäre und das Vorherrschen der merkantilen Zweckmäßigkeit. Darin kann man Enttäuschung und daraus resultierende Beschränkung des familiären und emotionalen Lebens vermuten. – Schließlich verliebte sich die junge Patientin zum ersten Mal in ihrem Leben, und zwar in einen älteren Mann, der ihr Vater hätte sein können. Ausgehend von der Hypothese, daß das Haus Hinweise auf die Persönlichkeit gibt, erwartete ich eine deutliche Widerspiegelung der Verliebtheit des Mädchens in einem neu einzustellenden Haus. Sie imaginierte nun ein *Försterhaus.* Es lag mitten im Wald, umgeben von einem schönen Garten voller großer Kürbisse und langer Gurken. – In das Haus eingetreten, gelangte sie in eine Bibliothek mit einem Herrenschreibtisch, Bücherregalen, Gewehren und Geweihen an den

Wänden. Natürlich ließ ich wie üblich das Schlafzimmer suchen. Es fand sich schließlich unter dem Dach, war klein und wies zwei schmale Betten auf. Diese standen weit auseinander an den gegenüberliegenden Wänden, und zwischen ihnen war das Fenster.

Kommentar: Bei der volksliedhaften Anschaulichkeit, mit der sich die spätpuberale, erste große Verliebtheit dieses jungen Mädchens im KB widerspiegelt, bedarf es keines ausführlichen Kommentars. Die Wandlung des Hausmotives vom Büro- zum Försterhaus als Reaktion auf die aktuelle Verliebtheit ist mit der Fülle der FREUDschen Symbole (Kürbisse, Gurken, Gewehre usw.) allzu deutlich. Was das Schlafzimmer betrifft, konnte ich nicht erwarten, daß bei der noch recht unreifen Patientin sich nun bereits alle Zeichen ausgeprägter sexueller Partnerschaft abzeichnen würden: Ehebetten, animierende hübsche Einrichtung, die Betten womöglich noch nicht gemacht, in den Schränken (die es nicht gab) Kleider von beiden, möglichst im gleichen Schrank usw. – Dieses Beispiel stützte in ganz besonderer Weise meine Hypothese, daß sich im Hausmotiv das Erleben der eigenen Person symbolisch widerspiegelt.

Beispiel 6 (C.E.) 19jähriger Schüler mit einer ausgeprägten Stotterneurose:

«In der Ferne sehe ich einen sehr hohen Funkturm mit Antennen aus Holz. Dort steht ein großes Funkhaus, das in Hufeisenform gebaut ist. Das Treppenhaus, in das ich eintrete, ist groß. Es ist Aufnahme. Alles läuft wie am Schnürchen. Im untersten Stockwerk sind sieben Senderäume (magische Zahl sieben!). Ein Stück höher sind Büroräume. In den Senderäumen ist alles geschlossen. Ein rotes Licht brennt an der Tür. Sie wird eben aufgeschlossen, und ich trete in einen großen Raum mit vielen Stühlen ein. Dort wird gerade ein Vortrag gehalten. Ich gehe dann in einen anliegenden Büroraum. An der Wand sind Statistiken der Rundfunkhörer, eine ziemlich hohe, sechsstellige Zahl. Die Kurve geht am Anfang steil hoch, schwankt und geht dann wieder steil hoch. Dann bricht sie aber plötzlich ab, ist nicht mehr weiter eingetragen. (Hinterher wurde mir deutlich, daß der Verlauf dieser Kurve eine Ähnlichkeit mit dem Verlauf meiner Sprachstörung hat.) – Daneben hängt eine große Weltkarte. – Ich besichtige dann noch die technischen Räume im rechten Flügel, wo allerhand Leitungen zu sehen sind und sehr große, starke Sicherungen, komplizierte Apparate mit großen Röhren, die den Sender mit Energie beliefern, und Trafos, große und kleine, um die Spannung runterzudrücken. Andere dienen dazu, die Energie zu drosseln, auf die es ankommt. – In darüber gelegenen Stockwerken wird gebaut, die Decken sind ziemlich hoch, viel Dreck.»

Kommentar: Das Problem der Sprachstörung bestimmt offenbar die sich im gesamten Hausmotiv darstellende, stark andrängende Dynamik. Der «sehr hohe» Funkturm, die Weltkarte, die ansteigende Statistik der Rundfunkhörer mit sechsstelliger Zahl, die vielen gleichzeitig aufgenommenen Sendungen usw. weisen auf das mit der Sprachstörung verbundene narzißtische Größenideal des Jugendlichen hin. Sein von der Mutter geschiedener Vater ist ein bekannter Publizist. Besonders bemerkenswert ist schließlich die vom Patienten gefundene Beziehung zwischen dem Abbruch der Erfolgskurve des Senders und dem Ausbruch seiner Sprachstörung. Schließlich sind die «großen, starken Sicherungen» und die «Trafos» und «Drosseln», die Spannungen «runterdrücken», bemerkenswert. Darin dürfte sich das Andrängen der eigenen Spannung im Sinne aggressiver Impulse ausdrücken, die bislang nicht ausreichend integriert sind. Im Symptom «Stottern» treten sie hervor. – Die neu errichteten Stockwerke habe ich für mich interpretiert als seine Hoffnung auf die Entwicklung durch die Therapie.

Beispiel 7 (D. A., Hinweise auf die Person vergleiche S. 75f.)

Das folgende und die beiden weiteren Beispiele gehören insofern zusammen, als der Patient das gleiche Hausmotiv noch zweimal aufgesucht hat und Wandlungen deutlich werden:

«Einfamilienhaus, ein verwilderter Garten, Pflaumenbäume voller Früchte. Die Fensterläden hängen schief. Ich gehe hinein. Eine steile, verstaubte Treppe, links das Wohnzimmer. Ein altes Sofa, Standuhr, Gardinen, Sonnenschein, vertrocknete Blumen, die nicht gegossen wurden. Ich gehe in die Küche. Eine altmodische Küche, verstaubter Kohleherd. Angenagte Brotreste auf dem Tisch. Ich gehe die Treppe hoch. Da ist ein Schlafzimmer. Das Ehebett ist merkwürdig hoch, die Matratzen sind sehr dick, so daß ich kaum hineinsteigen kann, blaukarierte Bettbezüge. Ein Schrank, kratzige Amihemden hängen drin. Ich bin furchtbar müde, möchte das Haus aufräumen, aber ich weiß nicht, ob ich dagegen ankomme. Ich lege mich in das Bett. Spinnweben sind an der Decke. Ich gehe wieder hinunter, fühle mich nicht wohl in diesem Haus. Die Kellertür ist offen. Es ist dunkel. Ich sehe zwei gelbe Augen aus der Dunkelheit starren. Es ist unheimlich. Es ist ein schwarzer Mann im Keller.»

Kommentar: Der Garten erinnert den Patienten an den eines Freundes, zu Pflaumenbäumen hat er Einfälle, die sexuelle Phantasien und Erlebnisse betreffen, bei den «kratzigen Amihemden» erinnert er sich an seine Kindheit, in der die Mutter ihn zwang, kratzige Sachen anzuziehen, aus Prinzip. Dazu hat er Erinnerungen an Schläge. Mit dem schwarzen Mann im Keller hat sein Vater früher oft gedroht. – Unklar bleibt, warum das Haus derart vernachlässigt ist. Da das Motiv hier zu Beginn der Therapie zum ersten Mal eingestellt wird, könnte man meinen, darin signalisiere sich der Therapiewunsch des Patienten als das Bedürfnis, sein «Haus zu bestellen».

Beispiel 8 (D. A.)

Der Patient hat ziemlich engagiert in der KB-Therapie mitgearbeitet, und das vor reichlich einem Monat eingestellte Motiv des Hauses hat in dem aktiven und zum Zupacken neigenden Mann den starken Wunsch aufkommen lassen, «hier endlich Ordnung zu machen»: «Das Haus, das ich letztens gesehen hab. Ich stehe draußen. Es ist mit Sandsteinschindeln bedeckt, das Dach ist noch in Ordnung. Im Giebel Vogelnester, unter den Schindeln Fledermäuse . . . Die Tür hat ein neues Sicherheitsschloß bekommen. Ich habe vorgestern mit Herrmann das Schlafzimmer neu eingerichtet. Ich gehe hinauf. Die Treppe ist noch schmutzig, staubig, muffig. Ich öffne die Schlafzimmertür. Statt der Dielen auf dem Fußboden jetzt ein orangener, freundlicher Teppichfußboden. Die Rückwand, an der das Bett steht, ist hellblau gestrichen. Die Decke ist geweißt. Eine Deckenlampe, in der Form eines Herzens. Fenster sind geputzt, stehen angelehnt offen, frische Luft. Französisches Ehebett, Schrankwand im Hintergrund, in ihr neue Hemden, freundlich, sportlich, kariert, zwei neue Hosen. Elfriedes Kleider (Ehefrau). Auf dem Bett ein schickes neues Nachthemd für sie, sexy . . . Ich fühle mich wohl in dem Schlafzimmer. Es ist schön geworden. Ich gehe hinüber auf die andere Seite der Treppe. Dort soll das Kinderschlafzimmer sein. Addi ist da, Heini, Elfriede, die helfen wollen. Wir waschen die Fenster, legen einen hellbraunen PVC-Filzbelag, streichen die Wände, bringen buntkarierte rot-weiß-farbene Vorhänge an den Fenstern an. Draußen Vogelgezwitscher. Hier werden sich Klara und Mimi wohlfühlen . . . Heini sagt: ‹Du mußt ich in den Keller gehen. Du mußt Dir den schwarzen Mann ansehen.› Ich gehe voran, die andern folgen mir, sozusagen als Rückendeckung . . . Hinten im Dunkel sehe ich die beiden gelben Augen des schwarzen Mannes . . . Ich sehe einen Mann, vornübergebeugt, langes Haar, stoppeliges Gesicht. Er hat eine Keule in der rechten Hand. Behaarter Rücken, behaarte Brust. Er trägt einen Sack um seine Lenden. Beine stark behaart. Er sieht mich durchdringend an. Er droht mit der Keule. ‹Warum störst du mich? Was willst du hier?› Elfriede sagt: ‹Du mußt ihn ansehen, dann kann er nichts tun. Er hat ja Angst vor dir.› ‹Sieh ihm in die Augen›, sagt Heini. Jetzt fletscht er seine Zähne. Er hat Vampir-Zähne. Mich packt tiefes Entsetzen. Er ist unersättlich. Ich werfe ihm ein halbes Brot hinunter . . . Wie soll ich in diesem Haus wohnen – meine Kinder, meine Frau, mit einem Vampir im Keller, einem schwarzen Mann?! Mir ist schwindlig. Eine lähmende Kälte bläst mir entgegen. – Elfriede reicht mir ein Bündel Knoblauch. Der Mann wird unruhig. Er zischt. Ich halte das Bündel in der linken Hand, gehe einen Schritt auf ihn zu. Er weicht einen Schritt zurück. Ich reiße eine Zwiebel ab und rolle sie die Treppe hinunter. Er springt zurück . . . Jetzt ziele ich und werfe ihm eine an den Kopf. Er brüllt, schreit, tobt, zieht sich rückwärts am Kellerfenster hoch. Aber er ist zu dick für das Fenster, scheint steckenzubleiben. Ich werfe noch einmal. Jetzt ist er draußen! Er läuft über die Wiese, springt über den Bach, verschwindet im Dunkel des Waldes. Ich mache das Licht an . . .»

Kommentar: Das Schlafzimmer, dem der Patient in dem vorhergehenden Hausbild bereits einige Aufmerksamkeit gewidmet hat, wird zum Kern der Renovierung des Hauses. Die Bearbeitung seiner ödipalen Problematik, verbunden mit seiner Ehefrau, hat Vorrang.

Das ordentliche Dach, das Sicherheitsschloß und manche anderen Einzelheiten erinnern ihn an das Haus, in dem er jetzt seine Dienstwohnung hat. – Mit den neuen, sportlichen Hemden löst er sich von dem Verdikt der Mutter, kratzige «Amihemden» zu tragen. – Der schwarze Mann hat offensichtlich Bezug zur Vaterimago als Introjekt (Abschnitt 4.3.1.2.). Die Vampireigenschaften stimmen mit der Anamnese überein: Der Patient wurde vom Vater, einem ehrgeizigen Geschäftsmann, in der Kindheit «ausgesogen», das heißt zu vielfältigen Diensten herangezogen. Offenbar herrschte auch Not. – Auch das lange Haar und das stoppelige Gesicht erinnern an den Vater, an einen Freund in der Sauna, an den eigenen Wunsch, Haare auf der Brust zu haben, als Ausdruck männlicher Potenz. – Auch der Vater habe gelegentlich die Zähne gefletscht, sei so dick gewesen wie die Vampirgestalt. – Die letzte, friedfertige Szene, ein Wandlungsphänomen, erinnert ihn an die Wiese neben seinem jetzigen Dienstgebäude, der Berg an jenen, auf dem er mit seinem Großvater Heilkräuter gesucht hatte.

Nach der Abfassung des Protokolls bemerkt der Patient:

Beispiele

«Ich fühle mich gelöster und kann seit Tagen zum ersten Mal wieder mühelos arbeiten. Es ist etwas bereinigt, ein kleiner Erfolg. Zum ersten Mal seit Monaten sind in den Bildern andere, liebe Menschen aufgetaucht, die mir helfen; ich bekomme Mut, den Berg zu besteigen, vor dem ich geflohen bin.» (Berg als Repräsentanz der Vaterimago? Vergleiche Protokoll S. 381)

Beispiel 9 (D. A.)

«Ich habe Lust, mein Haus auf der Wiese (nach langer Zeit) zu besuchen, nachdem ich schon länger das Gefühl hatte, ich sollte mich nicht mit Renovierungsarbeiten zufrieden geben, sondern irgendwo etwas ganz Neues bauen. Es steht noch und hat sich in der Zwischenzeit verändert. Es ist sauber geputzt und gepflegt (außer der Küche), der Keller weiß und leer. Vor den Fenstern blühen Rosen. Ich gehe in das Schlafzimmer und empfinde es als wohnlich, freundlich. Im Kinderzimmer liegen Spielsachen auf dem Boden, als könnten jeden Augenblick die Kinder hereinkommen. Meine Frau hat sich ein Zimmer eingerichtet, aber ich gehe noch nicht hinein. Im Erdgeschoß finde ich mein Arbeitszimmer: Fensterwand mit Terrasse nach Osten, davor Wiese, im Hintergrund der Wald und darüber der Berg, tiefblauer Himmel, erfrischende Luft. Mein Schreibtisch steht schräg gegen die Fenster. Links und hinten Bücherregale, ein Sofa. Ich setze mich an die Schreibmaschine und blicke nach draußen. Da fällt mein Blick auf den Kraken, der auf der Terrasse liegt...»

Kommentar: Das Hausmotiv scheint nach sechsmonatiger Psychotherapie, die aus wöchentlich einer Doppelstunde Gruppentherapie und locker eingestreuten Einzelsitzungen mit dem KB bestanden hat, unproblematisch. Die Einzelheiten werden entsprechend kurz, ohne Engagement, gewissermaßen «glatt» geschildert. Alles hat seinen rechten Platz, alles läuft in seiner Ordnung. Darin signalisiert sich meines Erachtens als Stärkung des Ich eine Neuformierung von Abwehrmechanismen, ein höherer Grad von Anpassung an die Realität. Bemerkenswerterweise wird auf die Küche jedoch nicht eingegangen. Die Wertschätzung von Schlafzimmer und Arbeitszimmer steht weiterhin im Vordergrund. – Hauptsächlicher Störfaktor ist jedoch ein Krake auf der Terrasse, der ein zunehmend andrängendes Problem, die Auseinandersetzung mit der mütterlichen Welt, signalisiert. Sie wird bei ihm des öfteren in Form dieser archaischen Symbolgestalt ausgedrückt.

In der Praxis ist es eine Frage des Taktes und der «Dosierung», wie rasch und wie schonungslos man den Patienten mit den intimen Details des Hausinneren, vor allem des Schlafzimmers, konfrontiert. Ich rate, Zurückhaltung zu wahren, getragen von der Vorstellung, daß erst der fortgeschrittene Patient mit gefestigtem Ich vorbereitet ist, sich dem sich hier darstellenden Problem (einschließlich der archaischen Repräsentation der Mutterimago) zu stellen.

Das Hausmotiv hat in der Regel tatsächlich einen ausgesprochen konfrontierenden Charakter. Allein die Besichtigung des Hauses kann einen tiefen Eindruck, unter Umständen sogar eine Art von Schock hinterlassen, entdeckt man doch darin gewissermaßen, «wie es in mir aussieht». Bei unvorsichtigem Umgang mit der Hausbesichtigung kann man – wie früher erwähnt – Ablehnung oder gar Angst, eventuell ausgeprägte Widerstände gegen die Therapie überhaupt auslösen. Mit interpretierenden Hilfen bin ich hier extrem vorsichtig und benutze sie erst in zeitlich ausgedehnten Behandlungen bei einem fortgeschrittenen Patienten. Das Hausmotiv soll auch auf der Grundstufe und im Verlaufe einer Kurztherapie in einer der späteren Sitzungen (je nach Ich-Stärke des Patienten lieber später als früher) eingestellt werden.

Fünftes Standardmotiv: der Waldrand

Motiv Waldrand

Dieses Motiv hat akzessorischen Charakter. Es ist am leichtesten von der Wiese aus einzustellen. Wir sagen dem entspannten Patienten, er werde am Rande der Wiese einen Wald erblicken. Ist das erreicht, fordern wir ihn auf, etwa 10–20 Meter davor stehenzubleiben. Er möge das Dunkel des Waldinneren beobachten und, gewissermaßen meditierend, warten, was sich ereignet. Eine Gestalt, sei es ein Tier oder ein Mensch, werde erscheinen und nach einiger Zeit hervortreten. Wenn er eventuell zunächst auch nichts erkennen könne, würden sich vielleicht zwei Augen zeigen. Er solle geduldig warten. Habe er Angst, könne er sich hinter einem Baum oder einem Busch verbergen.

Diese Einstellung dient einem anderen Zweck als die bisherigen Motive. Nicht Leistung ist gefragt, sondern auf der Grundstufe soll die Möglichkeit einer Begegnung mit freisteigenden Symbolgestalten geboten werden. Der Wald gilt allgemein als Symbol des Unbewußten, dort west und webt es im Märchen, dort kann etwas im Verborgenen blühen, dort gibt es frei lebende, aber auch wilde Tiere, gute und böse Männer, Riesen und Zwerge, gute und böse Feen oder Hexen. Ganz bewußt sehen wir davon ab, den Patienten anzuleiten, in den dunklen Wald selbst zu gehen. Wir geben ihm die Chance der unmittelbaren Symbolmanifestation im Grenzbereich und vermeiden damit, allzu starke Angst auszulösen oder Widerstände hervorzurufen.

Die Situation ist anderer Art, wenn es sich um einen lichten, von Sonne durchströmten Wald handelt. Dann wird der Eintritt als freundlich, oft beglückend und schützend erlebt und auch zugelassen. Manche, vor allem phobische Patienten, erleben einen dunklen Wald schon von der Wiese aus als «unheimlich» und anstrengend. Deshalb sollte man bereits beim Versuch, sich dem Waldrand zu nähern, zurückfragen, welche Gefühle der Anblick beim Patienten auslöst.

Die Symbolgestalten sollen heraus auf die Wiese gebracht werden, gewissermaßen aus dem Unbewußten «ans Licht der Sonne» der Bewußtheit. Wenn etwa ein Fuchs, ein Hase oder ein anderes banales Tier, auch ein Maulwurf oder eine Maus aus dem Wald kommen, scheint der Versuch unergiebig auszufallen. Man darf trotzdem davon ausgehen, daß auch diese Tiere ihre individuelle Symbolbedeutung haben. Ich denke an das häufig auftretende scheue Reh bei jungen Frauen, an die kleine Maus einer von ihrer Mutter dominierten 35jährigen verheirateten Frau, die noch immer «Mausi» genannt wird.

Worum handelt es sich bei diesen so regelmäßig aus dem Wald tretenden Gestalten? – Aus tiefenpsychologischer Kenntnis wissen wir, daß Symbolgestalten wie Symbole des Traumes interpretiert werden können. Dabei ergeben sich zwei komplementäre Aspekte. Obgleich wir diese Interpretation verbaliter nicht vornehmen, legen wir uns hypothetisch vorläufig Rechenschaft über sie ab und versuchen, die sich hier widerspiegelnden Tendenzen des Patienten «mitzulesen».

Aspekte der Interpretation

Das hat bekanntermaßen zwei Aspekte:

1. Subjektstufe
2. Objektstufe

Zu 1.: Die Gestalt kann auf der *Subjektstufe* interpretiert werden, d.h. sie kann eine unbewußte Haltung, Einstellung oder (Wunsch-)Tendenzen ausdrücken. Sie sind in der Regel unbewußt und insofern von der übrigen Person abgespaltene, beziehungsweise nicht voll in das Ich integrierte Verhaltenstendenzen. C.G. JUNG (1952) hat in diesem Zusammenhang den etwas poetischen Begriff vom «Schatten der Person» geprägt. Ohne uns auf diese Lehre festlegen zu wollen, gibt es genug Hinweise auf die Richtigkeit dieser Rolle der freiwerdenden Symbolgestalten. Sie verkörpern demzufolge auch ein Stück nicht gelebten, verdrängten Lebens.

Beispiele

Dazu drei Beispiele:

Einer Kollegin fiel bei der Behandlung von rauschmittelabhängigen jungen Mädchen, die im allgemeinen in Jeans herumlaufen, auf, daß die Symbolgestalten sich im KB in langen,

100

wallenden Gewändern bewegten und beim Bewegen genossen, wie der Rock fließend schwang.

Ein von mir behandelter 52jähriger verheirateter Mann mit seit langen Jahren bestehender Impotenz sah aus dem Wald einen Jüngling kommen, in jeder Hand einen Colt und Pistolen im Gürtel, der wild um sich schoß und den er als «Revolverhelden» apostrophierte. Nach der Vorgeschichte war deutlich, daß er in seiner Pubertätsphase schüchtern und ungeschickt gewesen war und zu stark gehemmt, um sich mit einer expansiven männlichen Rolle identifizieren zu können. Er galt als «Mama-Söhnchen».

Ein von mir behandelter Arzt, der von früh bis spät gewohnt war, nach einem äußerst straffen Terminkalender zu leben, sah aus dem Wald drei gammelnde Landstreicher kommen, die faul, grinsend und in lässiger Haltung herumstanden. Extrem salopp angezogen, stellten sie ausgesprochene «Faulenzertypen» dar.

Wir können Übungen anschließen lassen, die der Patient auch zu Hause fortsetzen kann. Dabei soll er in Abständen immer wieder das spontane Tun und Treiben dieser Gestalten beobachten. Wir ermutigen ihn auch, diese Gestalten in der Phantasie ihre entsprechend dargestellten Verhaltenszüge bis zur Übertreibung ausagieren zu lassen. Gelegentlich gelingt es dadurch, die in diesen Gestalten ausgedrückten unterschwelligen Verhaltenswünsche im Sinne eines «Nachholbedarfes» zu befriedigen. Das kann zu Wandlungen der Gestalt führen, was auf eine «Sättigung» dieser ungelebten Impulse hinweist. Z.B. wandelte sich der «Revolverheld» im Verlaufe der genannten Übungen allmählich in einen kräftigen, sportlichen Heranwachsenden. Der Arzt entwickelte in dieser Behandlungsperiode vorübergehend manifeste, regressive Verhaltensweisen. Sie zeigten, wie verbindlich für ihn das Bedürfnis war, einmal ohne Druck des Terminkalenders zu leben. Das Nacherleben «nicht gelebten Lebens» ist oft eine wichtige korrigierende emotionale Erfahrung, die therapeutisch fruchtbar ist und nachträglich eine Erlebnislücke schließen kann. In der psychotherapeutischen Literatur sind analoge Vollzüge gelegentlich berichtet worden, z.B. von HEYDT-GUTSCHER (1959), vergleiche auch Abschnitt 3.1.

Zu 2: Auf der anderen Seite können die Symbolgestalten auf der *Objektstufe* betrachtet werden, das heißt, wir können in diesen Gestalten die Verkörperung von Bezugspersonen (Introjekten) auch in neurotischer Verzerrung sehen. Gelegentlich treten auch reale Gestalten leibhaftig auf, wie Lehrer, Vater oder andere Bezugspersonen. Der Therapeut kann deren Erscheinen veranlassen, beispielsweise bei Examensängsten beim Blick in den Wald den prüfenden Professor erscheinen lassen (vergleiche S.114).

Dabei können Überraschungen auftreten, weshalb das Motiv des Waldrandes nicht indifferent ist. Das gilt besonders bei akut dekompensierten Neurosen. Auf S.384 bringe ich das Beispiel eines Studenten, dessen autoritärer Doktorvater als Lokomotive aus dem Wald gefahren kommt, um ihn zu überrollen.

Wir werden höchstens zwei bis drei Gestalten sich aus dem Wald entwickeln lassen. – Verhinderungsmotive zeigen sich darin, daß keine Gestalten oder nur sehr unscheinbare heraustreten. Gelingt die Übung nicht, werden wir den Patienten nicht drängen und die Übung später erneut versuchen.

Das nun folgende Beispiel knüpft sinngerecht an das Auftauchen einer engen Bezugsperson an. Daraus entwickelt sich hier ein ungewöhnlicher triebdynamischer Durchbruch im analen Erlebnisbereich. Selten einmal können sich regressive Erlebnispassagen an das Motiv vom Waldrand anknüpfen.

Beispiel 1 (K. R.)

«Die Wiese ist von einem dämmrigen Tannenwald umgeben. Ich stehe zwischen den ersten Bäumen und warte, ob nicht irgend jemand aus dem Dunkeln zu mir kommt. Nach einiger Zeit erscheint meine Tante; sie freut sich, mich zu sehen. Ich bin wieder ganz klein, drei/vier Jahre alt, trage ein kurzes Spielhöschen mit Trägern über der Schulter. Die Tante nimmt mich bei der Hand, und wir gehen ein Stückchen in den Wald hinein. Ich habe das Gefühl, meinen Bedürfnissen nachgehen zu müssen, aber ich schäme mich vor der Tante, es zu sagen. Schließlich wird es so dringend, daß ich es ihr doch sagen muß. Sie lacht und will mir die Hose ausziehen. Ich möchte mich sträuben, aber es hilft nichts. Nun hocke ich da, und die Tante steht und schaut mir zu. Das ist gemein, jetzt kann ich nicht. Scham und Zorn halten die Schließmuskeln fest geschlossen. Die Tante redet mir gut zu, dann streichelt sie mich, meine Beine und den Hintern. Ich schwanke im furchtbaren Zwiespalt zwischen lustvoller Hingabe an ihre weiche Hand und zorniger, ablehnender Scham. Schließlich ist es mir doch möglich, Urin und Kot von mir zu geben. Für die Tante scheint das einem Orgasmus ähnlich zu sein. Sie nimmt den Kot in die Hände, beschmiert mich damit. . . . Da überkommt mich der Ekel, ich springe auf und renne über die Wiese, am anderen Ende sehe ich meine Mutter. Zu ihr laufe ich. Sie nimmt mich liebevoll zu einem klaren Bach, säubert mich und hat auch etwas zum Anziehen. Da ist alles wieder gut, und der Ekel vergessen.

Die Tante kümmerte sich viel um mich, als ich klein war, aber ich kann mich nicht erinnern, daß jemals etwas ähnliches vorgefallen wäre. Allerdings hatte ich ähnliche Empfindungen der geheimen Lust sowie der empörten, ohnmächtigen Ablehnung bei Gelegenheiten, wo ich mich nackend bäuchlings auf den Tisch legen mußte und die Tante mir den After mit Salbe bestrich, weil ich Würmer hatte. Zudem schlief ich oft bei ihr im Zimmer und versuchte gelegentlich, sie beim Auskleiden zu beobachten, wobei ich das eine oder andere Mal auch einen kurzen Blick auf ihren Körper werfen konnte.»

Kommentar: Der als drastisch phantasierte Durchbruch, der sehr ambivalent aufgenommen wird, scheint auf eine frühe analerotische Fixierung in Zusammenhang mit der Tante zurückzugehen.

Beispiel 2 (E. R.)

Der Patient bleibt nicht vor dem Walde stehen, um abzuwarten, was aus ihm herauskommt, sondern geht eigenmächtig ein Stück in den Wald hinein. Das Beispiel zeigt, daß hier gefahrenbringende Gestalten lauern können, ein Grund, weshalb dem Therapeuten auf der Grundstufe dringend abgeraten wird, dem Wunsch des Patienten nachzugeben, einen dunklen Wald zu betreten.

«Ich gehe in einen Tannenwald. Die Stämme stehen dicht und sind voller abgestorbener Zweige, die Kronen verflochten, so daß es ganz dämmrig ist. Der Boden ist bedeckt mit braunem Nadelfilz. Es lockt mich das Dämmern, tiefer in den Wald zu gehen. Dahin, wo es ganz dunkel ist, unters Gehölz möchte ich kriechen und das Gesicht auf den Boden pressen. Da – ein Tier kommt zwischen den Stämmen durch; von weitem ist es ganz lustig anzusehen: schlank wie ein Reh, aber mit einem unförmigen Kopf, so daß man glauben möchte, die Beine müßten zusammenknicken. Der Kopf macht mir Angst. Er ist etwa genau so groß wie der gesamte Rehleib, der ihn trägt. Die Physiognomie ist starr und wird überstrahlt von zwei großen, brennenden, ebenfalls unbewegten Eulenaugen. Überhaupt scheinen Eule und Löwe sich in diesem Kopf zu mischen. Die Furcht läßt mich auf einen Baum klettern, von wo ich das Tier weiter beobachte. Oft ist es schwer zu sehen, weil nebelartige Schleier meinen Blick trüben. So läßt sich nicht sagen, ob das Tier mit Haaren oder Federn bedeckt ist. Aber es hat ein mächtiges Löwengebiß, keine Nase, und die Augen sind ganz Pupille. Sie starren mich an, die Augen, tückisch, lockend wie ein tiefer See. Ich möchte mich dagegen wehren: ‹Geh weg, Untier, ich hasse dich!› – Noch jetzt beim Schreiben verspüre ich den teuflischen Wunsch, mit einer Nadel in die Augen zu stechen, damit sie endlich wieder erlöschen. Das Tier schüttelt die zottige Mähne und verschwindet zwischen den Bäumen. Ich steige schnell den Baum hinab und laufe aus dem Wald. Von weitem sehe ich das Tier noch einmal, aber jetzt scheint mir die koboldhaftunförmige Gestalt nur lächerlich, und ich werde das traurige Gefühl nicht los, daß dieses Wesen ein *verwünschter Mensch* ist, den ich kenne.»

Kommentar: Es muß offenbleiben, was diese Symbolgestalt auf der Subjekt- und auf der Objektstufe für den Patienten verkörpert. Oral-aggressive Impulse sind unzweideutig, aber auch oral-saugende depressive Momente, wenn von den Pupillen die Rede ist, die «tückisch lockend wie ein tiefer See» auf ihn wirken. – Erst zu einem späteren Zeitpunkt kommt es auf dem Wege der Selbstinterpretation zu einer Klärung dieser mit der mütterlichen Imago in engem Zusammenhang stehenden Symbolgestalt.

Am Schluß des Kapitels über die Standardmotive der Grundstufe mag sich der Leser fragen, ob die relativ geringe Zahl der Motive ausreicht, um eine vollwertige Therapie mit dem Tagtraum durchzuführen. – Um diesem Einwand zu begegnen, habe ich eingangs auf die breite klinische Valenz der therapeutischen Ergebnisse der Grundstufe hingewiesen. – Die vielfältigen Beispiele der individuellen kreativen Ausgestaltungen der Motive von Wiese, Bach, Berg, Haus und Waldrand bieten einen breiten Rahmen für die individuelle projektive Ausweitung der Szenerien. In ihnen spiegeln sich nicht nur mit dem Motiv synthone Inhalte, sondern auch thematisch anders gelagerte Probleme, die unter dynamischem Projektionsdruck stehen. Der Vorteil der Grundstufenmotive liegt primär darin, daß die personalen Probleme eine relativ bewußtseinsferne, rational nicht sofort erkennbare symbolische Verschlüsselung erfahren. Sie lassen zugleich im Hinblick auf eine spontane Selbstinterpretation alles offen, auch nicht-symbolische Realdarstellungen.

1.4.4. Fixierte Bilder und Verhinderungsmotive

Hinweise auf Konflikte

Bei der Darstellung der Standardmotive habe ich Beispiele für die projektive Ausgestaltung der Motive gegeben. Darin spiegeln sich teils unproblematische, teils problematische Inhalte wider. Aus den letzteren wird evident, daß ungewöhnliche, vielleicht sogar emotional bedeutsame «Erlebnistendenzen», mitunter mit starkem emotional negativ geprägtem Vorzeichen vorliegen. Wir können an diesen Stellen auf Konfliktherde oder -punkte schließen, um es psychodynamisch vereinfacht auszudrücken.

In der frühen Periode meiner experimentellen Exploration der imaginativen Erlebnissphäre (Experimentelles Katathymes Bilderleben 1948 – 1960) stieß ich bei der Untersuchung neurotischer Personen auf diese Kategorie auffälliger, auf Konflikte hinweisender Störungszeichen, bei sogenannten Gesunden oder erfolgreich Behandelten hingegen nicht oder nur in diskreter, beziehungsweise flüchtiger Form. Das Bedürfnis entstand, die Fülle auftretender Phänomene zu ordnen, um das zunächst ganz fremde und unübersehbare Erlebnisfeld der Imaginationen überschaubar und kommunizierbar zu machen. Ich unterschied zwischen *«fixierten Bildern»* als den psychodynamisch-neurotischen Störungs- beziehungsweise Konfliktzeichen und den davon stark abweichenden frei «*fluktu-ierenden, labilen Bildern*», die sich spontan verändern. Ich glaube, es war eine wichtige Erkenntnis, daß sich die neurotischen Strukturen in Übereinstimmung mit den starren Verhaltensweisen neurotischer Menschen in diesen fixierten, stereotypen Bildern des Tagtraumes widerspiegeln. Diese Unterscheidung wurde ursprünglich aufgrund der Kategorien der Bilder rein phänomenologisch getroffen. Daran schlossen sich dann eine Reihe informeller Experimente an, um die dynamischen Eigentümlichkeiten der fixierten Bilder näher kennenzu-lernen.

fixierte Bilder *Die fixierten Bilder,* als zuerst gefundene markante Ausprägungsweisen im KB, lassen sich wie folgt beschreiben: Es sind einzelne Bilder, Bildagglomerate oder szenische Abläufe, die hinsichtlich ihres Inhalts oder ihrer zugrunde liegen-den Ausdrucksstruktur (trotz mancher Varianten) über längere Zeitstrecken, Tage, Wochen und Monate hinweg unverrückbar fest stehen. Wenn sie in diesen Abständen wiederholt eingestellt werden, können sie unverändert, häufig bis ins letzte Detail fixiert, wiederkehren. Darin kann eine eigentümliche Stereotypie liegen. Diese Fixierung behauptet sich unter Umständen selbst hypnotischem und anderem suggestivem Einfluß gegenüber hartnäckig (LEUNER 1955a). Auch von Therapeuten eingeleitete Hilfsmaßnahmen oder direkte Anleitungen des Patienten zu ihrer Überwindung führen nur selten oder nie zu ihrer Auflösung, eher vielmehr zu einer entscheidenden Wandlung im Sinne der Steigerung des Widerstandes gegen den Versuch ihrer Überwindung. Zur Veranschaulichung habe ich einen entsprechenden Verlauf auf S. 107 wiedergegeben.

Der Begriff des fixierten Bildes schließt jene szenischen Situationen im KB ein, die ich als *Verhinderungsmotiv* bezeichnet habe. Es ist gekennzeichnet durch die Behinderung des Verlaufes einer natürlichen Sequenz oder einer Ent-wicklung, etwa bei der Verfolgung der fünf Standardmotive der Grundstufe. Ich denke an den Lauf des Baches, wofür Beispiele wie Stauung, Versickern des Wassers usw. stehen. Verhindert werden auch Leistungen oder Bewegungen, die der Patient im katathymen Panorama, etwa bei der Ersteigung des Berges, beim Rundblick von dem Gipfel, beim Schwimmen im Meer usw. versucht. Als Maß-stab legten wir die Hypothese von der «idealen» Bewegungsfreiheit (Unbehin-dertheit) der naturgemäßen szenischen und leistungsmäßigen Entwicklungen bei Aktionen in der Imagination zugrunde, die wir bei dem «ideal» unneuroti-schen Menschen annehmen. Daß die Verhältnisse faktisch komplizierter liegen und auf weitere, subtilere Zeichen zu achten ist und daß dynamisch stark mas-kierende neurotische Charaktere derartige Störungszeichen abwehren können, war eine spätere Erkenntnis. Für die Entwicklung des KB als einem überblick-baren und lehrbaren Verfahren der Psychotherapie, das auf der bislang als völlig vage geltenden Erlebnisebene der optischen Phantasie operiert, war die Ent-deckung der fixierten Bilder im Zusammenhang mit der Strukturierung durch Standardmotive bedeutsam (KOSBAB 1972). – Im Verlaufe der weiteren Ent-wicklung des KB habe ich die Qualitäten der fixierten Bilder auch auf jene Gebilde und szenischen Abläufe ausgeweitet, die sich durch auffällige *Gegensät-ze und Unvereinbarkeiten* markieren. Zu ihnen rechne ich auch Situationen, die durch einen *spezifischen Bedeutungsgehalt* gekennzeichnet sind, beziehungs-weise durch diesen aus dem umgreifenden Kontext herausragen. Als Beispiel sind zu nennen: In einem Landschaftsbild ist der Wald rechts der Wiese sommerlich, links davon herbstlich belaubt; auf einer Blumenwiese steht ein Marmordenkmal, das einen lebensgroßen Elefanten darstellt. Vielfältige, zum Teil subtile Beispiele sind in Protokollen der Patienten bereits aufgetaucht und kommentiert worden. Kennzeichnend sind ferner ein begleitender, mehr oder minder diskreter *Gefühlston von negativem Charakter* oder ein *stärkerer Affekt,* etwa auch mit der *Tendenz zur Abreaktion.* Beide geben dem jeweiligen Inhalt einen besonderen Erlebensakzent. Ihnen gemeinsam sind Qualitäten des Unsicheren, des Unheimlichen, des Unangenehmen oder Gefährlichen, sie erzeugen Spannung oder Angst. Derart gefühlsgeladene Szenen können die Tendenz zur Flucht beziehungsweise Vermeidung oder zum Angriff auslösen oder ein komplizierteres Abwehrverhalten mehr oder weniger brüsk, mehr oder weniger diskret zur Folge haben. Beinahe alle Formen der klassischen Abwehrmechanismen der psychoanalytischen Lehre können manifest werden. Um dem Therapeuten die Wahrnehmung dieser Abwehrmechanismen im KB zu erleichtern, haben wir ein Spezialseminar (Sonderseminar für Abwehrmechanismen) eingerichtet, das regelmäßig abgehalten wird. Häufig drückt sich in den fixierten Bildern ein Moment der Versagung und der Enttäuschung aus. Dieser Umstand ist bei der wichtigen Dosierung der Konfrontation mit ihnen zu berücksichtigen. Dort steht zur Debatte, wie schnell, wie stark und wie lange man dem einzelnen Patienten in der jeweiligen Therapiephase eine Konfrontation zumuten kann.

Abwehrmechanismen

Die hier charakterisierten fixierten Bilder signalisieren nicht nur neurotische Konfliktkonstellationen. Sie sind der Ausdruck der Neurose überhaupt und sollten und müssen deshalb im KB dauernd der Gegenstand der therapeutischen Beobachtung und indirekt oder direkt der Bearbeitung sein. Dafür stellt das KB eine Reihe von therapeutischen Strategien zur Verfügung.

Die fluktuierenden Bilder stehen den fixierten phänomenologisch gewissermaßen polar gegenüber. Sie sind wiederum Einzelbilder, Bildaggregate oder szenische Abläufe, die spontan, d. h. ohne therapeutisches oder anderweitiges Zutun ihren Inhalt beziehungsweise ihren Ablauf beim Wiederaufsuchen oder im spontanen Verlauf der sich kontinuierlich fortsetzenden Sitzung (kreative Entfaltung oder assoziatives Vorgehen) in einer sinnvollen Weise wandeln und weiter entwickeln. Diese Entwicklung ist in der Regel aus dem Kontext der gesamten Szenerie verstehbar und drückt eine gewisse innere Konsequenz im Rahmen des Gesamtzusammenhangs («szenische Kontingenz») aus. Der Wandel kann häufig als ein Schritt in Richtung einer therapeutisch progressiven Version der katathymen Szene verstanden werden. Wir haben deshalb in diesem Zusammenhang auch von dem *therapeutischen Prinzip* gesprochen, dem diese fluktuierenden oder labilen Inhalte zuzurechnen sind. – Nicht gemeint sind aber plötzliche, eventuell sprunghafte Bildwechsel oder Szenen, bei denen der Charakter der Abwehr, etwa auch der Vermeidung, offensichtlich ist. In der Praxis kann allerdings bei der freien kreativen oder assoziativen Entfaltung des KB nicht immer ganz klar zwischen den fixierten und fluktuierenden Bildern unterschieden werden, zumal es im Grenzbereich Übergänge gibt. Dem Begriff der fluktuierenden Bilder liegt die Hypothese von dem fließenden Grundstrom emotionaler Bewegtheit zugrunde. Der Gegensatz ist die Behinderung und extreme dynamische Abwehr in Form der fixierten Bilder, die im Kontrast zu

fluktuierende Bilder

dem Kontext der fluktuierenden Verlaufsinhalte stehen. Den fluktuierenden Bildern ist kaum eine jener oben beschriebenen emotionalen Tönungen eigen. Der Gefühlston ist eher indifferent, angenehm und fordert nicht zur Abwehr oder Vermeidung auf. Er hat meist einen positiven Aufforderungscharakter (Freude an einer Ich-stärkenden Leistung, wie beim erfolgreichen Aufstieg auf den Berg) oder zeigt Inhalte von Entlastung, Entspannung oder Fruchtbarkeit. Sind derartige Szenen jedoch mit stereotypen Strukturen verbunden, denen der Entwicklungsaspekt abgeht, können auch sie Abwehrcharakter haben. Wir geraten so schon in einen komplizierten Grenzbereich, der eingehendere psychodynamische Unterscheidungsfähigkeit fordert. Damit ist die zwischen den Zeilen dieses Abschnitts stehende Frage nach dem weiteren Schicksal der fluktuierenden Bilder angeschnitten. Sie können nämlich im szenischen Verlauf der Therapie später auch einmal fixierten, also stereotypen Charakter mit negativer Gefühlstönung annehmen. Damit erhalten sie dann gelegentlich auch Abwehrcharakter und verdecken die dahinterliegende Schicht neurotischer Probleme. Das ist z. B. dort der Fall, wo zunächst angenehme, positive oder erhebende und damit im ersten Moment Ich-stärkende Gefühle dann den spontanen Verlauf einer fluktuierenden Szenerie unterbrechen. – Auf einen einfachen Nenner gebracht: Das therapeutische Ereignis von heute kann die Verdeckung (Abwehr) der Probleme von morgen sein. Das therapeutische Prinzip kennzeichnet sich dementsprechend durch ein «Sich-nicht-Festlegen» auf eine Bildstruktur. Der psychoanalytisch geschulte Leser wird hierin eine bekannte Tendenz auch des tiefenpsychologischen Behandlungsprozesses erkennen. Dem Unvorbereiteten werden diese Bemerkungen allzu abstrakt erscheinen. Er findet Gelegenheit, die hier skizzierte Grundformel in der Verfolgung längerer Behandlungspassagen mit dem KB wiederzuerkennen.

Um es für die praktische Therapie noch einmal zusammenzufassen: Der Therapeut soll die typischen Konfliktherde im Verlauf einer KB-Sitzung aufmerksam beachten und, wenn er fortgeschritten ist, auch die dann einsetzenden Abwehrvorgänge registrieren. Er ist gut beraten, wenn er zu unterscheiden lernt, welches im Zusammenhang damit die fixierten Inhalte sind, die er an ihren Stereotypien, Paradoxien, bedeutungshaltigen beziehungsweise negativen Gefühlselementen oder an stärkeren Affekten erkennt. Sie sind Ausdruck des «neurotischen Prinzips», dem das «therapeutische Prinzip» gegenübersteht, gekennzeichnet durch die produktiv-fluktuierenden, sich im Rahmen des Kontextes weiter entwickelnden Inhalte ohne Paradoxien und ohne negativen Gefühlston. Das therapeutische Prinzip kann sich auch durch besonderes Wohlgefühl, durch angenehme, positive, erhebende und den Patienten in gewisser Hinsicht auch befriedigende Gefühle darstellen. Ich kann in diesem Zusammenhang auf das Kapitel 3.1. über Wunschbefriedigung und Befriedigung archaischer Bedürfnisse verweisen. Wie hartnäckig Verhinderungsmotive fixierter Bilder sein können, soll die Reaktion auf einen hypnotischen Eingriff demonstrieren, die ich wegen ihrer Anschaulichkeit im Originalprotokoll wiedergebe.

experimentelles
Beispiel

Beispiel 1

Das Experiment[22] demonstriert die Eigengesetzlichkeit des Stereotyptraumes

[22] Aus: LEUNER (1957).

und fixierter Bilder überhaupt. Eine Patientin träumte seit Monaten immer wieder, sie solle eine Reise unternehmen und sitze bereits im Eisenbahnzug. Regelmäßig aber, wenn der Zug im Begriff ist abzufahren, entdeckt sie, daß ihr Gepäck fehlt, und steigt hastig wieder aus. Dieses Traumbild ließ ich von der Patientin im Bilderleben reproduzieren und versuchte, durch hypnotische Suggestionen die bestehenden Widerstände zu überwinden.

Protokoll (B. R.) in tiefer Hypnose:

«... ich sitze im Zug – er soll gleich abfahren ..., mein Gepäck fehlt noch, ich habe meine Koffer nicht, ich muß aussteigen ...»

(Suggestion: «Sie bleiben ganz ruhig sitzen, das schadet nichts, Sie können auch ohne Gepäck fahren ... bleiben Sie ruhig sitzen und fahren Sie mit dem Zug!»)

«Der Zug setzt sich in Bewegung. ... Ich fühle mich unwohl ... ich habe Angst ... (wird unruhig). Ich sehe nur noch undeutlich ...! (Es folgen einige Suggestionen der Ruhe- und Atemregulierung.) Ich stehe jetzt an der Tür, ich werde hinausspringen, die Tür ist schon offen ...!»

(Suggestion: «Sie werden nicht hinausspringen, bleiben Sie ganz ruhig, die Tür geht wieder zu, Sie werden ruhiger und gleichgültiger ...., Sie lassen alles mit sich geschehen. Sie werden sehen, wie Sie sich bald wieder auf Ihren Platz hinsetzen und ruhig im Zug weiterfahren.»)

«Ich sehe jetzt den Zug von außen; er fährt immer schneller! ... Jetzt kommt eine große Brücke ... der Zug fällt die Brücke hinunter ... so wie eine Spielzeugeisenbahn. ... Ich sehe nur noch die Brücke!»

(Suggestion: «Schauen Sie genau hin!»)

«Ich sehe da unten im Tal etwas Langes und Dunkles.»

(Suggestion: «Sehen Sie noch genauer hin und versuchen Sie näherzukommen!»)

«Ja, jetzt bin ich näher, ich sehe da unten den Zug liegen, die Lokomotive und Wagen hängen noch aneinander ...» (Bricht in Tränen aus.)

Kommentar: Das wesentliche Moment des Traumes liegt zweifellos in der Behinderung der Abfahrt. Durch eine ganz auf die Überwindung dieses dynamischen Traumelementes abzielende Suggestion war zwar zunächst die Abfahrt zu erreichen. Bald darauf traten die immer weniger zu beeinflussenden, «Verhinderungsmotive» genannten Bilder (Aussteigenwollen) mit Angst- und Unruhereaktionen auf. Am Ende verstand es der gewissermaßen hinter dem Bilderleben stehende Akteur auf eine überraschende Weise, durch das Auftauchen der Brücke einen Sturz des Zuges zu inszenieren, der die Fortsetzung der Reise endgültig zunichte machte. Dieser Ablauf ist charakteristisch für die Reaktion der fixierten Bilder auf suggestive Beeinflussung. Durch Hypnose wird die zu desuggerierende Situation lediglich etwas hinausgeschoben. Bald aber treten Verhinderungsmotive in immer unüberwindlicherer Form auf, bis sich das Geschehen schließlich zu einer «Katastrophe» – eventuell mit affektiver Entladung – zuspitzt (sofern die Suggestion hartnäckig genug fortgesetzt wird).

Psychodynamisch betrachtet kann im Grunde auch nicht erwartet werden, daß in der Persönlichkeit verankerte Konfliktkerne, als deren Repräsentanten die fixierten Bilder (wie auch Stereotypträume) und Verhinderungsmotive stehen, so einfach zu wandeln sind.

Konfliktkerne

Beispiel 2 (E. N.)

Bei einer 24jährigen intelligenten Patientin, die auf der Warteliste stand, machte ich nach anfänglicher Erhebung der Vorgeschichte einen Versuch mit dem KB. Die Bergbesteigung gelang ohne Schwierigkeiten. Um so auffälliger war der Umstand, daß ihr der Blick vom Berg durch eine Burgruine verstellt war. Sie konnte diese sehr genau beschreiben und versicherte, daß sie jedes Detail, jeden Stein, erkennen könne. Jedesmal, wenn sie in der drei Monate währenden Wartezeit in meine Sprechstunde kam, stellte ich das Motiv der Burgruine ein, um festzustellen, ob sich etwas geändert habe. – Sie beteuerte immer wieder von neuem, daß jede Einzelheit unverändert geblieben sei. Ich begann dann mit der Therapie. Das in größeren Abständen erneut eingestellte Bild war weiterhin stereotyp dasselbe. Ich konnte mir damals kein Urteil über seine symbolische Bedeutung bilden, und die Patientin hatte auch keinen Einfall dazu. Der Bezug der Ruine zu einer frühkindlichen Enttäuschung schien mir jedoch bald deutlich. Als das Thema des Verlustes ihres Vaters zur Sprache kam, der sich nach Scheidung der Eltern seit ihrem sechsten Lebensjahr nicht mehr um sie gekümmert hatte, wagte ich schließlich angesichts der erneut eingestellten Burgruine ein Interpretationsangebot. Ich bezog das Motiv auf ihre damals sicherlich große Enttäuschung. Gewisse Phantasien hatten mich dazu geführt, wie zum Beispiel Jungmädchenträume von Rittern, ein romantisches Leben als Burgfräulein usw. Die Patientin nahm mein vorsichtiges Interpretationsangebot ziemlich gelassen auf. – Meine Hypothese bestätigte sich aufgrund der folgenden Reaktion in doppelter Weise: Es ereignete sich etwas ebenso Überraschendes wie Interessantes. Die Mauern der Ruine begannen abzubröckeln. Ich kontrollierte dann am gleichen und am darauf folgenden Tag das Ruinenbild erneut, indem ich es jedesmal wieder einstellte. Der Vorgang setzte sich progressiv fort. Die Patientin konnte genau beobachten, wie die Steine der Mauer in immer größerer Zahl auf dem Boden lagen und die Mauer immer kleiner wurde. Bei der dritten Kontrolle war die Ruine verschwunden. Die Patientin hatte nun erstmals seit unseren etwa vier Monate dauernden Versuchen einen freien Blick über die Bergkuppe in eine schöne, weite, sonnenbeschienene Landschaft. Das war für sie ein erhebendes Erlebnis. Ein typisches Wandlungsphänomen war also eingetreten, offenbar ausgelöst durch das direkte, versuchsweise Interpretationsangebot der Symbolbeziehung des Motives. Wenn auch auf der Grundstufe derartige Interpretationen nicht gegeben werden, ist mir hier wichtig zu zeigen, daß die außerordentlich stereotype Fixierung des Verhinderungsmotives durch eine Deutung gelöst werden kann.

Nicht alle fixierten Bilder haben einen so hohen Grad stereotyper Fixierung, wie es in diesen beiden Beispielen zum Ausdruck kommt. Diese sollen nur das mögliche Ausmaß der Dynamik einer Fixierung verdeutlichen und welche Bedeutung eine korrekte therapeutische Interpretation für eine Lösung der Fixierung haben kann. Diese vollzieht sich als eine therapeutisch erstrebenswerte Wandlung in der Regel langsam und meist nur Schritt für Schritt, sofern nicht gezielte symboldramatische Regieprinzipien (siehe dort) angewandt werden.

fixierte Bilder an Standard-motiven

Typische fixierte Bilder möchte ich im Zusammenhang mit den Standardmotiven kurz auflisten, weil sie in erkennbarer Analogie in vielen Therapien wiederzufinden sind.

Wiese: Statt ihrer erscheint eine Wüste, eine Kakteenlandschaft, eine stark abschüssige Bergwiese, von der der Patient herunterzurutschen droht, eine morastige, eine abgebrannte, eine verdorrte Wiese; eine Wiese, die sich unendlich und beängstigend grenzenlos ausdehnt, oder eine Wiese, die klein und abgesteckt ist, vielleicht zwischen Wäldern als Lichtung eingeengt, künstlich angelegt erscheint oder von Stacheldraht eng umzäunt ist, oder eine lieblich-kitschig anmutende, eine künstlich parkartig gepflegte Wiese und vieles mehr.

Bach: Hier finden sich einige fast schon stereotyp wiederkehrende Verhinderungsmotive, die ich zum Teil bereits genannt habe: Der Fluß des Baches (abwärts) ist in seiner Verfolgung beeinträchtigt oder ganz behindert. Der Bach ist gestaut, fließt in einen Teich, See oder ein Staubecken, und der zu suchende Abfluß ist nur mühsam oder gar nicht zu finden; der Bach trocknet nach einer kleinen Strecke aus, er verschwindet plötzlich in einem tiefen Erdloch und kann im günstigen Fall erst weit entfernt wieder auftauchend gefunden werden; er fällt einen Wasserfall hinunter, vielleicht tausende Meter, und kommt im extremen Fall unten gar nicht mehr an, da er verdampft. Das Wasser ist abnorm kalt oder heiß, so daß Spritzer verletzen, oder aber es ist trüb und schmutzig-brackig, das Bachbett ist überhaupt leer. In eigenartiger Weise kann der Bach sich im Kreise bewegen, so daß der Proband letztlich nicht weiterkommt, obgleich er seine Aufgabe, den Bach zu verfolgen, formal zu erfüllen scheint. Der Bach kann schließlich in Überwindung der Naturgesetze sogar einmal bergauf fließen. Am Ozean angekommen, kann das Meer stürmen, bleiern und grau oder wie tot daliegen, heftig bewegt sein; sein verschlingender Charakter wird unter Umständen deutlich und so fort. Das Meer kann schließlich als Ort des Unbewußten allerlei Getier freigeben.

Der *Weg zur Quelle* ist meist leichter zu verfolgen. Allenfalls behindern Felsen, Gebüsch oder große Steilheit den Aufstieg. Die Quelle selbst erscheint unterschiedlich, je nach Anlage als spendend oder als fixiertes Bild in Form eines nur schwachen Rinnsals aus dem Felsen oder aus dem Erdboden, das mit der Hand nicht geschöpft werden kann; die Aufforderung, aus der Quelle zu trinken, kann zurückgewiesen werden aus Furcht, sie sei zu kalt, bakterienhaltig, giftig oder schmutzig. Sie auf Vorschlag zum Baden aufzustauen, kann mißlingen, oder das Bad selbst gelingt nicht, weil das Wasser sich in Sand verwandelt.

Beim *Aufstieg* auf den *Berg* können sich die nicht so häufigen Verhinderungsmotive darin zeigen, daß er überhaupt nicht bestiegen werden kann, weil er aus glattem Stein oder aus Kunststoff ist. Auch die Konfiguration des Berges kann ein fixiertes Bild ausdrücken: Er kann zuckerhutartig sein, ganz extrem spitz, so glatt, daß man daran herunterrutscht, oder nur ein Fels, so daß er nur erklettert werden kann. Oder aber der Patient findet trotz größten Bemühens keinen Aufstieg, weil es im Tal «doch so viel schöner ist». Die Höhe – ich erinnere an das Extrem von 10 000 m – oder das Gegenteil, eine extrem geringe Erhebung («es ist nur ein Sandhaufen»), können erhebliche Konflikte signalisieren.

Fixierte Bilder, die in den Eigentümlichkeiten des *Rundblickes* zu finden sind, liegen etwa darin, daß er nach allen Seiten, eventuell nach drei, zwei oder auch nur nach einer Seite hin versperrt ist. Der Blick nach vorn als Ausblick in die Zukunft, der Blick nach hinten als Blick in die Vergangenheit, sind bedeutsam. Eine nadelspitze Plattform, auf der man sich kaum bewegen oder halten kann, ist ebenfalls signifikant. Nach der Besteigung des Berges droht ein Unwetter loszubrechen, es stürmt oder schneit, Wolken behindern den Blick ins Tal usw.

Der *Abstieg* mag besonders schwer fallen, Unlust erregen oder widerwillig oder ängstlich vollzogen werden («Wer steigt schon gern ab?») usw.

Typisch fixierte Konstellationen am *Hausmotiv* sind: Es ist ein Schloß, ein Wolkenkratzer, ein Turm, ein reines Bürohaus; Gegensätze bestehen etwa zwischen Fassade und Hinterseite, eine bescheidene Berghütte, ein Holzstadel, ein Haus mit Glaswänden, ein Traumhaus wie aus dem Kino usw.

Zur Illustration einer bizarren Verschiebung möchte ich noch das Protokoll einer schizothymen Patientin wiedergeben. Das Motiv erscheint zunächst ganz beiläufig in der Landschaft:

«In der Ferne ist ein Haus, das im ersten Augenblick wie ein richtiges Haus scheint, groß; es wird dann aber plötzlich zum Spielzeughaus, mit braunem Dach, klein, aus Holz gemacht, so ganz puppenhaft, fast kuckucksuhrenhaft, mit kleinen Figuren davor, aber innen ist es leer . . .»

diagnostisches
KB

Exkurs: Der diagnostische Aspekt des KB

Wenn man nach einem Überblick über das katathyme Panorama eines Patienten die fixierten Bilder (siehe dort) aller fünf Standardmotive zu einem diagnostischen Mosaik zusammensetzt, kann man ein sich auf der vorbewußten Ebene manifestierendes *«Konfliktschema»* überblicken. Das rein therapeutische Vorgehen erfordert methodisch keinen diagnostischen Überblick wie ein zur wissenschaftlichen Auswertung angelegtes katathymes Panorama. Es wäre für die Therapie auch gar nicht opportun. Ein derartiges, etwas schulmäßig angelegtes «Konfliktschema» kann, und zwar aufgrund der ersten fünf bis sieben Sitzungen, als prognostischer Hinweis für eine Probebehandlung mit dem KB dienen. Jedoch ist meines Erachtens methodisch zwischen der diagnostischen Aufstellung eines katathymen Panoramas und der locker geführten Technik der Therapie strikt zu unterscheiden. Der diagnostisch-wissenschaftliche Aspekt des KB wird in diesem Buch so auch bewußt ausgeklammert. Leider liegen über den Unterschied zwischen einem rein diagnostisch geführten KB und einem der Behandlung verpflichteten keine systematischen Untersuchungen vor. Nach allgemeinem klinischem Urteil werden im therapeutischen Vorgehen jedoch zwei Dinge deutlich:

1. *Das Aussparen eines der fünf Standardmotive* über eine längere Strecke der Therapie, von denen der Aufstieg auf den Berg und das Hausmotiv von besonderer Bedeutung sind, kann eine empfindliche Lücke lassen. Relevante Konfliktkerne werden für die Kenntnis des Therapeuten ausgeklammert, ebenso wie beim Patienten ein Mangel an Konflikteinsicht entsteht. Dadurch kann die Verdrängung eines größeren Konfliktbereiches über längere Zeit sogar gefördert werden.

2. In machen Fällen manifestieren sich konflikthafte Inhalte statt allein an den spezifischen Standardmotiven *in breiter Streuung auch an den verschiedensten Stellen des Panoramas*. Mitunter tritt ein hauptsächlich andrängender Konflikt schon in einem unspezifischen Bereich, etwa im Wiesenmotiv, auf und manifestiert sich an anderen, sonst spezifisch zeichnenden Standardmotiven, etwa an dem Bergaufstieg. Dieses Phänomen weist oft darauf hin, daß ein aktueller Konflikt im Moment sehr stark andrängt, zum Beispiel in einer akuten Krise.

Hypothese des
Therapeuten

Der Leser mag sich fragen, ob eine präzise Zuordnung der tiefenpsychologischen Konflikte zu den Sinngehalten der Inhalte des KB möglich ist. Der Ausbildungsschritt der Grundstufe reicht zur Antwort nicht aus. Dem Therapeuten bleibt aber jederzeit unbenommen, im Verlaufe einer Therapie über den Zusammenhang zwischen Symbolik, Vorgeschichte und der aktuellen Situation vorläufige Hypothesen (ein aus Mosaiksteinchen zusammengesetztes vorläufi-

110

ges Modell) zu bilden. Jedoch muß die Bereitschaft erhalten bleiben, sie jederzeit zu ändern oder zu erweitern, aufgrund des sich im Verlaufe der weiteren Behandlung anreichernden Materials. – In der mit der Grundstufentechnik durchgeführten Kurztherapie von 15 – 30 Sitzungen wird das Mosaik jedoch selten so dicht werden, daß die Klärung der individuellen Bedeutungsgehalte befriedigend ist. Das hängt auch davon ab, in welchem Ausmaß im jeweiligen Fall Konflikte symbolisch verfremdet (abgewehrt) sind und der Therapeut geübt ist, die Symbolik «zu lesen», Einzelheiten vergleiche Kapitel 4.3.

Jedoch möchte ich hervorheben: Wir besitzen bislang keine Hinweise darauf, daß das Ergebnis einer Kurztherapie grundsätzlich besser ist, wenn der Therapeut die obwaltende Symbolik für sich präzise entschlüsseln kann. Die Grundstufentherapie ist so angelegt, daß sich die therapeutische Entwicklung über weite Strecken an dem imaginativen Prozeß und dessen spontaner Verarbeitung vollzieht und daß ein Teil der Symbolentschlüsselung nur schrittweise auf dem Weg der Selbstinterpretation oder mit Hilfe von Einfällen des Patienten erfolgt. Die Darstellung der pragmatischen Therapie zweier Fälle von Herzneurose durch STEINER (1982) macht das deutlich.

1.4.5. Regieprinzipien: Nähren und Anreichern sowie Versöhnen und zärtlich Umfangen

Im Verlaufe der vielfältigen therapeutischen Experimente, die ich mit dem KB in den 50er Jahren durchführte, stieß ich auf eine Reihe von symboldramatischen Regieprinzipien. Gemeint sind Lenkungen des Symboldramas in gewissen, sich kritisch zuspitzenden Szenen. Die therapeutische Wirkung dieser Regie vollzieht sich in einer eigenartig gleichförmigen Wiederkehr, so daß zumindest die jeweilige Entwicklungsrichtung verläßlich vorausgesagt werden kann. Der Erfolg der Anwendung eines solchen Regieprinzips ist davon abhängig, daß der Therapeut den Einsatzpunkt genau kennt und die Regie konsequent bis zu ihrem erfolgreichen Ende führt.

Fünf Regieprinzipien im Symboldrama sind zusammenfassend beschrieben (LEUNER 1983) (vergleiche auch Tabelle 12, S. 64). Sie verteilen sich über die drei Stufen des KB. Auf der Grundstufe wenden wir nur die beiden schonend wirkenden und weder den Therapeuten noch den Patienten emotional belastenden Prinzipien des Nährens und Anreicherns sowie des Versöhnens und zärtlich Umfangens an. Bereits die Benennung charakterisiert ihre Zielrichtung und weist darauf hin, daß wir hier den Bereich der «archaischen Triebbefriedigung» (siehe Abschnitt 3.1.) tangieren.

1.4.5.1. Nähren und Anreichern

Dieses Regieprinzip bezieht sich *fast ausschließlich* auf den Umgang mit *feindseligen* beziehungsweise *angstbesetzten Symbol- oder Realgestalten* im KB. Ich schildere zunächst, auf welche Weise ich das Prinzip des Nährens entdeckt habe, und will zeigen, daß es den therapeutischen Prozeß auch auf einer stark regressiven, symbolisch verfremdeten Ebene fördern kann. Auch auf der Ebene abstrakter, hochverdichteter, kollektiv-symbolischer Inhalte können dadurch Begegnungen mit Symbolgestalten ausgelöst werden.

Beispiel 1

Versuchsperson war eine 32jährige verheiratete Frau, die in ihrer Jugend im Schatten einer dominierenden, häufig die Mutterstelle vertretenden älteren Schwester gestanden hatte. Im Verlaufe einer szenischen Passage im katathymen Panorama wurde in archaischer Weise eine Anzahl großer und tiefer Schluchten sichtbar, die von der Probandin als «Mäuler in der Erde, die gefüttert werden wollen» bezeichnet wurden. Ein sich symbolisch darstellender oraler Triebbefriedigungswunsch wurde deutlich. Die Thematik ließ die verschlingende Mutterimago assoziieren. Im Hinblick auf das dieser Szene vorangegangene Gespräch über die in der Kindheit dominierende Schwester war zu vermuten, daß die Schwester diese Mutterimago mitdeterminiert hatte. Ich folgte einem spontanen, intuitiven Einfall mit der Frage, was wohl geschehen werde, wenn ich das weibliche Verschlingungsmotiv symboldramatisch derart antworten lasse, daß weiteres archaisches, weiblich-mütterliches «Symbolmaterial» hinzugefügt wird. Es schien mir nahezuliegen, daß diese hungrigen archaischen Erdmäuler nur dadurch adäquat befriedigt werden könnten, daß nicht etwa gegenteiliges, d.h. männliches, sondern eben analoges, urtümlich weibliches Material angeboten wird. Das schien im Sinne eines therapeutischen Experimentes angemessen. Meine Hypothese war, daß durch Befriedigung des signalisierten Bedürfnisses das bestehende dynamische Ungleichgewicht einen Ausgleich erfahren würde. Meine Empfehlung also lautete: Die Patientin möge sich vorstellen, sie werfe die Gestalt der Schwester in eines dieser «Mäuler der Erde» hinein. Sie konnte dieser Aufforderung leicht folgen. Daraufhin vollzog sich eine unerwartete Reaktion: Aus dem entsprechenden «Erdmaul» erschien der Arm einer riesengroßen Katze, der einen goldenen Ball zurückwarf. Mir fiel dazu spontan das Symbol archaischer weiblicher Repräsentanz in Form des «großen Runden» von C.G. JUNG ein. Der Ball aus Gold schien für eine hohe Wertschätzung dieser Reaktion zu sprechen. Der Gedanke von etwas «Echtem» erinnerte mich an den Hinweis: «Gold ist Liebe». Fast wie im Märchen hatte eine Verwandlung stattgefunden. Aus dem gierigen Erdmaul war das Gegenteil entstanden, gewissermaßen als ein Geschenk war von der anonymen weiblichen Symbolgestalt «Katze» etwas herausgeworfen worden. Das Erdmaul hatte das Opfer der Schwester, diese Anreicherung von Gleichem mit gleichem symbolischem Material, beantwortet. – Die Szene setzte sich daraufhin von selbst fort. Der goldene Ball wandelte sich in eine gewaltige Höhle, die symbolisch wieder als eine weiblich-mütterliche Repräsentanz gelten konnte. Das wurde erlebt, als hätten sich nun zwei dieser Erdmäuler miteinander vereinigt. Die Probandin stand inmitten dieser Höhle oder Halle und sah ein großes Tor vor sich. Durch dieses wurde eine männliche Gestalt hereingestoßen. Die Gestalt lag wie betäubt oder gar tot da und rutschte in drastischer Weise die Stufen einer breiten Treppe herunter. An ihrem Ende blieb sie reglos liegen. Dieser Vorgang berührte die Patientin tief im Sinne des Numinosen der großen Träume bei JUNG.

Ich war von dieser Schilderung nicht minder beeindruckt. Im Gefolge der Sitzung, besonders da ich mit dem Bild des toten oder erschöpften Mannes nicht recht zufrieden sein konnte und zudem – wie es in der Entdeckerfreude leicht der Fall ist – ich das Gefundene sofort weiter erproben wollte, ließ ich einer weiteren Eingebung freien Lauf. Ich wagte ein nochmaliges Experiment unter der herrschenden Hypothese, Gleiches mit gleichem symbolischen Material anzureichern. Ich bat deshalb die Patientin, sich einen Riesen vorzustellen, der ihr aus einer früheren Sitzung bekannt war. Dieser große, kräftige, seinen Gesichtszügen und seiner Motorik nach ungeschlachte und primitiv wirkende Bursche trat auf und folgendes ereignete sich: Er zog sich die Haut des Leichnams wie einen Anzug über. In diesem Moment wandelte sich die Gestalt, und es entstand das der Patientin sympathische Bild von Wilhelm Tell.

Kommentar: Ich möchte mit der Darstellung dieses Beispiels den Leser nicht anleiten, ähnliche therapeutische Experimente anzustellen. Er sollte auch nicht meinen, es sei sinnvoll, am Patienten derartige Übungen vorzunehmen. In seinem Kern aber ist das Experiment zu verstehen als ein *exemplarischer Vorgang der Anreicherung von archaischem Symbolmaterial mit analogem Vorzeichen,* hier in zwei unabhängigen Akten durchgeführt. Jeder von ihnen wird gefolgt von einem fast imponierenden Wandlungsprozeß mit einer meines Erachtens unverkennbaren Förderung der therapeutischen Entwicklung (des therapeutischen Prinzips) von erfreulicher Klarheit der Darstellung. In diesem Fall waren die Vorgänge Teil einer Kette therapeutischer Schritte. Sie zeigten an der Art der Wandlungen, in welche Richtung diese Entwicklung verlaufen kann.

Ich möchte *das Bemerkenswerte* und die Grundtendenz des Prozesses hervorheben, die der scheinbar paradoxen Anreicherung von Symbolmaterial im Sinne einer Befriedigung der verschlingenden, auf die mütterlich-schwesterliche Welt hinweisenden «Erdmäuler». Dieses Introjekt konsequent mit sich selbst «genährt», entpuppt sich als ein Vorgang der symboldramatischen Regieführung von hoher dynamischer Valenz. Antwort ist die Freigabe der goldenen Kugel, also ganz archaisch verdichteten libidinösen Materials mütterlich-weiblicher Qualität aus der Tiefe der Erde (dem Unbewußten), auch einer mütterlichen Repräsentanz. Die schützenden Hallen als höher strukturierte Form dieser Repräsentanz setzen den Korpus frei, der ödipalen Bedeutungsakzent hat; wiederum Gleiches zu Gleichem gegeben, vitalisiert zur Idealgestalt des Wilhelm Tell. Gemessen an der Versagung, die die Vp in bezug auf die Zuwendung ihres Vaters erlitten hatte, könnte in dem Gesamtvorgang eine Art phantasierter Wiedergutmachung gesehen werden: Die archaische Schwester-Mutter-Imago wird durch das Prinzip des Nährens veranlaßt, den ödipalen Besitz «herauszugeben». Natürlich ist diese Betrachtung spekulativ. Sie könnte auch in einem anderen Begriffssystem formuliert werden. Im Zusammenhang mit der Anamnese hat sie Evidenz.

Vulgärpsychologisch hätte man die These vertreten können, daß dieses Entgegenkommen durch Anreicherung des verschlingenden Prinzips gerade eine Stärkung seines oralen Verschlingungsbedürfnisses hervorrufen, gewissermaßen die Unersättlichkeit der Mäuler, potenzieren würde. – Aber das Gegenteil trat ein. Wider Erwarten entstand eine Verkehrung des Vorzeichens: *Aus Verschlingen wird Spenden, aus archaisch weiblicher Thematik wird unversehens eine maskuline* (brüderlich-väterliche – ödipale). Ich stellte daraufhin weitere informelle Experimente im KB an und wandte dieses nährende Prinzip in konkreterem Rahmen, nämlich auf spontan auftauchende Symbolgestalten, an. Verschlingend erscheinende, hungrige und aggressive Gestalten «reicherte» ich an. Dabei beachtete ich, daß die dargebotene Nahrung nicht nur «Füttern», sondern der Art des angebotenen Materials nach, auch dem Wesen der Symbolgestalt entsprechend, «Nähren» bedeuten mußte. Darüber hinaus mußte der Akt eine adäquate, großzügige orale Subvention darstellen.

Das sich ergebende *Prinzip des Nährens und Anreicherns* hat in der praktischen Therapie des KB, besonders auf der Grundstufe, große Bedeutung gewonnen. Es ist eine leicht und deshalb auch vom Therapeuten in Ausbildung anzuwendende symbol-dramatische Intervention, die fast regelmäßig zum Ziel führt.

Das hauptsächliche Anliegen sind Neutralisierung und Wandlung aggressiver, feindseliger beziehungsweise angstbesetzter Symbolgestalten. Anlaß sind beispielsweise Szenen, in denen sich eine giftige Schlange, ein böses Krokodil, ein schnappender Riesenfisch, ein hackender Raubvogel, ein bösartiger Riese oder was auch immer dem Patienten nähern oder ihn unmittelbar bedrohen. Durch sie wird nicht nur der Patient, sondern oft auch der Therapeut in Verlegenheit gebracht. Jetzt können diese Situationen dadurch therapeutisch zum Positiven gewendet werden, daß die jeweilige Symbolgestalt mit großen Mengen jenes Materials gefüttert wird, das sie zu fressen «gewohnt» ist. – Was repräsentieren, vereinfacht gesehen, derartige aggressive Gestalten? Sie signalisieren nicht integrierte, feindselige Impulse vom Ich abgespaltener Introjekte. Sie symbolisieren als regressiv erlebte Liebesobjekte, die sich gegen das Ich selbst richten und oft heftige Ängste hervorrufen. Mit Hilfe der symboldramatischen Technik des Nährens und Anreicherns kann offensichtlich ihre Assimilation, besser Integration in das Ich, angebahnt werden. Darin scheint mir ein großer Fortschritt zu liegen. Eine derartige Integration mit anderen psychotherapeutischen Mitteln kann offensichtlich nur schwerfällig oder nicht derart unmittelbar vollzogen gelingen. Das wird besonders deutlich in Situationen, in denen diese Intervention durch eine einzige therapeutische Sitzung weittragende klinische Konsequenzen hat. Ich erinnere an das Beispiel des Chemiestudenten, der seinen Professor auf der Wiese zu einem reichhaltigen Picknick einlud (LEUNER 1982b). Wegen des sehr instruktiven Charakters übernehme ich das Beispiel.

in einer extremen Kurztherapie

Beispiel 2: Extreme Kurztherapie mit Hilfe der Regieprinzipien des Nährens, Anreicherns sowie des Versöhnens.

Ein 21jähriger Chemiestudent sucht mich auf, nachdem er im ersten Semester in einer Zwischenprüfung vor dem Professor (Lehrstuhlinhaber) wegen eines unüberwindlichen Examensstupors versagt hat. Wenige Stunden vorher hatte er bei dem Assistenten des Institutes den Prüfungsstoff beherrscht. Ihm war die Möglichkeit gegeben worden, die Prüfung am nächsten Tag zu wiederholen. Deshalb suchte er jetzt bei mir am späten Nachmittag Hilfe. Da ich die Familie von früheren Beratungen kannte, wußte ich von dem schweren Autoritätsproblem des jungen Mannes, dessen Vater eine höhere Offiziersposition in der k.u.k. Armee vor dem Ersten Weltkrieg innegehabt und der in der Familie ein strenges, autoritäres Regime geführt hatte. – Unter psychodynamischem Aspekt gesehen, schien es unmöglich, die überragende Vaterimago dieses Patienten durch einen kurzen therapeutischen Eingriff entscheidend zu beeinflussen. Das Versagen bei der Prüfung beruhte offensichtlich auf einer Übertragung der angstvollen Kind-Vater-Beziehung auf den Professor. Nach einem einleitenden Gespräch über seinen ehemaligen Chemielehrer, einen verehrten, aber strengen älteren Herrn, und seinen jetzigen Professor stellte ich im KB folgendes Bild ein: Er befinde sich auf der Wiese in der Nähe des Waldrandes. Beim Blick in das Dunkle des Waldes werde eine Gestalt, werde sein Chemielehrer oder der Professor heraustreten. Nach längerem Zögern und mit meinem ermutigenden Zuspruch (was ich als Widerstandsreaktion auffaßte) zeigte sich schließlich der alte Chemielehrer mit mürrischem, abweisendem Gesicht und ging, ohne den Patienten zu beachten, seines Weges. Der Patient weigerte sich anfänglich (Widerstand), im Bilderleben auf ihn zuzugehen und ihn zu begrüßen. Schließlich gelang es ihm dann, ein imaginiertes Gespräch zu beginnen. Um das Prinzip des Nährens zum Zuge kommen zulassen, bat ich den Patienten schließlich, er möge sich vorstellen, daß er in einer Tasche alles für ein Picknick mit sich führe. Er solle die Dinge, zwei Hähnchen, eine Flasche Rotwein usw., auspacken und auf einer Serviette auf dem Boden ausbreiten, um den alten Herrn einzuladen. Als Zeichen des

114

Widerstandes lehnte der Lehrer zunächst ab. Schließlich gelang es aber, das gemeinsame Mahl zu inszenieren. Bald aß der alte Herr mit Behagen und trank mit dem Patienten den Rotwein. Er wurde daraufhin sichtlich freundlich und klopfte dem Patienten schließlich jovial auf die Schulter, was dieser erwiderte, so daß sie sich gewissermaßen «von Mann zu Mann» als Gleichgestellte begegneten und sich auf diese Weise durch Körperberührung anfreundeten. Nach der Sitzung gab ich dem Patienten auf, er möge die gleiche Szene vor dem Einschlafen noch einmal einstellen, und sagte ihm, es komme darauf an, den alten Herrn so reichlich wie nur möglich zu bewirten.

Am darauffolgenden Nachmittag kam der junge Mann zu mir und konnte berichten, daß er jetzt bei der Prüfung durch seinen Professor emotional ausgeglichen und relativ gelassen gewesen sei. Er habe über das am Vortage blockierte Wissen nun gut verfügen können und das Examen bestanden.

Kommentar: Diese Art der Intervention mag zunächst seltsam erscheinen. Man darf aber nicht vergessen, daß wir auf der spezifischen Erlebnisebene des Traumes und der magischen Vollzüge operieren, die das KB mit den Märchen und Mythen gemeinsam hat. Auf ihr waltet der Primärvorgang nach FREUD (1900). Dieses Regieprinzip vom Nähren und Anreichern ist nicht nur ein therapeutischer Akt, sondern auch eine Sicherung im Notfall und kann der *Krisenintervention* dienen.

Das Nähren von Symbolgestalten, als Befriedigung oraler Antriebsbedürfnisse, zeigt mit derartigen Wandlungen vom aggressiven zum freundlichen Verhalten auch im Rahmen einer längeren Behandlung kleine therapeutische Schritte an.

1.4.5.2. Versöhnen und zärtlich Umfangen

Prinzip vom Versöhnen

In dem oben wiedergegebenen Fall des Chemiestudenten habe ich gezeigt, wie sich am Ende des Picknicks Student und Professor in der weinseligen Stimmung freundschaftlich auf die Schultern klopfen. In dieser Phantasie der Annäherung zeigt sich die Verbindung von «Nähren» mit der Technik des «Versöhnens» und «zärtlich Umfangens», wie ich es schon 1957 genannt habe. Gemeint ist Berühren, Betasten, Streicheln und sich freundlich miteinander unterhalten. Abgesehen von der Gesprächsführung mit einer Realgestalt, also «von Mensch zu Mensch», kann man versuchen, den Patienten mit einer auftauchenden symbolischen Gestalt sprechen zu lassen, mit einem Tier oder einer mythologischen Figur. Das kann fruchtbar sein und bietet Anregungen für die weitere Regie im Umgang mit der jeweiligen Gestalt (vergleiche Beispiel S. 132 des Gespräches eines autistisch gestörten Gymnasiasten mit einem Riesen). Parallelen kennen wir aus Märchen, worauf man bei einem gehemmten Patienten hinweisen kann. Diese Art der Gesprächsführung im KB ist noch viel zu wenig genutzt worden. Sie gelingt jedoch nicht allen Patienten. Auch ein Rollentausch ist möglich (S. 119). Deutlich wird auf jeden Fall, daß das Versöhnungsprinzip eine zusätzliche Annäherung der ursprünglich durch Angst voneinander getrennten Gestalten, sogar eine betont freundliche Zuwendung, anregt. Der Aspekt des Versöhnens ist von HARONIAN (1967) unter ethischen Gesichtspunkten und von STIERLIN (1969) als ein wichtiger Akt bei der Bearbeitung feindseliger oder gehaßter Elternimagines in der Behandlung Schizophrener erkannt worden. Er bahnt, im Kontext des Therapieprozesses zeitgerecht durchgeführt, therapeutisch neue Schritte an, die in der Psychoanalyse kaum gesehen worden sind.

Wann ist es zweckmäßigerweise am besten anzuwenden? In *zwei Situationen* stärkt das Versöhnen im KB das therapeutische Prinzip:

1. Wie schon in dem ersten Beispiel des Chemiestudenten bei der weiteren *Förderung der Assimilation einer feindseligen,* offenbar abgespalteten *Symbolgestalt.* Dann ist sie der letzte Akt enger ineinander übergehender Aktionen, denen Nähren oder Anreichern vorangegangen ist. Auch die später noch zu besprechende Regie der Symbolkonfrontation (siehe Abschnitt 2.5.5.) kann durch Versöhnen und zärtlich Umfangen wirkungsvoll ergänzt werden. Aber erst nachdem eine feindselige Besetzung der Symbolgestalt in großen Zügen aufgehoben ist, kann die Versöhnung folgen und relativ schnell zum endgültigen Ziel der Assimilation der Gestalt führen;

2. In der *unmittelbaren Befriedigung der Bedürfnisse* des Patienten, die sich im Wunsch *nach Hautkontakt,* körperlicher Nähe, Wärme und damit oralen Subventionen durch eine Symbolgestalt äußern. Zwei Beispiele mögen das veranschaulichen.

Beispiel 1

Ein Patient reitet auf einem Elefanten und bahnt sich mühsam den Weg durch einen Urwald. Er trifft auf Schlangen, die ihn bedrohen. Er füttert sie zunächst und wendet sich dann auf meinen Rat der größeren der beiden zu und streichelt sie unter Überwindung seiner Ängste nach anfänglichem zaghaft-vorsichtigem Berühren. Die Schlange verliert ihre Schrecken, und er kann sich (auf meine Aufforderung hin) allmählich mit ihr anfreunden. Ihm wird schließlich sogar möglich, sich die Schlange um den Hals zu legen, als wohl stärkstem Ausdruck der Nähe zu dem Tier. In diesem Moment zeigt sich ein spontanes Wandlungsphänomen. Die Schlange wird – als sei es ein Märchen – ein Eingeborenenmädchen «von göttlicher Schönheit». Nachdem der Patient es zu sich auf den Elefanten gehoben hat, vollzieht sich die Durchquerung des Urwaldes wesentlich leichter und schneller. Die wilden Tiere um sie herum ebnen die Wege, die Krokodile beißen die Baumstämme durch usw.

Beispiel 2

Ein häßlicher Zwerg, immer vom Mißgeschick verfolgt, fremd, unsicher und verlassen (womit sich der Patient selbst meint), legt sich am Meeresstrand einem zufällig daherkommenden jungen Mädchen in den Weg. Gegen seine Erwartung weicht es nicht entsetzt zurück, sondern setzt sich vielmehr zu ihm hin und streichelt ihn liebevoll. Schließlich legt er seinen Kopf an die Brust des Mädchens, um sich auszuweinen. Mitleidsvoll hüllt es ihn in eine Wolldecke und besänftigt seine bösen Träume mit einem Kuß. Bald ergehen sich beide im Meer badend im Liebesspiel. Dabei verwandelt sich der häßliche Zwerg in einen kräftigen Jüngling.

Kommentar: Im ersten Beispiel werden wir an ein Märchen in Parallele zum «Froschkönig» erinnert, im zweiten wird das Moment der Befriedigung archaischer Bedürfnisse sichtbar. Die hochgradige Vereinsamung und starke Ambivalenz des Patienten Frauen gegenüber wird durch das Mitleid und die zärtliche Liebe des fremden, «daherkommenden» Mädchens gelöst. Kollektiv betrachtet werden in beiden Beispielen menschliche Triebbedürfnisse angesprochen, und die Begegnung einer regressiven Symbolgestalt wird in eine Szene menschlicher Kommunikation verwandelt.

116

Zusammenfassend ist festzustellen, daß die beschriebenen Regieprinzipien der Grundstufe «Anreichern und Nähren» und «Versöhnen und zärtlich Umfangen» wirkungsvolle therapeutische Instrumente darstellen.

1.4.6. Realsituation und Probehandeln

Einstellung von Realsituationen

Von der Möglichkeit, Realsituationen im KB einzustellen, wurde relativ spät Gebrauch gemacht. So ist deren therapeutische Bedeutung bislang noch zu wenig gewürdigt und in der praktischen Therapie ausgelotet worden. Lange Zeit lag das Hauptinteresse auf der symbolischen Einkleidung der unbewußten Konflikte. Die mit diesem symboldramatischen Ansatz erzielten therapeutischen Ergebnisse hatten in so hohem Maße befriedigt, daß man sich kaum veranlaßt sah, nach dieser zusätzlichen Ebene für die therapeutische Auseinandersetzung Ausschau zu halten. Das regressive, traumartige Erleben wurde als das anzustrebende therapeutische Milieu betrachtet, gemäß der Hypothese vom Vorteil der symbolischen Verdichtung der Konflikte im therapeutischen Prozeß und der damit angeregten stärkeren emotionalen Tönung und größeren Chance der affektiven Abfuhr (Katharsis), verglichen mit der Imagination von Realsituationen des Alltagslebens. Ganz anders ging eine Reihe von US-amerikanischen Autoren vor, die sich im Rahmen der Verhaltenstherapie (WOLPE 1958) oder der Behaviour Modification Therapy vorzugsweise den Imaginationen von realen Situationen zugewandt haben, um therapeutische Lernprozesse an ihnen zu vollziehen (vergleiche SINGER & POPE 1978c).

Hier ist nicht der Ort, auf die Unterschiede und theoretischen Zusammenhänge einzugehen. Auch kann nur am Rande darauf hingewiesen werden, daß in die Wirkungskomponenten des KB schon vor Existenz der Verhaltenstherapie operant konditionierende und extingierende Parameter unbeabsichtigt eingingen. Die Bewertung dieser Komponenten bedürfte einer gesonderten Untersuchung.

Die Möglichkeit, im KB reale Situationen einzustellen – wie es in der Mittelstufe unter dem Aspekt der Begegnung von Beziehungspersonen explizit geschieht –, sollte nicht vernachlässigt werden. Die Imagination einer Realsituation wird therapeutisch besonders dann interessant, wenn damit sonst selten oder niemals aktualisierte neurotische Verhaltensweisen und -tendenzen aufgedeckt und dem Patienten selbst überzeugend vorgestellt werden können.

Beispiel 1 weist auf die diagnostische Bedeutung eines solchen Vorgehens hin:

Beispiele

Die 28jährige ledige Technische Assistentin ist wegen eines psychotischen Grenzzustandes in die Klinik aufgenommen worden. Die Inhalte sind im allgemeinen stark depressiv getönt. Um ein anderes Thema anzuschlagen, lasse ich die Patientin imaginieren, wie sie die Klinik zu einem ihrer täglichen Spaziergänge verläßt und zu Fuß in die Stadt Göttingen geht. Zunächst vollzieht sich alles unauffällig, bis sie an einer Straßenkreuzung nicht weitergehen kann. Ich nehme an, es handele sich um ein typisches Verhinderungsmotiv und die Straße werde symbolisch erlebt. Jetzt aber erfahre ich zum ersten Mal, daß sie an einer Phobie leidet, Straßen zu überqueren, aus Furcht, sie könne von einem plötzlich daherrasenden Auto überfahren werden.

Ähnlich aufschlußreich kann es sein, unsere Patientin einmal im KB nach Hause gehen zu lassen.

Beispiel 2: Eine 24jährige Studentin[23] mit einer depressiven Neurose

Sie hat sich auf dem Spaziergang durch die Landschaft im KB gelangweilt. Ich frage sie, was sie gern tun möchte. Ihr fällt nichts besseres ein, als nach Hause in ihr Zimmer in Göttingen zu gehen. Ich habe keine Einwände. Der Weg ist in der Imagination kurz. Sie betritt ihre vor einiger Zeit mit Liebe eingerichtete kleine Wohnung. Sie langweilt sich dort zunächst ebenfalls. Dann macht sie sich einen Kaffee, liest in einem Buch, legt es verlegen weg und langweilt sich weiter. Es klingelt, sie öffnet; ihr Freund, der einzige Mensch, mit dem sie verkehrt, steht in der Tür. Er besucht sie nur in großen Abständen. Sie ist ihm gegenüber zwiespältig eingestellt. Er bittet um eine Tasse Kaffee. Sie macht diese schweigend. Er zieht den «Spiegel» aus der Tasche, liest ihn und rührt in seiner Tasse. Sie sitzt schweigend daneben. Jetzt vollzieht sich alles so, wie es sonst auch die Regel ist: Er spricht nicht, sie spricht nicht. Sie ist froh, daß sie nicht allein ist. Die eigentümlich gespannte Stimmung verstärkt sich für die Patientin im KB fühlbar. Dennoch traut sie sich nicht, etwas zu sagen. Ich fordere sie auf, den Freund zu beobachten. Er kümmert sich überhaupt nicht um sie, sondern liest weiter. Ich lasse diese Stimmung ansteigen, indem ich keinerlei Intervention vornehme. Nach einiger Zeit steht der Freund auf, steckt das Journal wieder in die Tasche, sagt, er müsse arbeiten und verläßt die Wohnung, ohne auch nur «Dankeschön» zu sagen.

Kommentar: Mit dieser Passage wurde die Patientin im KB (und in meiner Gegenwart) mit einer für sie alltäglichen Situation konfrontiert. Im anschließenden Gespräch brachte sie ihr Entsetzen über ihre Gefügigkeit und Unterwürfigkeit zum Ausdruck, mit der sie sich von dem Freund seit Jahren hatte behandeln und ausnutzen lassen. Wie passiv und einfallslos verlaufe ihr Alltag. Diese durch Konfrontation mit einer Realsituation gewonnene Einsicht wirkte nach. Offenbar war die Szene in der kontrollierten Regression des KB weit intensiver wahrgenommen und vergegenwärtigt worden, als das bisher in der Realität möglich gewesen war. Die Einsicht war für die Patientin hart. Sie beeinflußte die weitere Behandlung und die Auseinandersetzung mit dem Freund, worauf ich nicht weiter eingehen kann.

Das Beispiel soll zeigen, wie eine neurotische Charakterhaltung durch Einstellung einer Realsituation eindrücklich fokussiert werden kann. Das wird verstärkt, wenn der Therapeut kaum strukturierend eingreift, sondern der Entwicklung ihren Lauf läßt, so daß sich – wie hier – tatsächlich die realtypische Interaktion (zwischen der Patientin und ihrem Freund) entwickeln kann. Dazu muß noch bemerkt werden, daß es offen bleibt, ob eine so hohe emotionale Verdichtung der «Realsituation» dem wirklichen Erleben widerspricht. Immerhin kann eine solche Szene ein deutlicher «emotionaler Spiegel» für unbewußte Erlebnisanteile sein.

die psychische Wirkung?

Man fragt sich in der Tat, woran es liegt, daß eine im KB durchlebte Realsituation offenbar eine ganz andere «psychische Wirkung» hinterläßt als die analoge Szene im Wachbewußtsein. Ich möchte kurz folgende Komponenten erwähnen:

a) Auch der der Realität entlehnte KB-Inhalt hat auf dem regressiven Erlebnisniveau des KB symbolische Bedeutung. Es muß angenommen werden, daß in den banalen Inhalten auch andere, weiter zurückliegende (genetische) Erlebnissituationen verdichtet sind. In unserem Falle dürfte die Fülle schon früher erfahrener Vereinsamungen und Kontaktabbrüche schmerzlich mitschwingen.

[23] Ausführliche Darstellung vergleiche S. 420 in anderem Zusammenhang.

b) Im Hinblick auf diese Symbolrepräsentanz der realen Szene ist die Subjekt-Objekt-Schranke im KB aufgehoben. Sie spiegelt zugleich den aktuell herrschenden innerseelischen Zustand wider und ist deshalb von hoher Verbindlichkeit.

c) Im Versenkungszustand, gleich, auf welche Art hervorgerufen, ist die Wahrnehmung der eigenen Gefühle und aller innerseelischen Vorgänge verstärkt, verglichen mit dem wachbewußten Zustand. OSKAR VOGT (1896) sprach vom «Seelenmikroskop».

Über die diagnostische und Verhaltensstereotypien fokussierende Bedeutung hinaus kann die unmittelbare therapeutische Wirkung eingestellter Realsituationen hervorgehoben werden. Das gilt z. B. für die Behandlung von phobischen Situationen wie dem Lampenfieber von Schauspielern und Musikern vor ihrem Auftritt oder von Rednern vor ihrem Publikum. Sie können durch Probehandeln auf der Bildebene gemeistert werden. Wir lassen in diesen Fällen die entsprechende reale Situation vorstellen, folgen den schon erwähnten Schritten der differenzierten Beschreibung des angstmachenden Objektes und lassen die notwendige Leistung vollziehen, unter Umständen auch in Form eines phantasierten Wechselgespräches mit dem Gegenüber. Die Annäherung an das furchterregende Objekt kann von vornherein gestuft vorgenommen werden, wobei es häufig zur schrittweisen Freisetzung von Ängsten kommt. Dieses übende Vorgehen hat im amerikanischen Schrifttum große Bedeutung unter dem Begriff des «rehearsal imagery» gewonnen.

Ein phantasiertes Wechselgespräch kann durch einen Rollentausch im KB eine Erweiterung erfahren, analog dem Rollentausch im Psychodrama MORENOS. Voraussetzung ist naturgemäß, daß der Patient sich ein Wechselgespräch vorzustellen vermag. Aber auch wenn das nicht der Fall ist, bietet der Rollentausch doch die Möglichkeit der Identifikation mit dem Gegenüber oder dem «Gegner» (und damit eine Erweiterung des Horizontes eigener Einsichten). Die optische Wahrnehmung im KB, Gestik und Mimik des Gegenübers und naturgemäß im Rollenspiel der eigenen Person zu beobachten, ist förderlich. Die Realitätsnähe derartiger Szenen ist für den Betreffenden meist überraschend und kann einen hohen Grad an Evidenz und deshalb Überzeugung haben.

Rollentausch

Beispiel 3 (E. K.)

Beispiele

Patientin ist eine energische 35jährige Lehrerin, die wegen eines Partnerproblems bei mir in der KB-Therapie steht. Nach elf Sitzungen kann es als gelöst betrachtet werden. Im Verlaufe dieser Behandlung wird ihr jedoch deutlich, daß sie bei der Abhaltung ihres Unterrichts einem stark überzogenen Ideal folgt: Jeder Schüler soll das Klassenziel erreichen. Dementsprechend traktiere sie die schwächeren Schüler mit besonderem Eifer und schüchtere sie dadurch erst recht ein. – Ich lasse sie im KB die folgende Realszene einstellen:
Sie sitzt wie üblich vor ihrer Klasse am Pult und beobachtet die schwächeren Schüler. – Sie beschreibt die unverfälscht und realitätsnahe vor ihren Augen stehende Szene. Unter den Schülern erkennt sie auch jenes Mädchen wieder, dem sie sich als einer schwachen Schülerin immer besonders zuwendet. Sie ruft sie auf, herrscht sie an und beobachtet, wie das kleine Mädchen immer schüchterner wird, offenbar resigniert und in sich zusammenfällt. – Da rege ich einen Rollentausch an. Der Patientin gelingt es mühelos, sich auf den Platz des verzagten Kindes zu setzen. Unter den anderen Kindern sitzt sie nun ebenso eingeschüchtert da. Sie beobachtet sich von dort als Lehrerin hinter dem Pult. Diese spricht sie wiederholt mit ernstem, forderndem Gesicht an und zeigt hastig mit dem Zeigefinger auf sie (als würde sie förmlich auf sie «einstechen»). Tatsächlich erlebt sie zugleich

auch die zunehmende Verzagtheit und ängstliche Unsicherheit des Kindes «am eigenen Leibe» und die damit verbundene Unfähigkeit, noch zu denken. – Von dieser Szene ist die Patientin beeindruckt. Sie hat eine neue Erfahrung gemacht, die sie auf andere Weise niemals hätte gewinnen können. Sie ändert daraufhin ihre Einstellung und bald ihr pädagogisches Konzept überhaupt. Später berichtet sie mir, daß sie ihren Unterricht freier, weniger ambitioniert und vor allem mit mehr Verständnis auch für die schwachen Schüler abhalte.

Das nachfolgende Beispiel gibt Anlaß zu Reflexionen über Parallelen des KB zur Verhaltenstherapie.

Beispiel 4 (I.S.) 11½jähriges Mädchen mit einer seit drei Jahren bestehenden Brückenphobie[24]

Ilse wird der Erziehungsberatungsstelle einer Großstadt vorgestellt. Leitsymptom ist eine hartnäckige, seit vier Jahren bestehende Brückenphobie. (Die genetischen Hintergründe können hier unerörtert bleiben.) Trotz viermonatiger Arbeit mit dem autogenen Training bleibt die Besserung aus. In der ersten Sitzung des KB läßt die Therapeutin die Wiese aufsuchen, um den Bach einzustellen. Dort findet das Mädchen bald ein kleines Rinnsal. Der Versuch der Therapeutin, eine Brücke imaginieren zu lassen, mißlingt aber. Selbst das kleine Rinnsal kann die Patientin im Bilderleben nicht überschreiten, da sie angstvoll gehemmt ist. In der nächsten Stunde stellt die Patientin einen seichten Bach ein. Wieder gelingt es nicht, eine Brücke zu imaginieren. Stattdessen durchwatet sie das Wasser ohne Schwierigkeiten. – In der dritten Stunde findet sie in dem gleichen Bach von selbst ein paar größere Steine, mit deren Hilfe sie das Wasser nun bequemer durchschreiten kann. In der vierten Stunde wird Ilse aufgefordert, an dem gleichen Bach einen Steg zu suchen, um auf diese Weise hinüberzugelangen. Nach einigen Widerständen findet sich etwas ähnliches; es ist ein Brett, das jedoch noch im Wasser liegt. So überschreitet das Kind diesen Steg eben nassen Fußes. In der fünften und letzten Stunde hat das Brett, das das Kind jetzt trockenen Fußes zum anderen Ufer hinüberführt, auf der einen Seite ein Geländer und liegt über dem Bach. Zwei Tage später ruft die Mutter die Therapeutin spontan an: Die «schreckliche Brückenangst» sei endlich geschwunden. Ilse ginge plötzlich ganz frei und wie selbstverständlich über jede der zahlreichen Brücken der Stadt, als ob in den vergangenen Jahren nichts gewesen wäre. Die Nachuntersuchung nach einem Jahr ergibt, daß die bestehende Brückenangst bis dahin nicht wieder aufgetreten ist.

Kommentar

Kommentar: Die Einstellung dieser Realszenen hat eine weitere Analogie in der Verhaltenstherapie nach WOLPE. Schon 1958 hatte er die in strenger Form heute wohl wieder aufgegebene Technik entwickelt, durch Aufstellung einer Angsthierarchie vor Beginn der eigentlichen Therapie die vorsichtige, schrittweise Annäherung an imaginierte angstbesetzte Objekte zu regeln. Ziel der Methode war die Extinktion des Angstaffektes, etwa gegenüber einer Schlange, einer Brücke usw.

Der konzeptuelle Unterschied läßt sich deutlich machen, wie in dem obigen Beispiel illustriert.

1. Die schrittweise Annäherung an das angstbesetzte Objekt geschieht im KB nicht nach einem vor der Sitzung kognitiv erarbeiteten Plan, sondern verläuft in Bahnen der individuell und sich spontan entwickelnden imaginierten Symbolik.

2. Die schrittweise Annäherung an das reale Angstobjekt verbindet sich im KB in der Regel mit einem spontanen Wandel (Wandlungsphänomen) des angst-

---

[24] Der Therapeutin, Frau E. Klessmann, danke ich für die Mitteilung dieses Falles, entnommen LEUNER et al. 1978.

machenden Objektes und drückt damit seinen über die reale Erfahrung hinausreichenden symbolischen Gehalt aus.

Zumindest scheint mir bei unserem deutschen Klientel, wahrscheinlich im Gegensatz zum amerikanischen, die ausschließliche Festlegung auf reale, furchtbesetzte Szenen über längere Strecken schwer. Betrachtet man das vorangestellte Beispiel, entsteht der Eindruck, daß die spontane Symbolisation mit ihren individuellen Lösungsansätzen schneller zum therapeutischen Ziel führt als der Ablauf eines verhaltenstherapeutisch aufgestellten, strengen Schemas.

Die Einstellung von Realszenen hat sicher eine Reihe von Vorzügen, die unsere bisherige symboldramatische Arbeit ergänzen kann. Ich nenne zusammenfassend die folgenden:

1. Erfassung der unbewußten emotionalen Einstellung gegenüber vielfältigen Situationen, Räumlichkeiten, Institutionen, realen Personen oder Gruppensituationen (auch in Familie und Berufsleben) zum Teil auch aus diagnostischen Gründen.

2. Sofern Szenen der Vergangenheit eingestellt werden, Wiedererweckung des emotionalen Klimas der Familie und der Stellung des Patienten in ihr in den verschiedenen Alterssituationen. Damit kann wichtiges und sehr differenziertes Material zur Vorgeschichte gewonnen werden, wie es in dieser Weise ähnlich lebendig kaum erinnert wird. So kann man den Patienten auch in einer früheren Lebensphase oder in der Gegenwart in sein Elternhaus zurückkehren lassen (vergleiche Altersregression S. 150f.).

3. Das gleiche gilt, und kann hier wie in Abschnitt 2 therapeutische Bedeutung gewinnen, für die Begegnung mit Partnern aus Gegenwart oder Vergangenheit in der ursprünglichen Szene, an die eine noch nicht gelöste, ambivalente Bindung besteht. Durch Bearbeitung und Einleitung eines korrigierenden Gespräches unter versöhnlichen Aspekten kann schließlich die Beziehung überhaupt Schritt für Schritt bereinigt werden (vergleiche Korrektur früher Objektbeziehung, S. 251f.). – Derartige Versuche haben in der Regel eine stark konfrontierende Wirkung und können Affekte von Ärger, Wut, Trauer, aber auch Verzweiflung auslösen. (Die Möglichkeit, im KB nicht vollzogene Trauerarbeit noch nach Jahren zu leisten, vergleiche S. 39f.) – Diese Begegnungen gehören der Mittelstufentechnik an und sollten mit dem Patienten im vorhinein sehr sorgfältig durchgesprochen und nur mit seinem Einvernehmen vorgenommen werden. Dabei müssen sie auch genau indiziert sein, und der Therapeut sollte Vorsicht beim Vorgehen üben, auch über breite Erfahrung verfügen.

Zusammenfassend ist festzuhalten: Über die Einstellung von Realisationen zu therapeutischen Zwecken liegen bislang zwar nur begrenzte Erfahrungen vor. Die Methode ist jedoch sehr erfolgversprechend.

Zusammenfassung

Damit schließe ich das Kapitel über die Techniken der Grundstufe, die Einleitung eines therapeutisch fruchtbaren Tagtraumes, seine Dynamik unter Freilegung von Konflikten, ab. Zwei wichtige Regieprinzipien wurden eingeführt. Der Leser konnte sich anhand vieler Beispiele mit den individuellen Darstellungen der vorgegebenen Motive vertraut machen. Das wichtige Therapeutenverhalten und die damit eng zusammenhängende Beziehung zwischen Patient und

Therapeut sowie der Führungsstil im KB werden in einem gesonderten Kapitel folgen.

1.5. Die therapeutisch wirksamen Faktoren der Grundstufe

therapeutisch wirksame Faktoren

Der Leser mag sich gefragt haben, worin die *therapeutische Wirksamkeit* des KB liegt und in welcher Weise sich die *Psychotherapie mit dem Tagtraum vollzieht.* Insgesamt lassen sich sieben Faktoren unterscheiden, die für die therapeutische Wirkung der Grundstufe angegeben werden können. Aus ihnen ergeben sich Konsequenzen für das Vorgehen des Therapeuten und Akzentsetzungen in der Führung des Tagtraumes.

Ich zähle diese Komponenten als Schwerpunkte der KB-Wirkung zunächst auf, um sie dann zu erläutern.

1. Spezifische Übertragungsrelation
2. Vergegenwärtigung
3. Im Mittelpunkt stehende Konfrontation
4. «Mikro-Katharsis» und «Durchleben und Durchleiden»
5. Rückwirkung des symbolischen Bildes (Feedback)
6. Durchlaufen der Standardmotive und deren spontane kreative Ausgestaltung
7. Lernprozeß und Probehandeln.

1.5.1. Spezifische Übertragungsrelation

Die Übertragungsrelation im KB ist durch das eigentümliche «Sowohl-als-auch» gekennzeichnet (ausführlich Abschnitt 4.4.).

Übertragung auf der Grundstufe

Auf der einen Seite befindet sich der Patient in liegender Position auf der Couch im Zustand der Versenkung und Entspannung, neben ihm sitzt der Therapeut, seitlich am Kopfende. Diese Couch-Situation hat R. SPITZ (1956/1957) mit der passiv behüteten Position des Säuglings in Gegenwart der Mutter verglichen: «Anaklitische Übertragung», «positive Übertragung», im Sinne einer *Regression vor* den Konflikt (ALEXANDER 1955/1956). Sie bedeutet einen hohen Grad an Angstschutz und Verminderung von Widerständen, so daß sie eine ungebrochene, als «positiv» zu bezeichnende, vertrauensvolle Öffnung gegenüber dem Therapeuten erlaubt.

Auf der anderen Seite jedoch wird der Patient im KB in die Welt der Imaginationen versetzt und übernimmt, wenn auch unter Anleitung, eine aktive Rolle. Er ist dem Wagnis unvorhergesehener Begegnungen ausgesetzt, und im Probehandeln und Meistern unvorhergesehener Situationen zum Teil auf sich gestellt. Er weiß ebensowenig wie der ihn begleitende Therapeut, welche Wege ihn die gestellten Aufgaben führen und welche furchterregenden Inhalte ihm bevorstehen. Ihm ist jedoch gewiß, daß er bei diesem Wagnis unter erfahrener und sachkundiger Leitung stehen wird. Seine Beziehungen zur Außenwelt, die orientierenden Funktionen seines reifen Ich, delegiert er an den Therapeuten (vergleiche Tauchermodell S.416).

122

Das therapeutisch besonders wirksame Moment der Übertragung sehe ich in der außerordentlich stabilen anaklitischen Beziehung, als eine unangefochtene positive orale Übertragungsebene, auf der ein mütterlich schützender Therapeut nicht konfliktbesetzt ist. Das Problem der negativen Übertragung tritt selten auf, da der Projektionsdruck wesentlich auf die Ebene des Tagtraumes gerichtet ist und das Bild des Therapeuten kaum verzerrt (vergleiche auch S. 419). Diese stabile positive Übertragungslage ermöglicht dem Patienten eine weitgehende, aber kontrollierte Regression in den Bereich der symbolischen Erlebnisweisen (bis zurück in die ersten 18 Lebensmonate nach SPITZ). Der Schutz der anaklitischen Übertragung und die Freiheit zur tiefen Regression führen dazu, daß Widerstände und Abwehrmechanismen allgemeiner charakterlicher und intellektueller Art stärker reduziert werden als in einer Gesprächspsychotherapie. Die Aufgabe dieser Abwehrmechanismen bestärkt die Bereitschaft, sich regressiv dem aufsteigenden Tagtraummaterial hinzugeben. Die Führungsfunktion des Therapeuten gibt dem Patienten einen hohen Grad an Sicherheit, sich den andrängenden Impulsen des Tagtraumes, selbst wenn sie archaischer Art sind, zu öffnen.

Bezeichnenderweise ist das Erleben des Tagtraumes oberflächlicher und manche regressiven Themen treten überhaupt nicht ins Bewußtsein, wenn der Patient versucht, für sich allein zu imaginieren, etwa in der Oberstufe des autogenen Trainings oder der aktiven Imagination von C.G. JUNG. *Es ist zum Teil die dialogische Situation des KB, die das Verfahren so fruchtbar macht und die Dimension des mitmenschlichen Sich-Anvertrauens eröffnet, die den monologischen Verfahren fehlt.* Der Patient vertraut mit dieser Schilderung seiner Imaginationen dem Therapeuten einen Teil seines intimsten Seelenlebens an, und er vertraut ihm Material an, das er selbst noch nicht versteht und nur annehmen kann, daß es beim Therapeuten «in guten Händen» liegt. Vielleicht hat sich der Patient noch niemals derart ungeschützt anvertraut, es sei denn der Mutter in allerfrühester Kindheit.

Die Eigenaktivität des reifen Ich-Anteiles im KB kommt in der Zusammenarbeit am psychologischen und psychotherapeutischen Prozeß zum Ausdruck. Sie fordert vom Patienten ein hohes Maß an kognitiver Selbststeuerung und Auseinandersetzung mit den Tagtrauminhalten, wobei er mitunter starken Affekten standhalten muß. Das Ich erfährt daran zunehmende Stärkung und Bestätigung seiner Autonomie als Teil eines Reifungsprozesses.

1.5.2. Vergegenwärtigung und Vergegenständlichung der Bilder und des begleitenden Gefühlstones

Aktualisierung der Imaginationen

Mit Vergegenwärtigung meine ich, daß der Patient nicht, wie es von leistungsbetonten Patienten oder Therapeuten intendiert wird, die Imaginationen allein nach Art eines zu erledigenden Vollzuges «abspult». Vielmehr ist es für die therapeutische Wirkung und für ein bewußtseinszentriertes «Innehaben» der Imaginationen von Bedeutung, daß sie in kontemplativer Ruhe und Versenkung wahr- und aufgenommen werden. Das kann sich z.B. still, aber schlicht an der Sinnhaftigkeit und sinnenhaften Wahrnehmung der optisch imaginierten Szenerie vollziehen, der *Vergegenwärtigung* im Sinne des «Innehabens» (a). Es kann sich aber auch zugleich in Form eines stärkeren emotionalen Engagements aktualisieren (b). Manche unserer Patienten, besonders, wenn sie stärker zwanghaft strukturiert sind, lernen auf diese Weise überhaupt erst, sich feineren Regungen gegenüber zu öffnen und andrängender Emotionen bewußt zu werden.

Ich möchte diese beiden Komponenten (a + b) und den Unterschied zwischen ihnen an einem Beispiel verdeutlichen.

Beispiel

Ein etwa 40jähriger Patient in einer ihn stark fordernden Position und stolz darauf, daß er gelernt hat, sich zur Meisterung seiner Aufgaben rational sehr gut zu steuern, erlebt folgendes: Im KB wird das Motiv eines alleinstehenden Baumes eingestellt. Er beschreibt einen großen, exotischen Nadelbaum. Mit Hingabe zeichnet er ihn in allen seinen Details. Dabei streicht er spontan fast wie zärtlich über die Nadeln eines Astes. Er ist davon in einer stillen Weise beeindruckt und hat sich mit seiner verbalen Schilderung seinen sehr hohen, nicht näher aufgeschlüsselten Bedeutungsgehalt vergegenwärtigt (a). Die Szene wechselt dann, und ein kleines, etwa fünfjähriges, schwarzhaariges Mädchen taucht auf, das voller Freude und Lebenslust nur so sprüht. Statt sich um die in der Szene ebenfalls auftauchenden Erwachsenengestalten zu kümmern, ist der Patient ganz dem kleinen, lustigen Mädchen zugewandt und gefühlsmäßig engagiert an dessen fröhliche, unbekümmerte Heiterkeit. Der Patient geht gewissermaßen «voll mit», freut sich, ohne eigentlich zu wissen, warum, an diesem kindlichen Frohsinn. Er ergreift ihn schließlich ebenfalls (was bei dem sich rational gesteuert gebenden Mann zunächst überrascht). Darin liegt das besprochene emotionale Engagement des «Innehabens» (b). Im weiteren Verlauf kippt das Bild dann plötzlich um, und er bricht in mühsam verhaltene Tränen aus (Abreaktion). Aus seiner anschließend dazu gemachten Bemerkung über eine überaus freudlose Jugend wird deutlich, daß das kleine Mädchen für ihn zunächst als ein Teil seines «ungelebten Lebens» erscheint, dessen Erfüllung er jetzt identifikatorisch bei seiner kleinen Tochter nachholend zu vollziehen versucht.

Nun zum Begriff der «Vergegenständlichung». Sie betrifft nicht nur die emotionale Seite, sondern auch das imaginierte Bild und die Szenerie selbst. Das kontemplative Sich-Öffnen ihnen gegenüber hat wohl deshalb besonderen Wert, weil sich die imaginierte Szenerie als ein «anderer Aggregatzustand» des Gefühlshaften darstellt. Gefühle erleben wir in der Regel relativ vage, dumpf, und sie sind verbal schwer auszudrücken. Die Imaginationen des KB hingegen zeichnen sich in ihren vielfältigen Einzelheiten durch einen hohen Grad an Prägnanz aus, allein als Phänomen betrachtet. Insofern stellt das katathyme Bild eine hoch strukturierte Vergegenständlichung einer in dieser Form sonst niemals wahrnehmbaren emotionalen Konstellation dar. So aus der psychischen Latenz (Unbewußtes) hervorgehoben, wird die Konfliktlage *als Faktum «sichtbar»* gemacht, «herausgestellt», «freigesetzt» und von der Person gewissermaßen als *Gegenstand der Wahrnehmung* als ein Objekt abgetrennt.

1.5.3.   Im Mittelpunkt stehende Konfrontation

Konfrontation   Der Begriff wird in Abschnitt 2.6.1.3. genauer erläutert. Die Konfrontation ist Folge der Vergegenwärtigung und Vergegenständlichung. Dementsprechend vollzieht der Patient einen Teil dieser Konfrontation selbst, indem er dem «Gegenstand» des Bildes als «Sachverhalt» gegenübersteht, an ihm nicht «vorübergehen kann». Verbalisiert könnte er feststellen: «So also ist es», oder: «Daran kann man nicht herumdeuteln» usw. Ich möchte das an einem einfachen (konstruierten) Beispiel veranschaulichen: Ein Patient besichtigt «sein» Haus. Er findet wider Erwarten in der Küche keinerlei Vorräte, bei der Untersuchung des Kellers jedoch vielfältige Lebensmittel in Fülle gestapelt. Üblicherweise geben wir keine Deutung, keinen Kommentar, außer vielleicht einer kurzen, hinweisenden Bemerkung, die den Kontrast von Kärglichkeit der Vorräte in der Küche zur Fülle des Kellers anspricht. Der Patient mag daraus schließen: «Oben nichts, unten alles.» Damit wird der Proband, vereinfacht ausgedrückt, mit einem bisher unbewußten Sachverhalt seiner selbst «konfrontiert». Natürlich kann dieser Sachverhalt unterschiedlich interpretiert werden: Als Tendenz zur Versagung oraler Genüsse im Alltag oder umgekehrt als eine Tugend, Vorräte zu sammeln und sich im Alltagsgenuß zurückzuhalten. Das sind dann die Auslegungen des manifesten KB-Inhaltes. Vorbewußt könnte ein Patient folgern: «Da stimmt doch etwas nicht. Wenn die Leute (ich) keine Lebensmittel in der Küche haben, können sie sich nichts zubereiten. – Haben sie keine Bedürfnisse? – Hungern sie? – Sind sie Asketen? – Trotzdem aber sammeln sie Vorräte, also schätzen sie es doch, zu essen; vielleicht haben sie Angst, einmal ohne Vorräte hungern zu müssen? – Wie soll ich den Widerspruch verstehen? – Hat das vielleicht etwas mit mir zu tun?» – (Um einem Mißverständnis vorzubeugen: Eine derartige Ausformulierung wird dem Patienten praktisch nie gegeben und dient hier nur der Veranschaulichung.)

Dieser Versuch der Verbalisierung macht deutlich, daß der Proband nicht unberührt von der Gegenüberstellung an der Szene vorübergehen kann. Die Konfrontation zwingt zu einer, wenn oft auch nur partiell bewußt wahrgenommenen, inneren Auseinandersetzung (gleichgültig, wie auch immer sie ausgeht). Wenn sie nicht im Sinne einer Abwehrreaktion total abgewertet wird, trägt der dadurch ausgelöste «innere Anstoß» weiter und führt zu einer hintergründigen, d.h. vorbewußten oder/und teilweise bewußten inneren Auseinandersetzung. Dabei kommt es naturgemäß auch zur Verschiebung der libidinösen Besetzungen der einzelnen Inhalte des KB (vergleiche LEUNER 1982). Der objektive Ausdruck dessen spiegelt sich in einem nachfolgenden Wandlungsphänomen. Unsere Arbeitshypothese geht davon aus, daß diese im KB fortlaufend angeregte innere, oft sublime Auseinandersetzung durch Konfrontationen mit den sich autosymbolisch darstellenden Konflikten eine therapeutisch sehr wirksame Komponente ist. Sie reicht bis in den Bereich der Selbstinterpretation der Symbole hinein. Der bei der Psychoanalyse im Vordergrund stehende, langwierige kognitive Erkenntnisprozeß wird im KB auf der «tieferen Ebene der Regression», einem dem Primärprozeß gehorchenden, präverbalen, bildhaft-symbolischen Milieu der Erkenntnis, vollzogen. An anderer Stelle habe ich auf die Prägnanz dieser emotionalen Einsicht hingewiesen und Beispiele dafür gebracht (LEUNER 1962).

Wenngleich auf der Grundstufe noch nicht angestrebt, kann der Konfrontationsvorgang technisch gesehen stufenweise akzentuiert oder gar verstärkt werden. Der Therapeut kann den Patienten auf ausgewählte Inhalte aufmerksam machen, zum Beispiel auf gewisses Konfliktmaterial (fixierte Bilder). Daran kann sich eine Mikro-Katharsis anschließen und die Einsichten behindernden Affekte können abfließen. Es mag sich aber auch um Szenen der emotionalen Befriedigung handeln, die eine Ichstärkung nach sich ziehen (vergleiche «Befriedigung archaischer Bedürfnisse S.259f.). Eine Konfrontation kann auch mit Erfolg nach angsterregenden Realsituationen erfolgen. Das Regieprinzip der Symbolkonfrontation (Mittelstufe) ist eine stärker gezielte Konfrontationstechnik.

1.5.4. «Mikro-Katharsis» und Katharsis

Wir können hier an die Erfahrungen mit dem Traum anknüpfen. Schon FREUD (1900), später auch C.G. JUNG (1948) und SCHULTZ-HENCKE (1965) haben darauf hingewiesen, daß der nächtliche Traum einen Ausgleich, eine Kompensation im Psychischen herbeiführt. Die Entlastung und Bearbeitung liegt vor allem in dem Umstand, daß sich innere Spannungen, emotionale Unruhe und neurotische Konflikte, die vom Tage stammen und nicht erledigt werden konnten, in der traumhaften Form erneut äußern und freisetzen können. Damit können sie sich jetzt auf der Ebene des Primärvorganges (FREUD) als einem anderen psychischen «Aggregatzustand», verglichen mit dem Wachbewußtsein, neu ordnen. Was am Tag verborgen blieb und uns nur hintergründig (vorbewußt, unbewußt) beunruhigte, tritt im Traum (erst recht im Zustand des Tagtraumes) als sichtbares, gegenständliches Äquivalent hervor (siehe oben). Die Vergegenwärtigung und damit Beschreibung der Szenen, des begleitenden Gefühlstones und des Stimmungsmomentes schlagen eine Brücke zu der tieferen Hingabe an diese emotionalen Impulse. Mit der «Mikro-Katharsis», einem Begriff von SCHULTZ-HENCKE (1965), verbinden wir die Beobachtung, daß über die reine Vergegenwärtigung hinaus im Traum und Tagtraum Gefühle durch innere Erregung, Irritation des vegetativen Nervensystems bis hin zu motorischen Äußerungen in schwächerer, nach außen hin oft kaum deutlich werdender Form, eine *Abfuhr* erfahren. Sie ist therapeutisch von größter Bedeutung. Stärker als in der klassischen psychoanalytischen Sitzung kann sie schon in den frühen Passagen der Therapie des Katathymen Bilderlebens erfolgen. Die Mikro-Katharsis ist bei einer großen Gruppe von Patienten eine natürliche Begleitreaktion des Tagtraumes. Sie wirkt entlastend und fördert den therapeutischen Prozeß in hohem Maße. Abreaktionen im engeren Sinne stellen eine Steigerung dessen dar, indem etwa Ängste, Mißstimmungen, Befürchtungen, depressive Reaktionen angesichts entsprechender landschaftlicher Motive, szenischer Abläufe oder Begegnungen mit Symbolgestalten freigesetzt werden. Steht ein längeres «Aushalten» der hier in Frage stehenden affektiven Erlebniskategorien zur Debatte, so habe ich den Begriff vom *«Durchleben und Durchleiden»* eingeführt. Der Unterschied zum Abreagieren wird später noch erörtert werden (Abschnitt 2.6.1.3.). Es wäre aber ein Irrtum anzunehmen, Abreaktionen würden das Bild des KB als besonders dramatischem Ablauf bestimmen.

126

Diese Komponente der therapeutischen Wirkung kann weder durch die Konfrontation noch über einen noch so verdeckten Erkenntnisvorgang verstanden werden. Die Rückwirkung kann nicht durch nachvollziehbares Einfühlen oder durch Rückgriff auf bekannte psychologische und therapeutische Phänomene erfaßt werden. Obgleich dann auf der Mittelstufe besonders deutlich, hat sie auch in der Grundstufentechnik Bedeutung. Die Rückwirkung bietet eine wichtige Erklärung für die therapeutische Wirksamkeit der Tagtraumtechnik. An anderer Stelle habe ich sie als «funktionelle Einheit von emotionaler Konstellation und Symbol» gekennzeichnet (LEUNER 1978, 1982a). Ihre Beschreibung ist an eine Anzahl von mir früher durchgeführter Experimente im KB gebunden. Sie haben eindeutig erkennen lassen, daß jeder vom Therapeuten ausgeübte Einfluß auf die symbolträchtige Imagination eine *unmittelbare Rückwirkung auf* die innerseelische Situation, die unbewußte *Konfliktkonstellation* hat. Beispielsweise forderte ich eine Patientin auf, ihre Großmutter, die sich in dem Motiv des Hauses regelmäßig darstellte (als Hinweis auf die starke Bindung an sie, Introjekt), aus dem Haus zu werfen. Folgendes geschah: Gegen den Widerstand und gegen das feindselige Gebaren der Großmutter gelang es zwar in der Imagination, sie aus dem Haus zu expedieren. Am nächsten Tag jedoch fühlte sich die Patientin nach einer Nacht voller Angstträume elend, mit dem Gefühl, «gespalten zu sein». Nachdem ich die Patientin die Szene der Rückkehr der Großmutter in das Haus imaginieren ließ, fühlte sie sich sofort wieder ausgeglichen. Diese negative, eher schädliche Reaktion war der Auftakt, den in diesem Fall offensichtlich waltenden «psychodynamischen Mechanismus» genauer zu untersuchen und therapeutisch umzumünzen. Die Regieprinzipien im KB, auch der beschriebenen vom «Nähren und Anreichern» oder «Versöhnen und zärtlich Umfangen» mit ihren zum Teil verblüffenden, schnellen Wirkungen, erklären sich nämlich aus diesem Geschehen: Die ursprüngliche Annahme, daß im Traum und im KB die emotionale Verfassung beziehungsweise Struktur (etwa im Sinne eines akuten Problems) hinausprojiziert wird, wie das Diapositiv durch einen Projektionsapparat, vergegenständlicht nur einen Teil des Vorganges. Ein anderer Teil vollzieht sich dynamisch in umgekehrter Richtung. Übt man auf das imaginierte Bild einen (suggestiven) Einfluß aus, der dynamisch beziehungsweise symbolisch betrachtet strukturgerecht ist, hat dieser eine unmittelbare Rückwirkung, wie am Beispiel der Großmutter veranschaulicht. Für diesen Vorgang wurde bislang der wenig psychologische Begriff: «Operation am Symbol»[25] geprägt. Das Modell des «Projektionsapparates» trägt hier also nicht mehr, denn der geschilderte «doppelläufige» Vorgang vollzieht sich im KB häufig und ist jederzeit nachprüfbar. Gibt es dafür eine plausible psychologische Erklärung? Wenn man von der Psychologie des Symbols ausgeht, wie sie zuerst C.G. JUNG formuliert hat, muß es in seinem ursprünglichen, vor-psychologischen Sinn, wie es vom Kind, vom naturvölkischen Menschen und in der My-

---

[25] Er hat gelegentlich bei psychoanalytisch orientierten Fachkollegen zu Mißverständnissen geführt. Dieser dynamische Vollzug, wie immer man ihn auch nennen will, ist für die KB-Therapie nicht konstituierend, jedoch von größtem theoretischem Interesse.

thologie *erlebt* wird, gesehen werden. Es ist nicht *«repräsentativ für»* etwas, sondern ist die sich ausdrückende «psychische Sache selbst». Zum Beispiel ist das flauschige Fell, welches das Kleinkind mit «Wauwau» bezeichnet, nicht das Zeichen für einen Hund, es ist ein Hund (etwa im Spiel) selbst. Das Bild des Gottes ist Gott selbst usw., vergleiche Abschnitt 3.1.2.

Im regressiven Erlebniszustand des Tagtraumes ist die imaginierte Szene ebenfalls nicht «Symbol» der intrapsychischen Konstellation, sondern ist diese «substantiell» selbst. Die «primitive», in der frühesten Kindheit bestehende *Einheit von Subjekt und (imaginiertem) Objekt* ist wieder hergestellt. Also muß man das imaginierte Bild als Teil des Ich (im tiefenpsychologischen Sinn) bezeichnen. Da das Bild jedoch im Erleben vor die geschlossenen Augen verlagert wird und dort im Abstand von ein bis zwei Metern zu stehen scheint, wird der Vorgang des Hinausverlagerns und des Zum-Objekt-Werdens (Vergegenständlichung) dieses Subjektanteiles evident. Diese Verschmelzung des Subjektes mit dem Objekt des Trauminhaltes wird im Nachttraum noch überzeugender erlebt und ist jedermann geläufig. Die subtile Analyse zeigt die bestehende Paradoxie: Das Seelische wird hinausverlagert und zum Objekt, mit dem man sich konfrontieren kann, zugleich bleibt es aber Bestandteil des Subjekts.

Die Dynamik dieser Beziehung ist experimentell leicht nachvollziehbar. Ich habe eine tiefenpsychologische Beweisführung herangezogen. Die Verschmelzung mit dem imaginierten «Objekt» kann danach auch als Ich-Expansion aufgefaßt werden (LEUNER & LANG 1982, S. 39).

Diese funktionale Einheit von Bildsymbol und Konfliktkonstellation hat im KB eine überragende therapeutische Bedeutung. Selbst der geringste Akt, den ich an dem Bild vollziehen lasse, hat eine unmittelbare Rückwirkung auf die innere Konfliktstruktur. Als solche geringfügigen Eingriffe können zum Beispiel vermehrte Aufmerksamkeitszuwendungen gelten, erst recht die subtile Beobachtung und verfeinerte optische Detailanalyse einzelner Teile des imaginierten Bildes. Das gilt auch für die Auswahl der vom Therapeuten angeregten Bilder und alle sonstigen Interventionen einschließlich des kreativen Probehandelns. Daraus erklärt sich auch die Wirkkraft von Bildmeditationen und der Einstellung konfliktfreier Inhalte des KB bis hin zu der später noch beschriebenen *Befriedigung archaischer Bedürfnisse* (Abschnitt 3.1.). Vereinfacht ausgedrückt kann von einem Rückkopplungseffekt gesprochen werden, den man heute gern englisch «feedback» nennt. Er ist in der «Vergegenwärtigung» wirksam, erst recht in der «Konfrontation». Er erklärt schließlich auch, warum ein nicht-interpretierendes Vorgehen auf der Grundstufe (LEUNER 1955b) therapeutisch wirksam ist und partiell zu klinisch befriedigenden Ergebnissen führen kann.

kreative Ausgestaltung der Motive

1.5.6. Durchlaufen der Standardmotive und deren spontane kreative Ausgestaltung

Das Einstellen der Standardmotive ist eine weitere wichtige therapeutische Komponente des KB. In keiner anderen Weise können Konflikte derart systematisch thematisiert, so gut eingekleidet und doch gleichzeitig so unmittelbar zur projektiven Darstellung in ihrer individuellen Einmaligkeit angeregt werden. Die Komponenten der Vergegenwärtigung und der Konfrontation zentraler Inhalte können unverzüglich und therapeutisch wirkungsvoll «ins Spiel» gebracht werden.

Nachdem der Patient das erste aufsteigende Bild eines Standardmotives oder auch eine Abweichung von diesem beschrieben hat, leiten wir ihn – um es erneut zu sagen – an, auf Einzelheiten zu achten und die Umwelt zu durchmustern. Diese *Übung der Beobachtung* ist bereits ein Akt der differenzierenden Analyse auf der Imaginationsebene im Sinne der Vergegenständlichung und der Vergegenwärtigung. Häufig wird dadurch die Strukturierung des Bildes gefördert, und neue, vorher nicht beachtete Elemente können auftauchen. Diese Bitte um Detailbeschreibungen akzentuiert man besonders aber dann, wenn furchterregende Inhalte erscheinen, etwa ein unheimlich dunkler Wald, ein bösartiges Tier usw. Eine auf diese Weise ernüchternde und durch unsere ermutigende Unterstützung willentlich gesteuerte *Detailbeschreibung* der «ins Auge gefaßten», also Stück für Stück abgetasteten Teilstrukturen des Bildes, kann als eine Konfrontation mit der inneren Realität aufgefaßt werden. Sie nimmt den angsterregenden Gestalten ihre Affektbesetzung. *Die Hinlenkung auf die Betrachtung eines Details ist im KB ganz allgemein ein wichtiger technischer Schritt* und in fast allen schwierigen Situationen der Führung des Patienten hilfreich.

Das Durchlaufen der Standardmotive erfolgt so, daß wir den Patienten, etwa vom Anfangsmotiv der Wiese ausgehend, bitten, Exkursionen in die Landschaft vorzunehmen und entweder gewisse Leistungen zu vollbringen oder sich an typischen Stellen der Befriedigung seiner Bedürfnisse hinzugeben. Die Leistungen sind am Bach, am Berg und am Haus bekannt. Auf diese Weise werden immer wieder andere Bereiche unbewußter Konfliktstrukturen eingestellt. Wo es sich spontan ergibt, lassen wir ihn bei den fixierten Strukturen seiner *neurotischen Gehemmtheit* verharren und sich damit beschäftigen. Das wird bedeutsam an den *typischen Verhinderungsmotiven.* Ich erinnere an das Beispiel der Patientin, deren Bach beim Sturz in die Tiefe verschwand. Man kann den Patienten auch vorsichtig an derartige Inhalte heranführen. Dabei soll der natürliche Fluß des szenischen Ablaufes, der sich anhand der Standardmotive bei Patienten mit vermehrtem Einfallsreichtum und Neigung zum Abschweifen ergibt, nicht durch Dirigismus beeinträchtigt werden. Im Gegenteil sollte man mit großem Gewinn für den Patienten die von den Standardmotiven ausgehende Szenerie nach seinen eigenen spontanen Entfaltungstendenzen kreativ gestalten lassen. Wir folgen freilich hier nicht der Technik des weitschweifenden, assoziativen Vorgehens der Mittelstufe, die den Patienten unter viel weniger Schutz auch in stark negativ besetzte Szenen hineinlaufen läßt (vergleiche S. 139f.).

In Seminaren wird immer wieder die Frage gestellt, in welchem Rhythmus und welchem Kontext im Verlauf einer Grundstufentherapie die fünf Motive einzustellen seien. Grundsätzlich können zwei Wege genannt werden, die der erfahrene Therapeut miteinander kombiniert.

Das systematische schulische und das auf den Kontext der vorherrschenden Problematik zentrierte Vorgehen

Der junge Therapeut geht schulisch fast bei allen Einstellungen vom Wiesenmotiv aus, das relativ unspezifisch darauf abzielt, die Entfaltung des KB in der

129

Landschaft zu ermöglichen. Das ist besonders sinnvoll in den ersten Sitzungen einer Therapie mit der Aufforderung, der Patient möge von hier aus freie Spaziergänge seiner Wahl vornehmen. Vom Wiesenmotiv her kann der Therapeut dann in den folgenden Sitzungen die nachgeordneten Motive wie Bach, Berg, Haus und Waldrand, ebenfalls einstellen. Diese Motive bedürfen allerdings beim etwas geübteren Patienten nicht immer der Wiese als Ausgangspunkt. Geistig etwas regere Patienten und solche, die sich nicht gern an das vorgegebene Material halten, erleben die wiederholte Einstellung des Wiesenmotives als «stereotyp». Das ist umso mehr der Fall, wenn aufgrund der eigenen Problematik des Patienten die Wiese nicht als angenehm und wohltuend empfunden wird. Das Wiesenmotiv wurde jedoch gerade deshalb gewählt, weil es eine relativ indifferente und angenehme Startposition bietet. – In diesen Fällen und um eine gezielte Konfrontation mit dem jeweiligen Konfliktbereich zu ermöglichen, können die Motive Bach, Berg, Haus und Waldrand, beziehungsweise ein Motiv aus der realen Welt des Patienten ohne Umschweife eingestellt werden mit den Worten: «Stellen Sie sich doch bitte heute einmal . . . (z. B. einen Bach) vor.» – Es gehört jedoch zu den *eisernen Regeln der Einleitung des KB,* daß (um es zu wiederholen):

a) überhaupt ein Motiv als Kristallisationspunkt der Imaginationen vorgegeben wird;
b) die weiteren Freiheiten dem Patienten dadurch signalisiert werden, daß anschließend formuliert wird: «. . . *oder was Ihnen sonst vor Augen kommt.»*

Damit sich keine Fehler einschleichen, erinnere ich daran, daß wir das Wort «sehen» strikt vermeiden. Vielmehr sprechen wir stets von «*vorstellen».*

Die Frage der *Reihenfolge dieser Motive* löst man *beim schulmäßigen Vorgehen* am besten dadurch, daß der Therapeut *in jeder Sitzung eines der* genannten *fünf Motive erneut imaginieren* und «durchlaufen» läßt. Je nach Art der zunehmenden Kreativität des Patienten variiert dieser dann die Inhalte von selbst und dokumentiert damit auch den sich entfaltenden therapeutischen Prozeß.

Auf die drei Zielrichtungen in der Einstellung eines Motives auf S. 62 f. sei hingewiesen.

Im Verlaufe des therapeutischen Fortschrittes kann auch ein Teil desselben Motives eingestellt werden. Beispiele etwa sind: Am Bachmotiv nur die Quelle, einen früher aufgesuchten Wasserfall, eine Stelle der Stauung des Flusses, den Blick auf das Meer; zum Bergmotiv: Blick auf den Berg von der Ferne, Blick vom Gipfel (versuchsweise auch, nachdem der Patient imaginativ hinaufgeflogen ist); beim Hausmotiv: Fortsetzung der Durchsuchung an jener Stelle, an der sie das letzte Mal unterbrochen werden mußte usw.

Die Erfahrung lehrt, daß auch der schulisch vorgehende Therapeut nicht in Verlegenheit gerät, mit Hilfe der fünf Motive der Grundstufe unter Ausnutzung von Teilmotiven den Strom weiteren imaginierten Materials in Fluß zu bringen. Im übrigen ist es sinnvoll, alle fünf Standardmotive mehrere Male, sogar bis zu fünf Wiederholungen, in dieser Sequenz als Ansatzpunkt des Tagtraumes einzustellen.

Ein ergänzendes therapeutisches Moment, das seine volle Ausprägung erst in der Technik der Mittelstufe hat (vgl. Abschnitt 2.3.3.1.) ist noch zu nennen, da es auf der Grundstufe gelegentlich schon einmal spontan vorkommt. Gemeint ist die Rückblende auf Erlebnisse in der frühen und allerfrühesten Kindheit. Diese *Altersregression* vollzieht nicht selten traumatisierende Erlebnisse nach. Der Patient fühlt sich – oder imaginiert sich selbst wieder – als Kind, oft unter Abreagieren negativer Gefühle.

Das *Vorgehen im Kontext der Problematik* des Patienten erlaubt dem erfahrenen Therapeuten, die jeweiligen Motive so zu wählen, daß sie der Darstellung eines akut vorherrschenden Problems entgegenkommen. In Tabelle 13, S.65 habe ich einen Überblick über die Konfliktsphären gegeben, die sich in den einzelnen Motiven bevorzugt darstellen können.

1.5.7. Lernprozeß und Probehandeln

Lernprozeß des Patienten

Wohl allen Psychotherapieverfahren gemeinsam ist die *Einleitung eines Lernprozesses*. Im KB finden Lernprozesse an den verschiedensten Stellen statt.

Probehandeln

a) Der Patient lernt durch die leichtere Freisetzung von Gefühlen im Versenkungszustand, diese wahrzunehmen und damit begleitend Gefühlston und Stimmung mehr und mehr zuzulassen, was vielen neurotischen Menschen anfangs schwerfällt.

b) Aufgrund der schrittweisen Konfrontation mit einer angsterregenden Situation im KB, in der diese detailliert betrachtet sowie subtil beschrieben wird, lernt der Patient, daß das angstmachende Bild sich allmählich verharmlost. Durch Wandlung der Szene bahnt sich eine therapeutische Entwicklung an. Während in der Regel die spontane Tendenz vorherrscht, ein angstmachendes Objekt zu vermeiden (Abwehrverhalten), lernt er im KB am Erfolg, sein von neurotischer Abwehr diktiertes kontraphobisches Verhalten umzustellen. Die Evidenz dieses Zusammenhanges ist für ihn derart unmittelbar, daß es keineswegs immer der verbalen Bearbeitung (z.B. phobischer Situationen) bedarf, damit dieses Verhalten im KB fortgesetzt und auch auf den Alltag übertragen wird.

c) Auf die Komponente des *Probehandelns im KB* bin ich in diesem Kapitel noch nicht eingegangen. Der Begriff «Probehandeln» stammt bekanntlich von FREUD (1900). Er gebrauchte ihn für gedankliche Ansätze, in denen Handeln vorweggenommen wird. Im KB bezieht sich das Probehandeln hingegen auf imaginierte Aktionen und Tätigkeiten im weitesten Sinne, während wir die Denkansätze nicht eigentlich mit dem Begriff «Handeln» belegen möchten.

Bei Einstellung realer Szenen im Tagtraum habe ich den eigentümlichen Umstand beschrieben, daß eine Übertragung vom Verhalten in der Imagination auf die Realitätsebene erfolgt. Diesen *Transfer auf das Realverhalten* konnte ich auch in experimentellen Untersuchungen mit dem KB sehen. Das geschieht nicht nur nach der Einstellung von Realszenen im KB, sondern im gleichen Maße, offenbar in verdichteter Form, wenn probehandelnde Aktionen im symbolischen Milieu vollzogen werden. Die folgenden klinischen Beispiele sagen natürlich nichts über den Weg aus, nach dem dieser Transfer psychodynamisch zu verstehen ist. Die Verläufe treten schlaglichtartig durch ihren hohen Evidenzgrad hervor. Die Bedeutung der Funktion des imaginierten Probehandelns wird daran veranschaulicht. Ich greife zwei Fälle heraus, die in anderem Zusammenhang ausführlicher referiert werden.

Beispiel 1

Ein 18jähriger Jugendlicher, der an dem Restsymptom einer Stotterneurose leidet, besteigt im Tagtraum einen massiven Berg und den darauf stehenden Turm. Er hält die durch ein herannahendes Gewitter freigesetzten Ängste aus. Berg und Turm werden vom Therapeuten hypothetisch als Repräsentanten der Vater-Imago betrachtet, und die Ersteigung als der Versuch, sich mit dieser zu identifizieren. Nach dieser Sitzung ist die aggressive Gehemmtheit gegenüber männlichen Autoritäten insofern herabgesetzt, als das Restsymptom seiner Sprachstörung nicht mehr besteht (ausführlich LEUNER 1982, S. 65).

Beispiel 2

Ein 17jähriger Gymnasiast ist seit vier Monaten unter dem Bilde einer autistischen Pubertätskrise mit Verdacht auf beginnende Hebephrenie erkrankt. Seine sozialen Bezüge liegen völlig darnieder, und er leidet unter Spannungskopfschmerz und extremen Schulschwierigkeiten. In der ersten Sitzung des Katathymen Bilderlebens erscheint am Ausgang einer Höhle ein Riese, der in dem angebahnten Gespräch erzählt, daß er in diese Höhle geflohen sei, weil man ihn gemieden und belächelt habe. Das Probehandeln besteht darin, daß der Riese angehalten wird, Ausflüge in die weite Landschaft und in das tätige Leben von Dörfern, Städten und einem Hotel zu machen, und in dem er auch beginnt, seinen Unterhalt zu verdienen. Synchrone Wandlungen der Landschaftsszenerie weisen auf das Einsetzen eines therapeutischen Prozesses hin. In der vierten Sitzung berichtet der Patient, daß er wieder Anschluß an seine Klasse bekommen, sich zu einem Sportwettkampf gemeldet habe und seine Noten wieder den alten Stand erreicht hätten. Er verzichtet auf eine Fortsetzung der Behandlung, die vier Wochen dauerte. Objektiv ist er offener, gesprächiger und scheint jetzt psychisch unauffällig (ausführlich in LEUNER 1982b, S. 132).

Diese Beispiele werden nicht wiedergegeben, um die besonderen Leistungen des KB im Sinne einer extremen Kurztherapie hervorzuheben. Sie dienen hier ausschließlich der Evidenz des Probehandelns und seines Transfers auf die Realität. Allerdings werden diese Vorgänge in der Regel erst nach ausreichend langer therapeutischer Vorbereitung und einem beginnenden Strukturwandel des Ich gesehen. Alle probehandelnden Aktionen in der Imagination, die der Patient oder seine Repräsentanzen von Introjekten (Symbolgestalten) vornehmen, scheinen geeignet, strukturelle Fixierungen zu lockern und in mehr oder weniger diskreter Form einen Transfer auf das Realverhalten nach sich zu ziehen. Insofern scheint es berechtigt, den besprochenen Lernprozeß in nächste Nähe zum Probehandeln zu stellen. Es erlaubt offensichtlich, schon in relativ kurzen therapeutischen Passagen Lernvorgänge einzuleiten. Eine Parallele sei angeführt. Auch KATZDIN (1978) hat im Rahmen der sogenannten Covert Behavior Modification Therapy hervorgehoben, daß Lernprozesse, in der gelenkten Phantasie vollzogen, sich verhalten, als seien sie an realen Objekten abgelaufen.

Kapitel 2: Die Mittelstufe

2.1. Einleitung: Bewertung der Mittelstufe

Die aus didaktischen Gründen vorgenommene Einteilung des Katathymen Bilderlebens in drei Stufen wurde erläutert (S. 17 f.). Die Bildung der Mittelstufe schien deshalb notwendig, da erst der fortgeschrittene Therapeut die in ihr zusammengefaßten Interventionen und technischen Schritte zu vollziehen vermag. Sie setzen ausreichende klinische Erfahrung mit der Therapie auf der Grundstufe voraus: subtile Führung aufgrund empathischer Einfühlung, ein hohes Maß an Vertrautheit mit möglichen aversiven Reaktionen des Patienten und die Sicherheit, auf solche angepaßt, konstruktiv und schnell zu reagieren und mit Instrumenten des KB umzugehen.

Die Mittelstufe ist jedoch kein eigenständiges Verfahren, sondern eine Ergänzung im Komplex des gesamten Systems des KB. Sie bietet eine wesentliche Ausweitung der Interventionsmatrix. Der erfahrene Therapeut wird die Interventionstechniken der beiden Stufen in Anpassung an den jeweiligen Fall sinnvoll kombinieren beziehungsweise integrieren.

Das *therapeutische Repertoire* der *Mittelstufe* (Schema S. 64) weitet das Spektrum der Grundstufe um vier Dimensionen aus. Sie teilen sich in zwei miteinander verwandte: Die beiden ersten sind ausgesprochene KB-Techniken, die beiden zweiten sind der Psychoanalyse entliehen. Die ersteren sind *polar angeordnet.*

A. *KB-Techniken*

(1) Die *Dimension der großen Freiheitsgrade* ist charakterisiert durch die Stichworte «assoziatives Vorgehen» und «Nullstrukturierung».

(2) Die *Dimension der Fokussierung* auf spezifische Konfliktkerne (Standardmotive) sowie die «Symbolkonfrontation» bedeuten eine einengende Zentrierung des Bewußtseinsfeldes.

die Dimensionen

B. *Der Psychoanalyse entlehnte Techniken*

(1) Vertieftes Durcharbeiten
(2) Analyse von Übertragung und Gegenübertragung

Zu A(1): *Dimension der großen Freiheitsgrade:* Sie sind durch das assoziative Vorgehen gekennzeichnet. Dem Patienten werden entscheidendere individuelle Freiheiten in der Lösung von den Standardmotiven gegeben, als im Rahmen der kreativen Ausweitung der Grundstufenmotive geübt. Er kann sich nun sowohl im Bildern als auch im verbalen Bereich assoziativ produktiv und eigenwillig entfalten. Ihm kann jetzt – im Einklang mit der größeren Erfahrung und Sicherheit des Therapeuten – die Führung im KB weitgehend selbst überlassen werden, wenn erwünscht sogar bis hin zur absoluten «Nullstrukturierung». Die Therapie wird also, zumindest streckenweise, «patientenzentriert» geführt. Das assoziative Vorgehen kommt vor allem eigenwilligen, «anspruchsvollen» und phantasiebegabten Patienten entgegen. Es erlaubt ferner eine ausgedehntere Therapie, die über die begrenzte Periode der Kurztherapie hinausgeht, um charakterneurotische Manifestationen und Patienten mit einer Grundstörung (BALINT 1970) zu behandeln. Das gilt auch für jene Fälle, in denen Abwehrmechanismen stark in die Charakterstruktur integriert sind, wie ausgeprägte Reaktionsbildungen, «Charakterpanzerung» und alexithymes Verhalten. Beim assoziativen Vorgehen treten spontan Altersregressionen auf, die therapeutisch einen anderen Stellenwert haben.

Zu A(2): *Die Dimension der Fokussierung* ergibt sich aus der bei vielen Psychotherapieformen deutlichen Notwendigkeit, die Aufmerksamkeit des Patienten auf gewisse Konfliktherde zu konzentrieren. Der Begriff des «Fokus» ist zuerst von BALINT et al. (1973) im Zusammenhang mit dem Entwurf einer psychoanalytischen Kurztherapie eingeführt worden. In dieser Fokaltherapie werden *vor Beginn der Behandlung* einzelne Konfliktherde herausgeschält, auf die sich die therapeutische Arbeit konzentrieren soll. Während sich dort die Fokussierung aber an einer (unbewußten) psychodynamischen Konstellation orientiert, bezieht sich *Fokussierung im KB* lediglich auf die *Einstellung* eines Phänomens der Imagination, in der Regel *eines fixierten Bildes,* als Manifestation eines unbewußten *Konfliktes.* Die Orientierung an einem KB-Phänomen ist naturgemäß wesentlich leichter als an einem latenten Konfliktfokus à la BALINT. Die Fokussierung im KB ist nur ein technisches Hilfsmittel, das an den unterschiedlichsten andrängenden Konfliktfoki zu wiederholten Malen angewandt wird.

Kann zur Durchführung einer analytischen Kurztherapie beim Patienten kein klar umrissener Konfliktfokus gefunden werden, ist diese nicht durchführbar. ROTH (1983) weist darauf hin, daß die KB-Kurztherapie die Einstellung eines solchen primären Fokus' beim Patienten nicht erfordert. Vielmehr können auch multifokale Störungen therapeutisch mit Erfolg erfaßt werden. Das hervorzuheben scheint wichtig, um Mißverständnissen vorzubeugen.

Zu B(1): *Vertieftes Durcharbeiten:* In diesem Zusammenhang wird die Frage gestellt, ob der Therapeut auf der Mittelstufe stärker dazu übergeht, tiefenpsychologische Interpretationen einzubringen. Die Zahl der *Selbstinterpretationen* (KOSBAB 1972) der Symbole wird beim assoziativen Vorgehen erhöht. Die Fokussierung erlaubt zudem die breitere Klärung von Konflikten. Das Durcharbeiten von Wiederholungszwängen ergibt ferner Möglichkeiten, Interpretationen vorsichtig anzubieten. Im Prinzip hat sich aber auch auf der Mittelstufe nach wie vor mehr bewährt, den Einsichts- und Lernprozeß des Patienten eher indirekt zu fördern, indem man ihm durch vorsichtig konfrontierende Regie vor Augen führt, was durch Selbsterleben und spontane Evidenz mit einem Minimum an deutenden Hilfen im Sinne der emotionalen und bildhaften Einsicht («Macht der Bildersprache») deutlich gemacht werden kann. Die vielfältigen Möglichkeiten der Interventionen, die für diesen Zweck bereitstehen, werden ausführlich beschrieben. Auch das Thema «Deutung der Tagtrauminhalte» wird gründlich bearbeitet (vergleiche Abschnitt 2.6.1.3.6.).

Zu B(2): *Die Analyse von Übertragung und Gegenübertragung* wird abgehandelt in Abschnitt 4.2.

2.2. Leistung der Mittelstufe

Die spezifischen therapeutischen Leistungen der Mittelstufe können statistisch nicht untersucht werden, da von den basalen Techniken der Grundstufe nicht abgrenzbar. Kasuistische Einzelberichte führen hier weiter und veranschaulichen die Leistungen der komplizierteren Mittelstufe. Im folgenden Abschnitt gebe ich drei solche Berichte, um die klinische Bedeutung der Mittelstufe zu zeigen.

Beispiel 1

Diagnose: Chronisch adyname Störung auf dem Boden einer schweren Charakterneurose, primäre Impotenz. *Charakterneurose*

Der 55jährige Akademiker in höherer Position leidet seit mehr als zwei Jahren an Zuständen, die als «Depressionen» bezeichnet werden. Im Vordergrund steht eine allgemeine physische Hinfälligkeit und Adynamie mit schneller Erschöpfbarkeit. Der Patient ist nicht mehr in der Lage, auch nur länger als eine halbe Stunde am Schreibtisch zu sitzen. Dann ist er derart ermüdet, daß er sich zwei Stunden hinlegen muß. Er ist seit einem Jahr arbeitsunfähig. Eine psychopharmakologische Behandlung und wiederholte Badekuren brachten nur eine vorübergehende Besserung. Psychotherapeutische Versuche, auch zwei Ansätze zu einer psychoanalytischen Behandlung, blieben ohne den geringsten Erfolg. Der *3 Beispiele* Patient war praktisch nicht analysefähig, bedingt durch seine Charakterpanzerung mit dem Bild der «Alexithymie». – Er steht vor der vorzeitigen Pensionierung. Die Vorgeschichte ist dadurch bestimmt, daß er im Alter von acht Jahren den Vater verlor. Die dominante, überprotektive Mutter hielt ihren Sohn bis zum Abschluß des Jurastudiums im Hause. Dem Patienten war weder die Entfaltung adäquater jungenhafter Durchsetzungsfähigkeit noch die Anbahnung von Kontakten zum anderen Geschlecht möglich. Dank seiner guten Fähigkeiten durchlief er schnell eine Karriere bis zur gehobenen Laufbahn. Obgleich primär impotent, heiratete er und adoptierte zwei Kinder. In der zehnjährigen Ehe spitzte sich die Situation krisenhaft zu, als seine Ehefrau eigene nervöse und psychosomatische Beschwerden auf die Unfähigkeit des Patienten zur Kohabitation zurückführte. Sie machte ihn, einen übermäßig angepaßten, vorsichtigen und aggressiv gehemmten, pastoral wirkenden Mann für ihr virginelles Schicksal verantwortlich.

Der Patient wird zunächst andernorts mit etwa 30 Sitzungen im KB behandelt. Der Kollege gibt dann den Fall an mich ab, weil er sich damit überfordert fühlt. Die Behandlung bei mir nimmt 104 Sitzungen in Anspruch. Sie wird aus äußeren Gründen in mehrwöchigen Sequenzen, über das Jahr verteilt, täglich durchgeführt.

Im assoziativen Vorgehen entwickelt er lange Bilderreihen, die sich anfangs wie nette Kindergeschichten anhören, später Balladen- und Abenteuercharakter haben. Kontrolliert scheinen sie wie an einem «roten Faden» abzulaufen, um schließlich immer mehr relevantes Konfliktmaterial zu fördern. Die Isolierung der Gefühle gegenüber den Inhalten ist anfangs derart ausgeprägt, daß ich mich nur auf das hartnäckige Betreiben des Patienten bereitfinden kann, die Therapie fortzusetzen. Die Balladenwelt umkreist zunächst die dominante Position der Mutter, die als Adler, als Drache oder sonstiges widerwärtiges Tier störend auftaucht, um in die Harmonie des Zusammenseins mit seiner Frau hereinzubrechen. Später gelingt der schrittweise Abbau von Überich-Positionen dadurch, daß der katholisch erzogene Patient «Höllenfahrten» unternimmt und Orte schrecklicher und «sündhafter» Aggressionen imaginiert. Gegen Ende bricht eine Welt archaischer

Meerestiere auf, der er entgegentritt und mit der er sich zu arrangieren sucht. Parallel dazu entwickelt sich seine Impulswelt. Das eheliche Verhältnis wandelt sich, indem er seine männliche Rolle energischer, klarer und zielbewußter ausfüllt. Er setzt sich in seinem Amt sowohl gegen Konkurrenten als Vorgesetzte durch und erhält neuerdings maßgebliche Aufgaben, während er vorher als «fünftes Rad am Wagen» galt. Er ändert seine Wohnsituation, indem er durch Aufnahme von Fremdmitteln ein Haus in einem repräsentativen Vorort baut. Er verbessert nicht nur seine, sondern die Situation der ganzen Familie beträchtlich. Die Beseitigung der Impotenz wird nicht erreicht, war nach Lage des Falles auch nicht Behandlungsziel.

Kommentar: Das Fallbeispiel veranschaulicht die Möglichkeiten der Mittelstufen-Technik in zweierlei Hinsicht. Auf der einen Seite kann ein für die Psychoanalyse offensichtlich nicht geeigneter Patient, der der Gruppe der schlechthin schwer zu behandelnden Alexithymen zuzurechnen ist, für eine Psychotherapie aufgeschlossen werden. Auf der anderen Seite kann unter den erschwerten Umständen einer fraktionierten Therapie bei dem bereits 55 Jahre alten, charakterlich primär erstarrt wirkenden Patienten eine bemerkenswerte charakterwandelnde Wirkung erzielt werden (Behandlungsaufwand von 134 Sitzungen).

Beispiel 2

Homo-
sexualität

Diagnose: Manifeste, nicht praktizierte Homosexualität.
Der 23 Jahre alte Medizinstudent sucht mich wegen ausgeprägter homosexueller Phantasien und Impulse besorgt auf. Zu manifesten Kontakten ist es noch nicht gekommen. Beziehungen zum anderen Geschlecht hat er auch noch nicht aufgenommen. Seine Phantasiewelt ist durch die vielfältigen homosexuellen Versuchungssituationen okkupiert. Nach Aufnahme der nicht sehr ergiebigen Vorgeschichte beginne ich mit der Behandlung im KB. Entsprechend der lebhaften Phantasie eignet sich der Patient gut für die assoziative Technik. Er hat fortlaufende, von starken Gefühlen getragene Bildassoziationen. Ohne daß der Therapeut Imaginationen zu induzieren oder ihren Verlauf zu lenken braucht, kreisen sie im freien Fluß um seine zentralen Konflikte. Sie sind meist symbolisch eingekleidet mit immer neuen, spontanen Lösungsansätzen. Eine katathyme, mit Blitz und Donner einhergehende Szene hat starke, ambivalent erlebte Vereinigungsphantasien mit einer Kuh. Sie wirft ein Schlaglicht auf die Tendenz zur archaischen Triebbefriedigung und den Lösungsversuch der ödipalen Problematik mit Hilfe des Probehandelns. Nach 20 Sitzungen sind die homosexuellen Impulse und Phantasien weitgehend zurückgetreten. Der Patient findet an einem Mädchen Gefallen und versucht mit ihm erste, freilich vorsichtige Kontakte. Er ist jetzt emotional entlastet, d. h. die ihn zwanghaft beherrschenden homoerotischen Phantasien bestehen kaum noch, so daß er sein Studium ungestört fortsetzen kann. Die Behandlung muß vorzeitig abgebrochen werden, da er den Wohnort wechselt.

Kommentar: Die sich auf die gesamte Charakterstruktur auswirkenden Triebimpulse einer partiell unausgereiften Sexualität infolge einschneidender Störung der Beziehung zur Mutter können hier durch Förderung der spontan auf den Konfliktherd hinzielenden freien Assoziationen gelockert, und die Entwicklung reiferer Objektbeziehungen kann angeregt werden. Das Durchleben der Einengungen in der Triebsphäre, die Konfrontation mit den damit verbundenen Tabus gegenüber der weiblich-mütterlichen Welt sowie die freigesetzten Ängste können durchlebt und zum Teil durchlitten werden. Diese Abläufe erklären meines Erachtens die relativ kurze Behandlungsperiode. Ein durch den vorzeitigen Behandlungsabbruch erklärbarer Rückfall überrascht nicht. – Das Besondere dieser Therapie liegt darin, daß der Patient dank seiner Phantasieproduktion kaum auf Standardmotive fixierbar ist und eine Entwicklung reiferer Objektbeziehungen und Lösungen von präödipalen Fixierungen gelingt. Die Gefahr eines Rückfalles ist im katathymen Panorama bereits vorgezeichnet (vergleiche LEUNER 1959).

Das dritte Beispiel zeigt eine extreme Kurztherapie durch Anwendung der «Symbolkonfrontation».

Beispiel 3

Wegen dieser Therapie einer 20jährigen Fabrikarbeiterin verweise ich auf Seite 215.

Kommentar: Dieses Beispiel einer ungewöhnlich schnell wirksamen Behandlung demonstriert in Reinkultur die Möglichkeit einer Kurztherapie auf der Mittelstufe. Die Symbolkonfrontation eines fixierten Bildes, das einen stark andrängenden symptombildenden Konflikt ausdrückt, gelingt hier. Zugleich wird deutlich, welchen hohen psychodynamischen Stellenwert eine Symbolkonfrontation haben kann, nicht zuletzt durch die Abfuhr starker negativer Gefühlsbesetzungen wie Angst. Dieser methodische Ansatz dient nicht nur der Krisenintervention und der Kurztherapie.

2.3. Therapeutische Technik I: Das assoziative Vorgehen

2.3.1. Einleitung

Das assoziative Vorgehen hat – wie schon hervorgehoben – eine besondere Bedeutung bei der Ausweitung des therapeutischen Spektrums, verglichen mit der Grundstufentechnik. Um *die Problematik* der damit verbundenen größeren Freiheiten des Patienten aufzuzeigen, möchte ich von dem Führungsstil der Grundstufe ausgehen. Er ist bestimmt von folgenden Positionen:

Gegensatz zu Grundstufe

a) *Der Kristallisationspunkt* für die therapeutisch-imaginative Entfaltung beziehungsweise die Projektion der Konflikte ist das *Angebot von Standardmotiven.* Der Entfaltungsspielraum der Projektion ist damit begrenzt, wenngleich wir dem Patienten auch innerhalb der gestellten Aufgaben, etwa bei Verfolgung des Bachlaufes, kreative Freiheiten lassen.

b) Die therapeutischen Interaktionen sind so gestaltet, daß der Therapeut das Feld der Imaginationen strukturiert. Sein Vorgehen hat damit unausgesprochen einen protektiven Charakter. Er vermeidet angsterregende Situationen, und allzu aktive Aktionen des Patienten mäßigt er. Die Regieprinzipien des *Nährens und Anreicherns* und des *Versöhnens* sind auf ein Vorgehen der Entängstigung und des Ausgleiches abgestimmt.

c) Die Übertragungsgefühle entwickeln sich *dementsprechend.* Der Therapeut wird als freundlich, hilfreich und im Sinne der *anaklitischen Übertragung* helfend-vermittelnd erlebt mit dem Akzent der Förderung der Entwicklung.

Das assoziative Vorgehen (LEUNER 1964a) steht dazu im Gegensatz. Es entstand aus Gedankengängen, die sich im Gespräch mit meinem Arbeitskreis 1960 verdichtet haben. Anliegen war es, die produktive Haltung des Therapeuten aufzugeben in der Absicht, den projektiven Spielraum des Patienten zu erweitern und ihm alle expansiven und auch andrängenden aggressiven (gegebenenfalls auch autoaggressiven) Impulse zu ermöglichen (soweit es für die Therapie überhaupt vertretbar erscheint). Damit würde auch die einseitige anaklitisch-diatrophische Gleichung der Übertragungs-Gegenübertragungsrelation gelockert werden.

Ansatz

Therapeutisch gesehen kann das am einfachsten dadurch erfolgen, daß der freie Fluß des spontanen Bilderstromes durch ein Minimum an strukturierender Aktivität des Therapeuten frei und ungesteuert, eventuell auch ohne Ansehen der dabei auftretenden «Gefahren», entfaltet wird. Jedwede szenische Entwicklung müßte konsequenterweise zugelassen werden ohne Rücksicht auf die in der Imagination auftretenden gefährlichen, destruktiven oder selbstdestruktiven Inhalte. Man ließe auch bedrängende Situationen angesichts feindseliger Symbolgestalten zu. Wir nahmen, diesem Konzept folgend, auch in therapeutischen Sitzungen einmal eine derartige Extremposition ein. Natürlich wurde deutlich,

Angst des Therapeuten

daß dieser Weg, konsequent durchgehalten, erheblich mehr Sicherheit und Mut vom Therapeuten fordert als das schützende Vorgehen der Grundstufe. Durch die empathische Teilnahme am KB seines Patienten wurden nun beim Therapeuten analoge Gefühle von selbst freigesetzt. Z.T. wurde nicht unerhebliche Angst um das Ergehen seines Patienten ausgelöst, gegen die er sich schützen mußte.

Um diese Probleme zu veranschaulichen, folge ein Beispiel:

Beispiel

Eine 24jährige Patientin mit einer depressiv-zwanghaft strukturierten Charakterneurose hatte den Berg erklommen. Der Aufstieg war mühsam gewesen, der Berg unerwartet hoch. Oben angekommen, war sie weniger, wie ich es gewünscht hätte, von dem Rundblick angetan, als von dem Umstand, daß der Gipfel in der Mitte ein großes kraterähnliches Loch zeigte. Sie wandte sich dem Krater zu, beschrieb ihn kurz als «ausgebrannt». In der Schwärze der unendlichen Tiefe konnte sie Einzelheiten nicht erkennen. Sie äußerte aber ziemlich plötzlich, das Dunkle zöge sie an, und sie würde gern da hineinspringen, um sich diesem Sog hinzugeben.

Wie soll man sich als Therapeut in einer derartigen Situation verhalten? Dazu einige Stimmen aus der *Diskussion* in einem meiner Ärzteseminare:

Kollege A: «Ich würde sie zurückhalten und ihr zunächst einmal aufgeben, in aller Ruhe in das Dunkle dieses Loches hineinzublicken und abzuwarten, ob sich nicht dort irgendwelche Konturen oder Einzelheiten abzeichnen.»

Kollege B: «Man könnte zunächst einmal ihre Gefühle beschreiben lassen. Auch ich würde sie allerdings zunächst abhalten, da hineinzuspringen.»

Kollegin C: «Man kann natürlich nie wissen, was kommt. Ich würde ihr aber raten, sich ein Seil zu nehmen und sich einmal in den Krater langsam und vorsichtig abzuseilen. Auf diese Weise wird sie sicher auch Einzelheiten erfahren und kann sich der damit verbundenen Angst stellen.»

L: «Diese Vorschläge entsprechen durchaus der Technik der Grundstufe. Ich gebe Ihnen recht, daß das korrekte Versuche wären, das Problem technisch zu bewältigen, unter dem Gesichtspunkt von ‹Sich-langsam-Nähern› und ‹Konzentration auf Details›, ohne die Patientin in Gefahr zu bringen. Weniger glücklich wäre ich mit dem Vorschlag, ein Werkzeug beziehungsweise das Seil zu reichen.» –

«Was nun aber, wenn wir uns entschließen würden, konsequent dem assoziativen Vorgehen zu folgen, und die Patientin – vielleicht nach kurzer Besinnung – gewähren ließen, zu tun, was sie möchte?»

Kollege D: (lacht) «Das kommt mir so etwas sadistisch vor, als wolle der Therapeut den Patienten sich in sein Unheil stürzen lassen, trotz besseren Wissens. Ich kenne Fallträume, in denen der Betreffende, nicht wie man sonst immer hört, unendlich weiterfällt, sondern unten ankommt und zerschmettert liegen bleibt. Man sagt ja dann so sarkastisch ‹zu Marmelade zerschmettert›.» (lacht) «Ich könnte nicht sehen, wo darin ein therapeutischer Fortschritt liegen würde.»

Kollegin E: «Ich glaube nicht, daß es so kommen würde. Ich muß unwillkürlich an das Märchen von Frau Holle denken. Dort fällt ja bekanntlich die Heldin in einen Brunnen und kommt unten auf der Wiese der Frau Holle wieder heraus. Es ist eine Wiese bei Sonnenschein im Sommer, und sie wird freundlich empfangen. – Ich könnte mir vorstellen, daß diese Wandlungssymbolik, so ein Stirb-und-Werde, auch in Ihrem Beispiel zum Zuge käme. – Ich hätte eigentlich keine Angst, daß derart selbstzerstörerische Tendenzen, wie sie der Kollege erwartet, kommen müßten. – Deshalb meine ich, wenn man die Patientin gewähren ließe, würde sich eine therapeutisch produktive Lösung finden.»

L: «Das ist sicher eine Möglichkeit. Aber ich möchte darauf hinweisen, daß die von dem Kollegen genannte Entwicklung auch eine von verschiedenen Möglichkeiten ist. Beides kann geschehen. Wir wissen von vornherein nicht, welche Richtung die Entwicklung nehmen wird, es sei denn, wir kennten die unbewußten Tendenzen der Patientin aufgrund der bisherigen Behandlung und ihrer Vorgeschichte sehr genau. Auch dann ist es schwierig, Voraussagen zu machen. Bedenken Sie auch, daß es ein Unterschied ist, ob die geschilderte Situation in einer der ersten Sitzungen auftritt oder später. Ich möchte andeuten, daß wir immer die Belastungsfähigkeit des Patienten beachten müssen, die Ich-Stärke im psychoanalytischen Sinn.»

Wie hat es sich nun in unserem Falle wirklich verhalten? Ich ließ der Patientin in strikter Anwendung des assoziativen Vorgehens ihren Wunsch. Sie sprang in den Krater hinein. Irgendwo kam sie unten im Dunkeln an. Sie verletzte sich erstaunlicherweise nicht, saß jedoch nun in diesem absolut dunklen Loch des Kraters. Es war schwarz um sie herum. Auch war der Himmel nicht mehr zu sehen. – Und da saß sie nun. – Gewissermaßen saß ich selbst auch dort und fühlte mich in eine relativ ausweglose Situation manövriert.[1] *Problematik*

In diesem Zusammenhang wird häufig die Frage gestellt, ob durch ein extremes Gewährenlassen in dieser Situation nicht latente Suizidtendenzen manifest werden können. Bislang ist das noch nicht aufgetreten. Bei ausgeprägt depressiven, Ich-schwachen und abhängigen Personen kann dieses Vorgehen natürlich

---

[1] In einem anderen Fall erlebte ich einen gravierenderen Ausgang: Die Patientin war am Boden zerschmettert. Sie sah sich dort blutig und tot liegen. Erstaunlicherweise war sie jedoch wenig erschrocken. Ich gab ihr mit nüchterner Stimme zu verstehen, sie solle sich das Bild ihrer Überreste genau betrachten und mir im Detail beschreiben. Im Anschluß daran bat ich sie, genau zu beobachten, «wie sich die Dinge weiter entwickeln». Nach einigem Abwarten entstand aus dieser Masse eine milchig trübe Kugel, und dann geschah das, was Mediziner aus Unterrichtsfilmen über die Zellteilung kennen: Die Kugel beginnt, sich langsam rhythmisch zu bewegen, teilt sich mehr und mehr, und ein Konglomerat von Unterteilungen entsteht. In meinem Fall entwickelte sich allmählich über Stufen eines primitiven Tierkörpers der Körper der Patientin wieder. Sie war gewissermaßen wiederhergestellt. *Selbstschädigung*

kontraindiziert sein. Die Betreffenden neigen gelegentlich dazu, sich in eine noch schwierigere Szene hineinzumanövrieren. Nur der erfahrene, tiefenpsychologisch geschulte Therapeut kann die Situation durch geschickte Interventionen meistern.

Was sollte ich in dieser Situation tun? – Ich sah folgende Alternative: Ich hätte der Patientin sagen können, daß sie zunächst abwarten soll, wie sich die Sache weiter entwickeln würde und was ihr einfiele, sich daraus wieder zu befreien. Das wäre eine sehr harte Forderung gewesen und hätte zugleich bedeutet, daß ich nicht bereit gewesen wäre, ihr Hilfestellung zu geben. Sie hätte mich wahrscheinlich als ziemlich frustrierend erlebt. So verwarf ich ein solches Vorgehen angesichts des Umstandes, daß die Patientin erst wenige Stunden in Behandlung war, sie eine ausgeprägte depressive Charakterstruktur und, entsprechend ihrer passiven Haltung, selbstschädigende Tendenz gezeigt hatte (in den Krater zu springen). Ich gab deshalb im Sinne der Grundstufen-Technik eine dosierte Hilfestellung, allerdings mit dem Gedanken, ihr so viel Eigeninitiative wie möglich zuzuschieben. Sorgfältig war ich jedoch bedacht, sie auch nicht in einer aussichtslosen Lage zu lassen. Ich strukturierte das diffuse Dunkle ihrer Umgebung *Hilfestellung* etwas, indem ich sagte, sie solle versuchen, sich vorwärts zu tasten. Sie werde vielleicht schließlich eine Öffnung finden, die sie weiterführt. Nach längerem Suchen geschah das schließlich auch:

Sie mußte mühsam kriechen, kam durch einen engen, feuchten, schlauchartigen Gang mit Schlamm und Pfützen auf dem Boden und tat sich weh. Es dauerte eine ganze Weile, bis sie in der Ferne nach wiederholten Hinweisen Licht sah und einen Ausgang aus dem Gang fand. Sie mußte sich dabei ziemlich plagen, ohne daß ich bemerkenswert eingegriffen hätte. Kurz vor dem Ausgang kam von rechts ein reißender Bach. Die Patientin hatte Mühe, am Ausgang des Ganges nicht von einem Wasserfall hinuntergerissen zu werden. Wieder ziemlich hilflos und nicht ohne Angst, stand sie vor einem tiefen Abgrund. Jetzt fühlte ich mich nochmal zur vorsichtigen, die Situation strukturierenden Hilfestellung veranlaßt. Ich riet ihr, sich genau umzusehen, ob nicht irgendwo ein kleiner Pfad oder eine eingeschlagene Treppe hinunterführe. Nach längerem Suchen und einigem Abwarten fand sie eine entsprechende Möglichkeit.

Kommentar: Es bot sich also keine so elegante Lösung wie das «Frau Holle-Motiv». Daß sich aber hier im Passieren eines feuchten «Geburtsschlauches» das Wiedergeburtsthema darstellt, ist wohl deutlich. – Dieses Beispiel sollte zeigen, welche Konsequenzen ein ganz beharrliches assoziatives Vorgehen im KB, ungeschmälert durchgeführt, haben kann. Es führt vor Augen, daß der Therapeut nicht in jeder Situation bereit sein kann, den Patienten die letzte bittere Folge des Hineinmanövrierens in eine schwierige Lage auskosten zu lassen. Er kann in bestimmten Szenen vor Entscheidungen gestellt werden, und es bedarf dann nicht selten beträchtlicher therapeutischer Erfahrung und der sicheren Einschätzung seines Patienten, um das zumutbare Maß an Angst- und Notsituationen zu beurteilen und entsprechend zu dosieren.

An dieser Stelle noch ein Wort zu den «Hilfsmaßnahmen». Ängstliche Therapeuten oder solche, die eine ausgeprägte Sorgehaltung für ihre Patienten zeigen, fühlen sich allzu leicht veranlaßt, Hilfsmaßnahmen schnell oder im Übermaß anzubieten. Natürlich gibt es kein objektives Maß, wie weit man einen Patienten negativen Szenen im KB aussetzen kann und soll. Insgesamt ist aber zu sagen, daß das «*Durchleben und Durchleiden*» im KB (vergleiche S. 233), in welcher Weise es sich auch immer anbietet, und das damit verbundene *Freisetzen von Angst* und anderen negativen Gefühlen immer so lange therapeutische Tragweite hat, als es vom Ich noch integriert werden kann. Diese Fähigkeit kann durch die Gegenwart des Therapeuten gestützt werden, durch Stärkung von Selbstvertrauen, durch verbal und nicht-verbal ausgedrückten Beistand im «engagierten Mitgehen» (vergleiche S. 412).

Das hier erörterte Problem stellt sich keineswegs regelmäßig in dieser Form dar. Der Therapeut muß aber auf analoge, negative und konfrontierende Szenen vorbereitet sein. Mit dem assoziativen Vorgehen, verglichen mit der Technik der Grundstufe, ist also ein neues Element in die therapeutische Führung des KB gekommen.

2.3.2.   Prinzip des assoziativen Vorgehens und seine Anwendung   *Prinzip*

Das Prinzip des assoziativen Vorgehens beruht auf dem naheliegenden Versuch, den Prozeß der freien Assoziation der Psychoanalyse auf die Ebene des Bildbewußtseins zu übertragen. Dabei kann erwartet werden, daß – wie dort – analog die sich assoziativ anreichernde Imagination nach Art eines selbststeuernden Prozesses den Kern des unbewußten Konfliktes spontan umkreist und, wie FREUD (1914) es ausdrückt, «langsam, fast unfehlbar, die pathogene Lage in der reinsten Ausbildung» findet. Das hat sich weitgehend bestätigt, auch wenn sich dabei Abwehrvorgänge zeigen, woraus sich Aufschlüsse über unbewußte Verhaltenstendenzen ergeben können. – Im Unterschied zum Assoziieren der Psychoanalyse, bei dem es sich um eine Aneinanderreihung von frei steigenden Einfällen gedanklicher Art handelt, ist die Gleitschiene des assoziativen Symboldramas die Bildimagination mit dem viel verbindlicheren Probehandeln im Sinne eines aktiven Agierens in der Phantasie (vergleiche S. 200). Häufig sind die assoziativen Abläufe emotional besetzt und von großer Eindringlichkeit. Die Technik des assoziativen Vorgehens kann so frei gehandhabt werden, daß über   *Technik*
lange Strecken auch ein Abschweifen in gedankliche Einfallsketten aus der Vergangenheit, der Hier-und-Jetzt-Situation und in die Zukunft zugelassen werden. Aber auch das Verbalisieren von Gefühlen und Körperempfindungen, von Erlebnissen aus dem Alltag oder hinzugezogenes Traummaterial werden akzeptiert. Diese «Abschweifungen» brauchen also nicht nur imaginativer, sondern können auch gedanklicher Art sein. Auf das letztere möchte ich besonders hinweisen, da gelegentlich das Mißverständnis entsteht, Ketten von verbalen Assoziationen seien im KB nicht zugelassen. Ein derart verbal-assoziativ gespannter «Bogen» kann in der Tat sehr weit reichen und zeitweilig auch den größeren Zeitraum der therapeutischen Sitzung beanspruchen. Diese liberale Einstellung des Therapeuten gibt dem Patienten breiten Spielraum. Die Freiheiten schränken wir nur in zwei Richtungen ein:

(1) Gegen Ende einer längeren Periode, spätestens am Ende einer Sitzung, wird der Patient aufgefordert, sich das Ausgangsbild noch einmal vorzustellen und erneut zu beschreiben. In einem Wandlungsphänomen zeigt sich das Ausmaß einer etwaigen therapeutischen Wirkung des Assoziationsflusses.

(2) Hat der Therapeut den Eindruck, daß die verbalen Assoziationen auf Dauer allzu rational-kognitiv sind oder sich dahin entwickeln, sollte er den Patienten auf die imaginative Ebene zurückführen. Das kann mit der Frage erfolgen: «Was haben Sie jetzt vor Augen?» – Die Antwort zeigt, ob der Patient noch imaginiert oder nicht. Man lenkt dann auf das Ursprungsbild zurück, um den weiteren Fluß der Imaginationen anschließen zu lassen. Man kann aber auch ein neues Bild induzieren, das an die akute Stimmungslage anknüpft unter dem Hinweis: «Können Sie sich ein Bild vorstellen, das zu dem jetzigen Thema paßt?»

Bei der Diskussion in meinen Seminaren erhebt sich häufig eine Frage, deren Klärung für das Verständnis des Katathymen Bilderlebens wichtig ist, nämlich, ob man immer davon ausgehen kann, daß im KB die Symbolwelt mit ihren Inhalten ganz im Vordergrund stehen muß. Reale Erinnerungen aus dem Alltag scheinen oft banal; sie würden aus der Tiefe des Bilderlebens herausführen.

Meine Antwort: Im Prinzip pflichte ich bei. Man hat aber zwischen zwei Formen der verbalen Assoziation zu unterscheiden. Einerseits sind es die oberflächlichen, in Alltagsgeschichten abschweifende Erzählungen und Assoziationen, die allerdings gelegentlich nicht in den Kontext des angesteuerten Konfliktes passen. Selbst wenn sie es aber tun, können sie sich andererseits auch auf Realinhalte beziehen, die Zusammenhänge klären, modellhaftes Beispiel sind und durch einige Eigenschaften leicht erkennbar sind:

im Dienste von Widerstand?

- Sie gehören zu dem im KB dargestellten Konflikt und verfolgen thematisch dessen Spur.
- Wird die Beziehung zu dem Konflikt nicht zweifelsfrei deutlich, kann man den Patienten fragen, worin er die Beziehung zwischen dem so erzählten und dem konflikthaften Bildinhalt sieht. Sollte diese Beziehung verlorengegangen sein, führe ich ihn auf das ursprünglich konfliktbesetzte Bild zurück (siehe oben).
- Bleibt der thematische Zusammenhang erhalten, lasse ich die Schilderung weiter zu, auch wenn sie vielleicht zunächst weit abschweift. Wir erhalten dadurch eine sprachliche Bestimmung des Konfliktes und seiner feineren emotionalen Verästelungen. Die Imagination allein läßt oft die Prägnanz der verbalen Formulierung vermissen. Hat der Patient sogar vermehrten verbalen Aussagedruck, sollte dieses Bedürfnis nicht vorzeitig unterbunden werden, indem wir ihn zu früh auf die imaginative Ebene zurückführen. – *Das verbale Bedürfnis* ist also nicht zu unterschätzen. Technisch gesehen sollte sich der Therapeut auch dann, wenn der Bogen der verbalen Einfälle weit gespannt ist, und es den Anschein hat, als gingen das Thema und der Konflikt verloren – ehe er interveniert –, fragen, wie der Patient seine Aufforderung zur Rückkehr auf das Ausgangsmotiv in diesem Moment wohl erleben würde. Wird er sich durch den Eingriff in den Gedankenfluß gestört fühlen oder nicht?
- Selbst wenn deutlich wird, daß die Kette der verbalen Darstellungen Widerstandcharakter annimmt, zögere ich nicht, statt dirigistisch zu intervenieren, den Patienten bis in weite, abseitige Bereiche hin assoziativ ausufern zu lassen. Durch die oben schon gestellte Frage nach dem Zusammenhang mit den

anstehenden Konflikten kann ich ihm anschließend sein Abwehrverhalten besser vor Augen führen, sofern es ihm nicht von selbst deutlich geworden ist.

Das assoziative Vorgehen beim Imaginieren eignet sich nicht für jeden Patienten und nicht in jeder Phase der Behandlung. Wichtigste Voraussetzung in der Person des Patienten ist die Fähigkeit der spontanen, das heißt selbsttätigen Entfaltung der optischen Phantasie. Der Prozentsatz der Patienten, die ohne Übung bereits anhand irgendeines Standardmotives (häufig schon bei der Wiese) einen freien Bilderfluß entwickeln, liegt bei etwa 30 – 40%. Mit der Milderung autoritärer Erziehungsprinzipien in breiten Bevölkerungsschichten ist das Ausmaß größer geworden als noch vor etwa 20 Jahren.

Wegen der mit dem assoziativen Vorgehen verbundenen stärkeren Expositionen gegenüber konflikthaften und angsterregenden Inhalten (fixierten Bildern) muß – wie eingangs gesagt – der *Aspekt der Dosierung* berücksichtigt werden. Deshalb ist es allein im Hinblick auf die Ich-Stärke des Patienten sicher nicht sinnvoll, einen Anfängerpatienten in seiner Unerfahrenheit unmittelbar dem freien assoziativen Fluß auszusetzen. Jene Patienten haben allenfalls eine Sonderstellung, die zu einem spontanen, lockeren Bilderfluß neigen oder sich gegen eine Festlegung auf Standardmotive wehren.

Ein Patiententypus, der dieser Gruppe angehört, läßt sich schwer beschreiben. An feste Bilder halten sich zwangsstrukturierte und zur depressiv-passiven Haltung neigende Menschen. Bei ihnen werden wir uns mit der übenden und stärker strukturierenden Weise der Grundstufen-Technik zufrieden geben müssen. Bei teilweise hysterisch Strukturierten kann das assoziative Vorgehen besonders sinnvoll sein. In extremen Ausprägungen ist es dann eher kontraindiziert, besonders wenn diese Patienten drohen, von ihrem Material überschwemmt zu werden. Das ist weniger der Fall bei einer hysterisch-depressiven Mischstruktur[2].

Schließlich stellt sich die Frage, ob das assoziative Vorgehen eine eigene Methode ist, die für sich stehen kann. Sie kann zum Teil als ein Verfahren eigener Art benutzt werden, indem bei entsprechend disponierten Patienten die gesamte Therapie mit ihm bestritten wird. Die therapeutische Prognose kann dann Einschränkungen haben (vergleiche Position 4).

Das assoziative Vorgehen sollte in bestimmten Passagen mit der strukturierenden Grundstufentechnik und der Anwendung von Regieprinzipien kombiniert werden.

Ich gehe nun ins Detail, um an Beispielen der für das assoziative Vorgehen charakteristischen Phänomene zu zeigen, wie sie sinnvoll eingeleitet werden und welche therapeutische Bedeutung sie haben.

2.3.3. Verlaufsformen: Spontaner assoziativer Verlauf

(1) Märchenhaft-lyrische Verlaufsweise
(2) Konfliktmaterial aufsuchende Passagen

6 Verlaufsformen

---

[2] Neurosestrukturen im Sinne von SCHULTZ-HENCKE (RIEMANN 1975).

(3) Verlauf mit spontanen Altersregressionen

(4) Abschweifende Verlaufsweise

(5) Fragmentierte Verlaufsform

(6) Anregung der assoziativen Selbstentfaltung

(1) *Märchenhaft-lyrische Verlaufsweise*

märchenhaft

Eine kleine Gruppe unserer Patienten neigt eventuell (nach einiger Übung) dazu, in wohlgeordneten, fast in sich geschlossenen «Geschichten» zu assoziieren. Diese können mehr märchenhaften Charakter oder mehr lyrische Elemente haben, gelegentlich mit recht anmutigen und gefälligen Passagen. Manchmal ist es auch eine Art «Privatmärchen» oder eine sagenartige, ritualisierte Darstellung, dann die Schilderung eines Abenteuers, das Held oder Heldin zu bestehen haben. Die «Geschichte» kann sich gelegentlich mit einer eigenartigen dramaturgischen Folgerichtigkeit entwickeln; Verstrickungen und Höhepunkte bilden und lösen sich wieder. In der Regel ist damit eine Wandlung verbunden. Der Tagträumer kann seiner eigenen Story, die er nicht selten intensiv miterlebt, derart hingegeben sein, daß auch der sprachliche Ausdruck einen gehobenen, stilvollen oder dramatischen Charakter gewinnt. Daß ihre Inhalte auch den Duktus einer Initiation haben können, wird den Erfahrenen nicht verwundern.

Die Beziehungen zwischen Traumsymbolik, Märchen und Saga sind allzu bekannt und häufig bearbeitet worden. Neuerdings haben wir auch die «Höllenfahrt» als eine therapeutisch nicht zu unterschätzende Version dieser Verlaufsform kennengelernt (vergleiche S. 184f.).

Ich möchte ein Beispiel von märchenhaft-lyrischem Ablauf geben, das das Gesagte verdeutlicht.

Beispiel (E.B., nach Protokoll)

Die Schilderung stammt von einem 34 Jahre alten, hochbegabten, stark schizoiden Akademiker, der wegen einer schweren Charakterneurose mit zum Teil hysterischen, zum Teil zwangsneurotischen Anteilen in meiner Behandlung stand. Leitsymptom war eine schwere Störung der sozialen Anpassungsfähigkeit mit überkompensierter Aggressivität und Rechthaberei im Sinne einer gestörten Identifikation mit der männlichen Rolle. Er litt auch an Impotenz.

Bei Einstellung des Wiesenmotives erscheint eine Waldwiese. Die Szene wandelt sich in die eines Platzes im nächtlichen Urwald. Im fahlen Lichtschein steht ein alter Majatempel. Davor brennt ein Feuer, an dem Wächter stehen. Auf dem Boden kriecht «finsteres Getier» herum. Die Wächter lassen den Patienten in den Tempel hinein unter der Bedingung, daß er durch das Feuer springt. Im Inneren des Tempels brennt ein eigentümliches, rötliches Licht, an den Wänden stehen indisch erscheinende Figuren, aus Stein gehauen, von Pflanzen überwuchert. In der Mitte erkennt er die Gestalt eines großen Priesters in weißem Gewande, der ein schönes Diadem trägt. Er steht vor einem Thron mit Löwen aus Gold. Ein süßlicher Geruch wirkt betäubend. Um den Priester herum tanzen nackte Mädchen von brauner Hautfarbe, deren schwarzes Haar mit roten Blumen geschmückt ist. Diese strömen den Duft der Ekstase aus. Vor der Szene liegen andere Mädchen benebelt, alle schwitzen.

Der Patient hat das Bedürfnis, dem Priester die Schale zu entreißen. In diesem Moment wird es dunkel, die Wächter springen hinzu, und er muß mit ihnen kämpfen. Schließlich gelingt es ihm, den Tempel mit der Schale zu verlassen. Mühsam flieht er durch den

144

Urwald. Aufgefordert, die Schale näher zu betrachten, schimmert sie im fahlen Licht aus rötlichem Gold und zeigt einen stilisierten Adler in skythischer Manier aus tiefblauen Steinen, eingefaßt in Gold. Auf der Rückseite erkennt er einen aus Gold getriebenen Totenkopf.

Er begibt sich zurück zum Tempel, der jetzt verlassen daliegt und dessen Feuer erloschen ist. Kaltes, bläuliches Mondlicht läßt ihn nur noch schemenhaft in der Lichtung erkennen. Der Priester tritt aus dem Portal heraus und geht um den Tempel herum. Er kehrt sich dann dem Mond zu und erhebt beide Hände. Durch sein Beten hervorgeholt, schwebt auf einem Mondstrahl eine Schlange auf ihn hernieder und legt sich um seinen Hals. Schließlich verschwindet sie unter seinem Talar. Der Priester setzt seine Anbetung des Mondes fort, als wolle er noch etwas von ihm haben. Da verfinstert sich der Mond allmählich, ein Totenkopf fällt herab und blickt zu Boden. Ein Blitz wird vom Mond herabgeschleudert, ihm folgt eine bläuliche, züngelnde Flamme. Der Priester ist plötzlich verschwunden, an seiner Stelle ist nur noch Gestrüpp. Der Mond geht zurück und scheint kalt. Die Lichtung ist von Schnee bedeckt, der Tempel zerbrochen, wie leere Ruinenmauern.

Bei der Frage nach den Jungfrauen entwickelt sich aus der Ruine ein Zug von Nonnen. Bleich, abgehärmt, schwarz gekleidet gehen sie, ein Klagelied singend, gebeugt an ihm vorüber. Daneben zeigt sich eine hochgewachsene alte Frau mit spitzen Fingern, spitzer Nase und einer Geißel in der Hand, die auf sich einschlägt und mit bösen Augen auf den Patienten blickt. Die Nonnen spritzen aus heidnischem Gerät Wasser auf die Tempelruine. Ein Leopard kommt hervor. Die Hexe will ihn verwandeln, indem sie ihn bespuckt. Er wird dabei größer und immer größer und frißt sie schließlich auf. Aufgefordert zu sehen, ob unter dem Gestrüpp (das anstelle des Priesters entstanden ist) etwas zu finden sei, berichtet der Patient: «Die warme, tropische Nacht läßt den Schnee dahinschmelzen. Der Mond leuchtet wieder, das Gestrüpp wächst empor.» – Er sieht darunter eine Kette, die zu einem bronzenen Ring führt. Diese ist an einem Stein befestigt, um den Stein herausziehen zu können. Darunter findet er eine Axt mit einem merkwürdig geschnitzten Griff und einer offenbar japanischen Inschrift sowie eine Kiste; in ihr liegt ein Ei, in dem er einen goldenen Schlüssel, einen Pfriem und ein Lederstück findet. Das Leder ist auf indianische Art bemalt mit zwei Pferden, einem kleinen Halbmond und zwei Büffeln mit einer riesengroßen Sonne darüber.

Kommentar: In diesem Beispiel zeigt sich die hier abgehandelte Erlebnisform wohl besonders deutlich. Es ist eine Szenerie, die sich nicht nur vor dem Patienten entfaltet, sondern an der er selbst handelnd teil hat. Die Entschlüsselung der symbolischen Bedeutung dieser Szene und ihrer Gestalten scheint schwierig. Aus Kenntnis der Vorgeschichte ist es am leichtesten, die Gestalt der «Obernonne» oder «Hexe» mit der Mutter des Patienten in Verbindung zu bringen. Die Gestalt des Priesters weist auf eine starke Idealisierung hin, sei es, daß damit die narzißtische Übertragung auf den Therapeuten gemeint ist, sei es, daß darin seine eigenen narzißtischen Omnipotenzvorstellungen zum Ausdruck kommen: der Priester des Mondkultes, der Macht über Naturgewalten hat, aber auch vor allem über die weibliche Welt, die er betörend und betäubend an sich bindet. Narzißtische Elemente mischen sich mit denen der ekstatischen Sinnlichkeit, eine bis ins Extrem überhöhte Wunschphantasie, in exotischer Einkleidung «stilvoll» dargestellt. Die Magie des Rituals wird aber abrupt zerstört durch den Raub der Schale, und der Mond, als kalte, strafende Instanz, tötet den Priester.

Zurück bleiben die männlichen Symbole des Pfriems, der Pferde und des Stiers. Das Ei mit dem Schlüssel als Hinweis auf die notwendige Entschlüsselung des Geheimnisses (die in einer späteren Sitzung im Dornröschenmotiv geschieht). Der Zug der drastisch dargestellten jungen Nonnen zeigt das Umkippen der Illusion nach der Zerstörung: von extremer Sinnlichkeit hinein in eine asketische Szene, deren Verkörperung die Gestalt der sich kasteienden Mutterimago ist. Die Mutter des Patienten war «Gouvernante». Auch der märchenhaft mystisch und lyrisch eingekleidete assoziative Verlauf weist wohl auf eine narzißtische Komponente beim Tagträumer hin.

Abschließende Bemerkung

Bei der Frage, warum sich Patienten in dem Milieu derart gebundener KB-Szenen bewegen, stoßen wir zunächst auf den Umstand, daß nicht selten eine bestimmte, meist professionelle Vorbildung und entsprechender engagiert erworbener Wissensschatz zugrunde liegen. Der Patient hatte Ethnologie studiert. Die damit verbundene inhaltliche, aber im Verlauf doch im Kontext einer inneren Folgerichtigkeit stehende Assoziationskette mit ihrer starken Gebundenheit weist meines Erachtens aber auch auf die unbewußte Kontrolle der bestehenden triebhaften Bedürfnisse hin, hier im Sinne sexueller und narzißtisch-phobischer Tendenzen. Der Kompromiß zwischen Abwehrverhalten und Befriedigung wird deutlich, damit auch der Sublimierungscharakter. Ferner ist die narzißtische Freude am Außerordentlichen, Exotischen, Extremen der (Selbst-)Darstellung unverkennbar. Schließlich ist das Phänomen dieser oft eindrucksvollen Verlaufsform in bezug auf die Übertragung zu lesen. Der Patient versucht augenscheinlich, den Therapeuten mit seiner «aparten» mystischen Schaustellung zu beeindrucken. Das hat er zweifellos auch getan, denn diese KB-Sitzung ist mir als treffendes Beispiel über 22 Jahre in Erinnerung geblieben. Diese Beeindruckung des Therapeuten kann leicht zur Folge haben, daß er auf die klare psychodynamische Analyse verzichtet und damit die abwehrende Tendenz des Patienten akzeptiert. Das kann als Triumph des narzißtischen Verhaltens verstanden werden, unbeschadet der zweifellos bestehenden Begabung.

(2) *Konfliktmaterial aufsuchende Passagen*

konflikthaft

Der Kontext einer «Geschichte» kann sich auch hier entwickeln. Die Inhalte sind jedoch viel deutlicher mit Konflikten beladen. Sie drücken sich unmittelbar aus und treten in Form belastender Affekte wie Bedrückung, Angst, unter Umständen gesteigert bis zur existentiellen Not und Bedrohung, auf. Der empathisch mitfühlende Therapeut wird durch seine Gegenübertragung mehr als einmal gefordert zu prüfen, inwieweit er schützend eingreifen oder die sich anbahnende Konfrontation sich entwickeln lassen soll. Er kommt dabei eventuell in einen «Entscheidungsdruck» und mag sich beim Anhören des aufgenommenen Tonbandes später fragen, ob er im entscheidenden Moment nicht hätte anders intervenieren sollen. Diese Passagen sind die therapeutisch wichtigsten und die häufigsten assoziativen Formen. Deshalb zwei Beispiele:

Beispiel 1 (nach Tonbandtranskript, U.W.)

Zwangs-neurose

Die 23jährige Buchhändlerin leidet seit einigen Jahren an einem schweren Waschzwang. In dem dargestellten assoziativen Vorgehen gelangen erstmals die von der Patientin lang unterdrückten aggressiven Impulse spontan zum Durchbruch.

146

Gebeten, eine Wiese vorzustellen, blickt die Patientin bei schönem Wetter vom Berg in ein Wiesental mit vielen «eingekesselten» Häusern, sechs dunkle, verrottete Häuser aneinandergereiht, die in einem öden, verfallenen «Loch» stehen. Statt Menschen zu sehen, hört man nur Hunde in Zwingern bellen, die wild in ihren Käfigen emporspringen. Alles wirkt verlassen und unbewohnt. Wolken ziehen sich über dem Tal zusammen, die Sonne verschwindet, und es wird ganz dunkel. Die Häuser werden häßlicher, die Hunde «ganz wild», sie könnten ausbrechen. Ein schwerer Wolkenbruch geht nieder. Der schwarze Himmel scheint sich immer mehr auf die Patientin herab zu bewegen. Aus eigenem Entschluß klettert sie in das Tal hinunter. Aus Angst beobachtet sie die Hunde nur von weitem. Die Häuser sind ohne Fenster, «Kästen», wie Bunker, unheimlich stabil. Die Hunde werden noch wilder und scheinen vor Wut zu platzen. Nähergetreten erkennt sie, daß sie kein Futter haben, was ihr «schrecklich leid» tut. Sie traut sich nicht, sie zu befreien, denn sie könnte von ihnen angefallen werden. Sie holt Fleisch im nahen Dorf. Die Leute blicken entsetzt. Der erste freigelassene Hund frißt das ganze Fleisch voller Gier und rast davon. Als er durch das Dorf kommt, laufen die Leute angstvoll weg. Die Patientin verfolgt ihn mit dem Fahrrad und kommt zu einer Hütte. Dort tobt das Tier mit lautem Bellen gegen die verschlossene Tür, hinter der man Stimmen hört. Durch das Fenster erkennt sie eine «fürchterliche» männliche Gestalt: einen ganz böse blickenden Verbrecher mit kaltem, falschem Augenausdruck. Er bekommt offenbar Angst und nimmt ein Gewehr; der Hund erregt sich, reißt die Tür auf und springt gegen den Mann, der heftig schreit. Sie kämpfen. Der Mann schießt den weiblichen Hund tot. Offenbar haben beide schon lange etwas miteinander zu tun. Die Patientin ist traurig. – Der Mann rennt mit dem Gewehr hinaus, aus Angst versteckt sie sich vor ihm. Er schwingt sich auf ein Motorrad und rast den Weg, den der Hund gekommen ist, zurück. Er schießt alle übrigen fünf Hunde in den Zwingern tot. Die Patientin betrachtet ihn noch einmal. Er wirkt wild, dreckig und zerlumpt, wie ein Verbrecher. Die blauen Augen blicken starr. (Der Therapeut führt die Augenprobe durch.) Sie erinnert sich an einen Mann im nächtlichen Eisenbahnzug, der anzüglich geworden war und sie geängstigt hatte. Diese blauen Augen hätten sie auch späterhin wiederholt verfolgt. Der Blick sei starr, angsterregend, das Blau der Augen «widerlich».

Kommentar: In den Hunden und ihrem Schicksal erkennt die Patientin sich selbst: Eingesperrt sein, niemand kümmert sich um sie, am Ende wird sie einfach niedergeschossen, das könne sie gut nachempfinden. Sie friert noch mehr; das kenne sie, wenn sie Angst habe. Jetzt noch habe sie Angst, die blauen Augen könnten wieder auftauchen. Sie scheinen andere Menschen zu jagen, in Wirklichkeit seien sie aber selbst gehetzt. – Sie denkt an ihren Freund G., dann an ihren Vater, der jedoch dunkle Augen habe, die nicht kalt blicken würden. – Sie spricht von Ängsten in der Patientengruppe und von Ekel, der sie erregt habe, weil einer der Mitpatienten seine Hände an ihrem Handtuch getrocknet habe. Der Ekel erregt den Gedanken, er könne seine Hände nach Benutzung der Toilette nicht gewaschen haben.

Beispiel 2 (E. X.)

stammt aus einer Behandlung von mehr als 100 Sitzungen, als Ergebnis längerer Vorbereitung dieses ödipalen Themas. Die therapeutische Wirkung mit Besserung eines Teiles der Symptomatik bleibt nicht aus. *ödipales Thema*

Nachträgliches Protokoll einer 52jährigen Patientin im Klärungsprozeß ihrer Bindung an den Vater, die sie auf ihren Ehemann überträgt.
(Thema Wiese): «Auf der Wiese stand ein Elefant, ein Denkmal aus Marmor, majestätisch und groß. Eine mit Tüchern verhüllte Frau betete es kniend an. Da wurde der Elefant lebendig und beschnüffelte die Frau mit seinem Rüssel. Sie stand auf und wollte

147

weglaufen. Er aber warf sie um, schlug sie auf den Rücken und peitschte sie mächtig mit dem Rüssel, bis sie sich vor Schmerzen wälzte. Dann stellte er ein Bein auf ihren Leib, so daß die Frau dachte, in jedem Moment zerdrückt zu werden. Jetzt empfand ich selbst die Schwere des Elefantenfußes, der auf meiner Brust stand. Es war kaum auszuhalten; jeden Moment konnte er mich erdrücken. Ich rief vor Schmerzen um Hilfe. Auf den Zuspruch des Arztes lernte ich jedoch, den Druck auszuhalten. Trotzdem behielt ich große Angst, die sich steigerte, bis ich glaubte, sterben zu müssen. Mein Herz verkrampfte sich. – Schließlich hatte ich es aber doch ausgehalten und überstanden. Im Kopf begann es zu prickeln, der Elefant befreite mich und ging langsam durch die Büsche und Sträucher davon und verschwand im Wald, als ginge er ins Unendliche. – Die Frau stand nun auf, pflückte Blumen und freute sich, von dem Riesen befreit zu sein. Gleichzeitig war sie aber auch traurig, setzte sich wieder betrübt auf den Boden und wußte nicht, was sie allein tun sollte. Aber doch war sie von einer Last befreit.»

Nach der hier angeführten Sitzung ging es der Patientin im häuslichen Milieu ausgesprochen gut. Während sie bisher die Angst- und Haßliebe, die den Vater betraf, auf ihren weichen und zuvorkommenden Ehemann projiziert hatte, ihre Hausfrauenpflichten unter diesem hintergründigen Haß vernachlässigt und ihren Mann mit versteckten Aggressionen tyrannisiert hatte, wandte sie sich nun dem Ehemann wieder zu und versorgte ihn gern. Auch psychogene Beschwerden, wie zum Beispiel Schwindelzustände, verschwanden.

Kommentar: Diese Passage erlebte die Patientin, als sie sich mit der ödipalen Beziehung zum Vater auseinandersetzte, die noch unter infantil narzißtischem Aspekt gesehen wurde. Sie erinnerte zu diesem KB, daß der Vater sie als Dreizehnjährige an die Brust gefaßt hatte; der Gedanke keimte in ihr, daß der autoritäre, hart strafende und die höchste Verehrung der Familie fordernde Vater sie in dieser Szene «als Mann» begehrt habe. Die Befreiung erfolgte, nachdem die Bedrohung mit Hilfe des Therapeuten («Durchleben und Durchleiden») durchlitten worden war. Sie ist ambivalent; ohne zu wissen weshalb, ist die Patientin über den Verlust des zum Marmordenkmal erstarrten Tieres traurig. In den folgenden Sitzungen lernt sie immer mehr, die Vatergestalt und die abgewehrte ödipale Bindung anzunehmen und sich schließlich – mehr oder weniger verschlüsselt – vom Vater als Frau akzeptiert zu fühlen. Unter einer vorübergehenden «späten Liebe» zu dem längst verstorbenen Vater überwindet sie langsam die «Kastrationsängste» und ihre ambivalente masochistische Unterwürfigkeit.

Während Patienten dazu neigen, die wiedererweckten traumatisierenden kindlichen Eindrücke spontan aggressiv abzuwehren, kann diese Abwehr in Erfüllung unserer Forderung, die bedrohliche Frustration zu durchleiden, bewußt gemacht werden.

(3) *Verlauf mit spontanen Altersregressionen*

Alters-
regressionen

Unter Altersregression wird die Imagination von Szenen aus der Kindheit verstanden. Dieser regressive Zustand kann sich in drei Hauptformen darstellen:

a) Der Patient erlebt *sich selbst geschrumpft* und klein. Er kann sagen, in welchem Alter er sich etwa befindet. Nicht immer, aber häufig, sieht er die Welt auch aus der Perspektive des jeweiligen Alters und mit den Gefühlsqualitäten und Wahrnehmungseigentümlichkeiten, die diesem entsprechen.

b) Er erlebt sich selbst nicht als verkleinert, ist jedoch Zuschauer einer Szene, die in seinem früheren Alter spielte. Er sieht sich selbst nicht.

148

c) Der gleiche Tatbestand wie in (b) ist gegeben, jedoch kann der Patient sich selbst in der Szene als kleines Kind beobachten.

Diese Altersregressionen sind in der Regel die Rückblende auf reale Erlebnisse. Selbstverständlich spielt bei der Altersregression im KB die schon von FREUD (1895) im Zusammenhang mit dem psychischen Trauma diskutierte Frage eine Rolle, ob und inwieweit es sich bei ihr wirklich um Realerinnerungen oder um Phantasieproduktionen handelt. Phänomenologisch gesehen ist das nicht immer zu klären. Zum Teil wird der Anschein erweckt, daß es sich um reine Phantasievorstellungen handelt, vor allem dann, wenn grobe, besonders lebendig wiedergegebene sexuelle Inhalte vorliegen. Aber auch Mischformen sind zu beobachten. Z.B. imaginiert ein 25jähriger Zwangsneurotiker, wie er etwa als zweijähriges Kind auf dem Nachttopf sitzt, vergeblich auf die Mutter wartet und mit dem Topf verlassen im Zimmer herumrutscht. Schließlich erblickt er eine kleine Schlange, die sich auf ihn zu und um den Topf im Kreis herum bewegt. Die Realsituation ist wahrscheinlich richtig wiedergegeben, hinzu kommt der symbolische Inhalt, der mutmaßliche (anal-)erotische Ängste des Kindes widerspiegelt.

Der Begriff Altersregression stammt von dem englischen «age regression» und sagt zunächst nichts über die psychodynamische Regression aus. Zum Regressionsbegriff der Tiefenpsychologie verweise ich auf ein Übersichtsreferat nach dem neueren Stand der Entwicklung des Begriffes (LEUNER 1978a).

Altersregression war ursprünglich als ein spontanes Ereignis in Selbsthypnose (SCHNECK 1955) und therapeutisch in Hypnose (ERIKSON 1937; KLINE & HAGGERTY 1953) bekannt geworden. ERIKSON & KUBIE (1941) behandelten den Fall akuter psychogener Depression allein durch die Wiederbelebung eines Kindheitstraumas in Hypnose. – Die Entdeckung therapeutischer Altersregression im KB erfolgte durch BAROLIN (1961, neuerdings BAROLIN et al. 1983).

Psychodynamisch betrachtet ist es nicht bedeutsam, ob und inwieweit die Inhalte der Altersregression allein phantasiegebunden sind, als Mischform auftreten oder quasi als eine Momentaufnahme realer Kindheitsszenen erscheinen. In allen Fällen stellen sie einen Kondensationspunkt dar, der als Verdichtung des emotionalen Klimas beziehungsweise des Interaktionsmusters zwischen Kind und Bezugsperson in der wiedergegebenen Altersphase aufzufassen ist. Nicht immer muß es sich um eine traumatische Situation handeln.

Deutlich ist – wie schon BAROLIN (1961) hervorhebt –, daß das Auftreten von Altersregressionen im Verlauf einer KB-Therapie deren Fortgang fördert. Verschiedene Gründe können dafür angeführt werden: Die Verdichtung des emotionalen Klimas einer Objektbeziehung gibt klar definierte Inhalte und Erinnerungen wieder. Die Szene ist in der Regel entweder stark emotional, mit negativem, abzureagierendem Affekt besetzt, um ihn durchleben und durchleiden zu lassen. Ist die Altersregression im anderen Fall aber mit positivem Affekt verbunden, besteht die Chance, positive Erlebniskerne (Ich-Kerne) «anzureichern» und auszuweiten. – Die Konfrontation mit beiden Formen führt nachfolgend zur klärenden Auseinandersetzung mit Bezugspersonen. Beide sind ein bedeutsamer Teil des Durcharbeitens im KB (vergleiche Abschnitt 2.5.5. und 2.6.1.3.2.).

In diesem Zusammenhang muß an die Unterscheidung von ALEXANDER (1957) erinnert werden. Er differenziert zwischen

a) Regression in das psychische Trauma und
b) Regression vor das psychische Trauma.

Die letztgenannte Regressionsform, der Rückgriff auf die konfliktfreie Erlebnissphäre eines frühen «Kinderparadieses», wird uns im Abschnitt «Befriedigung archaischer Bedürfnisse» beschäftigen (259f.).

Zur Veranschaulichung des assoziativen Verlaufes mit spontaner Altersregression folge ich der Beschreibung (Tonbandprotokoll) eines 36jährigen Patienten, der wegen einer neurotischen Depression mit zwanghaften Anzeichen und Todeswünschen in Behandlung kam.

Beispiel 1 (B. I.)

Der Patient bilderte bereits eine halbe Stunde. Sein Vater erschien und band ihn mit langen Tauen an den Füßen fest. Der Versuch, die Fesseln zu lösen, gelang nicht. Plötzlich schrie der Patient kurz auf, lag ganz ruhig, fast starr, den Unterkiefer leicht angezogen, so daß die Oberkieferzähne zu sehen waren. Das Gesicht erschien in eigentümlicher Weise entstellt, blaß, mit einem steifen Lächeln, manchmal klang es wie ein Schluchzen, nicht aber Weinen. Ich nahm seine innere Erregung wahr, die wellenförmig kam und ging. Jedesmal, wenn die Erregung den Höhepunkt erreicht hatte, erfolgte ein eigentümliches Zucken beider Arme, die kurz emporgerissen wurden, wie beim Strampeln eines Säuglings. Der Patient war dabei nicht ansprechbar. Später konnte er auf Fragen mit dem Kopf nicken. Ich hatte den Eindruck, daß in ihm etwas vorging, was er verbal nicht äußern konnte, ihn aber vollkommen okkupierte. Der Kontakt zur Umwelt war weitgehend aufgehoben.

Abgekürzte Schilderung nach der Sitzung (Tonbandtranskript):

«Beim Bildern hatte ich das Doppelerlebnis, einmal ein Vierzehnjähriger zu sein, dann mich aber gleichzeitig innerlich wie ein dreijähriges Kind zu fühlen. Und dann plötzlich – ich weiß selber nicht, wie das kam – war ich hilflos und lag im Schoß eines Mannes, so daß ich mich als Säugling fühlte, der über sich diesen großen, mächtigen Mann sah. Dann war alles, wie es damals gewesen sein muß: Ich lag wie so ein hilfloses Wesen in dieser Mulde, einer Wiege oder einer Vertiefung dieses jetzt aber nur umrißhaften Mannes. Ich war in eine Zeit zurückversetzt, in der ich weder sprechen noch irgendeinen anderen Ton von mir geben konnte. Ich hörte zwar, wie Sie etwas sagten, es war aber alles so weit weg. Ich hätte gern geantwortet, aber ich brachte einfach nichts heraus. Mein Mund war verunstaltet, die Zunge lag trocken darin, so daß gar kein Ton zu formen war, obwohl ich mich innerlich anstrengte. Ich fühlte mich manchmal – es ist sehr schlecht, eine Zeit anzugeben – wie ein halbjähriges, dann wieder wie ein zwei- oder dreijähriges Kind.

Aus der Mulde, wohl dem Schoß, konnte ich mich nicht emporheben oder daraus befreien. Er war gleichzeitig aber auch wie ein Schutz. Dann wieder sah ich vor mir dieses Riesenhafte, dieses Brutale oder Mächtige, über mich gebeugt, vielleicht ein mächtiger Menschenkörper, dunkel, wie Fleisch anzufühlen. Es war die graue Masse eines Menschen. Ich sah kein Gesicht.» – («Wie empfunden?») – «Als kleiner Mulde zu liegen, aber gleichzeitig als Druck, der mich erdrückte.» – («Angst, erdrückt zu werden?») – «Ja.» – («Wie war das Ganze?») – «Es war unheimlich, alles unheimlich. Ich konnte aber gegen dieses Unheimliche in meiner Hilflosigkeit gar nichts machen. Ich hätte am Anfang, ehe ich plötzlich in diese Versenkung heruntergefallen bin, am liebsten aufgeschrien. Aber sogar das Schreien war mir beim Anblick dieses Mächtigen unmöglich. Als ob der Vater mich als kleines Kind – aus was für einem Grunde weiß ich nicht – oftmals an sich gerissen oder gedrückt hätte . . . Er krallte mich an sich, das war so eine

Eigenart von ihm. Wenn ich mich aus dieser Umklammerung befreien wollte, drückte er nur noch fester. Da war ich vollkommen seiner Macht preisgegeben. Das hat er sehr oft getan.» – («Woher wissen Sie das?») – «Ja, das weiß ich.» – («Das hätten Sie auch vor diesem Erlebnis in der Behandlung gewußt?») – «Vorher habe ich mich vielleicht an die Sonntagmorgen in seinem Bett erinnert. Aber diese Erinnerung war irgendwie anders als das Erleben jetzt. Diese ganze Wucht, die dahinter steht, diese Mächtigkeit, das hätte ich so nicht erlebt.»

Nochmaliges KB zur Kontrolle: («Was machen die Fesseln jetzt?») – «Ich habe die Fesseln meines Vaters noch an den Beinen. Die Knoten sind irgendwie lockerer geworden, aber sie sind noch verschlungen. Ich stehe etwas hilflos oder ratlos da. Ich weiß gar nicht, was ich tun soll. Ich habe aber jetzt, wenn ich einen Rückblick halte, die Ursachen erkannt und weiß, daß man die Fesseln lösen kann. Aber es ist noch ein Schritt zu tun bis zu der Ausführung dieses Vorhabens.»

Kommentar: Das Protokoll wurde ausführlich wiedergegeben, um das interessante Phänomen der *spontanen Altersregression* zu verdeutlichen. Vielfältige Qualitäten des Erlebens lassen kaum Zweifel an der Echtheit des Wieder-klein-geworden-Seins. Das Abschalten der Umwelt und die diffusen Erlebnisqualitäten mit ängstlichem Erstarren und Nicht-sprechen-Können sind für Altersregressionen auf die frühe präverbale Stufe typisch.

Therapeutisch ist diese Sitzung in zweierlei Hinsicht bedeutsam: Auf der einen Seite wird der *Primärkonflikt* als eine stark ambivalente Bindung an den Vater aufgedeckt. Dieser erscheint als bedrohliche, erdrückende Übermacht, der der Patient ausgeliefert ist und die dem Kind «die Sprache verschlägt». Zugleich aber bietet sie eine willkommene Geborgenheit in Vaters Schoß. Bemerkenswerterweise wurde der Vater nach der Vorgeschichte tatsächlich häufig als mütterlich empfunden, während die Mutter dem Kinde kühl gegenüberstand. Insgesamt herrscht aber hier der bedrohliche Aspekt vor, was mit den biographischen Angaben übereinstimmt. Die therapeutische Wirkung dieser Passage liegt in der starken affektiven Beteiligung des Patienten. Sie führt bis zu einer auch äußerlich wahrnehmbaren psychophysischen Erregung, und zwar umso mehr, als eine Regression bis in die orale Phase des ersten Lebensjahres gegeben ist. Die Sphäre engster psychophysischer Einheit, wie sie R. SPITZ (1956/1957) für dieses Alter als charakteristisch beschreibt und HOLFELD (1962) auch für die Psychotherapie unter Halluzinogenen im Selbstversuch schildert, wird deutlich.

Bemerkenswert ist schließlich die Art der «Selbstinterpretation» durch assoziatives Material. Die Symbolik des An-den-Füßen-gefesselt-Seins erfährt ihre genetische Erklärung als das primäre Trauma. Der deutliche Unterschied des Ausmaßes der emotionalen Beteiligung sei hervorgehoben: Das endgestaltete, rein personelle Erleben des Gefesseltseins an den Füßen bleibt flach. Stark erregend und undifferenziert ist dagegen die sehr frühe Szene, in der die enge psychophysische Korrelation vorherrscht. Der Affekt wächst in der tiefen Regression zum Grundkonflikt existentiell bedrohlich an. Diese Beobachtung, die sich deckt mit Erfahrungen aus der psycholytischen Behandlung (LEUNER 1962, 1981), weist auf die eminente therapeutische Bedeutung der Regression auf den Grundkonflikt hin. Der erfahrene Psychotherapeut ist darüber nicht verwundert, galt es doch lange Zeit als wichtigstes Ziel der psychoanalytischen Behandlung, bis zum Kernkonflikt vorzustoßen. Diesem Schritt geht jedoch in der Regel eine längere Behandlungsperiode voraus. Dem Patienten wird es jetzt möglich, die Angst zu akzeptieren und die frühen Frustrationen in ihren vielfältigen Formen *zu durchleben und zu durchleiden* (vergleiche Abschnitt 2.6.). Von therapeutischer Bedeutung ist auch die nachträgliche Erkenntnis des Patienten, daß er von den Fesseln des Vaters grundsätzlich freikommen kann (Hoffnung), da sie sich gelockert haben. Gleichzeitig wird ihm gezeigt, daß aber eine endgültige Lösung noch nicht erfolgt ist und weitere therapeutische Schritte notwendig sind.

Aus assoziationspsychologischer Sicht drängt sich ein weiteres Moment auf. Wir sehen, daß sich die Teile der gesamten Altersregression in verschiedenen Altersphasen abspielen: im 13./14., im dritten Lebensjahr und etwa im ersten Lebenshalbjahr. Das zeigt die enge assoziative Verknüpfung der im Lebensalter weit auseinander liegenden Ereignisse. Wir erkennen hier dynamische Verhältnisse, die ich an anderer Stelle als «transphänomenales Steuerungssystem» gekennzeichnet habe. Es ist für die Selektion des jeweiligen Erlebnismaterials verantwortlich (LEUNER 1962, 1964) und determiniert die Glieder einer Assoziationskette.

Die gezielte Induktion einer Altersregression zur therapeutischen Einstellung der Genese eines Konfliktes und Korrektur von Objektbeziehungen vergleiche S.248ff..

Ein charakteristisches Beispiel für die Regression vor den Konflikt gebe ich auf S.260 wieder.

Abschweifungen (4) *Abschweifende Verlaufsweise*

Die spontane Assoziationskette verfolgt hier nicht, wie in dem Zitat von FREUD charakterisiert, «fast unfehlbar die pathogene Lage in ihrer reinsten Ausbildung», vielmehr sind Abwehrvorgänge wie Vermeidung oder Verleugnung im Spiel. Die Art dieser Abschweifung kann unterschiedlich sein. Am leichtesten wird sie erkannt, wenn der Patient vom Imaginieren abläßt und randständige oder ausschließlich kognitiv orientierte, d.h. oberflächlich gedankliche Einfälle bringt. Er kann sich dann, weiter abschweifend, ohne emotionale Beteiligung banalen Dingen zuwenden, die mit der Konfliktproblematik kaum noch etwas zu tun haben. Besonders aufmerksam wird der Therapeut immer dann werden, wenn der Patient beginnt, sich zu loben, seine Stimme hebt, lustig und vergnügt oder mehr im gesellschaftlichen Plauderton scheinbar zum Thema gehörende Erinnerungen, Vergleiche oder Stories über Dritte bringt. Ein Beispiel erübrigt sich, da diese Form leicht zu erkennen ist. Zu unterscheiden ist jedoch zwischen Inhalten, die einen Kommentar zu Konfliktmaterial und analoge Erinnerungen bieten, und solchen, die im Dienste der Abwehr stehen.

Etwas schwieriger zu beurteilen sind abschweifende Passagen, in denen sich zwar der Kontext des Bilderlebens unmittelbar fortsetzt, er aber später immer wieder in ähnlicher Weise wiederholt wird. Anfangs ist man sich als Therapeut nicht schlüssig, wie weit die KB-Inhalte nicht doch in der einen oder anderen versteckten Weise zu dem herrschenden Konfliktthema gehören. Erst nach mehreren Durchgängen wird man sich klarer, welch subtile Vermeidungstechnik der Patient unbewußt anwendet, um sich selbst und seinen Therapeuten zu täuschen. Hierzu folgendes Beispiel:

Beispiel 2 (H. H.)

Ein 54 Jahre alter Geschäftsmann steht seit längerer Zeit in meiner Behandlung wegen einer ausgeprägten Charakterneurose mit einer ihn sehr kränkenden Impotenz. Das Konkurrenzproblem ist, weil vom Patienten sorgfältig vermieden, im Verlaufe der bisherigen Behandlung nur in Abständen angeschnitten worden. Dabei wird deutlich, daß er in dieser Hinsicht erhebliche imaginäre Ängste hat. Sie wirken sich auch im alltäglichen Geschäftsbetrieb hinderlich aus und haben dazu geführt, daß er sein Geschäft vernachlässigt.

Im Bilderleben wird das die Konkurrenzproblematik darstellende Motiv des Aufstiegs auf den Berg vorgeschlagen. Der Patient möge, von der Wiese kommend, einen bereits imaginierten, vor ihm liegenden Berg ersteigen. Er durchwandert am Fuße des Berges eine Heidelandschaft. Im assoziativen Vorgehen beobachtet er eine Fülle angenehmer Einzelheiten, wie die blühende Heide, eigenartige Nadelbäume, ein idyllisches Häuschen, bizarre Felsengebilde und immer wieder neue, mit Liebe zum Detail vorgebrachte Naturschönheiten, an denen er schwärmerisch hängenbleibt. Die Fortsetzung des Weges aber vernachlässigt er. Des öfteren darauf hingewiesen, schreitet er zwar vorwärts, erreicht aber niemals den Weg, der nun schließlich ansteigt, um ihn auf die Höhe zu führen. – Im Anschluß an die Sitzung führe ich ihm diesen Sachverhalt vorsichtig vor Augen, und er bringt einige Einfälle dazu bei. In der darauffolgenden Sitzung starte ich einen neuen Versuch und leite ihn nach der Grundstufentechnik an, den betreffenden Berg doch noch zu besteigen. Jetzt machen sich die inneren Widerstände in Form von klaren Verhinderungsmotiven bemerkbar. Sie rufen Unlustgefühle und gelegentlich imaginäre Ängste hervor.

Bemerkung

Daß abschweifende Assoziationen eine ganze Sitzung beherrschen, ist nicht die Regel. Auch in einer assoziativ zunächst produktiv verlaufenden Sitzung können wir hier oder dort von Abwehrmechanismen diktierte Abschweifungen eingeblendet sehen. Sie können dem Patienten «augenscheinlich» zeigen, daß er unbewußt Abwehrmanöver verfolgt hat. Auf diese Weise kann mit aller Vorsicht eine «Abwehranalyse» versucht werden.

Der Therapeut sollte sich immer daran erinnern, daß Abwehrmechanismen die wichtigste Dynamik der Neurose darstellen und ihre therapeutische Bearbeitung einschließlich ihrer Analyse Vorrang hat gegenüber dem Ansprechen, der Bearbeitung und der Freisetzung von Impulsen und deren Inhalten. Gleichzeitig ist zu bedenken, daß Abwehrvorgänge zunächst immer dem Schutz des Patienten dienen, z.B. vor unbewußten Ängsten, etwa gegenüber latenten Aggressionen, also als Schutzfunktion zu behandeln sind.

Technisch ist wichtig, den langsamen Abbau der häufig zur neurotischen Charakterstruktur gehörenden Abwehrmechanismen geduldig abzuwarten. Täglich praktiziert, lassen sie sich allein durch Einsicht nicht lösen. In diesen Fällen kann nur eine breite Durcharbeitung des Abwehrverhaltens und des damit verbundenen Wiederholungszwanges wirksam sein. Dieser Prozeß wird in Abschnitt 2.6. besprochen.

(5) *Fragmentierte Verlaufsform*

Fragmentierung

Eine kleine Gruppe von Patienten zeigt eine extreme Form der produktiven Assoziationen von Bildern. In einem Grenzbereich werden deren Inhalte bruchstückhaft, unter Umständen ganz kurz aneinander gereihte Fragmente, die wenig oder gar keine Beziehung zu einem Kontext erkennen lassen. Der damit nicht vertraute Therapeut gerät hier leicht in Verlegenheit. Bei den betreffenden

Patienten handelt es sich in der Regel um extrem stark gestörte. Sie haben nicht nur eine besonders ausgeprägte Phantasiebegabung, die es ihnen ermöglicht, die vielfältigen Bilder in schneller Reihenfolge – mehr oder weniger sprunghaft – zu entwickeln. Diese fragmentierte Form in Extremausprägung hat vielmehr einen ausgesprochen pathologischen Charakter und weist auf eine starke innere Beunruhigung, Spannung beziehungsweise dauernde emotional-affektive Erregung hin. Das paßt zu ihrer ausgeprägt hysterisch strukturierten Neurose. Man hat den Eindruck, daß das Ich einen Motivanteil nach dem anderen schnell «herausschleudert», um sich dadurch zu entlasten. Versucht man die Sequenz dieser Bruchstücke in nachfolgender Tonbandkontrolle genau zu analysieren, wird bald deutlich, daß das Hin- und Herspringen von einem Inhalt zum anderen ohne eine rechte innere Konsistenz Ausdruck sehr empfindlich reagierender Abwehrvorgänge ist. Ein auftauchender Bildanteil wird schnell durch den nächsten verdrängt, beziehungsweise gegen die konstante Entfaltung des ersten Anteiles schiebt sich ein Widerstand ein und fordert den nächsten. Damit braucht die erste Szene nicht fortgesetzt zu werden.

Wie soll sich der Therapeut verhalten? – Die einfache Grundregel lautet: Möglichst wenig intervenieren, möglichst wenig strukturieren oder anleiten, sondern den Patienten zunächst einmal über längere Strecken durch Gewährenlassen dazu bringen, daß er bei aller Sprunghaftigkeit und Fragmentierung der Assoziationen alles herausbringt, was sich ihm irgendwie anbietet und was ihn bedrängt. Das mag eine oder mehrere Sitzungen in Anspruch nehmen. Diese gewährende Geduld und eine gleichbleibend wohlwollende Haltung des Therapeuten in diesen Fällen lohnt sich nach meiner Erfahrung. Meistens strukturieren sich die Assoziationen dann zu länger bestehenden Szenen und ergänzen sich auch mit gedanklichen Einfällen zu einem übersichtlicheren Kontext, aus dem schrittweise das andrängende Problem zu erkennen ist. – Der wohlwollend-gewährende Schutz und die Aufmerksamkeit des Therapeuten bedeuten nicht nur eine affektive Entlastung für die Betreffenden, sondern sind therapeutisch für sich wirksam, solange eine positive Gegenübertragung des Therapeuten vorherrscht.

Im nachhinein ein Protokoll schreiben zu lassen, ist in diesen Fällen naturgemäß schwierig oder gelegentlich gar nicht möglich. Auch läßt sich über dieses Material hinterher kaum rekapitulierend sprechen. Ich helfe mir dadurch, daß ich den Betreffenden bitte, zu versuchen, die vielfältigen Inhalte zu einem thematischen Problemkreis zusammenzufassen, soweit er sich an die Fragmente noch erinnert. In der Nachbesprechung kann dieser Versuch vom Therapeuten unterstützt werden. So chaotisch das Assoziationsfeld anfangs vielleicht erscheint, lernt der Patient doch aus diesen vorstrukturierenden Versuchen allmählich, sein Netz der Assoziationen besser zu organisieren. Unter Umständen ist es auch hilfreich, die innere Hast und Unruhe nicht nur anzusprechen, sondern den damit nicht selten hohen Leistungsanspruch an sich selbst zu analysieren. Z. T. ist er auch dadurch begründet, daß die Patienten glauben, ihrem Therapeuten unbedingt «etwas bieten» oder demonstrieren zu müssen. Je besser es dem Therapeuten gelingt, durch seine auch nicht-verbal wahrnehmbare Haltung dem betreffenden Patienten Ruhe, Sicherheit und Stabilität zu vermitteln, desto früher wird er diese oft dranghaften Ambitionen aufgeben.

(6) *Anregung der assoziativen Selbstentfaltung*

Patienten können ohne Gefährdung große Freiheitsgrade, d. h. eine selbständige, kreative und expansive Entfaltung im KB, angeboten werden. Mögliche latente (unbewußte) Bedürfnisse, die dem Therapeuten vielleicht noch nicht bekannt sind, sollen dadurch angeregt werden. Die Induktion eines jeden Motives legt dem gehemmten Patienten Grenzen der Expansion auf. Aufgrund der vermehrten Suggestibilität im Entspannungszustand wird zudem das, was der Therapeut vorsichtig anbietet, auch direktiver erlebt als im Wachzustand. Spontane Entfaltungen können am besten unter drei Bedingungen erfolgen, indem man:

Expansion

*Selbstent-
faltung*

- den Patienten schon vor Beginn der Imagination fragt, was er sich heute wohl am liebsten vorstellen möchte;
- die Strukturierung der Imagination dem aktuellen (unbewußten) Gefühl oder der Stimmung überläßt; die Anweisung lautet dann: «Stellen Sie sich bitte etwas vor (eine Landschaft), das zu Ihrer jetzigen Stimmung paßt»;
- die kreative Entfaltung vorsichtig auf eine Aufgabe hinlenkt, etwa die Lösung eines Problems, das dem Betreffenden derzeit Anliegen ist.

Bei der Technik der Anregung spontaner Selbstentfaltung ist es vielleicht nicht zufällig, daß viele Patienten sich einen Inhalt wählen, der *Befreiung von Einengung und von Festlegung durch das tägliche Einerlei* verspricht. Neue Freiheitsgrade können damit erprobt und hintergründige archaische Bedürfnisse befriedigt werden. Die Wahrscheinlichkeit besteht, daß eine derartige Entfaltung später auch in das reale Leben übertragen wird.

Beispiel 1

Beispiele

Eine Patientin von Mitte 40, ihr Mann leitender Beamter einer großen Behörde, die Kinder außer Haus, sitzt vereinsamt in ihrer Wohnung und kennt keinen Menschen am neuen Wohnort. Den ganzen Tag wartet sie auf ihren Mann, der endlich abends spät mit seinen Akten nach Hause kommt. Allmählich leidet sie unter «schrecklichen Herzanfällen». – Ich sehe mich diesem Fall zunächst etwas ratlos gegenüber, da die Patientin eine systematische Psychotherapie aus äußeren Gründen nicht durchführen kann.

Ich stelle einige Motive der Grundstufe ein. Die Patientin absolviert sie «brav». Dabei ist sie nicht sonderlich emotional beteiligt. Die drängenden Probleme spiegeln sich nicht. Das KB steht in auffälligem Widerspruch zur Intelligenz der früher beruflich erfolgreich tätigen und befähigten Frau. Man hätte auch erwarten können, daß sie ihr Leben aktiver anpackt und selbst gelernt hat zu wissen, was sie braucht. – Aus dieser Verlegenheit heraus frage ich sie in der nächsten KB-Sitzung, was sie «heute gern im Tagtraum machen würde». – Sie sagt, sie möchte gern einmal reiten. («Na, reiten Sie doch einmal.») Ohne Umschweife imaginiert sie ein Pferd, besteigt es und reitet. Damit ist das *Motiv* des später zu beschreibenden Führers oder *inneren Schrittmachers* eingestellt. Wir vertrauen diesen spontan auftretenden Symbolgestalten, daß sie den Patienten eine längere Strecke in der richtigen Weise im KB-Panorama führen (S. 197ff.).

Das Reiten gelingt ihr recht gut. In der Kindheit sei sie ein bißchen auf einem Bauerngaul geritten, und das Pferd sei damals losgegangen und galoppiert. Im KB kann sie jetzt sogar richtig reiten. Sie findet es «wunderbar». Emotional kommt offensichtlich ein neues (oder längst vergessenes) Element in ihre Vorstellungswelt: das Gefühl einer «ungeheuren Freiheit», vermittelt durch das Reiten und dadurch, «höher» zu sitzen. Das Pferd griff aus, sie ließ es zu und apostrophierte: «Ich bin eins mit dem Pferd, es macht einen riesengroßen Bogen.» Schließlich ging das Pferd zu einem Bauernhof, dort traf sie Leute, und eine gesellige Szene entwickelte sich über eine halbe Stunde. Hinterher war sie erleichtert und

155

beglückt. Sie hatte endlich gespürt, wie es ist, wenn sie aus dieser hauswirtschaftlichen Enge, dieser kleinbürgerlichen Werthaltung und der Ideologie einer sinnlosen, überzogenen Pflichterfüllung herauskommt.

Fliegen

Kommentar: Diese Befreiung von zwanghaften Einengungen hatte ihr gut getan. Das Motiv, ein Pferd zu reiten, war in dieser Hinsicht fruchtbar gewesen. Sie hatte es sogar selbst gefunden. Immer dort, wo jemand seinen eigenen Wunsch, seinen eigenen Impuls selbst findet und sich erfüllt, gewinnt das Motiv größere Bedeutung, als wenn es vom Therapeuten eingeführt wird.

Das Prinzip der Befreiung vom «Druck eines überlastenden Über-Ichs» kann sich auch zum *Fliegen* hin ausweiten. Fliegen wurde früher aus der Sicht des psychoanalytischen Realitätsprinzips im KB abgelehnt als die Verstärkung einer Vermeidetendenz (Vermeidung von Realitäten, die das irdische Dasein uns auferlegt). Inzwischen habe ich die große Bedeutung, die in der Erhebung von der Erde für die Lösung zwanghaft und depressiv einengenden Verhaltens liegen kann, schätzen gelernt. Der mit dem Fliegen verbundene narzißtische Aspekt soll hier zunächst außer Betracht bleiben (vergleiche aber Kapitel 3.1.2.).

Beispiel 2

Die später erwähnte depressive Studentin (deren häusliche Szene im KB erschien, S. 420) entwickelte in einer späteren Sitzung folgende Szenerie. Sie war durch den Verlust eines Freundes deprimiert.

In der Verlegenheit, ihr eine gewisse Entlastung zu geben, fragte ich sie, was sie am meisten Lust hätte zu imaginieren. Sie antwortete: «Ich möchte mal fliegen.» Ich antwortete ihr lapidar: «Gut, fliegen Sie mal. Wie wollen Sie das machen? Wollen Sie ein Flugzeug nehmen oder etwas anderes?» – «Nein, ich will selbst fliegen, ich bin ein Vogel.» Sie konnte sich auch wirklich als Vogel fühlen und flog los. Von der Erde «da unten» wollte sie nichts mehr sehen. Sie blickte nur noch in die Wolken und flog weit und immer weiter. Schließlich kam sie wieder herunter, setzte sich zu den anderen Vögeln, Spatzen, unterhielt sich mit ihnen und flog an einen Teich. Da waren Störche und Frösche. Auch mit ihnen unterhielt sie sich und fraß Mücken. Sie lebte sich in die Tierwelt ein. Dabei wurde bald deutlich, daß sie sich als Tier entlastet fühlte, einerseits aus der sie offenbar bedrückenden menschlichen Welt herausgehoben, zum andern frei von allen jenen Pflichten, die ihr Vater ihr auferlegt hatte. Das konnte sie auch artikulieren und sprach zum Beispiel davon, daß nach den Wertvorstellungen ihres Vaters «ein Mensch nur etwas taugt, wenn er intelligent ist, gebildet und gut Konversation machen kann». Aus dieser Distanz konnte sie erleben, was sie eigentlich bedrückte und wo die Möglichkeiten eines Ausweges liegen könnten, wenn auch zunächst nur symbolisch eingekleidet.

fliegender Teppich

Kommentar: Nach diesen Beobachtungen hatte ich keine Angst mehr, Patienten etwa durch Fliegen eine neue Möglichkeit zu lehren, sich als erste Entlastung von der einengenden, vom Über-Ich gefärbten Realität zu lösen. – Um Bedenken gegen das Motiv des Fliegens zu vermeiden, hatte ich einen märchenhaften Inhalt benutzt und den fliegenden Teppich aus den bekannten Märchen «Tausend und eine Nacht» eingeführt. Die bemerkenswerte diagnostische und therapeutische Wirkung zeigt das folgende Beispiel.

Beispiel 3

Patientin war eine depressive und zwangsstrukturierte verheiratete jüngere Frau, die schon drei Monate wegen einer rezidivierenden, ziemlich schweren Depression dreimal in unserer Klinik stationär vergeblich psychopharmakologisch behandelt worden war. Danach begann ich, nach einem «psychologischen Problem» zu fahnden, obgleich die Anamnese mehrfach sehr sorgfältig – aber ohne eine auslösende Situation zu finden – erhoben worden war. Die Patientin war eine nette, adrett angezogene, aber schlichte Frau. Zum ersten ambulanten Termin kam sie zu mir mit traurigen Augen, in denen Tränen standen. Zu Hause ginge alles schlecht. Sie habe eine Fremdenpension im Tal der Weser zu versorgen, und sie könne nicht mehr so recht arbeiten. Seit vielen Monaten quäle sie sich so dahin. Ihr Mann habe Verständnis und versuche, ihr zu helfen, aber sie sei für alle eine Last. – Der Tod des vor einem Dreivierteljahr gestorbenen Vaters konnte nicht die auslösende Situation sein, da die Depression schon vorher bestanden hatte.

Auch brachten die ersten Standardmotive der Grundstufe keine relevanten Inhalte. Es kam die Wiese vor ihrem Dörfchen, der Wald hinter ihm, und der Berg waren die Weserberge. Alles gruppierte sich um die engste Heimat, eine malerische Gegend, die für den Besucher Introversion, Abkapselung und große Unberührtheit charakterisiert. Nach der zweiten Sitzung hatte ich den Eindruck, daß sie offenbar aus dieser Enge nicht heraus konnte. Mir schien es nötig, ihr eine großzügige Bewegung, einen Exkurs in die Welt anzubieten. Deshalb schlug ich ihr den magischen Teppich vor. Sie stimmte zu, und ich ließ den Teppich auf der Wiese vor dem Dorf landen. Sie setzte sich darauf, und der Teppich erhob sich. Ein «erfahrener, alter magischer Teppich» weiß, wohin er zu fliegen hat.

Kreative Möglichkeiten können sich manifestieren. Der Teppich flog über Dörfer und Städte. Kaum war er höher, tat die Patientin einen tiefen Seufzer und sagte: «Ach Gott, wie schön, endlich mal so weit ab vom Schuß.»

(Nanu, dachte ich, ‹vom Schuß› – wer schießt denn da?) Auf meine Frage, was sie damit meine, kam nun das ganze Dilemma einer zerstrittenen Familie zum Vorschein. In ihr fühlte sie sich isoliert und vereinsamt. Sie war einmal sehr auf Harmonie in ihrer Familie angewiesen. Zum anderen ging es schon lange um das Erbe ihres Vaters, eines Trinkers, der ein zweideutiges, verklausuliertes Testament hinterlassen hatte. Schon vor seinem Tode hatten sich die Geschwister und die Mutter zerstritten, um ein paar tausend Mark des Erbes, das Häuschen usw. Nach dieser Bemerkung fing die Patientin an zu weinen und zu schluchzen. Sie reagierte sich über eine lange Strecke ab. Ich klopfte ihr vorsichtig auf die Schultern, ermutigte sie, das alles «herauszuweinen» usw. Hinterher blickte sie freier, frischer und fühlte sich offenbar erleichtert. Als sie nach drei Tagen wiederkam, schien sie mir nicht mehr so depressiv und meinte: «Mir geht's schon ein bißchen besser.» Ich ließ sie noch einmal mit dem Teppich fliegen, ohne den Aktionsradius auszuweiten. Innerhalb der wenigen nächsten Sitzungen haben wir dann das gesamte Problem unter Einbeziehung der realen Gegebenheiten durchgesprochen. Das entlastete sie. Die Familiensituation wurde geklärt, die herrschenden Rivalitäten, ihre eigene Ohnmacht und die Gekränktheit sowie ihre Abhängigkeit von der Familienharmonie wurden bearbeitet. Ich habe die Patientin ein Jahr nachbeobachtet. Sie ist in dieser Zeit nicht wieder depressiv geworden.

Schlußbemerkung

Die im KB gegebenen Freiheitsgrade führen dazu, daß der Patient sich aus einer Über-Ich-bedingten oder durch die aktuellen häuslichen Verhältnisse aufrecht erhaltenen Einengung lösen kann, um sich im Probehandeln eine neue, erweiterte Erlebnissphäre mit Distanzierung von der herkömmlichen zu eröffnen. Sein Ich kann sich auf verschüttete «Anlagen» und Erfahrungen besinnen, um allmählich neue Daseinsperspektiven und Einsichten in sein bisheriges neurotisches Verhalten zu gewinnen. Die ursprüngliche Befürchtung, daß das Fliegen eine unrealistische oder imaginäre Problemlösung nahelege und ausschließlich sein Wunschdenken fördern könne, haben sich als weitgehend irrelevant erwiesen. Theoretisch gesehen sind Positionen der therapeutischen Regression und der Befriedigung archaischer Bedürfnisse in Betracht zu ziehen (Abschnitt 3.1.).

Auch dort, wo die Ausweitung des Bewegungsraumes («Spielraumes») signalisiert, daß die Szene eine Vermeide- oder anders geartete Abwehrhaltung impliziert, habe ich heute keine Befürchtungen, dem Patienten zu erlauben, den weiten Bogen dieser narzißtischen Phantasien beschreiben zu lassen. Wir wissen vor Beginn dieser Intervention natürlich nicht, ob die Bewegung in der Phantasie stets so explizit lösend wirkt oder ob nur eine aus Abwehr geborene Schleife, vielleicht nur selbsterhöhende grandiose Phantasien, das Feld beherrschen. Trotzdem scheuen wir uns nicht, auch gewisse barocke Konvoluten schlagende Phantasmen zuzulassen. Sie bringen Aufschluß über die infantilen Wünsche, Bedürfnisse und Tendenzen zur Ersatzbefriedigung. Zugleich demonstrieren sie dem Patienten selbst, welches Ausmaß und welche unrealistischen Qualitäten seine unbewußten Zielvorstellungen haben. Zur Förderung dieses Zweckes gehen wir sogar gelegentlich so weit, die Bewegungen des Patienten in eine phantastische Welt hinein zu bestärken. Dann führt er sich am ehesten selbst ad absurdum und gelangt umso schneller zu den von uns gewünschten realistischen Einsichten seines erwachsenen Ich-Anteiles mit dem Realitätsbezug des Sekundärprozesses. Diese neuen Ansätze einer direkten Bearbeitung von Über-Ich-Positionen müssen auch unter dem Aspekt der Übertragung gesehen werden. Der Patient erlebt hier einen Therapeuten, der – im Gegensatz zu maßgeblichen Bezugspersonen – großzügig und gewährend ist, seine geheimsten Phantasien zuläßt, ihn eventuell sogar dazu ermutigt. Er erfährt eine neue emotional korrigierende Objektbeziehung.

2.3.4. Anregung assoziativer Vektoren

2.3.4.1. Vorbemerkung

Wir gingen ursprünglich davon aus, daß sich auf der Gleitschiene der Imagination bildhafte Assoziationsketten und verbale Einfälle *spontan* entwickeln. Im Verlaufe unserer Experimente mit dem Tagtraum ergaben sich dann aber doch auch therapeutisch recht interessante Ansätze, gewisse Verlaufsformen von Assoziationen anzuregen. Anlaß dazu war auch die klinische Erfahrung, daß *Realitätsbezug* sich das assoziative Vorgehen im KB gelegentlich über lange Strecken (in vielen Sitzungen) einseitig auf eine Ebene fixiert. Das mag je nach Eigenart des Problems angemessen sein, sollte jedoch wachsam verfolgt werden. Gewinnt man dabei allmählich den Eindruck, daß sich der Patient auf Dauer in eine realitätsferne, illusionistische Welt «hineinimaginiert», ohne daß die KB-Inhalte wieder Bezug zur Wirklichkeit gewinnen, muß man an eine verdeckte Abwehrhaltung denken.

Dieses Problem taucht zwar meist erst bei längeren Behandlungsverläufen (etwa über 20 Sitzungen) auf. Unsere Überlegung ging aber bald dahin, alternative Zeitvektoren durch Anregung assoziativer Querverbindungen zu fördern,

z. B. mit dem Ziel, Altersregressionen anzuregen oder umgekehrt Assoziationen in Alltagskonflikte hinein zu entfalten. Letzteres wird wichtig, wenn der Patient über längere Strecken genetische Inhalte bevorzugt und die Auseinandersetzung mit aktuellen Konflikten immer mehr zu vermeiden trachtet, oder in umgekehrter Weise.

Wir kennen eine Technik des KB, in der spontane Assoziationen fast auch ohne Einfluß durch den Therapeuten in alle Zeitdimensionen hinein angeregt werden können. Das ist therapeutisch fruchtbar, sofern sich dadurch klärende und selbstinterpretierende Einsichten einstellen und die Auflösung fixierter Bilder folgt. Ich denke an die Technik des musikalischen Katathymen Bilderlebens (mKB) und verweise auf den Abschnitt 4.7.2. Ich hebe diese Erfahrung hervor, weil darin eine besonders elegante Möglichkeit der indirekten Lenkung von Assoziationsketten beziehungsweise die Anregung assoziativer Querverbindungen möglich ist, ohne die hier im Zusammenhang dargestellte übliche Interventionstechnik der KB-Einzeltherapie.

Im Kontext dieses Kapitels befasse ich mich jedoch mit der vektoriellen Einstellung der Assoziationsrichtung, auf die ich relativ früh (LEUNER 1964) im Rahmen vielfältiger Experimente mit dem Tagtraum gestoßen bin. Erster Anlaß war die überraschende Form, genetische Einfälle mit Hilfe der «Augenprobe» zu gewinnen, die paradigmatische Bedeutung gewonnen hat.

Ich gehe im folgenden zur Erhaltung des Überblickes betont systematisch vor.

2.3.4.2. Thematischer Vektor

Er ist

a) in den verschiedenen Regieprinzipien enthalten,   *Thema*

b) in der Einstellung akuter Konflikte gegeben (S. 189) und

c) in der Aufschlüsselung von Objektrepräsentanzen an Landschafts- und Tiermotiven (S. 371) deutlich.

Auf die Bearbeitung des thematischen Vektors kann ich verzichten, da sie als Ausgangsbasis für das assoziative Vorgehen in den genannten Abschnitten dargestellt ist.

2.3.4.3. Vektor des Zeitgitters

Die Einstellung des Assoziationsflusses in den drei Zeitdimensionen interessiert uns in diesem Kapitel ganz besonders. Naturgemäß sind es:

a) die *Vergangenheit,* d. h. Assoziationen in die tiefenpsychologische Genese,

b) die *Gegenwart,* zentriert auf aktuelle interpersonale und intrapsychische Konflikte oder soziale Fehleinstellungen,

c) die *Zukunft* zur Bearbeitung sich ankündigender (häufig angstbesetzter) Probleme mit dem Ziel einer antizipierenden Lösung.

Zu a): Genetische Assoziationen («Augenprobe»)

Sie haben große Bedeutung, weshalb ich diesen Abschnitt ausführlich gestalte.

Die «Augenprobe» ist das hauptsächliche Paradigma für sie, sofern bildhaft-szenische Reihen gemeint sind, die auf die Entschlüsselung von Objektrepräsentanzen abzielen. Beispiele sollen die dieser Technik zugrunde liegende Psychodynamik erläutern. Die Ergebnisse lassen sich zwanglos auf die Induktion anderer Formen genetischer Einfälle anwenden als Beiträge zum Thema «Altersregression» (Abschnitt 2.3.4.3.) und «Objektrepräsentanzen» (4.3.1.).

Worin liegt technisch gesehen die «Augenprobe»? Beim Auftauchen einer Symbolgestalt, eines Tieres oder eines menschlichen Wesens bitten wir den Patienten, seine Aufmerksamkeit auf das Auge des betreffenden zu lenken. Er solle den «seelischen Ausdruck der Augen», besser «des Blickes» «gefühlsmäßig» auf sich wirken lassen. – Nicht immer versteht der Patient, was wir damit meinen. Deshalb kann man Alternativ-Fragen stellen, wie: «Ist der Ausdruck des Auges freundlich oder feindselig? – warm oder kalt? – zugewandt oder abweisend?» usw. Wir regen den Patienten also an, sich *die emotionalen Qualitäten des Augenausdruckes,* des Blickes der Symbolgestalt wahrnehmend bewußt zu machen, wie sie ihm im Moment erscheinen.

Das Auge gilt landläufig als «Ausdruck der Seele», englisch: «the message of the eye». Unter daseinsanalytischem Aspekt hat sich der deutsche Psychiater KULENKAMPFF (1956) sehr eingehend mit der Bedeutung des Blickes und des Angeblicktwerdens beschäftigt. Tatsächlich muß sich die Kommunikationspsychologie mit der Frage des Augenausdruckes beschäftigen, was bisher kaum systematisch geschehen ist. Der Mensch ist vom frühen Kindesalter an gewohnt, sich bei jeder Begegnung, förmlich wie mit einem hochsensiblen Radarsystem, am wechselnden Augenausdruck seines Gegenübers unablässig zu orientieren. Das tun selbst Haustiere, wie etwa der Hund. Primäre Instinktschemata scheinen im Spiel zu sein.

Mit der KB-Technik der *«Augenprobe»* heben wir eine assoziative Brücke zwischen der imaginierten Symbolgestalt und dem anzuregenden freien Einfall ins Bewußtsein. In der Praxis folgt nach Auskunft über den Augenausdruck die Frage, ob dem Patienten eine Person einfalle, die einen ähnlichen Augenausdruck gehabt habe. Gegebenenfalls kann man noch direkter formulieren: Wir würden vermuten, ihm sei schon einmal jemand mit einem derartigen Augenausdruck begegnet. Dabei wiederholt man am besten noch einmal die bereits vom Patienten geschilderten Qualitäten des Blickes, um die Aufmerksamkeit auf seinen Ausdruck zu fokussieren. – Noch etwas suggestiver kann man hinzufügen, daß man «ziemlich sicher» sei, ihm sei in seinem Leben schon einmal jemand mit einem «ähnlichen Blick» begegnet. – In der Regel hat der Patient nach einigem Zuwarten dann in der Tat einen entsprechenden Einfall oder besser, es stellt sich ein entsprechendes Bild ein, und eine relevante frühkindliche Szene taucht auf.

Die beiden folgenden Beispiele veranschaulichen das Ergebnis dieser Intervention, mit der man in der Regel «ins Schwarze trifft». Die *Regression auf eine genetische Objektbeziehung* wird erreicht.

Beispiel 1

Ein jugendlicher Patient erlebt bei der Imagination der Wiese, daß eine vor ihm stehende Kuh ihn unverwandt und mit eigentümlich bösem Blick ansieht. Ich frage ihn nach dem

160

Ausdruck des Auges. Er möge den Blick auf sich ruhen und wirken lassen. Zögernd vermag er schließlich, einige Qualitäten zu nennen: Der Blick habe etwas Starres und Bedrohliches für ihn; er könne ihm nicht lange standhalten. Aufgefordert, das Auge weiter auf sich wirken zu lassen, beobachtet er, daß sich um das Auge herum ein roter Ring bildet und es sich bald immer tiefer zu einem schwarzen Loch einstülpt. Er geht plötzlich von selbst in das Loch hinein und sieht sich als kleinen, etwa fünf Jahre alten Jungen ängstlich den Korridor der elterlichen Wohnung entlangstreichen. An der einen Seite steht die Tür zu einem Zimmer weit offen. In ihm erkennt er seine im Bett liegende Großmutter. Das Bild erstaunt ihn, denn er erinnert sich mit einem Mal längst vergessener Szenen: Die Großmutter lag in diesem Zimmer lange Zeit schwer krank und starb später dort. Sie liebte es, die Tür offen zu halten, damit sie an den Vorgängen der Familie teilnehmen konnte. Mehr als einmal rief sie ihn herrisch zu sich und ermahnte ihn energisch, so daß er vor der Großmutter Angst bekam und beim Passieren des Flures vermied, sich von ihr sehen zu lassen.

Kommentar: Der Vorgang bedarf, soweit es die geschilderten Phänomene betrifft, keiner Erläuterung. Während wir früher nur die spontane Altersregression kannten, kann das «Jüngerwerden» nun auf diesem Wege induziert und die individuelle Objektrepräsentanz geklärt werden. Daß eine derartige Altersregression den therapeutischen Prozeß zu fördern vermag, habe ich hervorgehoben. – Die Freisetzung des damit verbundenen Affektes rührte den Patienten tief an und konnte im Durchleben der Szene Ängste des Fünfjährigen freisetzen und abführen. Oft sind damit anschließend Einsichten verbunden, die sich assoziativ auf weitere angstbesetzte Situationen ausdehnen. – Bemerkenswert ist meines Erachtens, wie unumwunden dieses genetische Material gewonnen werden kann. Daß damit aber auch zentrale Positionen des unbewußten Motivgefüges aufgrund früher Objektbeziehungen freigelegt werden können, verdeutlicht das zweite Beispiel.

Beispiel 2

Diese Schilderung stammt von dem ungeübten Teilnehmer eines meiner Seminare zur Mittelstufe. Nach kurzer Ruhe vermochte er zwar zu imaginieren, jedoch erschienen an Stelle von Phantasiebildern nur konkrete Szenen der Reise zum Seminar. Er sah sich mit einem befreundeten Kollegen im Wagen durch Süddeutschland fahren und gelangte in eine romantische alte Stadt. Hier wollte er eine ehemalige Patientin, ein an Magersucht leidendes junges Mädchen, besuchen. Ihr Schicksal hatte ihn persönlich berührt. Im KB stand nun die Betreffende in der Tür ihrer Wohnung wieder vor ihm. Ich bat ihn, wie im vorhergehenden Beispiel, sich auf den Blick zu konzentrieren und dessen Ausdrucksqualitäten zu beschreiben. Die großen Augen schienen ihn hilfesuchend und zugleich vertrauensvoll anzublicken. Die Rückverbindung zur Vergangenheit stellte sich – wie in der Regel – nicht von selbst her. Ich bedeutete dem Kollegen schon während der Fokussierung des Augenpaares, daß er diesen hilflosen Ausdruck wohl nicht zum ersten Mal sehe. Er dürfte ihm von früher schon bekannt sein, wenngleich er ihn vielleicht wieder vergessen habe. Ihm werde einfallen, bei wem er einen derartigen Blick erlebt habe. – Nach kurzer Pause berichtete er unter innerer Bewegtheit, daß seine Mutter diesen Augenausdruck immer dann gehabt hätte, wenn sie, als Epileptika, verwirrt aus einem epileptischen Anfall aufgewacht sei. Schon als fünfjähriger Junge habe er die Anfälle der Mutter miterlebt. Dann hätten ihn diese hilflosen, flehenden Augen angeblickt. Voller Mitleid habe er das Gefühl gehabt, unbedingt helfen zu müssen. Die von mir nach einer Besinnungspause gestellte Frage, ob vielleicht die Wurzel seiner Motivation, Arzt zu werden, diesem tieferen Wunsch, der Mutter zu helfen, entspringe, bejahte der Kollege erstaunt.

Kommentar: Der unerwartet freigelegte, die Persönlichkeitsentwicklung bestimmende unbewußte Motivzusammenhang bewegte den Betreffenden weiterhin und regte die Klärung seiner Einstellung zum Beruf an. Neben der rationalen Erkenntnis fühlte er sich sehr angesprochen. Die reale Szene dieses Besuches hatte sich im symbolischen Erleben der flehenden Augen als pars pro toto einer emotionalen Entwicklungslinie verdichtet, die der Interaktion Kind-Mutter entstammte.

Theoretischer Exkurs und Folgerungen:

Gefühle stellen sich in der physiognomischen Struktur viel unmittelbarer dar, als sie verbal ausgedrückt werden können. In beiden Beispielen gelangten wir durch die Erweckung der gefühlsgetragenen Sphäre der Augen auf eine zentrale infantile Bezugsperson mit der Freilegung unbewußter Motivstrukturen, dort der Erkenntnis von der prägenden Bedeutung der Großmutter, hier der Motivation zum helfenden Beruf des Priesters und Arztes. Dem Leser wird deutlich, daß mit der Zentrierung auf die kognitive Wahrnehmung und Formulierung des psychologischen Ausdruckes des Auges eine *emotionale Brücke zur Assoziation geschlagen* werden kann. Eine regressive genetische Szene knüpft sich daran an. Damit können breitere, therapeutisch nutzbare Assoziationsfelder eröffnet werden.

Das technische Vorgehen bei der Augenprobe läßt sich auch auf andere Gegebenheiten im KB ausdehnen. Die Assoziationsrichtung ist im Prinzip nicht von Belang. So zuverlässig die Technik der Augenprobe auch ist, bleibt ihre Anwendung in der praktischen Therapie doch begrenzt und ist nicht ohne gewisse Stereotypie. Der Therapeut kann diese Probe naturgemäß nicht routinemäßig bei jeder auftauchenden Symbolgestalt vornehmen und sollte es auch nicht tun. – Ich erinnere an eine der Grundregeln des KB, stereotypes Vorgehen auf jeden Fall zu vermeiden.

Bei Analyse der psychodynamischen Vorgänge in der Augenprobe bin ich auf Erklärungen der Assoziationsvorgänge gestoßen: Aus der Tiefenpsychologie JUNGs entstand der Begriff des «gefühlsbetonten Vorstellungskomplexes» (1905) und aus der Gestaltpsychologie LEWINs (1926) das «dynamische Konzept der Motivation von Einfällen». Die Rückführung der Assoziationsmethode von FREUD (1900) auf frühe Autoren habe ich untersucht (LEUNER 1964). Bei der dort dargelegten Kontroverse stand die Frage im Vordergrund, was die «bewegende Kraft» bei der Bildung von Assoziationen sei. JUNG, analog auch LEWIN, haben gezeigt, daß die assoziativen Verbindungen der Glieder von Einfallsketten durch ein dynamisches Moment erfolgen. LEWIN spricht von Bedürfnissen, Quasibedürfnissen oder Tätigkeitsbereitschaften, JUNG von «individuellen Vorstellungsinhalten» oder den schon genannten «gefühlsbetonten Vorstellungskomplexen». FUCHS (1954) hat diese Zusammenhänge experimentell bestätigt. Er spricht von der «Aktivierung eines Motivationssystems». Danach muß der Gegenstand des assoziativen Einfalles motivbesetzt sein vom Charakter des Begehrens, Widerstrebens oder Ablehnens. RAPAPORT (1973) hat von einer «emotionalen Organisation» gesprochen, die die Assoziation determiniert. Der Psychoanalytiker BELLAK (1961) hebt hervor, daß «die freien Einfälle gewisser-

Konsequenzen

162

maßen eine Probe aus dem dauernd fließenden untergründigen Strom der Gefühle und Affekte» entnehmen.

Unsere Beobachtungen bestätigen, daß das im KB gefundene informelle Experiment der Augenprobe sich mit innerer Folgerichtigkeit der unbewußten dynamischen Brückenfunktion von Gefühlen, Affekten oder Antrieben bedient.

Übertragung in die Praxis:

Nach diesem Exkurs komme ich zur Anregung von Assoziationen im KB zurück. Die Augenprobe als ein Paradigma für diese Techniken hat die Erkenntnis gefördert, wie Assoziationen zu katathymen Szenen und Bildern gefördert werden können. Ihre Analyse weist auf drei unterschiedliche Wahrnehmungseinstellungen hin, die diese Brückenfunktion anregen. Dabei muß der Patient lediglich im rechten Moment zur Zentrierung seiner Wahrnehmung aufgefordert werden. Diese betrifft: *Praxis*

I.   die *Konfiguration* beziehungsweise die *Struktur* eines Bildes (z. B. eines Berges, Baumes)
II. den *Gefühlston, der von einer Konfiguration* oder Szene, eines imaginierten Objektes überhaupt, ausgeht
III. ein akut *herrschendes Körpersymptom.*

Gelegentlich vermischen sich diese Wahrnehmungsinhalte miteinander.

Einige Aspekte des methodischen Vorgehens zur Weckung von Assoziationen möchte ich in Übersicht erörtern:

Zu I: Konfiguration beziehungsweise Struktur des Bildes: Wenn der Gefühlston eines Bildes dem Patienten nicht ohne weiteres bewußt ist, beziehungsweise bewußt zu machen ist, sind wir auf die Wahrnehmung des physiognomischen Ausdruckes des imaginierten Objektes angewiesen. Das Auge ist ein besonders ausdrucksstarkes Modell dafür. Bei Landschaftsmotiven kann der Therapeut hilfsweise einen physiognomischen Ausdruck anregen, um die Art der Objektrepräsentanz zu klären. Ich verweise auf das Beispiel des Baumes, aus dessen Rinde die Strukturen eines menschlichen Gesichtes erkennbar wurden (S. 376), eines Berges in dem Beispiel auf S. 382. *Gefühlston als Brücke*

Ein anderer Weg, aus der Struktur und Konfiguration eines Baumes, eines Berges, eines Hauses oder einer landschaftlichen Szene den sich spontan nicht vollziehenden Schritt zur emotionalen oder Anmutungs-Qualität zu erreichen, gelingt mit Hilfe der später erwähnten Gestaltqualitäten (vergleiche S. 398). Auch sie führen auf den gesuchten Gefühlston hin. Die so gewonnene Wahrnehmung von Stimmungs- und Gefühlsqualitäten übernimmt die Brückenfunktion zwischen imaginiertem Bild und Einfall, sei er szenischer oder gedanklicher Art.

Die *Anleitung des Patienten* kann dann etwa wie folgt formuliert werden: «Wie wirkt die Gestalt (die Figur, der Umriß, die Form) dieses Baumes, Berges, Fabelwesens usw., einmal ganz naiv betrachtet, rein gefühlsmäßig, auf Sie?» – Zur Unterstützung kann der Therapeut anschließend noch einige mögliche Gefühlsqualitäten zur Wahl stellend formulieren, wie etwa: «freundlich, einladend, großartig? – kalt, abweisend, stark?» Dabei wird er sich auch an das Vorgehen gemäß der VEE halten können (vergleiche S. 410).

Zu II: Spontaner Gefühlston einer Konfiguration: Das technische Vorgehen ist hier leichter, da der Therapeut annehmen darf, daß Stimmung, Gefühlston oder Affekt der Szene oder des imaginierten Objektes beim Patienten nahe der Bewußtseinsschwelle liegen. Deshalb gelingt diese Technik überall dort am leichtesten, wo sich eine Emotion bereits deutlich manifestiert, besonders also in einer konfliktbestimmten Szene, einer Ambivalenz, am eindrucksvollsten an einem fixierten Bild, dessen Bedeutungsgehalt häufig offen liegt. Insofern ist das hier beschriebene Vorgehen letztlich die Fortsetzung des in der unter (I) beschriebenen Technik.

Im Kontext mit der in diesem Abschnitt noch zu besprechenden vektoriellen Einstellung des Assoziationsflusses in Richtung Genese wird die Fokussierung der Aufmerksamkeit des Patienten vorteilhaft so formuliert: «Dieses Gefühl (diese Stimmung, diese innere Unruhe usw.) haben Sie vielleicht auch früher schon einmal erlebt (kennen Sie vielleicht auch schon von früher). Gehen Sie einmal zurück in die Kindheit und lassen Sie ein Bild aus der Vergangenheit aufsteigen, das diesem Gefühl (dieser Stimmung, dieser Spannung usw.) entspricht – es «in sich trägt» – oder noch einfacher: «Vielleicht fällt Ihnen eine dazu passende Szene (Situation) aus ihrer Vergangenheit (Kindheit) ein.»

Zu III: Herrschendes Körpersymptom: Man läßt sich die gegenwärtigen Beschwerden zunächst genauer, am besten in der Entspannung des KB, beschreiben. Dann kann der Therapeut wie folgt formulieren:

«Ich kann mir vorstellen, daß Sie diese Art von Beschwerden (z. B. Druck auf der Brust, Herzbeschwerden, Kopfdruck usw.) auch schon früher gehabt haben, vielleicht sogar in der Kindheit. Versuchen Sie doch einmal, sich innerlich schrittweise in die Vergangenheit (in Ihre Kindheit) zurückzuversetzen, bis eine Szene auftaucht, die zu Ihren jetzigen Beschwerden und der damit verbundenen Stimmung (dem Gefühl) paßt.»

An anderer Stelle (2.3.4.3.) weise ich auf diese Technik im Zusammenhang mit der Induktion von Altersregressionen hin. Die Anregung von genetischen Assoziationen gehört zum Teil in diesen Bereich und kommt dort in aller Breite zur Darstellung. Dieser Abschnitt gibt mir Gelegenheit, die dort nicht gegebene Systematik nachzuholen.

Ich wende mich nun der weiteren *vektoriellen Einstellung des Assoziationsflusses* im Zeitgitter zu und nehme mir die noch verbleibenden Zeitdimensionen der Gegenwart und Zukunft vor.

Gegenwarts-bezug

Zu b): Gegenwartsbezogene Assoziationen: Auch hier kann der Therapeut von den drei Wahrnehmungseinstellungen ausgehen: I. von der Struktur des Bildes, II. von dem begleitenden Gefühlston (eventuell vermittelt mit Hilfe der Gestaltqualitäten) oder III. von der Einstellung auf ein Symptom.

Ausgehend von einer «Konfiguration» ist einerseits wiederum die eines imaginierten Bildes gemeint (I). Nicht selten verbindet sich damit auch eine emotional-affektive Tönung. Andererseits kann aber auch nur eine vorherrschende Gefühlsqualität selbst genommen werden (II), die sich in einer KB-Szene ausdrückt. Ich denke an das Gefühl eines Ambivalenz-Konfliktes, eines allgemeinen Unbehagens, einer deprimierten Stimmung, des Gefühls von Verlassenheit und was auch immer. Wir formulieren dann: «Ich möchte meinen, daß Sie auch im alltäglichen Leben (in der letzten Zeit) eine derartige Situation erlebten, gelegentlich ein derartiges Gefühl von . . . haben. Vielleicht fällt Ihnen eine dazugehörige Situation ein.»

Ähnliches kann auch von einem aktuellen Symptom angeregt werden. Hier wird analog wie unter III. formuliert. Dieser Weg ist vor allem dort produktiv, wo in der aktuellen Erlebnissphäre ein Zusammenhang zwischen Konflikt und Symptom näher geklärt werden soll.

In dieses Kapitel der Anregung gegenwartsbezogener Assoziationen gehört auch die Einstellung von Realszenen im KB (Abschnitt 1.4.6.) und in gewisser Hinsicht das Aufdecken *aktueller Verhaltenstendenzen* des Patienten. Diese geben häufig wichtige Aufschlüsse für die Diagnose einer neurotischen Charakterstruktur und deren Therapie. Ich werde sie im Anschluß an dieses Kapitel gesondert behandeln (2.3.5.2.).

Zu c): Zukunftsbezogene Assoziationen: Derartige Einfälle beziehen sich häufig auf Lösungen von Problemen im Bereich der Realität und dienen der Entscheidungsfindung. Die Problemlösung wird in der Imagination antizipatorisch, d.h. vorwegnehmend «durchgespielt». Wir schneiden damit auch das Thema des Probehandelns für die Bearbeitung aktueller Verhaltensstörungen und Phobien an. Das technische Vorgehen ist etwas unterschiedlich, je nachdem, ob als Ausgangspunkt eine spontane Imagination vorliegt, oder ob ein Bild aufgrund eines Vorgesprächs zur Lösung eines anstehenden Problemes einzustellen ist. Im ersten Fall kann der Therapeut im Verlauf einer KB-Sitzung zunächst abwarten, ob sich eine angemessene Situation für die Auseinandersetzung, etwa mit einer aktuellen Bezugsperson (z.B. dem Ehepartner) oder einem Problem der Arbeitswelt darstellt. *Zukunftsbezug*

Das *technische Vorgehen mit dem Gespräch als Ausgangspunkt* hat folgende fünf *Alternativen:* *Technik des Gespräches*

– Das anstehende Problem wird in einem mit dem Patienten geführten *Vorgespräch* bewußtseinsmäßig, aber auch emotional (was wichtig ist) aktualisiert. Dann wird er gebeten, bei geschlossenen Augen (im Sitzen oder im Liegen) eine Szene zu diesem Problem einzustellen. Das kann durch das Angebot eines gering strukturierten Standardmotives erleichtert werden, etwa dem der Wiese. Stehen Personen in Frage, kann eine Begegnung angeregt oder induziert werden, z.B. indem der Betreffende aus dem Wald heraustritt. Beim geübten Patienten kann der Therapeut auf eine Strukturierung verzichten und ganz allgemein eine Szene zu dem vorher besprochenen Thema aufsteigen lassen. Dieser Ansatz entspricht der Technik «Einstellung eines aktuellen Konfliktes» (S. 189).

– Sofern eine Szene zur Problemlösung im KB bereits imaginiert ist, interveniert der Therapeut wie folgt: Er diskutiert angesichts der Szene die Möglichkeiten, diese in realistischer Art und in einer für den Patienten günstigen

Form zu beeinflussen. Man kann auch Vorschläge zum Versuch des Probehandelns machen (Beispiel S. 132). – Ist jedoch die Szene sehr affektgeladen oder ihr Ablauf assoziativ sehr flüssig, wird sie dazu nicht anzuhalten sein. Dann wird die Diskussion der Lösungsmöglichkeiten nach Abschluß der imaginativen Passage oder im Vorgespräch der folgenden Sitzung geführt. Die Szene wird daraufhin erneut eingestellt, um im zweiten Anlauf die vorher erarbeiteten Lösungsmöglichkeiten mit dem Patienten (unter Umständen mit unterstützenden Interventionen des Therapeuten) in der KB-Szene «durchzuspielen» (Beispiel S. 250f.).

– Vor dem Gespräch wird eine *klar formulierte Aufgabe gestellt.* Sie betrifft eine aufgrund der Diskussion des Problems im KB einzustellende bestimmte Szene; und sie kann noch durch einen Handlungsauftrag ergänzt werden. Ein klares Beispiel ist die kreative Bearbeitung einer Autoritätsangst einer Lehrerin gegenüber ihrem als übermächtig erlebten Schulrat (S. 291f.).

– Handelt es sich in der Szene um eine klar definierte Person (auch Symbolgestalt, ein Tier), sollte versucht werden, den Patienten im KB zu einem *Dialog mit dieser Gestalt* anzuregen. Wir erinnern uns daran, daß auch im Märchen Tiere gelegentlich reden können. Als Formulierungshilfe sage ich etwa: «Was möchten Sie ihr/ihm jetzt sagen, um ihr/ihm das schon besprochene Problem nahezubringen und es zu einer Lösung zu führen?» – «Wie möchten Sie ihr/ihm das zwischen ihnen bestehende Problem jetzt darstellen? – Versuchen Sie doch einmal, das Problem mit ihr/ihm gemeinsam zu klären (zu besprechen, zu untersuchen).»

Dazu ein Beispiel aus einem Weiterbildungs-Seminar:

Beispiel 3 (A. X.)

Seminarteilnehmer sollen in der Gruppe, jedoch jeder einzeln für sich, das Bachmotiv einstellen. Bevor die betreffende Teilnehmerin einen Bach imaginieren kann, reagiert sie ängstlich, wie schon in ähnlichen Situationen, ohne eigentlich zu wissen warum. Am Bach sieht sie einen Angler stehen. Er erinnert sie an eine frühere KB-Szene, in der ein Angler eine Forelle gefischt hatte. Jetzt hingegen entwickelt sich die Szene anders. Beim Herausziehen der Angel wird deutlich, daß dieses Mal der Fang ausbleibt. Daraus schließt die Probandin, daß die Forelle an der Angel vorbei den Bach hinuntergeschwommen ist. Sie folgt dem Bach ebenfalls und sieht die Forelle weiter unten im Wasser. Sie fragt sie, warum sie eigentlich Angst habe. Die Forelle antwortet, sie habe keine Angst mehr, sie brauche auch keine Angst mehr zu haben, weil sie den Angler hinter sich gelassen habe. Sowohl die Probandin wie offenbar auch die Forelle sind beruhigt. Die vorher ängstliche Probandin taut im nachfolgenden Gespräch auf.

Das dialogische Ansprechen von Symbolgestalten oder Menschen im KB bezieht sich naturgemäß nicht allein auf zukunftsweisende Assoziationen, sondern auch auf gegenwartsbezogene. Bislang wird von dieser Möglichkeit noch wenig Gebrauch gemacht. Nicht allen Patienten gelingt allerdings eine Zwiesprache mit den Gestalten; manche erhalten von ihnen schon auf eine einfache Frage, wie «was machst du hier», keine Antwort.

– Handelt es sich nicht um eine Begegnungsszene mit einem Menschen, sondern um ein Problem, mit dem Assoziationen zu einer *sachgetragenen Lösung* angestrebt werden, wäre etwa zu formulieren: «Stellen Sie sich diese zukünftige Szene von ... vor, lassen Sie diese ganz vor sich aufsteigen. Versuchen Sie, in der Vorstellung (in ihren Gedanken) eine Veränderung herbeizuführen, die das anstehende Problem einer Lösung näherbringt» – oder: «die ihnen besonders zusagen würde» – oder «ihrem Ziel am besten entspräche».

Damit beende ich die systematische Darstellung der technischen Schritte, um Assoziationen zu den drei zeitlichen Vektoren anzuregen. Die Bereitschaft dazu ist bei den meisten Patienten groß.

2.3.5. Modifiziertes assoziatives Vorgehen zur Verhaltensbeobachtung

Überall dort, wo eine Behandlung über einen längeren Zeitraum notwendig ist, etwa um eine ausgeprägte charakterneurotische Störung zu bearbeiten, muß der Patient mit seinen Fehlverhaltensweisen vorsichtig Schritt für Schritt konfrontiert werden. Dazu eignet sich eine etwas *modifizierte Technik des assoziativen Vorgehens*. Sie lehnt sich weniger dem herrschenden Gefühlston des Bildes an als unbewußten Tendenzen aufgrund des *Verhaltens* des Patienten gegenüber fixierten Bildern. Eine Konfrontation mit dem Verhalten selbst gelingt nur selten. Vielmehr müssen oft interpretative Hilfen herangezogen werden, um es als neurotisch bzw. fehlangepaßt erkennen zu lassen. Gewöhnlich sind die Widerstände gegen eine Verhaltensmodifikation stark.

2.3.5.1. Technik

Die im folgenden beschriebene Technik erleichtert es dem Therapeuten, *diagnostische Einsichten in neurotisches Fehlverhalten* zu vermitteln, indem er dem Patienten sein Verhalten im KB «vor Augen» führt. – Dieses Vorgehen gründet sich auf die Tatsache, daß das *spontane Verhalten in der Imagination* (auch Probehandeln) fast regelmäßig in den Bahnen unbewußter oder vorbewußter Verhaltensmuster des Alltages verläuft. Sie bestimmen das imaginative wie das reale Verhalten gleichermaßen. Ich denke z.B. daran, wie ein Patient sich zum Aufstieg auf den Berg stellt, wie er ihn angeht, welche Phantasien sich angesichts beschwerlicher Passagen einstellen usw. (Beispiel S.383). Ähnliches können wir bei der Durchsuchung eines Hauses, bei der Verfolgung des Bachlaufes und wo auch immer sehen. Analoge Beobachtungen haben wir auf der Grundstufe auch bezüglich des Verhaltens von Symbolgestalten erörtert, z.B. die Reaktion der Kuh auf der Weide, bei Berührung einer aus dem Wald tretenden Gestalt. Aber auch die Reaktion des Patienten selbst auf eine Symbolgestalt, eine Vermeidehaltung, ein unerwarteter Angriffsimpuls usw. geben Hinweise. Über den damit verbundenen *Begegnungsaspekt* berichte ich im Zusammenhang mit dem Standardmotiv «Begegnung mit Beziehungspersonen» (S.172).

Verhalten im Panorama

2.3.5.2. Verhaltensbeobachtung

Die Verhaltensbeobachtungen, die ich jetzt im Auge habe, beziehen sich im wesentlichen auf das *Eigenverhalten des Patienten* im katathymen Panorama. Seine Beobachtung ist die mitzulesende *«dritte Spur»* unbewußter Strukturen neben der katathymen Szene des Bildes und dem begleitenden Gefühlston (Abschnitt 4.4.4.). Auf dieser Beobachtungsebene werden somit die letztgenannten vernachlässigt. Dementsprechend erscheint die Wahrnehmungsdimension des reinen Verhaltens zunächst auch oberflächlicher, als es dem Begriff «Symboldrama» angemessen erscheint, denn das imaginierte Realverhalten steht im Vordergrund. Das bedeutet jedoch keine Verflachung des therapeutischen Ansatzes. Bei einer hier angestrebten minimalen oder Null-Strukturierung des assoziativen Vorgehens treten subtile, dem Patienten lange unbewußt bleibende Verhaltenstendenzen deutlicher hervor und erlauben Rückschlüsse auf neurotische Charakterhaltungen: Kontraphobisches Vermeiden, der Gebrauch von Abwehrmechanismen, ein Wiederholungszwang und was das Verhalten sonst auch immer bestimmen mag, treten deutlicher zutage. Die Verfolgung dieser «dritten Spur» führt zu einer bemerkenswerten Ausweitung der diagnostischen Möglichkeiten. Aber auch der therapeutische Sektor wird durch Vermittlung von Selbsteinsichten erweitert. Der Patient kann über längere Passagen schrittweise mit seinem Verhalten, für ihn bald zunehmend evident, konfrontiert werden. Die Überzeugungskraft dieser Evidenz macht (vorzeitige) Interpretationsversuche überflüssig. Die Bedeutung dieser Technik für die Charakteranalyse ist noch nicht voll ausgelotet worden; sie muß jedoch hoch eingeschätzt werden. Für eine daran anknüpfende systematische Analyse des neurotischen Charakters ist aber nur der *fortgeschrittene Therapeut* der Mittelstufe kompetent, und sie kann nur bei einem *fortgeschrittenen Patienten* erfolgen, der Ich-Stärke und Erfahrung mit dem KB erlangt hat.

Akzentuierung Die *technische Voraussetzung für das Akzentuieren* des spontanen Verhaltens beim Patienten liegt darin, daß der Therapeut sich der strukturierenden Intervention so weit wie möglich enthält. Man kann dem Patienten die Frage stellen, was er angesichts des imaginierten Inhalts gern tun möchte. Entfaltet er spontan Impulse? Zeigt er sich zupackend? Dann wird die Technik zu einer anderen Form des assoziativen Vorgehens (Typ (1) oder (2), vielleicht (3)) wichtiger (S. 143f.). Ist das jedoch nicht der Fall und bleibt der Patient selbst passiv, so können wir ihm die Verantwortung für das, was geschieht, nur zum Teil überlassen. Wir können im Extrem abwarten, ob und wie er sich aus seiner Passivität, aus der sich vielleicht entwickelnden Langeweile oder aus dem sich zuspitzenden inneren Vakuum befreit. Wir gehen dann von dem Prinzip aus, daß er sich letztlich immer in irgendeiner Form «verhalten» wird. Die Minimalstrukturierung fordert häufig sehr viel vom Patienten. Er ist darauf angewiesen, eigenen Impulsen, und seien sie auch unterschwelligster Art, zu folgen. Selbst wenn er es gar nicht tun würde, läge auch darin schließlich eine *Weise des Verhaltens*. Bei diesem Vorgehen steht zunächst der diagnostische Aspekt scheinbar im Vordergrund. Therapeutisch betrachtet kann es eine starke Konfrontation mit der eigenen Passivität sein. Das wird zumindest vorbewußt registriert und kann ratlos machen. Wir bewegen uns hier kaum noch im symbolischen, sondern im «präsymbolischen» Raum. Diese relativ *extreme Position* des Therapeutenverhaltens habe ich als *«Minimal- oder Null-Strukturierung»* bezeichnet. Das an verschiedenen Stellen schon hervorgehobene Problem der Dosierung wird deshalb hier besonders akut. Die Technik der Minimal- oder Null-Strukturierung kann nur im Rahmen des assoziativen Vorgehens angewandt werden. Man kann zunächst eines der Standardmotive vorgeben, am besten von einem Motiv, das Raum für alle möglichen Projektionen und Arten von Probehandeln abgibt (Wiesenmotiv). Noch passiver bleibt der Therapeut, wenn er dem erfahrenen Patienten vorschlägt, als Ansatzpunkt der Imagination sich «irgendetwas» vorzustellen. Etwas mehr fokussierend kann er auch formulieren: «eine Szene, die Ihrer gegenwärtigen Stimmung am besten entspricht.» Aber auch dort, wo Leistungen gefordert werden (Verfolgung des Bachlaufes, bei der Ersteigung des Berges), manifestieren sich Verhaltenseigentümlichkeiten.

Die Minimalstrukturierung birgt für depressive und anderweitig Ich-schwache Patienten Gefahren in sich. Sie vermissen die wohlwollende (diatrophische) und verläßliche Zuwendung, können sich verlassen fühlen und mit Verstärkung der Symptome, wenn nicht gar Abwehr der Therapie, reagieren, sofern diese Technik zu einseitig und zu lange angewandt wird.

Zur Veranschaulichung gebe ich vier Beispiele wieder.

Beispiel 1

Beispiel

Eine 24jährige Patientin mit einer chronischen depressiven Neurose. Sie nimmt das Wiesenmotiv auf. Das Wetter ist unfreundlich, der Himmel bewölkt. Es regnet im frühen Herbst. Die Wiese ist groß, an einigen Seiten Wald, aber keine Straße, keine Häuser oder sonstige Zeichen menschlicher Tätigkeit. Auf meine Frage, was sie nun tun möchte, folgt eine lange Pause, dann sagt sie: «Nichts.» Der Therapeut kann sich nun allzu leicht veranlaßt sehen, Vorschläge zu machen, was sie tun könne, dürfte er doch befürchten, das KB würde gänzlich stagnieren. In unserer hier praktizierten abwartenden Haltung geben wir jedoch kaum eine Hilfestellung. Ich reagiere also zunächst nicht, selbst wenn die Patientin zwei bis drei Minuten oder auch noch länger schweigt. Dann gebe ich schließlich Feedback, indem ich sage: «Sie wollen also nichts tun?» Die Patientin schweigt wieder eine Weile und sagt dann «nein», wobei ich ihren Tonfall genau beobachte, ob dieses «Nein» ein bißchen trotzig oder auflehnend ist. Mit ROGERS (VEE) überlege ich, welche Möglichkeiten ich hätte, den Dialog fortzusetzen. Ich könnte die sich signalisierenden Gefühle formulieren, etwa: «Sind Sie ein bißchen ärgerlich?» Oder: «Sind Sie es leid, etwas zu tun?», um einen latenten Protest der Patientin anzusprechen und dadurch die Therapie eine Strecke fortzusetzen. Gefühle und Verhaltenstendenzen würden verbalisiert, und Widerstände könnten vielleicht zur Sprache kommen, gegen mich, gegen das «Überhaupt-immer-etwas-Müssen» in der Übertragungsbeziehung usw. Ich könnte damit unversehens in den Bereich der Widerstandsanalyse kommen. Als erstes würde ich jedoch empfehlen, daß sich der Therapeut zunächst beschränkt, auf der Basis der klientenzentrierten Gesprächsführung (VEE siehe S. 410) weiterzuarbeiten.

Kommentar: In diesem Fall wird deutlich, daß die Patientin sich selbst schnell in eine befremdliche, eher depressiv-passive Lage manövriert hat. Das mag ihrer aktuellen Hintergrundstimmung entsprochen haben, kommt aber bei ihr sicher nicht selten auch in Realsituationen vor. Im Nachgespräch muß man die Einzelheiten klären und zu weiteren Einfällen anregen. Das sollte jedoch vorsichtig geschehen. Noch interessanter ist freilich eine latente Protesthaltung, die gar nicht zum Ausdruck käme, wenn der Therapeut nur ein wenig aktiv oder

latenter Protest

leitend wäre. In diesem ihrem passiven Verhalten tendierte die Patientin dahin, dem Therapeuten eine komplementäre, aktiv-leitende Rolle zuzuschieben. Die Frage bleibt offen, ob der Therapeut diese Übertragungs-Gegenübertragungs-Situation rechtzeitig erkennt, oder ob er bereit ist, das stereotype neurotische Verhaltensmuster der Patientin durch seine Weisungen zu unterstützen. Er sollte es meines Erachtens nicht. Am günstigsten wäre es, wenn der Therapeut bei einer entsprechenden einsichtsfähigen Patientin diese Übertragungserwartung formulieren und weiter bearbeiten könnte. Er könnte seine Gegenübertragungsgefühle vielleicht ansprechen, um dann eine breiter angelegte Analyse der Übertragung einzuleiten, die mit Hilfe von Imaginationen erlebnisnahe erhellt werden könnte.

Ein anderer Weg wäre es, eine offenkundige latente Protesthaltung jetzt oder später zu bestärken und dadurch, etwa in der Richtung «endlich-einmal-machen-was-ich-will», diesen latenten Impuls zu ermutigen.

Beispiel 2

*Konflikt-
freies KB*

Patientin ist eine 38jährige verheiratete Frau mit vielfältigen psychosomatischen Symptomen und Zwangsängsten. Sie imaginiert eine saftige Sommerwiese im Sonnenschein. Immer schon hat sie derartige «kinderbilderbuchartige Landschaften» gebracht. Sie fühlt sich hier wohl. Wieder stellt der Therapeut die Frage: «Was möchten Sie gern tun?» – Wieder sagt sie: «Nichts!» – Zweifellos wird eine so gestaltete Wiese sie eher einladen, sich hinzulegen. Entsprechend unserer Vornahme im assoziativen Vorgehen Typ (6) lassen wir sie gewähren und geben ihrem Wunsch Raum, sich ins Gras zu legen. Das tut sie auch. Da liegt sie nun, und ich habe Geduld, abzuwarten, welche Tendenzen sie weiter entwickelt. Ich lasse sie also dort liegen, vier bis fünf, ja bis acht Minuten. Ich erkundige mich später noch gelegentlich danach, wie sie sich fühle, und warte weiter ab. Wenn die Patientin sehr lange liegen bleibt, vielleicht sogar in der Imagination einschläft, muß ich aus diesem Verhalten auf eine ausgeprägt passive Tendenz, aber auch auf eine starke Hingabetendenz schließen. Diese Passivität muß sich keineswegs speziell gegen die Therapie und gegen mich als Therapeuten richten, sondern kann auch eine sehr allgemeine, nicht selten bestehende Abwehrhaltung (Umkehrung von Aktivität in Passivität) sein. (Eine derart extrem passive Haltung ist freilich selten.) Im vorliegenden Fall genießt die Patientin dieses Einssein mit der sommerlich fruchtbaren Wiese und der wärmenden Sonne. Ähnliche Passagen schließen sich in ihrer Therapie an. Nach 15 Sitzungen einer KB-Therapie ohne Aufdeckung sichtbarer Probleme hat sie ihre Symptome verloren und fühlt sich wohl.

Kommentar: Offenbar hat sie in dieser ihrer passiven Haltung einen Teil ihrer oralen und narzißtischen Bedürfnisse befriedigt, sich also diesen Szenen voll inhaltlich hingeben können. Das ist jedoch selten. Sie vollzieht den in Abschnitt 3.1. beschriebenen Modus der «Befriedigung archaischer Bedürfnisse». Häufiger steht der Patient nach einiger Zeit auf und strebt gewissen Zielen zu oder läuft vielleicht ziellos in der Landschaft herum. Auch das sollten wir beobachten und daran erkennen, ob ein Patient überhaupt noch Wünsche hat, ob er weiß, was er gern tut, was ihm gefällt usw.

Beispiel 3

Eine andere Patientin entwickelt bei ihrem selbstgewählten Spaziergang durch die Landschaft eine außerordentliche Aktivität. Sie geht einmal hierhin, einmal dorthin, und ihre Besuche gelten immer irgendwelchen Ortschaften oder Häusern, die sie in Wirklichkeit auch kennt, deren Besuch im KB nur durch das Überspringen geographischer Räume vollzogen werden kann. Dabei fällt zunächst die allgemeine Unrast auf, dann die Unfähigkeit, sich der Landschaft selbst hinzugeben und sich daran zu freuen, und schließlich der ängstliche Wunsch, immer an bekannten Orten oder dort, wo sie Menschen kennt, Unterschlupf zu finden, ohne sich jedoch lange aufzuhalten. Offensichtlich fühlt sie sich letztlich doch nirgends geborgen, obgleich sie große Sehnsucht nach einem beschützenden Zuhause hat. Auch im realen Leben ist die Patientin rastlos, sucht dauernd neue Reize, fühlt sich nicht verstanden und führt eine schlechte Ehe mit einem durch seine Geschäfte absorbierten Mann. Sie sucht immer oberflächliche Kontakte und Schutz, ohne die Fähigkeit zu *Bindungs-* haben, die Beziehungen auch zu entwickeln. Sie ist förmlich gejagt in ihrem Konsum von *schwäche* Kontakten, ohne in deren Genuß zu kommen. Diese sublime Störung, die mir die Patientin als Symptom nicht berichtet hat und wohl auch nicht wahrnehmen kann (weil sie sie nicht als Störung empfindet), wird mir erst durch die Verhaltensbeobachtung im KB erkennbar. Dadurch kann ich sie ihr allmählich auch evident machen.

Ein letztes Beispiel soll eine andere Version der assoziativen Entwicklung unter minimaler Strukturierung wiedergeben.

Beispiel 4

Eine 42jährige verheiratete Frau wurde von mir gefragt, ob sie einen imaginierten voralpinen Berg besteigen wolle. Sie kennt ihn aus der Wirklichkeit und weiß, daß er nicht hoch *Verwöhnung* ist. Trotzdem ist im KB seine Spitze vereist, und er zeigt einen Gletscher. Sie willigt erfreut ein und besteigt, zunächst sehr aktiv, den Berg. Dann wird der Aufstieg mühsam. Auf der Spitze angekommen, setzt sie sich an dem Gipfelkreuz nieder, wo ihr kaum Platz auf dem kalten Eis bleibt. Die Kälte ist beherrschender als der Genuß des wundervollen Rundblickes. Sie drängt deshalb bald danach, hinunterzukommen. Ich führe sie jedoch nicht nach der Art der Grundstufe den Berg wieder hinunter und erwarte von ihr auch nicht, daß der Abstieg Schritt für Schritt erfolge, sondern sage nur: «Bitte schön». Die Patientin geht zunächst einige Schritte, plötzlich wandelt sich das Bild, und sie sitzt auf einem Schlitten. Er fährt schnell den steilen Abhang hinunter und wird schneller und schneller.

Das erregt die Patientin zunächst freudig, sie gerät in einen Geschwindigkeitsrausch und findet die Schlittenfahrt «großartig». Plötzlich bekommt sie doch Angst, sie könne – unten im Tal angekommen – den Schlitten nicht rechtzeitig bremsen und würde sich überschlagen. An dieser Stelle habe ich, die Realität etwas akzentuierend eingegriffen und erinnert, daß wir als Kinder den Schlitten mit den Füßen hätten bremsen können. Das tut sie dann auch und bringt ihn rechtzeitig zum Stehen.

Kommentar: Hinsichtlich der Verhaltensbeobachtung ist für mich zunächst bemerkenswert, daß die Patientin die Schwierigkeit des Abstieges vermeidet. Er wäre ihr auch real physisch mühselig gewesen. Mir scheint deutlich, daß sie die Anstrengung unwillkürlich in das rauschhafte Erleben der Geschwindigkeit, also in eine stark regressive, ekstatische (narzißtische) Verhaltenstendenz ummünzt, die mir bei der sonst zurückhaltenden und eher depressiv strukturierten Frau neu ist. Aus den nachfolgenden Einfällen ist zu erkennen, daß derartige Impulse auch in der Realität vorkommen können, und zwar mit Hingabewünschen, bei denen sie sich fast unkontrolliert gefährden kann. Das scheint sie ja auch beinahe im KB getan zu haben. Die Fähigkeit zur Ich-Stärke wird am Ende deutlich, als sie die Gefahr, sich zu überschlagen, erkennt. Mein Hinweis auf die Möglichkeit zu bremsen, ist geringfügig. – Wäre es eine fortgeschrittene Behandlungsperiode gewesen, hätte ich die Patientin vielleicht ungebremst fahren lassen. Ich hätte dann gesehen, ob sie sich mit dem Schlitten selbstschädigend überschlagen oder eine realitätsgerechte Lösung gefunden hätte.

2.4. Therapeutische Technik II: Standardmotive der Mittelstufe

Die vier Standardmotive der Mittelstufe fokussieren – mit einer Ausnahme – zentrale Konflikte in einem relativ engen Rahmen. Damit kann der Patient aus diagnostischen, vor allem aber auch aus therapeutischen Gründen mit einem spezifischen Konfliktfokus konfrontiert werden.

Übersicht
Die Numerierung in Klammern entspricht der fortlaufenden Nummer der Standardmotive durch das ganze Verfahren entsprechend der Tabelle 12, S. 64.

2.4.1. (6.) Begegnung mit Bezugspersonen (Liebesobjekten)

Dieses Kapitel hat große Bedeutung. Ich werde es deshalb ausführlich darstellen. Die Grundprinzipien der frühen Objektbeziehungen werden im vierten Kapitel besprochen.

Die Beziehung zu «Liebesobjekten», ein psychoanalytischer Fachbegriff für enge Bezugspersonen der frühesten Kindheit, spielt eine entscheidende Rolle für die emotionale Entfaltung des Menschen und seine Beziehung zur Umwelt von den ersten Lebensmonaten an. Das ist von psychologischer Seite kaum, von FREUD, d. h. der Psychoanalyse, in der ganzen Breite seiner Bedeutung erkannt worden. Traditionsgemäß wurde der Mensch außerhalb, als eine Entität, die in sich ruht und aus sich selbst reagierend handelt, betrachtet. Seine Beziehungen zur gegenständlichen Welt, zum Materiellen und zu Sachzwängen wurden häufig stärker in den Vordergrund gestellt als die ihn entscheidend prägenden primären Beziehungen zu Liebesobjekten. Aber bereits die «alten» Pädagogen, etwa Pestalozzi, wußten in ihrer Weise von jeher von dem Einfluß der Eltern und deren Ersatzgestalten auf das Kleinkind.

In der Psychotherapie müssen wir diese prägenden Objektbeziehungen und deren emotionale Verarbeitung bewußt werden lassen, sie klären und deshalb in ihren Facetten dem Prozeß des KB unterwerfen. Neurotische Fehlprägungen durch Objektbeziehungen sind zu erkennen, zu korrigieren und zu reiferen Beziehungen auf der Ebene des Erwachsenen-Ich zu führen. Welche speziellen therapeutischen Möglichkeiten hält das KB dazu bereit, und welche Interventionstechniken dienen der therapeutischen Bearbeitung von Objektbeziehungen?

Liebesobjekte manifestieren sich an den verschiedensten, im KB symbolisch jederzeit gegenwärtigen spontanen oder an einem durch eine therapeutische Technik evozierten Bildinhalt. Von bewußten oder vorbewußt bleibenden Objektbeziehungen bis hin zur gezielten Darstellung wichtiger Bezugspersonen breitet sich eine große Palette vor uns aus. Einem schematischen Überblick werden notwendige technische Hinweise, erläuternde Beispiele und einige theoretische Bemerkungen folgen.

Beim ersten Blick auf das Schema scheinen die Möglichkeiten zur Darstellung der Objektbeziehungen überreichlich. Dieser aus Gründen der Systematik hervorgerufene Eindruck erfährt jedoch in der therapeutischen Praxis eine Reduktion.

172

Schema der Manifestation von Objektrepräsentanzen

(1) *spontane Manifestationen im*
KB-Szenarium, die im katathymen
Panorama «mitgelesen» werden können
(Abschnitt 4.3.1.3, 4.)

– Berg
– Quelle
– Meer
– Baum oder Bäume
– Haus usw.
– spontan auftretende tierische oder
menschliche Gestalten, letztere auch bei
spontaner Altersregression

(2) Förderung *spontaner Manifestation* von
Symbol- bzw. realen Gestalten, *selektiert*
durch *Wahl des Manifestationsortes*

– auf der Wiese
– am Waldrand
– aus der Höhle
– aus dem Sumpfloch
– aus dem Meer

(3) *induzierte Manifestation gewünschter*
Imagines in symbolisch eingekleideter
Form (Abschnitt 4.3.1.3, 4.)

– in Blumensymbolik
– in Baumsymbolik
– in Tiersymbolik, etwa: Kuh, Pferd, Elefant, Löwe, Tierfamilie

an Manifestationsorten: Wiese oder freie Landschaft

(4) *induzierte Manifestation gewünschter*
Imagines als reale Personen

– aus der Gegenwart: Realszene[3]
– aus der kindlichen und frühkindlichen
Vergangenheit: Szenen der Altersregression[3]

an Manifestationsorten: Wiese
Wald
Akzentuierung einer Regression im Kon-
text der KB-Szene

Erläuterungen und Beispiele zum Schema

Zu (1): Spontane Manifestationen im KB-Szenarium: Das Mitlesen von Objektrelationen an landschaftlichen Motiven wird im Kapitel 3 ausführlich beschrieben. Die Identifikation von Objekten in Strukturen der Landschaft wird durch
akzentuierte Beschreibung und klärende Betrachtung des jeweiligen Landschaftsmotives erreicht. Dabei ist die Wahrnehmung emotionaler Qualitäten
(Gestaltqualitäten) besonders hilfreich (S. 398). Einfälle und freie Assoziationen
werden dazu gesammelt. Bei Tier- oder Menschengestalten, die zunächst nicht
ohne weiteres zugeordnet werden können, werden ebenfalls die Anmutungsqualitäten beschrieben, die aus der Körpergestalt, Haltung, Mimik und Gestik erfragt werden können. Die «Augenprobe» als eine spezifische Technik zur Identifikation wird beschrieben (Abschnitt 2.5.5.).

Zu (2): Förderung spontaner Symbol- beziehungsweise realer Gestalten, selek-
tiert durch Wahl des Manifestationsortes: An gewissen Orten des Panoramas
lassen sich, nicht nur aus technischen Gründen, sondern auch wegen deren symbolischer Bedeutung, für bestimmte Symbolgestalten mehr oder weniger spezifische Themenkreise zur Darstellung bringen. Es sind die zum Teil schon genannten Motive (a) der Wiese, (b) des Waldrandes, (c) der Höhle, (d) des Sumpfloches,

[3] Aus dem Bereich von Partnerschaft, Familie oder Beruf.

(e) des Meeres. – Indem ich die einfachen Techniken kurz nenne und dann auf die allgemeine (nicht individuelle) Bedeutung der Symbole eingehe, werde ich auch Hinweise auf die am häufigsten auftauchenden Symbolgestalten geben.

Wiese

Die Wiese: Hier oder auch an einer anderen, sich spontan anbietenden Stelle der Landschaft wird dem Patienten vorgegeben, er werde aus der Ferne eine Gestalt auf sich zukommen sehen. Zuerst sei sie noch undeutlich. Wenn sie jedoch näherkomme, werde er erkennen, um wen es sich dabei handele.

Bei dieser Anordnung hat der Patient die projektive Freiheit, von sich aus, d. h. *spontan jedwede Gestalt aufsteigen* zu lassen.

In diesem Fall ist es nicht erwünscht, daß Therapeut oder Patient eine kognitive Vorgabe machen. – Was auftaucht, hat mit der aktuellen Gestimmtheit, mit einem unbewußt andrängenden Problem zu tun, in dem sich auch die Übertragung auf den Therapeuten widerspiegeln kann.

Alternativ ist die stärker *fokussierende Version:* Dem Patienten wird vorausgesagt, welche *bestimmte Person* auf ihn zukommen werde.

Die Wiese als Ort der Begegnung bildet symbolisch einen wenig spezifischen Hintergrund. Das Wiesenmotiv wurde auf der Grundstufe auch als eine «Bühne» ausgewiesen, auf der sich alle aktuellen Probleme spontan manifestieren können. Insofern disponiert das Wiesenmotiv wohl am ehesten dazu, Begegnungen unter einem freundlichen, vielleicht versöhnenden Aspekt stattfinden zu lassen (vergleiche S. 114).

Beispiel

Ein junger Mann glaubt, vom Vater ungerecht behandelt worden zu sein, und fühlt sich gegenüber dem älteren Bruder zurückgesetzt. Er wird angeregt, auf der Wiese in die Ferne zu blicken und langsam eine Gestalt zu sehen, die näher kommt. Er solle sich ganz ruhig verhalten und beobachten, wie der Betreffende aussehe und wie er ihm (dem Patienten) begegnen werde. Die Vorhersage erfüllt sich. In der Ferne erscheint eine menschliche Gestalt, die sich langsam nähert und ab und zu stehen zu bleiben scheint (Widerstände). Allmählich erkennt der Patient, daß es sich um seinen Vater handelt. Er ist mit einem streng wirkenden, zugeknöpften Regenmantel bekleidet. Etwas unschlüssig geht er suchend, umherblickend über die Wiese. Allmählich kommt er näher. Der Patient wird nun ängstlich. Ich empfehle ihm, hinter einen vorher erwähnten Busch zu gehen, um nicht erkannt zu werden. Der Vater nähert sich weiter und bleibt in der Nähe des Busches stehen. Der Patient macht sich bemerkbar. Der Vater fährt auf, blickt ihn ernst und sorgenvoll an und macht nur eine kurze, knappe Bemerkung: «Nanu, was machst du denn hier, ich denke, du bist zu Hause und machst deine Schularbeiten. Du weißt doch, du hast es nötig . . .». Der Vater will sich abwenden und seinen Weg fortsetzen. Ich rege den jungen Mann an, ein Gespräch mit dem Vater zu beginnen und mit ihm gemeinsam nach Hause zu gehen. Das gelingt nach Widerständen und nach Abreaktion der bestehenden Ängste.

Wald

Der Waldrand: Der Blick von der Wiese in das Dunkel des Waldes, vom Therapeuten eingestellt oder spontan entstanden, ist das letzte Grundstufenmotiv (siehe dort).

Die Manifestationstechnik kann hier ebenfalls von zweierlei Art sein:

– Wie im Wiesenmotiv kann der Therapeut offen lassen, welche Person erscheint, mit der Anleitung: «Irgendeine Gestalt wird sich beim Blick in das Dunkle zeigen». Dabei erwartet der Therapeut eine im Kontext der vorher besprochenen aktuellen Problematik stehende Gestalt.

– Dem Patienten kann vorausgesagt werden, daß eine bestimmte (im Zusammenhang mit dem zu bearbeitenden Problem stehende) Gestalt aus dem Wald treten werde, z. B. Vater, Mutter, Chef, Lehrer usw. Entsprechende Beispiele enthält Abschnitt 1.4.4.5.

Die Höhle: In Analogie zum Herauskommenlassen von Gestalten aus dem Wald hat das Motiv der Höhle Bedeutung. Während sich der Blick in das Dunkel des Waldes noch oberhalb der Erdoberfläche abspielt, ist der Blick in das Dunkle der Höhle ein Blick in das «Erdinnere», in der Regel aber noch über der Erdoberfläche, denn die Höhle führt meist in einen Berg hinein. Symbolisch gesehen kann aber immerhin erwartet werden, daß beim Blick in die Höhle stärker, tiefer verdrängtes, unbewußtes Material freigesetzt wird. Das äußert sich häufig darin, daß auch die hier verborgenen Gestalten affektbesetzter und gefährlicher sind und eher archaischen Charakter haben als Gestalten, die aus dem Wald hervortreten.

Das Höhlenmotiv ist der Oberstufe zugeteilt (vergleiche S. 301). Seine Bedeutung ist mehrschichtig. Als Eingang in das Innere der Erde («Mutter Erde») kann es für den Eingang in den weiblichen oder mütterlichen Schoß stehen, also als weibliches Genitale oder auch als Ende des Geburtsschlauches, aber auch als Mund der Mutter, wobei Mund und Muttermund als synonym erlebt werden können. In Höhlen können ebenfalls Tiere und Menschen wohnen. Insofern ist es nicht selten, daß aus der Höhle spontan ein Drache, ein Riese, ein Heer von primitiven Eingeborenen oder eine Schlange usw. herauskommen. Ich rate jedem Therapeuten, der in seiner Weiterbildung noch nicht bis zur Oberstufe gelangt ist, dringend ab, das Höhlenmotiv zu benutzen. Gelegentlich werden schwere, sogar panische Ängste freigesetzt, die zu steuern dem nicht voll ausgebildeten Therapeuten Schwierigkeiten bereiten beziehungsweise bei denen er Gefahr läuft, seinen Patienten durch übermäßige Ängste, die er aus «den Tiefen» beschworen hat, zu beeinträchtigen. Ein Zwischenfall (S. 431) war es, als eine Patientin plötzlich auf einem Schneidezahn im riesengroßen Mund der Mutter (der Höhle) saß und Angst hatte, zerbissen und gefressen zu werden.

Beispiel

Zur Einstellung der Höhle kann ich an das früher schon geschilderte Beispiel eines 16jährigen, schizoid gestörten Jugendlichen erinnern. Aus einer Öffnung am Fuß eines Berges tritt ein Riese. Er erweist sich als freundlich und zeigt dem Patienten, daß er im Inneren eine eigene große Welt mit einem Strom, mit Weinbergen, Kuhställen usw. besitzt. Die Frage, warum er sich in die Höhle zurückgezogen habe, beantwortet der Riese sinngemäß, daß er von den Menschen enttäuscht worden sei. Dabei wird offensichtlich, daß der Riese die autistisch-schizoide Haltung des zurückgezogenen Patienten symbolisiert, die dieser nach der Flucht aus Mitteldeutschland angenommen hat. Die Therapie bestätigt diese Vermutung. Der Riese kann als Ausdruck des narzißtischen Größenselbst des Patienten betrachtet werden.

Das Sumpfloch: Auch dieses Motiv bleibt der Oberstufe vorbehalten (siehe S. 306). Aus Gründen der Systematik wird es hier als einer der möglichen weiteren Manifestationsorte von Symbolgestalten angeführt. Die symbolische Bedeutung des Sumpfloches ist ebenfalls vielfältig. Bei der Höhle liegt ein «Eingang in die Erde» vor, der nun allerdings senkrecht in die Tiefe geht. Insofern ist mit der

Höhle

Sumpf

Manifestation archaischer Gestalten aus größeren Tiefen zu rechnen. Das ist in praxi tatsächlich oft der Fall. Harrt der Patient lange genug vor einem Sumpfloch aus, nur um in dieses hineinzublicken und abzuwarten, was herauskommt, können angstbesetzte, instinkthaft determinierte primitive Gestalten freigesetzt werden, müssen aber nicht dieser Art sein. Dementsprechend kann ihr Erscheinen den stärker gestörten Patienten in Panik versetzen. Aus Vorsichtsgründen möchte ich ausdrücklich davor warnen, dieses Motiv einzustellen, ehe der Therapeut nicht seine volle Ausbildung zum KB-Therapeuten erlangt hat. Im einzelnen handelt es sich bei dem Schmutzloch und beim Sumpf im Gegensatz zur Höhle nicht um ein oral-genital orientiertes Symbol, sondern um ein anal-erotisches Motiv. Da viele, vor allem zwanghafte Patienten und viele Frauen, anal retentiv eingestellt sind, also sehr früh gelernt haben, die analen Impulse – Beschmutzung und Aggressivität – abzuwehren, *können* bei ihnen am Sumpfloch extreme Reaktionen entstehen (Einzelheiten Abschnitt 2.5.5.).

Beispiel 1

Eine etwa 35jährige Frau mit leichten psychovegetativen Störungen erlebt, wie aus dem Sumpfloch ein kräftiger, muskulöser Neger hervorkommt, der sich durch seine sinnlichen Lippen und anzüglichen Blicke als Ausdruck ihrer unbefriedigten sexuellen Triebimpulse darzustellen scheint (Wunscherfüllung).

Beispiel 2

Ein Theologe mit einem schweren Mutterproblem imaginiert, wie sich aus dem Sumpfloch ein großer Krake herausarbeitet und ihn mit bösen Blicken betrachtet. Er gerät bei dieser Übung, die er gegen meinen Rat zu Hause allein durchgeführt hat, in panische Angst, da er sich von dem Blick des Tieres ‹gebannt› fühlt.

Auf das Beispiel des sich aus dem Sumpfloch erhebenden feindseligen, die Patientin angreifenden Riesenfisches möchte ich verweisen (vergleiche S. 208). Es beinhaltet die Dynamik, die archaische Darstellung des «bösen Vaters» als eines unerbittlich strafenden Mannes.

Meer

Das Meer: Vergleiche S. 83 f.

2.4.2. (7.) Einstellung sexueller Konflikte

Sexualität

Selbstverständlich projizieren sich sexuelle und partnerschaftliche Probleme auch bereits im katathymen Panorama der Grundstufe. Trotzdem ist es wertvoll, mit Hilfe einer direkten «Frage an das Unbewußte» zu erfahren, welche Hemmungen und Konflikte der Patient im Hinblick auf seine Intimbeziehungen hat. Verbalisiert könnte die Frage etwa lauten: «Wie hältst du es mit deiner Sexualität?» Dabei werden wir stets über diese enge Frage hinaus zu reflektieren haben, daß Sexualität nicht ein Trieb an sich ist, sondern ein besonderer Höhepunkt der partnerschaftlichen Beziehungen. Wir können heute nicht übersehen, daß diese gleichzeitig in das Sexualverhalten eingehen. Der Umstand drückt sich in den beiden folgenden Standardmotiven auch immer aus. Die fokussierende Einstellung eines Konfliktkernes dient weniger der Diagnostik in der entsprechenden Phase der Behandlung, vielmehr der Therapie eines im Vordergrund

176

der Bearbeitung stehenden spezifischen Problems. Sie dient auch als Startpunkt, um dem Patienten eine Mitteilung über den Stand dieses seines Problems zu vermitteln und ihn zur weiteren Auseinandersetzung damit anzuregen.

2.4.2.1. Für den Mann: Motiv des Rosenbusches

Das Grundmotiv knüpft an Goethes Gedicht «Sah ein Knab' ein Röslein stehn» an. Es liegt bekanntlich darin, daß der Knabe eine Rose zu pflücken versucht und sich an einem Dorn sticht. Symbolisch gesehen entspricht das der Intimbeziehung mit einem Mädchen, das sich mehr oder weniger wehrt, dem «Knaben» *beim Mann* mehr oder weniger «gefährlich» werden kann. Um im Kontext des katathymen Panoramas zu bleiben, habe ich die Szenerie auf einen *Rosenbusch am Rande der Wiese* verlegt. Daraus ergeben sich vielerlei Variationsmöglichkeiten der individuellen Projektion.

Beispiel 1

Ein 18jähriger junger Mann, der noch nicht die volle männliche Maturität erreicht hat, signalisiert diesen Tatbestand bei der Imagination des Rosenbusches wie folgt: «Es ist ein schöner breiter Rosenbusch. Die Blüten sind alle weiß. Sie gefallen mir sehr gut, sie haben so etwas Angenehmes, Zartes, Verschlossenes.» («Sind sie noch geschlossen oder sind einige schon geöffnet?») «Nein, alle sind noch geschlossen, viele haben nur Knospen.» («Sind alle weiß, oder gibt es auch einige rosa oder vielleicht rote?») «Nein, alle sind ganz weiß und zart. Ich liebe auch die weißen Rosen weit mehr als die rosa oder roten.» – («Würden Sie sich trauen, einige dieser Rosen zu pflücken, um sie sich zu Haus auf Ihren Tisch in die Vase zu stellen?») – «Nein, das möchte ich nicht, sie sind viel zu zart, noch so keusch. Ich fände es nicht gut, sie hier abzupflücken. Vielleicht blühen sie in meiner Vase gar nicht auf. Sie sind einfach zu unberührt.»

Kommentar: Man braucht nur dem sprachlichen Ausdruck zu folgen, um zu erkennen, welche Erlebnisqualitäten bei dem jungen Mann im Vordergrund stehen.

Beispiel 2

Ich habe den gleichen Test bei einem Reisenden angewandt, der sehr viel herumkommt. Als ich ihm einen Rosenbusch anbiete, fällt er ohne Umschweife ein und sagt, daß er statt eines Rosenbusches sofort eine Kristallvase «gesehen» habe, die in seinem Wohnzimmer stünde. Sie sei gefüllt mit großen, kräftigen Pfingstrosen, weit aufgeblüht, bei manchen seien schon einige Blätter abgefallen.

Kommentar: Hier ist gewissermaßen «alles schon gepflückt». Das Pflücken ist kein Problem. Die Hochblüte ist schon vorüber, damit besteht vielleicht auch ein Stück Überdruß.

Beispiel 3

Ich behandle einen Hirnversehrten wegen starker Kopfschmerzen. Diese sind deutlich psychogen überlagert. Ich wende deshalb das KB an. Mehr aus experimentellen Gründen stelle ich auch das Motiv des Rosenbusches ein. Der Patient berichtet: «Es ist ein Rosenbusch am Rande der Wiese. Eigentlich hat er nur noch eine Rose, die so mehr rechts unten zu sehen ist. Sie ist schon ein bißchen verblüht. Andere Rosen kann ich im Moment nicht ausmachen. Mir fällt aber auf, daß hinter dem Busch zwei kräftige wilde Triebe in die Luft ragen. Sie sind mir unangenehm, und ich meine, sie sollten abgeschnitten werden.»

Kommentar: Die Ehe des Patienten ist über 15 Jahre «alt». Die intimen Beziehungen zur Ehefrau sind offenbar matt. Angesichts der beiden «wilden Triebe» macht der schlichte Mann mir ein unerwartetes Geständnis. Offenbar hat er ohne weiteren Hinweis begriffen, worum es geht. Er habe vor seiner Verletzung zweimal außereheliche Beziehungen gehabt. Diese bedrückten sein Gewissen; er sehe darin noch heute das Ausufern seiner «wilden Triebe».

Beispiel 4

Ich erinnere einen sekundär impotenten 52jährigen Patienten, der sehr unter seiner seit 12 Jahren bestehenden Störung litt. Aus der Anamnese war die Impotenz begreiflich. Mit seiner dominierenden, harten, ihn wechselhaft und ungerecht behandelnden Mutter hatte wahrhaftig kaum eine befriedigende ödipale Beziehung entstehen können. – Über eine längere Periode der Behandlung stellte ich wiederholt den Rosenbusch mit einer einzelnen Rose ein. Sie wandelte sich in jeder Sitzung mit vielfältigen Facetten: zu einer Vagina, einer Vagina dentata, einer, die ihn verschlingen will, einer, die als Blüte einen phallischen Stengel nach vorn stülpt, und andere, archaisch anmutende Symbole dieser Kategorie. Ich glaubte, in dieser Folge Anzeichen einer allmählichen psychosexuellen Entwicklung zu erkennen, denn Ängste wurden freigesetzt und abreagiert, Ekel erregende Impulse verbalisiert, und aus der Blume entwickelten sich schließlich verschiedene, meist kindlich-harmlose Gestalten von kleinen Mädchen im Dirndl usw.

Kommentar: Dieses Beispiel gibt Gelegenheit hervorzuheben, daß eine Behandlung unter Wiederholung nur eines einzigen, auf den Zentralkonflikt zielenden Motives nicht unbedingt erfolgreich ist. Die z. B. mit Impotenz verbundene neurotische Charakterhaltung mußte in breiter Form unter Einschluß der Realbezüge bearbeitet werden (fortgeschrittene Mittelstufentechnik). Im vorliegenden Falle war z. B. die Identifikation mit dem Vater gestört, das Konkurrieren mit Gleichberechtigten war mangelhaft und so fort. Diese Bemerkung soll ein mögliches Mißverständnis über die therapeutische Wertigkeit eines Symboles, hier vom «Rosenbusch», vermeiden. In einer breit angelegten Therapie ermöglicht es aber die Konfrontation mit dem spezifischen Problem.

2.4.2.2.   Für die Frau: Motiv einer Kutsch- oder Autofahrt

bei der Frau

Bei der Frage nach einem *Motiv zur Projektion der sexuellen Partnerbeziehung bei weiblichen Patienten* bin ich von folgendem Gedanken ausgegangen: Eine Situation muß konstelliert werden, in der eine emotionale Hingabe angeboten wird an einen Repräsentanten der männlich-väterlichen Welt. Das Angebot muß zeitlich begrenzt sein, und die Betreffende muß über die Partnergestalt in gewisser Weise verfügen können. Zu diesem Zweck habe ich folgendes Standardmotiv entworfen, das offeriert wird, sofern es angezeigt erscheint. Die Anweisung lautet: Die Betreffende befinde sich – eventuell im Verlaufe der gegenwärtigen therapeutischen Sitzung – auf einem langen Weg nach Haus. Sie sei müde und gehe eine Landstraße entlang. Ich sage ihr voraus, es werde eine Pferdekutsche (oder ein Auto) kommen. Der Fahrer werde anhalten, die Tür öffnen und fragen, *ob sie* (vielleicht) *mitgenommen werden möchte.* – Es gehört zur Technik des Motives, daß es genau mit der hier festgelegten Formulierung angeboten wird. *Nicht die Patientin* hält den Wagen an, sondern dieser hält, und die *Patientin hat die Wahlfreiheit, ob sie das Angebot annehmen will oder nicht.*

Ich möchte eine Reihe typischer Reaktionen wiedergeben; sie zeigen recht deutlich, wie das Motiv fast regelmäßig die in Frage stehende Problemsphäre aufgreift und zu einer individuell projektiven Beantwortung führt.

Beispiel 1

Eine nach ihrem eigenen Urteil in unglücklicher Ehe lebende Akademikerin beobachtet im KB folgenden Ablauf: Zuerst kommt ein kleiner Junge, der ein rotes Spielauto fährt. Dann folgt ein Motorradfahrer, der jedoch nicht anhält (Widerstand). Schließlich kommt statt einer Kutsche ein Auto. Der Fahrer hält und öffnet die Tür usw. Das Auto erscheint ihr kurios, ein alter Wagen aus der Vorkriegszeit, der mit Silberbronze angestrichen ist. Im Fond sind statt Sitzen gläserne Vitrinen eingebaut. In ihnen stehen starr und steif erscheinende Kristallgläser auf Kristallplatten. Sie steigt nur zögernd ein, da ihr das Ganze nicht gefällt, und sitzt neben dem Fahrer. Nach seinem Gesicht gefragt, kann sie es nicht erkennen (Widerstand). Erst nach meiner nochmaligen Frage nach dem Profil des Fahrers wird dieses deutlich. Es erinnere an das ihres Ehemannes. In diesem Moment geschieht etwas Dramatisches. Das Auto fährt mit voller Wucht gegen einen Chausseebaum. Der Fahrer wird durch das Dach geschleudert und bleibt in der Krone des Baumes hängen. Die Patientin bricht in Tränen aus, die sie im nachhinein als Lösung der bestehenden Spannung empfindet. In diesem Moment trabt hoch zu Roß im fahlen Sonnenschein eine Kavalkade von Männern von links über die Straße und verschwindet allmählich nach rechts. Ich bitte, den Anführer der Kavalkade zu beschreiben. Er sei ein groß gewachsener, gut aussehender Mann in Offiziersuniform. Er zeige eine imponierende Haltung und ein sehr gutes Profil. Sie erkennt eine starke Ähnlichkeit mit ihrem Stiefvater, der seit ihrem dritten Lebensjahr Vaterstelle vertreten hat.

Kommentar: Der Ablauf dieses Szenariums hat die Patientin sehr beeindruckt. Es wirft offensichtlich ein Schlaglicht auf das subjektive Erleben ihrer ehelichen Situation. Gleichzeitig wird deutlich, wie die Patientin eine sexuelle Versuchung schon im Vorfeld abwehrt: Kinderauto, Motorrad (was mir als Abwertung erscheint). Das Auto bezieht sie auf den Ehepartner. Auch es hat einen deutlich abgewerteten Charakter. Die Patientin kommentiert später, sie erlebe ihren Mann, als zäume er sich künstlich und unecht in seinem Geltungsstreben auf (alter, mit Bronze bestrichener Wagen). Die Glasvitrinen erinnerten sie an die pedantische, starre, gläsern-steife, unkünstlerische Art, die sie an ihrem Ehemann störe. Ihre latenten Aggressionen gegenüber dem Partner, die sie sich nie anzubringen traut, kommen drastisch in der Szene des Autounfalles zum Ausdruck. Der stattliche Anführer der Kavalkade im Morgennebel schließlich signalisiert die noch bestehende ödipale Bindung an den von ihr verehrten Stiefvater, eine große, als «geistvoll» empfundene Erscheinung. Seine negative Seite mit der Neigung zur Herabsetzung der Familienmitglieder mit aggressiven Durchbrüchen kommt hier nicht zum Ausdruck. Im Vordergrund steht die narzißtische Idealisierung.

Beispiel 2

Eine geschiedene, sexuell zweifellos unter Spannung stehende etwa 30jährige Patientin imaginiert folgende Szene: Ein Auto kommt und fährt an ihr vorüber, ohne daß der Fahrer fragt, ob sie mitgenommen werden will. Sie ist enttäuscht. Ein zweites erscheint. Es ist ein rassiger Sportwagen, der ihr sehr gefällt. Die Tür öffnet sich, und am Steuer sitzt ein dunkelhaariger, jugendlich und straff aussehender, elegant gekleideter Mann von etwa 35 Jahren. Er ist ein mediterraner Typ, trägt ein Menjou-Bärtchen und fordert die Patientin nicht ohne Galanterie auf, einzusteigen. Er fährt sicher, aber rasant, versucht ein Gespräch anzuknüpfen, auf das die Patientin nur zögernd und zurückhaltend eingeht. Er biegt schließlich in eine Nebenstraße ab, landet im Wald und stellt den Motor ab. Die Patientin bittet, den Tagtraum abzubrechen, aus dem sicheren Gefühl, daß nun die Verführungsszene folgen werde.

Kommentar: Die Tendenz der Wunscherfüllung ist wohl nur allzu deutlich. Nur selten kommt es dazu, daß die Betreffenden im KB auch den Akt vollziehen. Ich meine in einem solchen Fall, daß eher ein Mangel an Steuerung des Ich bestehen würde.

Beispiel 3

Eine psychosexuell noch unausgereifte 18jährige Patientin steht in meiner Behandlung wegen einer chronischen Astasie und Abasie[4]. Bei Einstellung des Motives kommt auf Anhieb eine große Kutsche, ein repräsentables, altes, luxuriöses Modell. Der Kutscher trägt eine Livree. In der Kutsche sitzt ein älterer, würdiger, gut aussehender weißhaariger Herr mit einem kleinen grauen Schnurrbart. Mit gütigem Blick fordert er sie auf, in den Wagen einzusteigen, um ein Stück mit ihm zu fahren. Die Patientin willigt ohne weiteres ein, und der Wagen fährt sie bis vor ihre Haustür.

Kommentar: Das Problem wird von der Patientin offensichtlich perfekt abgewehrt. Der alte Herr könnte ihr eigener Großvater sein, der jenseits von Gut und Böse steht. Der Kutscher ist ein unpersönlicher, uniformierter Angestellter, der keinerlei persönliche Bedürfnisse äußern darf. Mit anderen Worten, die «Welt der Verführung» ist in dieser Patientin noch kaum geweckt. Das Beispiel ist charakteristisch für die Art, in der partnerschaftlich unreife oder feminin mangelhaft identifizierte Frauen die «Zumutung» des Experimentes abwehren können. Teilnehmer der von mir abgehaltenen Seminare bringen an dieser Stelle oft den Einwand, daß es heute keineswegs mehr das Privileg des Mannes sei, etwa ein Auto zu fahren. Immer mehr Frauen sitzen am Steuer. An dieser Feststellung besteht kein Zweifel. Doch scheint mir wichtig, die emotionale Grundstruktur des Motives zu berücksichtigen: die Aufforderung, sich der Führung eines anderen zu überlassen, gleichgültig, was er tut. Indem man sich der Führung eines anderen anheim gibt und schlimmsten Falles auch seiner potentiellen Gewalt, wird das genuine Hingabebedürfnis und die Fähigkeit dazu angesprochen. Tritt ein Mann auf, so liegt in dieser Anheimgebung auch immer die potentielle Verführung zum sexuellen Akt. Daran kann man wohl nicht vorübergehen.

Manche Patienten lösen das Problem auch dadurch, daß am Steuer eine Frau sitzt. In diesen Fällen entsteht die Frage, inwieweit sich die hier konstellierte Hingabe auf eine Frau bezieht. Sie kann eine mütterliche Gestalt oder eine part-

---

[4] Unfähigkeit zu gehen und zu stehen, psychogen bedingt.

nerschaftliche sein. Die Tendenz zur (homosexuellen) Hingabe liegt im letzteren Falle nahe, die regressive Abwehr der heterosexuellen Beziehung, verbunden mit einer infantilen Bindung an die Mutter, im ersteren.

2.4.2.3. (7.) Für beide Geschlechter: Angebot einer Frucht

Ich bin ferner gefragt worden, ob das Motiv bei der Frau nicht zu «durchsichtig», zu mechanisch sei und zu sehr den Charakter eines «Neusymboles» habe, verglichen mit dem «Altsymbol» (C. G. JUNG) des Rosenbusches beim Mann. In Verfolgung dieses Gedankens habe ich eine Beobachtung im experimentellen Traum (ROFFENSTEIN 1923) aufgegriffen. Dieser Autor hatte Patientinnen in Hypnose suggeriert, sie würden einen Traum haben, in dem sie intime Beziehungen zu ihrem Freund erlebten, jedoch würde dieses Erlebnis nur maskiert erscheinen, so daß dieser Zusammenhang nicht erkennbar ist. Die Versuchspersonen erlebten in ihrem hypnotischen Traum, wie sie unter einem Obstbaum saßen und Kirschen oder andere Früchte aßen. Das Verführungsmotiv vom «Baum der Erkenntnis», von Eva mit dem Apfel, klingt an. Insofern wäre es legitim, auch in unserem Zusammenhang ein entsprechendes Motiv einzustellen. Hemmungen würden für eine Störung in diesem Bereich sprechen. Die Anleitung kann lauten: «Bitte stellen Sie sich (auf der Wiese) einen Obstbaum vor». Nach dessen Beschreibung wird gebeten, eine Frucht, sofern solche vorhanden ist, zu essen.

bei Mann und Frau

Beispiele

Der eingestellte Apfelbaum hat statt Früchten nur Blüten (bei einem jungen Mädchen); die Äpfel sind klein und wurmstichig (bei einem an Sexualstörungen leidenden Mann); die Äpfel schmecken bitter und sind deshalb nicht genießbar (bei einer enttäuschten ältlichen Frau).

Insgesamt bewährt sich das Motiv des Apfelbaumes als projektive Struktur für das individuelle Problem. Jedoch ist es kaum so differenziert und hat so viele Möglichkeiten zur assoziativen Ausgestaltung wie das Motiv des Rosenbusches beziehungsweise des Autos.

Das letztgenannte Motiv muß übrigens nicht zwangsläufig die gleiche Dynamik wie der Obstbaum ausdrücken. Eine hysterisch strukturierte, sinnlich leicht erregbare, aber frigide junge Frau (26 Jahre) lehnte z. B. energisch ab, sich mitnehmen zu lassen, mit dem Hinweis, daß ihr Vater ihr das strikt verboten habe. Beim Motiv des Obstbaumes jedoch kletterte sie hinauf und aß genüßlich die großen saftigen Kirschen.

2.4.3. (8.) Aggressivität

Die Stellung zur eigenen Aggressivität ist bekanntermaßen einer der Hauptkonfliktkreise bei neurotischen und psychosomatischen Störungen. Zunächst ist der Begriff der Aggressivität zu klären. Die laienhafte Vorstellung, aggressiv sein hieße so viel wie «mit der Faust auf den Tisch schlagen», ist irrig. SCHULTZ-HENCKE (1965) hat mit Recht immer wieder darauf hingewiesen, daß wir in der

Stellung zur Aggressivität

Psychotherapie auf die Grundbedeutungen dieses Begriffes zurückgehen müssen, auf das «a' gredi», das Herangehen an die Dinge. Der ideale reife und harmonische Mensch sollte die Fähigkeit haben, die Dinge der Realität «in den Griff zu bekommen», im Sinne des Wortes manuell «anzugreifen», sich ihrer zu bemächtigen. Das «a' gredi» heißt aber auch so viel wie: Sich-durchsetzen, nicht in zwanghafter Wiederholung oder als bloße Reaktion, sondern *gerichtet* eingesetzt im Dienste der von der Person verfolgten eigenen Ziele oder zur sinnvollen Verteidigung. Das bedeutet *die Verfügbarkeit über die eigene aggressive Durchsetzungsfähigkeit* mit der Freiheit, diese Potenz gesteuert und folgerichtig, notfalls auch mit Gewalt, aber *nach eigener freier Wahl,* einzusetzen.

Die Mehrzahl unserer Patienten kann jedoch ihre eigene Durchsetzungsfähigkeit nicht in der gewünschten freien Wahl mobilisieren. Sie gilt dann im Fachjargon als «aggressiv gehemmt». Manche können sich nur behaupten, d.h. aggressive Impulse mobilisieren, wenn sie provoziert werden, etwa durch eine Herausforderung, eine Kränkung, ein Konkurrenzangebot. In anderen Fällen sind es besonders zwangsstrukturierte Patienten. Sie sind stark aggressiv gehemmt und haben vielfältige Abwehren gegenüber ihren aggressiven Impulsen aufgebaut (wirken dementsprechend sehr versöhnlich), jedoch halten sie diese Position nicht allzu lange durch. Sie zeigen gelegentlich aggressive Durchbrüche: plötzliche Schimpfkanonaden, selten Handgreiflichkeiten. Die Umgebung ist davon sehr betroffen, weil diese Menschen ansonsten besonders um (überangepaßtes) freundliches Verhalten bemüht sind.

Ich sah mich wegen der hier kurz skizzierten Impulswelt veranlaßt, nach einem diesen Problemkreis erschließenden Standardmotiv zu suchen. Die Frage lautet verbalisiert: «Wie hältst du es mit deiner eigenen Aggressivität?» – Auf der Suche nach einem geeigneten Motiv bin ich auf eine Raubkatze gestoßen, wobei das Motiv eines Löwen besonders nahe lag. Ein Tiger mag besser geeignet sein, da er ohne Hunger zu haben zum Angriff disponiert ist. Ich meine jedoch, Aggressivität kann kein Prinzip sein. Aggressivität ist eine Form der Reaktion und der Durchsetzung im eigenen Interesse. Die Diskussionen über die Quellen der Aggressivität sind noch nicht abgeschlossen. Die Auffasung tendiert heute jedoch überwiegend dahin, daß aggressives Verhalten Ausdruck einer Reaktion auf Kränkung und auf vermeintliche Zurücksetzung besonders bei Menschen mit gestörtem Selbstbewußtsein ist. Der souveräne, ausgeglichene, in sich ruhende Mensch reagiert in der Regel nicht aggressiv, solange er nicht glaubt, aus gewissen Erwägungen heraus einem Gegner gegenüber Aggressionen einsetzen zu müssen, sei es, um sie zu verteidigen, sei es, um seine Ziele wirkungsvoll zu verfolgen. Diesem Modell von Aggressivität möchte ich im Rahmen des KB folgen.

Deshalb scheint mir das Motiv des Löwen angemessen. Symbolisch als «König der Wüste» stellt er sich als ein souveränes Wesen dar, das auch vielfältig als Wappentier auftaucht. Der Löwe ist fähig, anzugreifen und mörderisch zu sein, wenn es notwendig ist, wenn er sein Leben und seine Belange verteidigen muß und seine Ernährung zu sichern hat. Auf der anderen Seite ist der Löwe auch faul, träge, desinteressiert und schläfrig, wenn er nicht herausgefordert wird.

Die Induktion des Motives erfolgt auch hier wieder sehr vage, um dem Patienten ohne alle Vorbestimmung uneingeschränkten Raum für seine projektive

Löwe

Gestaltung zu lassen. Ich formuliere etwa: «Können Sie sich einen Löwen vorstellen? – Irgendwo ist ein Löwe.» Ich lassen offen, ob das Tier etwa in einem Käfig, in einem Zirkus oder auf der freien Wildbahn ist. – Als eine andere Einstellung kann ein Löwe zitiert werden, um in einer Szene zu prüfen, wie das Kräfteverhältnis zwischen dem Löwen als Ausdruck der Aggressionen des Patienten und einem imaginierten Widersacher ist.

Beispiel

Das von mir wiederholt zitierte, besonders eindrückliche Beispiel ist der Fall einer Herzphobie bei dem schlichten, arbeitsamen Werkmeister einer Autowerkstatt. Ich beschränke mich auf kurze Daten des an anderer Stelle beschriebenen Falles (LEUNER 1982b, vergleiche S. 31 f.):

Seit einem Jahr besteht eine Herzphobie mit vielfältigen vegetativen Beschwerden und einer inzwischen aufgetretenen depressiven Verstimmung wegen der Arbeitsunfähigkeit. Auslösende Situation ist ein banales, medizinisch irrelevantes Trauma: Ein mißliebiger Kunde hat den Rückwärtsgang eingelegt und mit dem Anlasser das Fahrzeug versehentlich gegen die Schienbeine des Patienten getrieben.

Beispiel

Herzphobie

Seine aggressive Gehemmtheit wird im Auftreten und seiner Einstellung deutlich. Dieser «arrogante Kunde» habe ihn schon immer geärgert, aber weil bei ihm «der Kunde König ist», habe er sich immer wieder zurückgehalten. Ich fühlte das Bedürfnis, dem Patienten seine aggressive Gehemmtheit vor Augen zu führen. (Gleichzeitig wollte ich mich allerdings auch diagnostisch versichern, daß sich meine klinische Beobachtung im KB bestätigt.)

Ich ließ (inadäquat) auf der eingestellten Wiese einen Löwen erscheinen. Ein männliches, kräftiges Tier tauchte auf. Es war nicht etwa in einem Käfig oder in einem Zirkus unter einengenden Bedingungen. Daraus schloß ich, daß die aggressive Durchsetzungsfähigkeit offenbar keineswegs allzu stark unterdrückt ist. Mein Ziel war jedoch zu testen, wie sich der Löwe gegenüber seinem Widersacher verhalten würde, der das «psychische Trauma» und damit den Krankheitszustand ausgelöst hatte. Deshalb bat ich den Patienten, sich vorzustellen, der Widersacher erschiene ebenfalls auf der Wiese. Er möge bitte beobachten, wie sich der Löwe diesem gegenüber verhalte. Dabei geschah das, was meine ursprüngliche Hypothese zu bestätigen schien: Als der Kontrahent erschien, zog sich der Löwe zurück. Er wurde zugleich kleiner und setzte sich zu Füßen meines Patienten, auf die Größe eines Schoßhundes geschrumpft. – Das ist die Art, wie der Tagtraum in seiner magischen Ausdrucksweise die Reduktion von Kraft beschreibt: durch Verminderung der Größe und durch Wandel des Verhaltens der Symbolgestalt.

Ich weiß nicht, ob der Patient diesen symbolischen Vorgang, den ich nicht interpretierte, sofort in seiner ganzen Tragweite begriffen hat. Es bedurfte einer Kurztherapie von 25 Sitzungen mit dem KB, um den Patienten wieder «auf die Beine zu stellen». Das Problem des Sichdurchsetzen-Könnens und der Selbstbehauptung war wiederholt Gegenstand der Klärung. Immerhin war der Patient danach in der Lage, seine Arbeit wieder aufzunehmen. Die Symptome fielen ab, und er konnte auch Zurücksetzungen seines Vorgesetzten und Problemen mit seinen Untergebenen aktiver begegnen, als das vorher der Fall gewesen war. Natürlich war ich interessiert, mehr über die Folgerichtigkeit der Therapie zu erfahren, vor allem, wie sich der «Löwentest» am Ende der Behandlung auswirken würde. In der abschließenden Sitzung bat ich ihn deshalb, noch einmal den Löwen einzustellen und den Widersacher erscheinen zu lassen. Jetzt ereignete sich folgendes: Der Löwe wandte sich dem Widersacher zu. Die Auseinandersetzung, etwa durch Prankenhiebe des Löwen oder in Form einer blutrünstigen Aggression, wurde jedoch in einer spezifischen Weise gelöst: Der Widersacher lief davon, der Löwe setzte nach. Plötzlich befand sich am Ende der Wiese eine Mauer. Der Widersacher sprang darüber und der Löwe hinterher. Die konsequente Auseinandersetzung, die jenen Teil der unerfüllten Rache des Patienten vollzogen hätte, geschah hinter dieser schonenden Barriere und nicht konfrontativ vor dem Patienten. Unbeschadet dessen war die Therapie erfolgreich. Die achtjährige Nachbeobachtung zeigte keinen Rückfall.

Das Löwenmotiv ist bei schweren Neurosen in den seltensten Fällen ohne Behinderungen. Wir begegnen dort folgenden Konstellationen: Das Tier befindet sich in einem Käfig und läuft aufgeregt auf und ab; es ist in einem Zirkus und muß durch einen brennenden Reifen springen; der Löwe ist überhaupt nicht aggressiv, wie zum Beispiel bei einer zwangsneurotischen 24jährigen jungen Frau. Hier lag er am Rand der Wüste in der Sonne und «tat sich wohl». Die etwas kindliche Patientin legte sich zu ihm und fand ihn warm und kuschelig, vergleichbar einem großen Teddybären. Darin wird deutlich, wie stark die Abwehr gegen aggressive Impulse bei einer Zwangsneurose sein kann: Die aggressive Komponente des Löwen wird verleugnet.

Nach unseren bisherigen Beobachtungen ist das Motiv eher für diagnostische als therapeutische Zwecke geeignet. In der Wertvorstellung vieler Patienten bedeutet Aggressivität so viel wie «böse» sein, «Böses» tun und anderen Menschen ungerechterweise etwas antun. Mit anderen Worten, aggressives Verhalten ist eingebettet in einen viel breiteren Verhaltenskontext, eine moralische Ideologie (Über-Ich), und somit stark in die gesamte Charakterstruktur integriert.

Exkurs über die «Assimilation des Bösen»

Im Zusammenhang mit diesem Thema möchte ich einen neuen Ansatz in der Führung des KB darlegen, der Möglichkeiten der Weiterentwicklung in eine Richtung gibt, die ich als die «*Assimilation des Bösen*» bezeichnen möchte.

das Böse

Bei der Behandlung des an anderer Stelle (1982b) erwähnten Falles eines Akademikers in hochgestellter Position, von katholischer Erziehung und mit starker Mutterbindung, war ich mit einem der Psychoanalyse (wiederholte Versuche) völlig unzugänglichen Patienten konfrontiert. Seine ausgeprägten Charakterwiderstände äußerten sich unter anderem in einer mir auffallenden dauernden pastoralen Verhaltensattitüde. Der Zufall wollte es, daß sich im Verlaufe einer langen KB-Therapie in der Imagination ein kleiner Teufel einstellte. Ich bot dem Patienten einen Besuch in der Hölle an. Es begann ganz banal in einer Hotelhalle mit einem Fahrstuhl, in dem der kleine Teufel mit ihm hinunter in die Hölle fuhr. Dort wurde er von einem freundlichen Teufel begrüßt, der ihn durch die verschiedenen Abteilungen führte. Hier begegnete er einer Reihe schauriger Szenen. In großen Töpfen wurden Menschen gesotten, darunter auch seine eigene Mutter, gegen die er weder im KB noch sonst aggressive Impulse entwickelt hatte. Sie befand sich in einem der Kessel, schrie fürchterlich und wollte von ihm befreit werden. Er ging jedoch ungerührt daran vorüber. In einer anderen Szene beobachtete er, wie Menschen einen hohen Wasserfall in einen See heruntergeschwemmt wurden und jämmerlich gegen einen gegenüberliegenden Felsen prallten, so daß die Schädel zerschmetterten. Auch daran ging er ohne Mitleid oder sichtbare andere Regung vorüber. Analoge Szenen, die in mancherlei Hinsicht an Dantes «Höllenfahrt» erinnerten, hatte der Patient durchzustehen.

Der begleitende freundliche Teufel erläuterte die Situationen. Schließlich verlangte der Patient, auch dem Oberteufel vorgestellt zu werden. Das geschah nach einigem Hin und Her, und der Oberteufel entließ ihn mit weisen, sophistischen Ratschlägen, mit denen der Patient wenig anzufangen wußte. Immerhin hatte er das Privileg gehabt, dem Oberteufel begegnet zu sein, der ihn ernst genommen hatte. – Nach dieser ersten «Höllenfahrt» kehrte er im KB in sein Hotel zurück und entdeckte beim Blick in den Spiegel, daß ihm aus dem Kopf kleine, auf der Stirn aufgesetzte Hörner wuchsen. Um die Hörner vor der Außenwelt zu verstecken, sägte er sie ab. Den Rest, zwei kleine Stummelchen, verbarg er durch ein Tuch, das er um den Kopf wand, wie ihm seine Frau geraten hatte. Nach kurzer Zeit jedoch fand er Gefallen an seinen Höllenfahrten. Er willigte ein, sie fortzusetzen, und entwickelte ein immer freundschaftlicheres Verhältnis zu den Teufeln und zu dem leitenden Oberteufel. – Ich glaubte beobachtet zu haben, daß sich parallel dazu die aggressive Durchsetzungsfähigkeit des Patienten entwickelte. Die pastorale, immer begütigende, Verzicht hervorhebende Attitüde trat zurück. Dieses Thema seiner aggressiven Gehemmtheit konnte jetzt endlich auch verbaliter aufgegriffen und durchgearbeitet werden. Er begann, sich seiner Ehefrau gegenüber durchzusetzen, und entwickelte Aktivitäten in der Entfaltung seiner persönlichen Belange. Z. B. zog er aus seiner Wohnung aus, in der er wegen starker Verkehrsgeräusche nicht hatte arbeiten können, und baute ein eigenes Haus unter Aufnahme belastender Kredite. Dabei zeigte der früher sehr passive Mann seiner Ehefrau deutlicher, wer eigentlich «Herr im Hause» ist, was von der Frau z. T. akzeptiert wurde, denn sie erkannte in ihm jetzt Qualitäten ihres eigenen, dominierenden Vaters wieder. Damit war die Therapie keineswegs abgeschlossen, denn die Besuche in der Hölle waren eingebettet in eine breitere Bearbeitung unbewußten Materials. Mir war sehr deutlich, daß mit den «Höllenfahrten», die der Patient erstaunlicherweise akzeptieren konnte (offensichtlich durch die lange vorausgegangene Therapie entsprechend vorbereitet), sich eine entscheidende Wende in der Entwicklung vollzogen hatte. Das betrifft auch die Freisetzung erster sexueller Impulse, die sich in einer archaischen Symbolik mit Schlangen, Lurchen und anderem niederen Getier auf dem Meeresboden darstellten.

Ich glaube, daß sich in dem *Konzept der Höllenfahrt* im KB eine Möglichkeit eröffnet, Assimilationsprozesse einzuleiten gegenüber latent «bösen», d. h. aggressiven und sexuellen Impulsen, die bei streng moralisch erzogenen, durch ihr starkes Über-Ich bedrängten Personen tabuisiert sind. Die *Assimilation des Bösen* – das ist meine Auffassung – entspricht der Assimilation verdrängter Vitalimpulse und -kräfte. Diese scheinen bislang fehlerhaft eingesetzt und sollten zur besseren Verwendung freigesetzt und neu integriert werden. Dieser Vorgang wird dem Patienten im Verlauf eines solchen Vorgehens allmählich auch deutlich, besonders in jenem Zwischenstadium, in dem seine bisherigen Wertmaßstäbe zerrinnen und sich neue noch nicht voll ausgebildet haben. – Mein Patient entwickelte in dieser Phase eine gewisse schalkhafte, mitunter diabolisch erscheinende Selbstverständlichkeit und Sicherheit, um mir mit Spott und kleinen aggressiven Stichen zu begegnen. Sie stand ganz im Gegensatz zu dem früheren, durchgängig pastoralen Verhalten. Bezeichnenderweise begannen in dieser Phase die Symptome seiner allgemeinen Adynamie und depressiven Verstimmung zu weichen, die ihn vorübergehend berufsunfähig gemacht hatten.

Höllenfahrt

Ich möchte nicht mißverstanden werden. Ich will nicht die «Höllenfahrt» als ein neues Motiv in die KB-Therapie einführen. Hier hat sich jedoch ein neuer Horizont aufgetan, der tiefenpsychologisch und in seiner Symbolbedeutung durchaus verständlich und in sich (psycho-)logisch ist. Wenn sich also in der fortgeschrittenen Phase einer Therapie eine «Höllenfahrt» anbietet, sollte der Therapeut dafür offen sein und erlauben, das «Böse» zu imaginieren. Ziel ist es, dieser verdrängten, abgespaltenen Impulswelt bei einer konventionell eingestellten Persönlichkeit eine Chance zur assimilierenden Bearbeitung zu geben. Ich kann mir dafür im Moment keine bessere Symbolrepräsentanz als die «Höllenfahrt» vorstellen, um das «Böse» bei längeren, charakterwandelnden Therapien im KB imaginativ ins Spiel zu bringen. – Nicht jeder Patient wird, wie der hier vorgestellte, die Höllenfahrt so relativ widerstandslos, eher freudig und engagiert, begrüßen. Im allgemeinen kann man meines Erachtens jedoch davon ausgehen, daß das Bild der Hölle in unserer Zivilisation als ein kumulatives Symbol für alles «Böse» begriffen wird.

2.4.4. (9.) Ich-Ideal

Mit dem «Ich-Ideal» ist nach FREUD (1923) synonym ein Teil des Über-Ich gemeint, in anderen Arbeiten jedoch eine gesonderte Instanz des Über-Ich. LAPLANCHE & PONTALIS (1972) definieren: «Instanz der Persönlichkeit, die aus der Konvergenz des Narzißmus (Idealisierung des Ichs) und den Identifizierungen mit den Eltern, ihren Substituten und den kollektiven Idealen, entsteht. Als gesonderte Instanz stellt das Ich-Ideal ein Vorbild dar, an das das Objekt sich anzugleichen sucht.»

In unserem Zusammenhang nehmen wir den letzten Teil dieser Definition als repräsentativ für eine Möglichkeit, im KB ein Vorbild zur Darstellung zu bringen.

Man kann fragen, ob ein solcher Versuch der symbolischen Darstellung eines Vorbildes sinnvoll und fruchtbar ist. Die Imagination des Ich-Ideals scheint mir nicht nur aus diagnostischen Gründen wichtig. Dem Patienten zu zeigen, ob, in welcher Form und in welchem Ausmaß er einem Ich-fremden Ideal nacheifert, spricht das wichtige Problem der *Identitätsfindung* an. Sie hat für die Psychotherapie durch die Untersuchungen von E. ERIKSON (1966) über die «Ich-Identität» per Definitionem als «ein dauerndes inneres Sich-Selbst-Gleichsein wie ein dauerndes Teilhaben an bestimmten gruppenspezifischen Charakterzügen» (ERIKSON S.124), Bedeutung gewonnen. Die Konfrontation eines Heranwachsenden, der bisher unbewußt einem Ideal nachstrebte, das seinem eigenen Naturell nicht entspricht, kann eine entscheidende Neuorientierung erforderlich machen. Weitere therapeutische Hilfen lehren ihn dann, die Schwerpunkte seines Selbst, seiner Vorlieben, Fähigkeiten und Eigenschaften kennen und entfalten zu lernen.

Die Übung ist technisch einfach. Der Patient wird gebeten, in der Entspannung als freien Einfall einen Vornamen «kommen» zu lassen, der seinem *eigenen Geschlecht* entspricht. Dann bitten wir ihn, sich zu diesem Namen einen Menschen vorzustellen. Das bereitet in der Regel keine Schwierigkeiten.

186

Beispiel

In einem Fall fiel einer Patientin der Name «Friederike» ein, und sie imaginierte dazu eine gute Freundin aus der Schulzeit. Während die Patientin dunkelhaarig ist, war die Freundin blond. Das ganze Problem der schulischen und späteren Rivalität der Frauen kam zutage. Die Freundin war in der Regel die Erste gewesen und meine Patientin die Zweite. Ihr war es nie gelungen, die Rollen zu tauschen. Sie war schließlich in der Rolle derjenigen, die es am Ende «nie bis zur Spitze geschafft» hatte, und resignierte. Die blonde Freundin zeichnete sich auch durch souveränes Verhalten, gesellschaftlich geschickten Umgang und durch Taktiken aus, mit denen sie ihre Lehrer und Lehrerinnen zu behandeln wußte. Das bewunderte meine gehemmte Patient zwar sehr, sie konnte ähnliches aber auch nicht andeutungsweise verwirklichen. Mit anderen Worten: Sie hatte sich von der Betreffenden überaus imponieren lassen und wäre «fürchterlich gern» endlich auch einmal «eine solche Blonde» geworden. Die Vorstellung von Blond-sein war damit zur Verdichtung ihres Ich-Ideals geworden, dem sie unbewußt immer nachgestrebt hatte, obgleich es nicht zu ihr paßte. So konnte sie ihre eigenen, eher introvertierten Eigenschaften nicht verwirklichen.

Die therapeutische Bedeutung des Motives vom Ich-Ideal kann im Einzelfall am besten durch eine breite Analyse seines Inhaltes erkannt werden.

2.5. Therapeutische Technik III: Regieprinzipien

2.5.1. Aktivierung des Nachttraumes

Die im folgenden kurz geschilderte Technik ist nicht neu. In anderen Tagtraumversuchen wird sie gelegentlich erwähnt und in der psychotherapeutischen Praxis nicht selten angewandt. Der Patient wird auf der Couch in leichter Entspannung angeregt, einen bestimmten Nachttraum imaginativ einzustellen. Technisch gelingt das in der Regel leicht. Anlaß zu dieser Maßnahme sind mancherlei Gründe.

Der auf die Bearbeitung von Nachtträumen besonders ausgerichtete Therapeut wird hier ein gutes Hilfsmittel für seine Arbeit sehen. Für den KB-Therapeuten, der über das breite Spektrum des Tagtraumes bereits verfügt, hat diese Technik nur dann eine bedeutsame Aussage, wenn der rekapitulierte Nachttraum (a) entweder entscheidend geklärt werden soll oder (b) fortgeführt und damit eine stagnierende Entwicklung (Widerstand) gelöst werden kann. *erweckter Nachttraum*

Besondere Bedeutung hat die Technik bei Angstträumen. Es ist eine Eigenart des KB, daß Situationen, die im Nachttraum mit Angst oder anderen negativen Gefühlen besetzt sind, unter dem Schutz des Therapeuten auf der Couch «ausgeträumt» werden können. Unter Umständen können durch vorsichtige Konfrontationen mit den andrängenden negativen Affekten des wiederbelebten Traumes auch Wandlungsphänomene vollzogen werden als Ausdruck der therapeutischen Entwicklung.

Beispiel

Die schon an anderer Stelle erwähnte 16jährige jugendliche Patientin mit einer schweren Gangstörung (Astasie und Abasie) berichtete über folgenden Nachttraum:

Ein Trauerzug führt durch ihr Heimatdorf. Sie sieht deutlich, wie der Sarg von sechs Männern getragen wird, dem eine große Trauergemeinde folgt. Sie muß im Traum heftig weinen und ist besorgt darum, wer wohl gestorben sein könnte. In diesem Moment wacht sie auf.

Im KB bitte ich sie in nüchterner Tonart, die letzte Szene des Traumes nochmals einzustellen und den Trauerzug genau zu betrachten. Das gelingt auch. Ich rege sie zu Einfällen an um herauszufinden, wer begraben wird. Die freien Einfälle bleiben unergiebig. Inzwischen ist die Patientin selbst neugierig, zumal sie besorgt ist, es könne sich um eines ihrer Eltern handeln (was im Sinne des Todeswunsches nach FREUD nicht auszuschließen ist). Ich rege nun an, die sechs Träger würden den Sarg auf den Boden stellen, die großen Schrauben an dem Sargdeckel aufdrehen, um ihn abzuheben. Entsprechendes geschieht ohne Widerstand. Ich bitte sie, in den Sarg hineinzublicken. – Naturgemäß stellen sich hier Widerstände ein. Die Patientin will nicht so recht hineinsehen und äußert Befürchtungen, die ich zunächst mit ihr verbal diskutiere. Schließlich ist der Sarg geöffnet, und sie wagt einen kurzen Blick, wem das Begräbnis gilt.

Kommentar: Ich übersehe nicht, daß diese Technik eine stark strukturierende Komponente hat. Im Hinblick auf die Besorgnis der Patientin, ihre Angstreaktion im Traum und die dadurch aufgerufenen Abwehrmechanismen schien es mir aber doch wertvoll, diesen abgebrochenen Traum, der eine unvollendete Handlung darstellte, zu einem klärenden Abschluß im KB zu bringen. Weder ich selbst noch die Patientin konnten ahnen, wer im Sarg liegt. Ich hatte darauf vertraut, daß sich bei dieser sonst optimistisch eingestellten Patientin eine Lösung bieten würde, die nicht in einem «Dilemma» endet.

Fortsetzung: Tatsächlich erblickte die Patientin nun sich selbst im Sarg liegend. Ich war zunächst überrascht und stutzte ein wenig: So folgte ich dann dem Weg aller KB-Techniken und bat sie, die Gestalt bis ins einzelne zu beschreiben. Sie schilderte Kleidung, Frisur, Gesichtsausdruck usw. Im Sarg sah sie sich mit einer Frisur, die sie bei der Aufnahme in die Klinik getragen hatte. Es war ein überaus langes Haar, das ihr – voll geöffnet – bis in die Kniekehlen reichte. Damals hatte sie hervorgehoben, wie stolz sie darauf sei. Mit diesem langen Haar sei sie, Tochter ihres im Dorf prominenten Vaters, am Heiligen Abend unter Anteilnahme der Gemeinde im Rollstuhl in die Kirche gefahren worden. Sie war offensichtlich Star ihres Heimatdorfes gewesen und scheint daraus einen sekundären Krankheitsgewinn gezogen zu haben. – Mit der gleichen Frisur lag sie nun blaß und tot im Sarg. Der Traum ereignete sich, nachdem sie einige Wochen vorher ihre langen Zöpfe abgeschnitten und sich einen «Bubikopf» zugelegt hatte. Ich hatte darin insofern einen Fortschritt der Therapie gesehen, als sich damit die Entwicklung aus dem mädchenhaften Stadium in das einer Jugendlichen signalisierte. Diese Vermutung wurde durch ihr äußeres Verhalten auf Station gestützt. Mein Kommentar zu dem KB-Bild war hier also ziemlich offen und direkt gemäß der Ungeschminktheit des Bildes: In diesem Begräbnis komme zum Ausdruck, daß das auf ihre langen Haare stolze Mädchen wohl nun gestorben sei als Trägerin der Neurose, deretwegen sie in die Klinik gekommen war. – Sie quittierte diese Version lächelnd, sie schien ihr einzuleuchten. – Daraufhin schlug ich vor, daß die Sargträger den Sarg im KB wieder schlössen, und es zu einem geordneten Begräbnis kommen sollte, was ja auch vorgesehen war.

Kommentar: Ein abgebrochener Nachttraum wird im KB zu Ende geträumt. Das ist ein legitimes Anliegen, um den Trauminhalt zu klären oder um einen unterbrochenen Angsttraum unter dem Schutz des Therapeuten abzuschließen.

Die gefundene Klarheit hat hintergründige Ängste und ängstliche Vermutungen beschwichtigt. Ob allerdings die Fortsetzung des Traumes im KB auch der originären «Absicht» des Nachttraumes entspricht, muß offen bleiben. Wir können lediglich annehmen, daß der nicht abgeschlossene Nachttraum, im KB fortgesetzt, die gleiche Grundtendenz verfolgt wie der ursprüngliche. Dafür spricht die Psychologie der unvollendeten Handlung (ZEIGARNIK 1927): Der gestörte Abschluß einer Handlung hinterläßt einen dynamischen Spannungszustand, der auf Ausgleich drängt.

2.5.2. Fokussierung aktueller Konflikte

Diese Technik liegt gleichermaßen nahe. Trotzdem kann sie in der KB-Therapie von großer Hilfe sein.

Anstelle der Vorgabe eines der Standardmotive spricht der Therapeut vor Beginn der KB-Phase ein aktuelles Problem an. Dabei bleibt gleichgültig, ob dieses ein jüngstes Ärgernis, eine Auseinandersetzung in der Partnerschaft, in der beruflichen Sphäre ist oder ob es die Übertragung auf den Therapeuten betrifft. Auch ein weiter zurückliegendes, im Vorgespräch wieder aktualisiertes Problem kommt in Frage.

Technisch ist folgendes zu beachten: Ehe der Konflikt in seiner ganzen emotionalen Breite verbalisiert worden ist, bittet der Therapeut den Patienten, die Augen zu schließen, leicht zu entspannen und ein dazugehöriges Motiv, eventuell bereits im Sessel sitzend, zu imaginieren. Er kann ihn auch ebenso gut bitten, sich auf die Couch zu legen. Die Überführung vom Gespräch zum Tagtraum kann bei dem mit dem KB vertrauten Patienten am einfachsten mit dem Hinweis erfolgen: «Ich meine, wir sollten versuchen zu erfahren, wie sich das Problem jetzt im Tagtraum darstellt, und dann können wir auf dieser Ebene weiterarbeiten.» *gegenwärtiger Konflikt*

Die Einleitung des Bildes selbst ist nicht kritisch. Aber ein Projektionsanreiz, um das andrängende Problem adäquat zur Darstellung zu bringen, sollte gegeben werden: «Bitte stellen Sie sich eine Szene vor, in der sich Ihre jetzige Stimmung (Ihr inneres Gefühl) am deutlichsten darstellt.»

Ist es dagegen das Problem mit einer Person, kann man anregen, die Gestalt auf der Wiese oder am Waldrand erscheinen zu lassen. Mitunter kann sich eine lebhafte Szene der Auseinandersetzung zwischen Symbolgestalten entwickeln, wonach die Bezeichnung «Symboldrama» entstand. Ein Beispiel mag das veranschaulichen.

Die Einstellung akuter Konflikte kann sich in der KB-Therapie dann besonders günstig auswirken, sogar eine *direkte Indikation* haben, wenn der Patient unter sehr starkem Affektdruck in die Sitzung kommt und weder verbal noch imaginativ in der Lage ist, sich wenigstens so weit zu entlasten, daß er einer geordneten Therapie folgen kann. Bei dem Affekt handelt es sich in der Regel um stark andrängende aggressive Impulse, also Impulse von Wut, Ärger oder quälender Mißstimmung. In diesen Fällen hat es sich bewährt, auf das Oberstufenmotiv vom Vulkan zurückzugreifen (S. 310).

Beispiel 1

Der Patient ist ein 25 Jahre alter Akademiker, der sich in einer schwierigen familiären Situation befindet. Sein Vater hat zum zweiten Mal geheiratet und ist nach einigen Jahren *Beispiele*

189

gestorben. Die zurückgebliebene Witwe, seine Stiefmutter, ist jedoch gleichzeitig seine Schwiegermutter, da der Patient die Tochter der Stiefmutter aus deren erster Ehe geheiratet hat. Alle drei leben zusammen in einer Wohnung, und es entwickelt sich eine heftige, gelegentlich in Tätlichkeiten gipfelnde «Familiendynamik». Der Patient selbst leidet unter einer Arbeitshemmung, ist ausgesprochen aggressiv gehemmt, übermäßig gefügig und von unreifen, pubertären Idealen beseelt. – Eine Auseinandersetzung mit der Schwiegermutter hat kurz vor dem Behandlungstermin stattgefunden. Der Patient ist teils erregt, teils beschämt. – Er berichtet darüber in wenigen Sätzen. Dann fordere ich ihn auf, im KB eine Szene zu imaginieren, die seine aktuellen Gefühle darstellt. Ich rege die Wiese an. Ein großer Schakal erscheint, der sich bald in einen Tiger verwandelt und gierig seinen Rachen aufreißt. Kurz darauf verwandelt er sich in die Gestalt der Schwieger-/Stiefmutter. Sie bedroht ihn aus der Nähe. Plötzlich tritt jedoch ein Löwe hinzu und fällt wütend über die Stiefmutter her. Er beißt ihr die Kehle durch. Zwar stirbt die Stiefmutter nicht, zieht sich aber zurück, bleibt feindselig und wird – nun derart geschwächt – von dem Löwen in einen Abgrund hinabgestoßen. Kaum unten angekommen, schwebt sie in verkleinerter Form mit zerknirschtem, reumütigem Gesichtsausdruck empor. In diesem Moment änderte sich die schnell ablaufende Szene, und ein strahlender Kriegsgott, eine Quadriga lenkend, fährt vom Himmel herunter, schwingt seine Geißel und erschlägt die Stiefmutter endgültig. – Angesichts ihres drastisch entstellten Leichnams überfallen den Patienten Mitleid und Schuldgefühle, begleitet von seinen psychogenen Herzbeschwerden, die Anlaß zur Behandlung sind. In diesem Moment wandelt sich das Bild erneut. Die Stiefmutter lebt wieder auf, erhebt sich riesenhaft und beschimpft und bedroht den Patienten.

Kommentar: Der Vorgang ist symbolisch leicht zu lesen. Schakal und Löwe verkörpern als Symbolgestalten die aggressiven, wütenden Impulse der Schwiegermutter und des Patienten, die gegeneinander stehen. Die Manöver der Stiefmutter, wenn sie friedfertig wird oder zerknirscht, besonders als sie getötet ist, fordern das Mitleid des Patienten heraus. Der Wandel der Besetzungen ist beachtenswert. Obgleich die Schwiegermutter vernichtet scheint, bleibt offenbar ein Rest an Besetzung erhalten, denn sie schwebt bald verkleinert wieder empor. Nachdem sie der glamoröse Kriegsgott erschlagen zu haben scheint, machen das nun herausgeforderte Mitleid und die Schuldgefühle es dem Patieten unmöglich, seine aggressiven Impulse aufrecht zu erhalten. Stattdessen treten seine autoaggressiven Impulse erneut auf. Sofort nimmt die libidinöse Besetzung des Bildes der Stiefmutter wieder zu. In riesenhafter, narzißtisch überhöhter Form bedroht sie ihn erneut. Wie in einer «Nußschale» wird der Patient in dieser Szene mit der ungelösten Rivalitätsproblematik konfrontiert. Dieses Spiel demonstriert, wie ohnmächtig er sich fühlt. Bereits vorher bedurfte es eines idealisierten himmlisch-göttlichen Helden, um seine aggressiven Todeswünsche zu realisieren. Als sei er überfordert, folgt an dieser Stelle der «Umkipp». Die libidinöse Besetzung, die starke Identifikation mit der mitleidheischenden Stiefmutter drängt seine aggressiven Impulse zurück.

Im vorliegenden Beispiel hätte es eine Entlastung für den Patienten bringen können, wenn er siegreich aus dem Kampf hervorgegangen wäre. Das aggressive Potential hätte zu seiner Befreiung führen können, zur Bestätigung seines Selbstbewußtseins, die in der Imagination angestrebt wurde. Sofern starke, weniger abgewehrte aggressive Impulse zur Darstellung kommen, kann das der Fall sein. Selten sind allzu dramatische Abreaktionen, wie hier abgelaufen, der Therapie wirklich förderlich. Positive Wandlungsphänomene zeigen den Erfolg an. Das ist hier nicht der Fall. Der Patient hat sich in dieser Szene eigentlich nur «im Kreis herumgedreht».

Das nachfolgende Beispiel bringe ich im Hinblick auf diese mögliche *Entlastungsfunktion*.

Beispiel 2

Eine 36jährige, ausgeprägt hysterisch, aber auch depressiv strukturierte Patientin stand in meiner Behandlung wegen eines seit Jahren bestehenden phobischen Syndroms. Mit 19 Jahren hatte sie einen mehr als 12 Jahre älteren, in seiner Persönlichkeit sehr gegensätzlich strukturierten, zwanghaften Mann geheiratet. Zunächst hatte sie sich übermäßig an ihn angepaßt und in kindlicher Unterstellung ihre eigenen Belange hintangehalten. Nachdem sie sich vom geselligen Leben der Kreisstadt zurückgezogen hatte, sich ihr Lebenskreis auf die Zweisamkeit ohne Kinder im Hause der Schwiegermutter einengte, und sie nicht reif genug war, um ihre eigene Lage zu erkennen und entsprechend zu strukturieren oder ihren Lebenskreis durch eine Tätigkeit auszuweiten, vermehrten sich die Ängste aus dem Gefühl ohnmächtiger Abhängigkeit und Eingeengtheit. Im Verlauf der Therapie wurden gehemmte Aggressionen frei, die mit unrealistischen Anforderungen und Vorwürfen gegen den Ehemann gerichtet waren. Nach einer häuslichen Auseinandersetzung kam die Patientin erregt in die Behandlung. Der Affektstau war so ausgeprägt, daß sie kaum geordnet reden konnte. Ich stellte darauf das Motiv des Vulkans ein, und folgende Szene entwickelte sich:

Sie beobachtete einen großen feuerspeienden Berg, der hinter einem zunächst lieblich und idyllisch scheinenden See lag. Der Vulkan brach unvermittelt aus. Zunächst war es eine in die Luft steigende Feuersäule, mehrere tausend Meter hoch, bis in die Wolken. Nach einer Weile floß nicht nur glühende Lava, sondern der Krater spie mit Getöse Gesteinsbrocken und nach einiger Zeit Gegenstände aus. Es waren jene Dinge des Haushaltes, gegen die sie in der letzten Zeit eine erhebliche Aversion entwickelt hatte: Kochtöpfe, Teile des Küchenmobiliars, die Schuhe des Ehemannes, die sie putzen mußte, und andere Gegenstände, die sie als Anlässe ihres Grolles erkannte.

Nach etwa 15 Minuten beruhigte sich der Vulkanausbruch. Währenddessen zeigte sie psychomotorische Hinweise für eine Abreaktion, begleitete mit Kommentaren die Genugtuung. Hinterher fühlte sie sich entlastet, befreit vom Spannungsgefühl und der motorischen Unruhe.

Phobie

Varianten

Die Wiedergabe analoger Beispiele erübrigt sich. Nur sei auf eine Variante verwiesen: Der Ausbruch des Vulkans kann so heftig verlaufen, daß Lava oder herabrieselnde Asche Dörfer und Städte eindecken. Autoaggressive, d.h. selbstschädigende Impulse sind darin deutlich.

Bei der Durchführung dieser Entlastungsaktion soll der erfahrene Therapeut deshalb vor Einstellen des Motives abzuschätzen versuchen, auf welches Abwehrsystem die andrängenden Impulse wohl stoßen werden. Ein gewisser Grad von aggressiver Abfuhrbereitschaft ist Voraussetzung für das Gelingen. Wegen weiterer Varianten verweise ich auf Abschnitt 3.3.2.4.

Abschließend noch ein Wort zur Bedeutung der Technik der Fokussierung akuter Konflikte. Im Rahmen der Darstellung des assoziativen Vorgehens habe ich die Wichtigkeit der Förderung von Assoziationen in bezug auf Konflikte des Alltages hervorgehoben. Diese nützliche Technik kann durch wiederholtes Aufgreifen aktuell andrängender Probleme im KB erweitert und akzentuiert werden. Man sollte die Therapiesitzungen auf diese Weise öfters einleiten. Allerdings wäre sie bald unspezifisch, würde der imaginative Anknüpfungspunkt allzu sehr darauf beschränkt. Wichtige Konfliktkerne könnten dann auf die Dauer unangetastet bleiben.

2.5.3. Inspektion des Körperinneren

Symbolik psy-
chosomatischer
Beschwerden

Bei psychosomatischen Erkrankungen und psychogener Organsymptomatik stellt sich fast regelmäßig die Frage, ob und inwieweit es mit Hilfe des KB gelingt, die Symptome in die «Sprache der Imagination» zu übersetzen. Der Zusammenhang zwischen Symptom und Konflikt kann damit zur Darstellung kommen. Die Hypothese, daß eine symbolische Imagination des Symptomes auch eine direkte Analyse beziehungsweise eine therapeutische Bearbeitung der Symptomatik möglich macht, geht davon aus, etwaige Umwege über eine breit angelegte Persönlichkeits- und Charakteranalyse zu ersparen.

Fünf wissenschaftliche Studien haben deutlich gemacht, daß das KB geeignet ist, sich zumindest diesen diagnostischen Erwartungen zu nähern (EIBACH 1982; FREIWALD et al. 1975; ROTH 1983; ZEPF 1978, 1983). Die meisten der Autoren verdichten ihre Fragestellung auf die Objektbeziehungen, die sich in der Imagination des erkrankten Organes manifestieren. Darin liegt eine Komponente der Bedeutung des KB für die psychosomatische Medizin überhaupt.

Die Grundsätze der Technik können zusammengefaßt wie folgt dargestellt werden:

Techniken

(1) Soweit es sich um Beschwerden handelt, die eine *Symbolisation am Äuße-ren* des Körpers erlauben, wie etwa ein gelähmtes Glied, eine Gangstörung, Herzstiche an der Brust usw., wird dem Patienten nahegelegt, sich die bestimmte Stelle vorzustellen. Er werde dort zunächst vielleicht einen Fleck erkennen, dieser Fleck werde sich ausbreiten und zu einer Gestalt entwikkeln oder etwas, was damit zusammenhängt.

(2) Handelt es sich um ein Beschwerdebild, das ein *inneres Organ oder den Kopf* betrifft, wird der Patient angewiesen, sich in der Vorstellung nach der Art von Gullivers Reisen zu verkleinern und eine Reise durch den Körper zu den inneren Organen, vom Mund, vom Ohr oder von irgendeiner anderen Stelle ausgehend, vorzunehmen, um an die entsprechende kranke Stelle zu gelangen. Der Vorteil einer solchen Reise liegt darin, daß weite Strecken des Körperinnern auf diesem Wege «besichtigt» werden können. Diese Technik findet ihre Grenzen bei medizinisch vorgebildeten und stärker rational eingestellten Patienten. Sie laufen Gefahr, ihre anatomischen Kenntnisse einzubringen und sich an entsprechenden Bildern «festzuhalten», statt der naiven symbolhaften Imagination Raum zu geben.

(3) Einfacher ist es, Beschwerden an befallenen inneren Organen imaginativ darstellen zu lassen, indem der Therapeut dem Patienten ankündigt, er werde *von außen in seinen Leib hineinblicken* können, als sei die Körperwand aus Glas. Er werde im Inneren des jeweiligen Organes oder an diesem «sehen» können, in welcher Form sich die Schmerzen oder sonstigen Beschwerden im Bild darstellen.

Zur Veranschaulichung folgen einige Beispiele, um diagnostische, heuristische und therapeutische Schlußfolgerungen abzuleiten.

Zu (1): Symbolisation am Äußeren des Körpers

Beispiel 1

Ein 42jähriger Schulrektor suchte mich in einer Krisensituation auf, in der eine Herzphobie, die ich vor mehr als zwölf Jahren mit Hilfe des KB behandelt hatte, wieder aufgetreten war. Damals war er ein begeisterter junger Lehrer gewesen, schwungvoll, aktiv und sehr einsatzbereit. Er war im Laufe der Zeit zum Schulrektor einer Mittelschule avanciert, hatte sich ein Haus gebaut und seine Kinder großgezogen. Nun weitgehend arriviert, strebte er in seinem großen Heimatdorf das Bürgermeisteramt an. Bei dem Vorgespräch zu der jetzt beschriebenen Sitzung fiel mir auf, daß er in leicht herabsetzender Art von seiner Konrektorin sprach. Sie nehme ihm allen Kleinkram ab und sei in weiblicher Pedanterie dazu recht gut geeignet, könne sie doch nicht «die große Linie» verfolgen.

Beispiel Herzphobie

In einer diagnostischen Sitzung lasse ich mir die Beschwerden genau beschreiben (das ist die Voraussetzung für die Verknüpfung der Imagination mit dem Symptom). Er spüre die Herzschmerzen als einen Stich in der Herzgegend, der durchs Herz hindurchgehe, am Rücken herauskäme und dann links um den Brustkorb herumliefe, um vorne wieder in der Herzgegend zu stechen. Ich bitte ihn, seine Rückenpartie im KB einzustellen; er werde dort, wo er den Herzstich spüre, einen Flecken oder irgend etwas anderes erkennen. Das geschieht ohne Schwierigkeiten. Er imaginiert einen kleinen schwarzen Flecken. Ich lasse ihn diesen eine Weile betrachten und sage ihm voraus, es werde sich «etwas» daraus entwickeln. Nach kurzer Zeit erkennt er eine kleine schwarze Schlange. Sie bewegt sich züngelnd entlang dem Weg des Schmerzes um die linke Brustseite herum, vorn nach der Herzgegend, gelangt durch das Herz hindurch und kommt am Rücken an derselben Stelle wieder heraus. Mehr intuitiv als wissend frage ich ihn jetzt, was sonst noch hinter seinem Rücken sei. Ich hoffe, mit der vagen Frage eine Assoziation anregen zu können. Sich in der Imagination umblickend, befindet er sich in seinem Büro in der Schule. Der Schreibtisch der genannten Konrektorin steht hinter ihm. Ihm stets in den Rücken blickend, wisse er nicht, was sie eigentlich täte, wie sie auf ihn blicke und was in ihr vorgehe. Jetzt in der Imagination erlebe er ihren Blick als böse und stechend. Er habe Angst vor diesem Blick, müsse sich abwenden und fühle sich verunsichert. Spontan komme ihm folgende Einsicht: Schon seit mehr als drei Wochen habe er das Tun dieser Frau nicht mehr «im Griff». Sie habe das Kollegium der Schule offensichtlich gegen ihn eingenommen und sich durch die Aufstellung der Stundenpläne eine Machtposition verschafft. In der letzten großen Lehrerkonferenz habe er das Gefühl gehabt, daß sie gemeinsam mit seinem Kollegium gegen ihn stünde. Die früher als dümmlich und schwach eingeschätzte Frau bringt er jetzt mit der aggressiven Art seiner Mutter in Verbindung und wird an eine KB-Szene aus der früheren Behandlung erinnert. In ihr schlägt die Mutter ihn als dreijährigen Jungen in zorniger Erregung überaus heftig, so daß er fürchtet, sie werde ihn totschlagen.

Kommentar: Die eine, etwa 30 Minuten in Anspruch nehmende Sitzung, ausgehend von der Symbolisation des Symptoms mit Assoziationen zu der bestehenden konflikthaften Realsituation und weiteren Einfällen des Patienten bis hin in die Genese, macht schlagartig deutlich, daß der Patient sich offensichtlich in einer ausweglosen Situation erlebt. Er fühlt sich von der als unheimlich empfundenen Mitarbeiterin in die Ecke gedrängt und ist der Situation zur Zeit hilflos ausgesetzt. Wie früher als kleines Kind der als vernichtend erlebten Gewalt der Mutter ausgeliefert, erscheint ihm die geschilderte Realsituation unter analogem Affekt.

Beispiel 2

Ein 55jähriger Akademiker reagiert auf Situationen im Beruf, in denen er sich ohnmächtig ärgert, mit Kopfschmerzen unter dem Bild einer Zervikalmigräne. Das Syndrom kann sich anfallsartig zu unstillbaren Kopfschmerzen steigern, gegen die auch einschlägige Schmerzmittel kaum helfen.

Er kommt mit einer milderen Kopfschmerzattacke in die Behandlungssitzung. Ich bemühe mich, ihm die Zusammenhänge im KB zu verdeutlichen, und mache den Versuch, akut zu helfen. Ich lasse ihn in das Innere des Schädels blicken. Er «sieht» ohne anatomisches Beiwerk die Schädelkapsel von innen und an der vorderen rechten Stirnwand, wohin der Kopfschmerz lokalisiert wird, einen kleinen Bären. Er trommelt zornwütig und mit Nachdruck mit seinen Fäusten gegen die Schädeldecke und trampelt mit den Füßen. Die motorische Unruhe und der Zorn des Bären, der offensichtlich unbedingt nach einer Öffnung sucht, beziehungsweise diese in die Wand schlagen will, steigern sich. Ich empfehle ihm, sich vorzustellen, daß an dieser Stelle die Schädeldecke wie eine Tür im Flugzeug zu öffnen sei und der Bär herausspringen könne. Das gelingt ohne Mühe. Dem auf den Fußboden gesprungenen Bären folgt eine nicht zählbare Menge von anderen Bären. Sie rotten sich zu einem Feldzug zusammen und wandern in die entfernte Heimatstadt des Patienten. Dort wächst der Anführer zu einem Riesen empor, vielleicht 100 Meter oder größer, und sucht sich im Stadtbild das Gebäude der Fabrik auf, das in der Kindheit des Patienten seinem Vater gehört hatte. Der Bär springt auf das Gebäude und stampft es mit kräftigen Fußtritten zu Boden. Das ist das Signal für die anderen Bären. Gemeinsam zerstampfen sie die ganze Stadt, die bald in Schutt und Asche liegt. Die Beschwerden, die sich nach dem Auszug des Bären aus der Schädelhöhle schon vermindert haben, verschwinden.

Dieser symboldramatische Ablauf wird in der nächsten Sitzung durch Assoziationen ergänzt und bearbeitet. Einige interessante Einfälle: Den aggressiven Ausbruch gegen die Fabrik seines Vaters und seine Heimatstadt erklärt er damit, daß er als einziger Sohn seiner Eltern schon «intrauterin» bestimmt war, Nachfolger des Vaters zu werden. Das «Zertrampeln» der Fabrik erinnerte ihn an sein eigenes Verhalten etwa als Zweieinhalbjähriger in der Trotzphase. Auch damals habe er sich hilflos gefühlt, weil von starken aggressiven Impulsen bedrängt. Offenbar war das schon der Versuch, Aggressionen durch extreme motorische Reaktionen (Strampeln, Trampeln und Sich-auf-den-Boden-Werfen, laute Geräusche) abzuführen. Seine Mutter habe dem hilflos gegenübergestanden und versucht, «den Trotz zu brechen». Mit haßverzerrtem Gesicht habe sie ihn heftig geschlagen, obgleich sie ihn sonst eher als «Muttersöhnchen» verweichlicht, d.h. durchsetzungsgehemmt, erzogen habe. Erinnerungen an Szenen starker motorischer Verhaltenheit folgen.

Kommentar: Die Beziehungen zwischen gehemmter Aggression, Einengung und Kopfschmerz werden deutlich. Die genetischen Hintergründe müssen mehrdimensional gelesen werden. Bemerkenswert ist in diesem Beispiel, wie die Objektrelationen zu Vater und Mutter erkennbar werden. Der Patient fühlt sich als Individuum nicht akzeptiert; er dient nur als Funktionsträger, fühlt sich dementsprechend eingeengt, auf eine gewisse Rolle festgelegt. Sein trotzig stampfendes Verhalten und das des Bären werden im Zusammenhang gesehen als eine Form regressiven Protestes, als hilfloser Befreiungsversuch aus dieser Einengung.

Das Thema der Introspektion von Körperorganen in der KB-Therapie von Psychosomatosen ist noch nicht abgeschlossen. Es wird unter den Psychosomatikern z.T. kontrovers diskutiert. Die Konfrontation mit dem erkrankten Organ kann offensichtlich in einer allzu frühen Therapiephase zu Abwehrreaktionen, zu Angst und sogar Verstärkung der Symptomatik führen. Vom erfahrenen Therapeuten jedoch zum rechten Zeitpunkt eingesetzt, kann die Introspektion ein wertvolles Hilfsmittel in der Behandlung psychogener und psychosomatischer Organmanifestationen sein. Das hat vor einiger Zeit EIBACH (1982) an dem folgenden Fall einer chronischen Herzneurose gezeigt.

Beispiel 3

27jähriger Student, 12 Jahre bestehende typische und weit verzweigte Symptomatik einer schweren Herzneurose; KB-Therapie eineinhalb Jahre mit 100 Sitzungen:

In einer weit fortgeschrittenen Phase der Behandlung leitet die Therapeutin die Introspektion des Herzens ein mit der Frage, inwieweit der Patient sein Körperschema in seine Gesamtpersönlichkeit integriert hat.[5]

«Ich schlüpfe in meinen Blutkreislauf und werde vom Blut fortgerissen, . . . letztlich höre ich das Herz deutlich schlagen, es ist ein lautes, hallendes Pochen, das mir Angst einflößt. . . . Vorsichtig nähere ich mich und jetzt sehe ich: Es hat Ausbuchtungen und ist fast schwarz. An der Stelle, die ich erkennen kann, ist es stark eingeschnürt. Ich steige auf den Rippen empor, ein Teil ist wie mit einem Lederriemen abgeschnürt. Das Pochen wird ruhiger. Ich stelle mich auf die Rippe, halte mich mit der linken Hand fest und versuche, den Riemen mit dem Fuß vorsichtig zu lösen, denn ich traue mich nicht, näher heranzugehen (Abbildung 6). – Der Riemen löst sich, das Herz beginnt zu schwellen, der abgeschnürte Teil füllt sich mit Blut. Doch wo der Riemen gesessen hat, ist eine Narbe.»

Im Nachgespräch fällt dem Patienten ein: «Die fünf Ausbuchtungen sind die Finger der Hand meiner Mutter. Sie will mich festhalten, und ich habe bei der Lösung Schuldgefühle» (Abbildung 7). Weitere «Arbeit am Herzen» folgt. Er gerät schließlich in die Falle einer Spinne als Ausdruck dafür, daß die böse Mutterimago an ihrem Besitzanspruch weiterhin festhält. Sie verliert jedoch allmählich ihren feindseligen Charakter: Aus einem böse blickenden Spinnenauge entwickelt sich ein Menschenauge, mit dem er sich konfrontierend auseinandersetzen kann. Von da an fühlt sich der Patient der Auseinandersetzung mit seiner Mutter gewachsen, sein imaginiertes Herz gesundet und die Behandlung kann bald abgeschlossen werden.

Kommentar: Die Auseinandersetzung mit dem Introjekt der bösen, besitzergreifenden Mutter findet nach langen vorbereitenden Behandlungsphasen schließlich an dem durch Anziehung und Trennung ambivalent besetzten Organ statt. In vorausgehenden Phasen standen narzißtische und orale Themen der Beziehung zur Mutter im Vordergrund, die in sorgfältiger KB-Analyse bearbeitet werden mußten, um eine Basis für diesen letzten therapeutischen Schritt zu bilden. RICHTER & BECKMANN (1973) haben die Identifikation des Herzens mit der Mutter-Imago bei Herzphobien hervorgehoben.

Zusammenfassend kann gesagt werden, daß in der KB-Therapie von psychogenen Organstörungen die Introspektion des Körperinneren einen wichtigen Schritt bedeuten kann. So konnte auch ROTH (1983a) zeigen, daß die Imagination des besetzten Organes eine signifikant höhere affektive Valenz hat als die Einstellung von Landschaftsmotiven dazu; zu frühe Konfrontationen sollten jedoch vermieden werden. Diese Interventionstechnik bleibt dem fortgeschrittenen Therapeuten vorbehalten, der den Prozeßverlauf der Therapie übersieht. Die Introspektion sollte einer der letzten Behandlungsschritte bei einem in seiner Konfliktbearbeitung bereits weit fortgeschrittenen Patienten sein. Auch die in den Beispielen 1 und 2 geschilderten Fälle konnten auf eine längere, sorgfältige Therapie zurückblicken.

[5] Protokoll des Patienten, Auszug aus der Darstellung der Psychodynamik einer chronischen Herzneurose von EIBACH in: LEUNER, LANG (1982).

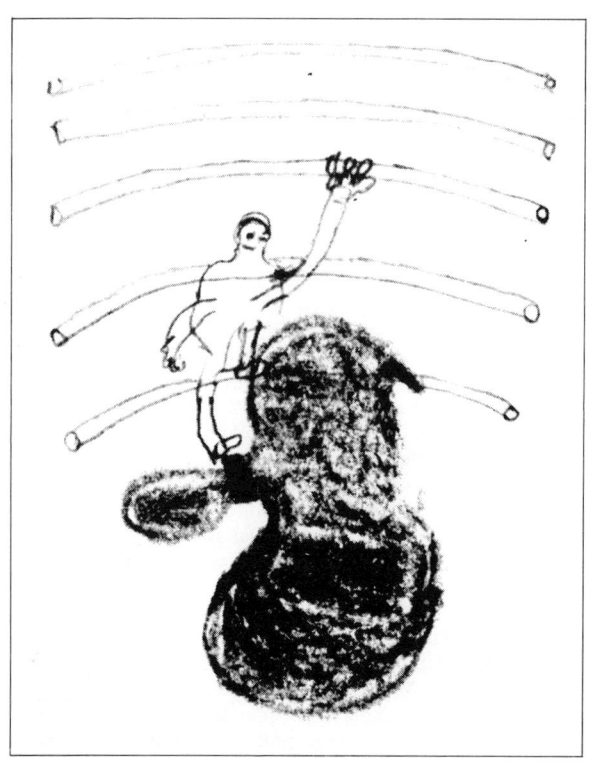

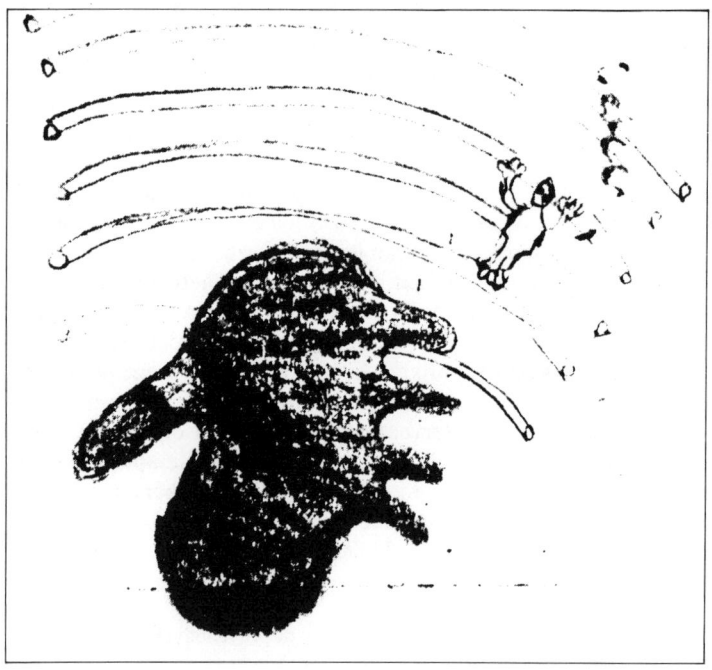

2.5.4. Innerer Führer oder Schrittmacher

Im Verlauf der langjährigen Experimente, die die Grundlagen zur Entwicklung des KB bildeten, zeichneten sich Situationen ab, in denen Symbolgestalten von selbst auftreten, wie verschiedenerlei Tiere, Menschen oder märchenhafte beziehungsweise mythologische Figuren. Ein Teil von ihnen kennzeichnete ein *Leitfiguren* positives Verhalten, das vom Patienten als vertrauenerweckend, freundlich und hilfreich erlebt wurde. Einem ursprünglichen Empfinden gemäß lag es nahe, die positive Einstellung des Patienten diesen Gestalten gegenüber auch ernst zu nehmen. Auf die hier nur kursorisch beschriebenen Qualitäten dieser Figuren kommt es jedoch entscheidend an. Sie signalisieren dem zunächst «naiv» erlebenden Patienten, daß er sich ihnen im KB anvertrauen kann und daß sie im Besitz gewisser Fähigkeiten sind, die man mit «Wissen um den rechten Weg» oder mit «tiefgründiger Gewißheit über das ‹Rechte›» charakterisieren kann. Diese Gestalten polarisieren sich gegenüber anderen, die als fragwürdig, indifferent oder sogar feindselig erlebt werden. Sie signalisieren, daß sie nicht bereit sind, hilfreich in den Dienst des Patienten zu treten. Ich kann an die schon früher getroffene Unterscheidung zwischen dem progressiven, therapeutisch fruchtbaren Prinzip und dem neurotischen Prinzip erinnern (LEUNER 1955a). Die letztgenannte Gruppe würde dem neurotischen Prinzip angehören, umgekehrt könnte der Therapeut der erstgenannten Gruppe vorübergehend eine Führungsrolle im KB übergeben.

Eine dritte Gruppe von Symbolgestalten sei noch am Rande erwähnt. In unseren Erwägungen über Führungspositionen hat sie zunächst keine Bedeutung. Es sind Gestalten, die regressiv-neurotische Tendenzen des Patienten darstellen können, wie Charakterhaltungen und Verhaltenstendenzen. Ich erinnere an das Beispiel des jugendlichen Patienten, dessen schizoider Rückzug sich in der Gestalt eines in einer Höhle wohnenden Riesen ausdrückt (vergleiche S. 132).

Es hat den Anschein, als fänden der Patient ebenso wie der ihn begleitende Therapeut intuitiv schnell heraus, welcher der beiden oben angeführten Gruppen eine Symbolgestalt zuzuordnen ist. Die Tatsache, daß derart therapeutisch-progressive Gestalten auftauchen, muß Erstaunen erregen. Manifestieren sich in ihnen doch offensichtlich «positive», konstruktive beziehungsweise kreative Tendenzen des Ich, die geeignet sind, Perspektiven der Entwicklung des therapeutischen Prozesses zu entwerfen. Insofern können sie auch als «ideale Objektrepräsentanzen» angesprochen und theoretisch nach Art einer vorübergehenden therapeutischen Regression, nicht selten auf einem narzißtischen Niveau (im Sinne des neuen Narzißmuskonzeptes), als idealisierte Leitfiguren verstanden werden.

Der am JUNGschen Konzept ausgerichtete Therapeut wird in ihnen die von dieser Schule hervorgehobenen «Archetypen», z. B. den Archetypus vom «alten Weisen», erkennen. Man kann der Archetypen-Lehre folgen oder nicht. Experimente im KB (LEUNER 1957) lassen allerdings erkennen, daß die Annahme von Archetypen und des kollektiven Unbewußten in diesem Zusammenhang nicht zwingend ist.

Zunächst lag es nahe, dem Patienten aus mehr pragmatischen Gründen anzubieten, sich von der auftauchenden, positiv erlebten Figur durch das Szenarium des KB führen zu lassen. Dabei fällt auf, wie schnell und ohne Vorbehalte die meisten Patienten bereit sind, sich einer solchen führenden Symbolgestalt anzuvertrauen. Sofern sie ihre leitende Funktion übernehmen, sind sie therapeutisch förderlich und führen auf fixierte Bilder hin oder zu symbolischen Problemlösungen. Man sollte die Rolle der Führungsgestalten aber nicht überschätzen. An den folgenden Beispielen wird wohl auch deutlich, daß eine enge Beziehung zu der Befriedigung von Wünschen und archaischen Bedürfnissen (Abschnitt 3.1.) sowie zum Probehandeln (Abschnitt 1.5.7.) besteht.

Beispiel 1

Kamel

Der schon erwähnte schizoide Akademiker mit sozialen Anpassungsstörungen (vergleiche S. 144f.) begegnet an einer Stelle seines Symboldramas einem Kamel, das ihm freundlich seine Dienste anbietet. Ich frage ihn, ob er bereit sei, es zu besteigen, um sich von ihm einmal durch die Landschaft führen zu lassen. Nach einigem Zögern willigt er ein und besteigt das Tier. Es kommt ihm entgegen, knickt die Knie der Vorderbeine ein, um ihm den Aufstieg zu erleichtern. Dann trabt es los. Von der Steppe, in der es sich zunächst befindet, nähert es sich einer waldreichen Gegend. Es durchläuft eine Schlucht und gelangt an ein in Fels gehauenes Relief von beträchtlicher Größe. Fast demonstrativ hält es hier. Durch Efeu oder Weinlaub verhangen, zum Teil von Moos bedeckt, ist das Relief zunächst nur schwer zu erkennen. Es ist sehr alt, ehrwürdig und muß eigentlich erst wieder entdeckt werden. Ich lege dem Patienten nahe, die Schlingpflanzen zur Seite zu heben und Licht darauf fallen zu lassen, um es genauer erkennen zu können. Allmählich tritt eine Frauengestalt hervor, die, nur leicht bekleidet, kräftige, schön geformte Brüste zeigt. Ihr Hals und ihre Arme sind reich mit Schmuck behängt. Das Alter ist nicht näher zu schätzen. Sie erscheint dem Patienten freundlich, zugewandt und in gewisser Hinsicht kokett. Er ist sehr beeindruckt, und ich lasse ihn diese weibliche Gestalt in aller Ruhe, gewissermaßen meditierend, betrachten und sich hineinversenken. Daraufhin bemerkt er Einzelheiten. Am Boden des Reliefs sieht er eine Schlange, die sich zusammengeringelt hat und sich, mit ihrem Kopf der Frau entgegenzüngelnd, erhebt. Im Hintergrund links nimmt er Bienenkörbe wahr, aus denen Bienen herauszufliegen scheinen, um sich um das Relief herum zu verbreiten. Weinlaub und Obstbäume füllen den Hintergrund. Allmählich scheint die Gestalt lebendiger zu werden. Sie wendet ihre freundlich blickenden Augen dem Patienten zu, gewissermaßen dem Helden der Geschichte. Sie streckt die rechte Hand vor und überreicht dem Patienten einen goldenen Schlüssel.

Er hat das Gefühl, ein bedeutungsvolles Geschenk erhalten zu haben, das ihn in neugierige Spannung versetzt. Er reitet mit dem Kamel weiter. Ein langer Pfad tut sich auf, z. T. durch Dickicht führend, und schlängelt sich in Serpentinen einen Berg hinauf. Auf halber Höhe bleibt das Kamel vor einer tunnelartigen Öffnung stehen. Im Hintergrund erkennt der Patient eine schwere eiserne Tür. Mit Hilfe des Schlüssels kann er sie öffnen. Er steigt ab und folgt dem Weg ins Dunkle. Ich biete ihm eine Taschenlampe an. Er schreitet ängstlich, aber hurtig voran und gelangt zu einer ähnlichen zweiten Tür. Er öffnet auch diese und tritt in ein wohnlich eingerichtetes Zimmer, dessen Wände mit Fellen bekleidet sind und das mit Teppichen ausgelegt ist. Auch sonst ist es reich ausgestattet. Auf einem Divan am Ende des Raumes liegt ein weiß gekleidetes, junges, blondes, ihn freundlich anblickendes Mädchen. Es gelingt ihm, mit ihm Kontakt aufzunehmen, mit ihm zu sprechen und es zu überreden, das Zimmer zu verlassen. Offensichtlich erfreut, da ungeduldig wartend, folgt es diesem «Patienten-Prinzen». Er geleitet es zu seinem Kamel. Sie reiten gemeinsam zurück in die Landschaft hinaus. Diese erscheint jetzt in goldenem Sonnenglanz verklärt. Eine weite Ebene breitet sich vor ihnen aus. Sie ist fruchtbar durch Weinberge und einen sich in der Ferne dahinschlängelnden, breiten Strom. Es ist verlockend, da hineinzureiten (Wandlungsphänomen).

Kommentar: Daß in dieser Symbolik die weiblich-mütterliche Welt in einer idealisierten Repräsentanz in Führung gelangt, ist offensichtlich. Bereits das Kamel kann als Abkömmling der positiven mütterlichen Welt betrachtet werden, tragend, fördernd und hier den rechten Weg wissend. Eine urtümliche, weiblich-mütterliche, aber auch geschmückte und kokette Gestalt, mit mancherlei Sexuellem und Fruchtbarkeit symbolisierenden weiblichen Darstellungen umgeben (als Hinweis auf ihre erotische Wertschätzung), händigt unaufgefordert als ein Geschenk den Schlüssel zu einem verborgenen Bereich aus. Schnell und folgerichtig wird er von dem Kamel zu dem wichtigen Ort geführt. Der Schlüssel paßt prompt und führt zu einer Dornröschenszene. – Die dann signalisierte narzißtische Beglückung (z. B. Landschaft) weist darauf hin, daß der Patient offensichtlich einen weiteren Teil der idealisierten, narzißtisch überhöhten weiblichen Welt entdeckt hat und – in Gestalt dieses Mädchens – eine Integration seiner eigenen narzißtischen Erwartungen zu vollziehen versucht. Auf den Ich-stützenden Anteil derartiger Passagen komme ich noch zu sprechen (S. 263 f.). Aus der Anamnese ist hervorzuheben, daß die eigene Mutter als dominierend und sehr prinzipienstarr erlebt worden ist.

Beispiel 2[6]

Ausführliche Darstellung einer idealen Mutter-Säuglingsbeziehung vergleiche S. 276 f.

Kommentar: Der Führungsweg dieser urmütterlichen Gestalt ist wesentlich kürzer. Ihre Eigenschaften signalisieren sich weit ungeschminkter. Daß dem ein langer Gang der Therapie vorausging, braucht nicht hervorgehoben zu werden. Die Nähe dieser Passage zu den Aspekten der «Befriedigung archaischer Bedürfnisse» ist offenkundig (Abschnitt 3.1.). Die regressive orale Befriedigung ist deutlich und weist gleichzeitig auf die Vermischung der primär-narzißtischen mit der oralen Position hin. (Theoretische Betrachtungen LEUNER, LANG 1982).

urmütterliche Leitgestalt

Die praktisch-therapeutische Erfahrung spricht dafür, daß durch derartige idealisierte Führungsgestalten eine unmittelbare, das Ich stärkende Entwicklung möglich ist. In beiden Fällen schien eine emotionale Erlebnislücke durch die symbolische und narzißtische Verdichtung beziehungsweise Überbesetzung einer Bedürfnisbefriedigung im oralen Bereich geschlossen zu werden.

---

[6] Ausführlich in: LEUNER, LANG (1982) S. 42 ff.

Gemäß den Kategorien des assoziativen Vorgehens können die geschilderten Passagen dem märchenhaft-mythischen Ablauf zugeordnet werden. Nicht immer stehen diese Qualitäten bei Führungsgestalten im Vordergrund. In manchen Fällen ist ihr Bild und ihr Handeln auch nüchtern und eher technisch. Immer aber und an irgendeiner Stelle vollziehen sich Hinweise auf Lösungen, auf neue Ansätze und Wendungen.

Beispiel 3

(Aus der Lehrtherapie einer in ihrer Weiterbildung zur KB-Therapeutin weit fortgeschrittenen Kandidatin aus einer Phase schwerer Enttäuschung, sich auf ihre eigene Identität zur Lösung aus lange bestehender Beziehung besinnend):

«Besuch bei Gott»

Die KB-Phase der Sitzung hat dazu geführt, daß sie ein Pferd bestiegen hat, das sie antreibt, um von dem Ort, an dem sie sich befindet, wegzukommen. Als hätte das Pferd darauf gewartet, schießt es steil nach oben in den Himmel hinein. – «. . . Es jagt mit mir durch die Luft. Ein seltsames Gefühl, daß Luft auch fest sein kann – fest elastisch als Weg und gleichzeitig als Luft gasförmig. – Links oben sehe ich ein Licht schimmern, gelblich. Dorthin wird das Pferd mich bringen. – Denke an Religion, wehre mich gegen das Bild. – Vor dem Licht läßt das Pferd mich heruntergleiten; ich stehe vor einem schmiedeeisernen, verzierten Tor – wie bei Petrus an der Himmelspforte –; ich versuche, die Bilder wertfrei kommen zu lassen. Mir ist vor Feierlichkeit fast schwindlig. Ich habe das Gefühl, daß hinter der Pforte etwas sehr Großes, Feierliches, Mächtiges ist. Ich berühre sie, sie springt sofort auf. Es ist, als sei alles für mich vorbereitet und warte auf mich. Hinter der Pforte befindet sich ein Saal aus strahlendem gelblichem Licht. Vor mir ein Mann, ganz in lichtes Gelb gekleidet, perlenbestickter Umhang, auf dem Kopf eine Art Mitra oder Hut – etwa wie ein Zauberhut, denn er ist ziemlich hoch – ebenfalls lichtgelb, bestickt. Er hat feingliedrige zarte Hände, weiß mit einigen Altersflecken. Das Gesicht habe ich noch nie gesehen; es ist schmal, länglich, weiche helle Haut, faltig – tiefe Falten um die Mundwinkel –, eine recht große Nase und ganz sanfte, gütige braune Augen, eine hohe Stirn.

Er sieht aus – weder jung noch alt, als sei er immer so gewesen und würde immer so sein. Er wirkt feminin. – Vielleicht ist er weder Mann noch Frau sondern beides. – Mir ist unheimlich, ich wage nichts zu sagen, würde am liebsten gehen. Bleibe dann doch, frage ihn: ‹Wer bist du?› Er sagt: ‹Ich bin Gott – ich bin du. Ich weiß alles.›

Schließlich frage ich – und habe Angst, daß er doch nicht alles weiß, schließlich ist er auch Phantasie –, und ich bin doch gierig auf die Antwort: ‹Wie finde ich meinen Weg?› Ich habe noch nicht ausgesprochen, da antwortet er bereits: ‹Sieh in dich hinein.› Weder Frage noch Antwort sind mir fremd, aber ich habe jetzt zum erstenmal das Gefühl, als gingen sie unter die Haut, so als spürte ich das Gefühl von der Antwort; so als spürte ich, wie es sich anfühlt, wenn ich wirklich in mich hineinsehe. – Ich weiß nichts mehr zu sagen, und Sie fragen mich, ob ich an diesem Ort bleiben möchte. Zuerst schwanke ich zwischen ja und nein, dann ganz plötzlich weiß ich: ‹NEIN!› Denn ich lebe unten in der Welt, und dieses ist ein Ort der Ruhe, Einkehr und Einsamkeit, der Weisheit, der Stille, des Geistes. Ich möchte leben, mit anderen Menschen, Tieren – Abenteuer erleben. Es ist gut zu wissen, daß ER existiert für mich und daß der Weg recht einfach ist, wenn ich nur die Ängstlichkeit überwinde. Aber hierbleiben möchte ich nicht. Vielleicht gibt es einmal diese Zeit, in der ich hierbleiben will, später. Auf die Frage, ob er mir etwas mitgeben könne, faßt er an seinen Mantel und reicht mir einen Lichtstrahl, der geformt ist wie eine Ähre. Ich nehme ihn, er ist warm, strahlt und ist trotzdem greifbar. ‹Was soll ich damit tun?› Er sagt: ‹Nimm ihn in dich auf.›

Halb durch den Mund, halb durch meine sich öffnende und schließende Brust, nehme ich den Strahl in mich auf, das dickere Ende liegt schließlich in meinem Kopf. Ich spüre die Wärme in mir vom Kopf bis zum Steiß. – Ich frage: ‹Was ist das?› Und er antwortet:

‹Deine Seele (dein Geist).› Ich gehe aus dem Saal, die Tür schließt sich, das Pferd, ganz irdisch, lebendig, ganz real und kräftig, steht vor mir, bereit, mich wieder hinunterzubringen. Ich sitze auf; wir kommen in einer grünen Frühlingslandschaft an, Sonnenschein, Bäume, Wiese, Vogelgezwitscher. Das Pferd ist weiß und edel.

Die Wärme habe ich noch Stunden später in mir gespürt. Und ich habe das Gefühl, etwas mehr Kraft in mir zu spüren, behalten.»

Kommentar: In der nächsten Stunde hebt die Betreffende nochmals hervor, daß sie von diesem Erlebnis außerordentlich beeindruckt gewesen sei. Das Wärmegefühl sei besonders überzeugend gewesen und habe lange angehalten. Ihr sei so etwas wie Glück vermittelt worden, aber sie sei auch aufgewühlt gewesen, als sei sie «ins Leben gekommen». *Interpretation*

Die Beschreibung der göttlichen Gestalt paßt in mehrerlei Hinsicht auf den Lehrtherapeuten, und zwar bis hinein ins Detail wie z.B. die Pigmentierung der Handrücken. Bemerkenswert erscheint, daß eine narzißtische Idealisierung erfolgt hinsichtlich der überragenden Weisheit und der Omnipotenz des Wissens (obgleich hier bereits kritische Zweifel angemeldet werden) und schließlich, indem die Gestalt zu Gott erhoben wird. Obgleich er als Ansprechpartner gilt, hat das Geschenk fast transzendenten Charakter. – Die hochgradige Idealisierung ist wohl auch deshalb bemerkenswert, weil die Betreffende in Seminaren und persönlichen Gesprächen mit ihrem Lehrtherapeuten fast regelmäßigen (sehr menschlichen) Umgang hat. Anamnestisch jedoch hat der eigene Vater mancherlei Enttäuschungen hinterlassen, und sie ist auch sonst geneigt, narzißtisch-symbiotische Beziehungen mit Partnern einzugehen, die nachfolgend zu schweren Enttäuschungen führen.

Die Sentenz des Ausspruches des alten Weisen ist der Probandin nicht fremd, jedoch gewinnt er durch das Numinöse des Erlebens großen Bedeutungsgehalt, nicht zuletzt auch durch die überzeugende physische Reaktion der durch den Lichtstrahl hervorgerufenen Wärme. Man sollte auch seine phallische Form nicht übersehen.

Vom Standpunkt der Schule von C.G. JUNG würde hier wiederum der «Archetyp des alten Weisen» zu nennen sein.

Die praktisch-therapeutische Erfahrung spricht dafür, daß durch derartige idealisierte Führungsgestalten eine unmittelbare, das Ich stärkende Entwicklung möglich ist. In beiden Fällen schien eine emotionale Erlebnislücke durch die symbolische und narzißtische Verdichtung beziehungsweise Überbesetzung einer Bedürfnisbefriedigung geschlossen zu werden. Gemäß den Kategorien des assoziativen Vorgehens können die geschilderten Passagen dem märchenhaft-mythischen Ablauf zugeordnet werden. Nicht immer stehen diese Qualitäten bei Führungsgestalten im Vordergrund. In manchen Fällen ist ihr Bild und ihr Handeln auch nüchtern und eher technisch. Immer aber und an irgendeiner Stelle vollziehen sich Hinweise auf Lösungen, auf neue Ansätze und Wendungen.

Welche Leitgestalten sind dabei relativ häufig? – Die vielfältigsten Tiere, besonders solche, die zum Reiten geeignet sind, wie ein Pferd, ein Elefant, ein Dromedar, ein Kamel oder aber auch ein treu ergebener Hund, eignen sich dafür. In manchen Fällen sind auch Vögel, vor allem große Vögel wie Adler, *häufige Leitgestalten* befähigt, den Patienten in führender Rolle in die Luft zu tragen. – Hintergründig verbindet sich damit das Gefühl, daß diese Tiergestalten dem Wesen der Natur viel näher stehen als der rational orientierte Mensch. Sie «wissen» sozusagen um die instinktnahen Vollzüge des Lebens.

Stets sind wir bisher davon ausgegangen, daß sich diese Gestalten spontan anbieten sollten, wenn sie vom Therapeuten erfolgreich in ihre Funktion eingesetzt werden sollen. So haben wir es auch vermieden, derartige Figuren in der Tagtraumsitzung gezielt anzuregen. Es scheint ungewiß, ob eine *vom Therapeuten eingeführte Schrittmacher-Gestalt* in der gegebenen therapeutischen Situation den unbewußten Bedürfnissen und Motivzusammenhängen des Patienten entspricht.

Eine Ausnahme bildet freilich das Angebot einer Instanz, die den Patienten aus seinem Alltagsmilieu und aus der übermäßigen Angepaßtheit an die gegebene soziale Situation herausführt. Ich denke z. B. an das märchenhaft eingekleidete Motiv des magischen (fliegenden) Teppichs aus 1001 Nacht. Im Abschnitt 2.5.4. habe ich die damit gegebene außerordentliche Möglichkeit der Befreiung von einengenden, Über-Ich-bestimmten Situationen gezeigt. Der fliegende Teppich kann durchaus als «Leitgestalt» betrachtet werden.

Einige amerikanische Therapeuten führen in ihren Behandlungen regelmäßig menschliche Leitfiguren ein. FULLER (1982) berichtete mir von folgender Technik: In Zweifelsfällen, in denen ein Patient einen symbolischen Inhalt nicht zu klären vermag oder andere Probleme zur Entscheidung anstehen, wird ein «weiser Mann» eingeführt. Er lebe auf einem Berg, und dem Patienten wird nahegelegt, diesen Berg zu besteigen, um ihn dort zu besuchen und seinen Rat einzuholen. – Das gelingt offenbar auch in der Regel. Die Antwort des Weisen kann verbal oder durch Mimik oder Gestik erfolgen.

Psychodynamisch betrachtet wird an diesem Beispiel – um es hervorzuheben – wohl deutlich, daß in die Leitfigur implizit die Person des Therapeuten einbezogen wird, wie sie der Patient aufgrund seiner Übertragung erlebt. Der Therapeut erscheint in dieser Gestalt idealisiert, allwissend und omnipotent. Aber wohl nicht nur die Rolle des «alten Weisen» (ein Archetypus bei C.G. JUNG), sondern auch eine tierische Leitfigur, selbst der «magische Teppich», scheinen mit idealisierten Fähigkeiten begabt. Ihnen allen gemeinsam ist, was sie mit der Funktion des Therapeuten verbindet: Wissen um unbewußte Perspektiven und die therapeutisch-menschliche Weiterentwicklung.

Ich hätte Bedenken, eine Gestalt wie den «alten Weisen» als regelhaft zu stellendes Motiv für die Interventionstechniken des KB zu empfehlen. In ihr konstelliert sich häufig die narzißtisch überhöhte Rolle des Therapeuten als einer idealisierten Elterngestalt. Ich sehe darin die Gefahr, daß diese damit auf der regressiven Ebene fixiert wird. Die KB-Therapie zielt im Gegensatz dazu gerade auf eine Reifung des Ich und seiner Objektbeziehungen, und zwar auch der Übertragungsrelation zum Therapeuten. Es gilt, den Therapeuten schließlich «entmystifiziert» als Mensch mit seinen Schwächen und Fehlern zu erkennen! Magisch-regressive Problemlösungen, sich bei einem «alten Weisen» Rat zu holen, würden dieser Zielsetzung widersprechen.

Ich möchte noch ein abschließendes Beispiel folgen lassen, um die mehrfache Determiniertheit der Leitfiguren zu veranschaulichen.

Beispiel 4

Bei dem schweren Fall einer borderline und narzißtischen Störung beschreibt O. LANG (1982), daß bereits in der dritten KB-Sitzung ein «fliegender Hai» auftaucht. Nach Bearbeitung seiner anfänglichen Feindseligkeit durch Konfrontation und Nähren wird er umgestimmt und bald als vertrauensvoll erlebt. Damit ist er ein mächtiger Mitkämpfer in der angstbesetzten Auseinandersetzung mit großen Spinnen als Repräsentanz der bösen Mutter. – Der Autor erkennt in dem Hai ein «archaisches Ich-Segment» (VOLKAN 1978), das abgespalten worden ist als Folge einer narzißtischen Kränkung mit der Illusion der Omnipotenz. – Auf der Ebene der Objektbeziehungen gelesen, paßt die Rolle des kämpferischen, starken Haies auch zu dem mit großen (oft feindseligen) Kräften begabten Vater des Patienten. Die narzißtische Illusion der Omnipotenz und des Fliegens manifestiert sich ferner auch in dem Hobby des Patienten, der Amateurflieger ist. Das vermittelt ihm ein besonders starkes Unabhängigkeitsgefühl in dem Element der Luft, das ihm niemand streitig machen kann und das ihm existentielle Sicherheit gibt.[7] Der fliegende Hai hat tatsächlich die Konfiguration eines Flugzeuges. Er beweist im Verlaufe einer langen Periode der Therapie nicht nur überlegene Stärke, Geschicklichkeit und Mut in körperlichen Auseinandersetzungen, sondern besitzt auch einen «umfassenden und zuverlässigen Überblick» über die Situation. Er lenkte den Patienten im KB schließlich nur noch durch seinen Gesichtsausdruck: «zufrieden» oder «unzufrieden».

Kommentar: Ich neige zu der Auffassung, daß die Gestalt des fliegenden Haies eine Kompromißbildung zwischen dem Introjekt des «bösen Vaters» (der Vater war oft sehr brutal, und eine tiefe Haßliebe bestand ihm gegenüber) und dem Introjekt des «guten Vaters», als welcher der Therapeut introjiziert worden ist, darstellt. Dieses mehrfach determinierte «Konstrukt» einer Leitfigur ist in diesem Fall besonders interessant, sofern meine Hypothese stimmt. Es ist eine selbständige integrative Leistung des Ich, um die bei Borderline-Fällen typische Spaltung in «gute» und «böse» Imagines zu überwinden. Als Ich-stärkend kommt die Identifikation mit dem narzißtisch besetzten idealisierten Anteil der Führungsfigur hinzu.

Dieses Beispiel erweitert unsere Vorstellung von der Psychodynamik der führenden Gestalten im KB. Entsprechend der Lehre von den Objektbeziehungen muß man naturgemäß davon ausgehen, daß in den Symbolfiguren Introjekte oder vielleicht idealisierte Eigenschaften von diesen manifestiert sind. Wahrscheinlich ist es häufig – wie in unserem Beispiel –, daß sie ein Amalgam eingehen mit Übertragungswünschen und -gefühlen. Nach meiner Beobachtung induzieren sich beim Patienten in diesem Zusammenhang wahrscheinlich auch noch kompliziertere Vorgänge, zum Beispiel die Delegation entsprechender Wunschvorstellungen des Therapeuten, der Eltern usw.

Mit dieser Wertsetzung verfolge ich wissentlich das dem KB zugrunde liegende Konzept: Freisetzung kreativer Möglichkeiten der Psyche als eines sich selbst primär steuernden und entwickelnden Systems aufgrund seiner Fähigkeit, aus Erfolg und Irrtum zu lernen. Dieses Konzept ist vorrangig in Unterstützung des therapeutischen (Nach-)Entwicklungsprozesses durch den empathisch begleitenden Therapeuten.

[7] ARGELANDER (1972) ist der Auffassung, daß bei einer Dominanz «dieser primär narzißtischen Objektbesetzung ein erstaunliches Maß an psychischer Energie dem Ich zufließt».

«fliegender Hai»

Interpretation

203

Eine meines Erachtens gänzlich andere Aufgabenstellung ergibt sich dort, wo aus vitaler Bedrängnis schnell und besonders intensiv wirkende zielorientierte therapeutische Interventionen erforderlich sind. Ich denke an die bahnbrechende Arbeit von SIMONTON et al. (1980) mit dem hochgestellten Ziel, bei Krebskranken durch imaginative Technik die Abwehrmechanismen des Organismus derart zu stärken, daß die bedrohliche Erkrankung «besiegt» wird. Die Autoren empfehlen eine vom KB unterschiedlich aufzufassende spezielle Technik der Kombination von autosuggestiven mit imaginativen Übungen. Diese

Helfer mit sind auf ein klar definiertes Ziel gerichtet. In dieser Therapie spielen Helferge-
fester Aufgabe stalten (auch als Ratgeber) in der Imagination eine wichtige Rolle. Sie haben in der Technik von SIMONTON einen weit größeren Stellenwert als bisher im KB und anderen imaginativen Verfahren (S. 472).

Ich habe gewisse Bedenken, diese so sehr bestimmende Position von Führungsgestalten in das System KB aufzunehmen. Ihre Dominanz widerspräche der Förderung des kreativen Entwicklungsprozesses, wie sie sich in der Behandlung von psychogenen Erkrankungen bislang bewährt hat. Mir scheint fraglich, ob der angestrebte Reifungsprozeß des Ich durch die Förderung der Abhängigkeit von Introjekten, als welche die Führungsgestalten zu betrachten sind, auf Dauer sinnvoll ist.

Zusammenfassend kann gesagt werden, daß das spontane Auftauchen von Leitgestalten mit Schrittmacherfunktion im KB nach der bisherigen klinischen Erfahrung interessant und über gewisse Strecken therapeutisch sehr relevant sein kann. Ihr spontanes Auftreten sollte deshalb vom Therapeuten berücksichtigt werden. Ihr aktiver Einsatz kann sich auch bewähren in Form des Fliegens auf dem magischen Teppich, in dem Besuch eines alten Weisen und durch die Führung eines kleinen Teufels durch die Hölle, um die tabuierten Antipoden der Erziehung aufzusuchen. Aber auch Tiergestalten können sehr fruchtbar sein. Voraussetzung ist meines Erachtens die spontane Bereitschaft des Patienten. Vorzeitige therapeutische Einstellungen solcher Motive können an schnell aufgebauten Schutz- und Abwehrmechanismen scheitern. Insgesamt ist ihre Funktion therapeutisch förderlich und nicht ohne Faszination. Ihr anekdotischer Charakter sollte jedoch im Rahmen des spontanen assoziativen Vorgehens Vorrang haben, um den Patienten nicht zu unproduktiven Manieriertheiten zu verführen und die narzißtische Fixierung an die idealisierte Imago des Therapeuten zu fördern.

2.5.5. Symbolkonfrontation

Symbolkonfrontation ist eines der am frühesten endeckten und intensivsten *Instrumente der Regieführung* (LEUNER 1955b). Sie ist zudem eine der ganz wenigen aktiven Interventionen im KB. Ihre Wirkung ist bemerkenswert und oft sehr hilfreich im Umgang mit aggressiven und angsterregenden Symbolgestalten. Das Ziel dieser Intervention entspricht insofern den Regieprinzipien vom «Nähren und Anreichern» und «Versöhnen und zärtlich Umfangen». Im Gegensatz zu diesen beiden führt sie jedoch zu einer Schwächung selbst archaischer Symbolwesen mit dem psychodynamischen Ergebnis: Neutralisierung der Besetzung und damit Lösung infantiler Fixierungen auf regressiver Ebene. Das Ergebnis ist in der Regel eine Ich-Stärkung.

Die Symbolkonfrontation ist eine differente Technik. Sie kann nur dem erfahrenen Therapeuten empfohlen werden, der sich darin unter Supervision geübt hat. In der praktischen Anwendung ist ihre Domäne die *Krisenintervention* und die Bearbeitung von *Autoritätsängsten* (z.B. auch Examensängsten), auch in Verbindung mit ödipalen Beziehungen. Deshalb findet sie in der Behandlung von Kindern und Jugendlichen häufig Anwendung. Bei Erwachsenen kann sie in entsprechend gelagerten Situationen eine länger dauernde, charakterwandelnde Therapie abkürzen. *Anwendung*

Um es zu betonen, immer sind es Szenen im KB, in denen *feindselige,* also Angst erregende (oft *archaische*), vom Ich abgespaltene *Symbolgestalten* oder Landschaftsstrukturen zur Bearbeitung anstehen. Das ist gelegentlich von Therapeuten übersehen worden. (Eine Konfrontation mit freundlichen oder indifferenten Gestalten wäre ein Widerspruch in sich.) Sie verkörpern negativ besetzte, also «böse» Objektrepräsentanzen, die nach schrittweiser Neutralisierung in das reife Ich integriert werden können. Das Prinzip der Symbolkonfrontation ist das Modell der Konfrontation im KB überhaupt (Abschnitt Grundstufe).

Der ablaufende Prozeß hat erhebliche theoretische Bedeutung für alle Vorgänge unter den Stichworten «Operation am Symbol»[8] und «funktionale Einheit von Symbol und Affektkonstellation», deren theoretischen Zusammenhang ich anderen Ortes bearbeitet habe (LEUNER 1982, 1983).

Ich folge hier weitgehend der ersten Publikation über diese Technik (LEUNER 1955b). Die Beschreibung ging von einem ursprünglich mehr experimentellen Ansatz des KB aus. Sie muß deshalb als eine didaktische Einführung in die Technik und ihre Problematik aufgefaßt werden. Das hier dargestellte erste Experiment hat einen etwas extremen Charakter. Im übrigen hängt der Wert und der Erfolg einer Therapie mit dem KB zweifellos davon nicht ab, ob diese Technik angewandt wird oder nicht. Im Falle der Krisenintervention und in der Therapie von Kindern und Jugendlichen kann sie jedoch Außerordentliches leisten und sollte deshalb nicht in Vergessenheit geraten (vergleiche SOMMER 1978).

Das *Motiv des Sumpfloches* (in Oberstufe, 3.3.2.3. beschrieben) eignet sich für die ungehinderte Entfaltung andrängender, mit spezifischer Triebdynamik besetzter Symbolgestalten, gelegentlich von archaischem Charakter. Sie versinnbildlichen an diesem Ort mit regelhafter Wiederkehr sexuelle und ödipale Beziehungen. Aber auch an anderen Stellen treffen wir auf Bedingungen, die eine Symbolkonfrontation ermöglichen, worauf die beiden letzten Beispiele hinweisen.

[8] Diesen Begriff haben psychoanalytische Kollegen als Hinweis gedeutet, daß das KB ein «aktives» Verfahren ist. Die «Operation am Symbol» scheint falsch verstanden worden zu sein. Sie bestimmt weder das Wesen des KB, noch sind diese Interventionsformen regelmäßig anzuwenden. Sie geben aber eine gute Möglichkeit, in Schlüsselpositionen des Verlaufes einer Therapie abgespaltenes Material zu integrieren. Ich persönlich benutze diese Regieprinzipien heute nur noch äußerst selten, finde sie dann jedoch auch hilfreich. – Therapeuten, die eine entsprechend starke Strukturierung aus Gründen ihrer Persönlichkeitsartung weniger schätzen, können darauf verzichten.

Die negativ akzentuierten Symbolgestalten treten entweder im KB spontan auf oder an den vom Therapeuten angeregten typischen Orten ihrer Manifestation: auf der Wiese, aus dem Dunkel des Waldes, am Ausgang der Höhle, aus dem Meer oder aus dem Sumpfloch.

Nicht selten zeigen sich außer Menschen zum Teil auf phylogenetisch niederer Stufe stehende archaische Tierfiguren, etwa Würmer, Schlangen, ein großer Fisch usw.

Technik

Zur Technik: Die Gestalt soll in allen Einzelheiten wahrgenommen und (spontan oder auf Befragen) detailliert beschrieben werden. Je nach Schwere und Art der Neurose können die Patienten angesichts eines solchen Tieres in Angst oder affektive Erregung geraten. Sie möchten dem Wesen vielleicht sogar entfliehen oder den Therapeuten veranlassen, den Tagtraum abzubrechen. Ist es ein angsterregendes niederes Tier, kann es dem Patienten mit Leibhaftigkeit vor Augen stehen und das Gesichtsfeld ausfüllen, so daß er von seinem Anblick förmlich «gebannt» sein kann. Sofern eine derartige Reaktion auftritt, neigt der unerfahrene Therapeut vielleicht dazu, die Sitzung abzubrechen. Der Versuch einer Interpretation des Bildes oder das Wissen des Patienten um seinen Bedeutungsgehalt hat nämlich zunächst kaum Einfluß auf seine Dynamik. Entsprechende Bemühungen müssen deshalb unterbleiben. Vielmehr sollte der Therapeut sich auf die primäre Notwendigkeit der Abreaktion einstellen. Naheliegende Überlegungen sprechen dafür, daß die stark affektbesetzten und archaischen Symbolgestalten die metaphorische Repräsentanz intensiv verdrängter, der Regression unterliegender Objektbeziehungen sind (vergleiche 4.3.1.4.). Deshalb lag nichts näher, als diesem verdrängten dynamischen Anteil die Besetzungsenergie zu entziehen und seine Assimilation anzubahnen. Übertragen auf die katathymen Bilder würde das bedeuten, den Patienten zum Durchleben und Durchleiden der Angst und schließlich zur «Annahme» der Symbolgestalt zu bringen. Dieser gegenüber wird ein entspannteres und später sogar vertrautes Verhältnis angestrebt. Ich entschloß mich deshalb, Patienten unter gewissen Voraussetzungen systematisch und notfalls auch etwas direktiv mit dem angsterzeugenden Wesen zu konfrontieren (Symbolkonfrontation als spezifische Technik)[9]. Der Tendenz, sich dieser Prozedur zu entziehen, wirkte ich durch *freundlich erläuternde Führung,* eventuell auch einmal unterstützt durch energische Hinweise, entgegen. Dabei hilft es, der anfänglich imaginären Angst des Patienten eine Anleitung zur genauen kognitiven Untersuchung entgegenzusetzen: Das Wesen muß fortwährend genau beobachtet und dem Therapeuten bis in alle Details beschrieben werden. Das Schwergewicht liegt auf Fragen nach Einzelheiten des Verhaltens, der Mimik und des Augenausdruckes (aggressiv, indifferent oder freundlich?). Auch die emotionale Gestimmtheit des Beobachtenden muß erfragt werden. In diesen Schilderungen soll möglichst keine Pause eintreten, damit die entlastende Verbalisierung fortgesetzt wird. Der Therapeut bleibt damit auch stets «im Bilde», kann den Vorgang überblicken und die klärende Aktivität des Patienten leiten. – Die Augen des Symbolwesens sind

---

[9] Auf die Voraussetzungen, unter denen der keineswegs indifferente Eingriff in die Affektdynamik vorgenommen wurde, gehe ich später noch ein.

schließlich hartnäckig zu fixieren, gleichsam als wolle man das Tier «mit dem Blick bannen».[10] Besonders wenn der freigesetzte Affekt seinem Höhepunkt zusteuert, ist die Blickfixierung nachhaltig zu fördern.

Später geben wir dem Patienten auf, seine Äußerungen von Angst hintanzustellen und dem Wesen gegenüber nach Gebärde und Verhalten eine freundlichere Haltung einzunehmen. Schließlich möge er sich diesem allmählich zu nähern versuchen, um es dann auch zu berühren und vielleicht sogar – trotz Widerstrebens – zu streicheln. Damit ist die Regie des Versöhnens und zärtlich Umfangens angebahnt. Bei allen Anweisungen stelle ich mich dabei – gemäß dem subjektiven Erlebnischarakter der Erscheinung – so ein, als ob sich der Patient einem realen Wesen gegenüber befände.

Eine Symbolkonfrontation verläuft häufig prozeßhaft. Nachdem Ängste freigesetzt sind, folgt nach deren Durchleben und Durchleiden (auch mit Abreaktion) eine emotionale Neutralisierung des Inhaltes. Dieser Vorgang wird durch die kognitive Analyse der Gestalt entscheidend unterstützt. Das Realitätsprinzip kommt nach Abfließen des starken Affektes zunehmend zum Tragen. Die Blickfixierung des «Bannens» der symbolischen Gestalt ist eine besonders wirkungsvolle Begegnungsweise, die zur inneren Distanzierung führt. In ihr liegt offenbar die wesentliche therapeutische Komponente, die einen markanten Wandel der Symbolgestalt auslöst. Neurosepsychologisch mag er wohl zu erwarten sein, Art und Regelmäßigkeit seines Ablaufes ist jedoch überraschend. Nach maximal 20 Minuten mit dem Wesen konfrontiert, vollzieht sich die Metamorphose seines Verhaltens. Das Tier oder der Mensch vermindert sein aggressives Verhalten, es/er blickt matter. Nach einiger Zeit versinkt es/er in dem Sumpfloch. Verweilt der Patient weiter in beobachtender Haltung, erscheint eventuell ein neues Wesen. Zum Unterschied zu dem vorhergehenden steht es regelmäßig *in der phylogenetischen Reihe* eine oder mehrere *Stufen höher*. Die Konfrontation beginnt von neuem. Sie vollzieht sich diesmal weniger affektgetragen und in kürzerer Zeit. In einer Sitzung, oder fraktioniert nach Tagen oder Wochen, kann sich diese Reaktionskette in der phylogenetischen Sequenz vom Kaltblütler über den Vogel zum Säugetier fortsetzen. Am Ende taucht eine menschliche Gestalt auf. Gelegentlich blenden sich affektbesetzte Zwischenszenen aus der individuellen Vergangenheit ein (Altersregression).

Das Abmagern und das Verschwinden eines Tieres sowie das Auftauchen eines neuen repräsentiert zweifellos den Wandel des Introjektes und dessen Besetzung als einen Fortschritt der Therapie. Bestätigt wird diese Annahme durch die synchrone Wandlung anderer Bilder im Panorama. In besonders gelagerten Fällen wird die therapeutische Wirkung auch durch Abklingen von Symptomen klinisch deutlich. Variationen dieses Verlaufes sind naturgemäß häufig. Die

der Prozeß

---

[10] Der Begriff «mit dem Blick bannen» ist wörtlich zu nehmen. Die damit charakterisierte Technik ist Erfahrungen im realen Umgang mit feindseligen Tieren, etwa Hunden, entlehnt. Sie führt als eine fast magisch wirkende Praktik zur Einschüchterung des Tieres. Nach O. KOENIG (1975, S. 73f.) ist das Auge das einzige Fernsinnesorgan, das «gleichzeitig sendet und auch empfängt.» Augenpaare treten in unmittelbare Wechselbeziehung. (Sprache: «Sein Blick hielt ihre Augen fest.» «Ihre Blicke tauchten ineinander.») Die Augengestalt kommt der Bildung eines angeborenen Auslösemechanismus sehr entgegen.

ihnen zugrunde liegende Regelhaftigkeit wird aus den nachfolgenden Beispielen erkennbar.

Beispiel 1 (G. R.) als ein didaktisch besonders aussagekräftiger Verlauf

Modellbeispiel

Die 36jährige Kriegerwitwe wurde wegen eines schweren psychosomatischen Krankheitsbildes mit normokalzämischen tetanischen und stenokardischen Anfällen sowie mit psychogener Astasie und Abasie eingeliefert. Psychisch bestand eine schwere Kernneurose mit Zwangssymptomatik (Angst, sich und ihre Kinder mit Messern umbringen zu müssen) bei einer schizoid und hysterisch strukturierten Persönlichkeit mit sexuell infantilen Zügen.

Im Bilderleben «sieht» die Patientin vor dem eingestellten Sumpfloch zunächst einige Mücken, einen Frosch und nach einigen Minuten, daß sich aus dem bewegten Wasserspiegel der Teil eines Tieres emporhebt. Sie erkennt einen Schlund mit spitzen Zähnen, der sich ihr entgegenstreckt, als wolle er sie verschlingen. Der Kopf nimmt an Größe zu, nähert sich ihr und erweist sich als der eines großen Fisches. Er schaut sie «mit grimmigen Augen» an und schnappt nach ihr. Sie gerät in ängstliche Erregung, weint, schluchzt, wälzt sich hin und her, macht abwehrende Gebärden und sucht Schutz beim Therapeuten. Ihr Verhalten ist aber ohne demonstrative Note, ohne Züge eigentlicher hysterischer Exaltation, sondern trägt den Charakter echter seelischer Aufgewühltheit (Abreaktion). Sie bittet den Therapeuten, die Sitzung abzubrechen. Im Bilderleben versucht sie davonzulaufen, was ihr aber nicht mehr gelingt. Wie unter einem Zwang stehend, muß sie das Wesen betrachten.

Ich rege die Patientin zur genauen Beobachtung und zum Bericht über Größe, Gesichtsausdruck, Zähne, Farbe des Schlundes und die jeweiligen Bewegungen des Fisches an, ohne zwischen Frage und Antwort eine Pause eintreten zu lassen. Etwa zehn Minuten bleibt das Bild bei wechselnder Erregtheit der Patientin im wesentlichen das gleiche. Dann stellt das Tier seine aggressiven Schnappbewegungen allmählich ein und blickt harmloser. Wie sich der Fisch nun langsam verkleinert, beruhigt sich die Patientin, bis das Tier sanft in die Tiefe des Sumpfes versinkt. Der eingangs beobachtete Frosch sitzt währenddessen ängstlich am Rande.

Nach einigen Minuten der Erschöpfung, während derer ich die Patientin zur weiteren Beobachtung des Loches anhalte, kommt ein anderes Tier hervor. Sie beschreibt einen langen Schnabel, der sie an das Maul eines Krokodiles erinnert. Ihm folgt ein langer Hals mit einem einer Gans ähnlichen Kopf. Das Tier blickt «hinterlistig» nach dem Frosch, als wolle es nach ihm schnappen. Schließlich vollständig aus dem Sumpf emporgestiegen, sieht es wie ein bräunlich-schwarz gefärbter Storch aus. Er blickt die Patientin mißtrauisch an, wetzt den Schnabel und spielt in seinen Federn. Die zunächst ängstlich erregte Patientin beruhigt sich. Erneut zur eingehenden Beschreibung angeregt, empfehle ich ihr schließlich, das Tier möglichst freundlich zu behandeln. Dieses erscheint auch so bald zutraulicher und «setzt sich ganz gemütlich in das Gras». Das Sumpfloch hat sich inzwischen gewandelt und ist kleiner geworden. Ginster blüht an seinen Rändern, und Buschwerk ist hinzugekommen (synchrone Wandlung, wie oben erwähnt). Die Patientin wird nun aufgefordert, das Tier vorsichtig anzutasten. Sie weigert sich. Direkter darum gebeten, reagiert sie erneut ängstlich. Auch das Tier blickt sie zugleich wieder feindselig an und wetzt von neuem seinen Schnabel, um ihn aggressiv gegen die Patientin vorzustrecken. Nach weiterer Konfrontation tritt eine Beruhigung ein, und es gelingt der Patientin unter Überwindung ihrer Angst, das Tier schließlich vorsichtig zu streicheln. Der Vogel läßt daraufhin einen Stimmungsumschwung erkennen. Er wird freundlicher und läßt sich die noch immer widerwillig ausgeführten Zärtlichkeitsbezeugungen mit gewissem Behagen gefallen. Allmählich versinkt er wieder in den Sumpf.

Kommentar: Besser als der Bericht wiedergeben kann, wird in der Originalbeschreibung das innige Wechselspiel zwischen der jeweiligen Einstellung der

Patientin und dem Verhalten des Tieres deutlich. Wendet sich die Patientin, ihre Angst beherrschend, dem Tier zu, so ist dieses bald milder gestimmt. Keimt in der Patientin erneute Angst auf oder wird sie etwa gar aggressiv, wird dieses seinerseits wütend. Insgesamt muß der Eindruck entstehen, daß das mimische und motorische Verhalten des Tieres die unbewußten, wechselnden emotionalen Regungen der Patientin spiegelt. Es scheint ein feiner Indikator der emotionalen Oszillationen in der fraglichen Affektsphäre zu sein (LEUNER 1955b).

Fortsetzung des Beispiels (wörtliches Protokoll)

In einer drei Wochen später stattfindenden Sitzung wird das Sumpfloch zum zweiten Mal eingestellt. Die Patientin berichtet: «Es erhebt sich etwas ... ein ganz abgemagerter, großer Fisch. Ich glaube, der ist halb tot. Es kommt ein Rippengespenst hervor. Nur so ein Geripppe ... Jetzt guckt es wahrhaftig nach mir herunter. Es hat keine guten, es hat falsche Augen. Das Maul ist innen ganz rot, die Zähne sind weiß und spitz ... Jetzt kommt das Vieh aus dem Wasser heraus, vorn wie angemalt, wie ein Löwe, hinten richtiger Fisch. Es guckt bitterböse ... Will gleich einen Sprung machen (es folgen Anweisungen zur Konfrontation) ... Wahrhaftig ein Löwe, hinten aber ein Fisch dran – ein Löwenfisch. Er sitzt auf einer Seite am Ufer und macht ein bitterböses Löwengesicht. Er guckt mal zu mir hin, aber ich habe gar nicht so furchtbar viel Angst.» (Die Patientin ist affektiv relativ gelassen.) Sie traue der Sache aber doch nicht.

Sie beobachtet dann aus dem nahen Laubwald herauskommende bunte Kühe oder auch Ziegen: «Jetzt geht das Biest auf die Kühe los. Sie haben Angst. Eine läuft davon, die anderen hinterher. Der Löwenfisch ist jetzt schon mehr Löwe, hinten nur noch etwas Fisch.» – Sie erblickt nun plötzlich einen struppigen kleinen schwarzen Hund, der mit der Leine an dem Horn eines anderen Tieres befestig ist, das sich bald als ein Stier herausstellt. «Der Ochs»[11] ist ein gelbbraunes, riesengroßes Tier. Er guckt mit seinen schrecklichen, furchtbaren Augen die anderen Tiere an, als ob er sie fressen will. Der Löwe hat jetzt einen ganz langen Schwanz und nichts mehr von einem Fisch.»

Unmittelbar darauf wandelt er sich in einen großen, braunen Hund. Der Ochse blickt voller Wut und will sich auf die anderen Tiere stürzen. Inzwischen kommt aus dem Sumpf ein kleines, etwa fünf Jahre altes, lachendes Mädchen mit blondem Haar. Darauf wird das Bild hell: «als wenn plötzlich die Sonne scheint». Das Mädchen gesellt sich zu dem schwarzen Hund und befreit ihn nach ängstlichem Zögern von dem Horn des Ochsen. Beide laufen schnell durch die Wiese in das Tal hinunter.

Die Patientin berichtet weiter: «Der Ochse hat den Kopf hochgenommen wie ein Mensch ... Ich habe eben nicht ganz aufgepaßt – kann der Ochse denn jetzt ein Mensch werden? – Es erscheint mir so – ist alles noch so halb ... Der Ochs ist nicht mehr richtig, nur noch so sein Hinterteil ... Jetzt ist ein Mann da, ein dünner Mann, hat eine ehemalige Uniform an, wie vom Vater zu Haus. Er sieht aus wie der Vater – es ist auch der Vater!»

Die Patientin erregt sich und beginnt heftig zu weinen. So deutlich und eindringlich habe sie den längst verstorbenen Vater noch nie gesehen. Er mache ein böses Gesicht, habe einen gedrehten Stock in der Hand und drohe ihr damit. Sie weint und schluchzt, der Vater schimpfe weiter und drohe genau so, wie er es früher gemacht habe. Nach längerer Zeit berichtet die fassungslose Patientin, daß er «ausgetobt» habe, sich umdrehe und im Wald verschwinde. – Im Anschluß daran schildert die Patientin eine Szene, als sie 16jährig geringfügig verspätet von einem Tanzabend nach Hause kam und der Vater sie mit dem Stock schlug.

Kommentar: Die Phänomene des Ablaufs der Wandlungskette entsprechen in großen Zügen den eingangs beschriebenen. Einige Umwege der Entwicklung

---

[11] Als «Ochs» wird in Hessen landläufig der Stier bezeichnet.

hängen mit der individuellen Struktur der Patientin zusammen. Eine Interpretation wurde nicht vorgenommen. Das Beispiel gibt also den *spontanen Ablauf* wieder, allein durch die Konfrontation hervorgerufen.

Phylogenetische Wandlungskette

Nach dem letzten Bild des auftauchenden Vaters liegt es nahe, von diesem einhellig biographisch bestimmbaren Teil der Wandlungskette her alle Inhalte ihres Verlaufes zu interpretieren. Sie würde danach die als sehr bedrohlich erlebte Objektbeziehung zum Vater, einschließlich der ödipalen Inzestbindung, darstellen. Die Kette als Ganzes und ihre Affektdynamik wäre als ein Reifungsprozeß zu verstehen, in dem die hochgradig regressive, mit dem Erleben von Gewalttätigkeit besetzte sexuelle Sphäre zum Ausdruck kommt. Die Annahme, daß die Kette wirklich ein einheitliches Ganzes ist (das allerdings noch nicht abgeschlossen zu sein braucht) und einen einheitlichen, ihr zugehörigen Affektbeziehungsweise Triebbereich in bezug auf das Introjekt «böser Vater» metaphorisch darstellt, ist unsere Hypothese. – Das nächste Beispiel zeigt den Entwicklungsweg im phylogenetischen Schema gradliniger.

Beispiel 2

Eine 35jährige Akademikerin wird zur Kontrolle einer vor Jahren durchgeführten Behandlung im KB nachuntersucht. Aufgefordert, sich ein Sumpfloch vorzustellen, berichtet sie von einer Spalte in der Erde, die dauernd Wasser ansauge. Nach kurzer Verweildauer erblickt sie den Kopf eines unheimlich dreinschauenden grauschwarzen Fisches. Aus den Augenwinkeln fixiert er die Patientin mit drohendem Blick. Sie hat das Empfinden, es werde irgend etwas mit ihr passieren, wenn er sie lange genug anblicke. In ängstlicher Erregung möchte sie das Bild abwehren. Konfrontiert und zur weiteren Beobachtung angehalten, berichtet sie bald eine Wandlung. Der Fisch ziehe sich zurück. Unmittelbar darauf erkennt sie in einem auf die Erdspalte zufließenden Flüßchen wiederum einen Fisch, der im klaren Wasser munter und lebendig stromauf schwimmt. Nach kurzem Zögern berichtet sie erregt von einem «unheimlichen und eigenartigen Gefühl», das sie verspüre. Es sei, «als ob der Fisch mitten durch ihren Körper hindurchgegangen» sei. – Plötzlich sehe sie, wie sich vom Ufer des Flüßchens etwas Schwarzes, Flatterndes und Kreischendes erhebe, und erkenne drei davonfliegende Raben, die sich flußaufwärts wenden, um im Nebel zu verschwinden. Spontan erblicke sie nun am Flußufer weiße Höcker aus Beton, ähnlich Panzersperren. Über diese hinweg stiegen mühsam aber stetig drei braune Kamele, die sich ebenfalls flußaufwärts bewegten. Die Patientin hat diesen Verlauf in Skizzen dargestellt (Abbildungen 8 bis 11). Nach kurzer Zeit wechselt die Szene abermals, und sie berichtet von einer Straße, die zu einem Gutshof führt. Auf ihr näherten sich mit Lasten bepackte Pferde, die von einem Manne geführt würden. In ihm erkenne sie ihren früh verstorbenen Vater, der ihr nur von Bildern vertraut sei. Er führe die Pferde in einen Stall, in dem sich noch einige leere Boxen fänden. Als der Vater das Haus betreten wolle, verwehre ihm eine matronenhafte Frau den Zugang. Darauf wandle sich der Vater unvermittelt in einen der Patientin entfernt bekannten älteren Mann, der durch sexuelle Aggressionen anderen Personen gegenüber in Erscheinung getreten sei und übermäßig unsympathisch und wild aussehe.

Kommentar: Die Wandlungskette ist recht ähnlich, aber schneller und weniger dramatisch als die im vorhergehenden Beispiel. Das findet seine Entsprechung in der in ihrem Rest gut kompensierten Neurose. Die sexuelle Problematik scheint bei der Ehefrau mit zwei Kindern mehr im Hintergrund zu stehen.

210

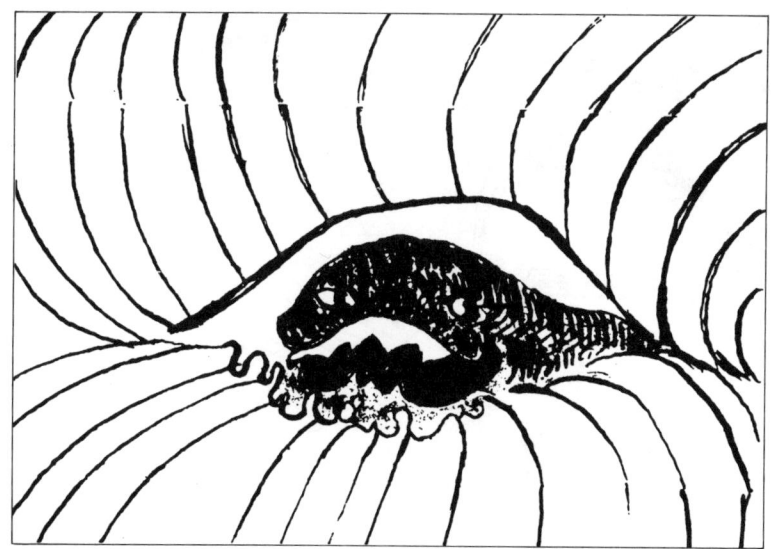

Abbildung 8: Unheimlicher Fisch entwickelt sich aus dem Motiv «Sumpfloch».

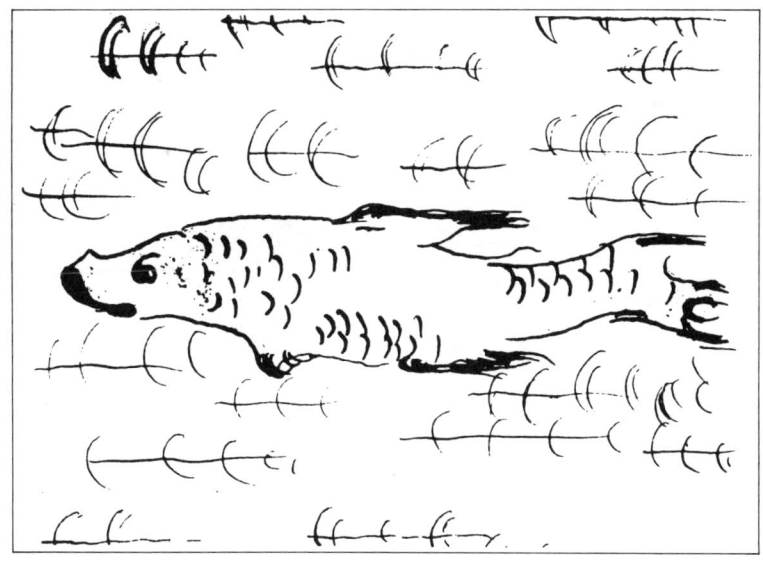

Abbildung 9: Fisch schwimmt stromauf und durchdringt die Probandin.

211

Abbildung 10: Nach Wandlung erheben sich drei Raben in die Luft.

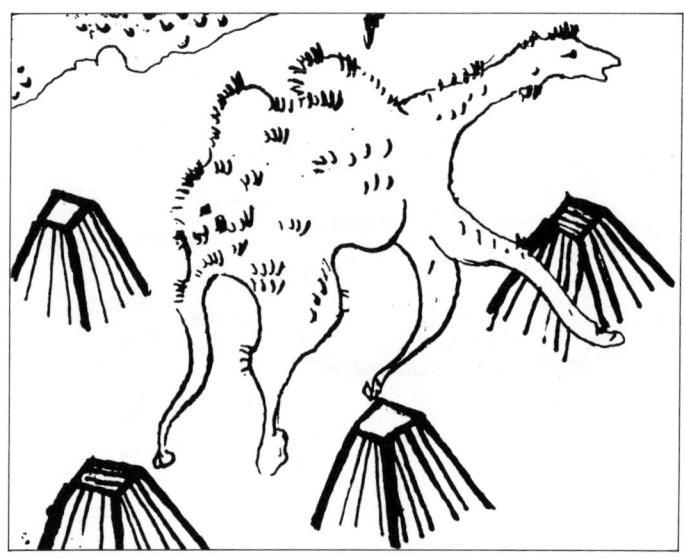

Abbildung 11: Weitere Wandlung: Kamele überschreiten eine Panzersperre.

212

(Eine noch bestehende Bindung an die Vaterimago bestätigt sich aber auch aus anderen Anzeichen.) Diese Tatsache und das Erleben des durch ihren Körper hindurchgehenden Fisches als Ausdruck einer Immissio weist auf die Befriedigung eines archaischen (regressiven) Inzestwunsches hin. Die Annahme bestätigt sich, daß die Wandlungskette den gleichen Bedeutungsgehalt hat wie im vorangehenden Beispiel und auch der gleichen Entwicklungsregel vom archaischen zum personalen Objekt folgt. So mag die Deutung naheliegen, die Führung der Pferde zu Haus und Hof inhaltlich als eine Assimilation des abgespaltenen und verdrängten Affektes zu verstehen. Die Endszene weist auf eine konkurrierende Objektbeziehung hin, wobei ich an den Bruder denke, der als «besonders wild» geschildert wurde.

Das nächste Beispiel veranschaulicht den Verlauf der Symbolkonfrontation bei einem sexuell retardierten, quasi noch nicht «geweckten» jungen Mädchen.

Beispiel 3

Die jetzt 19jährige Abiturientin wurde von mir mit 17 Jahren wegen einer langjährig bestehenden schweren psychogenen Astasie und Abasie psychotherapeutisch mit dem KB behandelt und rezidivfrei «geheilt» (vergleiche S. 78 f.). Im Hinblick auf das Alter war damals die sich ankündigende Auseinandersetzung mit einer noch unreifen Sexualität bewußt hintangestellt worden, zumal auch somatisch (wohl infolge eines mehrjährigen Krankenlagers) eine ausgeprägte Retardierung vorlag. Jetzt wirkt die Patientin bei guter Intelligenz und trotz einer weiterhin deutlichen psychophysischen Entwicklungsverzögerung (sie erscheint wie eine 16 – 17jährige) affektiv ausgewogen und mädchenhaft-harmonisch. Das aufgenommene Kontrollpanorama entspricht dem eines behandelten Patienten. Im Bilderleben erblickt sie in einer in harmonischer Landschaft abseits gelegenen Gegend einen kahlen Berg mit einer Schlucht, in der ein Gewirr sich schlängelnder und züngelnder Schlangen sichtbar wird. Sie rufen Entsetzen hervor. Eine Konfrontation vermeide ich. Darauf erblickt die Patientin in dem Berg spontan eine Höhle. In ihr sieht sie im Morast des Erdbodens eine Anzahl Würmer, die sich ebenfalls winden und drehen, ineinander verwickeln und sich um ihre Füße schlängeln. Nach eingehender Beschreibung und Konfrontation, während derer sie ein leichtes Schaudern verspürt, verkriechen sich die Tiere. Nun erblickt sie eine auf einem Ast sitzende Eule, die schläft. Sie zu streicheln bereitet ihr Schwierigkeiten. Das Tier zuckt zusammen, erwacht, springt auf die Patientin zu und will sich bei ihr ankrallen. Die nun aufgeregte Patientin möchte die Eule wütend gegen die Wand werfen, was ich ihr aber nicht zugestehe. Die Eule ermüdet darauf bald wieder und kann auch durch kräftiges Anstoßen nicht wachgehalten werden. Die Patientin erblickt nun spontan «sieben Fuchsröhren», die am Erdboden in die Höhle münden. Bald springen sieben Ratten aus den Löchern hervor und kriechen um die Beine der Patientin, um sie zu kratzen. Sie bleibt ruhig und gelassen: «Sie tun mir nichts, sie können nicht heran, gehen immer wieder zurück ... Sie sehen so komisch aus, struppig und dreckig und haben lange Schwänze.» Die Patientin ist leicht erheitert und etwas mokiert. Nach einiger Zeit verschwinden die Ratten wieder. Ein weiteres Wesen erscheint auch nach längerem Warten nicht. Die Patientin berichtet lediglich, sie höre ein unheimliches Rauschen in der Erde, ein unterirdisches Gepolter, das sie an Gespenster in der Kindheit erinnere.

Kommentar: Die Ausgangssituation ist eine ganz andere als in den vorhergehenden Fällen. Psychisch ausgewogen und unneurotisch erscheinend, wirkt die 19jährige noch immer wie eine 16 – 17jährige.

Das hier ebenfalls als Sonde zur Prüfung der Konstellation in der Sexualsphäre verwendete Motiv von der Kutschfahrt bestätigt diesen Eindruck (vergleiche S. 178). Nachdem die Konfrontation mit den Schlangen vermieden wird, vollzieht sich der weitere Ablauf hier im Innern der Erde (Höhle als Symbol des Unbewußten). Bereitschaft und Notwendigkeit zu einer Auseinandersetzung mit den Symbolwesen zeigen sich nicht, und die Patientin bleibt affektiv indifferent. Statt die zweifellos unästhetischen Würmer etwa voller Ekel abzulehnen, mokiert sie sich darüber. Die Eule (gern als Symbol der Weisheit beziehungsweise des Wissens um die Dinge betrachtet) ist nicht wachzuhalten. Die auf der Wandlungsstufe der Säugetiere erscheinenden Ratten mit «langen Schwänzen» – ein lästiges Ungeziefer, aber oft ein Sexualsymbol – beeinträchtigen die Patientin nicht. Die Symbolkette bricht ab, ohne auf eine menschliche Schlußfigur, das Inzestproblem, überzuspringen. In dem dumpfen Grollen aus dem Erdinnern scheint sich das Walten der unsichtbaren Macht, die noch im Verborgenen wirkt, zu äußern.

Exkurs

Interpretation   Trotz meiner Zurückhaltung gegenüber theoretischen Erwägungen, möchte ich einige Erklärungen zur Symbolkonfrontation abgeben. Der Gedanke drängt sich auf, daß die anfänglichen Tiersymbole eine primitive, undifferenzierte, quasi animalisch-triebhafte Form des Inzestproblems verkörpern. Außer dem Mechanismus der Regression nach FREUD (1900) sehe ich in den archaischen, stark affektbesetzten Tiersymbolen auch eine Entsprechung zu der von JASPERS (1959) formulierten Auffassung von den «abgespaltenen Trieben» (von denen die abgespaltene Sexualität psychopathologisch besonders verhängnisvoll ist), im Gegensatz zu der Beseeltheit des natürlichen Triebes beim Menschen. In den Tiergestalten erscheinen sie isoliert und durch «besondere Seelenlosigkeit und Stärke» charakterisiert. Die Wandlungskette entspricht mit JASPERS der «Sprache im Prozeß der Triebverwirklichung», ausgehend von dem vom Ich abgespaltenen Triebanteil, gegen dessen Bewußtmachung ein starker Widerstand (Angst) mobilisiert wird. Die Bedeutung der Bewußtmachung kann außer mit FREUD auch mit JASPERS als «das Verstehen der Triebe, als ein Erhellen dessen, was ein Prozeß ständiger Selbsterhellung ist», durch das Klarwerden seelischer Impulse und Inhalte aufgefaßt werden. So gesehen bedeutet die Symbolkonfrontation einen Ausgleich der antinomen Triebkräfte. Die affektive Erregung während der Konfrontation kann als ein «Abfließen» und «Verarbeiten» des verdrängten Affektes/des Widerstandes betrachtet werden. Nach v. SIEBENTHAL (1953) kommt dieses «Abfließen affektiver Energie» im magischen Bereich des Traumerlebens einem Verströmen von Kraft, einem Verlust des Lebendigseins gleich. In den Bildern erscheint dieser Verlust an Lebenskraft in der Ermattung, der Abmagerung und dem Versinken der Tiere. Danach kann man in der Symbolkonfrontation ein therapeutisches Mittel zur Auflösung festverzahnter neurotischer Ambivalenzen erblicken und eine affektive Neutralisierung archaischer Objektrepräsentanzen.

Eine Kette von Wandlungen, wie wir sie bei der Konfrontation zeitrafferartig ablaufen sahen, ist auch beim analytischen Vorgehen unter besonders günstigen Bedingungen langer Traumserien beobachtet worden. Über das eindrucksvolle Beispiel der phylogenetischen Abfolge ähnlich unseren Erfahrungen hat BOSS (1953) bei der Therapie eines 40jährigen Ingenieurs berichtet. Die Beziehung

214

zur Sexualsphäre wird auch dort offensichtlich. Der Wandlungsprozeß vollzieht sich während einer Psychoanalyse von drei Jahren in über 400 Träumen (vergleiche S. 403 ff.). Die Wandlungskette im KB verläuft in ungleich kürzerer Zeit, je nach der Struktur der Neurose in Tagen bis zu wenigen Monaten. Ich glaube mich deshalb zu der Annahme berechtigt, daß gemessen an der ungleich eindringlicheren Wirkung des Wandlungsprozesses im KB eine wesentliche Verkürzung der Behandlungsdauer möglich ist.

Zur Anwendung

Demgemäß verlangt aber die Symbolkonfrontation als eine der eingreifendsten Maßnahmen im KB ausgereifte therapeutische Erfahrungen, um etwaigen Überraschungen gewachsen zu sein. Folgendes ist klinisch besonders zu beachten: Eine *hinreichende positive Übertragung ist Voraussetzung,* damit die Führungsfunktion des Therapeuten auch in der Phase einer dramatischen Konfrontation aufrechterhalten bleibt. Wichtig ist ferner, daß der Akt einer einmal begonnenen Konfrontation zu Ende geführt wird, d. h. er so lange fortzusetzen ist, bis das erste aggressive Symbolwesen sich in irgendeiner Weise entscheidend wandelt, besser, spontan verschwindet.

Praxis

Um dem Eindruck vorzubeugen, durch das hier zum Teil verwandte Motiv des Sumpfloches könne praktisch bei jedem Individuum eine sexuelle Symbolik provoziert werden, ist hervorzuheben, daß dieses Bild, wie im letzten Beispiel, ungestaltet bleibt, wenn im sexuellen Bereich keine relevante Dynamik vorliegt. Beispielsweise beschreiben Kinder nur Frösche, Kaulquappen oder eine Blindschleiche, fast nie aber irgendwelche angstbesetzten ödipalen Symbolinhalte. In der Beunruhigung der Pubertät treten dann erstmalig Würmer, Schlangen usw. auf.

Gelegentlich können auch ganz andere Figuren hervortreten, die auf Verschiebung der affektiven Dynamik in einem anderen Sektor hinweisen. Bei einem Patienten, der schon seit mehreren Jahren unter vielerlei psychogenen Organbeschwerden litt und diese demonstrativ zum Vorwand für seine Arbeitsunfähigkeit darbot, entwickelte sich aus dem Sumpfloch sehr zögernd die Figur eines entfernten Bekannten. Dieser hatte ihn besonders dadurch beeindruckt, daß er sich unter Aggravation rheumatischer Beschwerden im Krieg vor dem Frontdienst gedrückt hatte, ihm also jetzt als Vorbild erschien.

Während in den bisherigen Beispielen die Symbolkonfrontation ein Abschnitt innerhalb eines psychotherapeutischen Prozesses war, zeigen zwei weitere Beispiele die *unmittelbare symptomkompensierende Wirkung der Symbolkonfrontation,* weshalb sie sich auch für eine wirksame Krisenintervention eignet.

2 Kriseninterventionen

Beispiel 4 (A. H.)

Die 20jährige Fabrikarbeiterin, in anderem Zusammenhang bereits erwähnt, wird in die Klinik wegen hartnäckiger Kopfschmerzen, heftiger Angstgefühle und der Neigung zu unbegründetem Weinen aufgenommen. Das naiv-gutmütige, der zyklothymen Temperamentsstruktur zuzuordnende Mädchen wirkt affektlabil, in der Grundstimmung freudlos und insgesamt subdepressiv. Wegen ihres Zustandes ist sie seit einigen Wochen arbeitsunfähig. Es schrecken sie regelmäßig quälende Träume aus dem Schlaf. Immer wieder erscheint ihr ein furchterregendes Männergesicht. – Die Kopfschmerzen seien erstmalig vor knapp einem Jahr nach einem für sie einschneidenden traumatischen Erlebnis aufge-

Konfrontation mit «bösem Vater»

215

treten. Ein Mann habe sie auf dem Weg von der Arbeitsstelle zu ihrem entlegenen Heimatdorf in einer Hetzjagd von mehreren Kilometern durch den dunklen Wald verfolgt. Sie sei völlig aufgelöst und erschöpft zu Hause angekommen und habe zwei Stunden lang nicht sprechen können. Bereits vor diesem Erlebnis hätten Stereotypträume, in denen sie Männer verfolgten, bestanden. Jetzt sehe sie das Gesicht des Verfolgers auch bei Tag manchmal plastisch vor Augen, als das eines kahlköpfigen, häßlichen, etwa 50 Jahre alten Mannes; sie erschrecke sich jedesmal heftig darüber. Sie wisse allerdings, daß sie das Gesicht des Verfolgers wegen der Dunkelheit in Wirklichkeit gar nicht habe erkennen können[12].

Eine anfängliche Behandlung in Narkoanalyse zur Rekapitulation des unverarbeiteten Erlebnisrestes brachte keinen Erfolg, wie bei der neurosenpsychologischen Konstellation wohl auch nicht zu erwarten war[13].

In der ersten Sitzung mit dem KB stelle ich das Gesicht des Verfolgers gemäß der spontan-optischen Tagesvision zur Konfrontation ein. Es wird als «scheußlich und drohend» erlebt. Nach längerer Konfrontation wird der Mann unter Freisetzung von Ängsten friedfertiger, harmloser und hat schließlich vor der Patientin mehr Angst als sie vor ihm. Auf meine Anregung hin, ihm schließlich die Hand zu geben, sich mit ihm anzufreunden und ihm sogar mit der Hand über den Kopf zu streichen, kommt es jeweils zu einer angstvollen Abreaktion, bis sich schließlich die Figur des Mannes wandelt, und er die Größe eines Kindes annimmt. Über sein bizarres Benehmen muß die Patientin lachen. Zwei Tage später träumt sie, der so gewandelte Mann bitte sie wegen der Verfolgung um Verzeihung. Danach steht ein anderer, «jung und schön» und gut angezogen, vor ihr. Zwei Tage später lasse ich die Traumgestalt im KB einstellen. Wie im Traum erscheint der ihr sehr gut gefallende, freundliche junge Mann (etwa 28 Jahre alt), der ihr unbekannt ist. Bald sitzen sie gemeinsam auf einer Bank. Bei meinem Versuch, eine Annäherung durch einige freundliche Worte anzuregen, die der junge Mann zu erwarten scheint, äußert sie Angst mit der Tendenz, im Bilderleben «davonzulaufen». Erst nach einer einfachen, dem Niveau der Patientin angemessenen Interpretation des psychologischen Zusammenhanges verschwindet die Angst, und die Patientin ringt sich das Geständnis ab, Furcht gehabt zu haben, sich in den ansprechenden jungen Mann «zu verlieben».

Kommentar: Im Verlauf dieser zwei jeweils 45 Minuten dauernden Sitzungen verliert die Patientin die eingangs geschilderten Symptome. Unverändert mädchenhaft, frisch, ausgeglichen und heiter sowie beschwerdefrei stellt sie sich zur Nachuntersuchung wieder ein. – Die Symbolkonfrontation mit einer Gestalt, die als die Verkörperung des rohen und ambivalent erlebten «väterlichen Mannes» erlebt wird, erfolgt hier (im Gegensatz zu den vorhergehenden Fällen) auf einer späteren, bereits personalen Stufe der Wandlungskette. Das ist ein Stadium der inzestuösen Manifestation auf einer nicht-regressiven psycho-sexuellen Entwicklungsstufe. Allein die letzte Integration von Sexualität und Erotik fehlen. Verfolgungsträume sind bei jungen Mädchen bekanntlich häufig. Die Wandlung im Verhalten des Mannes und seine Verkleinerung zum Kinde zeigen die Tendenz der libidinösen Neutralisierung der Vaterimago. In Gestalt des akzeptierbaren, später «verführerischen» jungen Mannes drückt sich die Ablösung von der Inzestimago aus.

---

[12] ZIOLKO (1953) macht auf das Auftreten von Pseudohalluzinationen beziehungsweise spontan-optischen Bildern bei jüngeren Frauen unter gesteigertem Affektdruck aufmerksam.

[13] In der Phase der Ablösung von der Vaterimago beobachtet man nicht selten – wie der 1. und der 2. Fall zeigten – in der Entwicklungskette der sexuellen Projektion das Auftauchen eines älteren, sexuell besonders brutal wirkenden Mannes. Er symbolisiert offenbar das Introjekt einer «bösen» Vaterimago.

Beispiel 5 (I. K.)

Der 26jährige Mathematikstudent im zehnten Semester sucht unsere Poliklinik nach einem halben Jahr zum zweiten Mal auf. Bei der Erstuntersuchung klagt er über Konzentrationsschwäche und einen leichten, vorübergehenden depressiven Verstimmungszustand. Obgleich er inzwischen in den Sommerferien das Lehrpraktikum an einer höheren Schule unter voller Anerkennung und mit subjektiver Befriedigung absolviert hat, hat ihn zu Beginn des neuen Semesters hochgradige Verzweiflungsstimmung erfaßt. Er versage an der Universität vollständig, sei absolut unfähig zu arbeiten und habe jegliche innere Beziehung zur Mathematik verloren. Er verstehe selbst einfache Aufgaben nicht mehr. Trotz beruhigender Versicherungen und der Ankündigung einer Behandlung fährt der Patient – kurzschlüssig reagierend – nach Hause, um den Eltern und seiner Braut den schwierigen Entschluß, das Studium aufzugeben, mitzuteilen. Rationalen Einwänden wegen der Übereilung seines Entschlusses ist er unzugänglich. Er sei nicht in der Lage, den einfachsten Gedanken zu fassen und die Dinge des täglichen Lebens zu erledigen. Die Angaben sind nüchtern und ohne demonstrative oder klagsame Note. Psychisch wirkt er eher zurückhaltend und etwas steif, in seinem Urteil aber selbstkritisch, klar und bestimmt. Er ist allerdings neurotisch gespannt, etwas depressiv und moros verstimmt. Die Exploration ergibt folgendes: Das Lebensideal und die Berufswahl des aus kleinem Beamtenmilieu stammenden, fachlich aber begabten jungen Mannes sind durch das Vorbild eines ihn von der Schulbank bis zum Studium begleitenden Freundes aus dem betont akademischen Milieu einer Arztfamilie bestimmt worden. Bei dem Versuch, sich in den letzten Jahren von dem inzwischen abwesenden, ihn psychisch aber noch immer überschattenden Freund zu lösen, war es in den Ferien jeweils zu heftigen Auseinandersetzungen zwischen beiden gekommen. Die Aversion gegen die Mathematik läßt sich bald als eine Verschiebung der Ambivalenz dem Freund gegenüber auf das Fach erklären. Der Freund wird idealisiert und erscheint ihm als überlegener Mathematiker, den er nicht erreichen zu können glaubt. Zudem hat der Patient dem Freund gegenüber eine Fülle von Schuldgefühlen.

In der ersten Sitzung des KB lasse ich den Patienten dem Freund begegnen. Dieser erscheint, das Haar wirr ins Gesicht hängend und wie abwesend zu Boden blickend. Er wirkt auf den Patienten «unheimlich, beängstigend und gefährlich». Der sonst emotional gehemmte, geradezu steife junge Mann gerät in Erregung und bricht in krampfhaftes Schluchzen und langanhaltendes Weinen aus. Danach ist er peinlich berührt, «weich geworden» zu sein.

In der nächsten Sitzung, zwei Tage später, begegnet der Patient dem Freund im Bilderleben als dem Spiegelbild seiner selbst mit gleichem Mantel und mit dem gleichen Stock, wie er sie im Bild selbst trägt. Nur sehr zögernd traut sich der Patient aus dem beim Anblick des Freundes aufgesuchten Versteck hervor, um auf diesen zuzugehen. Der Freund blickt ihn «mit den gefährlichen Augen eines Raubtieres, das zum Sprung ansetzen will», an. Entsprechend unserer Technik mit ihm konfrontiert, verliert der Freund seine Gefährlichkeit, macht bald «ein komisch-schmollendes Gesicht» oder blickt bald «maliziös und ironisch». Die Anregung, dem Freund die Hand zu geben und sich mit ihm zu versöhnen, wird unter erneuter affektiver Abwehr und dann unter rationalen Einwänden abgelehnt. Es sei ein übermäßiges Entgegenkommen, das seinen Stolz verletzte. Er habe Angst, sich «etwas zu vergeben». – Der Freund wendet sich indessen ab und verschwindet im Wald. In dem Gefühl, eine Gelegenheit verpaßt zu haben, folgt ihm der Patient auf meine Aufforderung hin zögernd. Er sieht den Freund im Laufschritt in der tunnelartigen Öffnung eines Berges verschwinden. Von mir hinterhergeschickt, erreicht er ihn nach Überwindung einiger Hindernisse im Innern des Stollens. Wieder blickt ihn der Freund «mit raubtierartig gefährlichen Augen» an. Nach erneuter Konfrontation und einigem Hin und Her des Widerstandes kommt es unter Tränen zu einem Versöhnungsversuch, bei dem er dem Freund die Hand auf die Schulter legt. Der Freund bleibt aber ungläubig, weil offenbar «heftig eingeschnappt». Er zeigt, wie die Rückfrage ergibt, eine Haltung, die der Patient dem Freunde gegenüber seit langer Zeit selbst eingenommen hat.

Konfrontation mit Freund

217

Nach dieser Sitzung träumt der Patient, daß er dem Freund ein ausgeliehenes «Buch über die Infinitesimalrechnung» und einen Roman mit dem Titel «Die Fesselung der Massen» (den der Patient gar nicht kennt) in seine Wohnung zurückträgt.

Sieben Tage nach der zweiten Behandlung (jeweils 45 Minuten) berichtet der Patient, daß er ohne über das Übliche hinausgehende Schwierigkeiten dem mathematischen Kolleg wieder folgen könne, zu Hause ohne Überwindung wieder arbeite. An dem von ihm besonders gefürchteten mathematischen Oberseminar nehme er zum ersten Mal ohne irgendwelche Sensationen teil.

In der nun durchgeführten *Kontrollsitzung* begegnet der Patient im Bilderleben dem Freunde auf einem Spaziergang. Beide begrüßen sich auffällig lässig und ohne sich die Hand zu reichen. Sie sprechen einige belanglose Worte, – «offenbar über das Wetter» –, um sich ebenso indifferent wieder zu verabschieden. Die über ein halbes Jahr verfolgte Katamnese ist frei von Rezidiven oder dem Auftreten neuer Symptome.

Kommentar: In diesem Fall erkennen wir eine Variante im Ablauf und Inhalt der Symbolkonfrontation. Erstmals tritt eine gleichgeschlechtliche feindselige Figur auf, wenn auch latente, abgewehrte homoerotische Tendenzen wahrscheinlich sind. Wie an anderer Stelle erläutert, verkörpern diese Gestalten, die durch ihr Erscheinen aus einer Höhle oder einem Tunnel beziehungsweise ihr Verschwinden in diese charakterisiert sind, eher einen verdrängten negativen Anteil der Persönlichkeit, etwa im Sinne des «Schattens» von C.G. JUNG. Zwei weitere Eigenschaften dieser «Schattenfiguren», durch welche sie sich von den aus dem Sumpfloch hervortretenden sexuellen Symbolwesen unterscheiden, seien noch hervorgehoben. Sie sind im allgemeinen weniger oder nur kurze Zeit aggressiv und wenden sich – statt sich unmittelbar zu wandeln – bald zur Flucht. Bei der Verfolgung suchen sie sich gern in einem Tunnel, im Wald oder im Wasser zu verbergen, gewissermaßen als wollten sie sich der weiteren Einflußnahme entziehen. Dieses Verhalten *fordert* meines Erachtens zum Abschluß der Aufarbeitung, *die Verfolgung der Wesen* im Bilderleben bis zur Versöhnung fortzusetzen. Auch archaische Tierfiguren kommen hier vor.

Die Ergebnisse der Symbolkonfrontation werfen Fragen auf nach der Theorie der Archetypen von C.G. JUNG, der Methode der Katharsis und ihrer therapeutischen Bedeutung sowie zum Problem der Regression auf eine archaische Stufe. Im Abschnitt «Durcharbeiten» (S. 219) gehe ich darauf zum Teil ein.

Zusammenfassend ist zu sagen: Die Symbolkonfrontation kann in geeigneten Fällen bei einer ausreichend Ich-starken neurotischen Persönlichkeit der fokalen Kurztherapie und der Krisenintervention dienen.

Die Symbolkonfrontation ist auch als eine ausgezeichnete spezifische Interventionstechnik geeignet, an kritischen Stellen der Behandlung einer längerdauernden, charakterwandelnden Therapie den Prozeß abzukürzen. Klinisch gesehen betrifft sie besonders die Neutralisierung und Assimilation feindseliger, oft besonders regressiv fixierter Introjekte, teils im Sinne einer akut anstehenden Inzestproblematik, teils der auf Vater- oder Mutterimago zurückgehenden Autoritätsängste, vor allem bei Kindern und Jugendlichen (auch bei Examensängsten und Arbeitsstörungen). Ihre Bedeutung für die wissenschaftliche Einsicht in psychosomatische Prozesse ist heute noch von Belang. Der fortgeschrittene Therapeut muß die Technik nicht nur kennen, sondern sollte ihre Anwendung unter Supervision erprobt haben. Die Symbolkonfrontation ist eine Interventionsform, die von nicht dazu neigenden Therapeuten zwar ausgelassen werden kann, ist jedoch ein wertvolles Instrument der KB-Therapie.

2.6. Therapeutische Technik IV: Durcharbeiten im KB

2.6.1. Integration der fortgeschrittenen Mittelstufentechnik

Psychoanalytische Kritiker haben gegen das KB gelegentlich eingewandt, der Notwendigkeit des Durcharbeitens würde nicht ausreichend Rechnung getragen oder das Durcharbeiten entfalle überhaupt. – Das ist ein Irrtum. Er scheint – tendenziöse Stimmen ausgeschlossen – auf einem Mißverständnis zu beruhen. Die erste Auflage meines Buches über die Grundstufe betraf eine Kurztherapie (LEUNER 1970). Durcharbeiten wurde deshalb nicht beschrieben.

Da das Durcharbeiten eine komplexe Technik mit vielfältigen Ansätzen ist, das auch von Psychotherapeuten häufig mißverstanden wird, möchte ich das Thema ausführlich und unter verschiedenen Gesichtspunkten erörtern. Zudem hat das Durcharbeiten große Bedeutung für die Ausbildung zum KB-Therapeuten bei Behandlung charakterneurotischer Komponenten. *Durcharbeiten ein Problem?*

2.6.1.1. Was heißt Durcharbeiten?

Der Begriff Durcharbeiten wird im psychoanalytischen Alltagsjargon häufig gebraucht, ohne daß – wie sich bald herausstellt – die Betreffenden wirklich wissen, was damit gemeint ist. Häufig wird darunter eine nicht näher formulierte analytische Bearbeitung unbewußter Dynamik verstanden, die eine oder einige wenige Sitzungen in Anspruch nimmt.

Ich habe die mir zur Verfügung stehende psychoanalytische Literatur durchmustert. In dem Fundamentalwerk von FENICHEL (1975) von über 690 Seiten wird der Begriff Durcharbeiten nur auf drei Seiten in kurzen Abschnitten knapp und jedesmal in einem thematisch anderen Rahmen aufgegriffen. In den Bänden 1 – 30 (1948 – 1976) der Zeitschrift «Psyche» wird Durcharbeiten nur viermal (Bände 10, 11, 15 und 23), auch hier nur im Rahmen anderer Sachverhalte, kurz gestreift. Das zeigt, *welch geringe Aufmerksamkeit die Literatur der Aufgabe des Durcharbeitens bislang in Theorie und Praxis geschenkt hat.* *psychoanalytische Techniken*

Diesem Umstand möchte ich ein Zitat von GREENSON (1975), wohl dem besten Kenner der Technik der psychoanalytischen Therapie, entgegenhalten (S. 57):

«... Das Durcharbeiten ist das zeitraubendste Element in der psychoanalytischen Therapie. Nur selten führt Einsicht sehr rasch zu einer Verhaltensänderung; sie ist dann gewöhnlich vorübergehend oder bleibt isoliert und unintegriert. Normalerweise ist sehr viel Zeit nötig, um die mächtigen Kräfte zu überwinden, die sich der Veränderung widersetzen, und um dauerhafte Strukturveränderungen herbeizuführen ...». GREENSON zeigt an einem Fall, wie das Durcharbeiten vor sich geht. Dafür wurden sechs Monate mit wahrscheinlich täglichen analytischen Sitzungen benötigt. GREENSON erläutert zwar wiederholt die Gründe für das Durcharbeiten; auch er bietet aber nur wenig Hinweise auf die Technik. Es ist für ihn (S. 133) die Wiederholung und Erweiterung der Deutung des Widerstandes mit der Frage, *welche Phantasien oder Erinnerungen die Affekte und Triebimpulse hervorbringen, die hinter dem Widerstand stecken.*[13a]

Die psychoanalytische Literatur beruft sich in diesem Zusammenhang regelmäßig auf die 1914 erschienene Arbeit von FREUD: «Erinnern, Wiederholen und Durcharbeiten.» Dazu kommentieren LAPLANCHE & PONTALIS:

«Der Titel läßt ahnen, daß das Durcharbeiten eine treibende Kraft für die Behandlung darstellt, vergleichbar dem Wiedererleben verdrängter Erinnerungen und der Wiederholung der Übertragung. Tatsächlich bleibt die Bedeutung, die FREUD ihm gibt, recht dunkel.»

Ich komme damit zur Charakterisierung dessen, was man *in der Psychoanalyse heute als Durcharbeiten bezeichnet.* LAPLANCHE & PONTALIS (Erstauflage französisch 1967) kommentieren «Durcharbeitung» wie folgt:

«... Vorgang, durch den die Analyse eine Deutung integriert und die Widerstände überwindet, die sie hervorruft... Eine *Form psychischer Arbeit,* die es dem Subjekt erlaubt, bestimmte verdrängte Elemente zu akzeptieren und *sich von der Bemächtigung der Wiederholungsmechanismen zu befreien.*[14] Das Durcharbeiten ist ein konstanter Vorgang in der Behandlung, aber besonders am Werk in bestimmten Phasen, in denen die Behandlung zu stagnieren scheint und ein Widerstand bestehen bleibt, obwohl er gedeutet worden war. – Korrelativ wird, vom technischen Standpunkt aus gesehen, das Durcharbeiten *durch Deutungen des Analytikers begünstigt,* die besonders darin bestehen, zu zeigen, *wie die in Frage kommenden Bedeutungen sich in verschiedenen Zusammenhängen wiederfinden.»*

Sie fahren fort:

a) Das Durcharbeiten betrifft die Widerstände.

b) Es folgt im allgemeinen einer Deutung des Widerstandes, die ohne Erfolg zu bleiben scheint; in diesem Sinn kann eine Periode relativer Stagnation diese eminent positive Arbeit verdecken.

c) Es bietet die Möglichkeit, über die Weigerung oder rein intellektuelle Annahme hinweg zu einer Überzeugung zu gelangen, die sich auf das Erleben der verdrängten Triebe gründet, die den Widerstand nähren. In diesem Sinne vollzieht das Subjekt das Durcharbeiten durch ein «Sich-in-den-Widerstand-Vertiefen». – Die Autoren erläutern, daß das Durcharbeiten zwar eine Wiederholung sei, die jedoch durch die Deutung verändert werde und dadurch auf eine Befreiung des Subjekts von seinen Wiederholungsmechanismen ziele. FREUD *(1914) sähe im Durcharbeiten ein Homologon des Abreagierens in der hypnotischen Behandlung*[14], indem er den Erlebnis- und lösenden Charakter berücksichtige. – ».. es gelte, die Macht des Wiederholungszwanges, die Anziehung der unbewußten Vorbilder auf den verdrängten Triebvorgang zu überwinden ...».

Mit anderen Worten: Das Durcharbeiten wird als ein Vorgang definiert, der die Beharrlichkeit der Wiederholung, die im KB den «fixierten Bildern» eigen ist, beenden kann.[15]

HEIMANN (1964) hebt hervor, daß der Durcharbeitungsprozeß das Wiedererleben frühkindlicher Konflikte in der Übertragung bis in das erste Lebensjahr

---

[13a] Hervorhebung durch mich.

[14] Hervorhebung durch den Autor.

[15] Mit unserer Technik des Durchlebens und Durchleidens.

hinein einschließen müsse. – Wir werden unwillkürlich an die Altersregression im KB erinnert, die auf den «Bildschirm» der Imaginationen projiziert wird («Projektionsneurose», S. 418).

Insgesamt schien es mir notwendig, auf das Mißverhältnis zwischen Anspruch und realer Bearbeitung der Durcharbeitung in der Psychoanalyse hinzuweisen.

2.6.1.2. Wann ist Durcharbeiten im KB erforderlich?

Durcharbeiten wird im vorhergehenden Abschnitt *nur dort als bedeutsam* erkannt, wo der Wiederholungszwang, d. h. die *Perpetuierung gewisser Abwehrmechanismen und Reaktionsbildungen* zu bearbeiten sind. Das ist vorzugsweise der Fall *bei Charakterneurosen* und der Bearbeitung des charakterneurotischen Hintergrundes auch anderer Formen neurotischer, psychogener und psychosomatischer Erkrankungen. Eine Sonderstellung haben die frühen Ich-strukturellen Störungen. Das ist unumstritten, und jeder Therapeut täuscht sich, wenn er glaubt, diese Gruppe von Patienten, die hier nur pauschal genannt werden, auf andere Weise nachhaltig beeinflussen zu können. – Aus dem Vorhergesagten wurde ferner deutlich, daß in der Psychoanalyse das Schwergewicht des Durcharbeitens zum Teil auf der Bearbeitung der Übertragungsgefühle liegt. Danach stellen sich für uns drei Fragen:

Indikationen im KB

I. Wie weit sind Kurzpsychotherapien im KB in der Lage, zumindest teilweise charakterwandelnd zu wirken?

II. Wie sind jene Fälle und Störungsformen klinisch zu erkennen, die von vornherein die Notwendigkeit eines länger dauernden Durcharbeitens fordern?

III. Wodurch wird schon bei den ersten therapeutischen Bemühungen deutlich, daß Probleme des Durcharbeitens beim Versuch, eine Kurztherapie einzuleiten, auftreten werden?

Zu I.: Wie weit wirken Kurztherapien im KB teilweise charakterwandelnd?

Die klassische, in der Psychoanalyse vertretene Auffassung geht davon aus, daß die charakterwandelnde Wirkung erst dann zum Zuge kommt, wenn sich eine «Übertragungsneurose» ausbildet. Damit ist der auf S. 419f. beschriebene Umstand gemeint, daß negative frühkindliche Objektbeziehungen von neuem aufleben. Die Übertragungsanalyse erlaubt eine Aufarbeitung der reaktivierten kindlichen Neurose.

Abgesehen von dem Umstand, daß sich im KB *statt der Übertragungsneurose eine «Projektionsneurose»* auf der imaginativen Ebene einstellt (Abschnitt 4.4.2.), gehört es meines Erachtens zu den fundamentalen neueren Erkenntnissen auch der Psychoanalyse, daß die Übertragungsneurose offensichtlich nicht die Conditio sine qua non für den charakterwandelnden Effekt ist. Die klinischen Ergebnisse der psychoanalytischen Fokaltherapie von MALAN (1965) und BALINT et al. (1973) haben das gezeigt. Für diese analytische Kurztherapie ausgelesener Behandlungsfälle mit definierbarem Konfliktfokus hat LOCH (1967) das unerwartete Phänomen der charakterwandelnden Wirkung, *auch ohne Auftreten einer Übertragungsneurose,* theoretisch gründlich untersucht.

Bei dem Katathymen Bilderleben haben die Ergebnisse einer Kurztherapie von unausgelesenen, oft chronischen Neurosepatienten (WÄCHTER & PUDEL 1980, KULESSA & JUNG 1979) mit 15 und 20 Sitzungen gezeigt, in welchem Ausmaß damit die Auflösung von Wiederholungszwängen, die Lockerung von Reaktionsbildungen und damit ein Wandel von neurotischem Fehlverhalten erreicht werden kann. Dieses hat sich sowohl klinisch als auch test-psychologisch meßbar dargestellt. Die Werte hielten der Kontrolle und den Nachuntersuchungen stand. Das sind bemerkenswerte Ergebnisse, die uns in diesem Abschnitt besonders interessieren müssen.

Aus dem von ROTH (1983) hervorgehobenen Unterschied zwischen der psychoanalytischen Fokaltherapie und der Kurztherapie mit dem Katathymen Bilderleben ist erwähnenswert: «Die Kurztherapie mit dem KB ist nicht auf jene Einschränkungen angewiesen, daß nur Fälle zur Behandlung kommen können, bei denen ein Konfliktfokus vorliegt (wie für die psychoanalytische Fokaltherapie gefordert). Vielmehr können völlig unausgelesene Patientengruppen mit ihr behandelt werden.»

Zu II.: Erkennen von Fällen und Störungsformen, die auch im KB des Durcharbeitens bedürfen

Man kann sich eine Ergänzungsreihe vorstellen: Auf dem einen Pol (a) stehen jene soeben besprochenen Fälle, bei denen eine klinische Besserung durch Kurzpsychotherapie mit dem KB möglich ist, in der Mitte (b) solche, bei denen ein Rest charakterneurotischer Störungen durch die KB-Kurztherapie noch erfaßt wird, und auf dem anderen Pol (c) schwere Charakterneurosen, die klinisch bestimmt sind durch neurotische Fehleinstellungen, Ich-Defekte oder (d) durch Charakteristika, die auf eine Grundstörung im Sinne von BALINT (1967) beziehungsweise narzißtische Störung (KOHUT 1976) oder auch die Borderlinestruktur (KERNBERG 1979) zurückzuführen sind. Zur Veranschaulichung stelle ich zwei hier kurz skizzierte Fälle dar. Der erste steht auf der gedachten Ergänzungsreihe in der Mitte, der trotz einer Charakterstörung eine klinisch erfolgreiche Behandlung durch Kurztherapie mit dem KB erlaubt hat (Typ b). Der andere entspricht dem Gegenpol einer schweren charakterneurotischen Grundstörung (Typ c oder d).

Fall 1 vom Typ (b), wesentliche Besserung durch 20 Sitzungen im KB[16]

2 Beispiele

Die Patientin ist 26 Jahre alt, verheiratet, ohne Kinder. Sie war früher berufstätig. Bei der Zweitsicht (nach Erhebung der Anamnese) bietet sie äußerlich ein jammervolles Bild. Sie ist ausgesprochen depressiv, passiv und befindet sich in einem Konflikt. Sie hat sich lange Zeit ihrem dominanten Ehemann angepaßt und findet jetzt keinen Weg, sich aus der Abhängigkeit zu lösen und eigene Belange zu vertreten. Diagnostisch handelt es sich um eine depressive Neurose bei unreifer Persönlichkeit mit ausgeprägten regressiven Tendenzen. Es liegt eine Mischstruktur von depressiven und hysterischen Anteilen vor. Die intellektuelle Begabung ist mittelgradig, ebenfalls die Fähigkeit zur Einsicht in ihre Konfliktlage.

---

[16] Der Fall wurde von meinem ehemaligen Mitarbeiter, KULESSA (1976), behandelt und von mir supervidiert.

KULESSA führt mit der Patientin eine etwa 20 Wochen in Anspruch nehmende Behandlung von 20 Sitzungen im KB durch und läßt die Patientin zu Hause regelmäßig wichtige Passagen ihrer KB-Inhalte malen. Die Bilder werden mit ihr jeweils durchgesprochen.

In der abschließenden Vorstellung nach der von vornherein auf 20 Stunden terminierten Therapie bietet sich mir folgendes Bild: Die junge Frau wirkt selbstbewußt, zeigt ein fast blühendes Aussehen, ist adrett und geschmackvoll gekleidet. Auf Befragen: «Die Behandlung hat mir fabelhaft geholfen.» Sie habe keine ihrer früheren Symptome mehr, keine Stimmungsschwankungen in Richtung Depression. Auch objektiv wirkt sie in ihrer Charakterhaltung gewandelt. Sie habe einen neuen Lebensstil angenommen. Wenn ihr Mann kegeln gehe oder sich sonst seiner sportlichen Ambitionen wegen außer Haus aufhalte (was früher ein Hauptpunkt ihrer Anklagen war), treffe sie sich mit Freundinnen oder gehe Skifahren, statt wie früher zu Hause traurig herumzusitzen: «Ich muß ja schließlich mein Leben auch gestalten.» Der Ehemann sei über ihr Verhalten erstaunt, trotzdem sei ihr Eheleben nicht wesentlich beeinträchtigt. Sie erwäge, auch in sexueller Hinsicht in der Ehe aktiver zu werden. – Die Patientin wirkt selbständig und von ihren eigenen Kräften auch fasziniert. Fragen, die ihren Realitätsbezug betreffen, weisen kaum auf illusionäre Erwartungen hin. Vielmehr wirkt die Patientin jetzt realistisch besser und angepaßt. Sie ist zumindest verbal bereit, Enttäuschungen hinzunehmen, und erscheint objektiv frustrationstoleranter. Die Therapie und den Therapeuten hat sie akzeptiert. Sie äußert Dank gegenüber dem Kollegen und mir, der ich ihr die Therapie vermittelt hatte, offenbar als Ausdruck einer noch bestehenden positiven Übertragung (Anteil einer «Übertragungsheilung»?).

Fall 2 vom Typ (c), kein therapeutischer Erfolg nach 20 Sitzungen, Notwendigkeit ausgiebiger Durcharbeitung[17]

Die 28 Jahre alte, ledige Schauspielerin stellt ihre aktuelle krisenhafte Problematik wie folgt dar: Sie habe zu zwei Männern eine Beziehung und könne sich zwischen ihnen nicht entscheiden. Der eine sei älter. Sie habe sich unter seinen Schutz begeben. An ihn sei sie sehr gebunden und von ihm abhängig. Sie brauche überhaupt immer Beziehungen und könne nicht allein sein. Sie wohne deshalb auch bei ihm. Sie zweifle, ob sie ihn wirklich liebe. Sie leide unter Trennungsängsten, habe auch sonst Angstanfälle und gelegentlich unkontrollierte Reaktionen, die sie nur schwer beschreiben könne. Es seien Situationen, in denen sie plötzlich alles vergesse (d. h. verdränge), z. B. einen Anruf ihres Freundes. – Bis vor einigen Monaten sei sie recht gut kompensiert gewesen. Als auslösenden Anlaß schuldigt sie ein in Aussicht gestelltes neues Engagement an, das ihr jedoch Angst bereite, wie alles Neue ihr Angst mache. Sie äußert dazu: «Er (der Regisseur, der sie anstellen möchte) hat etwas nicht gesagt, was ich im Stillen erwartet hatte.» Sie weiß jedoch nicht zu sagen, was sie erwartete. So wirkt die Patientin etwas verschwommen in ihren Intentionen und Wünschen.

Aus der Vorgeschichte ist erwähnenswert, daß sie als Kind immer ein schlechtes Verhältnis zur Mutter gehabt hatte. Der Vater hatte sie auf der einen Seite sehr gefördert und bis in die Pubertät hinein stark erotisch an sich gebunden. Auf der anderen Seite habe er sie aber häufig «kalt abfahren lassen». Als Schlaglicht auf ihre Verwöhnungen und Flucht in eine märchenhafte Ersatzwelt berichtet sie, daß sie als Kind mit ihrer Schwester gemeinsam «zweitausend Steiftiere» besessen habe, und hebt hervor: «echt ‹Steiff› Knopf im Ohr».

Bei der ersten Vorstellung nach Erhebung der Vorgeschichte wirkt die Patientin schwer gestört. Diagnostisch bietet sich das Bild einer Charakterneurose mit Grundstörung und starken Ambivalenzen in der prägenitalen Entwicklung (Ich-strukturelle Störung). Darüber hinaus zeigen sich eine ausgeprägte Verwöhnungshaltung mit Anspruchlichkeit so-

---

[17] Auch dieser Fall stammt aus dem Therapieprogramm von KULESSA und JUNG (1979) und wurde von mir supervidiert.

wie oraler Passivität mit der Vermeidung der Auseinandersetzung mit den eigenen Fehlhaltungen. Extreme Verdrängungstendenzen im hysterischen Sinne und Neigung zu erotischer Aufwertung (Libidinisierung) eingegangener Beziehungen zu Männern sind deutlich, ohne eine liebende Bindung entwickeln zu können. Sie hat ausgeprägte regressive Tendenzen und Abwehrstrategien. *Neurosenstruktur:* Mischstruktur hysterisch-depressiv mit schizoiden beziehungsweise narzißtischen Anteilen.

Bei der Vorstellung durch den Therapeuten nach Abschluß der 20stündigen Kurztherapie mit dem KB: Die Patientin verspätet sich zu dem Termin um eine Stunde, läuft dann unruhig auf dem Korridor hin und her. Der Therapeut seinerseits äußert die Angst, es könne ihr etwas passiert sein. – Sie ist extrem gekleidet, die Figur unförmig, das Gesicht etwas aufgeschwemmt. Auf Befragen: Sie wisse nicht, ob die Therapie geholfen habe, es könnten sie auch die Ermutigungen durch ihren Regisseur gefördert haben, nachdem sie eine gute Einstudierung gezeigt hätte: «Er ist sehr lieb zu mir.» Sie gesteht dann, in ihn verliebt gewesen zu sein. Dabei blickt sie den vorstellenden Therapeuten an, gibt ihm aber wenig Kredit und hebt mit Blick auf mich hervor, daß ihr intimer Freund «ja auch ein Professor» sei. Der Therapeut seinerseits beklagt ihre Anspruchlichkeit. Das therapeutische Angebot habe sie nicht zu nutzen verstanden, sich eher passiv gezeigt und häufig Mechanismen der totalen Verdrängung demonstriert, etwa wenn der Therapeut den Versuch gemacht habe, Fehlhaltungen anzusprechen.

Erklärung

Kommentar: Beim *ersten Fall* wurde deutlich, daß die Patientin für die Therapie gut motiviert war und daß aktive Durchsetzungskräfte gegenüber ihrer depressiven Einstellung jetzt vorherrschen. Das Übertragungsangebot des Therapeuten hatte sie annehmen können. In der Rolle eines Förderers und Helfers war er für sie gewissermaßen eine idealisierte väterliche Figur. Wir wissen allerdings wenig über ihre ödipalen Beziehungen. Diese dürften vermutlich im Sinne des Wiederholungszwanges in der ambivalenten Beziehung zum Ehemann realisiert gewesen sein.

Beim *zweiten Fall* ist die Motivation zur Therapie mangelhaft. Der relativ junge Therapeut wird nicht akzeptiert. Stabile Objektbeziehungen sind der Patientin offenbar überhaupt fremd. Nach Art stark hysterisch strukturierter Patienten wird einmal der eine, einmal der andere Partner vom Typ einer väterlichen Imago erotisch aufgewertet. Man gewinnt den Eindruck, daß die Übertragungsbeziehung zum Therapeuten – der mit einer entsprechenden Gegenübertragung reagiert – eher bestimmt ist von einer primären Übertragungsneurose (die Bezugsperson blieb offen). Die Frage erhebt sich, wie bei dieser Patientin die Prognose für jede Form von Psychotherapie zu stellen ist. Eine Reihe gravierender negativer Prognosepunkte besteht, auf die ich hier nicht weiter eingehen kann. Damit stoßen wir auf den zentralen Punkt der Beurteilung aller jener Fälle, die auf der genannten Ergänzungslinie bei dem Pol der extrem charakterlich und Ich-strukturell Gestörten liegen (Typ c und d).

In der KB-Literatur geben ausführliche Falldarstellungen von WÄCHTER (1982) und WILKE (1982) anschauliche Beispiele für den Typ b wieder und Analysen für den Typ c und d die Fallanalysen von EIBACH (1982) und LANG (1982).

Zu III.: Wodurch wird schon bei den ersten therapeutischen Sitzungen deutlich, daß Probleme beim Versuch einer Kurztherapie auftreten werden?

Die folgende Aufstellung erhebt keinen Anspruch auf Vollständigkeit. Ihr Verständnis setzt fundierte Kenntnisse der allgemeinen und speziellen Neurosenlehre voraus. In den sehr knapp angeführten Fällen ist mit einer erfolgreichen

Therapie mit dem KB von 20 bis 30 Sitzungen nicht zu rechnen, und es wird eines Durcharbeitens der Wiederholungszwänge bedürfen.

(1) Wenn es von Anfang an nicht oder *nur mangelhaft gelingt, die anaklitische Übertragungsposition,* wie sie für das KB charakteristisch ist, *aufzubauen.* Statt dessen signalisiert das Verhalten des Patienten bereits früh, daß *ambivalente oder negative Übertragungsgefühle* dem Therapeuten und/oder der Therapie gegenüber bestehen. Die Dynamik der Übertragungsneurose ist bereits zu Beginn der Therapie manifest. Sie bedarf einer primär psychoanalytisch orientierten Bearbeitung, am besten unter Zuhilfenahme des KB. Fragwürdig ist es für eine KB-Kurztherapie ebenfalls, wenn übertragungsneurotische Anteile im Verlaufe einer Therapie entstehen und vom Therapeuten, zum Beispiel wegen begrenzter Weiterbildung, nicht schnell aufgegriffen und analysierend bearbeitet werden (vergleiche Abschnitt 1.2.2.). *Frühdiagnostik*

In den meisten dieser Fälle wird es durch eine rechtzeitige Übertragungsanalyse, beziehungsweise korrespondierend durch die Analyse der Gegenübertragung in der Supervision gelingen, die negativen Projektionen auf den Therapeuten abzubauen. Ich weise in den Kapiteln 4.4.2. – 4.4.2.5. darauf hin.

(2) Dort, wo das Verhalten des Patienten und seine Anamnese *starke charakterneurotische Verhaltenstendenzen signalisieren,* sind die neurotischen Grundstrukturen nach SCHULTZ-HENCKE (1965) und RIEMANN (1975) zu bedenken: *Depressive, schizoide, zwanghafte* und *hysterische Strukturen;* zu ergänzen wäre: die *phobische Charakterhaltung* (KÖNIG 1981). Die Bedingungen sind günstiger, wenn es sich um Mischstrukturen handelt. Über die Abwehrstrukturen seines Patienten sollte sich der Therapeut so früh wie möglich einen Überblick verschaffen. Sie waren z.B. in dem oben skizzierten Fall mit der Tendenz zu massiven Verdrängungen eine primäre Schwierigkeit für das Ansprechen von neurotischen Fehleinstellungen. Über den der Neurosestruktur angemessenen Interaktionsstil im KB berichte ich (4.5.3.).

Die sich in diesen Fällen zeigenden *Wiederholungszwänge* können auch *im KB offen* zutage treten.

Zwei Beispiele mit passiv-oraler Grundhaltung:

Beispiel 1

Die Patientin erlaubt sich beim Spaziergang durch die Landschaft im KB nicht mehr als das Aufsuchen einer Wiese und eines anschließenden Waldrandes. – Dann folgt eine *phobische Vermeidehaltung.* Sie will im KB regelmäßig in ihr schönes Eigenheim zurückkehren, um sich auf dessen Terrasse im Liegestuhl zu sonnen. Die Wiese erlebt sie als unendlich weit und ist dort stets allein und verlassen. Der Wald steht herbstlich, und sie «langweilt sich schrecklich». Das korrespondiert mit der Anamnese, nach der ihr als Kind alle persönlichen Aktivitäten untersagt worden waren. *Beispiele*

Beispiel 2

Eine 20jährige, depressiv-neurotische Patientin bleibt auf dem Weg zwischen den Wiesen stehen und *will nicht weitergehen.* Nach dem Grund gefragt, stellt sie lapidar fest: «Der Weg gefällt mir nicht.» Andere angebotene Aktionen lehnt sie ab, geht schließlich aber querfeldein durch ein Rübenfeld und signalisiert damit, daß sie aus Widerstand und Protest das Mühsame, Unzweckmäßige und Ungewöhnliche zu tun bereit sei, statt den naheliegenden konventionellen Weg zu gehen.

(3) Fälle mit den Zeichen einer ausgeprägten «*Alexithymie*» beziehungsweise eines psychosomatischen Syndromes («emotionaler Analphabet») haben viele Vertreter, die durchaus befähigt sind, im KB zu imaginieren. Jedoch mangelt es manchem von ihnen am adäquaten emotionalen Mitschwingen. Sie haben Schwierigkeiten, Einfälle zu den Inhalten zu sammeln und Parallelen zwischen den Inhalten des KB, ihrem Verhalten im KB und ihrer Problematik beziehungsweise ihren Verhaltenstendenzen zu ziehen. Hier ist ein intensives Durcharbeiten ihrer sich derart darstellenden Abwehr und der dahinter verborgenen, andrängenden traumatisierenden Erinnerungen und ihrer Ängste notwendig, oft aber schwierig.

Das Problem des psychosomatischen Syndromes hat unsere Arbeitsgruppe vielfältig beschäftigt. WILKE (1979) hat sich im Rahmen der Colitis ulcerosa damit befaßt. Ich selbst habe das Problem mit einem Team bei Hautkrankheiten untersucht (LEUNER et al. in Vorbereitung). Eine spezielle Arbeitsgruppe der AGKB ist zur Zeit mit der grundlegenden Frage beschäftigt, wie weit und unter welchen Umständen das psychosomatische Syndrom mit Hilfe der Phantasien des KB zu beeinflussen ist. Erste Ergebnisse wurden in Vorträgen des 3. Internationalen Kongresses über KB (München, Dezember 1983) berichtet (Veröffentlichung in Vorbereitung).

(4) Fälle, bei denen ein *starkes, niederdrückendes Über-Ich* eine Reihe entsprechender Abwehren des Ich bestimmt. Diese werden in der Anamnese und im sonstigen Verhalten deutlich. Ich denke z.B. an eine stark ideologische Einstellung, zu der auch eine strenge religiöse Erziehung oder andere weltanschauliche Festlegungen gehören. Im KB kennzeichnen sich derartige Über-Ich-Positionen durch das Auftreten verbietender, strafender oder sonst negativ akzentuierter Objektrepräsentanzen.

Beispiel

Bei einem primär impotenten 50jährigen Mann treten regelmäßig störende Symbolgestalten immer dann auf, wenn in der Imagination weibliche Personen, einschließlich der eigenen Frau, erscheinen, zum Beispiel ein aus der Luft schießender Adler, eine Eule oder ein Haifisch. In Wandlungsphänomenen wird dabei gelegentlich das Bild der Mutter deutlich, obgleich der Patient überzeugt ist, seine starke Abhängigkeit von der Mutter gelöst zu haben.

(5) Patienten mit ausgeprägt *depressiv-masochistischen* Zügen, meist mit *autoaggressiven Tendenzen* gepaart, stellen sich nach der Symptomatik, im charakterlichen Verhalten, aber auch im KB selbst dar. Sie bevorzugen im KB lange Strecken düstere, bedrückende oder selbstquälerische Inhalte.

Beispiel

Eine 23jährige ledige Technische Assistentin, die mit einer zwangsneurotischen und stark phobischen Symptomatik zur stationären Aufnahme kommt und das Bild eines Borderline bietet, imaginiert in den ersten zehn Sitzungen im KB fast stereotyp: Die Wiese ist ein

Feld mit Bombentrichtern, das Wetter ist düster und regnerisch. Anstelle des Hauses findet sie immer nur eine Ruine. Im Innern ist graues Gemäuer; Pfützen stehen auf dem Fußboden, es regnet herein usw. Erst eine eingehende Durcharbeitung dieser Tendenz unter Analyse der Übertragung führt zu einem Wandel und der Möglichkeit, das KB therapeutisch fruchtbarer fortzusetzen.

(6) Fälle, in denen die Grundstörung äußerlich gut kompensiert ist, sich aber trotzdem im KB deutlich signalisiert.

Beispiel

Eine 45jährige, zu phobischen und hypochondrischen Reaktionen neigende, sonst aber «gesund» wirkende Patientin erkennt die *Wiese als völlig verbrannt*, der *Bach* ist *einmal heiß*, so daß *das Wasser sie verbrennt*, das andere Mal eiskalt, so daß die Spritzer als Eisnadeln ihre Hände treffen. In dem Wasserfall erstarrt das Wasser zu einem unendlich langen Eiszapfen. Die *Mutter*, die von ihr verehrt und bewundert wird, tritt *aus einem Eisberg* heraus, der sich in Spitzbergen befindet.

Kommentar: Die Hinweise auf das Vorliegen einer schweren Charakterneurose beziehungsweise Grundstörung können als Einzelindizien auftreten oder aber mehr oder weniger deutlich mit anderen in Verbindung stehen. Ich wiederhole: diese unsystematisch angeführten Faktoren können nur richtig verstanden werden, wenn der erfahrene Therapeut auf sein breites Rüstzeug in allgemeiner und spezieller Neurosenlehre und der klinischen Erfahrung mit einschlägigen Patienten zurückgreifen kann. Er sollte zudem mit der Literatur über Prognosefaktoren in der Psychoanalyse vertraut sein (vergleiche auch Kapitel 4.5.). – Die Störungszeichen im katathymen Panorama können nur dann richtig bewertet werden, wenn sie in Beziehung zur Symptomatik und zu der bis ins einzelne aufgenommenen Anamnese gesetzt werden. Dann muß zwischen einer akuten Krisensituation und einer tiefgreifenden, d.h. seit langem angelegten Charakterstörung (bei einem vielleicht in seinen Abwehren noch weitgehend funktionsfähigem Ich) differenziert werden.

2.6.1.3. Worin unterscheidet sich das Durcharbeiten im KB gegenüber dem der Psychoanalyse, und welches sind seine spezifischen Instrumente?

Bei dem Versuch, diesen Abschnitt möglichst grundlegend zu behandeln, gebe ich einen Überblick über die verschiedenen Instrumente des Durcharbeitens im KB. Zum Teil vergleiche ich sie mit denen der Psychoanalyse. Die sogenannte *dritte Dimension des Katathymen Bilderlebens*, als die spezifische kreative Produktivität des Tagtraumes zur Entfaltung des Ich, die in dieses Kapitel gehört, wird gesondert behandelt werden (Abschnitt 3.2.).

6 Schritte des Durcharbeitens im KB

2.6.1.3.1. Klären (Klarifizieren)

Der Begriff der Klärung ist in der klassischen psychoanalytischen Literatur nicht zu finden. Weder in FREUDs gesammelten Werken noch in den Standardwerken «The Psychoanalytic Theory of Neurosis» von FENICHEL (1975), «Enzyklopaedia of Psychoanalysis» (EIDELBERG 1968), «Vokabular der Psychoanalyse» (LAPLANCHE & PONTALIS 1972), wird unter dem Stichwort «Klären» oder «Klarifizieren» eine Erläuterung gegeben.

Der Begriff «Klärung» wurde erstmals von ROGERS (1951) genannt und später von BIEBRING (1952) in die Psychotherapie eingeführt. Die Klarifikation sollte vor allem die Gefühle und die hauptsächlichen Gedankengänge des Patienten begleiten und sie klarer und eindeutiger, als es der Patient tut, verbalisieren (BIEBRING). Nach LOCH (1983) ist der Begriff «Konfrontation», der von DEVAREUX (1955) bevorzugt wird, damit etwa identisch. – *Klarifikation* ist ein Schritt auf der «phänomenologisch-deskriptiven Ebene, die der eigentlichen Deutung vorangeht und ihr den Weg ebnet» (BIEBRING). Analog ist «das semantische Deutungsglied» von LEVY (1963) zu verstehen. Das «klärende Konzept» (HARTMANN 1972) besteht in der Psychoanalyse darin, «die verborgenen Konflikte, die den Symptomen des Patienten zugrunde liegen, in Worte zu fassen».

Das in Frage stehende Phänomen (ich denke an Gefühl, Affekt, KB-Inhalt, Zusammenhänge) muß dem bewußten Ich des Patienten nur deutlich gemacht werden.

(GREENSON): «Z.B., bevor ich einem Patienten deuten kann, welchen Grund er haben mag, in der Stunde ein bestimmtes Thema zu vermeiden, muß ich ihn erst veranlassen, sich der Tatsache zu stellen, *daß* er etwas vermeidet. Manchmal erkennt es der Patient selbst, und es ist unnötig, daß ich ihn dazu bringe. Jedoch, bevor weitere analytische Schritte unternommen werden, muß gesichert sein, daß der Patient die psychischen Erscheinungen bei sich selber erkennt, die wir zu analysieren versuchen. . . . Gewöhnlich vermischen sich diese beiden Verfahren, aber ich finde es nützlich, sie zu trennen. . . . Bei der Klärung handelt es sich um Handlungen, die zum Ziel haben, das analysierte psychische Phänomen scharf herauszustellen. Die wichtigsten Einzelheiten müssen ausgegraben und sorgfältig von allem getrennt werden, was nicht dazu gehört.»

Klärung ist für GREENSON der erste Schritt vor der Konfrontation.

Im Kathathymen Bilderleben steht die Klärung ebenfalls an erster Stelle. Sie stellt jedoch noch in viel höherem Maße als in der Analyse *einen fundamentalen Schritt in der Bearbeitung des Tagtraummaterials dar.* Ihre zentrale Rolle liegt nicht nur dort, wo der Therapeut eine Konfrontation in dem später dargestellten Sinne anstrebt. Vielmehr gehört es zur schon definierten Einleitung des Lernprozesses im KB überhaupt, daß der Patient zur kognitiven Klärung des aktuellen Bewußtseinsinhaltes angehalten wird.

Manche Patienten geben dem Therapeuten gute Gelegenheit, eine Szene zur ausgiebigen Klärung festzuhalten. Dann gilt es, das Bild in den verschiedenen Facetten zu betrachten. *Erstens* soll der Patient Einzelheiten des imaginierten Bildes genau beschreiben. Durch entsprechende Hinweise und offene Fragen (solche, deren Antwort sich nicht in «ja» oder «nein» erschöpfen) wird die Imagination plastischer. *An zweiter Stelle* steht die Wahrnehmung der emotionalen Qualitäten der Szene. Wie ausgeführt (S. 336), können wir dann die Frage nach den Gestaltqualitäten des imaginierten Objektes leicht stellen, beispielsweise: «Wie mutet Sie diese Gestalt (das Haus, der Baum usw.) an? – Wie wirkt die Gestalt (usw.), einmal ganz naiv betrachtet, auf Sie?» – «Welche Stimmung

Klären

strahlt diese Landschaft (ein Haus, eine Gestalt oder ein Teil von ihr usw.) aus?»
– Mit leichter Hand kann der Gefühlston auch nach dem Prinzip der VEE im
Sinne des zu beschreibenden Basisverhaltens des Therapeuten (S. 410) angespro-
chen werden.

Die *dritte Klärungsebene* ist die des Verhaltens:

a) das Verhalten des Patienten im KB
b) das Verhalten von Symbolgestalten
c) das szenische Wechselspiel der Symbol- oder Realgestalten untereinander beziehungsweise auch mit dem Patienten (z. B. in der Familienszene)

3 Ebenen

Der Klärungsprozeß ist keineswegs allein auf die Behandlung charakterneurotischer Störungen beschränkt. *Auch im Rahmen der Kurztherapie* werden
wir immer wieder Gelegenheit finden, Klarifikation bei Widerständen hilfreich
einzusetzen. Von allen Interventionsformen hat die Klärung im KB wohl die
größte Bedeutung. Sie ist ferner eine der wichtigsten, das Durcharbeiten vorbereitenden Interventionen. In dem am Ende dieses Kapitels wiedergegebenen
Protokoll des recht zähflüssigen Durcharbeitens eines stark regressiven Kon-
fliktthemas (S. 238) wird deutlich, weshalb eine sorgfältige Klärung für die weiteren Schritte des Durcharbeitens erforderlich ist.

Eine *spezielle Version der Klärung* ist noch hervorzuheben: die häufig besonders fruchtbare *Fokussierung auf ein Detail des Bildes* oder des begleitenden
Gefühles. Damit gelingt es, selbst hartnäckig fixierte Bilder zu einer Wandlung
zu führen. Ich habe diese bewährte Technik an anderer Stelle (S. 57 f.) mit Beispielen geschildert. Auch das Protokoll S. 240 macht das zu Recht deutlich. Das
folgende kurze Beispiel zeigt, wie die Klärungsebenen parallel verlaufen können
und daß klärende Interventionen besonders fruchtbar sein können.

*Fokussierung
von Details*

Beispiel (schulisch durchgeführte Technik):

Eine Patientin hat den Bachlauf verfolgt und steht an einem Absturz des Wassers in Form
eines tiefen Wasserfalles. Sie stockt, schweigt und ist sichtlich emotional bewegt. Der
Therapeut möchte die Gefühlslage klären: «Sie sind beunruhigt?» – Patientin: «Ja, es
geht plötzlich nicht weiter, ich weiß nicht, wohin es geht.» (Die Patientin atmet heftiger,
der Therapeut erinnert sich daran, daß die Patientin in ungewissen Situationen leicht mit
Angst reagiert, deshalb bietet nun die folgende Intervention): «Sie haben Angst?» – . . . Patientin:
«Ja sehr, ich zittere fast vor Angst, es ist alles so schrecklich großartig, die weite Natur, ich
sehe kein Ende nach unten, ich fühle mich dem völlig ausgesetzt.» – Therapeut: «Sie
fühlen sich einsam und verlassen?» – Patientin: «Ja, das ist wahr, ich fühle mich hier ganz
verlassen und einsam. Mir ist kalt, bin ausgesetzt wie ein kleines Kind, das nicht weiß,
wohin es gehört.» – (Der Therapeut hat den Eindruck, daß in den zum Teil vehement vorgebrachten Gefühlsäußerungen der Patientin ein Stück emotionaler Abfuhr liegt. Er
glaubt, daß damit die negative emotionale Besetzung der Szene nachgelassen haben könnte
und ein Wandlungsphänomen des Bildinhaltes in entsprechender Richtung naheliegt. Er
setzt deshalb die Klärung auf dieser Ebene fort und bietet zugleich eine solche Wandlung
in weiterer, entlastender Richtung an, wie sie einer sich wandelnden Szenerie auch entsprechen könnte). – Therapeut: «Vielleicht schauen Sie jetzt einmal nach unten und versuchen zu erkennen, wo das tiefere Niveau dieser Landschaft liegt, auf das der Wasserfall
hinunterfällt.» (Damit ist der Klärungsprozeß von der emotionalen Wahrnehmungsspur
auf die imaginative Ebene zurückverlegt.) – Patientin: «Ja, ich sehe jetzt da unten die
andere Landschaft. Sie ist eigentlich ganz schön; es ist grün, eine grüne Fläche mit Bü-
schen und Bäumen breitet sich aus. Ich erkenne auch dort unten, wie der Bach weiter-
fließt.»

Auch in weniger dramatischen Szenen ist es fruchtbar, die Klärung durch Fokussierung auf Details eines Bildes anzustreben. Nicht in jedem Falle muß die Klärung durch eine Intervention des Therapeuten erfolgen. Bei mit dem KB vertrauten, intelligenten Patienten vollziehen sich Klärungen durch deren Aufgeschlossenheit, die Prägnanz ihrer Wahrnehmung und durch die Tendenz des KB, Inhalte spontan immer klarer darzustellen.

Hinsichtlich des *technischen Vorgehens* bei der Klärung ist noch folgendes zu bemerken:

Im Falle eines flüssigen assoziativen Verlaufs des Tagtraumes können Interventionen die Fluktuation stören. Der Patient müßte dem assoziativen Strom der Bilder und Gedanken Einhalt gebieten, um die vom Therapeuten aufgegriffene Szene, ein Gefühl, einen bestehenden Konflikt oder andere Wahrnehmungsinhalte der Klärung zu unterwerfen. Da wir als Therapeuten gewohnt sind, jeweils zu reflektieren, wie der Patient wohl eine beabsichtigte Intervention erleben wird, müssen Ausmaß und Häufigkeit klärender Interventionen vom Stil des Tagträumens abhängig gemacht werden. Sie sollen natürlich auch dem Kontext des aktuellen Inhaltes und dem therapeutischen Ziel unterworfen werden. Ist eine Klärung während des Ablaufes des assoziativen Flusses schwer möglich, weil als störend oder sogar reglementierend erlebt, kann sie auf das Nachgespräch verlegt werden. Eine dauernde, allzu flüssige assoziative Entwicklung, wie sie häufig bei hysterisch Strukturierten vorkommt, und häufigster Ausdruck der neurotischen Ungeduld, allgemeiner innerer Hast und Getriebenheit sein kann, sollte man als solche ansprechen und ihre Gründe analysieren. Ergänzend möchte ich auf das wichtige *Vorfeld der kognitiven Klärung* hinweisen. Ihr geht eine Wahrnehmungsstufe voraus, die ich früher (1982b) als «Innehaben» bezeichnet habe. Gemeint ist die Fähigkeit, die genannten vielfältigen Wahrnehmungsspuren und Eindrücke im Sinne eines Konglomerates zunächst einmal «ganzheitlich», d.h. emotional-intuitiv, ungetrennt voneinander, «naiv» auf sich wirken zu lassen. Diese noch unprägnante Form ganzheitlichen Innehabens hat meines Erachtens große Bedeutung und sollte nicht sofort und auch nicht immer durch den angestrebten Klärungsprozeß in seine Teile aufgelöst werden (S. 123). *Dieses vage phänomenologische Stehenlassen des Tagtrauminhaltes (einschließlich seines Gefühlstones) (S. 127) kann die schon des öfteren angesprochene Feedback-Wirkung auf das Ich* auf vorbewußter Ebene verstärken. Sie sollte hinsichtlich der therapeutischen Wirkung und des Sich-Fortzeugens der imaginierten Szene *nicht unterschätzt* werden. Sie steht der phänomenologischen Methode von Boss nahe (S. 406 ff.).

2.6.1.3.2. Konfrontieren

Mit dem Konfrontationsbegriff verhält es sich wie mit dem Begriff der Klärung. In der klassischen tiefenpsychologischen Literatur ist er nicht zu finden. Am häufigsten tritt er in der Technik und Praxis der Psychoanalyse GREENSONS (1975) auf. Hier steht er im Mittelpunkt der Analyse des Widerstandes. Der Patient muß mit dem konfrontiert werden, wogegen er Widerstand leistet und auf welche Weise er es tut. Um das zu können, sind zwei Dinge erforderlich: Der Patient muß sich im Zustand eines «vernünftigen Ich» befinden und gleichzeitig auch des heftigen Widerstandes. *Die Beweisbarkeit eines Widerstandes hat dann größere Wahrscheinlichkeit, wenn man dem Patienten Zeit läßt, ihn zu entwickeln*[18]. Dann kann die Konfrontation für ihn als bedeutungsvoll akzeptiert werden und hat damit auch die Chance, von ihm begriffen zu werden.

Im KB verstehen wir unter *Konfrontation jedwede Gegenüberstellung* einer Imagination. Aber auch hier überwiegen die mit einem von negativem Affekt besetzten fixierten Bilder. Gegen diese besteht naturgemäß auch immer eine Abwehr. Insofern ist Konfrontation im KB mit der des Widerstandes bei GREENSON in Analogie zu setzen. Aber auch an weniger fixierten Szenen, sofern sie affektiv etwa mit Unbehagen, Unheimlichkeit, Ekel, Angst usw. besetzt sind, ist Konfrontation lohnenswert.

Konfrontation im KB

Dem obigen Zitat GREENSONS (S. 228) gemäß ist zu fordern, daß wir auch im KB sicher sein müssen, ob der Patient dabei über einen Teil seines rationalen Ich verfügt, das er gegenüber dem Erleben des Widerstandes und für die Einsicht abspalten kann. Diese *Ich-Spaltung* ist bei der psychoanalytischen Technik meines Erachtens schwieriger als im KB. Hier gelingt es leichter, den den Widerstand beherrschenden Affekt in seiner ganzen Macht zu erleben, trotzdem das Bild als einen «Gegenstand» der kognitiven Betrachtung davon zu trennen. Die Betonung des Arbeitsbündnisses hilft, den reifen, kognitiv reflektierenden Ich-Anteil vom emotional-regressiven zu trennen.

Die Konfrontation hat für das KB größere Bedeutung als für die psychoanalytische Technik. Sie steht in enger Beziehung zur Klärung, setzt sich phänomenologisch aber prägnanter von dieser und anderen Interventionsformen ab.

Im Prinzip wirkt jedweder Tagtrauminhalt, soweit er dem Patienten bewußt wird, als «Spiegel» und führt bei einigem Verharren vor diesem, so könnte man sagen, unvermittelt zur Konfrontation mit unbewußten emotionalen Konstellationen, und zwar in doppelter Hinsicht:

a) Im Hinblick auf die «Nachricht an sich selbst», in dem Sinne, daß der Patient nicht nur mit dem Phänomen «Bild», sondern auch mit dem vorbewußten Bedeutungsgehalt konfrontiert wird. Das Bild teilt ihm einmal etwas über seine eigene Struktur mit (Subjektrepräsentanz des Symbols, S. 100). Zum anderen teilt es ihm etwas über die szenischen Beziehungen zwischen den Liebesobjekten mit seinem Selbst mit, über sein «inneres Drama» unter Einschluß der Übertragung auf den Therapeuten.

b) Die Konfrontation im KB erlaubt in Verbindung mit der Klärung eine verfeinerte Beobachtung der in der Regel prägnant dargestellten Details seines Konfliktes in Wahrnehmung des szenischen Inhaltes und des Gefühlstones. Insofern kann die *Konfrontation zunächst auch als eine Verlängerung und Verdichtung des Klärungsprozesses aufgefaßt werden*. Beide, Klärung und Konfrontation, sind in der Praxis eng miteinander verwoben. Der Konfrontationscharakter ist immer dort stärker, wo der Patient das Bestreben hat, sich einem negativen Affekt durch Vermeidung zu entziehen. Deshalb ist gerade hier die

---

[18] Vom Autor hervorgehoben.

Konfrontation therapeutisch wichtig. Ein besonders markantes Beispiel von Modellcharakter ist die «Symbolkonfrontation» (S. 204). In sublimerer Form erscheint sie in dem nachfolgenden Abschnitt vom «Durcharbeiten im Zusammenhang».

Eine therapeutisch bemerkenswerte Eigenschaft der Konfrontation liegt schließlich darin, daß sich ihr nicht selten eine Altersregression anschließt. – Dabei können präödipale und narzißtische Szenen mit der Tendenz zur Bedürfnisbefriedigung einblenden, aber auch ödipale. Die Regression kann in eine psychotraumatische infantile Szene hinein erfolgen und die Möglichkeit ihrer Abreaktion geben. Die Dimension des Handelns und expansiven Entfaltens im KB kann zu einer neuen Problemlösung hinleiten. Im Umgang mit Liebesobjekten kann sich auch eine Korrektur der (negativ besetzten) Beziehungen im Sinne der Versöhnung einstellen. Auf diesen Wegen zur Endphase des Durcharbeitungsprozesses spielt die Konfrontation eine vermittelnde Rolle.

Konfrontation ist von *Meditation* zu trennen. Die letztere intendiert das Verweilen vor einem imaginierten Objekt von positiver Gefühlsvalenz über längere Zeit in der Absicht des Sich-Versenkens. Dabei wird die Subjekt-Objekt-Schranke aufgehoben. Bei der Konfrontationstechnik hingegen liegt der Schwerpunkt auf der Gegenüberstellung und der subtilen Analyse des Bildes als eines Gegenstandes (Vergegenständlichung). Sie ist ein ausgeprägt kognitiver, rational betonter Vorgang unter *Erhöhung* der Subjekt-Objekt-Distanz.

2.6.1.3.3. Assoziieren

Assoziieren

Die Technik des assoziativen Vorgehens im KB ist in aller Breite dargestellt worden. Es hat für das Durcharbeiten im KB größte Bedeutung, überwiegend konzentriert auf die Inhalte der Imaginationen. Analog der Psychoanalyse ist aber auch alles andere relevante Material Grundlage von Einfällen: Fehlleistungen, Verhaltensstörungen, aktuelle Tageskonflikte, phobische Reaktionen gewissen Personen gegenüber, besonders auch Übertragungsgefühle. Die Bedeutung ihres unbewußten dynamischen Hintergrundes erfährt eine konnotative Erweiterung.

Die Technik des Assoziierens stammt bekanntlich von FREUD, soweit sie die Psychoanalyse betrifft. Er stellte die Regel der gleichschwebenden Aufmerksamkeit beim Therapeuten in Parallele zu jenem Zustand der inneren Entspannung, Gelockertheit und des Verzichtes auf zielgerichtetes Denken des Patienten, das Voraussetzung des freien Assoziierens ist.

Nach GREENSON (1975) hat das freie Assoziieren in der analytischen Situation den Vorrang vor allen anderen Methoden, um Material zu produzieren. Voraussetzung sei jedoch, daß der Patient in seinen Ich-Funktionen elastisch genug ist, um zwischen den regressiven Funktionen, wie sie beim freien Assoziieren gebraucht werden, und den höheren Ich-Funktionen hin- und herzupendeln, wie sie zum Verständnis der analytischen Intervention usw. erforderlich sind. Der Autor weist auf die Gefahr hin, daß «ein Patient mit dem freien Assoziieren nicht mehr aufhören kann, weil seine Ich-Funktionen zusammengebrochen sind». Dann sei es die Aufgabe des Analytikers, das logische, dem Sekundärvorgang gemäße Denken des Ich wieder herzustellen. Die Patienten von GREENSON «assoziieren gewöhnlich während des größten Teils der Stunde frei».

232

Diese Gefahr sehe ich beim KB nicht, da der Patient sehr bald zu unterscheiden lernt zwischen regressivem Tagtraum und der realen Alltagswelt. Doch hat im KB der Tagtraum größere Bedeutung für die Materialsammlung, als es die freien Assoziationen haben.

Wegen der hauptsächlichen Inhalte der Assoziationen (imaginativer und gedanklicher Art) und der verschiedenen Vektoren vergleiche 2.3.3., S.143ff.

2.6.1.3.4. Verhaltensbeobachtung und expansives Handeln

Die Beobachtung des Verhaltens im katathymen Panorama sowohl des Patienten in seinen Aktionen als auch der Symbolgestalten und ihres Wechselspiels ist von hohem Erkenntniswert (S.168). Aus ihnen kann auch auf neurotische Verhaltenstendenzen in der Realität geschlossen werden. Zur weiteren Bearbeitung kann der Patient damit konfrontiert werden. Sie sind dann vielleicht Anlaß zu einer schrittweisen Charakteranalyse. Hier wird es dem Patienten möglich, «seinen unbewußten Tendenzen zuzusehen». Bislang verdrängte Verhaltensstereotypien wird er dadurch früher oder später einmal wahrnehmen können. *Beobachtung des Verhaltens*

Expansives Handeln ist die damit verbundene extreme Dimension. Es meint eine Art von Probehandeln in vielfältigen phantasierten Formen, bis hin zum phantastischen Ausufern. Wie schon beschrieben, kann sich daraus therapeutisch in gewissen Situationen und bei Patienten mit partieller Zwangsstruktur und einengenden Verhaltensstereotypien ein fruchtbarer Neubeginn einleiten (S.155f.).

2.6.1.3.5. Durchleben und Durchleiden

Die beiden Begriffe gebrauchen wir – wie in anderem Zusammenhang schon erwähnt –, um eine wichtige Funktion des Katathymen Bilderlebens zu charakterisieren. Das emotionale und affektive Engagement, das der Patient angesichts der fixierten Bilder zeigt, unterscheidet sich von der Abreaktion im klassischen Sinne (FREUD und BREUER 1895). Dort geht es um das Freisetzen starker Affekte, z.T. durch motorische Aktionen, hier überwiegend um anhaltende Stimmungen, Gefühle und gegebenenfalls auch stärkere, klar definierbare Affekte. Sie haben jedoch nur in Perioden gesteigerter Erregung – keinesfalls aber in der Regel – den Charakter des deutlichen Abreagierens starker Affekte mit motorischer Abfuhr, des Weinens, Schreiens oder verbaler Extremäußerungen. Die länger hingezogenen Stimmungen, Emotionen und bedeutungshaltigen Affekte klingen ab durch geeignete Wahrnehmungen wie Anmutung, Innehaben und durch Aktivitäten wie klärende Beschreibung, Konfrontation und Verbalisation der Gefühle. Wie immer weisen auch hier die Wandlungsphänomene auf einen therapeutischen Fortschritt mit Verschiebung der libidinösen Besetzung hin (vergleiche S.125). *Abreaktion*

Trotzdem kann gelegentlich eine gewisse Nähe zur Dynamik der Abreaktion bestehen. Deshalb scheint es zweckmäßig, die Stellung der Abreaktion als einer spezifischen therapeutischen Funktion zu kennen. Abreaktion von starken, angestauten Affekten und Gefühlen gilt in der Psychoanalyse als eine zwar intensive, aber doch nur vorübergehende Befreiung ermöglichende Technik. Sie führe nicht zu Wandlungen und sei beschränkt auf traumatische Neurosen. Das ist in mancher Hinsicht richtig. An anderer Stelle habe ich zeigen können, daß die Wirkung der Katharsis, auch in ihrer einfachsten Form, aber oft Entwicklungen ermöglicht, die ohne diese Maßnahme nicht denkbar gewesen wären (LEUNER 1955a, 1977).

GREENSON (1975, S.61f.) ordnet Abreaktion oder Katharsis unter die «nichtanalytischen Maßnahmen» ein, die am Ende selbst Gegenstand der Analyse werden müßten.

«Heute hält man die Abreaktion insofern für wertvoll, als sie den Patienten von der Realität seiner unbewußten Prozesse überzeugen kann. Die Intensität der Emotionen kann die Einzelheiten eines Erlebnisses lebendig machen, die sonst vielleicht unbestimmt und unwirklich bleiben würden. Der Ausdruck von Affekten und Impulsen kann ein vorübergehendes Gefühl der subjektiven Erleichterung mit sich bringen, aber das ist noch kein Selbstzweck und kann wiederum zur Quelle des Widerstandes werden. Es ist jedoch wichtig, einem Patienten zum Wiedererleben der Emotionen eines traumatischen Erlebnisses zu verhelfen, um wichtige Einzelheiten wieder einzufangen, die sonst vielleicht übersehen würden. Der Hauptzweck ist es, dem Patienten eine Möglichkeit zu geben, eine genügend große Spannung zu entladen, so daß er mit dem Rest besser fertig werden kann. Man sollte z. B. einem Patienten in einer chronischen Depression erlauben, so viel tiefen Kummer zu erleben, daß er wirksam analytisch arbeiten kann.»

Der Autor bringt Beispiele, wie man die Abreaktion für eine streng psychoanalytische Therapie nutzen kann:

«Im Laufe einer Analyse gibt es Gelegenheiten, bei denen es ratsam ist, den Patienten zu ermutigen, er solle versuchen, Schmerz oder Frustration *zu ertragen*. Es ist besser, wenn man den Grund für diese Einstellung erklären kann. Manchmal kann man nur etwas sagen wie: ‹Sie werden sich wahrscheinlich besser fühlen, wenn Sie es aushalten.› Gewöhnlich haben solche Suggestionen oder Beruhigungen Erfolg. Oder: ‹Die Abreaktion kann eine genügend große Abfuhr von Triebspannungen erlauben, so daß ein bedrängtes Ich sich nicht mehr unmittelbar gefährdet fühlt.› Das sich sicherer fühlende Ich – ‹in seinen reiferen Strukturen› – ist dann fähig zu beobachten, zu denken, sich zu erinnern und zu urteilen, also zu Funktionen, die es im akuten Angstzustand verloren hatte. Nun wird Einsicht möglich. Abreaktion ist oft eine unentbehrliche Voraussetzung für die Einsicht» (GREENSON S. 50).

An dieser Stelle kommt GREENSON unseren Erfahrungen von Abreagieren und Durchleiden im KB am nächsten. Die eigentliche, für uns aber ganz entscheidende Wendung liegt jedoch darin, daß der Patient auch aktiv dazu angeleitet wird, den therapeutischen Wert dieses Instrumentariums zu erleben und *im KB:* überzeugt zu begreifen.

im KB:
Durchleben,
Durchleiden

Die Phänomene des Durchlebens und Durchleidens habe ich (LEUNER 1962) phänomenologisch beschrieben. Stark regressive, affektiv besetzte Objektrepräsentanzen können durch einen regelhaften «lytischen Prozeß», aufgelöst und über Stufen immer reiferer Darstellungen emotional entleert und dann kognitiv klarer wahrgenommen und auch analysiert werden. Das wichtigste Modell dazu ist die Symbolkonfrontation (Abschnitt 2.5.5.).

Die Qualität des «Durchlebens und Durchleidens» einer Szene hat häufig ganzheitlichen Charakter. Die negativ erlebten Gefühle und Affekte sind Angst, Ohnmacht, Hilflosigkeit, Unheimlichkeit, Resignation, Verschlungenwerden usw. Je länger die Szenerie konfrontierend stehen bleibt, und je mehr der Therapeut auf das Durchleiden abzielt, um so fruchtbarer ist naturgemäß die therapeutische Wirkung. Die «Dosierung» muß der Therapeut in Anpassung an die Ich-Stärke des Patienten stets bedenken. Dabei ist folgendes zu beachten: Der Patient wird – wie in der Symbolkonfrontation – angehalten, klärend, das heißt kognitiv wahrnehmend und bis in die feinsten Details hinein beschreibend vorzugehen, solange er sich der affektiv besetzten Imagination gegenübersieht. Er wird die emotional-affektiven Anteile mehr und mehr bewußt erleben, um die klärende, analytische und kognitive «Kleinarbeit» als Ausdruck der aktiven Auseinandersetzung des reifen Ich-Anteils gemeinsam mit dem Therapeuten zu vollziehen. Dieser Anteil wächst dabei. Die libidinöse Besetzung verschiebt sich von den immaturen zu den maturen Ich-Kernen unter Wendung auf das Realitätsprinzip hin.

Die Nähe der Abreaktion zum «Durchleben und Durchleiden», zu dem es zweifellos fließende Übergänge gibt, ist deutlich. Die enge Beziehung zu einem anderen psychodynamischen, theoretisch gut untersuchten Ablauf sollte aber hervorgehoben werden, nämlich die zur *Trauerarbeit* FREUDS. Sie ist definiert als «intrapsychischer Vorgang, der auf den Verlust eines Beziehungsobjektes folgt und wodurch es dem Subjekt gelingt, sich progressiv von diesem abzulösen» (LAPLANCHE & PONTALIS 1972). Die Autoren sehen Trauerarbeit in enger Beziehung zu dem Begriff der «psychischen Verarbeitung» als eine Notwendigkeit des psychischen Apparates, die traumatisierenden Eindrücke zu binden, darunter auch Bearbeitung, Ausarbeitung, Aufarbeitung. FREUD versteht darin «die Umwandlung der Energiequantität, die diese bewältigt, indem sie sie ableitet oder bindet. Die psychische Verarbeitung betrifft die Libidostauung. Ihre Mittel sind die Abreaktion und die Bildung assoziativer Wege als Vorbedingung für die Umwandlung psychischer Quantität (Affektstauung) in psychische Qualität.»

Parallele Trauerarbeit

«Durchleben und Durchleiden» betrachten wir in Kombination mit der Konfrontationstechnik als ein *machtvolles Instrument des Durcharbeitens im KB*. «Durchleben und Durchleiden» begleitet im ersten Vektor dieses Begriffes den therapeutischen Prozeß des KB in allen Stufen. Im zweiten Vektor wird an markanten fixierten Bildern, also an Konfliktherden, der Inhalt gezielt-konfrontativ eingestellt. Das betrifft aber keineswegs nur die traumatischen oder akuten Neurosen. Im Rahmen der spontanen oder induzierten Altersregression kann diese Konfrontation auch für charaktergestörte Patienten unter Rückgriff auf frühe emotionale Szenen und unbewußte Erlebnisse erfolgen, deren Korrektur angestrebt wird (Korrektur früher Objektbeziehungen).

2.6.1.3.6. Deutende Hilfen

Eine der häufigsten Fragen ist darauf gerichtet, ob die Inhalte des KB regelmäßig gedeutet werden müssen, und wenn ja, auf welche Weise das geschieht. Ich verneine diese Frage in der Regel aus folgenden Gründen:

Was ist «Deuten?»

1. In Kreisen von psychoanalytisch nicht ausgebildeten Interessenten über-
wiegt die unzutreffende Vorstellung, daß in der Psychoanalyse die Deutearbeit
technisch ganz im Vordergrund steht und die Hauptaufgabe des Therapeuten
darin liegt, dem Patienten möglichst bald bewußt zu machen, welche Bedeutungen seine Träume, Fehlleistungen, Handlungstendenzen, Übertragungsgefühle
usw. haben.

2. Das Symboldrama kennt verschiedene technische Wege der spontanen
Entfaltung der Imaginationen. Im Prinzip haben sie das gleiche therapeutische
Ziel, zu dem die Psychoanalyse die Deutung vorrangig einsetzt: die Gewinnung
von Einsichten in unbewußte, also latente seelische Zusammenhänge. Einsichten und das Wissen um die Zusammenhänge sind therapeutisch allein noch
nicht wirksam, was von Außenstehenden oft (mißverständlich) angenommen
wird. Einer der Vorzüge des Katathymen Bilderlebens liegt in seinem breit ge-
fächerten Repertoire an Interventionen im Vorfeld kognitiver Einsichten. In
Vermittlung primären Erlebens, jener grundlegenden therapeutischen Komponente, besitzt es eine emotional dynamische Wirkung jenseits der bloßen Einsicht. Das Verhältnis der deutenden Technik zu dieser averbalen Komponente
würde ich bei Fällen, die wegen ihrer starken charakterneurotischen Anteile ein
Durcharbeiten fordern, eine Relation von 30/70 bis 50/50 schätzen. Das entspricht klinischem Urteil, ist roh und hängt von der Eigenart des einzelnen Falles ab. *Je länger* allerdings *der therapeutische Prozeß währt,* ausgedrückt in der
Anzahl der Sitzungen und der Länge des Behandlungszeitraumes, *um so größer
wird das Bedürfnis* und auch die Notwendigkeit, die Vielfalt der gewonnenen
Daten *kognitiv-deutend zu bearbeiten,* um ihre Zusammenhänge zu zeigen. Der
deutende Schritt ist im KB in der Regel der letzte in der Hierarchie der Durcharbeitung.

Auf die Frage, ob es für den Therapeuten eine Richtschnur für den Einsatz der
deutenden Technik im KB gibt, glaube ich, zwei orientierende Hinweise geben
zu können:

(1) Das deutende Vorgehen muß sich an der Fähigkeit des Patienten orientieren, emotionale, strukturelle und symbolische Beziehungen zur eigenen Konfliktproblematik erkennen zu können oder diese zumindest «ahnungsweise» zu
vollziehen.

(2) Deutendes Verstehen kann auch vom kognitiven Anteil her gelehrt werden, wenn auch von manchen Patienten (wegen ihrer alexithymen Anteile) oft
nur mangelhaft nachvollziehbar. In einer mehr als 20 – 30 Sitzungen im KB in
Anspruch nehmenden Therapie sollte ein «Angebot» von Deutungsversuchen
zunehmend einfließen, um dem Patienten wenigstens einige kognitive Orientierungspunkte zur Einsicht in die herrschende Psychodynamik zu geben.

Um Mißverständnissen zu begegnen, scheint es zunächst wichtig, den *Begriff
der Deutung* in der Psychoanalyse zu klären. LAPLANCHE und PONTALIS 1972:
Der Begriff Deutung stehe mehr den Erklärungen oder der Aufklärung nahe,
d.h.:

«Aufdeckung der latenten Bedeutung . . . , die sich in jeder Bildung des Unbewußten
ausdrückt», oder: «Die dem Subjekt gemachte Mitteilung, um ihm zu dieser latenten
Bedeutung Zugang zu verschaffen. Dies geschieht nach den Regeln, die sich aus der Leitung und Entwicklung der Behandlung ergeben.»

Gegenstand der Deutung können latente Inhalte des Traumes, aber auch von Fehlleistungen, Symptomen, Worten des Patienten oder seiner Verhaltensweisen, die alle den Abwehrkonflikt kennzeichnen, beinhalten. Dazu gehören auch Widerstandsdeutungen, Übertragungsdeutungen usf. – Von der Seite des Träumers her gesehen stellt dessen sekundäre Bearbeitung die «erste Deutung» dar. Sie ist dazu bestimmt, den aus der Traumarbeit hervorgehenden Elementen einen bestimmten Zusammenhang zu geben:
GREENSON (a.a.O. S.52f.) sieht im Deuten den «dritten Schritt» des Analysierens: «. . . das letzte und entscheidende Werkzeug (in der Psychoanalyse), den unbewußten Sinn, die unbewußte Quelle, Vorgeschichte, Art und Weise oder Ursache eines bestimmten psychischen Ereignisses bewußt (zu) machen. Sie erfordert gewöhnlich mehr als eine Intervention. Der Analytiker benutzt sein theoretisches Wissen, um zu einer Deutung zu gelangen. . . . Wir brauchen die Reaktionen des Patienten, um festzustellen, ob unsere Deutung stimmt.»

Das Deuten im KB erhält eine spezifische Stellung im Gegensatz zu allen seinen anderen Interventionsschritten. Es strebt in besonderem Maß kognitive Klarheit und rationale Einsicht, etwa in neurotische Reaktionsbildungen, Wiederholungszwänge beziehungsweise Fehlhaltungen an. Die Hilfen zur Deutung sollen Angebote sein, in geringerer Form Hinweise, Vermutungen oder versuchsweise Erklärungen von Zusammenhängen. – Wenn das Deuten das letzte Glied des Durcharbeitens im KB ist, schließt es freilich nicht aus, daß einigermaßen aufgeschlossene Patienten schon relativ früh, *auch in einer Kurztherapie,* die Fähigkeit entwickeln, Einfälle zu sammeln, und vom Therapeuten Zusammenhänge unbewußter Konstellationen kognitiv geklärt werden können. *(Deuten im KB)*

Vorzeitige Interpretationsversuche können vom Patienten aber nicht verstanden werden, stoßen deshalb leicht auf Widerstand. Er ist noch nicht «reif» für die vermittelten Einsichten, beziehungsweise seine Widerstände zur Wahrnehmung des angedeuteten unbewußten Zusammenhanges sind noch zu ausgeprägt als Teil seiner neurotischen Dynamik. Ein allzu frühes Deutungsangebot kann auch Widerstände verstärken. Der Prozeß der sich auszeugenden Selbsteinsichten und Selbstinterpretationen von KB-Symbolen bleibt besser abzuwarten. Der Therapeut ist im Erkenntnisprozeß dem Patienten naturgemäß immer um etliche Schritte voraus. Deshalb bedarf es der Kontrolle der Gegenübertragung, um nicht durch dieses Vorwissen zu voreiligen Deutungen, vielleicht um damit zu brillieren, vielleicht um einem Impuls zu dominieren, nachzugeben.

Direkte Interpretation, vor allem von Tagtrauminhalten, sollte vermieden werden. Im Rahmen des Durcharbeitens bewährt sich in der Regel, nicht diese Einsichten punktuell zu vermitteln, sondern bei der hier in Frage stehenden Charakter-, Widerstands- und Übertragungsanalyse Zusammenhänge von Strukturen aus Anamnese, Inhalten des KB und Reminiszenzen, Assoziationen, Verhaltensstereotypien, Fehlleistungen zu geben. Die Bedeutung und Dynamik eines Musters latenter Gefühlsströmungen und Affekte, Wünsche und Bedürfnisse sowie deren Abwehren sind zu erfassen. Das fordert vom Therapeuten Geduld, ein gutes Gedächtnis sowie die Fähigkeit, die im Verlaufe einer längeren therapeutischen Passage dargebotenen Steine des Mosaikes hypothetisch zu einem Gesamtbild zu integrieren. – Die Arbeit mit dem Katathymen Bilderleben erleichtert diese Materialsammlung für Deutungsangebote erheblich, da sich Konflikte anhand der fixierten Bilder anbieten. Der KB-Therapeut wartet, bis die Früchte des spontanen «Sich-Auszeugens» von Zusammenhängen reifen, *(Hilfen zur Selbstinterpretation)* damit sich die deutende Hilfe nur noch als «letzter Schritt» des Durcharbeitens erweist.

Gelingt das nicht sofort, ist es nicht gleichgültig, wie der Therapeut den Patienten auf die angebotene Hilfe vorbereitet und wie er ihm diese nahebringt.

Anregung
zu Einsichten
Eine kleine Sequenz entsprechender Formulierungen habe ich in lockerer Form zusammengestellt. Sie entsprechen meiner Eigenart, sind jedoch reflektiert und knapp gehalten, um den Patienten nicht vom Strom seiner assoziierten Bilder, Gedanken und Gefühle abzulenken.

– Zur Anregung von Assoziationen: «Fällt Ihnen dazu was ein?» – Besser: «Haben Sie vielleicht eine Idee – ob hier . . . Zusammenhänge bestehen?»
– Versuch, durch gemeinsame Einfälle Zusammenhänge zu finden: «Ich habe so den Eindruck (das Gefühl), daß . . .» – «Ich erinnere mich, daß Sie einmal . . . erwähnt haben . . . , empfanden . . . , im KB dargestellt haben, und – jetzt haben Sie die . . . Szene gesehen. Ich frage mich, ob da nicht ein Zusammenhang bestehen könnte?»
– Probeweises Deutungsangebot: «Ich könnte mir vorstellen, daß . . .» – «Was würden Sie sagen, wenn ich mal so einfach spekuliere, ob . . .» – «Wäre es vielleicht möglich, daß . . .»
– «Was meinen Sie selbst dazu, daß . . . (eine Konfliktszene des KB zu einer gefühlshaften inneren – oder zu einer bekannten – oft erlebten äußeren Situation des Alltags) passen könnte?»
– Der Therapeut bringt ein Fremdbeispiel ein (es kann auch konstruiert sein), um einen Parallelschluß auf die eigene Situation des Patienten anzuregen.

Damit schließe ich diesen Abschnitt und das Kapitel. Das Durcharbeiten im KB stellt naturgemäß den Höhepunkt der fortgeschrittenen Therapieerfahrung dar. Einzelfallanalysen mit kompetenter Darstellung von Therapieverläufen mit Erörterung der für das Durcharbeiten wichtigen Hypothesenbildungen in LEUNER & LANG (1982).

2.6.1.4.   Praxis des Durcharbeitens im Zusammenhang

beispielhafte
Sitzung
Ein Beispiel aus der Therapie soll den Prozeß des Durcharbeitens im KB veranschaulichen. In ihm verweben sich die einzelnen aufgezeichneten Komponenten miteinander. Im Kern des Beispiels stehen: Klärung und Konfrontation mit einer langen Passage des Durchlebens und Durchleidens sowie den daraus folgenden Assoziationen. – Das Original-Tonband mit der Wiedergabe des Sprachverhaltens und der emotionalen Reaktionen würde noch deutlicher machen, an welchen Stellen und in welchem Ausmaß Gefühle und Affekte freigesetzt werden, und wo sich durch befreiende Aha-Erlebnisse aufkeimende Einsichten ankündigen oder sich Abwehrmechanismen einstellen. – Der beigefügte Kommentar versucht zu erläutern, was der Therapeut mit seinen kurzen Interventionen beabsichtigt, welche der oben genannten Schritte die Patientin vollzieht und welche Reaktion damit verbunden ist.

Tonbandtranskript der Behandlungssitzung einer 36 Jahre alten Akademikerin.   *Modellfall*

Zur Persönlichkeit ist folgendes zu bemerken: Die mit einem Akademiker verheiratete Patientin ist kinderlos ihrem Beruf verschrieben. In der Schule hat sie stets «sehr gut funktioniert», zeichnete sich durch sehr gute Noten aus und konnte ihr Studium schnell und komplikationslos absolvieren. Nur hintergründig hatte sie sich in vielerlei Hinsicht «eingeengt». Diese Einengung empfand sie in letzter Zeit auch durch ihre Vorgesetzte, nachdem diese ein einziges Mal Kritik an ihr geübt hatte. Auch in der Ehe fand sie sich häufig «eingeengt». Sie rivalisierte unbewußt mit ihrem Partner, den sie als überlegen und übermäßig tüchtig erlebte. Anlaß zur Aufnahme in die Abteilung für Psychotherapie und Psychosomatik war ein fast psychotischer Zustand, der von einer auswärtigen Nervenärztin diagnostiziert worden war. Ausgelöst wurde er durch die Teilnahme an einer einmaligen Encounter-Gruppe mit regressionsfördernden Übungen. Die Patientin war im Zusammenhang damit auf ein frühkindliches Trauma gestoßen und von starken, nicht mehr steuerbaren Affekten überschwemmt worden. Folgende Szene im fünften oder sechsten Lebensjahr wurde rekapituliert: Sie hatte einen neuen weißen Mantel beim Sonntagsspaziergang schmutzig gemacht. Da die Eltern als Flüchtlinge und Untermieter in ihrer Wohnung nicht waschen durften, entwickelte sich daraus ein Familiendrama mit schwersten Vorwürfen der Mutter und Prügel des Vaters. Das wurde als erheblicher Einbruch in das Selbstwertgefühl und als erschreckende, nicht verarbeitete Ungerechtigkeit erlebt. Nachströmende, nicht zu integrierende starke Affekte versuchte die Patientin nun als willkommene selbsttherapeutische Möglichkeit zu akzeptieren, was jedoch zugleich in paranoider Form abgewehrt wurde, so daß ein psychotischer Zustand im Sinne einer Emotionspsychose bestand. (Sie war psychomotorisch unruhig, voller Rededrang und überschwemmt von wahnhaften Inhalten.) Um eine psychotherapeutische Kommunikation aufzubauen, dämpfte ich die Patientin zunächst psychopharmakologisch und leitete das Katathyme Bilderleben zur affektiven Entlastung ein. Die im folgenden dargestellte Sitzung fand in einem fortgeschrittenen Stadium der Therapie statt, in der die Patientin ihre andrängenden Affekte wieder unter Kontrolle hatte. Das Trauma blieb jedoch weiterhin Kristallisationspunkt der Kränkung und gestörten Objektbeziehungen zu den Eltern. Vater und Mutter konnten jetzt aber streckenweise schwer voneinander getrennt werden, die Unterdrückung durch verständnislose Objekte und die starke Einengung expansiver Impulse stand im Vordergrund.

Tonbandprotokoll[19]: Patientin, nachdem die Wiese eingestellt worden ist

«Da schiebt sich immer was Graues ins Bild. Es ist was Künstliches, auf jeden Fall also nichts mit Natur. Ich denke dabei, also es macht mir so den Eindruck von Chemikalien oder.» («Ja?»)
  «Und das ist so wie grauer Gummi, aber durchlässig und magnetisch auch. Ich klebe immer daran fest. Rechts habe ich die Wiese noch – – das Graue kommt von links – – das   *Wiese*
Graue ist jetzt halb im Bild – halb bin ich drin und halb bin ich draußen.»

Kommentar: Das Graue, von links kommende archaische Material kann als Widerstand, kann als eine Kraft aufgefaßt werden, die sich gegen das natürliche, mütterliche Bereiche symbolisierende Wiesenmotiv wendet. Es kann aber auch als eine Objektrepräsentanz verstanden werden.

(«Was würden Sie davon halten, links sei die Gefühlsseite?»)

---

[19] In Klammern stehen meine Interventionen; sie sind zu unterscheiden von meinen Kommentaren.

Kommentar: Das ist ein nicht sehr feinfühliges, stärker kognitiv ansprechendes Deutungsangebot. Es wird gewagt, um zu sehen, ob die Patientin schon jetzt zu einer Ich-Spaltung fähig ist, ohne ihren imaginativen und emotionalen Kontext zu verlieren. Darin läge die Möglichkeit, angesichts des stark archaisch besetzten Inhaltes im Notfall dagegen gerichtete, stabilisierende intellektuelle Ich-Abwehren zu mobilisieren.

«Ja, ich habe mir auch darüber schon Gedanken gemacht, weil auch die Wolken immer von links kommen, rechts sehe ich jetzt Margeriten und Sonne, aber links ist mir ganz kalt. Da ist alles weg – – –.» («Ja.»)

«Und ich steh so dazwischen. Ich kann mich rechts noch bewegen, aber links nicht – –.» («Hm, ja.»)

«Es wird immer kleiner, die Wiese, und jetzt seh ich nur noch ein kleines Stückchen blauen Himmel – –.» («Hm.»)

«Jetzt bin ich ziemlich drin – die Wiese ist . . . wie durchlässiger Gummi, wie Gummi, der Luft ist – –.» («Hm.»)

Kommentar: Das Deutungsangebot kommentiert die Patientin kognitiv, weiteres Material wird frei, die Szene wird prägnanter. Dann folgt eine Abwehr mit Aktivierung der «bösen» Objektrepräsentanz: Die Wiese wird kleiner, beziehungsweise der Konfliktinhalt wird stärker («Zähigkeit»).

Die Patientin konfrontiert sich nun also ohne weiteres Zutun des Therapeuten vermehrt mit der Situation und ist auch bereit, die feineren Details durch subtile Beobachtungen zu klären (Ausbreitung des gummiartigen Elementes). Die Patientin ist bei der Beschreibung emotional deutlich engagiert. Der Unterton ihrer Stimme läßt etwas Wehklagendes erkennen, nicht ohne einen Anteil von Selbstmitleid.

Objektrepräsentanz «tote Gummizelle»

«Und sonst, wenn ich immer versucht habe, rauszugehen aus dieser – das ist so'ne *Art Zelle,* die mich einschließt – und ich weiß draußen, draußen ist alles o.k. Innen drinnen ist kein Leben, ist alles tot. Und immer, wenn ich versucht habe, rauszugehen, dann kleb' ich mit dem Rücken dran fest.» («Ja.»)

«Und ich komm' immer nur so ein Stückchen raus. Ich kann jetzt zum Beispiel meinen rechten Arm ausstrecken, jetzt meinen linken, aber nur durch. – Das ist, wie wenn ich durch 'ne Wand gehen könnte. Aber ich muß sofort wieder zurück.» («Ja.»)

«Ich kann auch ganz raus. Aber jetzt, wenn ich ganz – ich kann mich durch diese Wand durchschieben.» («Was ist denn hinter der Wand?»)

«Hinter der Wand ist die Wiese wieder, da ist so ein Tal.» («Versuchen Sie doch mal, dahin zu gehen!»)

«Da geht's den Berg rum ins Tal.» («Da ist es schön, dahinten?»)

«Ja, da ist alles in Ordnung.» («Das gefällt Ihnen?»)

«Ja, ja – – dieser Zustand, in diesem grauen Ding zu sein und nicht weiterzukommen. Ich hab' auch schon gesehen, daß es immer nachgibt mit mir. Ich komme einfach nicht raus, klebe an dem fest. Es ist auch so kalt da drin und so tot, alles dunkel, alles eben grau.» («Ja.»)

klärt

«Weder dunkel noch hell.» («Hm, ist sehr unangenehm für Sie?» = Versuch einer VEE.)

«Ja – – –.»

Kommentar: Auf nicht ganz geklärte Weise hat sich die gummiartige Situation zu einer Art Zelle verdichtet. Weiter folgt eine durch spontane Konfrontation der Patientin entwickelte Klärung des Details und der emotionalen Qualitäten dieser Zelle. Die Patientin unternimmt probeweise Aktionen mit den Ar-

240

men und entdeckt dabei, daß sie zwar nicht ganz heraus kann, aber doch die Wiese außerhalb wiedererkennt und darüber hinaus einen Berg und ein Tal. Offenbar kann sie die Zelle auch kurzfristig verlassen (Beobachtung durch Probehandeln). – Was meine Intervention mit der Frage, ob ihr die Wiese gefalle, betrifft, mißversteht sie mich; ich möchte mit ihr diesen positiven Teil des Erlebens verstärken. Sie dagegen kommt auf den unangenehmen Zustand in der Zelle zurück, in der sie festklebt. Sie bejaht überraschenderweise diesen Anteil der Szene auf meine Anfrage, ob ihr das (gemeint: Berg und Tal) gefalle. Wahrscheinlich liegt hier eine Fehlleistung vor. Sie drückt aus, daß die graue Zelle für sie auch einen positiven Erlebniswert hat; mit anderen Worten, sie ist ihr gegenüber offenbar ambivalent. – Sie beschreibt die Qualitäten der Zelle fast mustergültig als «kalt, tot, dunkel» usw. Klärung und Konfrontation setzen sich damit fort, und gleichzeitig wird auch ein stark negativer, depressiver Affekt akzeptiert und spontan durchlebt und durchlitten.

(«Und jetzt stecken Sie mitten drin, oder sind Sie schon ein bißchen durch?»)

«Ja, ich stecke augenblicklich mitten drin und versuche, ob ich rauskomme.» («Lassen *klären,* Sie's vielleicht noch einen Moment und versuchen Sie, dieses Gefühl genau zu schildern, *Konfrontation* das Sie haben, wenn Sie drin stecken.»)

«Also, kalt ist es, und ich kriege Luft, also das ist es nicht; aber es ist alles so weich und nachgiebig, da ist überhaupt nichts, kein Gegenstand drin.» («Ja.»)

Kommentar: Die erste Intervention soll versuchen zu klären, ob etwa ein Entkommen aus der Zelle möglich ist, und erreichen, daß die Situation stärker vergegenwärtigt und beschrieben wird. Die zweite Intervention soll der weiteren Konfrontation und Klärung dienen, der Verstärkung des In-der-Situation-Bleibens. Dementsprechend reagiert die Patientin und setzt das Durchleben und Durchleiden der Stimmung und des Gefühlstones fort. Das Moment des Weichen und Nachgiebigen und des «Nichts» in der Zelle wird nun deutlicher.

«Auch kein Mensch, höchstens irgendwo Bedrohliches.» («Ja.»)

«Da ist nichts, überhaupt nichts, was irgendwie, höchstens Dielenbretter – aber sonst gar nichts – so ganz weit hinten seh' ich noch die Wiese, ein ganz schmaler Streifen. Aber das ist alles – alles gibt so nach – da ist überhaupt kein Halt drin. Ich könnt' schon stehen.» («Ja.»)

«Aber, aber ich weiß gar nicht – es ist so endlos, so, ebenso wie einer, der dauernd nach- *durchleidet* gibt und bei dem man zu keinem Ziel kommt.» («Ja, so zäh, daß man da nicht rauskommt, so festsitzt?»)

«Fest ist überhaupt nichts. Es ist magnetisch so.»

Kommentar: Durch die Konfrontation werden weitere, sehr subtile (Gestalt-)Qualitäten wahrgenommen und kommen zur Beschreibung, wie: «alles gibt so nach», «es gibt keinen Halt», «es ist endlos», «als ob einer dauernd nachgibt», «man nicht zum Ziel kommt», «es hält einen magnetisch fest». – Hier wird sehr deutlich, wie sublim durch Konfrontation und Klarifikation emotionale Qualitäten beschrieben und kognitive Einsichten gewonnen werden können. Die hier zweifellos signalisierten unbewußten Objektbeziehungen bleiben dabei noch offen. Arbeitshypothetisch kann der Therapeut annehmen, daß (a) die Patientin eine eigentümliche und schwer beschreibbare Objektbeziehung charakterisiert. Sie wird einerseits erlebt als Freiheit («dauernd nachgeben») und andererseits zugleich als Gefangensein in der gummiartigen Zelle; (b) im

Verlaufe des weiteren Prozesses von Konfrontation, Klärung und Aufbruch der Besetzungen infolge des Durchlebens werden die hier in Frage stehenden Objektbeziehungen früher oder später aus der archaischen Gestalt entlassen und personale Bezüge deutlicher und bewußt. – Ein Moment der imaginären Bindung, das diffus erlebt wird, scheint sich des öfteren in dem Begriff «es ist magnetisch» auszudrücken.

(«Ach ja, verstehe, an den Boden geheftet?») «Nee – an den Wänden, wo ich raus will so – – da drin kann ich mich schon bewegen – so wie, wenn man so in Gelatine geht. – Das kann ich schon.» («Haben Sie das Bild nicht schon mal gebraucht mit der Gelatine?»)

klärt

Ja, das hab' ich schon mal beim allerersten KB, als ich um den Berg rum wollte, und da war was dahinter – – ja, ja, das ist dieselbe Empfindung jetzt, wo ich da nicht weiterkomme.» («Ja.»)

«Daß ich mich nicht richtig bewegen kann.» («Ja.») «Auch nichts sehe – und auch nichts höre.»

Kommentar: Die Erlebnisqualitäten werden jetzt ergänzt dergestalt, daß wir erfahren, die Patientin kann sich auch in der Zelle nur bedingt bewegen: «wie wenn man so in Gelatine geht». – Der Therapeut erinnert eine eigentümliche, ebenfalls auf Objektbeziehungen hinweisende Szene in der ersten KB-Sitzung: Der Berg war felsig und nicht ersteigbar. Sie wurde deshalb aufgefordert, ihn zu umwandern. Jedoch war sie daran gehindert, weil sie das Gefühl hatte, «durch Gelatine» zu gehen. – Arbeitshypothetisch konnte schon damals angenommen werden, daß es sich hier um eine sehr schwere Störung der Objektbeziehungen handelt, die allerdings eher mit der väterlichen Welt in Zusammenhang gebracht wurde. Die Patientin stand bei ihren Beschreibungen damals auch unter dem Eindruck der Erinnerung an die erwähnte drastische Prügelstrafe des Vaters. Während die Situation des In-der-Zelle-Steckens am ehesten mit einer interuterinen Thematik in Verbindung zu bringen ist und in ihr narzißtische Selbstobjektbeziehungen zur mütterlichen Welt anklingen, lassen sich Querverbindungen zur väterlichen Welt des Berges vermuten. In beiden Fällen spielt das Gefühlsmoment der «Gelatine», also der Immobilität, aber auch des Schleimes usw. eine Rolle.

(«Ja – ist Ihnen ein solcher Zustand schon von irgendwo bekannt, ich sehe nichts, ich höre nichts, ich weiß nicht, es geht nicht weiter?»)

«Ja, das ist eigentlich mein Lebensgefühl.» («Lassen Sie uns mal darüber sprechen.»)

«Ja, das ist es ja, immer wo ich versuche, mein Gefängnis zu sprengen, da gibt es zwar nach, aber ich komme nicht raus.» («Ja.»)

durchleidet

«Es ist überall nachgiebig, alles was ich unternehme, kann ich unternehmen, aber mein Lebensgefühl bleibt dasselbe.» («Ja.»)

«Alles, was ich tue, um es zu ändern, das kann ich tun. Es ist mir nicht verwehrt, alles ist o. k., aber ich bleibe dabei.» – (Weint) – «Ich komme nicht raus. Ich sitze wie im Gefängnis. – Ich habe auch schon geträumt, ich bin im Gefängnis, und es ist mir nichts verwehrt, alles ist mir erlaubt, aber es ändert sich überhaupt nichts, mein ganzes Lebensgefühl bleibt dasselbe.»

Kommentar: Die Interaktion des Therapeuten gelingt. Ausgehend von einer Formulierung der emotionalen Situation (VEE, siehe S.410) bringt die Patientin Einfälle. Die angesprochene Gefühlsqualität dient als Brücke. Sie führt zu dem «Aha-Erlebnis», der für die Patientin in diesem Moment fundamentalen Erkenntnis, daß die Gefühlsqualitäten offenbar ihrem «Lebensgefühl» entsprechen. Sie erkennt dieses Gefühl in dem Versuch, ein Gefängnis zu sprengen. Es gibt nur etwas nach. Die noch pauschale Vorstellung vom Gelingen weist kaum auf einen Erfolg hin, weil zu früh und zu ungeduldig. – Es ist offenbar ein alter Stereotyptraum, der das Problem der hier angeschnittenen Objektbeziehung wiederholt. Ihre Struktur wird jetzt aber prägnanter, breiter und klarer bewußt: «Alles ist erlaubt, aber es ändert sich nichts.»

«So als ob ich da irgendwo drinsitze und nicht rauskomme und nicht über meinen Schatten springen kann oder so was ist das –.» («So eingebacken in dieses Lebensgefühl?») *assoziiert*
«Ja, das einzige, was mir hilft, ist Urlaub und Ferien, dann kann ich abschalten, dann bin ich auch räumlich weg von der gewohnten Umgebung. Dann habe ich schon gedacht, es liegt vielleicht am Streß. Aber ich muß doch als normaler Mensch mit einer beruflichen Belastung eigentlich fertig werden können, und ich hab' auch gar nicht solche Zeiten.» («Ja.») «Ich hetze trotzdem immer.» («Ja.») «Ich komm' nicht raus.» («Ja, aus diesem unangenehmen Gefühl.») «Im Urlaub, ja, da kann ich alles abschieben, da kann ich alles hinter mir lassen und kann den Augenblick genießen. Und da kann ich auch, da geht es auch mit Sex viel besser. Da kann ich mich auf meinen Mann einstellen, und da kann ich auch Städte besichtigen, ohne daß es mich anstrengt.» («Ja.»)
«Obwohl ich eigentlich auch im Urlaub nicht so sehr gerne Anstrengungen mache.» («Da können Sie sich mehr hingeben.»)
«Ja, da bin ich selber, habe ich so das Gefühl, dann bin ich eben jetzt und hier und nicht immer so in mir drin.» («Ja.»)

Kommentar: Sie assoziiert – angeregt durch die sehr kurzen Interventionen einer VEE – weiter zu dem Thema, entdeckt Möglichkeiten, diesem «Gefängnis» zu entrinnen, und welche Freiheiten sie früher bereits genießen konnte. Der Transfer von dem archaischen Tagtrauminhalt zur Realität hat sich von selbst ergeben. Die verbindende Dynamik ist die angesprochene Gefühlsqualität. – Damals war sie offenbar frei von jener einengenden Objektbeziehung, die als Introjekt des Über-Ich fungiert. Eine Verwebung von Klärung und Assoziationen mit spontanen Interpretationen und Selbsteinsichten geschieht. Die Ebene des Durchleidens ist jetzt verlassen. Die stark negative Affektbesetzung scheint neutralisiert beziehungsweise verschoben. Im Vordergrund steht eine assoziativ erkennende Arbeit mit spontanen, sich ausbreitenden Einsichten.

«Das Gefühl hatte ich schon mal über ein halbes Jahr weg oder ungefähr Dreivierteljahr, als ich aus dem Elternhaus ging und in Berlin studierte. Das habe ich Ihnen ja auch aufgeschrieben. Da hatte ich gedacht, ich hätte es eigentlich ganz für immer erworben, da habe ich einfach meine Sorgen beiseite geschoben, weil ich eingesehen hab', daß es Hirngespinste sind.» («Ja.») *sieht ein*
«Und weil vor allem, weil sich keiner drum kümmerte. Da konnte ich niemandem imponieren und niemandem Sorgen machen. Ich hatte nach dem Encounter inzwischen schon rausgekriegt, meine Mutter mochte mich nur, wenn ich mit Sorgen zu ihr kam und sie konnte mich trösten.» («Ja.») «Und dann in Berlin war es ihr ganz egal, da wußte sie (gemeint die Mutter) gar nicht, wie ich geschlafen hab. Also konnte ich es mir leisten, gut zu schlafen.» («Ja.»)
«Da hab' ich gelernt, morgens lange zu schlafen und dem Augenblick zu leben, und da habe ich ganz anders gearbeitet. Auch da habe ich nicht mehr mit dem Ehrgeiz gearbeitet. Da genügten mir auch Zweien und Dreien (als Noten), und früher hatten mir immer nur Einsen und Zweien genügt, und mir war das jetzt ganz egal, Hauptsache, ich schaffte das überhaupt.» («Ja.»)

Kommentar: Die Einsichten zur Befreiung aus dem «Über-Ich-Gefängnis» werden ausgeweitet. Auch die Interaktionen mit dem Liebesobjekt, imponieren und jemandem Sorgen machen zu müssen, werden erkannt. Die Mutter hat offenbar die neurotischen Verhaltensweisen der Patientin vorrangig bestimmt und die Art von Interaktionen herausgefordert, sich um ihr Kind zu sorgen und es trösten zu können. – Damit wird schlagartig der Patientin und natürlich auch dem Therapeuten klar, daß die Zelle und das Gefühl, in der Zelle magnetisch festgehalten zu werden, die jetzt charakterisierte Beziehung zur Mutter betrifft.

Der Verlauf spiegelt bis jetzt eine geradezu klassische Entwicklung des Durcharbeitens im KB: Konfrontation, Klärung, Durchleben und Durchleiden, erneute Klärung, verwoben mit Konfrontation bis hin zur Selbstinterpretation des gesamten Komplexes. Es kam zuvor symbolisch in den verschiedensten Versionen zur Darstellung, graues Medium, Chemikalien, die Mütterlichkeit der Wiese verdeckend, Gelatine, Gummiwände, Magnetisch-festgehalten-Werden, Sich-bewegen-Dürfen, aber trotzdem Nicht-herauskommen-Können; der Zustand ist über das ganze Lebensgefühl hin ausgedehnt, wird schließlich präziser, aber einliniger definiert als «das Gefängnis». Die enthaltene Bindung an die Mutter, einerseits infolge überprotektiver Verwöhnung, andererseits latenter homoerotischer Libido, ist evident (Qualitäten des «Klebens» und der «Gelatine»). – Die Abgrenzung gelang vorübergehend durch räumliche Trennung. Der Klang der Stimme der Patientin und die Art ihres Sprachflusses ist jetzt flotter, lockerer, ein wenig erregt, die Stimmung erscheint eher gehoben. Alles scheint das Gefühl einer Befreiung auszudrücken.

«Und da habe ich auch richtig gelernt; und was ich in Berlin gelernt hab', das ist jetzt 16 Jahre her, kann ich jetzt noch.» («Ja.»)

«Da habe ich ganz intensiv gelernt.» («Das kennen Sie also schon.»)

sieht ein   «Ja, das ist auch jetzt noch, was mich in der Hoffnung erhält.» («Und wann ist dann das innere Muß wieder so stark geworden?»)

«Genau seit Anfang des Berufes . . .» («Als die Schule kam?»)

«Ja, als ich aufhörte zu studieren und der äußere Zwang wieder anfing, da fing ich auch an, vom Gefängnis zu träumen.» («Ja.»)

Kommentar: Weiterer Fluß der Assoziationen. Sie erinnert sich jetzt an die positiven Passagen ihres Lebens: «außerhalb des Gefängnisses». Das wird in den therapeutischen Interventionen verstärkt und zur Klärung der Frage, wodurch diese Periode unterbrochen wurde, angeregt.

«Ich hatte auch immer gehofft, daß bald ein Kind käme, damit ich aufhören könnte im Beruf.» («Ja.»)

«Also, er ist schon sehr stark, der äußere Streß.» (Ja, ja.»)

assoziiert   «Vielleicht ist es auch Voreingenommenheit, weil ich mich in den Ferien immer so wohl fühlte. Vielleicht ist das so, daß ich dann schon erwarte, ich fühle mich wohl. Darum fühle ich mich auch wohl. Aber das ist eigentlich nur der Fall, wenn ich von Hannover weg bin. Hier in Göttingen fühle ich mich zum Beispiel viel wohler als in Hannover. Es liegt auch an Hannover.» («Was bedeutet Ihnen Hannover?»)

sieht ein   «Hannover ist für mich meine Eltern und meine Schulzeit.» («Die Kinderzeit?»)

«Ja, wir sind ja extra deswegen zurückgezogen.» («Warum eigentlich?») «Weil sie (die Eltern) gehofft haben auf das Kind. Meine Mutter hat immer gesagt, komm nach Hannover.» («Ach so.»)

244

«Mein Mann hat in Bayern auch keine Stellung als . . . bekommen. Darum mußten wir sowieso umziehen. Da haben wir gesagt, warum sollen wir es nicht in Hannover versuchen, da kriegt er ja auch eine aussichtsreiche Stellung, und da sind wir dann nach Hannover gezogen.»

Kommentar: Die «Befreiung aus dem Gefängnis Schule» durch eine Schwangerschaft (Vermeidehaltung) wurde auch von der Mutter erwartet.

Die Nähe der Eltern, wiederum als Gefängnis erlebt, bestätigt die hypothetisch angenommene Objektbeziehung. Die regressive Tendenz zurück in die Stadt der Kindheit zur Vermeidung des Gefängnisses wird deutlich, das heißt als Rückkehr in die offenbar auch als bergend erlebte elterliche Sphäre. Wenn man dazu die «Zelle» reflektiert und die oben beschriebenen Qualitäten, wird aus Enttäuschung und zur Existenzunsicherheit der einengende Rückzug in die elterliche Sphäre in Kauf genommen. Der doppelte Wiederholungszwang wird evident: Gefängnis – Beruf – Regression zur Mutter – das alte Gefängnis; ein Kind wünschen heißt, den alten Auftrag der Mutter, ihr ein Objekt der Fürsorge zu liefern, erfüllen.

(«Ja, gut, können wir nochmal jetzt versuchen, auf diese Wiese zu kommen? Oder gucken, was dieses graue Etwas da macht?»)

Konfrontation

«Das ist auch viereckig, fällt mir grad ein, ist immer viereckig, auch wenn ich es ausbuchte, geht die Ausbuchtung wieder zurück, und es bleibt viereckig. Ja ich bin eigentlich – ich weiß nicht, wo ich jetzt bin, ich glaube noch in dem Grauen drin.» («Hm.»)

«Ja, ich sehe die Wiese hinten, das ist so wie eine geöffnete Muschel, da sehe ich das durch. Aber ich bin immer noch in dem Grauen drin.» («Ja.»)

«Wenn ich auf diese Wiese zugehe, dann ist das, als ob ich im flüssigen Gummi wate oder so.» («Ja.»)

«Ich komm' kaum vorwärts, aber sie rückt mir näher, aber ich kann mich nicht darauf verlassen, daß sie wirklich näherkommt.»

Kommentar: Rückführung zum Ausgangsmotiv der Sitzung. Die Patientin hatte das Motiv assoziativ verlassen, zugunsten der «Zelle». Der Therapeut hoffte, daß sich dieses Motiv nach der kurzen Strecke des Durcharbeitens wandeln würde. Sie ist jedoch wiederum bei der, jetzt aber viereckigen, «Zelle». Noch immer fühlt sie sich «im Grauen». Neben der Wiese erscheint die «Zelle» jetzt als Muschel, ein weiteres archaisches Bild der mütterlich-weiblichen Repräsentanz. Sie kann diese jetzt jedoch durch die Öffnung verlassen. Darin scheint ein Wandlungsphänomen zu liegen. Die Wiese rückt ihr aber jetzt näher. Draußen jedoch ist sie ihres Lebens auch nicht allzu froh; denn sie muß durch flüssigen Gummi waten.

Der Therapeut will daraufhin in der nächsten Intervention statt den Impuls zu fördern, die Strukturen des Widerstandes durch nochmalige Konfrontation und durch das Durchleben und Durchleiden zu bearbeiten suchen.

(«Ja, warten Sie ein Momentchen noch, versuchen Sie, sich nicht mit Macht der unangenehmen Situation zu entziehen. Versuchen Sie, es noch ein bißchen durchzustehen.»)

«Ja, ich steh' jetzt am Rand, ich steh' jetzt in der Öffnung der Muschel drin, und die Muschel erinnert mich an Berlin, an die Kongresse (weint). – – In Berlin, und da ging's mir eben gut –.» («Ja.»)

Kommentar: Folge der Intervention: die Erinnerung an Berlin scheint deutlicher als Befreiung aus dem «Gefängnis».

«– – das ist schon lange her, da war ich 20 oder 19, und seither ging's mir so schlecht – –.»

«Und ich wußte gar nicht, daß es daran lag (schluchzt), am Lebensgefühl, die äußeren Bedingungen sind alle gut.» («Ja.»)

«In Wirklichkeit ist alles Humbug –.» («Hm, hm.»)

«Ja, ich gucke jetzt da raus auf die Wiese, das ist aber mehr so ein gepflegter Park, so mit Tulpen und Sträuchern, auch so Forsythiensträucher und – –.» («Ja, schöner als die Wiese vorhin?»)

«Nee, vorher die Wiese war auch schön, ja das ist keine Wiese mehr, das ist mehr so eine Parkanlage.» («Ja.»)

Kommentar: Das Pendel der Resignation schwingt schnell zurück (Vermeidung als Abwehr). Sie macht sich klar, wie lange es ihr schlecht geht. Abreagierend weint und schluchzt sie und bringt eine pauschale Erklärung über das Lebensgefühl. Im Tonband wird eine regressive, mitleidheischende Attitüde deutlich, offensichtlich an den Therapeuten gerichtet. Dieser quittiert sie lakonisch und läßt sich nicht verleiten, die ihm zugedachte Rolle, durch vermehrtes Mitleid protektiv einzugreifen, zu übernehmen. Darin läge die Übertragung der frühkindlichen Beziehung zur Mutter. – Sie quittiert prompt: «in Wirklichkeit – – – –». Offenbar meint sie, ihr Statement sei «Humbug». – Der Fluß der Assoziationen geht ohne die hier wünschenswerte, technisch aber nicht zu empfehlende punktuelle Klärung weiter. Das Bild hat sich nun total gewandelt. Im Gegensatz zu vorher ist die Wiese bald ein gepflegter Park um die Konzerthalle in Berlin. Die Szene verdichtet sich in «Beet mit roten Tulpen». Vogelpaare springen und spielen miteinander. Sie signalisieren offensichtlich jenen Freiheitsgrad, den sich die Patientin in dem «Gefängnis» (mütterliche Objektbeziehung) keineswegs zutrauen konnte, intime Partnerschaftsbeziehungen.

Damit endet die Sitzung. Die Patientin fühlt sich durch die Tulpenpracht sehr angesprochen, durch das lustige Spiel der Vögel erleichtert, und gehobener Stimmung beendet sie die Sitzung. Gelöst äußert sie spontan das Gefühl ihrer Befreiung, verglichen mit dem Beginn der Sitzung.

Abschließender Kommentar

Diese letzte Wendung kann man in zweifacher Hinsicht interpretieren:

a) Der hier dargestellten, langsam durchgearbeiteten narzißtischen Objektbeziehung zur Mutter folgt eine libidinöse Entlastung der Besetzung des Gefängnismotives, also eine Befreiung in Anlehnung an die frühere Berliner Periode. Das ist ein lytischer Prozeß der Entwicklung mit prospektiven Aspekten (LEUNER 1962). Das Problem der Gefängniswelt ihres Über-Ich beziehungsweise der introjizierten Mutter- (auch Vater-)Imago muß damit noch nicht gelöst sein. Es bieten sich aber Ansatzpunkte dafür. Erhebliche in Abwehr- und Verbotsinstanzen investierte libidinöse Besetzungen scheinen verschoben worden zu sein.

b) Die andere Interpretationslinie könnte zu dem Schluß führen, das alles sei lediglich eine Abwehr der perpetuierten Gefangenschaft («Zelle») als gestörte narzißtische Beziehung zur Mutter. Aber auch unter diesem Aspekt würde man einen Fortschritt sehen, nämlich, daß das Ich der Patientin jetzt in der Lage ist, ausreichende Abwehrmechanismen gegen diese Welt der Gefangenschaft aufzubauen. Das war zu Beginn der Sitzung weder zu erwarten noch wäre es möglich gewesen. Eine überraschende Abwehr scheint mir das plötzliche Ende mit Schwenkung auf die Vögel («vögeln») zu sein. Dieses Vermeiden der ursprünglichen Verlaufslinie vom Thema «Zelle» usw. beginnt schon früher. Die Muschel ist bereits eine Wandlung des negativ besetzten weiblichen Symbols (Zelle) zur akzeptablen Seite des Gefängnisthemas hin. Noch positiver ist die Verschiebung auf die Konzerthalle zu sehen (Berliner Spitzname: «Die Muschel»), von dort auf die roten Tulpen als weiblicher Selbstrepräsentanz und schließlich auf das sexuelle Vogelmotiv. Die Linie der «mütterlich-weiblichen Welt» wird trotz allem inhaltlich konstant eingehalten. Die Entwicklung vom Gefängnis (eigenes Lebensgefühl) bis hin zu den roten Tulpen zeigt eine Verschiebung der Besetzung von der bösen zur guten Mutterimago, vom bösen zum guten Selbst, einmal auf der Objekt-, das andere Mal auf der Subjektebene gelesen. Die Hinwendung zum Bild der roten Tulpen und den Vögeln erscheint als eine kreative Problemlösung. Der Park, die Konzerthalle, die Blumenbeete usw. symbolisieren die freiheitliche Berliner Welt mit «neuem Lebensgefühl» (z.B. Lernfähigkeit). Einzelheiten libidinöser Beziehungen sind unbekannt, können jedoch vermutet werden. Die nun einsetzende Befreiung aus dem Gefängnis wird durch die libidinöse Besetzung der Berliner Erinnerungskerne erreicht. Der kreative Ansatz ist also fundiert durch später introjizierte Objektbeziehungen, die wir hier vermuten müssen. Von daher gesehen, kann diese Problemlösung auch als eine Korrektur früherer Objektbeziehungen aufgefaßt werden.

Zusammenfassung: Die Sitzung zeigt eine große Prägnanz der szenisch-symbolischen Inhalte, der begleitenden verbalisierten Gefühle und der Sequenz der Durcharbeitungsschritte. Durch Klärung und Konfrontation konnte das maternelle archaische Symbol «graue Zelle» mit spezifischen Qualitäten wahrgenommen werden. Durchleben und Durchleiden des magnetisch Gefesseltseins sind im Originaltonband deutlicher als im Protokoll, ebenso kurzes Abreagieren durch Weinen und Schluchzen. Die verbalen Assoziationen setzen allmählich ein, unterstützt durch die VEE. Sie führt zur Vergegenwärtigung der befreienden frühen Abschnitte. Die Interventionen des Therapeuten sind selten und knapp formuliert. Sie dienen der Klarifikation des Erlebens auf der sinnlichen, visuellen, sensorisch-haptischen und emotionalen Wahrnehmungsspur der symbolischen Szene. Im Verlauf der Neutralisierung der affektiven Besetzungen gewinnt die Patientin Einsicht, daß Thema der Sitzung die gestörte Objektbeziehung zur Mutter ist.

Das Besondere der Auseinandersetzung beruht auf dem dauernden Objektcharakter (Objekt im Sinne eines Gegenstandes) der imaginierten Konfliktwelt. Der Konflikt, prägnant wahrgenommen, erlaubt fortlaufende Klärungen, Konfrontationen und Assoziationen und Wahrnehmung der jeweils herrschenden Gefühlsqualitäten. Die so *zum System erhobene Innenschau* bietet ganz andere Möglichkeiten des Durcharbeitens als eine rein verbale, auf blassen Traumerinnerungen und assoziierten Einfällen beruhende Methode.

Anschaulich wurde das emotional-affektive Engagement (unterschiedlichen Grades) in der imaginativen Präsenz des Konfliktes, in leichte Abreaktion gipfelnd. Im Anschluß daran wurde der Fluß der Assoziationen breiter, und ging schließlich das Gefühl des Gefangenseins in das einer Befreiung mit positiven

Handlungsansätzen über. Dazu gehört auch, daß mit einem narzißtisch-archaischen Inhalt begonnen wurde und dessen Auflösung unter personaler Repräsentanz des Objektes (die Mutter) endete.

2.6.2. Korrektur infantiler Objektbeziehungen

Im Zusammenhang mit der Altersregression hat sich die Möglichkeit einer neuen, relativ klar definierten Technik ergeben, die als Korrektur infantiler Objektbeziehungen gelten kann. Diese Technik gehört den Methoden des Durcharbeitens im KB (fortgeschrittene Mittelstufentechnik) an.

Einer der wichtigen Unterschiede zwischen der psychoanalytischen Therapie und dem Katathymen Bilderleben betrifft die Übertragungsposition (vergleiche S. 414). Nach den analytischen «Flitterwochen» der Übertragung stellt

Einfluß auf Objektbeziehungen sich die Übertragungsneurose gemeinhin ein. Die frühkindlichen Objektbeziehungen, d. h. die infantile Neurose, lebt in der Übertragung auf den Therapeuten auf. Anlaß sind die regressiven Positionen, die der Patient auf der Couch einnimmt. Überwiegend sind es dabei negative frühkindliche Erfahrungen mit Liebesobjekten. FERENZCI & RANK (1925) hatten in genialer Weise erkannt, daß die Übertragungsneurose, also auch eine negative emotionale Beziehung des Patienten zum Therapeuten, aus dem lebendigen Erleben des Hier und Jetzt in den Dienst der Analyse gestellt werden kann. Die «negative Übertragungsneurose» birgt in der praktischen Therapie mancherlei Gefahren. Sie kann z. B. derart heftig und affektiv besetzt sein, daß der Patient dazu neigt, zu agieren, auch die Therapie in Frage zu stellen und sie abzubrechen. Nur wenn es gelingt, diese unbewußte Psychodynamik analytisch sorgfältig zu bearbeiten (was aufgrund der Widerstände des Patienten nicht immer leicht ist), kann er zur geordneten therapeutischen Arbeit zurückkehren. Die Übertragungsneurose bedeutet auch für den Therapeuten nicht selten eine harte Belastungsprobe. Der Patient kann ihn zum Gegenstand von Kritik, Vorwürfen und aggressiven Äußerungen und Handlungen machen. Es bedarf eines hohen Maßes an Einsicht, psychoanalytischer Schulung und Rückstellung der eigenen Person, um die Übertragungsneurose zu erkennen und zu bearbeiten.

Im Katathymen Bilderleben sehen wir eine analoge, unter Umständen sogar noch viel ausgeprägtere Regression auf die Kinderneurose als in der Psychoanalyse (vergleiche Abschnitt 2.3.4.). Der Vorzug des KB liegt praktisch jedoch darin, daß die negativen Projektionen der Übertragungsneurose in ihrer ganzen Macht nicht auf den Therapeuten gerichtet sind. Die zwischen ihn und den Patienten geschobene *Ebene der Imaginationen* ermöglicht, daß ein großer Teil der wieder aufgelebten frühkindlichen Objektbeziehungen auf dem dauernd gegenwärtigen Projektionsschirm des Tagtraumes erscheint und dort unmittelbar wahrgenommen wird. Die dabei wachgerufenen Gefühle und Affekte gelten den Szenen und Gestalten der Imagination, nicht primär dem Therapeuten. – Unter bestimmten Umständen allerdings können auch einmal zu Beginn der KB-Therapie negative Übertragungsgefühle den Therapeuten treffen. Ihrer Dynamik sind jedoch deutliche Grenzen gesetzt (vergleiche Abschnitt 4.4.2.3.).

Ich habe deshalb dem Begriff Übertragungsneurose der Psychoanalyse den der *«Projektionsneurose» im KB* gegenübergestellt. Der «Bildschirm» des Tagtraumes ist im Vergleich zum psychoanalytischen Setting ein zwischen die Dualbeziehung Patient/Therapeut eingeführter Parameter, um die projektiven Vorgänge «aufzufangen». Auf ihm können sie in ihrer ganzen frustrierenden Breite erscheinen. Sie müssen durchlebt, durchlitten und mit dem Therapeuten kommuniziert werden. Daraus ergibt sich zweierlei: Auf der *einen Seite* eine sehr unmittelbare, vor allem auch präzis wahrnehmbare Auseinandersetzung des Patienten mit dem Liebesobjekt in der wiedererlebten frühkindlichen Szene; *zum andern* wird ein Grad der Distanzierung dazu erreicht, denn der emotional beunruhigte Tagträumer steht unter dem Schutz des begleitenden Therapeuten. Darin liegt auch die Möglichkeit der Korrektur. Die dialogische Verbalisierung der Szene und der freigesetzten Affekte erweitert die distanzierende Dimension gegenüber dem vertrauten Therapeuten. Der Patient ist nicht mehr allein und beistandslos dieser Szene – wie in der Kindheit – ausgesetzt. Schließlich kann er mit dem Beistand des Therapeuten auch insofern rechnen, daß dieser ihn, im Gegensatz etwa zur «bösen» Mutter, in seiner Not versteht. Dem kann ein wichtiger Schritt der Bearbeitung folgen. Realitätsgerechte Erwägungen über eine bessere Lösung, als sie dem Kinde möglich war, werden mit ihm diskutiert. Sie erfolgen nun mit Hilfe eines durch reale Lebenserfahrung geschulten, reifen Ich. Darin liegt die große Chance der korrigierenden Bearbeitung infantiler Objektbeziehungen im KB.

Projektionsneurose

Während früher die Altersregression nur in ihrer spontanen Manifestation bekannt war, kann sie heute:

a) gezielt eingesetzt werden, um ein aktuelles Problem zu bearbeiten,
b) zur therapeutischen Korrektur der frühen Beziehungsstörung vorsichtig, aber mit Erfolg benutzt werden.

Bei der Korrektur infantiler Objektbeziehungen ist natürlich nur an die *Regression in den Konflikt,* in die traumatische Szene gedacht, z.B. bei Induktion einer Altersregression durch die Augenprobe (vergleiche S. 160).

2.6.2.1. Technik

Zwei Schritte sind zu vollziehen:

(A) Eine Altersregression muß vorliegen oder eingestellt werden. Wenn sie nicht beim assoziativen Vorgehen entstanden ist, wird sie z.B. mit der oben erwähnten Augenprobe induziert. Sie kann auch in lockerer Form angeregt werden.

Vorgehen

An einem fixierten Bildinhalt wird die Frage gestellt, ob er früher einmal einer ähnlichen Situation begegnet sei. Mehr direktiv kann im KB, aber doch locker, etwa mit der Formulierung vorgegangen werden: «Und nun gehen Sie doch bitte einmal zurück in eine Szene der frühen Kindheit, in der Sie sich einem ähnlichen Konflikt (einer ähnlichen schwierigen Lage, einem ähnlichen Problem, einer ähnlichen Gefühlssituation) gegenüber gesehen haben. Sie werden keine

Schwierigkeiten haben, zurückzugreifen. Es wird sich bald eine Szene einstellen, in der eine ähnliche (gefühlsmäßige) Situation zu diesem Thema bestand.»

Mit dieser Technik bereitet es kaum Probleme, den Patienten von einer aktuellen, emotional involvierenden Konfliktlage in eine ähnliche frühe KB-Szene regredieren zu lassen. Begegnungen mit Liebesobjekten, die von einer analogen Gefühlssituation bestimmt sind, blenden sich ein: von innerer Ohnmacht, vom Zusammenleben mit einem dominierenden Erwachsenen, Szenen mit Verboten, Unterdrückungen, mit Konkurrenz usw.

Im zweiten Schritt (B) wird *die Korrektur durchgeführt.* Sie setzt eine traumatische Szene voraus, die zum emotionalen Durchleben und Durchleiden führt. Dabei kann es unter dem Schutz des Therapeuten auch zur Abreaktion kommen. Die affektive Neutralisierung ist Voraussetzung für ihre nachfolgende Korrektur. Entsprechendes sahen wir z.B. bei der Symbolkonfrontation (vergleiche S. 204).

Die angestrebte Korrektur kann auf zwei Wegen erfolgen:

1. Die einfachere und für den noch wenig erfahrenen Therapeuten sicherere Technik schließt nach der emotionalen Neutralisierung die Sitzung zunächst ab. Jetzt oder in der darauffolgenden Sitzung folgt eine Diskussion des Themas, in der der Patient angeregt wird, sich mit seinen Erfahrungen als Erwachsener realitätsnahe Problemlösungen einfallen zu lassen, einen «neuen Weg» aus der traumatisierenden Situation. Dieser Versuch sollte in Ruhe erfolgen. In der darauffolgenden Sitzung wird die traumatische Szene erneut eingestellt. Die gemeinsam erarbeitete Problemlösung, dieser «neue Weg», wird nun in der Szene vollzogen (vergleiche Beispiel 1).

2. Der andere Weg für den erfahrenen und sensiblen Therapeuten erlaubt bereits angesichts der imaginierten traumatischen Szene, dem Patienten vorsichtige Anleitung und verbalen Zuspruch zu geben, damit er von sich aus (mit der Unterstützung seines reifen Ich und durch die Intervention des Therapeuten) eine Problemlösung findet. Diese ad-hoc-Intervention setzt allerdings auch voraus, daß die ursprüngliche Szene nicht allzu stark affektbesetzt ist, d.h. eine nicht allzu belastende Abreaktion vorausgeht. Sie erfordert zudem taktisches Geschick des Therapeuten.

Für den Erfolg ist es letztlich gleichgültig, ob die technische Lösung nach (1) oder (2) gewählt wird. Die sicherere und verläßlichere Lösung sollte Vorrang haben.

2.6.2.2. Beispiele

Beispiel 1[20]

Ein depressiv verstimmter, 36 Jahre alter Patient, der sich in einer Kurztherapie von 20 Sitzungen mit dem KB befindet, erlebt in einer Altersregression die Szene der Weihnachtsfeier in seinem elften Lebensjahr. Er wird von seinem Vater in das Weihnachtszimmer

---

[20] Ich verdanke das Beispiel meinem ehemaligen Mitarbeiter Herrn KULESSA (1976).

geführt und will – voller Glück, daß sein sehnlichster Wunsch in Erfüllung gegangen ist –, auf das unter dem Weihnachtsbaum stehende Kasperletheater zugehen. Da schreitet der Vater ein, hält ihn schroff zurück und bedeutet ihm, daß dieses Geschenk nicht für ihn, sondern für den Bruder vorgesehen sei. Er müsse leer ausgehen, weil er Verbote des Vaters übertreten habe. Erschrocken und ohnmächtig verkriecht sich der Junge unter den Tisch. Als 36jähriger erlebt er also das ganze Elend der damaligen Situation noch einmal: seine Scham und Resignation. Er durchleidet die freigesetzten starken Affekte, die zum Teil auch abreagiert werden. Die Stimmung des Entsetzens und der Ohnmacht überdauern die Sitzung.

10jährig mit strafendem Vater

In der darauf folgenden Stunde diskutiert der Therapeut diese Szene mit seinem Patienten und regt ihn zu Einfällen an, wie er sie unter den Aspekten seiner Lebenserfahrung als 36jähriger zu einem besseren Ende konstruktiv gestalten könnte. Ziel wäre, das verweigerte Kasperletheater doch noch zu erhalten. Nun wird die Weihnachtsszene (gleiche Sitzung) erneut eingestellt. Statt wie in der Ausgangssituation verängstigt unter den Tisch zu kriechen, hat der Patient den Mut, mit dem Vater ein Gespräch anzuknüpfen. Er klärt die vom Vater mißverständlich angenommene Verfehlung auf und bittet ihn, ihm das Kasperletheater doch noch zu schenken. Das gelingt in dem erneut eingestellten Szenarium.

Kommentar: Die korrigierende Technik ist bei diesen Ansätzen im wesentlichen davon getragen, daß der Patient in der rekapitulierten kindlichen Rolle versucht, ein Gespräch mit dem Erwachsenen anzuknüpfen, und ihm seine Lage, seine Gefühlssituation, seine Nöte, Schwierigkeiten oder Ängste zu erklären.

Beispiel 2[21]

Eine Seminarteilnehmerin reagiert auf ein starkes emotionales Engagement eines anderen Teilnehmers, der etwas autoritär und massiv auftritt, ihrerseits stark emotional. Sie ist erschüttert und weint. Das Verhalten des männlichen Teilnehmers wirkt auf sie offensichtlich wie eine Schlüsselsituation zu einer frühkindlichen Erfahrung. Der Zusammenhang läßt sich klären, nachdem der Seminarleiter (KRAPF), der diese Beziehung vermutet, nach dem Seminar mit der Teilnehmerin eine Einzelsitzung im KB abhält. Die Kollegin setzt das Erlebnis im Seminar mit der gespannten Atmosphäre in ihrem Elternhaus in Beziehung. Sie imaginiert die Szene der sonntäglichen Kaffeetafel ihrer Herkunftsfamilie. Recht realistisch erlebt sie einen aggressiven Ausbruch ihres Vaters, der das anscheinend so harmonische Familienglück zerstört. Diese Szene wird von ihr als eine herbe Konfrontation erlebt und durchlitten. Affekte von Angst, Verzweiflung und Traurigkeit werden freigesetzt, sie weint. Anschließend entwickelt sich eine Diskussion über die Frage, wie sie die Angstsituation wohl hätte besser bewältigen können. Das erfolgt also noch angesichts der Tischszene in der Versenkung des KB. Sie gesteht, daß sie ihren Vater eigentlich sehr geliebt habe. Gleichzeitig hätte sie aber auch Angst vor ihm gehabt, weil er sich so leicht aufregte.

8jährige mit zornigem Vater

Es kann als Regel gelten, daß bei gestörten, stark ambivalenten frühkindlichen Objektbeziehungen der Versöhnungsaspekt früher oder später angeregt oder auch spontan deutlich werden kann.

Dr. KRAPF fragt sie demgemäß, immer noch in der Versenkung des KB, was wohl geschehen müsse, damit sie die Szene und damit die Beziehung zu ihrem Vater verbessern könne. Sie meint, daß sie entweder kleiner, größer oder ein Mann werden müsse, um das Problem zu lösen. Er fragt weiter, was sie wohl am besten dazu beitragen könne. Sie entscheidet sich für das Kleinerwerden, also für eine weitere Regression, was ihr gewährt wird. Sie ist dann im KB wirklich noch kleiner und erlebt sich drei bis vier Jahre alt.

---

[21] Ich verdanke das Beispiel Herrn Dr. med. KRAPF (1980).

Eine Szene mit dem Vater voller Harmonie entsteht. Er spielt mit ihr. Sie drehen sich tanzartig im Kreis herum. Hinterher kauft der Vater ihr ein Eis und Bonbons. Diese Szene erlebt sie als sehr beglückend, denn der Vater stellt sich mit ihr auf eine Stufe und nimmt eine heitere, spendende Haltung ein. Dabei verliert die Patientin ihre vorherige Angst. Bemerkenswert ist zudem, daß die in der anfänglichen Szene bestehenden Leibschmerzen (psychosomatische Abwehr) jetzt ebenfalls verschwinden und sie sich physisch wohl fühlt.

Kommentar: Das Beispiel ist instruktiv, da hier die Lösung darin besteht, statt eines Gespräches mit dem Vater auf einer reiferen Ebene eine noch tiefergehende Regression einzuschlagen. Sie konfrontiert nicht mit der Konfliktszene, sondern greift auf eine kleinkindliche harmonische Szene *vor dem Konflikt* (ALEXANDER 1956) zurück. Das Ergebnis ist eine sofortige Entlastung in Form des frühen (oralen) Kinderglückes in enger Verbindung mit dem Vater. Die Szene der «alten» Tochter-Vater-Beziehung beruhigt und beglückt sie. – Man wird kaum erwarten können, daß damit die pathogene Vater-Tochter-Problematik eine Bearbeitung erfährt, wie wir sie uns unter dem Gesichtspunkt einer Reifung des Ich vorstellen. Aber die vorübergehende Ich-Stärkung kann vielleicht die Basis für eine weitere Auseinandersetzung unter einer nunmehr größeren Frustrations-Toleranz sein.

Wegen der weitreichenden Bedeutung der Korrektur infantiler Objektbeziehungen will ich zwei weitere Beispiele anfügen.

Beispiel 3[22]

einkotendes Mädchen mit überlasteter Mutter

Die 30jährige examinierte Lehrerin ist in meiner Abteilung zur Behandlung aufgenommen wegen einer Charakterneurose mit schizoiden und zwanghaften Anteilen sowie mit einer neurotischen Depression und Arbeitsstörungen. Zwei Wochen vor der Entlassung bringt sie zu Beginn der Sitzung folgendes akute Problem zur Sprache: Es falle ihr schwer, von ihren Zukunftssorgen, Ängsten und Wünschen zu sprechen. Dazu gehöre, daß sie die Stationsschwester nicht ansprechen könne, um von ihr einen Schrank auf der Station zu erbitten, um einige ihrer Sachen eine Woche in der Klinik zu lassen. Sie habe überhaupt noch immer Schwierigkeiten, Wünsche zu äußern, habe Angst, nicht ernst genommen zu werden und in Abhängigkeit zu geraten. Dabei möchte sie doch gern viel mehr aus sich herausgehen.

Nach diesem Vorgespräch wird die Versenkung eingeleitet. Sie ist dabei aber unruhig und hat Herzklopfen; etwas kreise im Kopf, und sie spüre einen Druck über der Brust. Der Therapeut nimmt diese Mißempfindung auf und regt an, dieses Gefühl nicht abzuwehren, sondern in sich entfalten zu lassen. Sie solle sich sogar darauf noch mehr konzentrieren. Dann formuliert er: «Sie erleben jetzt diese Empfindung; bitte versuchen Sie, damit zurückzugehen in Ihre Kindheit, in eine Situation, in der Sie sich ebenso fühlten wie jetzt . . .».

Im KB stellt sich daraufhin folgende regressive Szene ein: Die Patientin erlebt sich wieder als fünfjähriges Mädchen. Sie spielt heimlich im Haus mit Stoffen und verkleidet sich damit, was sie nicht darf. Sie spielt so Verkäufer und Käuferin, sie spielt sich als Priester und fühlt sich wichtig und spielt andere dieser Kinderphantasien aus vergangenen Tagen. Dabei hat sie Angst und ist beklommen, weil die Eltern ihre Geheimnisse nicht erfahren dürfen, besonders die Mutter, die dieses Spiel «kaputt macht».

Ihr wird nun vorgeschlagen, «eine Szene mit der Mutter einzustellen, in der sie der Mutter etwas von sich erzählt, auch wenn sie sich verletzt fühlen sollte, weil sie ihre Wünsche äußert». – Diese KB-Szene stellt sich ein: Sie ist klein und geht müde an der

---

[22] Ich verdanke diesen Fall meinem Mitarbeiter Herrn Dr. HAUPTVOGEL (1980).

Hand der Mutter auf den Markt. Sie möchte von der Mutter auf den Arm genommen werden. – Szenenwechsel: Sie ist kleiner und möchte gern in das warme Bett der Mutter. Stattdessen ist sie aber allein in ihrem Kinderbett. Die Mutter schläft unberührt in dem ihrigen. Sie hat Sorge einzuschlafen, weil sie befürchtet, wenn sie aufwacht, ist die Mutter fortgegangen. – Weitere Szene: Sie ist morgens allein und einsam in ihrem Kinderbett. Die Mutter ist weg. Sie zerreißt ihr Bettzeug und kotet ein, schmiert mit Kot herum. Die Mutter kommt, die Patientin freut sich darüber, aber die Mutter beschimpft sie.

Der Therapeut versucht daraufhin, zwischen Kind und Mutter ein Gespräch anzuregen. Die Patientin möge sich mit ihr aussprechen; er macht ihr Mut. – Die Patientin kann der Mutter berichten, wie es zu dem Einkoten gekommen ist. Sie sagt, wie allein sie sich gefühlt habe. – Die Mutter wird verlegen, erklärt ihr, daß sie gemeint habe, im Bett sei sie, die Patientin, am sichersten aufgehoben, wenn die Mutter in der Landwirtschaft arbeiten muß. – Die Patientin fühlt sich nach dieser Sitzung entlastet und ruhiger, während sie vorher zwischen den einzelnen KB-Szenen regelmäßig affektiv stark beunruhigt war und auch starke, abreagierende Wutausbrüche hatte. Das Thema wird anschließend mit ihr noch einmal verbal bearbeitet und ihr die Angst vor Menschen in der Kindheitssituation noch bewußter gemacht.

Die Patientin wirkt jetzt offener und besser zukunftsorientiert als zu Beginn der Sitzung. Sie äußert: «Es ist, als wenn ich ein altes, dunkles Kleid abgelegt hätte und nun lerne, ein neues zu tragen.»

Kommentar: Das Beispiel bringt zwei Varianten: Zunächst die Technik, mit deren Hilfe die Regression eingestellt wird. Während in anderen Fällen emotionale Konstellationen benutzt werden, ist hier Bindeglied zwischen der aktuellen, im Vorgespräch angeschnittenen Situation und der Altersregression die psychosomatische Sensation. Dieser Weg ist durchaus folgerichtig und führt auch zum gewünschten Ergebnis. Eine andere Variante liegt darin, daß der Therapeut, nachdem die traumatisierenden kindlichen Szenen durch Abreaktion und Durchleiden emotional neutralisiert wurden, nun darauf bestehen kann, ein Gespräch mit der Mutter zu versuchen, obgleich die Patientin selbst nicht darauf gekommen ist. Schließlich ist es wichtig, den gesamten Komplex abschließend nochmals durchzusprechen, um nach der Entlastung die *zukunftsweisende Komponente aufzugreifen.*

Ein letztes Beispiel soll die Möglichkeit einer sehr subtilen Führung bei Korrektur von Objektbeziehungen verdeutlichen. Es zeigt ferner, wie die in eine längere Therapie eingebettete Korrektur kindlicher Objektbeziehungen deren Projektion auf einen Partner fast schlagartig beeinflussen kann, sogar ein Partnerproblem entscheidend zu korrigieren vermag.

Beispiel 4 [23]

Eine 27 Jahre alte Sozialpädagogin, verheiratet, ein Kind, kommt wegen einer lange Zeit bestehenden Ehekrise in Behandlung. Sie hat die Absicht, sich von ihrem Mann zu trennen. Seit langem bestehen wiederholt auftretende depressive Verstimmungen und sexuelle Probleme. Seit 15 Jahren leidet sie ferner an häufig auftretenden Magengeschwüren, ausgelöst durch psychische Belastungen. Die Therapeutin stellt die Diagnose: «Reifungs- und Trennungskrise bei relativ intakter Gesamtpersönlichkeit mit depressiv-hysterischer Struktur.»

14jährig mit drohenden Eltern

[23] Die Darstellung verdanke ich Frau Dr. KOTTJE-BIRNBACHER (1982).

Die Behandlung wird über ein Jahr mit wöchentlich einer Sitzung geplant. Sie hat das Ziel, die gegenwärtige Krise als Reifungschance zu nutzen, um nicht später mit einem neuen Partner die gleichen Schwierigkeiten zu haben. Das ist das Anliegen der Patientin. Zunächst geht es ihr also um die Klärung der gegenwärtigen Situation und deren Genese. Dabei zeichnet sich eine generelle Unfähigkeit ab, sich mit nahestehenden Personen auseinanderzusetzen. Folgende Punkte werden herausgearbeitet:

(1) Sie kann ihrem Mann nicht sagen, daß sie sich von ihm trennen will.
(2) Genauso wenig konnte sie zu Beginn des Studiums ihren Eltern sagen, daß sie ausziehen will. Statt dessen suchte sie sich ein Zimmer, packte ihre Sachen und stellte ihre Eltern vor die vollendete Tatsache.
(3) Als Kind konnte sie nie sagen, wenn sie sich überfordert oder ungerecht behandelt fühlte, sondern zog sich zurück.

Von Hause her kennt sie nur «Anpassung» und «Liebsein» unter Ausblendung aller negativen Gefühle, die sich dann allerdings in seltenen Wutausbrüchen entluden.

In der KB-Therapie werden Autoritätsprobleme deutlich. Sie manifestieren sich zunächst an Szenen mit ihrem Schulrektor und entzünden sich dann in der Beziehung zu ihrem Vater. In der 17. Sitzung erfolgt eine Korrektur der kindlichen Objektbeziehungen. Ich gebe das Protokoll, das wörtlich ausgefertigt worden ist, mit einer Kürzung der ersten Passagen wieder.

Protokoll:

eine KB-Sitzung

Patientin: «Ich habe einen ganz dumpfen Kopf, schwer, angespannt. Die Schultern tun mir den ganzen Tag schon weh.»

Therapeutin: «Schließen Sie doch einmal die Augen und lassen Sie Szenen von früher aufsteigen, was so kommen will . . . von zu Hause.»

(Stöhnt) «Da kommen solche Bilder wie am Eßtisch: Alle sitzen da mit einem langen Gesicht und schauen auf das Tischtuch, und niemand sagt etwas . . . Oder wie ich am Schreibtisch sitze, Tagebuch schreibe und Angst habe, es könnte jemand kommen. Die ganze Zeit horche ich. – Oder wie eine Tante kommt und sagt, was für eine nette Familie wir doch seien. Ich bin so 14 oder 15 Jahre alt, und es läuft überhaupt nichts. Jeder spielt seine Rolle. Oder ich gehe aufs Klo, um zu weinen, ohne daß es jemand sieht» (weint stärker).

(«Immer nach außen hin alles o. k. – und wie sieht es innen aus?»)

(Stöhnt) «Ich erinnere mich immer wieder an solche Situationen am Eßtisch, wenn ich sauer bin über irgendetwas, gescholten worden bin für irgendeine Kleinigkeit, ganz ungerechtfertigt. Ich gucke dann aufs Tischtuch, mein Vater fragt, ob ich was hätte, ich sagte ‹nee› . . .»

(«Was empfinden Sie da?»)

«Mir ist zum Heulen zumute, aber ich traue mich nicht, das zu sagen.»

(«Vielleicht könnten sie das Ihrem Vater jetzt mal sagen? Versuchen Sie es, sehen Sie ihn vielleicht mal an, wie guckt er?»)

Konfrontation

(Stöhnt) «Erstaunt, besorgt, auch kalt. Ich kann den Blick nicht gut ertragen, sehe lieber wieder woanders hin.»

(«Schauen Sie ihn noch einmal an.»)

«In dem Blick ist viel Härte drin, so 'ne Mauer – und Angst.»

(«Wie fühlen Sie sich da?»)

«Bedroht, hilflos . . .»

(«Blicken Sie ihn bitte einfach weiter an.»)

«Er guckt weg, aufs Essen, ist betroffen und hilflos.» (Patientin öffnet die Augen.)

(«Können Sie versuchen, im Bild zu bleiben?»)

(Patientin schließt die Augen, stöhnt.)

(«Wie alt sind Sie?»)

254

«Vielleicht 16, vielleicht, daß ich zu spät nach Hause gekommen bin, so fünf Minuten, und werde dann ausgeschimpft, und ich seh' das nicht ein.»

(«Können Sie das mal sagen? – Wer hat Sie ausgeschimpft, Ihr Vater oder Ihre Mutter?»)

«Mein Vater meistens.»

(«Versuchen Sie es, gucken Sie genau hin.»)

«Wenn ich ihn ansehe, geht es nicht, wenn ich ihn nicht ansehe, vielleicht.» (Pause, spricht den Vater an:) «Ich finde es nicht gerecht, daß Du mich gestern abend so ausgeschimpft hast wegen der fünf Minuten.»

(«Hm, gucken Sie ihn jetzt an, wie guckt er?»)

Unverständlich . . . »Mir wird ganz schwindelig, das ist eben schon ein bißchen . . . wird jetzt stärker, so ein komisches Gefühl, so schwer.» (Weint, stöhnt, schluchzt mehrfach. Es drehe sich alles.)

(«Können Sie versuchen, ihn noch einmal anzugucken. Wie blickt er jetzt?»)

«Er ist ein bißchen erstaunt, ist das nicht gewöhnt. Er sagt, vielleicht: ‹Das geht aber doch nicht, Du mußt doch lernen, pünktlich zu sein›.»

(«Wie fühlen Sie sich?»)

«Mit dem Lernen, das ist völliger Quatsch. So im Nachhinein finde ich das kleinlich, aber so habe ich es damals nicht empfunden.»

(«Wie haben Sie es damals empfunden?»)

«Als starke Mauer, da kann ich nicht durch, da hatte ich Angst vor. Diese Art machte mich ganz hilflos.»

(«Können Sie versuchen, ihm das zu sagen? Wie guckt er?»)

«Betroffen, er sagt: ‹Du machst es uns so schwer›.»

(«Wie fühlen Sie sich?»)

«Oh, das habe ich oft gehört, ich finde das unverschämt. Da bin ich völlig ohnmächtig. Da kommt erst diese Mauer, und dann kriege ich auch noch die Schuld dafür.»

(«Was für ein Gefühl ist das jetzt?»)

«Wut! Ich platze, ich möchte die mal anschreien und dann abhauen!»

(«Tun Sie es doch!»)

«Ich ziehe mal kräftig am Tischtuch.» (Verlegen.)

(«Schmeißen Sie alles um?»)

«Ja, tue ich. Das ganze Geschirr fällt hin. Aber ich muß jetzt weg. Wenn ich bleibe, kriege ich von meiner Mutter eine gelangt.»

(«O. k. – Wie reagieren Sie darauf?»)

(Lacht etwas:) «Jetzt habe ich ja Grund zu gehen.»

(«Nein. Was empfinden Sie?»)

«Ich bin wütend. Meine Mutter will mir eine langen.»

(«Was können Sie tun?»)

«Weggehen.»

(«Was sonst noch?»)

«. . . vielleicht ihre Hand festhalten.»

(«Ja, und ihr sagen, daß Sie wütend sind und mit ihr reden wollen, und daß Sie das Tischtuch weggezogen haben, um endlich mal an sie heranzukommen. – Wie guckt sie?»)

«Sie ist ganz rot, guckt aufgeregt.»

(«Halten Sie mal ihre Hände fest und gucken sie fest an. Ganz ruhig angucken, hm. Wie ist der Augenausdruck?»)

«Ich habe das Gefühl, daß sie ganz klein wird, in sich zusammensinkt.»

(«Und Ihr Vater?»)

«Der hat dabeigestanden, er kapiert das nicht.»

(«Wie guckt er?»)

«Noch härter.»

(«Was können Sie machen, um an ihn heranzukommen?»)

«Ich müßte vor allem zusehen, daß er nicht geht. Seine Reaktion wäre nämlich, mir noch schnell was an den Kopf zu knallen und dann zu gehen.»

Gespräch

Durchleiden

Abreaktion

Konfrontation

255

(«O. k. Können Sie sich vor die Tür stellen?»)

«Ja.»

(«Wo steht Ihr Vater?»)

«Etwas rechts, meine Mutter links, ich stehe vor der Tür.»

(«Gucken Sie ihn mal an und geben Sie ihm zu verstehen, daß er nicht so ohne weiteres herauskommt.»)

«Ich halte ihn an den Händen fest. Er steht vor mir.»

(«Gucken Sie in ganz fest an, ganz ruhig.»)

(Stöhnt, putzt die Nase.) «Das kann man ziemlich lange aushalten.»

(«Was meinen Sie, wie Ihr Vater sich fühlt?»)

«Bedrängt, . . . hilflos (stöhnt), unruhig . . .»

(«Aber er tut so, als ob er ganz ruhig wäre.»)

«Nein, man merkt ihm schon an, daß er sehr aufgebracht ist.»

(«Wie müßte er sich verhalten, wenn er sich so hielte, wie er sich fühlt? Wie sähe das aus?»)

«. . . daß die Augen unruhig hin und her gehen, Hände in den Hosentaschen, etwas in sich zusammengesunken.»

(«Und wie müßten Sie sich halten, um Ihre Gefühle auszudrücken?»)

«Och, ein bißchen gerader und aufrechter.»

(«Und wie wirkt die Situation jetzt auf Sie, was löst sie in Ihnen aus?»)

«Angst, Schuldgefühle . . .»

(«Können Sie das Ihrem Vater sagen? Und ihm erklären, warum Sie das alles so gemacht haben, und daß Sie ihn nur gefühlsmäßig erreichen wollten?»)

«Ja.»

(«Und wie reagiert er?»)

«Es macht ihn nachdenklich.»

Pause – («Können Sie ihm auch noch sagen, daß es Ihnen leid tut, daß Sie so viel in Bewegung setzen mußten, um ihn zu erreichen, daß Sie ihm nichts antun wollten, sondern nur ihn erreichen?»)

«Das fällt mir schwer.»

(«O. k., dann lassen Sie es.»)

«Ja, wir brauchen jetzt beide Zeit.»

(«Ja. – Vielleicht können Sie ihm noch eine Geste mit auf den Weg geben, um anzudeuten, wie Sie sich jetzt fühlen ihm gegenüber.»)

«Ja, ich streiche so über seinen Arm.»

(«Und die Mutter?»)

Pause, plötzlich Schluchzen.

Die Patientin hat im Anschluß an diese 17. Sitzung aus dem Urlaub eine Postkarte an die Therapeutin geschickt mit folgendem Text: «Liebe Frau Kottje, ich kann Ihnen eine durchschlagende Erfolgsmeldung machen. Ich habe gut zwei Stunden mit Michael (ihrem Mann) geredet und ihm so vieles von meinen Gefühlen, Ängsten und Gründen, warum ich nicht mehr weitermachen will, klar machen können. Mit dem Gefühl, daß vieles gekommen ist, wie ich es mir hätte nicht träumen lassen. Ich bin sehr froh darüber und staune, wieso ich plötzlich so selbstverständlich und selbstsicher war.»

Kommentar: Das Beispiel des Transkriptes ist wegen der wörtlichen Wiedergabe wertvoll. Die Therapeutin insistiert meines Erachtens zu Recht fast stereotyp, um die Patientin immer wieder anzuhalten, ihr Gefühl, ihr Körperempfinden und auch die optische Situation des Gegenübers zu beschreiben, um es sich zu vergegenwärtigen. Außerdem versucht sie, die Patientin (als sei es ein Rollentausch) auf die Gefühle ihres Gegenübers einzustimmen. Nur an ganz wenigen Stellen allerdings greift die Therapeutin dann einmal etwas direkter ein und gibt die Anweisung, sich zu wehren oder durchzusetzen. Die Analogie zur Symbolkonfrontation wird deutlich: Die Therapeutin leiht vorübergehend *ihr reifes, die Situation überblickendes, stärkeres Ich.* An dieser Stelle ist allerdings auch Vorsicht am Platze. Dem unerfahrenen Therapeuten könnte es allzu leicht passieren, daß er durch Identifikation mit dem Patienten seine eigenen Verhaltenstendenzen, etwa zurückgehaltene Aggressivität gegenüber der imaginierten Symbolgestalt, agiert. Dann ist die nötige empathische Einfühlung zur Bestimmung der Dosis und des Timings verloren. Der Therapeut liefe Gefahr, dem abwesenden Partner die Schuld allein zuzuweisen. Er könnte dann überhastet vorgehen oder korrigierende Hinweise gegenüber dem Liebesobjekt überdosierend nahelegen. In der Regel ist es günstiger – und so gehe ich persönlich vor –, die Interaktionen zwischen den beiden Teilnehmern der Szene zunächst in eine verbal klärende Auseinandersetzung einmünden zu lassen, statt Durchsetzungsaktionen unmittelbar anzuregen. – Mit Recht aber vermeidet die Therapeutin etwas derartiges, indem sie gegen Ende die Patientin auffordert zu sagen, es täte ihr leid, daß sie so viel habe in Bewegung setzen müssen, um den Vater «zu erreichen». – In dieser Passage wird die Zielrichtung der Therapeutin besonders deutlich. Das ist das wesentliche Moment der Korrektur frühkindlicher Objektbeziehungen, daß das Kind den Erwachsenen auch noch in seiner regressiven Situation «erreicht», d.h. daß es von diesem verstanden wird. Darin liegt *die entscheidende Perspektive:* Das Kind muß sich dem Erwachsenen in seinen Sorgen, Ängsten und Nöten verstehbar machen, um zu einer Diskussion zu gelangen. Auf diese Weise wird die frühkindliche Kind-Eltern-Beziehung auf eine neue, reifere Ebene verlagert. Dem Erwachsenen wird es damit möglich, seine bisherige Haltung, sein Vorgehen und seinen autoritär-erzieherischen Anspruch durch Verstehen zu korrigieren. Die an verschiedenen Stellen dieses katathymen Dialoges deutlich werdende Betroffenheit der Eltern macht ihnen die Umstellung und den Dialog mit den heranwachsenden Kindern leichter. Obgleich das möglicherweise mit den realen Eltern nicht gelungen wäre, hat dieses probehandelnde Darstellen der eigenen Gefühle und Erwartungen im KB offensichtlich eine befriedigende therapeutische Wirkung. Die Patientin kann das Erfahrene jedenfalls auf die reale Ebene, auf den schwelenden Konflikt mit dem Ehemann, übertragen. Zum ersten Mal spricht sie mit ihm über ihr Problem. Es scheint, sie hat ihre Elternübertragung auf den Mann abgebaut. Die gewonnene Freiheit läßt sie überrascht erkennen, wie imaginär ihre latenten Ängste und Hemmungen waren.

Bedeutung in der Praxis

Der Erfolg dieser Sitzung zeigt jedenfalls, nachdem das therapeutische Feld dafür vorbereitet ist (hier in 17 Sitzungen), welche Möglichkeiten in der beschriebenen Technik liegen.

Die Korrektur frühkindlicher Objektbeziehungen ist eine differenzierte und anspruchsvolle Technik. Sie sollte eher zu den Schlußsteinen einer Therapie gezählt werden, sei es auch nur einer Kurztherapie von 15 – 20 Sitzungen.

Kapitel 3: Die das KB erweiternden Dimensionen und die Oberstufe

3.1. Die zweite Dimension des KB: Befriedigung archaischer Bedürfnisse

3.1.1. Klinische Beobachtungen

Als die hauptsächlich wirksame Dimension des KB haben wir die Bearbeitung unbewußten Konfliktmaterials kennengelernt. Das Ausmaß, in dem dieses sich als fixierte Bilder darstellt, weist ihre große Bedeutung als pathogener Faktor der Neurose aus. Ihre Beobachtung und schrittweise Auflösung führen zu progressiven Wandlungsphänomenen. Klinisch verbindet sich damit eine Besserung bis hin zur Auflösung der Symptome. Von daher gesehen war es folgerichtig, die konfliktbesetzten Inhalte des Tagtraumes zu fokussieren. Nachdem Mitte der sechziger Jahre das assoziative Vorgehen in größerem Rahmen erprobt worden war, kamen Zweifel auf, ob dieses Konzept ausschließlich der KB-Therapie gerecht wird. Ist es dem Patienten überhaupt zumutbar, ihn in unklar bemessenen Abständen immer wieder erneut mit Konfliktinhalten zu konfrontieren? – Diese Frage stellte sich nicht nur aus theoretischen Erwägungen, sondern auch aufgrund klinischer Beobachtungen während therapeutischer Verläufe.

Im assoziativen Vorgehen zeigten sich neben den problemträchtigen fixierten Inhalten zeitweilig auch gegenteilige Darstellungen. Sie wurden von den Patienten in besonderem Maße beachtet, und sie wünschten, bei ihnen zu verharren. Am häufigsten waren es angenehme, friedliche oder erhebende, oft ästhetische Erlebnisse des katathymen Panoramas mit beglückenden Stimmungen und dem Empfinden des Sich-Wohlfühlens. Auch in der Begegnung mit Menschen, die eine positive emotionale Ausstrahlung zeigten, konnten sich diese Gefühle niederschlagen. Szenen dieser Art führten zur Entspannung, Beruhigung und zu innerem Ausgleich, Gefühle, die noch nach der Sitzung anhielten. Ein anderer Bereich derartiger Befriedigung stand im Zusammenhang mit Wassermotiven: der Quelle, dem Bach, dem Fluß und dem Meer. Wenn sie tranken, erfrischten sie sich, wenn sie badeten oder schwammen, fühlten sie sich gelöst, geborgen und heiter. Bei der weiteren Verfolgung dieser Wirkung und der Beobachtung therapeutischer Verläufe, in denen sich derartige konfliktfreie Szenen häuften, bot ein von verschiedenen Therapeuten unabhängig voneinander zusammengetragenes Material klärende Hilfe.

Ich zog zunächst die Schlußfolgerung (LEUNER 1970), der Therapeut sollte die konfliktfreien Szenen des KB nicht ausschließlich vom Aspekt der Konfliktabwehr betrachten, den sie psychoanalytisch zweifellos haben. Vielmehr sollte er in gewährender Haltung derartige sich einstellende Szenen zulassen. Er sollte sie sogar dahingehend verstärken, daß sich die aufkommende Stimmung zu einem Maximum entwickeln kann.

konfliktfreie Szenen

259

Theoretisch betrachtet faßte ich diese wohltuend beruhigenden Passagen als eine Art von «Selbstbelohnung» auf, die der Patient sich zukommen läßt, und hielt sie gemäß der Lerntheorie zunächst für eine natürliche Form des Reinforcement. Das widersprach zwar der tiefenpsychologischen Theorie, nach der solche Tendenzen «nichts anderes» als Abwehrvorgänge gegenüber andrängenden Konflikten, Ängsten, Frustrationen und depressiver Verlassenheit bedeuten. Ihre endgültige Bearbeitung sollte nicht vernachlässigt werden, um das Ziel der Reifung des Ich und seiner Lösung aus kindlichen Verhaltensmustern zu verfolgen. Ein befriedigendes tiefenpsychologisches Konzept mit Klärung der therapeutischen Bedeutung dieser konfliktfreien Szenen blieb offen.

Die Auseinandersetzung mit dem Thema wurde aktuell, als mein Mitarbeiter H. WÄCHTER im Rahmen seines kontrollierten Forschungsprogrammes (WÄCHTER & PUDEL 1983) über die Kurzpsychotherapie mit dem KB den Fall einer 39jährigen Frau mit einer Acné excoriée, Schlafstörungen, spastischen Gallen- und Darmbeschwerden und einer depressiven Verstimmung neben Zwangsbefürchtungen zur Supervision vorstellte (ausführlich WÄCHTER 1984). Weder in der Vorgeschichte noch in der auf 15 Sitzungen begrenzten KB-Therapie bot sie konflikthaftes Material. Gemessen daran war sie nicht behandelbar. Nach Abschluß der Therapie waren die meisten Symptome jedoch klinisch «verschwunden», und sie war zufrieden. Das änderte sich auch während der dreijährigen Beobachtungszeit nicht. Ersatzsymptome wurden nicht geklagt. Eine Publikation dieses Falles unterblieb jedoch wegen des seinerzeit fehlenden Konzeptes, das den Behandlungserfolg hätte erklären können.

Als Modellfall, der ebenfalls dieser Gruppe angehört, berichte ich von einer klinisch sehr befriedigenden Therapie aus der Psychiatrischen Universitätsklinik Linköping, Schweden[1]. Ich stelle diese Krankengeschichte nicht wegen des schnellen Erfolges dar, sondern um die waltende Psychodynamik zu veranschaulichen.

Beispiel

Modellfall

Die 35 Jahre alte, verheiratete Patientin leidet seit sechs Jahren unter rezidivierenden depressiven Verstimmungen. Bis zu Beginn der KB-Therapie am 5.4.1971 hatte sie zwei Suizidversuche gemacht, war fünfmal psychiatrisch stationär aufgenommen und in regelmäßigen Intervallen ambulant psychopharmakologisch behandelt worden. Die Therapie mit dem KB nahm zehn Sitzungen in Anspruch.

Das Erstinterview zur Vorbereitung der Behandlung deckte eine seit zehn Jahren bestehende Frigidität auf. Eheliche Beziehungen zu dem an multipler Sklerose leidenden und an den Rollstuhl gefesselten Mann (keine Impotentia coeundi) waren wegen Abneigung der Patientin gegen ihren Partner nie möglich. Es hatte den Anschein, daß seit jeher mangelhafte Kontakte ein wesentliches Moment der depressiven Verstimmung dieser auch sonst gehemmten Patientin waren.

In den meisten der zehn Behandlungssitzungen machte sie Spaziergänge in den landschaftlichen Motiven, durch Wiesen, Birkenhaine oder den Wald, meist in freudig überhöhter, manchmal auch still und in sich gekehrter Stimmung.

Die Krankengeschichte hat nach der fünften Sitzung folgenden Eintrag: «Die Patientin kommt freudestrahlend, aber etwas geniert zur Behandlung. Sie erzählt, daß sie, als sie das

---

[1] Ich verdanke diese Darstellung HANNA DAHLGREEN und NILS LIE.

letzte Mal nach Hause gekommen sei, ihren Mann mit Küssen und Streicheln überfallen habe, so daß dieser sie für ‹verzaubert› gehalten hätte. Der Ehemann wolle gern dem Therapeuten seiner Frau ‹seinen Dank ausdrücken›.»

«Während der KB-Sitzung behält die Patientin die ganze Zeit ein Lächeln auf den Lippen. Sie wirkt entspannt und froh, wenn sie erzählt, daß sie im Tagtraum Hand in Hand mit ihrem Mann geht, über grüne, üppige Hügel, zum Meer hinunter. Das Gras wächst bis zum Wasser, und da liegt sie auf dem linken Arm ihres Mannes. Die Sonne scheint, Segelboote kommen bis nach vorn. Menschen steigen an Land, um zu gratulieren. Die Patientin ist etwas beschämt, weil sie und ihr Mann nackend liegen, erlebt aber, daß eine Decke von Rosen über sie gebreitet ist und ihre Nacktheit schützt. Es ist so schön und festlich. Alle Menschen sind froh. Sie sieht ihren Vater zu ihr kommen. Er weint, aber es sind Freudentränen. Der Vater hat eine Orgel bei sich und spielt. Nach den Feierlichkeiten segeln alle fort, aber die schöne Stimmung bleibt bestehen, die Sonne scheint, und die Patientin liegt und lauscht dem Meer.»

Nach der zehnten Behandlung schreibt die Patientin in einem Brief an die Therapeutin: «Dies war für mich eine phantastische Behandlungsform. Nachdem ich selbst glaubte, eine eiskalte Frau zu sein, bin ich nun ein lebender und warmer Mensch. Sie hat mein und meines Mannes Eheleben auf eine unglaubliche Art und Weise verändert. Ich muß bekennen, daß ich am Anfang skeptisch war, aber im Vorwärtsschreiten der Behandlung merkte ich eine Veränderung. Es spornte mich an, daß auch mein Mann diese Veränderung beobachtete. Ich hoffe, daß vielen Patienten auf diese Weise geholfen wird.»

Die Nachbeobachtung über dreieinhalb Jahre ergibt keine Hinweise auf einen Rückfall in die depressive Verstimmung. Die Patientin fühlt sich gleichmäßig wohl und ausgeglichen. Sie kann auch Krisen meistern, wie z.B. die eintretende Impotenz des erkrankten Ehemannes.

Kommentar: Die Frage einer Übertragungsheilung und einer ausschließlich supportiven Wirkung der Therapie könnte diskutiert werden. Für das erstgenannte Moment ist zu sagen, daß die Übertragung bei der warmherzigen und gewährenden Therapeutin zweifellos positiv gewesen ist. Die Anzahl von zehn Sitzungen erlaubte aber kaum, eine ausgeprägte Bindung an die Therapeutin aufzubauen. Ein enthusiastischer Ausdruck von Überraschung und vielleicht sogar Begeisterung über den therapeutischen Fortschritt ist nicht zu verkennen. Besonders bewegt war die Patientin von dem Eindruck, den die Therapiewirkung auf ihren Ehemann machte. Er verstärkte den Glauben an die Behandlung und die Therapeutin. – Insgesamt kann die supportive Komponente bei der zehnstündigen ambulanten Behandlung wohl auch als gering veranschlagt werden. Bei der langen psychiatrischen Vorgeschichte mit einer großen Zahl von stationären und ambulanten Behandlungen müßte von dort ein viel ausgeprägterer supportiver Einfluß angenommen werden. Der entscheidende Wandel durch die Therapie scheint mir einerseits darin zu liegen, daß die Patientin sich für ihren Ehepartner in ganz überraschender Weise aufschließen konnte. Sie entwickelte in viel stärkerem und vertrauensvollem Maße reife Objektbeziehungen. Andererseits sehe ich das Eigentümliche der zehn Sitzungen in den Spaziergängen durch die sommerliche schwedische Landschaft mit erhebenden und sie beglückenden Erlebnissen des Einsseins mit der Natur. – Nimmt man an, daß sich das in der Übertragungsbeziehung ausdrückt, ist richtig, daß die Eigenart der menschlichen Beziehung zu der geschulten Therapeutin, deren Naturell und Ausstrahlung viel an mütterlicher Freundlichkeit vermittelte. Die Therapeutin hatte auch die gestörte intime Beziehung zum Ehemann schnell und intuitiv als das zentrale Problem erfaßt. Sie war offen genug für eine unkonventionelle, nicht auf Konfliktzentrierung ausgerichtete Therapie. Sie erhielt eine positive Rückmeldung, ähnlich wie in dem vorgenannten Fallbeispiel von WÄCHTER, daß die Patientin nach den einzelnen Sitzungen einen Grad von Befriedigung, Beruhigung, gelegentlich auch Angeregtheit mitnahm. Nicht zu übersehen ist die poetische, symbolische Hochzeits- beziehungsweise Beischlafszene als Ausdruck der gereiften Objektbeziehung, vom Vater anerkannt und gefeiert!

3.1.2. Psychodynamische Begründung

Ich schiebe einen etwas breiteren theoretischen Exkurs ein, um die Wirkung der archaischen Bedürfnisbefriedigung psychodynamisch zu erklären.

Das «neue Narzißmuskonzept», etwa von KOHUT (1975) und anschließend GRUNBERGER (1976, 1978), hat Erkenntnisse gebracht, die den Begriff des «primären Narzißmus» FREUDS aus dem Schatten der negativen Akzentuierung gehoben hat. Obgleich es nicht unumstritten ist, erlaubt es, die hier dargestellten Phänomene der KB-Therapie konzeptuell einzuordnen und weitreichende Schlußfolgerungen zu ziehen, wenn zunächst auch nur vorläufig.

Narzißmuskonzept

Vereinfacht skizziere ich es folgendermaßen: Die Erlebnisphase des ungeborenen Kindes und des Säuglings bis zum dritten Lebensmonat zeichnet sich dadurch aus, daß ein Gefühl von Einheit mit der Umwelt («Einheitsgefühl») entsteht; der Säugling kann zunächst auch nicht zwischen sich selbst und der Mutterbrust, beziehungsweise seiner sonstigen Umgebung unterscheiden. Ähnlich wie im intrauterinen Milieu scheint die später so bedeutsame Subjekt-Objekt-Schranke zunächst nicht zu bestehen. Das «ozeanische Gefühl», ursprünglich für religiöse Gefühle in Anspruch genommen (ROMAIN ROLLAND 1913, FREUD 1913), charakterisiert ein diffuses Gefühl engster symbiotischer Beziehung, einen Zustand der «primären Einheit», auch als «Urwir» (KÜNKEL 1934), «primäre Liebe» (BALINT 1970), «Basic trust» (ERIKSON 1956) bezeichnet. Es ist jene Beziehung, die das ursprüngliche Vertrauen in diese Welt begründet, die Knospe eines stabilen Selbstvertrauens entfaltet. – Das Ich, das sich erst zu einem späteren Zeitpunkt von den Liebesobjekten absetzen kann, ist noch nicht gebildet. KOHUT spricht vom «Selbst» als Vorstufe des Ich. «Selbst» hat eine umfassende Bedeutung als Ausdruck des hier kernhaft erfahrenen Selbstbewußtseins. Eine ausgeprägte Frustration in dieser Phase durch mangelnde Bemutterung kann eine Fehlentwicklung mit Störung des Urvertrauens und basale Beeinträchtigung der Anlage des Selbstbewußtseins hervorrufen. An der Grenze zum dritten Lebensmonat wird früher oder später die «Vertreibung aus dem Paradies», aus dem ozeanischen Einheitserleben der dauernden Konfliktlosigkeit, erfolgen. Je nachdem, wie organisch gleitend oder wie brüsk sich dieser Akt vollzieht, entstehen Störungserscheinungen. Die kindliche Phantasie – so die Vorstellung von KOHUT – versucht, diesen Akt durch Phantasien zu kompensieren oder überzukompensieren. Sie entwickelt:

(1) Größenphantasien des eigenen Selbst mit Omnipotenzwünschen;
(2) Phantasien der Idealisierung der Elternimagines.

Beide können die emotionalen Entwicklungsphasen bis in die Pubertät und darüber hinaus begleiten. Diese können dann von Omnipotenzphantasien oder im Falle der narzißtischen Kränkung von narzißtischer Wut eingefärbt sein. Analoges gilt für die Erhaltung der idealisierten Eltern(-Ersatz)-Imagines. Aus diesen Phantasien erklären sich auch die im KB nicht selten auftretenden riesenhaften (archaischen) Tier- und Menschengestalten[1a] oder das Gegenteil, sich selbst unendlich klein geschrumpft zu erleben. – Das Einheits- und ozeanische Gefühl erklärt eine Reihe von Phantasien – auch im KB –, wie die des Schwebens, des Fliegens, auch durch den Weltraum, des Geschwindigkeitsrausches, der Tendenz zum Schaukeln, der Beglückung im Erleben der Einheit mit der Natur, der Einheit mit menschlichen oder göttlichen Gestalten, um nur einige zu nennen. Erleben dieser Art spielt z. T. auch im menschlichen Alltag eine Rolle: Gefühl der Einheit in der großen Verliebtheit, in der Ekstase, im Orgasmus, beim Genuß von Musik und Lyrik («Seid umschlungen, Millionen»), im Alkohol- und Drogenrausch, im Höhenrausch und manchem anderen. Diese Kategorie belegt MASLOW (1973) mit dem Begriff «Peak-Experience», deutsch «Grenzerfahrung».

Narzißtische Träume sind untersucht (z. B. GRUNERT 1977). Für das KB hat PAHL (1983) narzißtische Entwicklungslinien herausgearbeitet, die in der Regel neben einer erhaltenden Ich-Funktion bestehen und symbolhaft Kontakt zu einem Primär-Objekt oder einer «Primär-Substanz» (BALINT 1970) aufnehmen. Dabei spielt entweder die Störung des Kontaktes und ihre narzißtische Verarbeitung eine Rolle, oder es kommt zu grandiosen Selbstdarstellungen innerhalb einer solchen Beziehung beziehungsweise auch zum Gegenteil, den Rückzug auf das Erleben vollständiger Einheit.

WILKE & PAHL[1b] (1983) sehen die Möglichkeit im KB, daß sich konkrete Darstellungen aus dem Bereich des Präverbalen erschließen dadurch, daß innere Szenen neu geschaffen und entworfen werden, die auch auf der narzißtischen Ebene sich in einer angemessenen Sprache für die Darstellung der unbewußten Befindlichkeit bei psychosomatischen Störungen bewähren. «Der Tagträumer schafft sich selbst seine subjektive innere Konkretisierung des Nicht-Faßbaren.» – So entwickelt sich die narzißtische Erlebnis-Dimension von Bildern, Affekten und Körpersensationen zu Szenen, die sich um die ‹Narben› (BALINT 1970) drehen.

Unter dem Begriff «Umformung des Narzißmus» hat KOHUT (1966) gezeigt, daß die Therapie narzißtisch Gestörter unter einer geeigneten Übertragungslage mit narzißtischer Regression eine Korrektur an der Basis der Entwicklung erfahren kann. Eine langwierige Behandlung der emotionalen Phasen der Entwicklung mit Durcharbeiten der Konflikte mit den Liebesobjekten scheine dann überflüssig. Er begründet das im einzelnen:

narzißtische Umformung

Die libidinöse Besetzung des Selbst in Form des Narzißmus muß an sich weder krankhaft noch schädlich sein. Die Behauptung, der Narzißmus sei die primitivere und für die Anpassung weniger geeignete Form der Libido-Verteilung, beruht nach KOHUT auf einem Vorurteil. Das oft geeignetere Ziel sei vielmehr, «den Narzißmus zu transformieren, d. h.

[1a] Z. B. spendende weibliche Riesengestalt Abb. 14, S. 277.
[1b] WILKE (1983) und fachliche Diskussion mit PAHL 1983 nach persönlicher Mitteilung.

die narzißtische Libido anders zu verteilen und die primitiven seelischen Strukturen in der reifen Persönlichkeit des Patienten aufgehen zu lassen» (KOHUT 1969). Er bemängelt, daß von seiten der Theorie «der Beitrag des Narzißmus zur Gesundheit, Anpassung und Leistung nicht sehr eingehend betrachtet worden» ist. Das wirke sich auf die klinische Praxis negativ aus und könne im Therapeuten den Wunsch erwecken, bei seinen Patienten die narzißtische Position durch Objektliebe ersetzen zu wollen, anstelle des oft geeigneteren Zieles, den Narzißmus zu transformieren. Er weist auch auf FEDERN (1962), über die «Unterscheidung des gesunden und krankhaften Narzißmus», hin. Dieses Versäumnis ließe sich zwar aus wissenschaftlichen Gründen rechtfertigen, «denn die Erforschung der relativen Lautlosigkeit des Narzißmus bei seelischem Gleichgewicht ist natürlich weniger ergiebig als die Untersuchung der lärmenden Zustände bei Störungen der psychischen Gesundheit.» – Es gibt «verschiedene Formen des Narzißmus, die man nicht nur als Vorläufer der Objektliebe, sondern auch als unabhängige psychische Konstellation betrachten muß und deren Entwicklung und Funktionen eine besondere Untersuchung und Beurteilung verdienen. Die Errichtung des narzißtischen Selbst muß als reifungsmäßig vorbestimmter Schritt und als entwicklungsmäßige Leistung gewertet werden. – Es gibt ... eine Anzahl von Errungenschaften des Ich, die zwar genetisch und dynamisch mit den narzißtischen Trieben verwandt sind und von ihnen mit Energie gespeist werden, aber von den präformierten narzißtischen Strukturen der Persönlichkeit so weit entfernt sind, daß sie nicht einfach als Verwandlung des Narzißmus zu betrachten sind, sondern mehr als Errungenschaften des Ich und als Einstellung und Leistungen der Persönlichkeit.» Er zählt die dazugehörigen Leistungen auf: Kreativität und schöpferische Arbeit, Einfühlung (Empathie), die Fähigkeit, die Begrenzung des eigenen Lebens ins Auge zu fassen, Sinn für Humor und Weisheit ... «als komplexe, autonome Leistungen des reifen Ich, die auf Umformung des Narzißmus beruhen, d.h. durch die Fähigkeit des Ich, die narzißtischen Besetzungen zu zähmen und für seine höchsten Ziele einzusetzen ... Die Neuformung der narzißtischen Strukturen und ihre Einbeziehung in die Persönlichkeit könnten wenigstens in bescheidenem Maße so heilsame Umwandlungen des Narzißmus in Humor, Kreativität, Einfühlung (Empathie) und Weisheit – als das echtere und gültigere Resultat der Therapie darstellen, als die häufig nur oberflächliche und prekäre Bereitschaft des Patienten, seinen Narzißmus in Objektliebe verwandeln zu lassen» (KOHUT 1966). – Einfacher drückt es ARGELANDER (1972) aus: Bei einer Dominanz der «primär-narzißtischen Objektbesetzung fließt ein erstaunliches Maß an psychischer Energie dem Ich zu».

KOHUT

Zur klinischen Verdeutlichung der dargelegten theoretischen Positionen folgt ein Fallbeispiel.

Beispiel[2] (nach Tonband, gekürzt und bearbeitet)

Therapie-Fall

Die 34jährige Patientin, verheiratet, zwei Kinder, sucht die nervenärztlich-psychotherapeutische Praxis wegen typischer herzphobischer Symptome auf. Sie bestehen nach Geburt ihres letzten Kindes schon seit Jahren, haben sich seit vier Monaten jedoch unangenehm verstärkt. Die Patientin neigt zu depressiven Verstimmungen und leidet unter allgemeiner Nervosität. Die Ehe wird als «gut» geschildert, jedoch bestünden Kommunikationsprobleme, da der Ehemann als Ingenieur überwiegend technisch orientiert, sie durch Ausbildung und Beruf introspektiv auf emotionale Probleme eingestellt sei. Die Vorgeschichte ist belastet durch den Tod der Mutter im zehnten Lebensjahr und eine im zwölften Lebensjahr in ihr Leben tretende Stiefmutter. Die Patientin ist noch an ihren (verstorbenen) Vater gebunden. Im Hinblick auf lebhafte Wachphantasien der Patientin entschließt sich die Therapeutin zu einem Versuch mit dem KB.

Die erste Sitzung beginnt damit, daß sie sich in einem offenen Sarg liegend erlebt, jedoch in völliger Ruhe und ohne Angst. – Ihre Stimme wird leiser, ein verhaltenes Weinen setzt

[2] Ich danke Frau Dr. HIRSCH, Braunschweig, für ihr Einverständnis zur Publikation der Tonbandaufzeichnung anläßlich einer Gruppensupervision mit mir.

264

ein. Die Inhalte werden während der ganzen Sitzung unter starker innerer Bewegtheit geschildert. Ständig laufen ihr Tränen über das Gesicht. – Sie hört Geräusche und sieht eine weiß gekleidete Gestalt an ihrem Sarg stehen. Diese sei hoch und schlank, mit einem schmalen Gesicht. Sie ist sehr betroffen und ergriffen von dem, was von der Gestalt ausgeht, Frieden, Vertrauen, auch Geborgenheit und Befriedet-Sein. – Die Therapeutin ist ebenfalls sehr betroffen. Die Ergriffenheit teilt sich ihr mit. Die Patientin setzt ihr «stilles Nach-innen-Weinen» fort. Um sie herum ist alles dunkel, aber im Sarg hat sie ein Gefühl von Geborgenheit und Ruhe. (In der nächsten Stunde sagt sie, daß die Gestalt eindeutig Jesus gewesen und daß sie an das Buch «Leben nach dem Tod» von Moody erinnert worden sei. Die Gestalt flößte großes Vertrauen ein und bereitete ihr Wohlbehagen. Das habe sie in ihrer Lage im Sarg wahrgenommen.) – Dann schwebt sie aus diesem Sarg heraus auf einen hohen Berg. Dort ist eine Bank, auf die sie sich setzt. Von hier überblickt sie die ganze Landschaft mit kleinen Dörfern, Waldungen, Äckern, aufsteigendem Rauch – eine besonnte Landschaft. Das löst in ihr angenehme Gefühle aus. Bald jedoch hört sie Geräusche, dreht sich um und sieht ihren Jugendfreund auf sich zukommen. Er tritt näher und setzt sich neben sie. Sie sprechen miteinander, fassen sich an der Hand und beschließen, den Weg gemeinsam weiterzugehen. Es ist ein langer Weg, dem sie teils schweigend, teils sprechend folgen. Die Grundstimmung ist freundlich und auch beglückend. – Im Nachgespräch berichtet sie, daß der Jugendfreund ihr mit 18 Jahren viel bedeutet hatte, sie sich jedoch von ihm getrennt habe, weil sie sich damals noch nicht hätte binden wollen. Innerlich hätte sie die Trennung aber noch nicht vollzogen. – Beide kommen an eine Stelle, an der ihr Weg von einer breiteren Straße gekreuzt wird. Sie weigert sich, über die Kreuzung zu gehen, kann aber nicht begründen warum, beharrt jedoch darauf, daß sie nicht weiter und überhaupt mit dem Mann nicht mehr gehen könne. Sie ist unglücklich, rat- und hilflos. Damit schließt die erste KB-Sitzung.

In der nächsten Stunde werden Einzelheiten besprochen. Im wieder eingestellten KB findet sie sich mit dem Freund auf der Kreuzung. Auch jetzt weigert sie sich, den Weg fortzusetzen. Aufgefordert, sich umzublicken, sieht sie, wie sich ihr Mann von links her auf der breiten Straße nähert. Bald steht sie zwischen den beiden Männern. Sie kann sich für keinen entscheiden, spürt eine starke Spannung, aber keine Angst. Sie verläßt die beiden Männer und geht allein einen Weg den Berg hinunter, zum Teil schwebt sie auch jetzt wieder. Sie erlebt diesen Weg sehr deutlich und nimmt jeden Stein, jede Blume und jeden Baum wahr. Im Wald findet sie eine Hütte, eine Art Blockhaus. Eingetreten, findet sie es gut eingerichtet, mit einem doppelstöckigen Bett. Sie öffnet die Fenster und fühlt sich wohl, schaut hinaus und bemerkt, daß sie nicht allein bleiben möchte. Die Tür öffnet sich dann von selbst; sie geht hinaus und sieht von weitem den Ehemann auf das Haus zukommen. Sie entschließt sich, ihm entgegenzugehen. Sie geht sehr langsam mit der Frage: «Wie werden wir uns begegnen?» Beide gehen aufeinander zu und bleiben in einem Abstand stehen, in dem sie sich gut sehen können. Zwei Meter entfernt stehen sie sich gegenüber; jeder betrachtet den anderen lange und stumm mit wachsendem Gefühl von Zutrauen, das sie nachher zunehmend als Glück erlebt. Die Augen des Mannes sind auf sie gerichtet und die ihrigen auf seine Augen, so wie es in Wirklichkeit selten möglich war. Seine Augen drücken eine Mischung von Freude und Begehren aus. (Vielleicht nahm sie die Augen ihres Mannes überhaupt zum ersten Mal in dieser Weise so wahr.) Das erlebt sie in wachsendem Maß als für sie wichtig und beglückend. Lange bleiben sie so in lockerer Haltung voreinander stehen und betrachten sich. Dann gehen sie aufeinander zu. Die Landschaft verändert sich jetzt in eine ihr bekannte, die in der Nähe ihres Hauses sein muß. Gemeinsam gehen sie den Weg weiter, und bald sieht sie das Haus, in dem sie wohnen. Damit endet die Sitzung.

Klinisch gesehen ist dieser Vollzug deshalb so bemerkenswert, weil die Patientin ihr Symptom (nach der zweiten Sitzung) verliert, und zwar ohne Einschränkung. Sie entwickelt ein neues Lebensgefühl. Zu dem Ehemann findet sie eine neue Verständigungsbasis. Sie erlebt ihre empathische Aufnahmefähigkeit auch gegenüber ihren Kindern und gegenüber den Problemen ihrer Klienten als erweitert und damit beglückend.

Kommentar: Mir ist an diesem Beispiel wichtig, auf die narzißtischen Erlebnisschwerpunkte einzugehen. Die Bedeutung wird zunächst aus dem wiederkehrenden Gefühlston von Ergriffenheit, Betroffenheit, einer unaussprechlichen Besonderheit des Gefühles überhaupt, auch von Geborgenheit durch Nähe der Christusgestalt und zu Männern deutlich, z. T. durchwirkt von Glücksgefühl. Von Kategorien, die ebenfalls dem narzißtischen Bereich angehören, sind das Schweben, (hier) auf den Berg und vom Berg hinunter, und die innige Beziehung zur Landschaft zu nennen. Die erste Begegnung der Jesusgestalt in symbiotischer Nähe setzt sich in gewisser Hinsicht mit dem Jugendfreund fort, und die letzte mit dem Ehemann scheint zunehmend von gleichartiger Gefühlstönung durchdrungen.

Reifung der Objektbeziehungen

Die Begegnungen entwickeln sich aus der anfänglich transzendentalen Szene über das Wunschbild des Jugendfreundes zum realen derzeitigen Partner, in die reale Gemeinsamkeit (Wohnung) mündend. Die Regression in die narzißtische Beglückung mit dem Einheitsgefühl erlaubt die Entwicklung neuer, realitätsbezogener Objektbeziehungen, als seien diese nun durchwoben oder geläutert durch die jetzt erworbene Beziehungsstruktur. Endergebnis ist ein größeres Maß an empathischem Verständnis und Aufgeschlossenheit für den Partner, ihre Kinder und andere Menschen. Das Symptom als solches ist gänzlich zurückgetreten und in der dreijährigen Beobachtungsperiode ausgeblieben.

Die Verbesserung der Fähigkeit zur Empathie scheint sich durch eine einmalige narzißtische (symbiotische) Regression mit positivem Vorzeichen öfter zu ereignen, wie ich an anderen Fällen sah.

3.1.3. Klinische Parallelen

Beobachtungen über die Befriedigung regressiver Bedürfnisse wurden in der Analyse von BALINT (1970), FERENCZI (1913) und WINNICOTT (1974) beschrieben. Aufgrund ihrer Häufigkeit und großen therapeutischen Bedeutung haben wir sie im KB untersucht. Klinische Erfahrungen aus anderen Bereichen können als Parallele herangezogen werden: Das sind die Psychotherapie Schizophrener (1) und die Spieltherapie bei Kindern (2), mit denen ich selbst einige Erfahrungen sammeln konnte.

Symbolische Wunschbefriedigung

(1) Bei der *ersten Parallele,* dem Vergleichen der archaischen Bedürfnisbefriedigung im KB mit der Psychotherapie Schizophrener ragt der wichtige Beitrag von SECHEHAYE (1951) über die «symbolische Wunschbefriedigung» («Réalisation symbolique») hervor. Die Autorin versuchte, ihre Patientin René in der Rolle der «therapeutischen Mutter» als Gegenpol zu deren unverläßlicher Mutter auf der Basis einer «prae-symbolischen und magischen Partizipation» aus dem autistischen Zustand in eine symbiotische Beziehung (also primär-narzißtische) zu führen. Anstelle «von Leere, Kälte und Bedrohung» erlaubte die Therapeutin, «das Kostbarste zu erfahren: Geborgenheit und Entspannung». Die bis zum narzißtischen und oralen Niveau regredierte Schizophrene fühlte sich nun im Übertragungsrahmen der «Kind-nährenden Mutter» geborgen. Diese Bezie-

hungsstruktur entspricht der anaklitischen Beziehung, wie sie zusammenfassend LEBOVICI (1956) in Anlehnung an ANNA FREUD (1954) und SPITZ (1956/1957) als «primäre Objektbeziehung im Schoße der Beziehung zu zweit» (BALINT 1970) beschrieben hat. Es liegt also eine «Bedürfnisbefriedigung» vor[2a]. Das Studium der Objektbeziehungen wäre sinngemäß daraufhin auszuweiten[2b].

Auch auf psychosomatischem Gebiet begegnen wir auf dem Niveau der elementaren Integration Störungen im Rahmen der undifferenzierten Einheit zu zweit. Der von MARGOLIN (1954) vorgeschlagene Ansatz der «anaklitischen Analyse» kann in diesem Zusammenhang genannt werden.

KABE und GROTJAHN (1952) heben hervor, daß in der psychoanalytischen Behandlung von psychotischen Patienten eine positive Übertragung auf Dauer zu erhalten und eine «aktive Bemutterung von zentraler Bedeutung» ist. Diese Übertragung sollte «nicht analysiert oder aufgelöst, sondern sorgfältig genährt und gehegt werden».

SECHEHAYE sieht als weitere Folge der Vermittlung der engen Geborgenheit, daß der Kranke immer beginnen kann, sein «Dasein in der Welt» aufzubauen, wobei die narzißtisch-symbiotische Beziehung das notwendige Milieu, auch zur Verhinderung von «Verfolgung» und «depressiver Angst» ist, wie sie MELANIE KLEIN (1962) beim Säugling beobachtete. In dieser engen oral-narzißtischen Beziehung kann der Kranke seine ersten Unternehmungen in der Außenwelt versuchen, bis hin zu den ersten Schritten seiner Selbständigkeit.

Im Fall «René» bestand eine besonders dramatische therapeutische Intervention darin, daß die Autorin einen Apfel reichte, den «René» aß und darin die dargereichte Mutterbrust erblickte. Der sich vollziehende therapeutische Schritt wurde psychodynamisch als eine *symbolische Bedürfnisbefriedigung* betrachtet. Die enge Parallele zur archaischen Bedürfnisbefriedigung im KB und der anaklitischen Übertragung (unter oraler oder narzißtischer Regression) im Katathymen Bilderleben kann nicht übersehen werden. Die wichtigen Arbeiten von RANGELL (1963) und GILL & BRENMAN (1959) sind zu nennen.

(2) Die *zweite Parallele* zur Befriedigung archaischer Bedürfnisse im KB, die Spieltherapie, bringt BERNA (1955) mit «Réalisation symbolique» in Zusammenhang. Ein Kind sucht durch Verschlingen großer Mengen Kuchen eine «Absättigung» zu erreichen, zum «Stillen eines Hungers, der symbolisch als Liebeshunger . . . , z. T. auch als ein sadistisches Verzehren dessen galt, was ‹Kurt› in der Kommunikation mit seinen Mitmenschen vermißte». (Daß sich das Kind dabei in seinem Liebeshunger selbst entwertet und mißverstanden wird und

Spieltherapie

[2a] AZIMA & WITTKOWER (1956) berichten unter dem Titel: «Gratification of basic needs in treatment of schizophrenics» über analoge Ergebnisse unter tiefen regressiven Bedingungen als symbolischer Ausdruck von Objektbeziehungen mit dem Ergebnis einer Reifung des Ich ihrer Patienten.

[2b] Dazu WINNICOTT (1954): «Es ist angemessen, von den Wünschen des Patienten zu sprechen, . . . Beim regredierten Patienten ist das Wort Wunsch nicht korrekt; statt dessen verwenden wir das Wort *Bedürfnis.* . . . Wenn dem Bedürfnis entsprochen wird, ist das Ergebnis nicht ärger, sondern es stellt einfach eine Reproduktion der Situation dar, in der die Umwelt versagt und damit den Prozeß des Wachstums des Selbst zum Stillstand gebracht hat. . . .» (WINNICOTT 1954, 1982 S. 13).

damit eine liebevolle Beziehung letztlich nicht gelingt, ist der unheilvolle Kreislauf des Wiederholungszwanges.)

«Im Spiel des Kindes realisieren sich Phantasie und Symbol, das Spiel ist seine Realität ... In solchem Spiel und gemeinsamem Erleben vollzieht sich, mehr als durch Deutung, verbale Verständigung oder (ein) Dialog irgendwelcher Art. Die für das Kind einzig gültige Form ist «das Erlebnis»» als korrigierende Erfahrung von großer Bedeutung. Die Realität, die im Spiel immer mit dabei ist, erschließt dem Kind die Möglichkeit, seine Phantasie als solche zu erkennen. – Das Kind lebe in seiner symbolischen Welt; in ihr müsse der Therapeut ihm begegnen und es im Symbolischen ansprechen. – «In solchem Spiel, das die Phantasie in die Beziehung hineinbringt und am Analytiker ausprobiert wird, erfüllt sich das Symbol, wird es ausgesprochen, ausgespielt, ausgetragen. Mit dieser «réalisation symbolique» wird die kindliche Neurose aufgerollt, d.h. die verdrängten und unterdrückten Gefühle (werden) zur Sprache gebracht. ... Im analytischen Ablauf wird das Agieren nicht nur gepflegt, sondern auch in einen Sinnzusammenhang gebracht. *Es begegnen sich zwei Sphären, die Phantasie und die Realität*[3], und in ihrem Zusammenleben *erfüllt sich der symbolische Wunsch.* Damit werden Agieren und Neurose aufgelöst, das Kind erfährt, daß es auch anders leben kann.» – «Die dramatische Gestaltung des Märchens (Psychodrama, Kasperle-Theater usw.) hat uns das Kind selbst gelehrt, wir müssen uns nur von seiner Phantasie, seiner Magie, seiner Symbolik ergreifen lassen. – Dieses Spiel mit dem Kleinkind steht gewissermaßen anstelle der verbalen Deutung» (alles nach BERNA).

BERNA legt das Hauptgewicht seiner kindertherapeutischen Arbeit auf das «Mit-Agieren», wie es schon REICH (1971) für die Erwachsenen-Analyse vorgeschlagen hatte. Der Therapeut gehe nicht mit einer Sinn-Deutung auf das Verhalten ein, sondern übernehme «spiegelbildlich das Verhalten des Analysanden» (des Kindes) und bereite auf diese Weise den Weg zur Einsicht.

Im KB ist es das empathische Eingehen des Therapeuten auf die Bilderwelt des Patienten und sein inneres Nachzeichnen dieser Szenen. Die damit verbundene Zustimmung und die vorsichtige, sinngerechte Lenkung der KB-Phantasie haben viel Gemeinsames mit der Kind-Therapeut-Diade BERNAs in der Spieltherapie.

ohne Deuten
Analog ist das Konzept und sind die Erfahrungen der *«Kinderpsychotherapie ohne Deuten unbewußter Inhalte»* (ZULLIGER 1951). Er zeigt, wie das Mädchen «auf dem Wege der Identifikation mit dem Totem- und Phobie-Tier sein Ich ausweitet, indem der Ödipus-Komplex agierend abgewandelt wird und zerfällt»; auf dem Wege der oralen Identifikation werden die Autoritätspersonen introjiziert; entsprechend vermindert sich die Angst, kräftigt sich das Ich und *gelingt die Anpassung an die Realität.*

Auf die Frage: «Wieso können Heilungen überhaupt zustande kommen ohne Bewußtmachen der pathogenen unbewußten Konflikte, ohne daß der kleine Patient weiß, was seine Symptome bedeuten und was er damit beabsichtigt, ohne daß der tiefenpsychologische Hintergrund aufgehellt wird», kommt ZULLIGER zu einer einfachen, aber naheliegenden Schlußfolgerung: Die Tiere des Spieles haben für das Kind «Wirklichkeitswert». Darin liegt die direkte Analogie zur «réalisation symbolique» von SECHEHAYE. Wenn beim Kasperle-Spiel ein Kind den König totschlägt oder vom Krokodil auffressen, vom Polizisten verhaften läßt, dann ist für das Kind «wirklich Rache genommen am Vater. Der Vater

---

[3] Kursiv durch den Autor.

268

ist totgeschlagen (aufgefressen, durch Verhaftung unschädlich gemacht)». Ersatzgestalten (auch Tiere) beziehen sich nach der pars pro toto Regel (hier) auf den Vater. Es gilt zu akzeptieren, was intellektuell als unsinnig erscheint, nämlich das «magische Denken». Der hier gebrauchte Begriff vom «magischen Denken» entspricht der emotionalen Erlebniswelt des Primärvorganges nach FREUD, also der breiten Funktionsebene im vorbegrifflichen, bildhaften, emotional-affektiven Bereich, dem auch Traum und Imagination zuzuordnen sind.

ZULLIGER, zu Lebzeiten einer der kreativsten Kindertherapeuten, faßt seine Beobachtungen aus der «reinen Spieltherapie» zusammen und verallgemeinert für alle Psychotherapie: «Mich deucht, das Geheimnis der Heilung psychogener Affektionen bestehe überhaupt allgemein darin, daß es dem Psychotherapeuten gelingt, die infantile und damit die urhafte Schicht oder Art des Denkens zu erreichen.»

Diese Regel ist schon in den ersten Publikationen über das KB mit voller Berechtigung, z. T. etwas überpointiert, vertreten worden, mit Hinweis auf die «nicht-interpretierenden» Interventionen, wie z. B. die Symbolkonfrontation im KB (LEUNER 1955b). Noch heute, selbst im Rahmen des Durcharbeitens mit der fortgeschrittenen Mittelstufen-Technik (siehe dort), vertrete ich die Auffassung, die deutenden Hilfen in der Hierarchie der Interventionen an letzter Stelle zu plazieren.

Zusammenfassend scheint mir folgendes sehr evident: Bei der Entdeckung der archaischen Bedürfnisbefriedigung im KB, der nicht-interpretierenden Wirkung der Tagtraum-Imaginationen überhaupt, sind wir auf im Primärprozeß wurzelnde symbolische Vollzüge gestoßen, die anderen Ortes schon früher beobachtet und in anekdotischer Form studiert worden sind. All den Techniken, der réalisation symbolique, der Spieltherapie und der Befriedigung archaischer Bedürfnisse im KB, ist auf der Ebene der narzißtischen und anaklitischen therapeutischen Regression das weitreichende tiefenpsychologische Wirkungsprinzip der symbolischen (Wunsch-)Befriedigung eigen. Es ist naturgemäß an die (anaklitische und andere) Beziehungsstruktur (Übertragung) mit dem Therapeuten gebunden. Ich folge auch der Auffassung, daß im Sinne der Objektbeziehungstheorie (S. 368) in diesen Fällen «schlummernde» positive infantile Mutter-Kind und andere Beziehungen zugrunde liegen. Das KB bietet neben anderen Verfahren gute Möglichkeit, diese latenten Früherfahrungen zu aktivieren und der Therapie zugänglich zu machen.

3.1.4. Die therapeutische Wirkung von Wasser und Landschaftsmotiven

Wasser hat bekanntlich auch in der Realität eine besondere heilende Valenz, wenn man an die außerordentliche Verbreitung und Wirkung von Wasseranwendungen etwa in der «Kneipp-Kur» bei vegetativen und Kreislauf-Störungen denkt. Geht man von der Prämisse aus, daß Handlungen in der Phantasie von der Psyche kaum von denen in der Realität vorgenommenen unterschieden werden (KLINGER 1984), verwundert es nicht, daß auch eine imaginierte Wasseranwendung zu einer der realen analogen Körperreaktion führen kann. Der Leser wird nach den vorangestellten Untersuchungen erkennen, daß die Anwendung von Wasser psychodynamisch gesehen in engem Bezug zur primär-narzißtischen Bedürfnisbefriedigung steht. Ich erinnere an das «ozeanische Gefühl», dessen prägendes Modell das intrauterine Erleben sein dürfte. Ich stelle im folgenden einige in der Literatur beschriebene Fälle zusammen.

Fall 1

30jährige Patientin, die seit fünf Monaten an psycho-vegetativen Herz-Sensationen leidet und depressiv verstimmt ist. Deshalb ist sie arbeitsunfähig und wird in ein internistisch geleitetes Sanatorium eingewiesen. Eine Hyperthyreose (Schilddrüsenüberfunktion) wird angenommen. Die Patientin spricht auf entsprechende Medikamente jedoch nicht an, auch nicht auf das autogene Training. Das Angebot des Internisten, im KB das Meer einzustellen, in dem sie auch real sehr gern schwimmt, führt zu lustbetonten Schwimmerlebnissen. Bereits nach sechs Sitzungen dieser einförmigen Anwendung mit gewissen Varianten geht es ihr wesentlich besser. Wie der Kollege berichtet, nimmt sie an Gewicht zu, erholt sich, steht vom Bett auf und fährt nach acht Tagen mit dem Ehemann in Urlaub. Sie nimmt eine positive Einstellung gegenüber dem Gesundungsprozeß ein. Eine geplante Schilddrüsenoperation wird abgesagt, die thyreostatische Behandlung wird fallen gelassen (keine Nachbeobachtung). (Ausführlich LEUNER 1982b, S. 55.)

Fall 2

Ein achtjähriges Mädchen wird von seiner Großmutter in die Praxis des psychotherapeutisch tätigen Allgemeinarztes gebracht wegen einer häßlichen und unangenehm wirkenden Warze am Daumen. Der Kollege leitet nach den üblichen Präliminarien bei dem Kind das KB ein und bittet es, in der Imagination den Daumen mit der Warze für einige Zeit in den eingestellten Bach hineinzuhalten. Er gibt keinerlei Kommentar. Bei der Wiedervorstellung, drei Tage später, ist die Warze eingetrocknet und abgefallen. (Nach KRAPF 1978.)

Kommentar: Die Warze wird durch einen Virus ausgelöst, allerdings ist bekannt, daß Warzen durch Besprechung verschwinden können.

Fall 3

Dem 50jährigen Arzt wird nach einer Blinddarmoperation im Krankenhaus der Blutdruck gemessen, der statt 130/80 auf 170/110 angestiegen ist. Er führt den Anstieg auf das mit der unerwartet notwendigen Operation entstandene Gefühl einer existentiellen Bedrohung zurück, interpretiert ihn also als psychovegetative Streßreaktion. In autogenes Training und KB eingeübt, unternimmt er folgenden Selbstversuch: Er imaginiert in der Absicht einer intensiven Entspannung mit passiver Hingabe, wie er in einem langsam strömenden Fluß in Rückenlage schwimmend vom Wasser getragen wird. Ein Gefühl der «Verschmelzung» mit dem ihn Umgebenden entwickelt sich allmählich. Die Umgebung der Landschaft ist angenehm, wenn auch gewisse Störungszeichen erscheinen. Er wiederholt diese Einstellung am gleichen Tag mehrmals in einer allgemeinen, sehr tiefen Entspannung, die die vorher bestehende Schlafstörung beeinflußt. Am nächsten Tag liegen die Blutdruckwerte bei 130/80 mmHg (nach LEUNER 1982b).

Kommentar: Die schnelle und ausgiebige, auf das Vegetativum Einfluß nehmende Wirkung ist immerhin überraschend, zumal auch der schwer zu beeinflussende diastolische Wert (der untere Wert) eine entscheidende Senkung erfährt.

Fall 4

Die 78jährige Patientin sucht einen Psychotherapie durchführenden Allgemeinpraktiker auf wegen einer schweren Hyperhidrosis universalis (dauerndes Schwitzen am ganzen Körper) und extremer Ausprägung mit der Notwendigkeit, täglich mehrmals ihre Wäsche zu wechseln. Alle bisherigen, auch fachärztlichen Behandlungsversuche waren ergebnislos. Der Kollege stellt im KB unter Abspielen einer Meditationsmusik zu wiederholten Malen Badeszenen ein, in denen sich die Patientin in das Alter der 18jährigen zurückversetzt fühlt. Sie beschreibt die wohltuende Wirkung des Bades in Nähe eines jungen Mannes (ihrem späteren Ehemann) und ist über dieses Erlebnis «innerlich sichtlich bewegt und beglückt». Zu einer häuslichen Übung angeregt, berichtet sie bereits beim zweiten Arztbesuch, daß sie nachts sehr gut geschlafen und keine Schweißausbrüche mehr gehabt habe. Nach vier Sitzungen erklärt die Patientin, sie fühle sich «als geheilt und wolle nun nicht mehr kommen». In der Nachbeobachtungszeit von drei Jahren wird über ein kurzes, spontan abklingendes Rezidiv berichtet (ausführlich Pszywyj 1983).

Kommentar: Das beglückende Erlebnis bezieht sich in diesem Fall nicht allein auf das Bad, sondern auch auf die Objektbeziehung zu dem «jungen Mann».

Objekt-Beziehungen

Ich verzichte auf die Wiedergabe weiterer analoger Beispiele. Unter dem Stichwort «katathyme Hydrotherapie» hat Pszywyj (1983) den Fall einer drogenabhängigen, arbeitsgestörten Studentin und eines neunjährigen Mädchens mit einer chronisch rezidivierenden Urticaria beschrieben. Auch in diesen Fällen hielt das Ergebnis der Nachbeobachtung stand, obgleich es sich in allen drei Fällen nur um eine Kurzbehandlung gehandelt hatte.

Kommentar: Patienten ganz unterschiedlichen Alters wurden in der ärztlichen Praxis mit der analogen therapeutischen Maßnahme im KB behandelt. Die Behandlung wurde in den drei letzten Therapiestunden im KB mit Musik (mKB, vgl. S. 459) durchgeführt und waren eingebettet in Anamnese und darauf bezogene Konfliktgespräche. Eine entsprechende positive Übertragungslage auf den Arzt bestand. Hautaffektionen und Sucht gehen bekanntlich auf eine sehr frühe Störung im narzißtischen oder oralen Bereich zurück. Das imaginierte Bad und die gespielte Meditationsmusik[4] konnten im Sinne einer ausgeprägten narzißtischen, z.T. auch oralen *Subvention* wirksam werden. Die primäre Einheit mit dem Element Wasser wurde wohl verstärkt durch die induzierende Meditationsmusik. In diesen Fällen hat das Erleben der narzißtischen und symbiotischen Einheit eine langdauernde, bis zu drei Jahren kontrollierbare positive Wirkung auf die chronische Symptomatik gehabt. Das ist jedoch nicht der Hauptgrund, diese Fälle vorzustellen. Die förmlich als «magisch» zu bezeichnende Wirkung von imaginiertem Wasser auf den Organismus, d.h. das psychovegetative System mit der eigentümlichen Stärkung des Ich, sollte verdeutlicht werden. Die Parallele zu den in den vorangegangenen Abschnitten dargestellten Aspekten der symbiotischen Beziehung, der Einheit mit der (ozeanischen) Welt, verstanden auch hier als eine Réalisation symbolique, findet in der Wasseranwendung eine gute Bestätigung. Der Begriff des Wassers neben anderen Flüssigkeiten, etwa Speichel, Urin usw. als «magische Flüssigkeiten» findet in diesem

---

[4] Peter Bleu: «Meditation».

narzißtischen Ansatz weniger eine Erklärung, sondern zeigt, wie oberflächlich diese Bezeichnung letztlich ist. – Besonders hervorheben möchte ich den Umstand, daß im Fall der 78jährigen Patientin und im zweiten, des Mädchens mit Urticaria, die Liebesobjekte an dem Schwimmbad teilnahmen, mit anderen Worten sich hier harmonisierende symbiotische personale Beziehungen von selbst darstellen, ganz offensichtlich aus einem Bedürfnis: im ersten Fall Wiederherstellung der engen Beziehung zu dem verstorbenen Ehemann, im zweiten mit der Familie aus dem Wunsch nach Harmonie des in einer gespannten Familiensituation lebenden Mädchens.

Landschaftliche Motive, unter Umständen unter einer besonderen Beleuchtung (z.B. Sonnenuntergang) können ein erhebendes Glücksgefühl vermitteln. Es steht dem Erleben des Einseins mit der Natur dann sehr nahe. Beispiele findet der Leser auf S.260, das Wiesenmotiv auf S.273, den erwähnten Fall von WÄCHTER in ROTH (1984 S.89) und einen Fall von EIBACH über eine chronische Herzneurose in LEUNER & LANG (1982 S.203). Ein schönes Beispiel einer Verschmelzungsphantasie zeigt eine Patientin von WILKE (1982).

Fall 5

In der fünften Sitzung imaginiert die 26 Jahre alte Sekretärin, die an einer therapierefraktären Colitis leidet, nach anfänglichen regressiven und depressiven Bildern im KB ein Gewitter und «sucht Schutz in einer tiefen Ackerfurche. Nässe und Schmutz vermitteln Geborgenheit. Bei zunehmendem Wohlgefühl und völliger Angstfreiheit wird der Körper konturenlos, verschwommen empfunden. ‹Ich hätte mit der warmen Erde verschmelzen mögen›.» – Nach einer weiteren Sitzung, in der es zu einem ähnlichen regressiven Bild mit Verschmelzung mit mütterlichen Elementen kommt, sistiert die Darmblutung der Patientin zum ersten Mal.

Kommentar: Derartig kurze, symbiotisch-narzißtische Szenen sind im KB keineswegs selten. Sie spiegeln unter Umständen deutlich die Übertragungslage. Im Zusammenhang damit möchte ich noch ein abschließendes Beispiel dafür bringen, wie das Wiesenmotiv unter Umständen in der ersten Sitzung ein Verschmelzungserleben bietet.

Fall 6 (Protokollausschnitt nach EIBACH 1962, S.212)

«Ich spüre meinen Rücken, die Haut, ich strampele und fühle mich ganz beschützt. Es ist warm und wohlig. Ich liege wie in einem Nest. Meine Hände kribbeln, ich taste das Gras, ich greife danach, nun ist auch das lebendige kribbelnde Gefühl in meinen Fingern. Ich hebe die Hände in die Luft, möchte sie ausbreiten, um alles festzuhalten.» Abbildung 12 gibt die Szene der intensiven Hautberührung mit dem Gras und der Erde wieder.

Kommentar: Im letzten Beispiel verschmelzen orale und narzißtische Elemente miteinander und signalisieren die anaklitische Übertragung auf die Therapeutin. Auch WÄCHTER (1982) berichtet von der Kurztherapie einer neurotischen Depression mit narzißtischem Persönlichkeitsanteil. In beiden Fällen konnte eine Bearbeitung der späteren Objektbeziehungen mit KB-Inhalten folgen, die auf eine Lösung aus der Symbiose und Verselbständigung des Patienten hinweisen.

WILKE (1983) und ergänzend EIBACH (1982) bestätigen ferner ihre Beobachtungen, daß bei psychosomatischen Patienten nicht selten der therapeutische

Abbildung 12: Der Patient erlebt sich in einem frühkindlichen Alter regrediert auf der Wiese und sucht intensive Hautberührung mit dem Gras und der Erde (zugleich Ausdruck der anaklitischen Übertragung).

Prozeß im KB zwischen einer symbiotischen Phase der Beruhigung unter Rücktritt des Symptomes und der Auseinandersetzung mit den konfliktbesetzten Objektbeziehungen, eventuell mit Verstärkung der Symptomatik, wechselt. Die erste Phase zeigt eine deutliche Stabilisierung des Ich mit Vorbereitung zur nachfolgenden Auseinandersetzung. In der zweiten verfügt der Patient nach klinischem Eindruck über eine größere Konflikttoleranz und vorher nicht bestehende Abwehrmechanismen. Die Beobachtung von Linien mit kumulierenden symbiotischen Inhalten im KB hat PAHL (1982) in seiner differenzierten Studie (S. 263) festgehalten. Sie erscheinen in der KB-Therapie häufig, sobald der Therapeut gelernt hat, darauf zu achten. Psychodynamisch muß trotz des Konzeptes vom narzißtischen Ausgleich (KOHUT 1966), das bei Fällen mit sistierenden Symptomen für längere Dauer deutlich zu werden scheint, die Frage nach der Abwehr durch die narzißtische Regression wachgehalten werden. Gehen wir ihr nach, so wird deutlich, daß narzißtisch-symbiotische Passagen im KB nicht selten eine abwehrende Vorstufe von sich ankündigenden schweren traumatisierenden Inhalten sind, gewissermaßen als eine letzte regressive Zuflucht gegenüber einer existentiell bedrohlichen Reminiszenz.

In diesem Zusammenhang bedarf es kaum einer Hervorhebung des Umstandes, daß wir bezüglich der narzißtischen Befriedigung archaischer Bedürfnisse zwischen jenen Fällen zu unterscheiden haben, in denen damit eine Therapie klinisch gesehen zum Abschluß kommt, und jenen anderen, in denen in einem längeren therapeutischen Prozeß narzißtische Perioden vorübergehender Art auftreten und im Dienst des therapeutischen Fortschrittes stehen.

3.1.5. Gezielte narzißtische Befriedigung

Ein besonderes Kapitel bildet naturgemäß die Konsequenz aus dem bisher Erarbeiteten für die KB-Behandlung im Sinne einer gezielten Induktion der narzißtischen Befriedigung. Ich verfüge darüber bislang noch über wenige Beispiele. Sie zeigen, daß derartige Interventionen zumindest als Krisenintervention bei klarer Indikation möglich und sehr hilfreich sind. Im allgemeinen empfehle ich, eine spontane narzißtische Regression abzuwarten und diese dann therapeutisch entsprechend zu nutzen. Nach meinem Konzept der KB-Therapie muß die Psyche bereit sein, sich einer solchen narzißtisch-regressiven Hingabe und symbiotischen Beziehung zu öffnen. Das läßt sich nicht in jeder Phase der Therapie organisch herbeiführen. Um eine archaische Befriedigung zu induzieren, sollte der Therapeut über große Erfahrung verfügen, um die Offenheit des Patienten für diese Intervention zum jeweiligen Zeitpunkt richtig zu erkennen. Da diese in der Regel einen stark beruhigenden, ausgleichenden und stabilisierenden Effekt hat, liegt, wie schon gesagt, ihre Indikation überall dort nahe, wo ein Mensch pathologisches Verhalten im Sinne allgemeiner Unruhe, Erregtheit sowie Angst- und Spannungszustände oder ähnliches zeigt. Ein entsprechendes Beispiel war der Selbstversuch des Arztes auf S. 37. Ich neige dazu, einmal in Selbsterfahrungsgruppen von angehenden KB-Therapeuten ein entsprechendes Motiv einzustellen, um sie mit der relevanten Erlebnisweise vertraut zu machen. Das gelingt wohl bei 90% der Teilnehmer ohne allzu große Schwierigkeiten. Ab und zu kann sich aber auch dort ein konflikthafter Inhalt dazwischenschieben.

ein Versuch

Die technische Anweisung lautet: Der Betreffende möge sich eines Ereignisses in seiner Vergangenheit erinnern, bei dem er sich besonders glücklich und wohl gefühlt hat. Es könne einerseits eine erhebende Situation mit Glücksgefühl in der Natur sein, andererseits ein besonders beglückendes Erlebnis mit einem Menschen. Der Akzent liegt auf «glücklich» und darauf, daß es sich um ein Ereignis *aus der persönlichen Vergangenheit* handelt. Absicht ist es, einen real erlebten Glückszustand (dem jeder sein «ganz persönliches Gewicht beimißt») in seiner vollen emotionalen Tiefe und Breite wieder erleben zu lassen. Das gelingt, wie gesagt, in der Regel auch recht gut.

Beispiel[5]

Ich werde zu einer 40jährigen Patientin mit dem Schub einer hochakuten Colitis ulcerosa in die Medizinische Universitätsklinik gerufen. Die mir von früher bekannte Patientin ist voller Unruhe, hyperaktiv am Telephon und in panischer Angst, einerseits über das Schicksal ihrer sechs Kinder, andererseits in der Befürchtung, dem Tode entgegenzugehen. – Das auf die aktuelle Situation zentrierte Konfliktgespräch und meine beruhigende Haltung erlauben zunächst soweit Entspannung, um das KB einzuleiten. Ich schlage ihr

---

[5] Ausführlich in: LEUNER (1982).

ein Bild der beschriebenen Technik vor. Binnen kurzem stellt sich ihr eine Szene dar, die sie besonders geliebt hat: Sie liegt in ihrem Garten im Liegestuhl, und die späte Nachmittagssonne scheint in die aufgeblühten Rosen neben ihr. Sich diesem Bilde meditativ aufgeschlossen hingebend, entwickelt sich eine tiefe innere Ruhe während der 15 – 20 Minuten in Anspruch nehmenden Übung. Am darauf folgenden Tag finde ich die Patientin ruhiger, gelöster, entspannt und gegenüber den äußeren Problemen distanziert. Zum ersten Mal hat sie gut geschlafen, zeigt Appetit; der Darm hat sich etwas beruhigt, und ihre psychische Lage ist zum Positiven geändert. Ich wiederhole die Übung und gebe ihr auf, diese in meiner Abwesenheit am nächsten Tag selbst fortzusetzen. – Am übernächsten Tag aufgesucht, ist sie weiterhin gelassen und psychisch ausgeglichen. Entsprechend besserer Schlaf, Appetit, ruhiger Darm, geringere Beschwerden. Sie berichtet aber über einen Zwischenfall bei einer der ihr aufgegebenen Selbstübungen: Als sie imaginativ im Liegestuhl lag, sei sie geschrumpft und immer kleiner geworden. Am Ende habe sie sich im Zustand eines Embryos gefühlt und auch «gesehen». Das habe sie erschreckt, und sie habe die Übung schnell abgebrochen.

Kommentar: Das Ausmaß der Effizienz dieser relativ kurzen Krisenintervention hat mich seinerzeit doch sehr überrascht, obgleich ich von der Hypothese ausgegangen bin, daß sie wirkungsvoll sein wird. Von Selbstübungen ist jedoch abzuraten, wobei das erschreckende Erleben der Schrumpfung eine Warnung sein kann. Die Reaktion dieser extremen Regression in das embryonale Stadium bestätigt allerdings auch, daß das glückliche Naturerlebnis der Rosen des Gartens eine narzißtische Regression im Sinne eines Einheitserlebens mit der Natur zur Basis hat.

Krisenintervention

Weitere Untersuchungen über diese Interventionstechnik wären notwendig, um die Breite der Wirkung und ihre Grenzen statistisch zu ermitteln. Zu betonen ist von der Technik her gesehen, daß es nicht darum geht, eine vom Therapeuten ausgesuchte Szene (die ja immer kognitiven Ursprung hat) einzustellen, sondern ein im Motivationssystem des Patienten, in seinem Erinnerungsschatz verankertes Erleben von «Lebensglück».

3.1.6. Befriedigung oraler Bedürfnisse

Die symbolische Befriedigung im Bereich der narzißtischen Regression ist wohl der deutlichste Ausdruck einer Regression vor den Konflikt (ALEXANDER 1955) mit der von KOHUT (1966) hervorgehoben ausgleichenden und das Ich stabilisierenden Wirkung. An zweiter Stelle, jedoch seltener, besteht im Verlauf einer Therapie die Tendenz zur archaischen Befriedigung im oralen Bereich. Ich verfüge über einige Beispiele. Sie sollen die Aufmerksamkeit des angehenden Therapeuten auf diesen Ansatz lenken und ihn in den Stand versetzen, entsprechende Tendenzen rechtzeitig zu erkennen.

Bislang habe ich allerdings noch keinen Fall gesehen, bei dem schon in den ersten Sitzungen ein oral befriedigendes Thema aufkommt. In der Regel ist es vielmehr die Frucht einer längeren, charakterwandelnden Bearbeitung vielfältig gestörter Objektbeziehungen, bis spontane Inhalte das klare Bedürfnis nach oraler Befriedigung anzeigen. Das Erlebnismuster ist leichter zu erkennen als das der narzißtischen Regression, auch sind Parallelen zur Spieltherapie des Kindes hier besonders deutlich.

Beispiel 1[6]

Ein stark zwangsneurotisch gestörter und depressiver Physiker litt an einer Grundstörung (BALINT 1970), determiniert durch eine Depression der Mutter in seinen ersten beiden Lebensjahren. In den Phantasien seiner KB-Therapie begegnet ihm in einer wichtigen Phase eine Frau, die ihn von vornherein stark anspricht. Er beschreibt sie als eine kräftig gebaute, dunkelhaarige Gestalt mit großen Brüsten. Sie wendet sich ihm freundlich, etwas geheimnisvoll lächelnd zu. Der Patient verspürt ein warmes Sympathiegefühl und großes Vertrauen. In schwärmerischen Worten schildert er die mütterlich-nährenden Qualitäten dieser Frau. Sie schreitet vor ihm her. Er folgt ihr teils zögernd, teils hoffnungsvoll. Sie gelangen an einen Meeresstrand, wo sie sich in die Sonne legt. Er legt sich neben sie. In diesem Moment scheint er zu schrumpfen, wird zum Kleinkind und ist bald ein Baby von unterdimensionaler Größe. Er versucht nun, auf den Körper der nackt daliegenden Frauengestalt zu kriechen und sich an ihre Brust zu legen. Unter intensiver taktiler Wahrnehmung versucht er, die Brustwarze zu erreichen, und schildert den Hautkontakt, die Weichheit und Wärme der übergroßen weiblichen Brust, an der er zu saugen beginnt (Abbildung 13). Im nachhinein bezeichnete er die dunkelhaarige Frauengestalt als «meine Mongolin», eine fremdländische, ihm ungeheuer vital erscheinende, ideale mütterlich-weibliche Gestalt.

Beispiel 2[7]

Einige Zeit später imaginiert derselbe Patient begeistert, fasziniert und voller Verehrung eine riesengroße Frauengestalt, wiederum mit gewaltigen Brüsten. Aus ihnen fließen Milchströme auf die Erde, die von anbetenden, dankbaren Männern in Empfang genommen werden, die in die Knie fallen und die Hände erhoben haben (Abbildung 14).

Abbildung 13: Zum winzigen Baby regrediert saugt der Patient an der narzißtisch idealisierten («überbesetzten»), spendenden Mutterbrust seiner phantasierten «Mongolin».

---

[6] Ausführlich in: LEUNER & LANG (1982) S. 42 ff.
[7] Ausführlich in: LEUNER & LANG (1982) S. 42 ff.

Kommentar: Beiden Beispielen ist der betont orale Akzent und die orale Befriedigung eigen. Beiden gemeinsam ist ebenfalls die hochgradige Idealisierung der spendenden Mutter, deren Fähigkeit zur Befriedigung von «Riesenansprüchen» offensichtlich dadurch gegeben ist, daß eine beträchtliche emotionale «Überbesetzung» besteht, im letzteren Fall ist die narzißtische Idealisierung zur göttlichen Imago des omnipotenten «Riesenweibes» ganz besonders deutlich, im ersten Beispiel nur angedeutet, indem die Frau in der Gestalt der «Mongolin» in den fernen exotischen Bereich verlagert wird, in dem der Betreffende übermäßig spendende Naturkräfte der Frauen vermutet. Gleichzeitig sind die Dimensionen, wie Abbildung 13 zeigt, zwischen der Größe des Säuglings und der Größe

Interpretation

Abbildung 14: Narzißtisch idealisierte, oral überbesetzte Brust einer pausenlos spendenden Muttergöttin.

277

der Brust verschoben. Die sich hier ausdrückende «symbolische Wunschbefriedigung» zeigt die immense Fähigkeit der menschlichen Phantasieproduktion, wenn es sich um triebhafte Wunschbefriedigung handelt.

Dem Ausmaß des archaischen Hungers wird die befriedigende Imagination spontan angepaßt. Daraus ergibt sich auch für die Befriedigung archaischer Bedürfnisse – weshalb ich diesen Begriff gewählt habe – statt der Notwendigkeit eines Verzichtes unter Zwang des Durcharbeitens die Möglichkeit, den Patienten über die reale Begrenztheit der Wunschbefriedigung hinauszuführen. Die archaischen Riesenwünsche werden durch die Phantasie erfüllt, wenn auch nur zunächst vorläufig. Die damit verbundene, mehr oder weniger ekstatische Befriedigung erlaubt dem Probanden, mit Hilfe des Vollzuges einer emotionalen und triebhaften «Sättigung» seiner Ansprüche auf die Ebene der real erfüllbaren Größenordnung zurückzukehren. Wegen der Gefahr einer pathologischen Fixierung verweise ich auf S. 282.

Beispiel 3

orale Überbesetzung
In einer empirischen Studie hat STAMM (1983) die psychodynamische Wirkung einer Leerhypnose, d. h. der unspezifischen Suggestion von Entspannung, Wohlgefühl und Ruhe, im diagnostischen Katathymen Bilderleben untersucht. An 15 unausgelesenen neurotischen Patienten beobachtete er und wertete im prä-post-Test die Veränderungen des katathymen Panoramas nach 5, 10 und 15 Hypnosesitzungen statistisch aus. Bereits nach fünf Hypnosen zeichnete sich eine deutliche Entwicklung ab. Sie zeigte eine sich weiter fortsetzende Vitalisierung der Landschaft mit zunehmender Fruchtbarkeit. Die Landschaft bevölkerte sich mit Tieren und Menschen. Die Natur wurde üppiger, Früchte hingen an den Obstbäumen. Die Bewohner eines Dorfes luden den durch das katathyme Panorama wandernden Patienten zum Essen ein, Schüsseln mit vielerlei Gerichten standen auf reich mit Speisen beladenen Tischen. Andere Themen, wie das der Leistung (Bergbesteigung) blieben von den Veränderungen fast unberührt. Ähnlich wie in dem vorhergehenden Beispiel zeigten diese Versuche eine außerordentliche Überbesetzung des oralen Themas von Befriedigungscharakter. Das Ausmaß übertraf alles, was wir in einer regulären KB-Therapie zu sehen gewohnt sind.

Kommentar: Das orale Thema kommt häufiger in der KB-Gruppentherapie vor. Eine Gruppe entschließt sich in der Imagination, statt der geplanten Bergbesteigung oder Schloßbesichtigung zunächst einmal einkaufen zu gehen und eine «Freßorgie» abzuhalten. Ähnliche Tendenzen entstehen nach einer anstrengenden Wanderung, einem Ausflug, einer Schiffsfahrt auf dem Amazonas usw. Auch Trinkszenen mit dem Gefühl der eigenen Betrunkenheit kommen in der gemeinsamen Gruppenphantasie häufiger vor als in der Einzeltherapie. Hier sind orale Szenen eher nur kurz eingeblendet, etwa wenn der Patient nach einer Bergbesteigung in ein Dorf kommt und ein Gasthaus sucht. So banal diese Szenen des Essens und Trinkens zunächst auch erscheinen, sollte der Therapeut sich an die *Bedeutung der oralen archaischen Triebbefriedigung* erinnern und diese Szenen breit auskosten lassen, beziehungsweise die Gelegenheit zum ausgiebigen oralen Genuß in Muße eher verstärken. Das ist besonders bei oral- und genußgehemmten Patienten wichtig.

3.1.7. Befriedigung analer Bedürfnisse

Bedürfnisbefriedigung in der narzißtischen und oralen Entwicklungsphase finden wir im KB nicht selten, jedoch weit weniger spontane Tendenzen des Patienten, sich dem Schmutzproblem, Inhalten von Schlamm, Morast und der Symbolik der Analität zuzuwenden. Wir besitzen darüber aber eine sinnfällige Parallele in der Spieltherapie des Kindes. Der kleine Patient wendet sich in einer gewissen Periode des therapeutischen Prozesses der analen Welt zu (Sauberkeitserziehung). Dann kann er animiert bis hin zu einer fast orgiastischen Erregung Puppen im Szeno-Test auf das Klosett setzen, mit brauner Farbe schmieren oder spritzen, anale Ausdrücke bevorzugen und expansive und aggressive Impulse freigeben, nicht zuletzt in der Übertragung auf den Therapeuten. Der Begriff «anal-sadistisch» wird daran illustriert. Aufgrund meiner Erfahrungen in der Behandlung von zwangsneurotischen Patienten habe ich die These vertreten, daß sie nur dann erfolgreich behandelt werden können, wenn im Verlaufe der Therapie einmal eine derartige anal-sadistische Phase durchphantasiert wird. In ihr manifestiert sich nach längeren Abwehrvorgängen die Wertschätzung von Schlamm, Kot, dem Sich-darin-Wälzen, des Werfens mit Schlammklumpen usw. Wie in der Oberstufen-Technik näher ausgeführt, ist das dafür vorgesehene Motiv das Sumpfloch. – Getreu der häufig strikt und allzu früh durchgeführten Sauberkeitserziehung der jetzigen Erwachsenengeneration ist das Thema stark tabuiert und tritt in der KB-Therapie viel seltener (als unter Zuhilfenahme halluzinogener Substanzen) auf. Dort hat mein Mitarbeiter ADLER (1981) die Psychodynamik der Kotphantasien und des Einkotens der Patienten analysiert. Daraus haben wir gelernt, daß sich zusammenfassend gesehen in der Kotphantasie narzißtisches Erleben in der Wertschätzung der warmen, knetbaren Masse manifestiert. Sie hat zugleich auch Objektcharakter im Sinne des Ausstoßens des bösen introjizierten Objektes (z.B. des bösen Vaters) mit dem Gefühl eines Energie- und Kraftzuwachses im aggressiven und expansiven Sinn. Zur Verdeutlichung möchte ich wiederum Beispiele anführen.

Paradigma
Spieltherapie

Beispiel 1

Eine Gruppe von Studentinnen und Studenten, die sich dem Gruppen-KB unterzogen hat, phantasiert eine Bergbesteigung mit Übernachtung in einer Hütte. In der Hütte kommt es anfangs zu einer oralen Szene, es wird gegessen und Alkohol getrunken. Die naheliegende erotisch-sexuelle Kontaktbeziehung wird verdrängt und kommt nur andeutungsweise zum Ausdruck. Am nächsten Morgen geht die Gruppe gemeinsam an einen nahen Bach, um sich dort zu waschen. Es kommt jedoch stattdessen zu einer «Schlammschlacht», in der man sich gegenseitig mit Modder des Baches bewirft und daraus großen Lustgewinn zieht. Die Aktionen entstanden spontan, vom Therapeuten in keiner Weise angeregt.

Beispiele

Beispiel 2

Eine etwa 21 Jahre alte, hysterisch strukturierte Ehefrau ist noch an ihren stark ambivalent erlebten, sie aber unterdrückenden Vater gebunden. Sie imaginiert wiederholt Szenen, in denen sie außerordentliche Mengen von Kot produziert, Kotballen ausstößt, damit ihren Vater trifft, durch eine Kotstraße mit dem Vater Kommunikation aufnimmt und später den Vater in eine Toilette, auf die er sich begeben hat, triumphierend einschließt.

Beispiel 3

Ein etwa 30jähriger Kollege, der sich in einer KB-Lehrtherapie befindet, dringt nach Einstellung des Sumpfloches in dieses hinein, wälzt und suhlt sich mit großem Genuß in dem braunen Morast, taucht darin unter, beschmiert sich von oben bis unten, findet diesen Akt «großartig» und ergeht sich über eine längere Passage höchst animiert in diesem Tun. Er erlebt dabei eine Art von Befreiung von seiner bisherigen Schmutzfurcht, indem er über den Lustgewinn einen Kraft- und Vitalitätsgewinn entdeckt. Der Befriedigungscharakter ist offensichtlich.

Bedenken

Kommentar: Aufgrund der genannten Parallele zur Spieltherapie des Kindes und zu unseren Erfahrungen mit analogen halluzinogenen Phantasien bei Erwachsenen kann kein Zweifel bestehen, daß diese relativ seltene anale archaische Befriedigung mit den schon genannten Komponenten einen therapeutischen Gewinn bedeuten kann, besonders wenn es sich um einen Zwangscharakter oder um aggressive Gehemmtheit handelt. Die Abwehrmechanismen sind in der Regel jedoch sehr stark, und eine direkte Induktion dieses Themas anhand des Sumpfloches läßt sich nicht wirkungsvoll anregen, solange Widerstände beim Patienten bestehen. Dieses Thema muß entweder spontan aufgegriffen oder in der vorhergehenden Therapiephase eingehend analysiert worden sein. Technisch gesehen sollte schrittweise vorgegangen werden, etwa mit der vorsichtigen Frage, wie der Patient sich zu einer Berührung mit dem braunen Schlamm des Sumpfloches stellt. Das gibt zumindest Hinweise, ob, in welchem Maße und in welcher Weise Abwehrmechanismen dabei mobilisiert werden. Er bevorzugt das Angebot des Sumpfloches, und das Verhalten des Patienten zeigt seine Affinität zum Morast, man läßt ihn am besten nach eigenem Wunsch gewähren. Aktive Anregung fördert allzu leicht Widerstände.

Das Thema der archaischen analen Befriedigung steht in Beziehung zum Regieprinzip des Minderns und Umbringens, also Freisetzung mörderischer (Haß-)Impulse der Oberstufentechnik. Ich kann darauf verweisen und auch auf die dort ausgesprochenen Bedenken und Einschränkungen. Der Umgang mit dieser Impulswelt kann sich einerseits auf anal-sadistisches, andererseits auf oral-sadistisches Material beziehen. An dieser Stelle wird wohl am deutlichsten, daß der Begriff der archaischen Bedürfnisbefriedigung definitorisch in großer Nähe zu den Partialtrieben und der Trieblehre FREUDS überhaupt steht. Diese Triebe sind in der Regel durch Widerstände und andere Abwehrvorgänge unterdrückt und tauchen im KB, generell gesprochen, überwiegend in symbolischer Einkleidung auf, etwa in Form mörderisch agierender Tiergestalten. Besonders eindrückliche Beispiele gibt die KB-Therapie eines narzißtisch und borderlinegestörten Patienten von LANG (1982). – In der KB-Gruppentherapie wird das aggressive Thema meistens aus der Gruppe hinaus verlagert und spiegelt sich in der Phantasie von aggressiven primitiven Tiergestalten wider, welche die Gruppe anzugreifen drohen. Darauf hat SACHSSE (in Vorbereitung) ausdrücklich hingewiesen.

Der Vollständigkeit halber streife ich noch das Thema der Befriedigung sexueller Bedürfnisse:

3.1.8.   Befriedigung sexueller Bedürfnisse

Ungeschminkte, also symbolisch nicht eingekleidete sexuelle Kontakte und ihr *Begrenzung* unmittelbares Ausagieren während der Imagination sind extrem selten. Das abwehrende Tabu ist offensichtlich groß, nicht zuletzt wohl auch deshalb, weil der Therapeut aufgrund seiner Gegenübertragung ein entsprechendes Übertragungsangebot nicht gern eingeht. Träten derartige Szenen schon in frühen Sitzungen im KB auf, sei es in den KB-Kursen zur Weiterbildung spontan oder in der Therapie, erhebt sich meines Erachtens die Frage, inwieweit diese Szenen Abwehrcharakter haben oder auf eine übermäßige Libidinisierung des Probanden hinweisen. Jedenfalls spricht nach unserer Erfahrung nichts dafür, daß diese seltenen Szenen besonderer Ausdruck einer reifen Persönlichkeit sind, etwa im Sinne der vor allem von REICH (1971) für die Psychotherapie vertretenen Zielsetzung. Entsprechende Erfahrungen sind spärlich. Probanden, die dieses Material allzu früh bieten, signalisieren nach meiner Beobachtung eher die Tendenz zu einer mißverstandenen symbiotischen Beziehung zu dem phantasierten Partner, wie sie sich dann häufig aus der Anamnese und der realen Partnerbeziehung ergibt. Infantile, unreife Einstellungen oder eine gewisse exhibitionistische Haltung können bestehen. Die symbolische Einkleidung dieses Themas vollzieht sich nicht selten am Motiv der Blume oder des Rosenbusches, bei Frauen am Sich-mitnehmen-Lassen mit der Kutsche oder einem Automobil. Sie kann aber auch eine aktuelle, nicht befriedigte Triebspannung ausdrücken und ein Übertragungsangebot auf den gegengeschlechtlichen Therapeuten. Die größte Libidinisierung in der jüngeren gesellschaftlichen Entwicklung hat hier aber auch einen Wandel geschaffen.

3.1.9.   Zusammenfassung

Zu diesem Kapitel ist festzustellen, daß die zweite Dimension des KB, die Befriedigung archaischer Bedürfnisse, sich bislang am meisten im primär-narzißtischen Bereich ausgedrückt hat als eine früher allzu wenig gewürdigte Tendenz der Patienten. An zweiter Stelle steht die Befriedigung oral-frustrierter Bedürfnisse der frühesten Phasen. Im analen Antriebsbereich stellen sich in größerem Maße Widerstände und Abwehrvorgänge ein, deren Bearbeitung gerade bei der Therapie von Charakterneurosen zwanghafter Strukturen in einer sorgfältigen Analyse Bedeutung gewinnen kann. Wie wiederholt hervorgehoben, sollen diese Passagen der Befriedigung möglichst organisch in den therapeutischen Prozeß eingegliedert sein, d.h. die Bereitschaft des Patienten dazu sollte sich spontan ankündigen, wie es beispielsweise PAHL für die Entstehung narzißtischer Erlebnislinien gezeigt hat. Das Problem der hier nicht weiter erörterten pathologischen Regression sollte dem Therapeuten wohlvertraut sein (vergleiche S. 282).

Das Thema der Befriedigung archaischer Bedürfnisse im KB habe ich überwiegend am Modell der Regression auf den primären Narzißmus nach dem Konzept von KOHUT dargestellt. Der Grund liegt darin, daß narzißtische Erlebnislinien und sich daraufhin verdichtende Einstellungen beim assoziativen Vorgehen des KB häufig auftreten und sich zur narzißtische Regression verdichten.

Damit stoßen wir auf eine therapeutische Dimension der KB-Therapie, die im Erscheinungsbild und in den psychodynamischen Folgen in Kontrast zu der früher im Vordergrund unserer Arbeit stehenden konfliktzentrierten Bearbeitung unbewußter Probleme steht. In den letzten 15 Jahren ist die Frage immer wieder diskutiert worden, inwieweit die bei der Befriedigung archaischer Bedürfnisse aktualisierten Formen der Regression auf eine infantile, emotionale Einstellung vor allem als pathologisch anzusehen ist, oder ob sie unter gewissen Umständen therapeutische Bedeutung hat (BALINT 1970; LEUNER 1978a und andere). An anderer Stelle dieses Buches wird die Frage der Befriedigung von Bedürfnissen im KB überhaupt wiederholt angeschnitten. Bei der Unterschei-

pathologische
Regression

dung zwischen therapeutischer und pathologischer Regression berufen sich die meisten Autoren, auch Vertreter des Katathymen Bilderlebens (z.B. EIBACH 1982; LEUNER 1983; LANG 1982 und andere) überwiegend auf BALINT (1970). Noch früher war es KRIS (1952), der mit dem Begriff der «Regression im Dienste des Ich» den Rahmen der Anschauung sprengte, Regression sei grundsätzlich ein pathologisches Phänomen.

Auf die Gefahr einer pathologischen Regression im Sinne der infantilen Fixierung der regressiven Dynamik bin ich nur am Rande eingegangen. Sie spielt in der Praxis der KB-Therapie nur eine sehr begrenzte Rolle. Erfahrene Autoren (z.B. EIBACH, WILKE) halten für ihr Auftreten Gegenübertragungsprobleme für verantwortlich. Aber manche Patienten mit ausgeprägten Ich-strukturellen Störungen und einer Verwöhnungshaltung können dazu disponieren (vergleiche Beispiele S.223f., 450).

3.2. Die dritte Dimension des KB: Entfaltung von Kreativität und kreative Problemlösung

3.2.1. Kreativität und Imagination

Die Fähigkeit des Menschen zu imaginieren impliziert die Eigenschaft kreativer Produktion. Das trifft für alle an die Phantasie anknüpfenden psychotherapeutischen Verfahren zu. Im Verlaufe des therapeutischen Prozesses beim Katathymen Bilderleben entfaltet sich eine *progressive Phantasietätigkeit.* Sie liefert Lösungsmöglichkeiten der sich widerspiegelnden Probleme, die manchmal überraschend, manchmal eigenwillig, nicht selten auch originell sind. Das be-

Phantasie ist
kreativ

trifft einerseits die unwillkürliche Gestaltung der Traumszenerien, andererseits aber auch die im KB entwickelten Handlungsansätze oder Aktionen, die wir als «Probehandeln» bezeichnet haben (S.132). Die kreative Komponente im KB wird am deutlichsten dort, wo stagnierende Situationen nach Art der fixierten Bilder weiterentwickelt oder gar gelöst werden, ohne daß der Therapeut durch Interventionen lenkend eingreift. Besonders im Rahmen des assoziativen Vorgehens der Mittelstufentechnik und in Passagen der Befriedigung archaischer Bedürfnisse entfaltet sich ein breites Feld der kreativen Ansätze im Tagtraum. LANDAU, die die Psychologie der Kreativität wiederholt und sehr eingehend bearbeitete (1969, 1984), hat mich schon in den frühen siebziger Jahren auf die kreative Dimension des KB aufmerksam gemacht. Daraus ergab sich eine Zusammenarbeit in Seminaren zur Kreativitätsförderung. Die dabei im außertherapeutischen Raum gewonnenen Einsichten und Ergebnisse können jetzt wiederum klarer und gezielter in die KB-Therapie eingebracht werden. Ich möchte zunächst zeigen, an welchen charakteristischen Stellen im Verlaufe einer Tagtraumsitzung schöpferische Fähigkeiten des Patienten, vom Aspekt der Tiefenpsychologie bislang weitgehend unbeachtet, zum Tragen kommen. Die Schärfung der Aufmerksamkeit für diese Vorgänge erlaubt, den im Verlaufe einer Therapie andrängenden kreativen Impulsen bewußter und auch zielgerichteter Raum zu geben.Die «Dimension Kreativität» gibt dem KB eine erweiterte und spezifische Stellung. Die therapeutische Entfaltung kreativer Fähigkeiten vermag beispielsweise die Ich-Defekte oder die Zwanghaftigkeit einer stark eingeengten neurotischen Persönlichkeit durch Entwicklungsanstöße in besonders *spezifische* glücklicher Weise zu bearbeiten. Ansätze dafür habe ich bereits bei Darstellung *Dimension des* des assoziativen Vorgehens (S.143f.), den Formen des Durcharbeitens (S.277ff.) *KB* und ganz besonders bei den expansiven probehandelnden Aktionen (S.155) gezeigt. In diesem Kapitel wird der Gesamtkomplex der kreativen Dimension des KB im Zusammenhang mit der Kreativitätsforschung untersucht.

3.2.2.   Zur Psychologie des kreativen Prozesses

Die Kreativitätsforschung nimmt in der amerikanischen Psychologie heute einen breiten Raum ein. Die Fülle ihrer Ergebnisse ist nur noch schwer über- *Begriffliches* blickbar.

«Kreativität» kann nicht übersetzt werden mit «Schöpferkraft», «schöpferischen Fähigkeiten», kann überhaupt nicht mit dem Begriff des «Schöpferischen» ausreichend erfaßt werden. Mit ihm werden vielmehr eine Reihe psychologischer Eigenschaften, Fähigkeiten oder Funktionen angesprochen, die in gewissen Kombinationen und unter bestimmten Umständen eben das ausmachen, was die Psychologie heute unter Kreativität zu verstehen versucht. Dabei überrascht es den Leser einschlägiger Literatur nicht, daß durch Kenntnis der günstigsten Bedingungen zur Entfaltung kreativer Fähigkeiten diese geübt und in individueller Absicht gefördert und entwickelt werden können:

«Jedes Individuum kann kreativ sein. Kreativität beruht auf Wissen und Erleben und auf dem Mut, sich ins Neue, Unbekannte und Ungewisse vorzuwagen. Dazu bedarf es der inneren Freiheit des Individuums und der Geborgenheit in seiner Umgebung, um aus ihr in Unbekanntes vorzustoßen. Zugleich bedeutet Kreativität aber auch Kommunikation: Das Individuum ist in ständigem Kontakt mit seiner Außen- und Innenwelt. Die Offenheit, mit der es seine Umwelt erlebt, ermöglicht ihm, die Existenz von Problemen zu erkennen und sie emotional zu empfinden. Die Beziehung zu seiner Innenwelt ergibt Assoziationen mit Gewußtem und Erlebtem, die zu Lösungen führen. Die neuen, zunächst nur subjektiv relevanten Einsichten bedürfen dann der Objektivierung, um sie kommunikativ der Außenwelt in verständlicher Form zugänglich zu machen» (LANDAU 1984).

Eine Charakterisierung des kreativen Prozesses soll dem Verständnis der kreativen Vorgänge im KB dienen. Ohne Kenntnis seiner vier Entwicklungsstufen kann die Stellung der Imaginationen nicht eingeschätzt und ihre Wirkung nicht richtig plaziert werden. Interessanterweise wird die Darstellung dieser vier Stufen von Seminarteilnehmern mit eigener kreativer Selbsterfahrung, etwa Rednern, Lehrern, Malern und Wissenschaftlern, schnell verstanden und trifft auf Zustimmung. Die Erläuterung dieser Funktionen gibt ihnen Klarheit über andeutungsweise bereits bekannte innerpsychische Vorgänge. Das zu erörternde Problemgeschehen scheint einen genuinen Verlaufsrhythmus zu haben (LEUNER 1981).

Alle die im folgenden aufgeführten Phasen entwickeln sich zum großen Teil unter steter Kommunikation des Patienten mit dem Therapeuten.

I. a) *Problemstellung* und b) *Materialsammlung*

Ein ungelöstes Problem regt den schöpferischen Prozeß an. Es stellt sich bereits mit dem Kommen des Patienten und seinem Anliegen, behandelt zu werden. Deshalb sollte es möglichst zu Beginn der Therapie herausgearbeitet und klar formuliert werden (S. 340). Dazu wird das erforderliche adäquate *Material* gesammelt in Form der Daten aus den Beschwerden, der Vorgeschichte usw.

II. *Inkubationsphase*

Die Inkubationsphase bereitet die Lösung des Problems vor. Sie kann von einer «schöpferischen Pause» eingeleitet werden. Häufig verläuft sie über Zustände innerer Spannung und Mißstimmung, etwa auch mit dem Gefühl, mit etwas «schwanger zu gehen». Im Sinne der Gestaltpsychologie hat sie den Charakter des Vorgestalteten, des Unfertigen, des Sich-Drängens auf eine noch unklare Lösung. Die Inkubationsphase kann mit Erfolg gefördert werden durch Sammeln von Einfällen, vermehrte Freisetzung von Assoziationen oder im außertherapeutischen Raum durch die Technik des «brain storming» (MEADOW & PARNES 1959).

III. *Phase der Einsicht*

Jetzt wird die neue Idee freigesetzt, mitunter in Form eines «Aha-Erlebnisses» oder der «peak experience» von MASLOW (1961). Das ist verbunden mit dem emotionalen Moment der «Befreiung», auch «Beglückung» bis hin eventuell zu Euphorie. Der Betreffende ist in diesem Zustand nun im allgemeinen im positiven Sinne emotional engagiert.

Die Phasen II und III werden im allgemeinen spontan unter einer regressiven Tendenz des Gefühlslebens durchlaufen. Der Psychoanalytiker KRIS (1952) sprach in diesem Zusammenhang von der «Regression im Dienste des Ich», um auszudrücken, daß im schöpferischen Prozeß ontogenetisch frühe emotionale Schichten angeschnitten werden, ohne daß damit eine als pathologisch zu bezeichnende, neurotische Regression fixiert würde.

Die kontrollierte Regression der Ich-Funktionen ist ja spezifisch für das KB (S. 414). Sie erlaubt einerseits zu imaginieren und fördert das Aufsteigen unbewußter Konflikte, andererseits übt sie auch eine Kontrolle über diese Konflikte aus. Zeitweilig gibt das Ich jedoch diese Kontrolle auch auf. MASLOW (1962) drückt das so aus: Das Ich läßt sich gehen, um das «leicht verrückte» unbewußte Rohmaterial aufkommen zu lassen. Insofern also fördert die Regression auch die Offenheit für neue Aspekte, den Zustrom von Einfällen und von neuen Angeboten aus dem Unbewußten sowie von neuen Auffassungen und Lösungen. Die dem KB eigentümliche Regression ermöglicht demnach den kreativen Vorgang quasi von selbst. Gleichzeitig wird das sich bestätigende Ich gestärkt durch Üben und Kontrollieren dieser Vorgänge.

IV. *Phase der Verifikation*

In dieser Phase erfolgt die Strukturierung der freigesetzten neuen Idee oder der im KB gewonnenen Lösung etwa durch Formulierung, Eingliederung in bereits Bekanntes oder schriftliche Bearbeitung. Diese vierte Phase ist darüber hinaus der Aufgabe verpflichtet, die Ergebnisse des schöpferischen Aktes Dritten oder einer Gruppe von Menschen zu vermitteln.

Dazu ein Wort zur fortlaufenden Kommunikation während der vier Phasen. Sie erstreckt sich nicht allein auf die Beziehung zwischen Patient und Therapeut, sondern auch auf die früher schon genannte (S.435f.) intrapsychische (innersystemische) Kommunikation des Patienten selbst, beispielsweise zwischen unbewußtem und bewußtem Ich, zwischen Instanzen des Es, Ich und Über-Ich, zwischen den einzelnen Ich-Kernen. Darin liegen Elemente des innerlichen Sich-Findens und der Übersetzung des Gefundenen in Bekanntes. Die Verarbeitung der Produkte des emotional getragenen Primärprozesses führt zudem zu neuen, kreativ entfalteten Strukturen des realitätsbezogenen Sekundärvorganges.

3.2.3. Kreativer Prozeß und Katathymes Bilderleben

Zum Verständnis der kreativen Dimension in der KB-Therapie bedarf es einer Analyse der hier auftretenden spezifischen Phänomene und deren Einordnung in die vier Phasen des Prozesses. Die Rolle der Interventionen des Therapeuten ist dabei zu prüfen. Bei der Analyse der Aktualgenese der imaginativen und emotionalen Wahrnehmungsgehalte läßt sich das 4-Phasen-Schema nur unter Vereinfachung anwenden. Die Vorgänge sind um vieles komplizierter, in ihren einzelnen Phasen in eigentümlicher Weise miteinander verknüpft und zeigen einen mehrschichtigen funktionellen Ablauf. Ein schematisierter Überblick der *Ebenen der kreativen Leistungen des Ich im KB* mag das erläutern.

Ebene 1

Die «Verbilderung» eines unbewußten Gefühles oder Konfliktes betrachte ich als die erste kreative Ebene. Die Leistung des Ich liegt in der adäquaten Umsetzung des Konfliktes in einen symbolischen Abbildungsvorgang. Sie vermittelt dem Patienten in seinem Erlebnisfeld eine Art «neuer Wirklichkeit». Die Inhalte dieser «neuen Wirklichkeit» sind in der Therapie gemäß der Phase I des kreativen Prozesses wiederum Ausgangsmaterial für die nun folgende weitere kreative Verarbeitung. Im Bereich künstlerischer Darstellung kann diese «neue Wirklichkeit» bereits schon das Endstadium einer Kreation sein (S.293f.). – Als eine spezifische Komponente dieser weiteren Verarbeitung im therapeutischen

285

«Verbilderung»	Prozeß rechne ich die sich anschließende schrittweise Erweiterung der Ausgangsszene durch hinzutretende weitere Bildagglomerate und szenische Abläufe. Die Elemente des Tagtraumes werden vervielfacht, ihre Binnenstrukturen differenzieren sich usw. (S. 353). Diese *kreative Entfaltung des Szenariums* ist offensichtlich ein dem therapeutischen Prozeß des KB immanenter Vorgang, der kaum eines Anstoßes bedarf. Der Patient beginnt bereits nach einigen anfänglichen Sitzungen, das Repertoire auszuweiten (S. 355). Die Bilder werden
szenische Entfaltung	nicht nur plastischer und farbiger, sondern inhaltlich vielfältiger und Teilbeschreibungen häufiger. Selbst wenn diese Entwicklung zunächst noch in einem nüchternen und vielleicht stärker realitätsbezogenen Rahmen bleibt, weitet sich das phantasiegetragene Material in diesen ersten kleinen Schritten zunehmend aus. An den Standardmotiven treten ergänzende Elemente auf, der Patient wird in szenischen Aktionen, die sich um das Standardmotiv ranken, mutiger. Bilder, die fixierten Charakter hatten, wandeln sich, und ihre Strukturen werden fließender bis hin zu ihrer Auflösung. An diesem zunehmend vergrößerten Handlungsspielraum läßt sich der Abbau von Abwehrmechanismen erkennen; insgesamt signalisiert dieser kreative Vorgang also eine *Vermehrung der Freiheitsgrade.* Würde man die Zunahme der imaginierten Elemente mit Hilfe einer Strichliste registrieren, wäre man erstaunt, wie innerhalb der ersten fünf Therapiesitzungen diese *«imaginierte Expansion»* relativ schnell erfolgt. Diese zunehmend kreativen Akte kann der Therapeut durch Fokussierung auf Details fördern (S. 229). Auch er erlebt es als Bereicherung, wenn der Patient auf diese Weise seinen inneren Erlebnishorizont ausweitet.

  An dieser Stelle taucht die interessante Frage auf, ob diese «imaginative Expansion» nicht einen wichtigen, psychotherapeutisch wirksamen Faktor des KB darstellt. Seine Förderung wurde unter dem Gewicht der psychodynamischen Betrachtungsweise bisher vernachlässigt. Gerade die schrittweise, aber spontane Auflösung der fixierten Konstellationen zu Gunsten des assoziativen Bilderflusses weist auf eine zunehmende Flexibilität hin, die die weitere kreative Entfaltung der Person fördert. Vielleicht stellt sie jene andere Seite der Münze dar, deren bekannteste bislang die psychodynamische Komponente war. Subtile, quantifizierbare Untersuchungen sollten hier einsetzen, um die Ausweitung des Phantasie- und kreativen Horizontes des Patienten zu objektivieren und in Beziehung zum Wandel seiner neurotischen Charakterstruktur und seiner Symptomatik zu klären.

Ebene 2

Sekundär-Verarbeitung	Als die nächste kreative Ebene im KB kann die *Sekundärverarbeitung* mit Anreicherung dieses imaginativen Materials durch Einfälle, Erinnerungen und begleitende Gefühlselemente usw. gesehen werden. Sie verbinden sich mehr oder weniger spontan mit der Kognition des Bildes und/oder eines Gefühles.

  Die Ebenen 1 und 2 basieren also primär auf dem bloßen In-Erscheinung-Treten der katathymen Szene, beispielsweise in Form des Blumentestes und seiner assoziativen Ausweitung.

Ebene 3

Dieses sich zunehmend in dem genannten Sinne ausfächernde «Material» – dessen Produktion wie gesagt bereits eine kreative Komponente des KB darstellt – führt interimistisch zu kleinen oder gelegentlich auch größeren zusammenfassenden Schritten im Sinne der Phase III, der *Inkubation.* Im Gegensatz zu der im

286

außertherapeutischen kreativen Prozeß häufig als quälend empfundenen und unter Umständen über Tage andauernden Inkubationsperiode ist diese während der KB-Sitzung häufig sehr kurz, eher bruchstückhaft, und bleibt deshalb für den Therapeuten diskret. Sie knüpft an imaginative Einzelelemente und den begleitenden Gefühlston an. Nur dem aufmerksamen Beobachter wird deutlich, daß die Inkubation in der Tagtraumphase nach Klärung des Problems und der kreativen Anreicherung gemäß Ebene 2 zunächst nur in Form einer *kurzen Phase der Ratlosigkeit,* vielleicht der *inneren Unruhe* oder *Spannung* auftritt. Der Patient mag dann kurz schweigen. Die herrschende Stimmung oder Anspannung sind nur schwer zu verbalisieren. – Ein Therapeut, der mit dem hier diskutierten kreativen Prozeß nicht vertraut ist, übersieht diesen Vorgang leicht und unterliegt gern dem Impuls, dem Patienten über diese Phase der Unsicherheit durch eine Intervention oder ein Hilfsangebot hinwegzuhelfen. Diese Gefahr, die Inkubationsphase zu überspielen, kann overprotektiven Charakter haben und verhindern, daß der Patient die für ihn in der Situation angemessene Problemlösung mit Hilfe seiner reifen Ich-Anteile selbst findet. Ein zurückhaltendes Abwarten mit Ermutigung, die Pause der Ratlosigkeit so lange wie möglich zu ertragen, ist – technisch gesehen – förderlich. Lösungen zu finden kann durch fragende Interventionen angeregt werden, z.B.: «Was könnten Sie jetzt am besten tun, um . . .?», oder: «Haben Sie eine Idee . . .?», oder: «Finden Sie eine Lösung . . .?», oder direktiver: «Schauen Sie doch einmal genau auf Einzelheiten, ob es da nicht doch einen Ausweg gibt» usw. Dadurch kann ein Lerneffekt angeregt werden, nämlich auch hinfort in der KB-Therapie Lösungen selbst zu finden, die wiederum besser behalten werden als vom Therapeuten induzierte Lösungsansätze. Daß das Abwarten des Therapeuten zur Manifestation der schöpferischen Pause und der Inkubation naturgemäß auch ein Dosierungsproblem beinhaltet, braucht nicht hervorgehoben zu werden. Beispiele für das Verharren des Therapeuten und vorsichtige Interventionen finden sich in dem Originalprotokoll des noch zu zitierenden Beispiels (S. 58f.). Die Versuchsperson kann sich dort nicht entscheiden, ob sie den Verlauf des Baches lieber stromauf- oder stromabwärts verfolgen will. Sie ist unschlüssig, ratlos, und es entsteht eine längere Pause. Der Inkubationsprozeß kann sich auch über eine lange Phase der KB-Sitzung hinziehen. Charakteristisch dafür ist das Beispiel im Abschnitt 2.6.1.4. (S. 238). Dort gebe ich keine oder nur ganz wenige Interventionshilfen, um die Patientin das Problem lösen zu lassen, wie sie sich aus der «Zelle» befreien könnte.

Auch die *Phase der Einsicht* kann im KB oft unscheinbar oder kurz sein, soweit es sich um die Lösung eines Problems während der Imagination handelt. Ich verweise auf die Szene der Lehrerin mit ihrem Schulrat (S. 292). Die Problemlösung entwickelt sich unmittelbar in der Szene. Vorangegangen ist aber schon die Einsicht über die papierne Eigenschaft des gefürchteten Mannes mit einem Aha-Erlebnis. Die Inkubation für den nächsten Schritt der Problemlösung schließt sich im Kleinerwerden und dem Auftreten der kleinen grünen Männchen an.

Eine andere eindeutige, nach kurzer Inkubation ablaufende Lösung des Problems ist das Beispiel der Brückenfurcht des 11jährigen Mädchens in 4 Sitzungen (S. 120). Das Brückenangebot der Therapeutin nimmt es nicht an, sondern baut sich eigenständig eine stufenweise Hierarchie zur Bewältigung des Übergangs über den Bach auf.

Der relativ diskrete Ablauf der Inkubations- und der Einsichtsphase im KB läßt nach einer Erklärung suchen. Dieser Umstand hat meines Erachtens zwei Gründe: 1. Die sich stellenden Fragen sind sehr begrenzt. Sie befassen sich in der therapeutischen Sitzung nur mit Teilproblemen zur Lösung minimaler therapeutischer Schritte. Der kreative Gewinn ist insofern nur sehr partiell. 2. Der Schritt von der inneren Leere und Ratlosigkeit während der Inkubation zur kreativen Antwort ist meist relativ kurz. Die Einsicht oder die Problemlösung erfolgt aber nur bis zum Stadium der Imagination («Bildersprache»), nicht bis zur komplizierten verbalen Formulierung auf kognitiv-wachbewußter Ebene.

kurze Aktual-
genese im KB
Das Bildbewußtsein steht dem Un- und Vorbewußten näher (FREUD 1921) als Verbalisation. Die Aktualgenese hat hier also auch einen kürzeren Weg.

Bei introspektiv aufgeschlossenen Patienten setzen sich *Erkenntnisprozesse* allerdings häufig auch noch während der Periode *zwischen den Therapiesitzungen* fort. Man gewinnt dann manchmal den Eindruck, als befänden sie sich (zumindest periodisch) in einem fortgesetzten Inkubationsprozeß; die beunruhigende Labilisierung dessen und die aufkeimende Einsicht lösen einander fortlaufend ab. – Der Schwerpunkt dieser kreativen Ebene liegt, insgesamt gesehen, im Erkenntnisvorgang und darin, daß neue Bedeutungsgehalte gewonnen werden. Der Bedeutungshorizont erweitert sich. Daraus können dann zunehmend Schlußfolgerungen gezogen werden mit kreativer Erweiterung des Netzes der vielfältigen ins Bewußtsein tretenden Connatationen.

Ebene 4

Handlungsan-
sätze im KB
Die Abtrennung dieser Ebene rechtfertigt sich aus weiter ausgreifenden, von der Gesamtszene ausgehenden kreativen Vorgängen, die sie schwerpunktartig hat. Sie beziehen sich auf die im KB (im Gegensatz zu manchen anderen Psychotherapieverfahren) zur Verfügung stehenden *Handlungsansätze*. Handeln im Tagtraum kann spontan auftreten oder vom Therapeuten in der Imagination angeregt sein. Dieses «Handeln» beziehungsweise Probehandeln (S. 233) hat besondere Bedeutung im Zusammenhang mit der Bearbeitung von Verhinderungsmotiven und anderen fixierten Bildern. Diese fordern als klare Problemstellungen im Sinne der Phase I über den Weg der Inkubation kreative Lösungen geradezu heraus.

Die Phase IV der *Verifikation* schließt sich praktisch an alle kreativen Akte der genannten vier Ebenen an, wenn auch gelegentlich in ganz begrenzter Form. Das ist im KB einfach deshalb der Fall, weil der imaginative Inhalt eine Verifikation in sich selbst ist, die sich sofort nach dem Ergebnis der Problemlösung zeigt: das Bild wandelt sich, ein neues Element oder eine spontan mögliche, problemlösende Aktion (am fixierten Bild) tritt ein. Ich denke z.B. an das Auftreten einer Strickleiter zum Abstieg in den Abgrund (S. 60) oder an die Befreiung von dem Festgewurzeltsein bei Verfolgung des Bachlaufes (S. 59).

Zum Abschluß dieses Themas möchte ich an diesem bereits wiedergegebenen Protokoll (S. 58) zeigen, wie sich das Material im Zusammenhang darstellt, sich das Problem zeigt, es geklärt und definiert wird, und welche Rolle die Interventionen des Therapeuten dabei spielen.

Beispiel (gemäß S. 58 f., 229) zur Erläuterung:

Die gesunde, unter aktuellem Streß stehende Versuchsperson hat den relativ breiten, stürmischen Bach nach unten verfolgt. Unerwartet stürzt er in eine unendliche tiefe Schlucht hinunter (Phase Ia, b, Ebene 1). Die Versuchsperson bleibt an dieser Stelle hilflos stehen und kann die Ebene, auf die das Wasser hinunterstürzt, nicht erkennen. Sie äußert Gefühle von Einsamkeit und Verlassenheit, die beim initialen Wiesenmotiv bereits Thema waren (Ebene 2).

Das Bild des Wasserfalles ist ein ausgeprägtes Verhinderungsmotiv (fixiertes Bild). Der organische Fluß des Baches ist unterbrochen (Ebene 1). Die Szene ist begleitet von einem starken negativen Gefühl, hier der Verlassenheit und Deprimiertheit (Ebene 2). (Man kann vermuten, daß sich darin eine unbewußte, sich immer wieder von neuem manifestierende Frustration spiegelt.)

Beispiel einer Sitzung

Einige wenige Interventionen des Therapeuten und Assoziationen der Versuchsperson führen zur Erinnerung an einen Besuch der Niagara-Fälle, an denen sie sich ebenfalls allein und verlassen gefühlt habe. Der Therapeut denkt an Objektverlust und fragt, ob sie das Gefühl auch sonst kenne. Sie nennt den frühen Tod ihres Ehemannes als Bestätigung (Ebene 2). Damit ist das sich in dem fixierten Bild manifestierende Problem in etwa definiert. Wenn weitere Einfälle zur Objektverlust-Situation gekommen wären, hätte der Problemhorizont unter weiteren Gesichtspunkten betrachtet werden können. Einige von diesen hätten vielleicht schon Ansätze für eine partielle Problemlösung geboten. Auf jeden Fall ist jetzt das Problem, Befreiung von Verlassenheit und Objektverlust formuliert (Phase I, Problemstellung).

Hilfestellung als möglichen Anstoß zur Problemlösung gibt nun der Therapeut durch eine kurze Intervention. Er läßt auf einen scheinbar belanglosen, für die Gesamtkonstellation aber doch zentralen Inhalt fokussieren. Damit engt er zwar die Problemstellung ein, spitzt sie zugleich aber auf eine wichtige Detailfrage zu: Ob die Versuchsperson beim Blick nach unten die nächste Ebene, auf die das Wasser fällt, wahrnehmen könne. Mit dieser minimalen, klärenden Intervention wird das Zentralproblem (Verlassenheit) nicht eigentlich angesprochen. Doch liegt bereits darin eine dafür hinreichende Hilfestellung. Es wird allein im Kontext des Landschaftsmotives versucht, das Verhinderungsmotiv (optisch-imaginativ) zu überwinden (vorwegnehmender Handlungsansatz) und die Kontinuität des Flusses anzuregen und damit die Überwindung des abgewehrten Entwicklungsvorganges (Anregung zu II, Inkubationsphase).

Die zunächst bildhafte Lösung findet die Versuchsperson selbst. Der Regisseur ihres Unbewußten baut in der Ferne eine kontinuierliche Landschaft auf mit Zeichen menschlicher Aktivität und läßt einen alten, großväterlichen Mann auftauchen als ein hilfreiches, den Objektverlust überwindendes Introjekt. Auf dem Videoband dieser Sitzung wird die große Erleichterung der Versuchsperson deutlich (Problemlösung nach III, Einsichtsphase). Damit ist das die Versuchsperson stark bedrängende Problem offensichtlich (zumindest vorübergehend) «gelöst». Wandlungsphänomene auf der Wiese, auf die die Versuchsperson zurückkehrt, und die relative Gleichgültigkeit gegenüber der anfänglich verbrannten Wiese weisen darauf hin, daß diese Problemlösung wohl mehr ist als ein Augenblicksgeschehen.

Das Angebot des Therapeuten, ein weiteres Problem zu lösen, sich dem großväterlichen Introjekt räumlich zu nähern, wehrt die Versuchsperson mit der Bemerkung ab, dieses sei «für sie gar nicht erreichbar». – Auf den Hinweis des Therapeuten auf eine Möglichkeit zum Abstieg in die Schlucht (Treppchen?) als Anregung der Inkubation stellt sich kreativ eine Strickleiter ein (III Einsicht, IV manifeste Problemlösung). Auf diese angesprochen, lehnt die Versuchsperson aber ihre Benutzung ab mit dem Hinweis «Angst». – Trotz der Lösung des technischen Problems, in den Augen des Therapeuten immerhin schon eine «halbe Lösung», stellen sich neue, offenbar umfassendere Probleme ein: Resignation und Angstvermeidung. Beide kennzeichnen eine Charakterhaltung. – Im nachhinein gefragt: «Es hat mir vollkommen genügt zu sehen, daß dort drüben andere Menschen sind und ich nicht mehr verlassen bin» (III, IV, als eigenwillige Ersatzproblemlösung unter Verzicht). Nach einer Pause ergänzt sie: Das sei überhaupt häufig ihre Art, sich damit zu begnügen, daß (potentiell) die Möglichkeit einer endgültigen Befriedigung besteht; sie habe aber gelernt, auf die Verwirklichung zu verzichten (Ebene 2). – An dieser Stelle des Beispiels zeigt sich deutlich, wo *die Grenzen der Kreativität in einer KB-Sitzung* liegen: *in der Motivation des Problemlösers.* Diese kann in den verschiedenen Phasen des kreativen Prozesses hemmend wirken. In unserem Fall erlahmt sie im Moment der herannahenden «realistischen» Befriedigung des aktuellen Bedürfnisses. Ähnlich ist es bei der kreativen Bearbeitung künstlerischer und wissenschaftlicher Probleme auch. Einer der Fallstricke liegt nach LANDAU (1984) darin, daß der Proband nach einer Befriedigung der personalen Lösung des Problems (Abschluß der Phase III) nicht mehr zur mühsamen Ausarbeitung der Beweisführung für die Kommunikation (Phase IV) bereit ist.

3.2.4. Formen der Problemformulierung im KB

3.2.4.1. Spontane implizite Aufgabenstellung

*Anregung krea-
tiver Lösungen*

In der spontanen Entfaltung kreativer Phantasien im KB finden gelegentlich sehr «dichte» Prozesse statt. Die Aufgabenstellung und Präzisierung des Problems wird meist bereits im Vorgespräch zur Sitzung oder von selbst durch den Druck eines gegenwärtigen Problems oder Symptoms erlebt und damit implizit vorbewußt formuliert. Der Motivationsgrad zur Lösung des Problems ist entsprechend höher, verglichen mit dem Beispiel (S. 59) einer Problemformulierung durch den Therapeuten. Beispiele finden wir am deutlichsten in Situationen einer Krisenintervention, die größeren Leidensdruck besitzt. Ich denke an das Beispiel der Brückenphobie (S. 120).

3.2.4.2. Vom Therapeuten gestellte Detailaufgabe

Die Definition des Problems und das Ziel der Problemlösung können durch mehr oder weniger ausgeprägte Strukturierung durch den Therapeuten beziehungsweise durch Fokussierung auf ein Bild-Detail erreicht werden. Dieses Vor-

gehen ergibt sich in der Regel bei der Bearbeitung fixierter Bilder. Als ein Bei- *Detailaufgabe*
spiel kann die oben beschriebene Problemlösung am Wasserfall gelten. Die Auswahl des zu fokussierenden Details (z. B. die Frage der Ebene, auf die der Wasserfall trifft) steht im Kontext des jeweiligen spontanen KB-Verlaufes. Sie ist
thematisch der beherrschenden Erlebniskontinuität angepaßt und muß das
aktuelle «Hier und Jetzt» betreffen. Der Therapeut wird zu diesem Zwecke den
Patienten während der Imagination zu folgenden Schritten anregen:

a) sich zu überlegen, auf welche Weise ein vorhandenes Verhinderungsmotiv
   am besten (= mit den den Verhältnissen angemessenen Mitteln) zu überwinden ist;
b) die ihm einfallenden Möglichkeiten entweder probehandelnd durchzuspielen;
c) oder die behindernde Szene in einer vom Therapeuten vage vorgeschlagenen
   Form ohne Gewaltanwendung zu bearbeiten.

Im Gegensatz zu den Regieprinzipien hält sich die Anregung zur kreativen
Problemlösung an vage formulierte Hinweise, z.B. eines Zieles oder der Fokussierung auf ein Bild-Detail. Jedoch überläßt der Therapeut bewußt den Lö-
sungsweg und die Art der Lösung dem Patienten selbst.

Zu den geeigneten Problemszenen sind auch die sich während der Altersregression einstellenden infantilen Auseinandersetzungen mit Elterngestalten
oder Ersatzfiguren zu rechnen. Da sich der Patient bei ihnen jedoch häufig in der
hilflosen Situation des Kindes befindet, empfiehlt es sich, den fraktionierten
Weg zu wählen (S. 250).

3.2.4.3. Vom Therapeuten im voraus gestellte Gesamtaufgabe

Diese Version wurde in Kreativitätsseminaren, also zunächst im außertherapeutischen Raum, erprobt und hat sich dort besonders gut bewährt. Das Material wird in einem Vorgespräch mit dem Versuchsleiter besprochen und das *Gesamtaufgabe*
Problem möglichst präzise formuliert. Das Finden der Lösung bleibt den sich in
der Versenkung anbahnenden *spontanen* kreativen Einfällen und Gestaltungen
überlassen. Die Versuchsperson erhält dann *vor Beginn der Versenkung* oder in
dieser den Auftrag, eine dem Problem entsprechende Szene einzustellen. Bei
dieser Technik geht man davon aus, daß in der vertieften Versenkung ein höherer Grad von emotionaler Einsicht in die in der Szene sich konstellierende Aufgabe besteht und der Einfallsreichtum zunimmt, verglichen mit der im wachbewußten Stadium. Diese Auffassung hat sich in vieler Hinsicht bestätigt. Die
Lösungsansätze sind oft überraschend, eigenwillig, kreativ und wirksam. Dieses
Verfahren läßt sich in vereinfachter Form auch auf die therapeutischen Situationen des KB übertragen.

Ich führe eine besonders anschauliche Lösung an.

Beispiel

In einem der Kreativitätsseminare mit dem KB wünscht eine Lehrerin ihre Ohnmacht
gegenüber ihrem Schulrat zu überwinden. Sie möchte einen Weg finden, mit ihm umzu-

gehen. Wegen erheblicher Ängste weiß sie sich gegen dessen autoritäre Art nicht zu behaupten. Ihr wird aufgegeben, sich im KB eine der typischen Szenen im Umgang mit ihm vorzustellen. Der Auftrag lautet: das eingestellte Bild genau betrachten und angesichts dessen einen Weg der Auseinandersetzung suchen. – Im Stuhl sitzend wird das KB schweigend durchgeführt. Sie berichtet hinterher. Sie tritt in den Raum des Schulrates ein. Dieser sitzt hinter seinem großen breiten Schreibtisch. Sie schrumpft von selbst zu einem «Däumling», ist ratlos, furchtsam, fast ohnmächtig und wartet ab. Da wird ihr deutlich, daß der übermächtige Schulrat aus Zeitungspapier besteht, «papieren» vor ihr sitzt. In diesem Moment strömen von mehreren Seiten «kleine grüne Männchen» herbei. Ehe sie sich versieht, läuft die Gruppe der grünen Männchen mit ihr gemeinsam auf den Schreibtisch zu, offensichtlich, um ihn zu attackieren, obgleich sie winzig sind. Das vollzieht sich spontan und schnell. Da klappt der große papierene Schulrat in sich zusammen und zerfällt auf dem Boden, und unter dem Schreibtisch kommt ein kleines Männchen hervor, das nicht größer ist als die Lehrerin selbst. Diese Szene spielt sich in etwa 15 Minuten von selbst ab. Als die Lehrerin hinterher darüber berichten kann, fühlt sie sich erleichtert und entspannt. – Bei den darauf folgenden Begegnungen mit dem Schulrat ist sie couragierter als es sonst ihre Art war; selbstbewußt und sachlich kann sie ihre Einwände anbringen.

Kommentar: Diese Lösung erfolgt auf regressive, märchenhafte Weise. Trotzdem hat ihr spontaner Ablauf zu einer eigenartigen Verschiebung des Kräftegleichgewichtes geführt. Die narzißtische Besetzung des Schulrates (imaginäre Überschätzung einer Elterngestalt) hat sich verloren, als sich schon zu Beginn die eigentümliche Klarsicht vollzieht, ihn als «papieren» zu erleben. Darin liegt eine ihr bis dahin noch nicht bewußt gewordene emotionale Beurteilung des Mannes, die ihn abwertend depotenziert. Wahrscheinlich ist damit eine realistischere Einschätzung des Kräftegleichgewichtes verbunden.

Kreative Problemlösungen können im ersten Durchgang gelegentlich derart wunschtraumartig und regressiv sein. Trotzdem kommt es zu Wandlungsphänomenen, die auf eine Verschiebung der Libidobesetzung hinweisen. In den nächstfolgenden Durchgängen nähern sich die Lösungsversuche dann mehr der Realität und erscheinen damit auch «praktikabel» (Sekundärprozeß). Dem erfahrenen Therapeuten wird dabei deutlich, in welchem Maße eine kreative Problemlösung voraussetzt, daß der Patient ein ausreichend reifes und für die Aufgabe vorbereitetes Ich besitzt. Bei der größeren Zahl unserer neurotischen Patienten, besonders bei lebensunerfahrenen (Ich-schwachen Menschen z.B. jugendlichen und depressiven), kann man nicht immer erwarten, daß schon ausgewogene Lösungsansätze bereitstehen. Im Rahmen eines Therapieverlaufes ist das aber weder erforderlich noch erstrebenswert. Vielmehr müssen auch phantasievolle, kindliche und unrealistische Probebewegungen im KB zunächst akzeptiert werden.

Im Gegensatz zu dieser prozeßhaften Entwicklung liegen die Umstände im Fall einer notwendigen Krisenintervention im KB anders. Hier sollte der Therapeut eine klare und durchschaubare Problemlösungsstrategie anbieten. Ich erinnere an das Beispiel des Chemiestudenten, der das verfehlte Examen am folgenden Tag bei seinem Professor wiederholen sollte (S. 114). Hätte ich ihm die Annäherung in der Begegnung selbst überlassen, hätte er im KB seine gewohnte phobische Vermeidehaltung weiter praktiziert.

3.2.5. Sonderformen katathymer Kreativität: Künstlerische Produktionen

Die Phasen I und II als phänomenologische katathyme Erfahrung können von künstlerisch begabten Personen produktiv genutzt werden. Das hat GRÜNHOLZ (1977) gezeigt. Seine Sammlung von Phantasiematerial wurde als Grundlage künstlerischen Schaffens benutzt. Ausstellungen entsprechender Malereien und Publikationen von Selbstbeobachtungen haben das deutlich gemacht.

künstlerische Kreativität

Beispiel 1[8]

Hans-Winfried A., Kunstmaler und Graphiker, etwa 40 Jahre alt, malt ein als «Lebensquell» betiteltes Bild und gibt im Protokoll folgende Erfahrung eines selbst eingestellten katathymen Bildes wieder:

«Ein Farbwirbel, der sich von links nach rechts heftig kreisend zum Mittelpunkt bewegte, sich dann beruhigte und ordnete, bildete Augen in den verschiedensten Farben und Positionen. Aus dem Zentralauge strömten Strahlen von blendender Helle, welche in Hände ausliefen. Aus den beiden zur Mitte liegenden Händen quoll und sprudelte eine Quelle hervor.»

Beispiel 2[8] (derselbe, mit einer KB-Erfahrung, die zur Gestaltung des Bildes «Schöpfung» führte)

«Nachdem ich dieses Bild «Lebensquell» gemalt hatte, ging ich wieder in die Versenkung. Aus dem Zentralauge des eben gemalten Bildes formte sich ein geflügelter Kopf, welcher überdeckt war mit Augen. Eine farbige Explosion ergab den Korpus. Das cherubine Wesen hält schützend die rechte Hand über zwei Menschengestalten, welche aus einem dunkelblauen, roten und grünen Nebel aufsteigen. Ein leuchtender Fluß trennt die Menschen von einer vulkanischen, vorwelthaften Landschaft, über die das Wesen seine linke Hand schützend hält: Geist und Materie getrennt und dennoch durch dieses Wesen verbunden.»

Kommentar von GRÜNHOLZ: «Es gelingt ihm, auf Abruf innerhalb von Sekunden in die Bildergeschichten des Unbewußten einzutauchen. Die Fülle der inneren Bilder kann er künstlerisch kaum bewältigen. In den beiden Bildern wird die Schicht des persönlichen Unbewußten durchstoßen, und das Bewußtsein setzt sich mit archaischen Inhalten des kollektiven Unbewußten auseinander. Die Bilder erinnern an alte Mythen und Religionen. Ihr Erleben ist stark gefühlsbetont und kann die Sorgen, Nöte und Ängste des kleinen persönlichen Ich überwachsen. Der Künstler steht meistens ratlos vor seinen Erlebnissen und Schöpfungen aus dieser kollektiven Schicht und ist nicht fähig, sie mit Erlebnissen und Begebenheiten aus seinem persönlichen Leben zu assoziieren. Zu ihrer Deutung ist kultur- und religionsgeschichtliches Wissen erforderlich.»

Grenzen

Anläßlich einer Bilderausstellung im Hause GRÜNHOLZ (1970) hatte ich Gelegenheit, einige der Künstler, die an seinen Kursen teilgenommen hatten, persönlich zu sprechen. Ein Teil von ihnen war von den katathymen Erfahrungen ergriffen, ein anderer Teil hatte diese Übungen bald abgelehnt. Letztere sagten, sie hätten ihren darstellerischen Stil in jahrelanger Arbeit geformt und gefunden und verspürten kein Bedürfnis, sich durch Versenkungsmaßnahmen einem unbekannten, vielleicht ihrem derzeitigen Stil zuwiderlaufenden Impuls von Imaginationen zu öffnen.

GRÜNHOLZ setzt die Darstellungen aus katathymer Erfahrung mit den Zeug-

---

[8] Nach GRÜNHOLZ (1977).

nissen der psychedelischen Kunst in Parallele (MASTER & HUSTON 1969). Letztere ist der Niederschlag halluzinogener Erfahrungen (LSD und andere Substanzen). KB- und Halluzinogen-Darstellungen der Künstler müßten als «charakteristische Eigenschaften der Psyche aufgefaßt werden . . . Hervorzuheben sei die Tendenz zur Stilisierung durch Heraushebung des Wesentlichen bei gleichzeitiger Formvereinfachung und Formwiederholung durch bilaterale Symmetrie und durch ornamentale Vervielfältigung sowie die Tendenz zur Bildagglutination». GRÜNHOLZ verweist auch auf die Kunst der Primitiven, deren Bildagglutinationen E. KRETSCHMER (1922) hervorhebt.

Inwieweit dieses imaginative Material bereits wirklich die Furcht eines kreativen gestalterischen Prozesses im Sinne der Phase III, vor allem aber auch der Phase IV des kreativen Prozesses ist, bleibt meines Erachtens fraglich. Ein hohes Maß an Flexibilität, Kombinationsfähigkeit und damit überraschender Neugestaltung wäre zu fordern. Stattdessen handelt es sich in der Regel hier nur um eine «Abbildung» des Psychedelischen oder des im KB Erfahrenen. C.G. JUNG hat gezeigt, daß im kollektiv-psychologischen Bereich ein sehr begrenzter Katalog allgemein menschlicher und mythologischer Grundbedeutungen und deren wiederkehrende Formen vorherrschen. Der psychodynamisch versierte Leser erkennt die Regression in den primär-narzißtischen Bereich (Gefühle von Beglückung und Einswerdung, die Zentrierung auf gewisse mittelständige Punkte, Aspekte der Befriedigung, «narzißtische Erlebnislinien im KB» (PAHL 1983, vergleiche S. 269 ff.).

Ergänzung

Bei einigen Teilnehmern der Kurse von GRÜNHOLZ zur katathymen Erfahrung wurden Standardmotive des KB eingestellt, offenbar aus Mangel an freier assoziativer Bildproduktion. Bei ihnen stellten sich lediglich auf die Konfliktwelt der Probanden hinzielende KB-Szenen ein, nicht jedoch die von GRÜNHOLZ intendierten quasi psychedelischen Erfahrungen als Basis künstlerischer Darstellung. Damit bestätigen sich die von LANDAU und mir gemachten Erfahrungen aus gemeinsamen Kreativitätsseminaren. Sie haben zu dem Grundsatz geführt, daß die Anwendung des Katathymen Bilderlebens zur Förderung der Kreativität eine primär ganz andere Aufgabe ist als die Zentrierung auf unbewußtes Konfliktmaterial im Sinne der Psychotherapie. In welcher Form die Aufgaben für den ersteren Bereich zu stellen sind, habe ich oben gezeigt. Technisch gesehen ist eine Trennung der beiden Bereiche – künstlerische oder andere kreative katathyme Produktionen oder persönliche Introspektion – notwendig. Werden katathyme Bilder für kreative Aufgaben, gleichgültig welcher Art auch immer, herangezogen, sollte der Versuchsleiter strikt darauf verzichten, das freigesetzte Material etwa in Form der oben genannten Bildproduktionen, aber auch bei induzierter Aufgabenlösung, zur Analyse auf seine tiefenpsychologischen Konfliktstrukturen heranzuziehen, auch nicht nachträglich. Eine introspektive Betrachtung des kreativ gewordenen Materials verwirrt den Probanden und fordert naturgemäß für weitere Übungen Abwehrmechanismen heraus. Die Konzentration auf den Gestaltungsprozeß wird beeinträchtigt und die Unbefangenheit ihm gegenüber sowie die Freude daran leiden.

3.2.6. Psychodynamik des kreativen Vorganges

Obgleich ich in diesem Buch von der Bearbeitung theoretischer Positionen abgesehen habe, möchte ich hier doch einige Hinweise auf die psychodynamischen Voraussetzungen der kreativen Dimension geben. Sie ist auch in anderen Therapiebereichen, z.B. der Gestaltungstherapie – malerische Darstellung von Träumen und Phantasien – bekannt (SIMMET 1983). *theoretischer Exkurs*

Mit diesem Thema hat sich MÜLLER-BRAUNSCHWEIG (1975) befaßt. Seine Analyse der (künstlerischen) Kreativität kann auf diese Dimension des KB zwanglos übertragen werden, zumal sie auch die Funktion der Symbolbildung einbezieht. Das «kreative Ich» ist die Instanz kreativer Leistungen.

3.2.6.1. Kreative Systeme des Ich

Die Ausbildung und Erweiterung kreativer Systeme des Ich beruht auf der Fähigkeit der psychischen Flexibilität mit Zugang zu vorbewußten oder unbewußten Prozessen früher Entwicklungsstufen. Das betrifft z.B. die Rückkehr zu Vorformen des Wahrnehmens, Urteilens und Denkens. Sie können durch die Bildung optischer oder akustischer Symbole (in der Imagination[9]) kontrollierbar werden, die unter anderen Umständen abgewehrt werden müßten. Eine weitere günstige Voraussetzung ist ein bestimmtes Maß an Objektverlust mit der Folge einer verstärkten Introversion. Diese ermöglicht einen besseren Umgang mit den Bildern dieser Introjekte (z.B. KB-Szenen). Sofern die Pathologie nicht extrem ist, können die inneren Bilder gestaltend externalisiert werden, und Gefühle von Mangel und Trennung können dadurch vorübergehend aufgehoben, klinisch etwa depressiver Zustände gemildert werden. Dieser partielle Abzug der Besetzung von realen Bezugspersonen kann sich mit einem sekundären Narzißmus verbinden. Gegenläufig kann die Externalisierung des inneren Bildes aber neue Außenobjekte hervorrufen, z.B. «das Werk», das libidinös besetzt wird, auch die KB-Inhalte und deren malerische Darstellung. – Gemäß dieser Voraussetzungen bilden sich kreative Systeme, indem zuvor unbewußte, angsterregende Phantasien jetzt aufgebaut und die Fähigkeiten zur Symbolbildung und deren Einübung entfaltet werden. Entsprechende Techniken (z.B. das KB) dienen dem Ausbau dieser Funktionen und erhöhen die Sicherheit im Umgang mit destruktiven und angstbesetzten Inhalten. Die Offenheit für Konflikte überhaupt wird gefördert. Ein kreatives System entsteht neben den unkreativen pathologischen Inhalten (KB-fixierte Bilder). Die Inhalte des kreativen Systems sind kommunizierbar und flexibel (Beschreibung der Imagination, Malen der KB-Bilder). Relativ selbständig arbeitende Subsysteme treten sowohl im pathologischen als auch im kreativen Bereich auf und können als «primitive Ich-Kerne» (GLOVER 1932) verstanden werden. Sie sind belastungsanfällig und neigen zur Regression im Gegensatz zu den stabilen kreativen Subsystemen.

    Innerhalb der Ich-Strukturen sind je nach *Begabungsschwerpunkten* unterschiedlich hohe Entwicklungsstufen zu erkennen (BERES 1965). *Die Verschie-*

Ich-Systeme

---

[9] Ergänzungen in Klammern von mir.

bung der libidinösen Besetzung auf ein symbolisches (kreatives) Feld befriedigt pathologische Emotionen gleichermaßen wie Bedürfnisse. Die Anerkennung des kreativen Produktes kann die Kommunikationsmöglichkeiten vermehren: Belohnung durch Bestätigung und nachfolgende Entfaltung der Persönlichkeit (z. B. bei Kommunikation mit dem das KB leitenden Therapeuten, vergleiche auch den Fall von SIMMET 1983). Optische Produktionen (Imagination und Zeichnen) kommen dem Bedürfnis nach affektiver Entlastung entgegen als therapeutischer Gewinn der kreativen Leistung.

3.2.6.2. Flexible Regression

Flexibilität

Sie beruht auf der Annahme eines Kontinuums zwischen primitiven und differenzierten Formen der Ich-Entwicklung (wie zwischen Primär- und Sekundärprozeß). Das Ich besitzt die Möglichkeit, zwischen beiden Zuständen – auch unbewußten – zu alternieren, ohne daß die Regression pathologisch zu sein braucht (KRIS 1952; EHRENZWEIG 1967; SANDLER 1967). Diese kurzzeitige Rückkehr zu früheren Funktionsweisen spielt auch im Bereich der Wahrnehmung als Paradigma der in Frage stehenden flexiblen Regression eine Rolle (SANDER 1932; SANDLER 1967; WERNER 1953). Aus dem undifferenzierten Zustand, etwa durch mangelnde Aufmerksamkeit, können einem sehr weiten Bereich vorgestaltete (d. h. vage, unpräzis und unbewußt zu überschauende) Strukturen Lösungsmöglichkeiten entnommen werden. Das hat den Vorteil, daß eingefahrene Schemata auflösbar geworden sind. Die fortlaufende Bearbeitung zur Bewußtheit hin dient dann dem Überprüfen der sich ankündigenden Lösung. Probeweise wird ein Lösungsansatz aus den undifferenzierten Vorformen entnommen, analog dem Wahrnehmungsakt. Das Ich kann, sofern es nicht extrem gestört ist, rhythmisch zwischen Differenzierung und Entdifferenzierung hin- und herschwingen. Diese Ausarbeitung neuer Lösungen (z. B. bei Versuchen des Probehandelns und seiner symbolischen Darstellung im KB) ist mit der «Aktualgenese» der Gestaltpsychologie (SANDER) vergleichbar.

Die flexible Regression wird offenbar dann besonders erschwert, wenn infantile, angstbesetzte Erlebnisse und Introjekte rigide abgewehrt bleiben müssen. (Für das KB sind treffende Beispiele die Erstarrung der Strukturen in den fixierten Bildern und in der Einsprengung archaischer Symbole.) In diesen Fällen kann sich der Patient der Führung der regressiven, vage und vorgestalteten, undifferenzierten Matrix nur bedingt oder gar nicht mehr anheimgeben. Kreative Problemlösungsansätze versiegen. Ein zumindest teilweiser Abbau der pathologischen Dissoziation gelingt erst durch den Versuch der symbolischen Bewältigung, die das Ertragen von Spannung, den Triebaufschub, die Annahme der affektbesetzten Erinnerungen und schließlich auch eine distanzierte Gestaltung (Imagination) verlangt. Im KB entspricht das den verschiedenen Formen des Durcharbeitens: Fokussierung, Vergegenwärtigung und Vergegenständlichung eines symbolischen Inhalts, Durchleben und Durchleiden des negativen Affektes, Altersregression in den Konflikt und schließlich die vom Affekt befreite Darstellung im katathymen Bild.

3.2.6.3. Ausdrucksverständnis im «Lesen» des Symbols

Auf der Grundlage der allerfrühesten «Ur-Gefühle» wie «behaglich – unbehaglich», «erschreckend – beruhigend», «gelöst – spannungsvoll» und ausgehend
von der Reizkonstellation «mütterliche Brust» oder «mütterliches Auge» bereitet sich eine Entwicklung vor, die beim Erwachsenen das empathisch-erlebende
«Schauen» erlaubt. Es setzt sich vom rational gesteuerten Handeln ab. Beide, im
infantilen Stadium zunächst zu einer Einheit von Emotion und Handlung ver-
schmolzen (MATUSSEK 1952), gelangen in der späteren Entwicklung zur Verselbständigung. Trotz dieser Divergenz des primären Ausdruckserlebens
(KLAGES 1933, 1950) bleiben ihre ursprünglichen Ausdruckscharaktere erhalten. Beispielsweise werden hohe Töne als «hell, freudig, leicht», tiefe Töne als
«dunkel, schwer, breit, gedrückt» erlebt. Das korrespondiert mit dem Wahrneh-
mungsraum: «Das oben Befindliche muß leichter sein als das unten Befindliche,
dieses ruht auf breiterer Unterlage als das oben Befindliche; dieses ist wiederum in einer Zone, aus der die Helligkeit kommt (KLAGES 1950). Sinnesein-
drücke als Symbol lösen einen Gefühlszustand für Erlebnisqualitäten aus. Dieses Ausdrucksverstehen ist Voraussetzung für die Wahrnehmung an die optischen Inhalte gebundener Gefühlsqualitäten (auch Gestaltqualitäten). Der Ausdruck erscheint mit Hilfe einer regressiven Einstellung unter Umständen zunächst als Rohmaterial emotional und diffus.

Die nachfolgende Realisierung sowohl in der Imagination (Vergegenständlichung) als auch in der anschließenden Malerei hat nicht allein Abwehrbedeu-
tung, sondern *verkörpert als kreative Leistung neue, eigenständige Werte.* Mit
der Mitwelt kommunizierend (z.B. mit dem Therapeuten), werden neue Erleb-
nis- und Entlastungsmöglichkeiten geschaffen. Ein Stück der Wirklichkeit (der
katathymen Szene), angereichert mit zahlreichen bewußten und unbewußten
Gefühlselementen, kann *neu gesehen werden.* Die verschiedenen, auch assoziierten Bedeutungsgehalte können sich dem teilhabenden Therapeuten oder dem
Beschauer des Bildes mitteilen und bei ihm tiefere Schichten im Sinne eines
präverbalen Kommunikationsvorganges ansprechen. Vom Bildhaften her gesehen, kann die Auseinandersetzung mit der Gestalt, kann ihre Prägnanz und die
Klärung der Formen (Fokussierung) zu einer Ausgestaltung in Richtung eines
realen Bildes führen. Eine sekundär-prozeßhafte Ich-Kontrolle wird erreicht.
Das ist die letzte Phase des kreativen Prozesses als Übergang vom autistischen
Bild (personale Kreativität) zur kommunikativ bearbeiteten Darstellung (4.
Phase).

*Basis des Ver-
ständnisses*

3.2.6.4. Rolle der Objektbeziehungen und des Narzißmus

Introjekte und projektive Prozesse im Bereich oraler Objektbeziehungen scheinen im kreativen Vorgang von großer Bedeutung zu sein. Bei dieser vorübergehenden Identifizierung mit dem Objekt ist die Distanz gegenüber ihrem Inbild
(z.B. der Imagination) aufgehoben. Das macht die Objektrepräsentanzen form-
bar und manipulierbar. (Diese Möglichkeit wird im KB durch die Regieprinzipien angestrebt und manifestiert sich in Wandlungsphänomenen.) Auch beim

*Objektbezie-
hungen*

bildenden Künstler erkennt MÜLLER-BRAUNSCHWEIG (1975) an dem heranreifenden Werk erlebnisbetonte Objektbeziehungen. KOHUT (1966) hingegen weist auf die im kreativen Prozeß wirkende *Erweiterung des Selbst* hin. Es sei nicht mit Objektlibido, sondern mit narzißtischer Libido besetzt. Das Werk werde zunächst ganz als ein Teil des Selbst empfunden, objektiviere sich jedoch später. Diese Stellung zwischen Selbst und Außenwelt sei gerade eine Voraussetzung dafür, daß das Entstehen der Objekte die Aufgabe der symbolischen Entlastung übernehmen kann. Die narzißtischen und objektlibidinösen Tendenzen schafften durch das kreative Werk Abfuhr und dienten der Objektivierung.

3.2.6.5. Regelprozeß durch externe Symbolik

das Werk als neues Objekt

Die Vergegenständlichung von Konflikten durch Symbolbildung führt also zur angstfreien Verarbeitung, vermeidet impulsgetriebene Handlungen und Selbstgefährdung. Es ist ein Probehandeln besonderer Art. Auch Funktionen des Sekundärprozesses nehmen an dieser Bearbeitung teil und verstärken die differenzierenden Ich-Funktionen wie Denken, Sprechen und motorische Vollzüge zur Beteiligung an der Integration. Diese beruht auf der Rückmeldung der unbewußten Phantasien in Form des «kreativen Werkes» (KB-Bild) als einer spezifischen Form der Reizzufuhr. Ein neues Objekt ist geschaffen, an dem eine ständige Kontrolle der eben ausgeführten Handlungen (Probehandlungen und die oben genannten therapeutischen Schritte des Durcharbeitens im KB) möglich ist. Sie können in ihrer Wirkung sofort überprüft und gegebenenfalls rückgängig gemacht werden, ähnlich wie bei der Entwicklung künstlerischer und wissenschaftlicher Entwürfe. Sie erlauben eine Übersicht über ihre Wirkungen. Damit verbunden ist die angstfreie Annahme des kreativen Funktionssystems des Ich überhaupt. Auch die Vorgänge der Reflexion und der Strukturierung der Phantasien (beziehungsweise der katathymen Bilder) sowie der Kommunikation als wichtige Faktoren des psychotherapeutischen Prozesses gehören zu den rückmeldenden Kontrollen. Damit setzt sich der kreative Prozeß in der Ichbildung, besonders in den unreifen Ich-Subsystemen, fort. Neue Lösungsmöglichkeiten werden erarbeitet, nicht zuletzt an dem auf den Therapeuten ausgedehnten Regelkreis, dessen Dynamik auf prä-verbaler wie verbaler Ebene abläuft (Therapeut als «Hilfs-Ich»). Nicht vorhandene Ich-Strukturen können sich langsam neu- und nachbilden, indem der Therapeut der Phantasie einen bestimmten Ort zuweist und damit deren Integration erleichtert. Der gesamte Prozeß kann als eine Abfolge von Katharsis, Reflexion, libidinöser Entlastung, narzißtischer Zufuhr und spontaner Interpretation sowie schließlich Integration verstanden

Neuformulierung des therapeutischen Prozesses

werden. Das ist eine *neue Art der Betrachtung des therapeutischen Prozesses aus den Funktionen des kreativen Ich* und *der Kommunikation mit dem Therapeuten.* Der gekennzeichnete positive Rückkopplungseffekt verschafft zumindest vorübergehend eine Beruhigung und ein Gefühl der Sicherheit.

Das «kreative Werk» (katathyme Bild) tritt mit einer äußeren Realität in Verbindung und trägt zur Objektivierung bei. Dieser Prozeß ist mehr als ein Spiegel, denn die Eigengesetzlichkeit seines Ablaufes und seiner Produkte ruft ständig neue Antworten in der Auseinandersetzung mit seinem Material hervor. Mit dem entstehenden Objekt findet ein intensiver Austausch statt. Die Vergegenständlichung (Objektivierung) führt im Prozeß der Rückmeldung auch zu vermehrter Sicherheit und kann die bislang notwendigen Abwehrvorgänge überflüssig machen.

3.2.7. Zusammenfassung

Es ist festzustellen, daß die dritte Dimension des KB, die kreative Entfaltung und Förderung von Problemlösungen, wesentlich dazu beiträgt, dem Verfahren eine eigene Stellung im Rahmen psychotherapeutischer Methoden, auch tiefenpsychologischer Art, einzuräumen. In Anlehnung an die kurz skizzierte Psychologie des kreativen Prozesses wurde gezeigt, daß bereits in der einzelnen therapeutischen Sitzung des KB kreative Prozesse und Problemlösungen spontan auftreten. Sie können darüber hinaus auch an entscheidenden Punkten der therapeutischen Entwicklung in verschiedener Form vom Therapeuten induziert werden. Die genauere Kenntnis der psychologischen Funktionen zur Förderung der Kreativität hilft dem KB-Therapeuten, die kreative Entfaltung im Detail und auch in dem größeren Bereich der Persönlichkeitsentwicklung entscheidend zu fördern. Eine Sonderstellung nimmt die von der Therapie unabhängige Förderung kreativer Fähigkeiten ein. Sie kann in Form der katathymen Erfahrung nach GRÜNHOLZ zur kreativen Entfaltung von optischem Material dienen, sie kann aber auch zur gezielten Lösung von Problemen in den verschiedensten Bereichen herangezogen werden, in denen Kreativität eine wichtige Rolle spielt: im sozialen Umgang, im Design, in der Überwindung stagnierender kreativer Prozesse bei Malern, Schriftstellern und Lyrikern, Bühnenkünstlern und Architekten usw. Dieser Seite der kreativen Förderung durch das KB konnte in diesem Kapitel nicht Rechnung getragen werden, da es sich gemäß dem Thema des Buches auf therapeutische Aufgaben konzentriert. Diesbezügliche Erfahrungen aus kreativitätsfördernden Seminaren bedürfen einer gesonderten Darstellung.

3.3. Die Oberstufe

3.3.1. Stellung der Oberstufe

In dem schon früher erläuterten Bestreben, für die Weiterbildung zum KB-Therapeuten ein gestaffeltes Lehrangebot vorzulegen, wurden die schwierigsten Interaktionsformen und Regieprinzipien in die Oberstufe verlegt.

Im Verlauf der Zentralen Weiterbildungsseminare der AGKB zeigte sich, daß die Intensivseminare vielfältige Selbst- und Fremdwahrnehmung vermitteln. Sie haben erlaubt, einen Teil sublimer Positionen schon in die Grund- und Mittelstufe zu verlegen. Das ist am überzeugendsten bei der Wahrnehmung von Übertragung und Gegenübertragung. Folge war die «Abmagerung» des Repertoires der Oberstufe zugunsten der Mittelstufe. Die Vermittlung des auf die psy-

Reduktion der Oberstufe

choanalytische Technik zurückgreifenden Anteiles läßt eine lehrbuchmäßige Darstellung aber nur begrenzt zu, denn therapeutische Regeln lassen sich hier kaum noch geben. Vieles beruht auf breiter praktischer Erfahrung und empathischer Einstellung auf den Patienten. Ansonsten kann auch auf bekannte Lehrbücher verwiesen werden, wie z.B. das schon oft zitierte Buch von GREENSON (1975). Die überwiegende Zahl der Ärzte und Psychologen, die sich zum KB-Therapeuten ausbilden, haben sich im übrigen der psychoanalytischen Weiterbildung zugewandt.

Diese Entwicklung führte zu zwei Konsequenzen in der Ausbildung zum KB-Therapeuten:

(1) Nach Übernahme ursprünglich der Oberstufe vorbehaltener Lehrschritte kann der Abschluß durch das Therapeuten-Kolloquium mit Erwerb und Einübung der Mittelstufentechnik erreicht werden.
(2) Die Oberstufentechnik braucht nicht explizit in weiteren Ausbildungsseminaren gelehrt zu werden; wir können darauf vertrauen, daß der ausgebildete KB-Therapeut den größeren Teil davon selbständig assimilieren und in seine Behandlungen einbeziehen kann.

Die KB-therapeutischen Spezifika der Oberstufe vereinigen unter den Motiven und Regieprinzipien solche Interventionen, die bislang ausgelassen wurden: aggressive, d.h. anal- beziehungsweise oral-sadistische Komponenten (mit Ausnahme des Löwenmotives). Diese Trieb- beziehungsweise Antriebskomponenten werden sowohl beim Patienten, nicht selten auch beim Therapeuten allzu leicht verdrängt. Gegen Haß-, Wut- und Tötungsimpulse (auch gegenüber Symbolgestalten) besteht eine strenge gesellschaftliche und ethische Sperre, wofür sich leicht Zeugnisse liefern lassen. So ist auch die Bedeutung der Dynamik unterdrückter Aggressionen für die psychosomatische Symptombildung nur allzu wenig bekannt, die Forschung hat sich damit bislang allein sporadisch befaßt (ELHARD 1974).

Die Oberstufe bietet einerseits technisch definierte therapeutische Schritte des KB an, andererseits bezieht sie psychoanalytische Interventionen ein. Letztlich hat die Oberstufe aber ein «offenes Ende», da ein Teil ihrer therapeutischen Strategien noch experimentellen Charakter hat.

3.3.2. KB-typische Techniken

3.3.2.1. Standardmotive

3 Standard-motive

Drei Standardmotive beschäftigen uns auf der Oberstufe: die Höhle, das Sumpfloch und der Vulkan. Sie haben die Eigenschaften, regressives, aus tieferen unbewußten Schichten freigesetztes Material auf die Bühne des Tagtraumes zu bringen. «Regressiv» meint archaische Strukturen und damit zugleich starke, z.T. instinkt- und triebgebundene Affekte. Diese Motive entsprechen nicht mehr der für das Katathyme Bilderleben bislang von FREUD übernommenen Empfehlung, in der Therapie immer nur jenes Material aufzugreifen, das das Ich freiwillig abgibt und der obersten (bewußtseinsnahen) Schicht angehört. Nur der therapeutische Anfänger glaubt, Tiefenpsychologie heiße, viel tiefliegendes Material zu fördern oder dessen Freisetzung zu erzwingen; er meint, durch die damit entbundene Dramatik der therapeutischen Abläufe könne er eine Therapie entscheidend beschleunigen. Auf fruchtbare Einschränkungen dieser These will ich nicht eingehen.

Bei der Betrachtung der drei Motive Höhle, Sumpfloch und Vulkan sollten zwei Aspekte unterschieden werden:

a) der symbolische Eigenwert des Motives
b) die bei diesen Öffnungen der Erde freigesetzten Gestalten

Nicht jeder Patient ist zu jedem Zeitpunkt bereit, das hier zu erwartende Material freizugeben. Das Ich mit seiner selbstregulierenden Abwehrtätigkeit ist auch hier in der Lage, sich vor einer Überschwemmung mit extrem regressiver Dynamik zu schützen.

Die Indikation für die Einstellung des einen oder anderen dieser Motive hängt von dem Stadium der Therapie und der anstehenden Problematik ab. Völlig fehl erscheint mir, wenn ein noch wenig erfahrener Therapeut diese Motive aus der Verlegenheit einstellt, weil er meint, einer vielleicht stagnierenden Therapie neue oder aktivierende Impulse geben zu müssen.

Widerstände und Abwehrmechanismen sind als solche zu bearbeiten (vergleiche 1.4.4.), statt sie mit archaischen Inhalten «durchbrechen» zu wollen. Zu warnen ist vor allem davor, eines dieser Motive bei einem primär Ich-schwachen oder durch die Therapie in seinem Ich geschwächten, d.h. vermehrt zur Regression neigenden Patienten zu benutzen. Kontraindiziert sind sie fast immer bei borderline- und narzißtisch gestörten Patienten, also auch solchen mit einer überwiegend schizoiden und/oder depressiven Persönlichkeitsstruktur.

3.3.2.2. (10a.) Motiv der Höhle

Die Höhle stellt beides dar: einen Eingang in das Erdinnere und einen Ausgang für alles, was aus der Erde herauskommen kann. Den letzteren Aspekt haben wir bislang im KB am meisten in Anspruch genommen in der Absicht, Symbolgestalten zu entwickeln. Darin liegt eine Analogie zum Motiv des Waldrandes. Während man dort allerdings auf dem Niveau der Erdoberfläche (Wald) blieb, wird der analogen Absicht nachgegangen, um stärker abgewehrte Symbolgestalten (Material) freizusetzen. Da es sich archaisch darstellt und affektiv stärker beunruhigt, erscheint es insofern oft regressiver. In jüngerer Zeit haben wir auch gelernt, den Symbolcharakter des Höhlenmotives breiter zu fassen in seiner Bedeutung als Cavum, angeregt durch die Therapie mit Kindern und Jugendlichen. Die Höhle als bergender Ort der weiblich-mütterlichen Welt, als der mütterliche Schoß, als uterine Form der «Mutter Erde», d.h. als Ort der narzißtischen Einheit und tiefen Beruhigung, der Erholung und des Sich-stärken-Könnens. Jedoch zeigt sie sich auch nicht als Ort ohne Gefahr, etwa wenn die Höhle sich verschließt und der Eingedrungene dann nicht mehr herauskommt oder darin eingeschlossen zu werden (siehe S. 304) droht.

Höhle

Am leichtesten und häufigsten taucht die Höhle (spontan oder angeregt) im katathymen Panorama am Fuß eines Berges auf. Dann entsteht die Frage, ob man den Patienten hineingehen lassen soll oder nicht. Auch wenn er das selbst wünscht, ist es ihm keineswegs immer zuträglich, wie wir noch sehen werden.

Freigabe von Symbolgestalt

Fraglicher ist, ob wir dem Patienten beim Auftauchen einer Höhle anbieten sollen, diese zu betreten. (Den Begriff, ihn «hineinzuschicken» habe ich bewußt vermieden, obgleich zugreifende jüngere Therapeuten ihn benutzen.) Manche Patienten phantasieren sich von selbst in das Innere der Höhle, etwa indem das Bild plötzlich umspringt. Taucht das Höhlenmotiv nicht spontan auf, kann es natürlich genauso eingestellt werden wie alle anderen Standardmotive.

Zum Bedeutungsgehalt der Höhle gebe ich Beispiele:

Bei einem 35jährigen Werkmeister mit einer Herzphobie tritt aus der Höhle spontan ein Bär, legt sich auf die Wiese und schläft ein. Aus allem, was nach der Vorgeschichte deutlich wird, verkörpert der Bär eine verdrängte Verhaltenstendenz des bislang immer besonders fleißigen und strebsamen Mannes.

Der schon erwähnte 16½jährige Schüler, der ein autistisches kontaktgestörtes Bild bietet, imaginiert spontan einen Höhleneingang. In ihm steht ein Riese, der sich als freundlich entpuppt und ihm in einem von mir angeregten Gespräch sagt, er habe sich in die Höhle zurückgezogen, weil er sich von den feindseligen Menschen ausgelacht fühle. Auch er stellt die unbewußte Tendenz des Patienten zum autistischen Rückzug und zur narzißtischen Omnipotenz dar (vergleiche S. 132). Nachdem der Riese wieder zu den Menschen zurückgeführt worden ist, verliert sich das Symptom bald.

Es sind hier also gleichgeschlechtliche Symbolgestalten, die aus der Höhle erscheinen und als unbewußte Verhaltenstendenzen erlebt werden. – In anderen Fällen kommen bei männlichen Probanden auch weibliche Gestalten heraus wie eine Hexe, eine Schlange, die später den Kopf der Schwiegermutter trägt usw.

Das uterine, behütende Motiv kommt in folgendem Beispiel zum Ausdruck.

Beispiel 1 (Originalprotokoll gekürzt)

bergender Ort

«Ich sehe eine Höhle, die mir bekannt ist. Sie hat einen sehr großen Eingang – wie eine Vorhalle ... Ich gehe dort hinein und finde einen sehr kleinen Eingang in das Innere (dieser kleine Eingang existiert in der Realität). Ich nehme einen Kerzenhalter mit. ... Der Boden ist etwas glitschig. Es ist sehr eng, so daß ich nur in hockender Stellung Platz habe. Ich setze mich auf den Boden und lehne mich an die Wand. Mir wird am Rücken ganz warm, das ist sehr angenehm. Die Höhle hat innen ein ganz weiches, schönes Fell. Es ist mir sehr warm. ... Gegenüber von mir hängt an der Wand ein Bild. Ich sehe anfangs nur den braunen Rahmen. ... Nur langsam wird es deutlicher. Es ist eine große Birne. Die Birne wird zusehends plastisch, so daß ich sie herausnehmen und essen kann. Sie ist knackig, süß und löscht meinen Durst. Bei der genaueren Betrachtung des Raumes fällt mir auf, daß er die Form einer Kugel hat. Am Boden sehe ich eine kleine Rinne, in der aber kein Wasser ist. Die Rinne geht noch weiter in die Höhle hinein. ... Ich kann die Rinne nur verfolgen wie sie nach draußen geht. Sie wird größer und beim Ausgang ganz haarig. Wenn ich darüber streiche, fühlt sie sich an wie ein etwas strubbeliges, aber weiches Fell. Ich krabble als ganz kleines Baby – nackig – auf allen Vieren aus der Höhle heraus. Ich werde vom Therapeuten aufgefordert zu berichten, was ich sehen kann. Es ist mir im Moment nicht möglich zu sprechen. Ich habe lediglich das Gefühl, daß alles irgendwie neu ist und daß ich wieder in irgendeine Kuhle möchte, in der es warm ist. Erst nachdem ich mein Alter gewechselt habe und mich mit ungefähr acht Jahren in einem Dirndl-Kleid erlebe, ist es mir möglich, meine Umgebung genauer zu betrachten und davon zu berichten. Ich sehe draußen Bäume und sammle hier in der Vorhalle der Höhle frisches Holz für eine kleine Hütte mit einem Walmdach. Ich bin ganz sicher, daß dort ein alter Mann wohnt, und zu dem will ich hin. Ich gehe hinein. ... Ich sehe einen grünen Kachelofen; dort angelehnt sitzt ein alter Mann mit einer Pfeife. Er sagt, ich solle das Holz zum Kamin legen. Im Kamin brennt bereits ein kleines Feuer, das sehr gemütlich wirkt. Ich setze mich neben den alten Mann. Wieder erlebe ich ein ganz intensives Gefühl am Rücken. Der alte Mann hat einen langen weißen Bart und eine Schirmmütze auf. Außerdem hat er eine Brille mit runden Gläsern. Er ist nicht sehr gesprächig. Er gibt mir ein Glas kalte Milch. ... Von draußen sieht das Haus ganz anders aus als vorher. Es ist keine Hütte mehr, sondern ein schönes Holzhaus mit einem Walmdach. ... Ich lege mich ins Gras und schlafe. Nach einiger Zeit wache ich wieder auf und sehe mich als ganz kleines Baby in einer Holzwiege liegen. Ich sehe lediglich das Holz der Wiege und ein weißes Bettchen. Ich werde geschaukelt, weiß aber noch nicht, von wem. Nach einiger Zeit schaut plötzlich unsere Erna (unser Hausmädchen, das wir seit Jahrzehnten zu Hause bei meinen Eltern haben) über die Wiege herüber und lacht mich liebevoll an. Sie wippt mit ihrem Fuß die Wiege. Sie nimmt mich auf den Arm. Es ist alles sehr angenehm und wohlig. Ich werde vom Therapeuten gefragt, was ich denn nun noch gerne möchte. Darauf kann ich im Moment gar nichts sagen, denn ich will eigentlich gar nichts mehr. Ich fühle mich da sehr wohl.»

Kommentar: Die bergende Rolle der Höhle wird ebenso deutlich wie der orale Aspekt beim Essen der erfrischenden Birne; das ganze Milieu regt an zu einer tiefen Regression. Das Geburtsthema klingt kurz an. Die Intervention des Therapeuten stört jedoch die Regression. Das Thema springt um, und die väterlich-männliche Repräsentanz des alten Mannes, wiederum in einer Szene der Geborgenheit und Wärme mit dem oralen Aspekt (Milch) setzt das Thema fort. Die Regression stellt sich erneut ein, indem die Patientin sich als Baby in einer Wiege findet und die weiblich-mütterliche Objektbeziehung mit «Erna» und das Grundthema bis hin in den primären narzißtischen Bereich (schaukeln) fortsetzt. – Das Protokoll ist ein schönes Beispiel, wie durch das Höhlenmotiv eine ungetrübte Befriedigung archaischer, hier narzißtischer und früher oraler Bedürfnisse gefördert werden kann (vergleiche 3.1.).

Betrachten wir die Höhle als Ganzes, d. h. die Öffnung in der Erde und das Cavum gemeinsam, bietet sich als erstes eine Bedeutungssphäre an, die das weibliche Genitale mit allen seinen Funktionen umgibt: Der Eingang der Höhle kann als Introitus, also als Vagina aufgefaßt werden, die Höhle selbst als der bergende Uterus, womit sich ein primär narzißtischer, symbiotischer Aspekt verbindet; der Höhlenausgang umgekehrt mit seinen inneren und äußeren Anteilen als der «Geburtsschlauch», womit auch das Thema des Geboren- und Wiedergeboren-Werdens anklingt. Bedenken wir ferner, daß die Vagina als äußerer «Muttermund» bezeichnet wird, klingt darüber hinaus noch ein orales Thema an. Das Höhlenmotiv als stark regressive Version der weiblich-mütterlichen Welt bestätigt sich als Objektrepräsentanz. So richtig das Prinzip auch ist, erhält das Innere der Höhle in der KB-Therapie aber doch verschiedene, z. T. kontroverse Darstellungsformen. Ich zähle einige auf, um Beispiele folgen zu lassen. Die Höhle kann Schutz vor einer als feindlich erlebten Welt bieten, in ihr kann sich eine neue, ganz ausgedehnte und für Außenstehende verborgene Welt entfalten. Mitunter weitet sie sich zu einem Saal, einer Kuppel, ja zu einem Dom aus. Ein ganzes Szenarium kann sich in ihr abspielen, in dem gewichtige Personen auftreten, mit denen der Patient in positive, selten negative Interaktionen tritt. Der Bedeutungsgehalt sowohl des Inneren der Höhle als auch der dort auftretenden Personen kann besonders bemerkenswert sein. Höhlen werden imaginiert, die sich immer mehr verengen und in denen sich der Betreffende veranlaßt fühlt, trotz aller Hindernisse weiter vorwärts zu kriechen, bis er herauskommt. Selten einmal ist die Höhle auch wie eine gemütliche Wohnung eingerichtet.

Ein Beispiel, das das Thema der Geborgenheit gebrochen und gefährlich erscheinen läßt, füge ich an:

Beispiel 2[10]

Bedrohung

Ein an Asthma bronchiale leidender Patient nimmt zunächst ein kulinarisches Essen ein. Nach einer therapeutischen Intervention entwickelt sich eine Art Höhle, «die nur durch eine schmale Öffnung mit der Außenwelt verbunden war. In ihr befand sich nun der Patient. Er meinte, daß es ihm noch besser gefallen würde, wenn die Höhle ganz von der Außenwelt abgeschlossen wäre. Dies ginge jedoch nicht, denn dann würde man ja nicht mehr atmen können. Er fühle sich aber auch so ganz wohl, vielleicht ein wenig einsam.» – Es entwickelt sich ein Baum aus der Wand der Höhle mit rot gefärbten Äpfeln. – «... war plötzlich eine neue Figur in der Höhle. Der Patient fragte sich, wie sie wohl entstanden war, entweder aus dem Baum, denn der wäre jetzt nicht mehr zu sehen. Vielleicht hätte er sich auch selbst verdoppelt. Angehalten, diese Figur genau zu beschreiben, schildert er sie außerordentlich groß, sie nehme fast die ganze Höhle ein. Die Gesichtszüge könne er nicht erkennen, und bekleidet wäre sie mit einem losen Mantel. Wenn er die Person anschauen wollte, würde sie seinem Blick ausweichen. Er könne sie auf jeden Fall nicht genau fixieren. Auf die Frage, ob es sich eher um einen Mann oder eine Frau handeln würde, meinte er, daß es vermutlich eine Frau wäre. Das ganze Oberteil sei von zwei riesigen Kugeln eingenommen, der Rest der Person hinge sozusagen daran. Die Kugeln wären jedoch bedeckt, so daß es sich auch um Luftballons handeln könnte. Er könne also nicht sicher sagen, was für ein Geschlecht die Figur habe. Auf jeden Fall aber habe er das Gefühl, daß ihn diese Figur, wer immer sie auch sei, schützen würde, seinen Unterschlupf noch sicherer machen würde. Durch das Wort ‹Unterschlupf› hellhörig geworden, fragte der Untersucher nun, ob er nicht durch den Höhleneingang einen Blick auf die Außenwelt werfen wolle. Der Patient sah darauf ein wildes Schlachtgetümmel, aus dem sich schließlich mehrere Personen herauslösten und auf die Höhle zukamen. .... Eine der Personen trug einen Helm, der mit merkwürdig langen Federn oder Stofffransen geschmückt war, die ihn an eine Mähne erinnerten. Weil er der Ansicht war, daß diese Personen in die Höhle eindringen würden, um ihn oder die ihn schützende Figur mitzunehmen, verschloß er den Höhleneingang mit einem Stein, und zwar so weit, daß er, wie er sagte, «gerade noch Luft bekommen könne».

Kommentar: Die Höhle als archaisches Symbol des mütterlichen Schutzes, verstärkt durch die unklare Gestalt im weiten Mantel, wird unsicher durch eindringende männlich-kämpferische Gestalten. Der Versuch, sich völlig einzuschließen, scheitert jedoch daran, daß damit die Luftnot wie bei einem Asthma-Anfall drohen würde. – ZEPF interpretiert den Zusammenhang mit dem Asthma, da sich im Bild die frühe Sozialisierung unter dem Einfluß einer Mutter widerspiegelt, die einerseits eine ausgeprägte überfürsorgliche, überbehütende (symbiotische) Beziehung zu dem Kind entwickelte und dieses dementsprechend an sich gebunden hatte, andererseits aber das Kind offen zurückgewiesen hatte als Reaktion auf die zerstörerischen Impulse dem Kind gegenüber.

[10] Nach ZEPF (1983, S. 111).

Der orale Aspekte kann auch verschleiert sein. Bei dem 16jährigen Schüler mit dem freundlichen Riesen fand sich erst in der Höhle eine fruchtbare Landschaft mit Weinbergen und Ställen, gefüllt mit milchspendenden Kühen.

Ein 50jähriger Jurist findet in der Höhle eine erlauchte Versammlung von zwei Parteien, die eine geführt von einem alten gebrechlichen Kaiser, die andere von einem vitalen hohen katholischen Würdenträger. Er hat sich zu entscheiden, zu welchem Lager der väterlichen Welt er sich schlagen soll. *vielfältige Manifestationen*

Eine 20jährige, stark verunsicherte schizothyme Abiturientin entdeckt in der Höhle einen See, an dem Christus steht und eine große Menschenmenge zur Taufe andrängt. Auch die Patientin wird getauft.

Eine etwa 40jährige Akademikerin findet in einer kleinen Höhle den Eingang zur eigentlichen großen Höhle, die sie unter Führung eines Teufels besichtigen darf (das Motiv der «Unterwelt» taucht gelegentlich auf).

Ein 28jähriger Arzt erkennt schon beim Blick in die Höhle eine eisbedeckte Gebirgswelt, die er mit Spitzbergen identifiziert. Er steht vor einer eiskalt blickenden Frauengestalt, die ihn aber fasziniert und die er «Eiskönigin» tauft. Spontan assoziiert er dazu gewisse Verhaltensweisen seiner Mutter.

Ich verweise auf das Beispiel (S. 431) einer nassen und feuchten Höhle, die sich in das Riesenmaul eines Fisches und dann in den Mund der Mutter verwandelte. Die Patientin saß auf dem Schneidezahn der Mutter und fürchtete, zerbissen oder verschluckt zu werden.

Äquivalente zum Höhlenmotiv kann das Bild eines Tunnels bieten als einer nach hinten offenen Höhle, nicht selten auch das Geburts- beziehungsweise Wiedergeburtsthema anschneidend. Anders liegt es bei einem Bergwerk, in das der Betreffende fast zwanghaft hineingehen muß. Dort findet er fleißige Arbeiter, die mit Bahnen Gestein herausfördern oder auch Kohle («therapeutisches Material»?). Negative Aspekte des Höhlenmotives zeichnen sich ab, wenn der Betreffende sich in der Höhle verirrt, den Ausweg nicht mehr findet, in ein Labyrinth gerät oder gar, wenn die Höhle sich bei dem Versuch, wieder herauszukommen verschließt.

Welchen Aspekt die Höhle häufiger bietet, hängt zweifellos mit der jeweils symbolisierten Objektrepräsentanz zusammen. Oft ist es die anamnestisch erfahrbare Beziehung zur weiblich-mütterlichen Welt, aktualisiert durch die in der Therapiephase gerade abgehandelte Version der Mutter mit ihrer «guten» oder «bösen» Seite.

Die therapeutische Bedeutung des Eindringens in die Höhle ist nicht circumscript zu bestimmen. Wenn es dem Therapeuten gelingt, die auftauchenden Probleme und negativen Entwicklungen in ihren extremen Formen aufzufangen, glaube ich, daß die Exkursionen in die Höhle zu einer wichtigen Ausweitung des katathymen Erfahrungshorizontes, der Assimilation unbewußten dynamischen Materials führt. Den Patienten in die Höhle direkt hineinzuschicken, halte ich allerdings nicht für sinnvoll. Die innere Bereitschaft und der spontane Wunsch müssen bestehen, auch die damit eventuell verbundene Gefahr auf sich zu nehmen. Ist das nicht der Fall, und der Therapeut heißt den Patienten in die Höhle eindringen, schützt sich dessen Ich gelegentlich durch ganz banale Abwehrmechanismen: Die Höhle ist klein, kahl und leer, sie ist unheimlich, der Patient hat Angst und will umkehren usw.

3.3.2.3. (10b.) Motiv des Sumpfloches

Das sumpfige Loch ist am Rande der Wiese in der Regel nicht schwer einzustellen. Im Zusammenhang mit der Symbolkonfrontation (2.5.5.) habe ich mich schon einmal mit diesem wichtigsten Oberstufenmotiv beschäftigt. An dieser Stelle soll es im Hinblick auf seine therapeutische Valenz behandelt werden.

Das Sumpfloch hat meistens einen Durchmesser von 1 – 3 Metern und ist mit schlammigem, morastigem Wasser oder Schlamm überhaupt gefüllt. Selten geht von ihm ein Geruch aus. Der Begriff «Sumpfloch» wird von deutschsprachigen *aufsteigende* Probanden im allgemeinen sofort verstanden. Die Standardanweisung für den *Symbol-* Fall (welcher wohl der häufigste ist), in dem wir das Auftauchen einer Symbol- *gestalten* gestalt aus der Tiefe induzieren wollen, lautet: «Bitte stellen Sie sich (am Rande der Wiese) ein sumpfiges Loch vor.» – Wenn erschienen: «Bitte beschreiben Sie mir genauer, wie es aussieht.» – Dann: «Bitte bleiben Sie in einiger Entfernung von diesem Loch und beobachten Sie, was dort herauskommen wird. Irgendetwas wird herauskommen, vielleicht zuerst sehr langsam und zögernd. Warten Sie es einmal ab und berichten Sie mir genau, was Sie im einzelnen beobachten.»

Nach einer mehr oder weniger langen Wartezeit (1 – 3 Minuten) berichtet der Proband dann meistens, daß sich die Oberfläche bewegt, Blasen aufsteigen, kleine Wellen schlagend oder ähnliches. In der typischen Verlaufsform erscheint langsam ein Tier oder eine menschliche Gestalt, die heraussteigt. Am häufigsten sind es zunächst Tiere, die in diesem Milieu zu Hause sind: eine Schlange, ein Fisch, ein Frosch, ein Krokodil. Auch höher stehende Tiere werden freigesetzt (S. 208 ein Storch).

Bestehen stärkere Abwehren gegen die Freisetzung eines solchen Wesens, bleibt die Oberfläche meistens glatt. Allein einige aufsteigende Blasen sind Anzeichen einer Möglichkeit, die sich aber nicht vollzieht. Charakteristisch ist dann mitunter, daß auf der Wasseroberfläche «Wasserspinnen» hin- und herlaufen und andere Insekten, die nicht eigentlich der Tiefe zuzurechnen sind.

Das Sumpfloch manifestiert sich gelegentlich, wenn auch relativ selten, spontan in Form eines morastigen Tümpels oder auch einer moorigen Wiese in der Landschaft. Im Prinzip lautet der Auftrag des Therapeuten jedoch, sich «ein Sumpfloch» vorzustellen, und zwar am einfachsten am Rande einer Wiese.

Worin liegt die symbolische Bedeutung des Sumpfloches? – Theoretisch gesehen kann man einen sehr breiten Sinnbezug annehmen. Wenn man an einen Sumpf denkt, kann man «Urzeugung» phantasieren, niedere, einfach strukturierte Tiere. Man kann an das anale Thema denken, also Schmutzproblematik, die Freude des Kindes am Kotschmieren, unverfänglicher, im Sandkasten «Pampe» machen, mit Schlamm spielen oder werfen. In dieser Freude liegt ein großer Teil primären Analsadismus. Über der bürgerlichen Schmutzabwehr wird allzu leicht die heilende Wirkung des Schlammes (Fangopackung), seine Fruchtbarkeit (Nilschlamm), vergessen.

ödipale Reprä- In der Therapie hat sich das Motiv des Sumpfloches ausgewiesen als ein Ma-
sentanzen nifestationsort von Symbolgestalten, die gegengeschlechtliche, also ödipale Repräsentanten sind. Am häufigsten zeigen sie sich als Ausdruck stark regressiver sexueller Ausprägungen und Impulse, eben in Form von archaischen (niederen) Tieren der phylogenetischen Reihe wie Schlange, Fisch usw. Geht man

306

vom analen Aspekt des Sumpfloches aus, bietet sich hier auch die Brücke zum anal-erotischen Thema, d.h. zu ciner regressiven oder intantilen beziehungsweise unreifen Ausprägung sexueller Impulse, die einen archaischen, vom humanen Liebesleben isolierten, abgespaltenen, insofern also einen integrationsbedürftigen Aspekt haben. Dieser wird sinnträchtig z.B. im Märchen vom Froschkönig in schlichter Weise verdeutlicht. Tatsächlich kommt bei jungen Mädchen nicht selten ein Frosch aus dem Sumpfloch, gelegentlich hat er sogar eine Krone auf dem Kopf. Freilich folgen wir nicht unmittelbar dem Verlauf des Märchens und lassen den Frosch nicht an die Wand werfen in der Hoffnung, es werde ein Märchenprinz daraus. Wir gehen vorsichtiger vor, probieren eine Annäherung, indem etwa versucht wird, den Frosch zu füttern, zu streicheln, ihn auf die Hand zu setzen im Sinne der Prinzipien vom Nähren, zärtlich Umfangen und Versöhnen. Dabei werden in der Regel schon eine Menge Affekte, nicht selten auch Ekel und aggressiv getönte Abwehrtendenzen freigesetzt. Soll die Therapie an dieser Stelle fortgesetzt und die erwähnte Integration gefördert werden, können wir in mehreren aufeinander folgenden Sitzungen das Sumpfloch (neben anderen Inhalten) erneut aufsuchen lassen und beobachten dann nicht selten, daß ein Tier höherer Kategorie in der phylogenetischen Entwicklung emporsteigt. Das Freiwerden und Durchleben und Durchleiden der genannten negativen Affekte bahnt diese Entwicklung und Integration in zunehmendem Maße an. Das eklatanteste Beispiel ist die Symbolkonfrontation (2.5.5.). Das archaische Tiersymbol wandelt sich stufenweise zum zornig-gewalttätigen Vater. Die mangelhaft integrierten sexuellen Impulse sind tatsächlich in der Regel gebunden an den «bösen» Aspekt eines ödipalen Introjekts.

Es hat den Anschein, daß die Inhalte des Sumpfloches überwiegend negative, also «böse» Repräsentanzen freisetzen, denn nur diese sind natürlich für den Patienten ein Problem, sind abgespalten und bedürfen der Integration.

Weitere Beispiele

Bei einem Akademiker, verheiratet, etwa 35 Jahre alt, entwickelt sich aus dem Sumpfloch ein großer Krake, der sich ihm zuwendet und ihn mit bösen, zugleich aber auch faszinierenden Blicken anstarrt, so daß der Proband in einen heftigen Angstzustand gerät. Bedauerlicherweise hat er diese Übung zu Hause zum wiederholten Male selbst vollzogen, also ohne den Schutz des Therapeuten. Er geriet wiederholt in panische Ängste. Die Beziehung zu seiner «bösen» Mutter war ihm evident.

Die 34jährige verwitwete Frau mit einem Kind leidet unter der Impotenz ihres Partners. Aus dem Sumpfloch steigt bereits bei der ersten Einstellung ein nackter Mann empor. Sie beschreibt sein Gesicht und seinen Körper und malt dazu ein Bild. Der Kopf ist massig, breit sind die Schultern, die Lippen quellen wulstig vor, er blickt etwas anzüglich und begehrlich. Er hat braune Hautfarbe und dunkle Haare. Sie erlebt ihn als «enorm vital», erschrickt über sein unvermitteltes Auftauchen und ist der Gestalt gegenüber deutlich ambivalent.

Die ödipale Welt kann sich auch einmal fern allen Lebens rein symbolisch einkleiden:

Eine 24jährige Studentin erlebt, daß sich aus dem Sumpfloch ein mächtiger Strahl, wie ein Geysir, emporhebt. Der Strahl geht tausende von Metern hoch, ist breit und mächtig, es kommt kein Wasser zurück. – Der ganz archaische Ausdruck eines Phallussymboles wird deutlich. Die Interpretation auf der Subjekt- und Objektstufe bleibt hier offen (vergleiche S. 100).

Worin liegt nun die Bedeutung des Motives «Sumpfloch» für die Therapie? –

Zunächst in der Möglichkeit, archaische ödipale Repräsentanzen freizusetzen, diagnostisch, um tiefere Schichten in diesem Bereich auszuloten und zu ermitteln, ob und wer abgespalten oder abgewehrt wird, ob Bereitschaft besteht, sich diesem Thema zuzuwenden, und wie regressiv und wie dynamisch das Material ist beziehungsweise in welcher Form es zur Darstellung kommt. Dabei kommt der Umstand zugute, daß mit Hilfe dieses Motives Abwehrmechanismen unterwandert werden können, und zwar erheblich mehr als es – wie schon oben erwähnt – in der üblichen Schicht-für-Schicht-Bearbeitung des Materials im KB der Fall ist. Freilich wird nirgends so sehr wie bei den regressiven Motiven von Höhle und Sumpfloch mit der diagnostischen Inspektion auch immer ein therapeutischer Beginn gemacht. Allzu leicht wird hier etwas «aufgerissen», was nahelegt, von der diagnostischen zur therapeutischen Bearbeitung fortzuschreiten. – Der therapeutische Vorzug liegt darin, das ödipale Thema und damit die sexuelle Sphäre der Patienten «ins Spiel» zu bringen, wenn diese sie hartnäckig und über lange Perioden der Therapie zu verdrängen versuchen. Das wird man selbstverständlich nicht erzwingen können, denn wo auch hier starke Abwehrformationen tätig sind, Material sich freiwillig nicht aus dem Sumpfloch entwickelt, wird man dieses Schutzbedürfnis respektieren müssen. Von einem durch stürmische Therapeuten gelegentlich vorgenommenen Versuch, den Patienten etwa mit einem Stock im Sumpfloch herumrühren zu lassen oder gar ihn anzuregen, in dieses hineinzuspringen und ähnliches, möchte ich dringend abraten.

Eine weitere therapeutische Komponente des Motives «Sumpfloch» kann nur am Rande diskutiert werden, weil darüber wenig Erfahrungen vorliegen und sich die im folgenden geschilderte Anwendung noch in einem Experimentierstadium befindet: Ich meine den Schlamm-Aspekt als anale Technik im Sinne der Akzeptierung von Schmutz, des Erlebens von Schlamm als fruchtbar, wärmend, einhüllend, Kraft und energetisches Lebensgefühl vermittelnd.

Wir kommen damit in den Bereich der archaischen Bedürfnisbefriedigung (oder symbolischen Wunschbefriedigung) (3.1.). Modellcharakter, von dem die

Bedeutung dieses Schlamm-Themas für das KB abgeleitet werden kann, hat die Spieltherapie des Kindes. Hier werden die emotionalen Entwicklungsphasen vom Säugling bis zum fünften Lebensjahr teilweise rekapitulierend und Bedürfnisse nachholend aktiviert und agierend durchlebt. Im Verlaufe dessen stellt sich mehr oder weniger spontan auch ein elementares Bedürfnis des Kindes ein, mit brauner Farbe zu spielen, Puppen auf das Klosett zu setzen usw. Das kann unter einer fast rauschhaften emotionalen Erregung geschehen und ist verbunden mit aggressiven und expansiven Aktionen, unter Umständen gegen den Therapeuten, wie Bespritzen mit Farbe usw. Eine Parallele dazu haben wir in der psycholytischen Therapie der Behandlung schwer charaktergestörter Neurotiker mit Hilfe von halluzinogenen Substanzen wiedergefunden (LEUNER 1981). Dort treten Phantasien auf, in denen der Betreffende einkotet, sich gewaltige Kotmengen um ihn herum vorstellt, den Kot als wärmend, befriedigend, umhüllend und beglückend empfindet, vermischt mit Phantasien, ein Schwein zu sein, das sich wohlig im Schlamm suhlt usw. (ADLER 1981). Damit verbindet sich ein Aufleben vitaler Gefühle und die Mobilisation motorischer und expansiver Aktivitäten. Gelegentlich kann in der Phantasie Kot auch als Mittel zur Kommunikation eine Rolle spielen, z. B. mit ödipalen Objekten. Darin kann wiederum der unreife anal-erotische Aspekt erkannt werden. ADLER hat die Bedeutung dieses Themas eingehend psychoanalytisch untersucht und hier die vielfältigsten Objektbeziehungen gefunden. Teils werden narzißtische, teils orale Befriedigungsimpulse erlebt. Teils zeigt sich aber auch eine Befriedigung expansiver Produktivität neben der schon erwähnten anal-erotischen Kommunikation.

Wollte man diese Erfahrungen auf das KB übertragen, müßte folgendes beachtet werden: Das Thema Schmutz ist bei vielen Patienten hochgradig tabuiert, besonders bei Frauen und bekanntermaßen bei zwangsstrukturierten Patienten und Zwangsneurotikern. Um so wichtiger ist es, bei dieser Personengruppe im Verlauf der Therapie dieses Thema irgendwann einmal aufzugreifen und zur Entfaltung zu bringen unter Durcharbeitung der Abwehren und der frühen Dressate der Sauberkeitserziehung. Das Ausbleiben dieses Themas hat im Verlauf einer längeren, charakterwandelnden Therapie erhebliche Nachteile wie bei der Behandlung schwer charaktergestörter Patienten in der psycholytischen Therapie deutlich geworden ist. Die Entfaltung aggressiver, expansiver und vitaler Impulse ist abgewehrt. Dabei kann nicht genug hervorgehoben werden: Der Patient muß durch ausreichend lange Therapie soweit vorbereitet sein, daß er die Begegnung mit dem Thema Schmutz, Schlamm usw. ertragen kann, mit anderen Worten, daß durch vorangegangene Bearbeitung entsprechende Abwehrmechanismen gelockert worden sind und Tabuierungen aufgehoben werden können. Es geht keineswegs an, den Patienten damit direkt zu konfrontieren beziehungsweise zu Aktionen mit diesem Material, etwa bei dem Sumpfloch, herauszufordern.

Nach entsprechender Bearbeitung habe ich im positiven Fall erlebt, daß ein Patient mit einigem Behagen in das Sumpfloch gesprungen ist, ohne Angst, darin etwa unterzugehen. Er badete darin, aalte sich, warf mit Schlamm, schmierte sich ein und wurde von dieser Tätigkeit sehr positiv, wie von einem Trieb, sich zu besudeln, erfaßt. In einem anderen Fall leitete ein junger Therapeut einen Seminarteilnehmer unter einer negativen Gegenübertragung an, in das Sumpfloch zu springen, eine Empfehlung, die allen Hinweisen auf vorsichtigste Technik im KB widerspricht und vor der ich ausdrücklich gewarnt habe. – Das vollzog sich dann auch entsprechend und wurde naturgemäß von dem «Patienten» als eine schwere Zumutung und als feindseliger Akt – im Hinblick auf die Gegenübertragung auch ganz zutreffend – erlebt. Schizoide und sensitive Patienten, vor allem auch Frauen, erfaßt mitunter schon bei dem Gedanken an Schmutz, Schlamm und Kot Ekel, erst recht bei dem Bild eines Sumpfloches. Das ist zwar selten, muß aber bedacht werden. Hier sind extreme Abwehren im Spiel.

Will der vorsichtige Therapeut seinen Patienten dem Sumpfloch nähern, ist es der beste Weg, ihn angesichts des von der Ferne erkannten Loches in eine Diskussion zu verwickeln. Seine Einfälle, z. B. aus der Kindheit über Schmutz, Schlamm, Kot usw. sind anzuregen, auch über die Formen der Abwehr wie Angst und mögliche Gefahren im Umgang mit dem Sumpfloch sollen ausphantasiert und verbalisiert werden. Daraus ergibt sich das weitere Vorgehen in

Vorsicht

besonders prekären Fällen. Ich denke an die schrittweise Annäherung, an das Vertrautmachen mit dem Sumpf, etwa indem versuchsweise ein Stöckchen hineingesteckt wird und ähnliches. Ganz selten stellt sich heraus, daß ein Patient für dieses Motiv noch nicht reif ist. Dann muß die Bearbeitung dieses Themas aufgeschoben werden. – Insgesamt jedoch besteht in der Regel bei in der Therapie fortgeschrittenen Patienten kein Problem, das Sumpfloch einzustellen. Auch hier, wie beim Höhlenmotiv, ist das Ich fähig, durch seine Abwehrmechanismen das Ausmaß der zustande kommenden Konfrontation mit den freigesetzten, mehr oder weniger archaischen Gestalten zu seinem eigenen Schutz angemessen zu dosieren. Das einigermaßen stabile Ich mutet sich nicht mehr zu, als es sich (wenn auch unter Freisetzung starker Affekte) «gestatten» kann. Ausnahmen bilden ausgesprochen strukturell Ich-gestörte Patienten: narzißtisch Gestörte, Borderlines, hysterische und abhängige depressive Neurotiker.

3.3.2.4. (11.) Motiv des Vulkanes

So selten dieses Motiv im Rahmen der durchschnittlichen KB-Therapie anzuwenden ist, hat es doch einen diagnostischen und im begrenzten Maße therapeutischen Stellenwert. Spontan im katathymen Panorama selten, muß es eingestellt werden, wenn sich eine entsprechende Fragestellung ergibt. Sie definiert sich aus dem Symbolwert des Vulkanes selbst.

das Phänomen   Der Vulkan ist ein Berg, der sich einerseits durch seinen Krater nach außen öffnet, andererseits in unmittelbarer Beziehung zu den tiefen Schichten des Erdinneren steht, das geologisch aus flüssigem Magma besteht. Er wird also aus undefinierbaren Tiefen gespeist und entlädt periodisch den Innendruck, der in diesen Tiefen herrscht. Gewaltige Naturkräfte sind dabei im Spiel, die einen hohen Grad an Zerstörungskraft in sich tragen können. Ein Vulkanausbruch ist, im Gegensatz zur schwachen Vulkantätigkeit, die sich in Form einiger Rauchwolken, vielleicht auch einiger Flammen auf dem Gipfel zeigt, erst recht im Gegensatz zu einem nicht tätigen Vulkan, ein gewaltiges Naturereignis, gegen das menschliche Kräfte nichts auszurichten vermögen. Extreme Eruptionen können eine Gefahr für die umgebenden Bezirke sein. Die Verschüttung von Städten wie Pompeji und Herkulanum sind seltene aber äußerst drastische Zeugnisse.

In der Therapie können wir bei der Einstellung eines Vulkanes alle Stadien, die die Natur auch kennt, erleben. Seine symbolische Bedeutung in der beschriebenen Extremform ist die einer eruptiven, ungerichteten, diffusen Entladung von archaischen aggressiven Impulsen. Als Berg hat er öfter eine männlich-väterliche Repräsentanz. Er scheint jedoch nicht spezifisch und unbedingt bösartig zu sein, wenn man an den Begriff des «göttlichen Berges» und die Verehrung des Fuji Yama der Japaner denkt. Offensichtlich gibt es «böse» und «gute» Vulkane in Analogie zu den Introjekten. Als tiefenpsychologisches Symbol betrachtet, dürfte der Vulkan unter anderem dem Thema des analen Ausstoßens zugerechnet werden, als ein anal-aggressives Element (Getöse, eruptiver Ausstoß der breiartigen Lavamasse).

Ich bringe klinische Beispiele.

Beispiel 1

Eine 35jährige, sehr vitale Frau, die mit einem Akademiker in kinderloser Ehe lebt, steht in Behandlung wegen eines Konfliktes mit dem kontrastierenden Partner. Während er zwangsstrukturiert, nüchtern und schwunglos, von seinem Geschäft stark gefordert aber dennoch befriedigt ist, träumt sie jungmädchenhaft von Glamour, gesellschaftlichem Auftreten, Filmheldin-Idealen und einem Playboy-Partner. Sie ist stark hysterisch strukturiert und verwöhnt, mit infantilen Zügen sowie unselbständig. Sie hat sich zunächst gern in den Schutz der stabilen Familie des Ehemannes begeben und sich dabei selbstverleugnend übermäßig – symbiotisch – angepaßt. Dabei hat sich schließlich eine schwere Angstneurose mit der Neigung zum Ausagieren entwickelt, die zum Teil mit ihren unterdrückten Durchsetzungs- und aggressiven Impulsen in Verbindung steht. In der durch die begrenzte Einsichtsfähigkeit der Patientin behinderten KB-Therapie kommt es als Versuch der Ablösung von der väterlichen Imago zu heftigen ehelichen Auseinandersetzungen. Sie wird dabei gelegentlich von aggressiven Impulsen, in die sie sich hineinsteigern kann, überschwemmt. Von diesen inneren Impulsen «geritten», kommt sie gelegentlich in die Therapiesitzung. Sie gewinnt ihre angemessene Selbststeuerung auf der verbalen Ebene nicht, so daß ich beim KB Hilfe suche und das Motiv des Vulkans einstelle. Ein mäßig hoher Berg wird imaginiert. In seiner Tiefe grollt es «mächtig», und eruptiv wird Lava herausgeschleudert. Bald werden große Gesteinsmassen und schließlich Bruchstücke des Küchenmobiliars, Kochtöpfe und die Schuhe des Ehemannes, die sie täglich putzt, emporgeschleudert. Dieser sich fortsetzende Vorgang entlastet sie, und bald scheint sie sich darüber zu amüsieren. Die affektive Staung läßt nach, die innere Unruhe, sichtbar an gerötetem Gesicht und hochgradiger Gespanntheit, lassen nach 15minütiger Beobachtung dieser Szene nach. Sie ist nun bereit, einem geordneten therapeutischen Vorgang zu folgen, so daß die aktuelle Situation und die genetischen und charakterlichen Verhaltensmuster bearbeitet werden können. Inzwischen ist der Vulkan im KB auch erloschen.

Dieselbe Patientin erlebt in einer ähnlichen Situation einen Vulkan, der gewaltige Mengen rot glühender Lava ausstößt, die hoch in die Luft geschleudert werden und deren Asche sich bald auf die umgebende Landschaft senkt, so daß nahe Dörfer und Städte verschüttet werden. Die obdachlosen Einwohner verlassen in Panik den Umkreis des Vulkanes.

Kommentar: Beide Vorgänge machen deutlich, daß bei starker innerer aggressiver Erregung eine ungehinderte Tätigkeit des Vulkanes möglich ist. Dabei kommt es offensichtlich – und das ist unsere allgemeine Erfahrung – zu einer schnellen Entlastung nach Abreaktion des andrängenden Affektes und damit Herabsetzung des übersteigerten Erregungsniveaus, um wieder in einen fruchtbaren therapeutischen Prozeß eintreten zu können. Insofern kann dieses Motiv bei gegebener Situation eine wichtige Entlastungsfunktion haben. Der «feuerspeiende Berg», wie ich für einfach strukturierte Patienten formuliere, hat also ein Angebot zur Abreaktion stark andrängender aggressiver Impulse. Zur Stellung der Abreaktion im Rahmen des therapeutischen Prozesses im KB vergleiche S.126. Nicht immer erscheinen in dem vom Vulkan Ausgestoßenen derart konkrete Dinge. Sie beziehen sich meist auf Kränkungen. In diesem Beispiel wird ferner deutlich, daß mit der Abreaktion, wie wahrscheinlich nicht anders zu erwarten, sich auch ein Teil der Aggressionen gegen die eigene Person richtet. Die Entlastung, die für den Betreffenden als Krisenintervention erlebt wird, hat meines Erachtens aber Vorrang gegenüber dem geringerwertigen Anteil der autoaggressiven Impulse. Dabei habe ich noch nie gesehen, daß der Patient auf einen derartigen Vulkanausbruch mit Schuldgefühlen reagiert hat, wird doch

Entlastungs-funktion

311

die aggressive Eruption an eine Naturgewalt delegiert, als welche die starke Erregung wohl primär auch erlebt wird.

Zu einem späteren Zeitpunkt hat die gleiche Patientin wiederum einen Krater imaginiert. Vor diesem erstreckt sich jetzt ein großer See, der wie ein Spiegel des Himmels vor ihr liegt, während der Krater im Hintergrund in nur milder Tätigkeit ein beruhigendes Bild für sie abgibt. Hier wird das entspannende Element des Wassers als verwandelte Version des Themas deutlich. Dieses neue Bild scheint darauf hinzuweisen, daß die Patientin ihre aggressiven Impulse z. T. besser integriert hat, diese als eruptiver Ausbruch entfallen, sie im Alltagsleben energetisch besser assimiliert, d. h. Ich-synthon, zur Verfügung stehen.

In einem anderen Fall, von dem mir Einzelheiten nicht mehr zur Verfügung stehen, war der Vulkanausbruch unnatürlich übersteigert, aber auch klarer «organisiert», freilich ohne eine derart schnell sichtbare Entlastung. Aus dem Vulkan, einem gewaltigen, relativ spitzen Berg, schoß ein glühender Strahl senkrecht in den Himmel. Er war unendlich hoch, als symbolisiere er einen Phallus, ein Energiebündel, das den Berg und damit die Erde in Verbindung mit dem Weltall brachte. Symbolisch betrachtet wurde hier eine primär-narzißtische Komponente deutlich. Der Patient, ein leistungsstrebiger und mit hintergründigen Machtphantasien ausgestatteter jüngerer Akademiker, erlebte diesen gewaltigen, unendlichen Strahl z. T. als faszinierendes, überaus erhebendes Naturereignis.

Häufigere Beispiele bieten Situationen, in denen sich eine zähflüssige, glühende Lavamasse langsam fließend den Berg hinunter ergießt. Von Frauen meist als gefährlich, aber auch als «schaurig schön» (Angstlust im Sinne von BALINT 1962) erlebt, kann dann versucht werden, sich dem Lavabrei, von dem gelegentlich stinkende Rauchwolken aufsteigen, zu nähern, ihn genauer zu betrachten und zu beschreiben. Dadurch können die Beschäftigung mit dem anal-sadistischen Material und die Auseinandersetzung mit dem Ziel der langsamen Integration dieser in der Regel abgewehrten Impulse in das reife Ich angebahnt werden.

Im Falle eines 50jährigen Mannes, der darunter litt, daß seine expansiven, häufig etwas übersteigerten Aktivitätsimpulse und seine Arbeitswut durch situative Enttäuschungen versiegten, bot der Vulkan folgendes Bild: Ein verhältnismäßig steiler, nach oben spitz zulaufender Berg war zunächst ohne Tätigkeit. Bald jedoch stellten sich auf seiner Spitze lodernde, relativ regelmäßig brennende Flammen ein, die auch bei längerer Beobachtung ein gleichmäßiges Bild boten. Er empfand dieses Bild als angenehm, fühlte seine eigene Aktivität wiederkehren und identifizierte die Flammen mit der Wiedererlangung seines vorübergehend erloschenen Gefühles vom «élan vital». Diese Imagination benutzte er gelegentlich in häuslichen KB-Übungen und fand darin ein befruchtendes, zugleich friedliches Bild regelmäßigen Zustromes von Vitalgefühlen.

Das sind Beispiele für die entlastende Funktion eines tätigen Vulkanes, angemessen der verschiedenen jeweiligen individuellen Dynamik.

Liegt eine solche Dynamik jedoch nicht vor beziehungsweise bestehen mehr oder weniger ausgeprägte Abwehrmechanismen gegen die Freisetzung der hier diskutierten Impulse, die auf aggressive Gehemmtheiten hinweisen, entstehen Bilder wie im folgenden Beispiel.

Beispiel 2

aggressive Hemmung

Ein 25jähriger Patient, der wegen Stotterns zu mir kam, litt unter gelegentlichen Impulsen ohnmächtiger Wut, während derer er kaum noch sprechen konnte. Der mehr aus diagnostischen Gründen eingestellte Vulkan zeigte keine Tätigkeit. Im Inneren des Berges jedoch hörte er dumpfes Grollen, als wenn «Massen von Energien» arbeiten würden, und er

312

fürchtete, der Berg könne bersten. Das tat er schließlich auch, wobei breite Risse klafften, aus denen Schwaden von Rauch quollen, ohne daß jedoch der Vulkan auch nur andeutungsweise in Tätigkeit getreten wäre.

Stark aggressiv gehemmte Menschen mit einer Charaktereinstellung, aufgrund derer sie sich diese Impulse gar nicht «gestatten» können, erleben in der Regel einen erloschenen Vulkan (offenbar auch, wenn eine solche Tätigkeit früher einmal möglich gewesen war), oder es erscheint überhaupt nur ein konventioneller Berg. Um Einzelheiten über die behinderte Vulkantätigkeit zu erfahren, biete ich den Betreffenden an, mit einem Hubschrauber aufzusteigen oder einfach «von oben in den Krater hineinzublicken». Dabei können sich folgende Bilder ergeben: Es besteht ein alter Krater; der Vulkan ist völlig erloschen; in dem Krater brodelt träge dunkelrotes Magma. Eine besonders aparte Demonstration des Widerstandes gegen die Freilassung aggressiver Impulse bietet folgendes Bild: Eine Patientin «sieht» einen großen kräftigen Stahldeckel, der mit mächtigen Schrauben befestigt ist. (Therapeutisch wäre es hier unsinnig, etwa dem naheliegenden Gedanken zu folgen und durch Manipulation den Deckel lösen zu wollen. Es bedarf vielmehr der Bearbeitung der aggressiven Gehemmtheit im Rahmen der ganzen Person, was im Sinne des Durcharbeitens einer längeren Therapieperiode bedarf.) Dieses Bild demonstriert, wie «verschlossen» sie sich dem infrage stehenden Thema gegenüber verhält. Es kann Anstoß zum Nachdenken sein und dem Therapeuten Gelegenheit geben, das Problem der aggressiven Gehemmtheit auf breiterer Ebene zu bearbeiten.

Die Bilder gehemmter aggressiver Entladung sind ein Selbstschutz des Patienten und seine latenten Ängste gegen derartige Ausbrüche, die auch als sozial gefährdend erlebt werden, sollten dann lange Zeit unangetastet bleiben.

Worin liegt die Bedeutung des Standardmotives «Vulkan» für die KB-Therapie? Aus dem Dargestellten ist deutlich geworden, daß das Vulkanmotiv dem Therapeuten einen diagnostischen Hinweis geben kann und durch die damit verbundene Konfrontation auch dem Patienten zu zeigen vermag, inwieweit er in der Lage ist, eruptive, anal-aggressive Impulse freizusetzen, also über sie zu verfügen. Freilich mangelt es – wie überhaupt bei den Darstellungen des Katathymen Bilderlebens – an verläßlichen Hinweisen dafür, wie sich die «ideale normale» Persönlichkeit bei den einzelnen Motiven manifestiert. Wir sind davon ausgegangen, daß bei dieser «idealen normalen» Person ein großer Teil an Flexibilität, Verfügbarkeit über die verschiedensten Impulse und Beziehungen zu Liebesobjekten und ein hoher Grad von emotionalem und vitalem Entwicklungspotential verfügbar sein sollte. Man fragt sich bei diesem Motiv, ob auch ein aktiver Vulkan «zur Verfügung stehen» sollte, der eine gewisse Tätigkeit ausübt oder ausüben kann. – Fixierte Bilder sind zweifellos all jene, in denen die Vulkantätigkeit durch mechanische Hindernisse, wie etwa den aufgeschraubten Stahldeckel, behindert ist. Das Beispiel des 50jährigen Mannes, der eine Freisetzung seiner Schaffenskraft und Vitalgefühle erlebte, wenn Flammen aus dem Vulkan schlugen, mag darauf hinweisen, daß bei der latenten Gefahr ihrer Hemmung eine solche milde Vulkantätigkeit immerhin wünschenswert sein kann. Man könnte diese aber wiederum als ein archaisches, damit regressives Bild von besonderem Bedeutungsgehalt interpretieren und es für mit

Bedeutung für Therapie

sives Bild von besonderem Bedeutungsgehalt interpretieren und es für mit einem reifen Ich nicht synthon erklärbar halten (wobei offen bleibt, wie ein «ideales reifes Ich» eigentlich aussieht).

Therapeutisch hat das Vulkanmotiv wohl nur begrenzte Bedeutung. Seine Leistung mit der Möglichkeit einer Krisenintervention bei stark andrängenden, akuten aggressiven Impulsen ist unbestritten. Bei gewissen Neuroseformen wie der stärker hysterischen, vielleicht auch bei Boderlines, weniger dagegen bei der schizoiden und depressiven, hat das sicher Bedeutung.

Eine ergänzende Rolle als Motiv, um Inhalte aus der Erde zu fördern, spielt das *Motiv eines Folianten* (Nr. 12, Tabelle 12, S. 64). Aus der Erde (etwa auch im Keller des Hauses) läßt man ein Buch, eine alte Bibel oder ein Familienalbum ausgraben. Seine Bilder sollen betrachtet und beschrieben werden.

3.3.3. Regieprinzipien

3.3.3.1. Erschöpfen und Umbringen

Wahrscheinlich ist es kein Zufall, daß von den Standardmotiven aus dem Gesamtrepertoire des Katathymen Bilderlebens die gefährlicheren und damit auch die aggressive Impulse freisetzenden für die Oberstufe «übriggeblieben» sind. Das ist bei den Regieprinzipien ähnlich. Die bislang beschriebenen hatten überwiegend befriedigende Aspekte, die vor allem der Assimilation abgespaltener Objektrepräsentanzen beziehungsweise der mit ihnen verbundenen Impulse dienten. Da waren das Nähren und Anreichern, das Versöhnen und zärtlich Umfangen, die Führungsfunktion einer freundlichen Symbolgestalt und die allerdings aktiver gehandhabte Symbolkonfrontation. Auch sie stand im Dienste der Integration feindseliger Symbolgestalten. Im Zusammenhang damit bin

Haß und Rache

ich gelegentlich von psychoanalytischen Kollegen gefragt worden, welche Position die Todeswünsche und Racheimpulse im Katathymen Bilderleben haben. Sie könnten sie im Repertoire der Strukturierung des Tagtraumes nicht finden. Wir wissen, daß FREUD Todeswünsche im Nachttraum früh entdeckt hat und daß das Unbewußte, als dessen Nachrichten wir den Nachttraum wie auch den Tagtraum auffassen müssen, in der Regel unbarmherzig ist und Impulse von Ablehnung, Rache und Haß, nicht selten zum Entsetzen des Träumers, ungeschminkt zum Ausdruck bringt. Ergänzend kann gleich bemerkt werden, daß Todeswünsche, etwa einen Elternteil betreffend, intrapsychisch auch Ablösungstendenzen signalisieren im Sinne des Todes des Introjektes. – Wo also bleiben diese Impulse im Katathymen Bilerleben? Sollen wir sie vollständig unterdrücken? Sollen wir aus sozialen oder ethischen Gründen so tun, als existierten sie nicht? Oder können wir uns damit begnügen, daß sie ungerichtet und spontan, d.h. zufällig an irgendeinem Motiv, sei es dem Vulkan, auftreten? Hier als angestaute, archaisch durchbrechende Impulse freigesetzt oder an ein Tier wie den Löwen delegiert? Wir müssen auch bedenken, welche Bedeutung unterdrückte aggressive Impulse bei psychosomatischen Manifestationen haben.

Haßimpulse und Rachegefühle tendieren zu Gewalttätigkeit. Sollen wir im Katathymen Bilderleben Patienten hindern, gewalttätige Szenen durchzuspielen, weil dadurch nach psychoanalytischer Erfahrung allzu leicht Schuldgefühle hervorgerufen werden? – Oder sollen wir uns die arglose Impulsbereitschaft in den regressiven Positionen der Spieltherapie des Kindes in Erinnerung rufen, und dem KB-Therapeuten auch die Chance der wohldosierten Impulse geben, aggressive Rache- und Durchsetzungsimpulse gegebenenfalls aus ihrer andrängenden archaischen Manifestation zu befreien? Nach weiterem Durcharbeiten könnten sie dann schrittweise Ich-synthon und damit assimilierbar werden. Wenn wir diese Frage bejahen, stoßen wir allzu leicht auf ein gesellschaftliches Tabu, auf das ich schon hingewiesen habe. Die Bearbeitung von Haß und aggressiven Impulsen ist für den Therapeuten in der Regel keine leichte Aufgabe und bedarf geduldiger und erfahrener Durcharbeitung. Im Zusammenhang damit kann die früher schon öfter erwähnte Übertragungsneurose (4.) auch in der KB-Therapie Bedeutung gewinnen, und der Therapeut tut unter Umständen gut, die freiwerdenden aggressiven Impulse auf sich zu ziehen, statt daß sie der Patient über Aktionen in der Imagination hinaus im Alltagsleben in Interaktion mit Partnern und Untergebenen usw. ausagiert. Ein interessantes Beispiel zu diesem Thema liefert die Analyse eines Borderline-Falles von LANG (1982).

Im ganzen System des KB haben wir bis jetzt ziemlich strikt vermieden, direkte gewalttätige Akte gegen Symbolgestalten, Menschen oder Gegenstände zuzulassen oder sogar zu fördern. Gelegentlich neigen Patienten angesichts feindseliger Symbolgestalten dazu, diese im schnellen aggressiven Zugriff umzubringen. Wir haben, nicht zuletzt aus Vorsichtsgründen, den Patienten zu hindern versucht, wenn er Symbolwesen auf diese Weise attackieren wollte. Wir haben wenige, aber dafür sehr deutliche Beispiele, daß damit gegen das Ich gerichtete Aggressionen manifest werden. Die angegriffenen Symbolgestalten stellen häufig Introjekte dar, die keineswegs stets so weit ausgegliedert und so geschwächt sind, daß der Patient ohne weiteres auf sie verzichten könnte. Ich erinnere an jenen Patienten (S. 302), der in einem abrupten Entschluß einen Bären in häuslichen KB-Übungen mit einem Messer attackiert, in einen starken Erregungszustand gerät und auf den Hausarzt «schizophren» wirkt.

Nach wie vor bin ich mit meinen psychoanalytischen Kollegen der Überzeugung, daß Impulse von Haß, mörderischer Gewalttätigkeit und Rache besser durch breite psychotherapeutische Arbeit integriert werden sollten als durch Aktionen beziehungsweise Agieren. Das betrifft sowohl die symboldramatischen Abläufe als auch das Realverhalten. Es gibt meines Erachtens jedoch eine Reihe von Ausnahmen, in denen die Freisetzung derartiger, an das Objekt gebundener aggressiver Impulse therapeutisch bedeutsam sind und dann vom Therapeuten ermöglicht oder gar gefördert werden sollten. Ich beschreibe zunächst, wie ich auf das hier besprochene Regieprinzip vom Erschöpfen und Umbringen gekommen bin und welche klinisch-therapeutische Bedeutung es haben kann. Ich habe mich bei der Entwicklung des Katathymen Bilderlebens erst sehr spät um dieses Regieprinzip gekümmert, nicht zuletzt aus Vorsicht, das hohe Maß an Verbindlichkeit der Interventionen im Tagtraum durch schwer kontrollierbare Interventionen zu mißbrauchen. – Bislang wird die Anwendung des zu besprechenden Prinzips eine Ausnahme bleiben. Es hat meines Erachtens unter bestimmten Umständen zwar einen wichtigen Stellenwert, etwa in der Krisenintervention, aber es ist nicht die einzige Regie zur Krisenintervention im KB. Mit gleich günstigem Erfolg können die Symbolkonfrontation und das Prin-

*Vorzug hat
Integration*

315

zip vom Nähren und Anreichern eingesetzt werden, wie die Beispiele des Chemie- und des Mathematikstudenten auf S. 114 und 217 gezeigt haben. Soweit das technisch möglich ist, werden diese immer Vorrang gegenüber dem hier Besprochenen haben.

Die Behandlung folgenden Falles ließ mich auf die erörterte Problematik stoßen.

Beispiel 1

schnelle
Entlastung

Eines Tages kommt ein 40jähriger Patient zu mir und klagt über sehr störende, ihn seit 14 Tagen beängstigende Extrasystolen, also Herz-Rhythmus-Störungen. Nach den erhobenen EKG-Befunden sind sie nicht organisch bedingt. Bei der Frage nach der auslösenden Situation kann er mir seine Geschichte prägnant schildern. Er ist Beamter in mittlerer Position bei einer Behörde und wartet seit längerer Zeit auf seine durchaus anstehende Beförderung. Der Beförderungstermin ist verstrichen, ohne daß er berücksichtigt worden wäre. Stattdessen ist ihm ein Kollege vorgezogen worden, den er für weniger qualifiziert hält als sich selbst, und der sich nicht so für seine dienstlichen Belange eingesetzt hat, wie mein Patient, der sich offensichtlich übermäßig mit seiner Tätigkeit identifiziert hat. Ihm ist auch nicht verborgen geblieben, daß sein Konkurrent, der noch nicht das gleiche Dienstalter erreicht hat, Favorit seines Vorgesetzten ist, insgesamt also eine im Leben nicht selten auftretende Situation. Der Patient ist nicht nur ärgerlich und erregt, sondern macht deutlich, daß er sich in einer ohnmächtigen Lage fühlt. Sein Selbstwert ist gekränkt, sein Image gegenüber seiner Frau und anderen Kollegen herabgesetzt, und er sieht keine Möglichkeit, in absehbarer Zeit die Hintansetzung zu überwinden. Auch später wird es ihm wahrscheinlich nicht gelingen, die Gunst seines Vorgesetzten zu erringen. Dieser ist nun das Ziel seines Ärgers und in seinen Augen ein Mann, der ihn seit langem und häufig gedemütigt hat, der allein Schuldige an seiner Misere. Die Extrasystolie als solche beeinträchtigt seine Lebensqualität. Er fühlt sich einerseits gelähmt und resigniert, andererseits lehnt sich in ihm «alles auf» und signalisiert Racheimpulse. Da der Patient in einem entfernten Ort wohnt, glaube ich, daß nur eine schnelle, zielgerichtete Intervention geeignet ist, die Krise zu bearbeiten. Ich frage ihn deshalb im Erstinterview, den aggressiven Teil seiner Impulse ansprechend, was er seinem Chef am liebsten wünschen würde. Er scheint mich etwas mißzuverstehen und antwortet: «Ich möchte den Kerl so ordentlich verheizen». Diesen volkstümlichen Begriff aufgreifend, frage ich ihn, wie er sich das wohl vorstelle. Er entwickelt nun die Phantasie eines großen Heizungskessels mit rotglühendem Koks und kleinen blauen Flämmchen, die einen hohen Hitzegrad von, wie er sagt, «über 1000°» haben. Nachdem diese Phantasie im Raume steht und ganz offensichtlich den hohen Grad an Rachebedürfnis des Patienten anzeigt, sehe ich keinen rechten Grund, ihm hierin nicht zu folgen beziehungsweise dieses Bedürfnis nicht zu befriedigen. Ich versetze ihn in das KB, bitte ihn, sich einen solchen Heizkessel vorzustellen und dann seinem Wunsche nachzugehen. Das gelingt ihm ohne große Schwierigkeiten. – Was sich nun ereignet, ist eine ziemlich grausame Szene (sie erinnert an grausame Morde, wie z. B. bei Hitchcock in «Meine Lieblingsmorde», 1979).

Mit gewissem sadistischem Behagen beobachtet er, wie der Mann, sich keineswegs wehrend, langsam verbrennt. Übrig bleibt ein Häufchen Asche, jedoch verbrennen bezeichnenderweise die Schuhe nicht. Auf diese Besonderheit sei hier nur am Rande hingewiesen. Im magischen Erlebnisbereich liegt darin die Quelle des «Wiederauferstehens» der Gestalt. Auch der Versuch, die Schuhe zu vergraben, mißlingt insofern, als sie zum Teil wieder aus der Erde herausschauen. Darin liegt meines Erachtens die abwehrende Sicherungstendenz. Das Introjekt (Chef, ungerechte Vaterimago) kann durch einen einzigen Akt der Vernichtung nicht aus dem Ich des Patienten eliminiert werden. – Das Ergebnis dieser etwa 45 Minuten in Anspruch nehmenden Prozedur: Der Patient steht von der Couch auf und spürt seine Herzbeschwerden nicht mehr. Wie er nach einigen Tagen noch glaubhaft versichert, hat er weder Extrasystolen noch Angstgefühle und ist ohne Sorge um seine gesundheitliche Zukunft. Jetzt ist es auch leichter, mit ihm die Gesamtsituation durchzusprechen und ihm deutlich zu machen, daß er Wege finden müsse, die reale Situation zu akzeptieren wie sie ist oder realistische Gegenmaßnahmen zu treffen, etwa sich versetzen zu lassen oder ähnliches. Dieser Bearbeitung, die eine weitere Stunde in Anspruch nimmt, kann er jetzt nüchtern folgen. Ich glaube, er gewinnt wirklich eine korrigierte Einstellung zu dem Problem. Dabei habe ich auch die übermäßige Identifikation mit seiner Tätigkeit, seine Sohn-Vater-Abhängigkeit usw. zu klären versucht.

Kommentar: Überraschend ist die schnelle Entlastung vom Symptomdruck. Das Töten der aktuell demütigenden Person scheint zu gelingen. Das Introjekt der eigenen Vaterimago, auf die sich wohl das Bild des Chefs gründet, ist damit – wie schon erwähnt – keineswegs zentral. Insofern bleibt auch etwas, nämlich ein Rest der Schuhe, bei dem Verbrennungsakt übrig und signalisiert nach meiner Erfahrung das latente Fortbestehen der Existenz des Introjektes. Jedoch darf man annehmen, daß es zumindest in seinem «bösen» Anteil eine Schwächung, wenn auch vielleicht nur vorübergehender Art, erfahren hat.

Ich war mir der Problematik dieser Technik durchaus bewußt. Deshalb sann ich später darauf, den Akt des «Umbringens» einer Person hinsichtlich seiner Drastik zu entschärfen und, um der notwendigen inneren Entwicklung gerecht zu werden, an die Stelle eines derartigen einmaligen, plötzlichen Aktes einen prozeßhaften Ablauf der Auseinandersetzung zu setzen. Dazu gab mir eine Patientin Gelegenheit, die ich auf der psychotherapeutischen Station der Universitäts-Nervenklinik in Marburg aufgenommen hatte.

Beispiel 2

Ihr Krankheitsbild war so extrem, daß ich hilflos war und nicht wußte, welchen therapeutischen Weg ich gehen sollte. Sie war eine 36 Jahre alte, kleine, zierliche, aber sehr drahtige Frau, die im Leben energisch immer «ihren Mann» gestanden hatte. Sie war geschieden, lebte zusammen mit ihrer Tochter und in eheähnlichem Verhältnis mit einem weniger intelligenten, aber sehr selbstbewußten Lastwagenfahrer. Sie wollten gemeinsam ein Geschäft aufbauen. Schon früher war sie meine Patientin gewesen, als sie unter dem Eindruck ihrer Scheidung eine Angstneurose entwickelt hatte. Die damalige Kurztherapie mit dem KB war klinisch gesehen erfolgreich gewesen. Jetzt war sie rückfällig. Sie lag im Bett, schwach, matt, deprimiert und von der sie überwältigenden Idee besessen, daß sie sterben müsse. Ihre Energie, ihre «Steh-auf-Natur», hatte sie verloren. Für die nun wieder versuchte Psychotherapie, verbal oder mit dem KB, konnte ich sie nicht aufschließen. Sie klammerte sich an ihre Symptome und war larmoyant in der Überzeugung, ihrem baldigen Ende entgegenzugehen. 14 Tage lang war das Bild bei der täglichen Visite das gleiche. – Auslösendes Ereignis: Ein Unfall, den sie mit ihrem Partner gehabt hatte. Übermüdet waren sie im Morgengrauen aufgebrochen, um über Land zu fahren. Dabei hatte der Partner den Lkw gegen einen Chausseebaum gesteuert. Der Wagen war kaputt, der Partner lag mit einer Gehirnprellung im Krankenhaus, sie hatte sich zu mir geflüchtet. Bei aller Unerfahrenheit eines damals noch relativ jungen Psychotherapeuten war mir doch klar, daß ich den Konfliktfokus finden müsse. Die Patientin war emotional nicht allzu begabt, Konflikte wahrzunehmen oder sie gar zu formulieren. Versuche, latente aggressive Impulse gegen ihren Partner zu mobilisieren, mißlangen. Sie entschuldigte ihn. Da es sich jetzt offensichtlich um die Folgen einer traumatischen Neurose handelte, stellte ich in meiner Konfliktsuche die Unfallsituation im KB noch einmal ein in der Hoffnung, irgendwelche Hinweise zu bekommen oder vielleicht eine Konfrontation mit dem Problem, sogar eine Abreaktion zu erreichen. Sie rekapitulierte im KB die Unfallszene naturgetreu, jedoch ohne affektive Bewegtheit. Ich hatte die Hypothese gebildet, daß der massive Chausseebaum eine Objektrepräsentanz ihrer väterlichen Welt darstellt, und legte ihr also nahe,

Erschöpfen

die Borke des Baumes genau zu betrachten, voraussagend, daß sich daraus eine Physiognomie entwickeln würde (Technik vergleiche S. 397). Statt des Vaters oder einer väterlichen Imago imaginierte sie jedoch einen Totenschädel. Ich fühlte mich hilflos, denn es tauchte die Frage auf: Wie soll man mit der Gestalt des Todes umgehen? An das Regieprinzip des Nährens oder des Versöhnens war ebensowenig zu denken wie an das der Symbolkonfrontation, fehlten für dieses doch die Augen. Ich entsann mich meiner Absicht, das Regieprinzip eines «protrahierten Umbringens» zu erproben, und legte der Patientin mutig nahe, sie möge den Tod in seiner ganzen Gestalt aus dem Baum heraustreten lassen. Das geschah auch ohne Schwierigkeiten, allerdings nicht ohne einen gelinden Schrecken der Patientin. Ich blieb sicher und gab ihr auf, die Gestalt des Todes zusammen mit mir durch das Land zu jagen. Diese müsse laufen und laufen, dürfe sich nicht ausruhen, bis sie so allmählich erschöpft werde. Es sei unsere oder vor allem ihre Aufgabe, immer hinter dem Tod herzubleiben, damit er keine Ruhe fände. Der lebendig gewordene Tod veranstaltete einige Manöver. Einmal verbarg er sich in einem Kornfeld, das andere Mal lief er in das Haus der Patientin und legte sich auf die Couch, um sich auszuruhen. Wir stöberten ihn immer wieder auf. Dann kam er auf den Marktplatz des Ortes, in dem sie wohnte, und wurde von halbstarken Jugendlichen ausgepfiffen und ausgelacht. Jetzt schien sich das Blättchen gewendet zu haben. Denn als er an einem Bach anlangte, fiel er ins Wasser. Das Skelett fiel auseinander, und die Knochen wurden den Bach hinuntergeschwemmt. Diese gesamte Prozedur, die vielleicht 30 Minuten dauerte, war sowohl für die Patientin als auch für mich anstrengend. Ich versagte mir, ein anschließendes Gespräch zu führen, denn ich meinte, es wäre evident genug, daß die Macht des Todes damit gebrochen sei. Die Patientin selbst zeigte keine ausgeprägte Reaktion. Mir schien, viele Worte hätten nur das Greifbare des Ereignisses abgeschwächt. Ich hatte zunächst keine Ahnung, was daraus folgen würde, und verabschiedete die Patientin. Als ich am nächten Tag auf der Station Visite machte, war ich verblüfft. Die bislang bettlägerige und immer äußerst geschwächte Frau war aufgestanden, hatte sich angezogen, bereits in der Stationsküche mitgeholfen. Sie gab mir mit wenigen, nüchternen Worten einen Kommentar, sinngemäß etwa: «Man kann ja nicht ewig krank im Bett liegen.» – Ich war vielleicht damals zu vorsichtig, um den Vorgang, der sich im KB abgespielt hatte, mit ihr durchzusprechen. Jedenfalls stellte sich unser früheres positives Arbeitsbündnis in der Psychotherapie wieder ein. Die Therapie mit dem KB und eingestreute durcharbeitende Gespräche führten in relativ kurzer Zeit dazu, daß die Patientin entlassen werden konnte und einen Neubeginn fand.

Kommentar: Dieses Ergebnis wirft eine Menge Fragen, vor allem theoretischer Natur auf. Ihre Beantwortung muß ich mir für später vorbehalten. Deutlich geworden sind aber doch wohl zwei Dinge: (1) Der therapeutische Umgang mit dem Tod als Gestalt stößt auf größte Schwierigkeiten. Versöhnliche Regieprinzipien sind schwerlich anwendbar. Der Tod ist jedoch in der mittelalterlichen Mythologie eine außerordentlich starke Gestalt. (2) Auch in dieser Situation erreicht das Prinzip des Erschöpfens der Symbolgestalt ihr Ziel. Die Gestalt zerfiel schließlich, ging «den Bach hinunter», d.h. ins Unbewußte wieder ein, und verlor die Macht eines das Ich steuernden Introjektes (KÖNIG 1981). Vermutlich war der Tod die Deckfigur für eine Objektbeziehung, die ich jedoch nie ergründen konnte (verstorbener Vater?).

Analoge Versuche mit feindseligen, negativ akzentuierten Symbolgestalten führten ebenfalls zum Ziel. Das ist wohl nicht erstaunlich, wenn wir uns erneut auf die regressive Ebene des naiven kindlichen Seelenlebens besinnen, auf der sich das KB bewegt (S. 368).

passagere Introjektion des Therapeuten

Dem Leser wird nicht entgangen sein, daß das Ich des energischen und zielstrebigen Therapeuten bei diesem Beispiel nicht nur durch die Einführung des Regieprinzipes, sondern auch in dem treibenden Ansporn, die Gestalt, hier des

318

Todes, zu erschöpfen, eine wichtige Rolle spielt. Bei einem größeren Teil der gezielten Regieprinzipien im KB introjiziert der Patient diesen aktiven Teil des Ich des Therapeuten vorübergehend und erfährt damit eine Stärkung, gewissermaßen als leihe das Ich des Patienten sich diese Kraft, um aus einer Krise, einem nicht zu durchbrechenden Circulus vitiosus, befreit zu werden. Im vorliegenden Fall war mir deutlich, daß die Fixierung der Patientin an ihre hypochondrischen Beschwerden und ihre latente Todessehnsucht sich wohl in der Gestalt des Todes am deutlichsten ausdrückte. Die genetischen Hintergründe konnten – wie gesagt – von uns vermutet werden.

Ich wiederhole das in der Einleitung zu diesem Kapitel Gesagte: Techniken der Oberstufe haben, soweit sie das KB betreffen, einen akzessorischen Charakter. Therapeuten, die sie nicht anwenden wollen beziehungsweise anzuwenden lernen, sind deshalb keine schlechten Therapeuten. Das vorliegende Regieprinzip kann jedoch auch in besonders schwierigen Situationen einen therapeutischen Ausweg bedeuten. Damit komme ich zur Einschätzung des Wertes dieses Regieprinzips für die Therapie. Vorläufig formuliert möchte ich festhalten: Dieses Regieprinzip, das aggressive Impulse mit Unterstützung des Therapeuten zuläßt oder verstärkt, scheint immer dort vertretbar und induziert, wo
a) eine akute traumatisch bedingte Störung vorliegt,
b) Aussicht besteht, den Akt schnell und ohne Komplikationen zu vollziehen,   *Indikationen*
c) eine nachträgliche Bearbeitung (Zeitproblem) gewährleistet ist.

Damit beantwortet sich auch die Frage, ob das Prinzip überhaupt nötig ist. – Es ist vielleicht nicht erforderlich, aber übertrifft die bislang dargestellten «integrierenden» Regieprinzipien überall dort, wo eine Integration aussichtslos erscheint, entweder weil der Haß zu groß ist oder die Versöhnungsbereitschaft auf unüberwindliche Widerstände stößt.

Kontraindiziert ist eine solche Technik bei mangelhafter Motivation des Patienten und beim Fehlen einer ausreichend tragenden, d.h. positiven Übertragung. Kontraindiziert ist sie schließlich immer bei einer in realer Erscheinung auftretenden nahen Bezugsperson wie Vater, Mutter, Geschwister, Partner und andere Menschen, zu denen eine emotionale Beziehung besteht. Auf jeden Fall ist dringend davon abzuraten, das Regieprinzip vom Erschöpfen und Umbringen dort anzuwenden, wo es sich um Ich-stützende Introjekte handelt. Viel besser ist der Therapeut beraten, den Umgang mit Introjekten im assoziativen Vorgehen entwickeln zu lassen. Die spontane Tendenz zur Versöhnung ist in der Regel größer und fruchtbarer als die der Durchsetzung aggressiver Akte. Auch hier wird nur der sehr erfahrene Therapeut die Indikation im einzelnen Fall stellen können. Je weiter der Patient in der KB-Therapie fortgeschritten ist und je vorsichtiger ihm im Vorgespräch oder in einer Diskussion angesichts einer solchen Gestalt ein entsprechendes Angebot gemacht werden kann, desto eher gelingt es, Verhaltenstendenzen, etwa die Ängste, moralische Bedenken und ähnliches, zu erfahren. Abwehrmechanismen gegenüber den latenten Antrieben sind ernst zu nehmen. Auf keinen Fall sollten sie durch Interventionen überspielt werden. Mitunter versuchen die Patienten von sich aus unter aggressiver Erregung, sogar für den Therapeuten wegen der großen Spontaneität überraschend, gegen eine Gestalt vorzugehen. Dieser vielleicht begreifliche Wunsch ist aber nicht die beste Lösung. Es wäre ein Irrtum anzunehmen, daß spontane Verhaltensimpulse des Patienten immer die angemessene Leitlinie für eine Problemlösung sind.

Die Anwendung dieses heute in der therapeutischen Praxis des KB weitgehend in den Hintergrund getretenen Regieprinzips bedürfte wohl noch gründlicherer Erforschung, um klare Indikationen oder Kontraindikationen zu erfassen. In der Regel kann – wenn es sich nicht gerade um Kriseninterventionen handelt – wohl darauf verzichtet werden. Trotzdem sollte es nicht unerwähnt bleiben, weil in ihm naturgemäß eine der fundamentalsten Tendenz des Menschen, die des Angriffes, zum Ausdruck kommt. Wir wissen auch, welche Bedeutung aggressiv-expansive Impulse und die Entthronung dominanter Elternimagines in der Psychotherapie haben können, wie in unserem interessanten Grundmodell, der Spieltherapie des Kindes, deutlich wird.

3.3.3.2. Magische Flüssigkeiten

Der Begriff «magische Flüssigkeiten» mag auf Ablehnung stoßen, verwahren wir uns doch in der Psychotherapie, «Magie» zu betreiben. Diese scheint vielmehr der Heilkunde der Naturvölker angemessen. Dort freilich finden wir eine Fülle von Zeugnissen magischer Medizin, die in letzter Zeit erneut Aufmerksamkeit erregt haben. – Der magische Aspekt in der Psychotherapie (wenn man ihn denn so bezeichnen will) kommt in der regressiven Ebene des kleinkindlichen Erlebens zum Tragen. So sehen wir auch magische Gedankenbeziehungen in manchen Neuroseformen, z. B. in der Zwangsneurose.

Wenn ich die hier beschriebenen Regieprinzipien mit dem Begriff «magische Flüssigkeiten» belegt habe, so wollte ich zwei Umstände charakterisieren:

(1) Flüssigkeiten, auch des Körpers, kommen zur Anwendung, die naturwissenschaftlich zwar banal, psychologisch gesehen aber im Tagtraum eine überraschende Wirkung entfalten. Diese ist nur durch ihre Beziehung zum Triebleben und zu Affekten zu erklären.

(2) Danach wird eine exorbitante Wirkung deutlich, die sich zum Teil in dramatischen Szenen des KB ausdrückt und auf elementare regressive Früherfahrungen des Kleinkindalters hinweist.

Parallelen finden wir außer in der genannten «magischen Medizin» in Mitteleuropa im «Untergrund» des Aberglaubens und der Hexenmagie («witchcraft»). Das Studium des Handbuches des deutschen Aberglaubens zeigt mancherlei Analogien. Aber auch mythologische Dimensionen sind dabei relevant. Z. B. kann bei einem Patienten, der aus dem Euter einer Kuh trinkt, ein Wandlungsphänomen auftreten. In der ägyptischen Mythologie finden wir Reliefdarstellungen, in denen der Pharao aus dem Euter der Kuh Hathor trinkt. Das Fruchtbarkeitssymbol der Mutterbrust und des Euters hat neben dem mythologischen Aspekt den der oralen Triebbefriedigung. Ihre «Macht» ist uns im Kapitel «Befriedigung archaischer Bedürfnisse» als der zweiten Dimension des KB begegnet. – Diesem sehr interessanten Themenkreis kann ich mich hier leider nicht weiter widmen. Ich orientiere mich an einigen Erfahrungen, denen ich aufgrund

320

der KB-Experimente Ende der vierziger und Anfang der fünfziger Jahre begegnet bin. Sie wurden allerdings nur z. T. in die therapeutische Praxis übernommen. Vielleicht ist die Zeit heute für eine Erforschung dieser Dimension im KB aufgeschlossener als jene Periode, in der ich begann, das Katathyme Bilderleben zu entwickeln.

a) *Anwendung von Wasser*

Das Thema Wasser wurde bereits an anderer Stelle (3.1.4.) ausführlich behandelt. Ich kann auf diese verweisen.

b) *Muttermilch*

Die Milch aus der Mutterbrust hat a priori einen großen emotionalen Stellenwert. Die Erkenntnis ihrer Bedeutung im KB verdanke ich einigen Beobachtungen, aus denen die der Behandlung eines Physikstudenten besonders hervorragt. Er litt an einer Zwangsneurose und zeigte eine ausgeprägt depressive Struktur (neben hysterischen Strukturanteilen). In seiner Anamnese war die Depression der Mutter in seinem ersten Lebensjahr hervorstechend. Im Verlauf einer längeren Therapie erschien als «ideale Mutter» spontan eine vollbusige, urtümliche «Mongolin» (vergleiche S. 276). In einer dieser Szenen drückte die Symbolgestalt spontan auf eine ihrer Brüste. Ein Strahl von Muttermilch traf auf die Erde. Unversehens lag dort ein heiterer, behaglich lächelnder Säugling.

Körperflüssigkeiten

In einer anderen Passage der Therapie dieses 25jährigen jungen Mannes tauchte ein mondartiges Gestirn auf, das er als «toten Planeten» apostrophierte. Der Planet belebte sich in einer späteren Phase. Zwei junge Mädchen waren erschienen und massierten die große Kugel. Angeregt durch meine früheren Erfahrungen legte ich nahe, bei der Massage Milch aus ihren eigenen Brüsten zu verwenden. Meine Hypothese war es, daß Muttermilch als «magische Flüssigkeit» im emotionalen Erleben eine hohe fruchtbare Potenz, zumindest bei diesem Patienten, besitzen müsse. Das Experiment gelang: Stufenweise entwickelte sich auf dem toten Planeten die biblische Genesis. Wasser und Erde schieden sich, Erdteile traten hervor, wurden grün, und primitive Tiere bis hin zu Sauriern entstanden. Die Massage wurde von den beiden idealisierten Frauengestalten mit Hingabe und Zärtlichkeit vorgenommen. Metaphorisch gesehen dürfte der tote Planet einen Teil des Selbst des Patienten repräsentieren, das unter der oral spendenden zärtlichen Zufuhr «aufblühte».

c) *Speichel*

Auch Speichel ist eine magisch wirkende Flüssigkeit, der eine große emotionale Bedeutung zukommt. Spucken oder Angespucktwerden haben hohe aggressive Valenz. Tiere lecken ihre Wunden, offenbar wird dadurch der Heilungsprozeß gefördert. Aber auch vom Menschen kennt man die Redensart: «Er leckt seine Wunden». Dieses Moment des «Sich-selbst-Pflegens» weist auf eine positive narzißtische Komponente hin. – In der Volksmedizin der mittelamerikanischen Indios wird eine Wundbehandlung beschrieben, in der die Curandera gewisse Blätter kaut und zu einem Brei einspeichelt, der auf die Wunden gelegt wird.

Speichel kann spontan Bedeutung gewinnen, wenn beispielsweise ein treusorgender Hund seinen Herrn (Wunden) im KB leckt, ein Patient verkümmerte menschliche Gestalten mit Hilfe seines Speichels massiert und diese sich dadurch zu reifen Säuglingen entwickeln usw.

Die magische Bedeutung des Speichels kommt auch in dem Aberglauben zum Ausdruck, daß das dreimalige Spucken auf einen Würfel oder auf Spielkarten «Glück» bringe.

d) *Urin*

Wie Speichel hat offensichtlich auch Urin einen Doppelaspekt, je nachdem, unter welchen Vorzeichen er angewandt wird. Das «An-Urinieren» gilt ebenso wie der Urinstrahl als aggressiv. Urin gilt für Pflanzen als düngend und für Wunden als heilend. In einer Reihe von Fällen versuchte ich herauszufinden, welche Wirkung Urin bei einer feindseligen Symbolgestalt im KB hat. In entsprechenden Situationen ließ ich den männlichen Patienten die Gestalt oder ein sich vor ihm auf dem Weg auftuendes Hindernis «an-urinieren». Das Ergebnis war in den meisten Fällen dramatisch, sogar grotesk. Der Gegenstand oder die Gestalt änderte sich oder löste sich auf. Mitunter entstand dabei eine Explosion oder eine Flamme, offensichtlich als Hinweis auf die ungewöhnliche emotionale Brisanz des Vorganges. Den therapeutischen Wert dieses Vorgehens konnte ich jedoch nicht recht einsehen und habe deshalb die Versuche nicht fortgesetzt.

Damit schließe ich diesen Abschnitt über die Regieprinzipien der magischen Flüssigkeiten. Hier handelt es sich, außer beim Wasser und wohl auch bei der Muttermilch, eher um einen experimentellen Ansatz als einen therapeutischen. Ob sich seine weitere Verfolgung etwa im Zusammenhang mit Speichel und Urin irgendwie lohnt, weiß ich nicht zu sagen. Ich meine, man könnte diese Beobachtungen in der regulären Therapie weiterhin vernachlässigen.

3.3.4. Verflechtung von KB mit psychoanalytischen Techniken

3.3.4.1. Assoziative Bearbeitung des Tagtraumes und der Nachtträume

Assoziieren

In der Psychoanalyse ist es eine der «Grundregeln», den Patienten zu seinem Material, seien es Träume oder anderes, «frei assoziieren» zu lassen. Dabei liegt er in bequemer Rückenlage auf einem Ruhebett, der Therapeut ist seinem Anblick entzogen und sitzt hinter ihm. Das Schließen der Augen wird vom Patienten nicht gefordert. FREUD sagt, um sich dieser Einfälle zu bemächtigen, fordere er die Kranken auf, sich in ihren Mitteilungen gehen zu lassen, «wie man es etwa in einem Gespräch tut, bei welchem man vom Hundersten ins Tausendste gerät» (FREUD 1904). Auf den interessanten zeitgeschichtlichen Hintergrund der Assoziationspsychologie bin ich in einer ausführlichen Arbeit eingegangen (LEUNER 1964). – Mit der Einführung der freien Assoziation in die Psychoanalyse beschritt FREUD seinerzeit einen völlig anderen Weg als den vorher begangenen. Das Aufdecken unbewußten Materials hatte er durch Hypnose, durch den Druck auf den Kopf zur Förderung tagtraumartiger Inhalte von Erinnerungen und traumatischen Ereignissen versucht. Dabei hatte er eine stark suggestive Haltung eingenommen. Mit Einführung der freien Assoziation überließ er nun die Führung der Gedanken und die schrittweise Aufdeckung des pathogenen Komplexes dem Fluß der frei steigenden Assoziationen des Patienten. Diese also waren jetzt Schrittmacher für den therapeutischen Prozeß. Dabei wurde von der Hypothese ausgegangen, daß der Patient unwillkürlich durch die assoziativen Gedankenketten zum Kern des pathogenen Konfliktes gelangen würde. Erst später stellte sich heraus, daß im Zusammenhang damit naturgemäß auch vielfältige Abwehrmechanismen ins Spiel kommen, die dann sukzessiv und vorsichtig analysiert werden müssen.

Das Handicap der Methode des freien Assoziierens liegt jedoch darin, daß nur eine begrenzte Zahl der Patienten von vornherein in der Lage ist, Ketten frei steigender Einfälle zu entwickeln. Ein international weithin anerkannter Psychoanalytiker sagte mir einmal bei der Demonstration des KB auf einem Kongreß in New York, verblüfft über die freie Entfaltung der Tagtraumszenerien, seine Patienten brauchten in der Regel ein halbes Jahr und mehr, um das Assoziieren zu erlernen. Manchen gelinge es nie. Das ist wohl nicht verwunderlich, fördert und trainiert die Schulintelligenz doch vor allem das diskursive, zielgerichtete Denken, etwa bei der Lösung einer Mathematikaufgabe. Diskursives Denken gilt als reife Denkform, das frei assoziative entspricht hingegen dem emotional getönten kindlichen Denken. Beim Erwachsenen bedarf es deshalb dazu einer regressiven Einstellung oder gelingt leichter in einer dem Einschlafen angenäherten Situation. Sie entspricht dem Versenkungszustand des KB.

Das Katathyme Bilderleben hat entsprechend der Stufeneinteilung unterschiedliche Ebenen des assoziativen Vorgehens; der geschulte Therapeut sollte sie kennen. Sie können jeweils nur angeschnitten werden, wenn der Patient dazu auch in der Lage ist. Vereinfacht könnten wir auch so unterscheiden zwischen einem Patienten, mit dem wir auf der Grundstufe operieren, mit einem der die Mittelstufentechnik zuläßt und einem intellektuellen, entsprechend geschulten Patienten, bei dem wir auch die Oberstufentechnik und psychoanalytische Methoden anwenden können. Aus Gründen der besseren Übersicht gebe ich die drei Ebenen assoziativen Vorgehens im KB noch einmal gegenüberstellend wieder.

(1) Grundstufe: «Kreative Entfaltung»

Stufen assoziativer Techniken

a) vom Standardmotiv abschweifende imaginative Exkursionen nach freier Wahl des Patienten;

b) im Falle von Verhinderungsmotiven Ansätze eigener Problemlösungen, gegebenenfalls durch den Therapeuten gefördert;

c) vorsichtige Frage, ob der Patient zu Teilen seines Tagtraumes eine «Idee» über mögliche Beziehungen habe.

(2) Mittelstufe: «Assoziatives Vorgehen»

a) freier assoziativer Fluß der Imaginationen jenseits eines Standardmotives;

b) verbunden damit Altersregressionen oder deren Förderung durch den Therapeuten;

c) bildhafte Assoziationen im Zusammenhang mit angeschnittenem Thema im KB oder zu Ansätzen des Durcharbeitens; Ausweitung in Gegenwart, Vergangenheit oder in Zukunft;

d) breit entwickelte verbale Assoziation.

(3) Oberstufe: «Verbale Assoziationen»

nach Art der Traumbearbeitung der Psychoanalyse zu jedem Teil einer bedeutungshaltigen Szene (fixiertes Bild) sowie zu deutlich werdenden Abwehrmechanismen (klassische Form der freien Assoziationen).

Die letztgenannte Form assoziativer Bearbeitung ist Gegenstand dieses Abschnittes. Das technische Vorgehen stellt sich dabei wie folgt dar: Der Patient ist nach Abschluß einer Tagtraumpassage in der Regel noch in einem regressiven Zustand. Er steht noch unter dem Eindruck der «anderen Welt des Tagtraumes», ist stimmungsmäßig und emotional von dessen Inhalt okkupiert und kann es deshalb als störende Zumutung erleben oder als eine für ihn schwer zu meisternde Umstellung, den Tagtraum in seine Elemente zu zergliedern und sich zu seinen Teilen Assoziationen «einfallen» zu lassen. Ich habe schon früher empfohlen, das Gesamt des Tagtraumerlebens zunächst einmal unreflektiert stehen zu lassen, damit es nachwirken kann (vergleiche Phänomenologische Methoden S. 206). Das emotionale Moment soll nicht kognitiv «zerredet» werden. Das *Abwehr-* würde eher intellektuelle Abwehren verstärken. Allenfalls lassen wir den Pa- *charakter* tienten die Hauptverlaufslinien kurz in Erinnerung rufen. Die assoziative Bearbeitung, wie sie hier gemeint ist, erfolgt vielmehr in den nächstfolgenden Sitzungen. Die Sequenz der KB-Sitzungen wird damit aufgelockert. Verfügt der Patient über die Gabe reicher assoziativer Einfälle, kann der Tagtraum in der klassischen Weise und dann über längere Strecken assoziativ bearbeitet werden. Ich bitte den Patienten, zu Hause ein Protokoll der KB-Sitzung anzufertigen. In der nächstfolgenden Stunde nehme ich dieses mit ihm gemeinsam Stück für Stück durch. Dabei vermeide ich allerdings die klassische psychoanalytische Frage, die zu einem Stereotyp geworden ist: «Was fällt Ihnen dazu ein?» – Ich variiere sie, und der Patient lernt, assoziatives Gedankenmaterial beizubringen. Ein Teil dessen sind Einfälle, die er nach der KB-Sitzung schon zu Hause eher beiläufig gewonnen hat. Die Gegenwart des Therapeuten regt ihn in der Regel zu weiteren Einfällen an, zumal dieser seinerseits jetzt interpretierende Hilfen geben kann, die er aus dem früheren Material des Patienten gewonnen hat (Vorgeschichte, dessen Erinnerungen, KB-Inhalte). Auf diese Weise bahnt sich ein Teil des Durcharbeitens an (S. 235f.).

Exkurs: Bei der Technik des Assoziierens muß beachtet werden, daß phänomenologisch ein Unterschied zwischen assoziativen Einfällen und bloßen ergänzenden Beschreibungen des schon vorher formulierten Tagtrauminhaltes besteht. Oft muß man den Patienten auf diesen Unterschied hinweisen, um das Erlernen des Assoziierens in die richtigen Bahnen zu lenken. Diese assoziative Arbeit am KB entspricht ganz dem klassischen Vorgehen der Psychoanalyse beim Nachttraum. Dabei werden vom Therapeuten jeweils einzelne Teile der Traumszene herausgegriffen, zu denen der Patient seine Einfälle abgeben soll.

Obgleich zwischen KB-Sitzungen auch einzelne Stunden der verbalen Bearbeitung notwendig werden können, möchte ich doch an eine von mir früher aufgestellte Regel erinnern: «Eine psychotherapeutische Sitzung, in der nicht wenigstens eine Imagination eingestellt worden ist, kann für den therapeuti-

324

schen Prozeß eine verlorene Sitzung sein.» Wenn auch überpointiert, erhält diese Sentenz insofern Richtiges, als durch die imaginative Darstellung, wenn auch nur in einem Schlaglicht, der therapeutische Prozeß jenseits der Ebene verbaler Bearbeitung und Klärung fortgesetzt wird. So genügt es unter Umständen, gegen Ende der Sitzung nur ein einziges Bild im Zusammenhang mit einem relevanten assoziierten Inhalt einzustellen.

Abschließend ein Wort zu der Frage, wie das Verhältnis zwischen Nacht- und Tagtraum zu beurteilen ist und in welcher Weise der KB-Therapeut *Nachtträume* berücksichtigt.

Nacht-/Tagtraum

I) Während der KB-Therapie geht die Nachttraumproduktion beim Patienten meist zurück. Es hat den Anschein, daß unbewußte Spannungen als Anlaß für nächtliches Träumen durch die entlastende Funktion der Imagination abnehmen.

II) In Krisensituationen jedoch können, hervorgerufen durch Aktivierung bislang verdrängter («schlummernder») Konfliktkonstellationen durch erneute innere Beunruhigung Nachtträume ausgelöst werden.

Das hat für die KB-Therapie folgende Konsequenzen:

technische Konsequenzen

a) Ich frage den Patienten öfter einmal nach seinen Träumen, besonders wenn er sich in einer Krisenperiode befindet, beziehungsweise ich vermehrte innere Spannungen und Beunruhigung vermute.

b) Ich benutze sorgfältig beschriebene Träume oder Bruchstücke davon zu diagnostischen Zwecken. Aus ihnen erkenne ich, welche unbewußten Phantasien den KB-Prozeß begleiten.

c) Die Nachttraumthematik kann die gleiche sein wie die der laufenden KB-Therapie und diese sinnvoll ergänzen. Gelegentlich kann sie sich aber auch von dieser abheben, so daß der Eindruck entsteht, als ob der Nachttraum eine Nachricht aus einer tiefer liegenden Ebene des Unbewußten vermittle, als es dem Tagtraum möglich ist. Klinische Beobachtungen scheinen dafür zu sprechen, daß sich mitunter tatsächlich derartige relativ autonome Schichten oder dynamische Unterströmungen herausbilden.

d) Die Verwertung von Nachtträumen kann in der KB-Therapie auch therapeutisch genutzt werden. Ich erinnere an die Einstellung eines Nachttraumes im KB und dessen differenzierte Klärung und Fortführung in der Imagination.

e) Selbstverständlich kann der Nachttraum auch in klassisch-psychoanalytischer Form bearbeitet werden. Allerdings sehe ich darin, wenn das in der KB-Therapie öfter geschieht, eine Gefahr. Die Gleitschiene der Nachttraumanalyse kann sich mehr und mehr «einschleifen». Sie kann damit vom Patienten auch in den Dienst des Widerstandes gegen das stärkere Engagement im KB gestellt werden. Damit würde auf die Vorteile der Tagtraumtechnik verzichtet werden.

f) Auch von einer Kombination von Tag- und Nachttraum-«Arbeit» würde ich abraten. Nach klinischer Erfahrung stellt sich der Patient auf eine Methode ein, wird mit ihr vertraut, konzentriert sich auf diese und gibt sich ihr offen hin. Eine Kombination von zwei Methoden verlangt von ihm eine immer wieder neue Umstellung und vermindert die Hingabe an die Konzentration auf den eingeführten, ihm vertrauten Vorgang.

g) Ein Methodenwechsel (aber nicht eine Kombination) kann angezeigt sein, wenn die bis dahin angewandte Methode unergiebig wird, z. B. weil sie zum Widerstand umfunktioniert worden ist. Allerdings ist es besser, statt mit dem Patienten durch Methodenwechsel zu agieren, diesen Widerstand sorgfältig zu analysieren.

3.3.4.2. Analytisches Durcharbeiten des charakterneurotischen Anteiles

psychoanalytische Bearbeitung

Das Durcharbeiten in der für den Tagtraum eigentümlichen Version habe ich ausführlich beschrieben. Sie scheint mir die «dichteste Form» des Durcharbeitens zu sein. Immer aber dort, wo Patienten im gesprächstherapeutischen tiefenpsychologischen Vorgehen Einsichten gewinnen, Verhaltenssstereotypien erkennen können und dazu wiederum assoziieren sollen, ist die klassische Form der verbalen Durcharbeitung berechtigt. Das schließt keineswegs aus, immer wieder die Ebene der Tagtraumeinstellung aufzusuchen. Das klassische Durcharbeiten ist besonders dort am Platz und unersetzbar, wo sich im Verlaufe einer ausgedehnten KB-Analyse eine schwere Übertragungsneurose entwickelt. Um zu veranschaulichen, was im einzelnen gemeint ist, gebe ich einen Fall abgekürzt wieder.

Beispiel

Eine 38 Jahre alte Akademikerin, die zum Intellektualisieren neigt, hat eine 200 Stunden in Anspruch nehmende tiefenpsychologisch fundierte Psychotherapie mit dem KB durchlaufen. Anlaß war, daß eine seit über drei Jahren therapeutisch kompensierte Herzphobie erneut aktualisiert wurde durch eine Versuchungs- und Versagungssituation aus Anlaß einer engen partnerschaftlichen Beziehung, die stark symbiotischen Charakter annahm. Im Verlaufe der Therapie regredierte die Patientin in die ersten Lebensjahre und durchlebte die Beziehung zur Mutter, die von ihr idealisiert, verehrt und als faszinierend gesehen wurde. Daraus entwickelte sich eine lange Periode in der Therapie verdeckter symbiotischer Gemeinsamkeiten. Gemäß ihrer stark hysterischen Struktur stieß die egoistische Mutter das Kind aber periodisch von sich. In der ausgeprägten Übertragungsneurose rekapituliert sie dann diese Beziehung erneut, nun freilich mit dem verbalen Repertoire der Erwachsenen. Sie drängt mich immer wieder in die Rolle der sie ablehnenden, sie vernachlässigenden Mutter, schweigt, gibt sich babyhaft, bricht unsere Kommunikation ab, um mir anschließend schwere Vorwürfe wegen meiner Verachtung, mangelnder Zuwendung und Unfähigkeit, sie zu verstehen, zu machen. Erst nach einigen Sitzungen solcher Art zu agieren und unfähig zu imaginieren, gelingt es langsam, unsere Beziehung zu analysieren und ihr die Einsicht zu vermitteln, daß sie die schwer gestörte, enttäuschte symbiotische Beziehung zur Mutter ihrer ersten drei Lebensjahre übertragen hat. Die Therapie nimmt nun eine entscheidende Wende, und die Behandlung kann, erneut zentriert auf das KB, bald zum Abschluß gebracht werden. Statt KB war also zeitweilig eine streng analysierend vorgenommene Bearbeitung der Übertragung notwendig.

326

3.3.4.3. Analyse von Widerstand und Abwehrmechanismen

Im Kapitel 4. gehe ich auf Widerstände gegen die Behandlung ein, die in der Regel Übertragungswiderstände sind. Ich zeige ihre Bedeutung und wie sie sich klinisch darstellen können. Damit verbindet sich die Analyse von Übertragung und Gegenübertragung.

Das feinere Abwehr- oder Widerstandsverhalten des Patienten, wie es sich bis in seine subtilsten Verästelungen im Tagtraum selbst darstellt, weist – pauschal gesehen – auf eine leicht zu beobachtende, relativ grob strukturierte Polarisierung zwischen einem progressiv therapeutischen und einem regressiven neurotischen Prinzip hin. Es begegnet uns am deutlichsten in den symboldramatischen Auseinandersetzungen des KB (LEUNER 1957), deutliches Beispiel S.208. Für das, was ich als «neurotisches Prinzip» ansprach, hat FREUD (1914, 1932) mit Bezug zur Theorie des Widerstandes Begriffe gebraucht wie «Wiederholungszwang», «Klebrigkeit der Libido» und «psychische Trägheit». Der vorliegende Abschnitt befaßt sich nun mit der subtilen analytischen Bearbeitung dieses Phänomens, das sowohl als Ausdruck von Widerständen als auch von Abwehrmechanismen verstanden werden kann. Dabei ist zu bemerken, daß zwischen beiden Begriffen und ihrer psychopathologischen Bedeutung nur geringfügige Unterschiede bestehen, auf die einzugehen es sich hier nicht lohnt. Ich verweise auf GREENSON (1973, S.893).

Die Begriffe «Widerstand» und «Abwehr» können leicht mißverstanden werden, wenn der Leser mit der tiefenpsychologischen Neurosenlehre nicht vertraut ist. Zunächst meinten sie dynamische Vorgänge, die sich der aufdeckenden Analyse unbewußter Inhalte entgegenstellten, und bildeten so in der Frühzeit der Psychoanalyse ein Ärgernis für den Therapeuten. Heute wissen wir jedoch, daß Widerstände und vielfältige Abwehrvorgänge die Dynamik der Neurose überhaupt bestimmen, ja, diese implizit eigentlich sind. Darüber hinaus ist das Repertoire von Abwehrmechanismen als Leistungen des Ich verantwortlich für dessen Struktur und Stärke («Ich-Stärke») und damit für das Funktionieren des Ich schlechthin. Widerstand und Abwehrmechanismen müssen also in der Bewährung einer Person als Anpassungsphänomen eine positive Wertschätzung erfahren. Obgleich Ich-Leistungen, bleiben sie im allgemeinen zunächst lange Strecken unbewußt. Sie können erst sekundär (z.B. in der Therapie) dem Bewußtsein zugänglich gemacht werden. Die Motive, Widerstand und Abwehr ins Spiel zu bringen, also der emotionale Anlaß dazu, kann vielseitig sein. Am häufigsten ist es die Vermeidung eines unangenehmen Affektes, seien es Angst, Schuldgefühl, Scham oder eine Bedrohung. Dynamischer Anlaß kann auch ein elementar andrängender Triebimpuls aggressiver oder sexueller Natur sein, der zunächst als primäre Abwehr Angst erzeugt. Auch verdrängte traumatische Situationen, etwa in denen das Ich Gefahr lief, überwältigt zu werden oder hilflos war, können – wenn ein solcher frühkindlicher Konfliktfokus in die Nähe des Bewußtseins durch den therapeutischen Fortschritt tritt – dazu führen, daß das Ich droht, von Angst überschwemmt zu werden (Panik). Abwehrvorgänge können sich in dieser Weise tief staffeln, indem die primäre Abwehr durch einen oder mehrere nachfolgende wiederum abgewehrt wird. Die klassischen Abwehrmechanismen der Psychoanalyse und einige Ergänzungen sammeln wir in dem

Widerstand
Abwehr

Seminar über Abwehrmechanismen. Ich gebe sie auf Tabelle 14 wieder. Abwehrmechanismen haben die Eigenschaft der Kompromißbildung in ähnlicher Weise wie die psychogenen Symptome. Einerseits schützen sie das Ich vor Impulsen, andererseits sind sie libidinös besetzt und dienen damit gleichzeitig auch

---

Tabelle 14: Schritte der Bearbeitung von Widerstands- und Abwehrphänomenen im KB.

---

(1) *(1. Schritt) Verhinderungsmotive und fixierte Bilder*

- eingehend untersuchen (beschreiben lassen, Gefühlston verbalisieren)
- Details des Bildes fokussieren (wiederum genau beschreiben und Gefühlston verbalisieren)
- kreative Problemlösung anregen
- später, in derselben oder einer späteren Sitzung, erneut aufsuchen (und analog wie oben untersuchen)
- Einfälle zu analogen Situationen anregen (eventuell mit interpretierenden Hilfen verbinden).

(2) *Aktionen gegenüber der Abwehr*

- nicht hemmen wollen
- statt dessen Abwehrreaktionen gewährend ausweiten lassen, eventuell bis zum Überdruß!
- Abwehr- und Widerstandsformen zunächst eher verbal verstärken
- interpretierend als verständlichen Selbstschutz erklären
- erst am Ende als Phänomen des Widerstandes deklarieren.

(3) *(2. Schritt)*

- Einfälle sammeln dazu, was wohl abgewehrt wird
- dazu interpretierende Hilfen anbieten.

Widerstand und Abwehrmanöver zeichnen sich nicht nur in der Imagination, sondern häufig auch im äußeren Verhalten des Patienten ab – oft in Form von Fehlhaltungen –. Dabei kann praktisch jedes psychische Phänomen in den Dienst des Widerstandes gestellt werden. Das betrifft sowohl Formen der Triebbefriedigung als auch die Produktion vermehrten, dem Therapeuten angenehmen Materials, sei es in Inhalten des KB, sei es die Fülle der Einfälle. Formen des abwehrenden Agierens im Realverhalten können sich äußern in:

- besonders ausgeprägter Kooperation
- Beflissenheit oder Gefälligkeit dem Therapeuten gegenüber oder umgekehrt: Schweigen des Patienten, Müdigkeit, passive Haltung (was sich auch in Körperhaltungen signalisieren kann)
- die Tendenz, den Therapeuten besonders gut zu unterhalten
- häufiges Anbringen von Erfolgsmeldungen (Verharren auf der Beschreibung von Symptomen)
- Zuspätkommen
- Versäumen einer Sitzung, wobei ein triviales oder äußeres Ereignis (sekundäre Rationalisierung) vorgegeben wird
- Vermeiden gewisser Themen
- starres Beharren auf Details
- Hüten eines Geheimnisses.

---

der Triebbefriedigung. Beispielsweise wehrt der Zwang des Zwangsneurotikers den Durchbruch aggressiver Impulse ab, gleichzeitig jedoch dient er zur Machtausübung gegenüber seiner Umwelt, die auf den Zwang Rücksicht nehmen muß.

Schließlich ist zu bemerken, daß die Entwicklung der Abwehrmechanismen an einzelne Entwicklungsphasen gebunden ist, so daß wir zwischen frühen, späteren und ganz späten Formen unterscheiden können. Auch zeigen die einzelnen neurotischen und psychosomatischen Krankheitsbilder sowie Persönlichkeitsstrukturen ein jeweils charakteristisches Set von Abwehrformationen. Ich verweise auf die einschlägigen Lehrbücher über spezielle Neurosenlehre und psychosomatische Erkrankungen (z.B. LOCH et al. 1983).

Ich habe diese Erinnerungen an die Psychodynamik der Abwehrmechanismen vorangestellt, weil sich daraus eine Reihe von Konsequenzen für ihre Bearbeitung im KB ergibt.

Die verfeinerte Wahrnehmung als Voraussetzung zur Analyse von Widerständen und Abwehrformen üben wir in einem Sonderseminar der Zentralen Weiterbildungsseminare der AGKB. Unter schulischen Aspekten können dann die klassischen Abwehrmechanismen bestimmt und klassifiziert werden. Viel wichtiger jedoch ist die Möglichkeit, die von den einzelnen Teilnehmern bei sich selbst und ihren Patienten wahrgenommenen Abwehrreaktionen zu erkennen. Auf diese Weise gelingt es bei dafür einigermaßen aufgeschlossenen Teilnehmern auch relativ schnell, «blinde Flecke» dieser ihrer speziellen Wahrnehmungseinstellung zu analysieren. *Bearbeitung*

Aus diesen Seminaren haben wir gelernt, daß das hochsensible projektive Instrument des Katathymen Bilderlebens besonders gut geeignet ist, Widerstände und Abwehrformationen ins Bewußtsein zu rufen. Die Phänomene werden oft förmlich «greifbar». Das gelingt bei Kandidaten zum KB-Therapeuten durch die Grundlage ihrer Selbsterfahrung naturgemäß besser als unseren neurotischen Patienten. Aber auch bei ihnen kann der Therapeut die vielfältigen Abwehrmanöver relativ leicht erkennen, wie ich an den später folgenden Beispielen (S. 107f.) zeigen will. Schwieriger jedoch ist es, den Patienten ihre Widerstände und Abwehrvorgänge erkennbar zu machen, denn Einsicht in sie wird zunächst wiederum allzu leicht abgewehrt, sei es durch Rationalisierung, sei es, weil mit ihnen zunächst der Gewinn einer Triebbefriedigung, beispielsweise durch Agieren in der Imagination, verbunden ist. Wir gehen deshalb bei der Analyse von Widerstand und Abwehr – wenn eine solche überhaupt ansteht – praktisch so vor, daß wir zuerst die in ihnen liegende Schutzfunktion ansprechen. Damit zeigen wir unser Verständnis für die Notwendigkeit, sich vor einem hintergründigen, unbewußten, noch nicht erkennbaren Impuls (vielleicht handelt es sich auch um Angst) zu schützen. Beim Durcharbeiten (2.6.1.) suchen wir bei passender Gelegenheit ein die Abwehr ausdrückendes Verhinderungsmotiv oder fixiertes Bild (sei es als Grundkonflikt, sei es als traumatische Szene, auch wenn es stark symbolisch eingekleidet ist, vergleiche S. 108) längere Zeit zu fokussieren, um dem Patienten Gelegenheit zu geben, den damit verbundenen negativen Affekt zu «durchleben und durchleiden». Damit wird schrittweise die Aufgabe des Schutzes der Abwehr möglich, denn der Therapeut bietet jetzt jenen Grad von Minimalschutz an, unter dem der Patient sich diesem rekapitulierten Trauma, auf seine eigene Abwehr partiell verzichtend, aussetzen kann.

Wie geht der Therapeut unter Berücksichtigung des bisher Gesagten mit Phänomenen von Widerstand und Abwehr im KB um? – Das ist eine häufig gestellte Frage von angehenden KB-Therapeuten. Oft hört man Vorstellungen, ein Widerstand müsse «gebrochen», «unterwandert» oder «überwunden» werden. Damit verbinden sich meist unklare Vorstellungen über eine irgendwie geartete aktive Intervention des Therapeuten. Mitunter wird versucht, den Patienten anzuleiten, seine Impulse zu verstärken durch Aktivität, Durchsetzung oder aggressives Verhalten zur Überwindung von Verhinderungsmotiven (etwa einer Mauer, eines Stauwehrs). Auch mehr oder weniger drastische instrumentale Maßnahmen in der Imagination werden gelegentlich angeregt, wie etwa das Angebot des Therapeuten, eine Drahtschere zu benutzen, um einen Stacheldraht zu durchschneiden oder eine Ladung Dynamit, um eine Mauer, ein Wehr im Fluß usw. zu sprengen. Meist sind es ungeduldige und operational denkende Therapeuten, die auf solche Gedanken verfallen.

falsche Strategien

Diese Strategien sind dem Prinzip nach falsch, da sie primär den Impuls verstärkend (etwa nach Befreiung, nach aggressivem Durchbruch usw.) im Sinne des «Mit-dem-Kopf-durch-die-Wand-Wollens» verfahren. Letzteres führt leicht zu einer unbewußten Gegenreaktion, indem das Ich nunmehr gegen den verstärkten Impuls neuerlich eine schützende Abwehr mobilisiert. Deshalb gilt es vielmehr, dem *Gegenstand des Widerstandes,* der eigentlichen Verursachung der Behinderung, die hauptsächliche Aufmerksamkeit zuzuwenden. Demgemäß haben sich in der Bearbeitung von Abwehren und Widerständen im KB besonders Interventionen bewährt, die strikt der gegenteiligen Prämisse folgen, nämlich die fixierten Bilder nach den Regeln des Durcharbeitens im KB (2.6) schrittweise psychologisch aufzulösen.

Eine unmittelbare Anleitung zum praktischen Vorgehen in der Bearbeitung von Widerständen und Abwehrmechanismen läßt sich schriftlich naturgemäß nicht geben. Der erste Schritt ist das Erkennen der Abwehren, der zweite die Bearbeitung im KB unter Berücksichtigung des gesamten jeweils herrschenden Kontextes. Jedoch lassen sich die einzelnen Schritte stichwortartig auflisten. Dabei gehe ich von zwei Manifestationsarten der Abwehrmechanismen im KB aus: (1) Auftreten von Verhinderungsmotiven und fixierten Bildern; (2) Aktionen des Patienten oder von Symbolgestalten der Tagtraumebene, die Widerstandscharakter haben.

Auf die Bedeutung von Übertragungswiderständen bin ich an anderer Stelle (S. 419) eingegangen.

Als Regel kann gelten, daß Abwehr- und Widerstandsverhalten einer Person aus ihrem erlernten Repertoire von Schutzfunktionen stammen, die bereits in der frühesten psychischen Entwicklung erworben worden sind und regelmäßig auch unbewußt im Alltagsleben zur Anwendung kommen. Abwehroperationen, die im KB deutlich werden, lassen deshalb auf abwehrende Charakterstrukturen und Abwehrschemata im realen Leben schließen. Um das Abwehrverhalten im KB richtig zu erfassen, müssen wir neben der Wahrnehmungseinstellung auf Bildsymbolik und den begleitenden Gefühlston unsere Aufmerksamkeit jetzt auch auf den *Verlauf der Kontinuität der Szenerie* und darüber hinaus auch auf das Verhalten des Patienten und von Symbolgestalten im katathymen Panorama richten. Wie verhält er sich gegenüber den fixierten Bildern – bedeutungshaltigen Inhalten, angsterregenden Situationen, ihn untergründig emotional beunruhigenden oder sonstwie negativ akzentuierten Imaginationen? Wir treten damit in die Kategorie der *Verhaltensbeobachtungen* im Katathymen Bilderleben ein, der dritten Ebene der Beobachtung, wie in 2.3.5. beschrieben.

3.3.4.4. KB anstelle von Träumen

FREUD hat den Nachttraum als die via regia zum Unbewußten bezeichnet. Träume galten in der Psychoanalyse lange Zeit als Hauptquelle unbewußten Materials. In neuerer Zeit ist der Therapeut nicht absolut auf den Traum angewiesen. Ein Teil der Analyse läßt sich aus der Bearbeitung von Konflikten im Alltagsleben, aus dem Verhalten des Patienten und den darin sichtbar werdenden Impulsen und Abwehrmechanismen bestreiten. Auf die Dauer jedoch wird der Psychoanalytiker bei den von ihm am häufigsten durchgeführten «Langstreckenanalysen» nicht auf das Tiefenmaterial der Träume verzichten wollen und können. Nicht immer – ich meine sogar, relativ selten – gelingt es, die sich im Nicht-Träumen oder im schnellen Vergessen von Träumen darstellenden Widerstände analytisch zu bearbeiten. Das ist vor allem auch dort der Fall, wo Patienten primär gar keinen Zugang zu ihren Träumen haben und hervorheben, daß sie seit Jahren schon nicht mehr geträumt hätten. Jene Patienten, die heute unter die Gruppe der Alexithymen fallen, also Patienten mit psychosomatischen Erkrankungen, zeigen häufig mit ihrem operationalen Denken, daß die Wahrnehmung von Gefühlen und Konflikten ihnen schwer oder gar nicht gelingt. Dementsprechend sind sie einer psychoanalytischen Therapie nur begrenzt oder gar nicht zugänglich. Die Erfahrungen mit dem Katathymen Bilderleben haben vielfältig gezeigt, daß sowohl die Nicht-Träumenden als auch Angehörige der letztgenannten Gruppe relativ schnell lernen zu imaginieren. Dadurch können sie nun einer konfliktzentrierten Behandlung folgen. Das KB ist deshalb in diesen durchaus häufigen Fällen eine echte Alternative. Die Behandlung psychosomatischer Störungen mit dem KB ist ein besonderes Kapitel, das in diesem Lehrbuch nicht behandelt wird. Auf einschlägige, ausführliche Publikationen kann ich verweisen (LEUNER 1982, LEUNER & LANG 1983). Die kontrollierte Studie von WILKE (1982) an Patienten mit Colitis ulcerosa, die in hohem Prozentsatz zum Typ der alexithymen Patienten gehören, zeigte, daß von 23 Patienten nur drei auf das KB nicht ansprachen, weil sie nicht zu imaginieren lernten.

Aber auch in Fällen, in denen die Traumproduktion in der Psychoanalyse interimistisch hartnäckig versiegt, kann das KB eine entscheidende Hilfe sein. Darüber haben mir eine Reihe befreundeter psychoanalytischer Kollegen berichtet.

Meine Motivation, das Katathyme Bilderleben Anfang der fünfziger Jahre zu entwickeln, war ganz überwiegend darin begründet, daß die größere Zahl der mich in der Psychiatrischen Universitäts-Poliklinik in Marburg aufsuchenden Psychotherapiepatienten keine oder nur sehr sporadisch Träume in die Behandlungssitzung bringen konnte. Ich stand vor der Alternative, die Behandlung aufzugeben oder unbewußtes Material durch den Tagtraum zu gewinnen.

Patient träumt nicht

Technisch gesehen bedarf es bei den beiden genannten Gruppen von Patienten nach meiner Erfahrung keiner besonderen Maßnahme zur Einleitung des KB. Allenfalls muß der Therapeut mit einem gewissen Lernprozeß rechnen. Imaginationen können eingeleitet werden durch unverfängliche Phantasieübungen. Etwa schon mit dem Blumentest kann die von ihnen häufig lange vermutete Phantasieentfaltung gelingen (siehe S. 336). Bei vielen wirkt das erleichternd und beglückt sie sogar, weil sie damit zum ersten Mal in ihrem Leben erfahren, daß sie – wie andere Menschen auch – «phantasieren» können, obgleich sie sich bislang für verschlossen, nüchtern und phantasielos gehalten haben.

3.3.4.5. Klärung nicht-analysierbarer Übertragungswiderstände

KB als Hilfe in der Analyse

Auch der erfahrene Psychoanalytiker kennt in der klassischen analytischen Therapie Situationen, in denen ein mit den Mitteln der Analyse nicht bearbeitbarer Übertragungswiderstand entsteht. Nicht nur, wenn die Traumproduktion versiegt, kann das KB herangezogen werden, um diese mildere Form eines Widerstandes zu bearbeiten. Auch dort, wo der Fortgang der Analyse durch einen massiven, vielleicht nicht rechtzeitig erkannten Übertragungswiderstand zum Scheitern verurteilt ist, kann das KB helfen. Ich verfüge über Berichte mir bekannter Analytiker, die in einer derart schwierigen Situation, in der sie sich vom Patienten «in die Ecke» manövriert fühlten, das Katathyme Bilderleben zur Klärung der Übertragungslage herangezogen haben. Zur Veranschaulichung ein Beispiel.

Beispiel

Patientin ist eine etwa 21 Jahre alte ledige Frau, die noch bei ihrer Mutter lebt. Die Analyse geht insgesamt relativ zügig voran. Umso augenfälliger ist nun, daß die Patientin in einer Sitzung, und zwar ohne deutliche Vorboten, einsilbig wird, nicht mehr assoziiert und kein Traummaterial zur Verfügung hat. Der schleppende Gang der Sitzung endet damit, daß sie matt hervorbringt, ihr falle nichts mehr ein. In der Periode des nun folgenden Schweigens stößt sie schließlich halb ärgerlich, halb patzig hervor, sie wisse überhaupt nicht mehr, was das Ganze noch solle. – Obgleich die Patientin noch keine eigenen Erfahrungen mit dem KB hat, versucht der Therapeut gegen Ende der Sitzung, die jetzt nur noch aus Schweigen besteht, eine KB-Szene einzustellen. Er fordert sie ohne Umschweife auf, sich eine Wiese vorzustellen. Darauf geht sie, offenbar etwas erstaunt, ein. Kurz danach stößt sie heftig hervor: «Da ist ein Löwe.» Als sie ihn noch beschreiben will, platzt sie ebenfalls unvermittelt heraus: «Jetzt hat er mir die Hand abgebissen.» Der Vorgang läuft blitzschnell ab und kann vom Therapeuten nicht mehr gesteuert werden. Er ist vielmehr eher erschrocken. In seinen unvermittelt einsetzenden Überlegungen denkt er daran, daß sich der Tagtraum auf der Ebene märchenhafter Vorgänge und im Bereich des Primärvorganges abspielt, also hier nichts unmöglich ist. Er suggeriert deshalb der Patientin, der Löwe werde die Hand ausspucken und er, der Therapeut, werde sie ihr wieder annähen. Auch das gelingt. Die Patientin wird jetzt aber erst recht wütend, springt erregt von der Couch auf, läuft aus dem Zimmer, knallt die Tür laut zu und ruft hinterher: «Und schicken Sie mir die Rechnung.» – Diese letzte Bemerkung ist für den Therapeuten das Zeichen, daß die Patientin die Verbindung nicht abbrechen will. Sie bestätigt dann auch telephonisch, daß sie zum nächsten Termin erscheinen werde. Jetzt ergibt sich aus der von der Patientin vorgetragenen Darstellung folgender Zusammenhang: Sie identifizierte den Löwen mit ihrer Mutter, mit der sie vor der letzten Sitzung eine langdauernde, bedrückende Auseinandersetzung gehabt hatte. Sie mußte eine affektive Erregung der Mutter einstecken und traute sich nicht, sich zur Wehr zu setzen. Der Übertragungswiderstand erklärte sich daraus, daß sie unter dem Einfluß des gestauten Affektes die aktuelle gespannte Beziehung zur Mutter auf ihr Verhältnis zum Therapeuten übertrug. Insofern ist das Bild des imaginierten Löwen auf der Übertragungsebene zu lesen. Sie erlebt den Therapeuten ebenso feindlich und fühlt sich blockiert. Das imaginierte Szenarium hebt das Verhältnis ins Bewußtsein, der Affekt kann abreagiert werden; die Patientin erkennt – zumindest in dem nachfolgenden Einfall – daß der Therapeut ihr im Grunde wohl will. Daraufhin kann das Problem mit der Mutter auf realistischerer Ebene bearbeitet werden. Die Analyse nimmt ihren ungestörten Verlauf.

Kapitel 4: Das Verfahren als Ganzes und verwandte Methoden

4.1. Der therapeutische Prozeß

4.1.1. Einleitung der Behandlung

Die Behandlung mit dem KB setzt in der Regel eine ausführliche Erhebung der tiefenpsychologischen Anamnese, die nach einem bestimmten Schema aufgebaut ist, voraus. Das Rüstzeug dafür kann kursmäßig erworben werden. Dieses beruht auf den Erkenntnissen der allgemeinen und der speziellen Neurosenlehre sowie auf klinischen Erfahrungen. Ein typisches psychoanalytisches Erstinterview ist für die erste Kontaktaufnahme mit dem Patienten sehr hilfreich, bedarf aber entsprechender Kenntnisse (ARGELANDER 1970) und Übung. Es kann jedoch die Erhebung der Vorgeschichte nicht ersetzen. Je sorgfältiger die Vorgeschichte erhoben worden ist und über je mehr Daten der Therapeut verfügt, um so einfacher und sicherer wird es ihm möglich sein, einzelne Inhalte des KB zu diesen Daten in Form einer vorläufigen Hypothese in Beziehung zu setzen.

(1) Erster Kontakt mit dem Patienten, überwiegend vom Typ eines Erstinterviews, Ergänzung durch Nachfragen spezieller Daten *Erstinterview*
(2) tiefenpsychologisch fundierte Anamnese (DÜHRSSEN 1981)
  a) gezielte Erhebung des Symptomenkataloges
  b) breite Erhebung der aktuellen Konfliktlage und der derzeitigen sozialen Situation (vergleiche S. 443f.)
  c) fließender Übergang zur Erhebung der weiter zurückliegenden Perioden, aus denen Symptome und Ursachen der jetzigen Konflikte stammen
  d) systematische Untersuchung der frühkindlichen Genese sowohl von Symptomatik als auch charakteristischen Prägungen.

Dieses Raster dient zunächst der Veranschaulichung. – Handelt es sich um eine Krisenintervention oder um eine nur probeweise angesetzte Therapie, oder ist der Patient nur begrenzt oder gar nicht in der Lage, Fragen im Rahmen dieser Stufenleiter zu beantworten, wird man sich mit weniger begnügen müssen. Der Therapeut hofft dann darauf, im Verlauf der KB-Therapie früher oder später durch spontane Einfälle, Altersregressionen oder die mehr oder weniger geforderte Selbstinterpretation der symbolischen Inhalte weitere Daten zu gewinnen. *Anamnese*

Dann folgt ein technisch sehr wichtiger und mit aller Sorgfalt durchzuführender, vorbereitender Schritt zur Einleitung der Psychotherapie: Im Zusammenwirken mit dem Patienten sucht sich der Therapeut ein abschließendes Urteil darüber zu bilden, ob der Patient für die Behandlung im KB geeignet und wie die Prognose zu beurteilen ist. Die voraussichtliche Dauer der Behandlung, wenn vielleicht auch nur grob, ist abzuschätzen. Das Prognoseurteil hängt von einer Vielfalt an Gesichtspunkten ab (vergleiche S. 440).

Wie gelingt es bei der Anleitung der KB-Therapie methodisch am leichtesten, den Patienten von der bislang auf der verbalen Ebene geführten Erhebung der Vorgeschichte auf die nicht-verbale der Imagination überzuleiten? – Als zwanglose, vom Patienten leicht zu verstehende Brücke von der einen zur anderen *Blumentest* Ebene hat sich der *Blumentest* besonders bewährt. Mit seiner Hilfe können einige Eigentümlichkeiten des Tagtraumes in unauffälliger Form und ohne daß es irgendwelcher Erläuterungen bedarf, veranschaulicht werden. Dieser Test wurde ursprünglich entwickelt, um einen ungezwungenen Einblick in die Fähigkeit eines Patienten, das Symboldrama zu realisieren, zu gewinnen. Es war die Absicht herauszufinden, welche Hilfen für die sichere Manifestation von Imaginationen notwendig sind. Inzwischen hat sich jedoch gezeigt, daß die spontane Bereitschaft zu imaginieren bei unseren Patienten sehr groß ist (S. 43).

In der Reihe der oben skizzierten Einleitungsschritte der Therapie lasse ich den Blumentest am Ende jener Sitzung folgen, die der ersten therapeutischen Stunde mit der Tagtraumtechnik vorangeht. In der Regel ist es jene, in der der Therapeut die Schlußfolgerungen über Indikation des KB und Behandlungsprognose mit dem Patienten diskutiert. Jetzt hat der Patient in der Regel genug Vertrauen zum Therapeuten gefaßt; Voraussetzung ist seine gewährende, freundliche und eine gewisse Wärme ausstrahlende Haltung, das «warming up». Im Falle einer ausgeprägten negativen Übertragung des Patienten im Sinne von Skepsis, Angst und Spannung kann die Durchführung des Blumentestes, so einfach er ist, auch einmal Schwierigkeiten bereiten. Er gelingt am leichtesten, wenn er mit einem Minimum an Vorbereitungen und ritualisiertem «Drum und Dran» angeregt wird.

Wir eröffnen dem Patienten, daß wir die Absicht hätten, einen kleinen harmlosen, kurzen Test mit ihm durchzuführen, und bitten ihn, sich locker und gelöst in seinen Sessel oder auf seinen Stuhl zu setzen, so als ob er nach anstrengender körperlicher Arbeit oder nach einem schweren Essen versucht, ein «kleines Nickerchen» zu halten. Nachdem der Patient der Aufforderung nachgekommen ist, mag der Therapeut erläuternde Korrekturen vornehmen: wenn die Füße angezogen und die Knie spitz angewinkelt sind oder die Arme in anspannender Weise nicht auf den Armlehnen oder die Hände nicht auf den Oberschenkeln liegen. Er bittet ihn nun, die Augen zu schließen, und fragt nach einer kurzen Pause wie beiläufig: «Können Sie sich eine Blume vorstellen? – Auch wenn etwas anderes kommen sollte, ist es recht. – Wenn Sie etwas vor Augen haben, – aber auch wenn es Schwierigkeiten bereitet, sprechen Sie bitte zu mir.» – Wenn eine längere Pause entsteht, kann ergänzt werden: «Sollten es vorübergehend mehrere Blumen sein, warten Sie bitte, welche sich am Ende herauskristallisiert.»

vorstellen – Es ist ein entscheidender Fehler, wenn der Therapeut statt *«vorstellen»* den *sehen* *Begriff «sehen»* gebraucht. Dadurch kann er beim Patienten allzu leicht einen Widerspruch erregen, falls der vorgestellte Gegenstand zunächst nur relativ vage erscheint. Außerdem wird das Leistungsstreben des Patienten angeregt, wenn dieser glaubt, die Blume müsse die konkreten Qualitäten echten Sehens haben. Folge ist eine vermehrte innere Anspannung, die die gewünschte freisteigende Imagination verhindert, so daß der Test mißlingen kann.

Patienten, bei denen sich die Imaginationen leicht einstellen, können die Blu-

336

me, oder was es auch immer ist, recht gut beschreiben. Fragt man sie nach deren Farbe und Form, können diese präzise wiedergegeben werden. Ich bitte, Einzelheiten der Blume möglichst gut zu beschreiben. Dadurch konstellieren sich häufig weitere Details. Man erfährt, in welchem Ausmaß der Patient detailliert bildern kann und bereit ist, eine genauere Beschreibung zu liefern. Der Name der Blume ist gleichgültig, zumal vor allem Männer Blumennamen meist nicht kennen. Nicht selten erscheinen auch Phantasieformen von Blumen, für die es keinen Namen gibt. Im Zweifelsfall frage ich, welcher natürlichen Blume sie ähnlich sehen. Ich bitte dann, die Blume möglichst eingehend auf sich wirken zu lassen, um ihre gefühlsmäßige «Ausstrahlung» gut wahrzunehmen.

Als nächsten Schritt frage ich, ob der Betreffende sich vorstellen könne, die Blütenblätter der Blume mit einem Finger zu berühren, um die Konsistenz, die «Eigenart» des Blattes, wahrzunehmen.

Ich schätze, daß 90% oder mehr Patienten diesen Aufforderungen ohne Schwierigkeiten folgen können. Mitunter meinen sie, die Aufgabe nicht gut genug gelöst zu haben. Die Beschreibung zeigt jedoch nicht selten das Gegenteil. *Beschreibung*

Alle möglichen Blumen kommen vor: Vergißmeinnicht, Stiefmütterchen, häufig Margeriten oder Sonnenblumen, aber auch Rosen, Gänseblümchen, Veilchen usw. Wir interessieren uns zunächst weniger für den Bedeutungsgehalt der jeweils gewählten Blume, obgleich dieser individuell symbolisch interpretiert werden kann. Wichtiger ist für uns zunächst der formale Vorgang. Wir möchten wissen, ob die Farben klar und deutlich erkannt werden und die Berührung auch voll gelingt. Deshalb bleiben wir angesichts der Blume im Wechselgespräch; wir fragen den Patienten vorsichtig nach Details, und er berichtet.

Vermag der Patient optisch und taktil zu imaginieren, so darf vorausgesetzt werden, daß das KB ohne Einschränkung sofort angewandt werden kann. Wir beenden den Test schließlich damit, daß wir den Patienten drei tiefe Atemzüge machen und die Augen öffnen lassen. Dann geben wir ihm eine kurze Erklärung zur Ermutigung, etwa, er habe offensichtlich eine gute Vorstellungsfähigkeit (Phantasie), oder er zeige gute Ansätze für die Entfaltung seiner Phantasie, oder er müsse wahrscheinlich seine Phantasie-Produktion noch etwas üben.

Gründe für die seltenen Schwierigkeiten können nur zum Teil angegeben werden. Wir unterscheiden dabei zwischen Situationen, in denen die Imagination nur mangelhaft oder gar nicht gelingt, und anderen, in denen statt einer Blume ein anderes Objekt erscheint oder sich eine bizarre Blumengestalt zeigt, die unter Umständen auf Eigenart und Grad der Gestörtheit des Patienten hinweist.

Schwierigkeiten der erstgenannten Art können situativ bedingt sein oder an der Wahl des Motives «Blume» liegen. Dieses kann z.B. durch eine negative *Schwierigkeiten* emotionale Besetzung eine unbewußte Abwehr mobilisieren. Um beiden Schwierigkeiten abzuhelfen, gibt es die technische Möglichkeit, ersatzweise ein anderes Motiv anzubieten, das bekannt und unverfänglich ist. Ich benutze gern die Vorstellung des Hauses, in dem der Betreffende zur Zeit wohnt oder jenes, in dem er mit seinen Eltern früher wohnte. Scheitert auch dieser Versuch, so hat der Patient möglicherweise bereits einen Übertragungswiderstand auf den Therapeuten entwickelt (vergleiche S.420). Es bedarf einer frühen Analyse der unbewußten emotionalen Beziehung des Patienten zum Therapeuten. Naturgemäß kann dies der für die Grundstufe weitergebildete Therapeut nicht leisten, und er wird in diesem Falle das Katathyme Bilderleben nicht anwenden können. Der voll ausgebildete Therapeut sollte keine Schwierigkeiten haben, hier mindestens eine entsprechende Übertragungsanalyse zu versuchen (vergleiche S. 420ff.).

Eine mindere Störungsform des Imaginierens liegt vor, wenn das Bild farblich blaß oder nur schwarz-weiß ist oder wemn nur ein Teil der Imagination gelingt, die Berührung z. B. nicht. Diese Einschränkung bewerten wir beim Patienten nicht, wir geben vielmehr zu erkennen, daß weitere Übungen seine Imaginationsfähigkeit sicher fördern werden. Einige wenige Patienten haben die Schwierigkeit, daß sich gleichzeitig mehrere Blumen darstellen und sie in den Konflikt der Wahl geraten. Auf die notwendige Hilfe habe ich schon hingewiesen.

Überraschenderweise zeigen sich beim Blumenmotiv sehr selten pathologische Inhalte. Solche müßten jedoch besonders beachtet werden. Sie weisen auf eine stärkere emotionale Beunruhigung hin, sei es eine aktuelle Krise oder eine ausgeprägte neurotische Störung.

Zum Veranschaulichung gebe ich drei Beispiele.

Beispiel 1

Beispiele

Ein zwangsneurotischer Physiker imaginierte eine Blume, deren Kelchblätter aus Stahl waren. Langsam bog sich eines dieser Blätter nach unten und wurde zu einer scharfen Messerschneide, die den Stiel der Blume durchtrennte, so daß diese herunterfiel.

Beispiel 2

Eine Patientin beobachtete, daß der Stempel einer Tulpe rasch immer größer wurde und sich zu einem erschreckenden phallischen Gebilde entwickelte.

Der Test wird aus dem Grunde oft als angenehm empfunden, weil die Betreffenden von der «Ausstrahlung» der Blume häufig in eine angenehme, leicht gehobene oder vom Ästhetischen her angeregte Stimmung verfallen, die nach Rücknahme des Testes noch weiter anhält. Ich spreche die Patienten am Ende gern noch darauf an, um sie auf die psychologische Wirkung einer Imagination hinzuweisen. Manche von ihnen sind überrascht, eine derart lebhafte und farbige Phantasie zu haben. Sie finden die Übung daher bereichernd.

Beispiel 3

Ein stark depressiver Patient hatte eine schwarze Rose vor sich, deren Blätter schnell verwelkten; die Blüte fiel ab.

In diesen oder ähnlichen Darstellungen kann der Test einen wichtigen Hinweis darauf geben, daß der Patient aller Voraussicht nach für einen Therapeuten, der nur über die Technik der Grundstufe verfügt, nicht geeignet ist. Diagnostische Hinweise sind schwer zu geben. Ein solcher Patient sollte an einen erfahrenen Therapeuten überwiesen werden.

Man mag sich fragen, warum ich gerade die Blume für diesen Test gewählt habe. Natürlich kann auch jede andere Imagination angeregt werden. Wir haben die von KRAPF vorgeschlagene Blume vorgezogen aus dem Grunde, weil sie im

338

allgemeinen ein liebenswürdiges Motiv und trotz ihres Symbolwertes selten stark pathologisch verändert ist und daher den ahnungslosen Patienten nicht vorzeitig beunruhigt.

Die obengenannte Brückenfunktion zur Hinlenkung des Patienten auf den Tagtraum nutzen wir in folgender Form: Nach Abschluß des Blumentestes weist man den Patienten darauf hin, daß es vielleicht sinnvoll sein wird, die Psychotherapie mit Hilfe solcher Tagtraumvorstellungen (Imaginationen) durchzuführen. Das habe sich allgemein bewährt, würde als angenehm, da bald entlastend, empfunden und sei geeignet, die Behandlung zu vertiefen und damit auch kürzer zu gestalten. *Brücke zum Tagtraum*

Wenn der Patient in der nächsten Stunde wiederkommt, erinnert man ihn an die Erfahrung mit dem Blumentest und die eben genannte Ankündigung. Bei Patienten von mittlerem Bildungsniveau gebe ich Hinweise auf die Bedeutung des Traumes in der Psychoanalyse als Weg zum Unbewußten, erläutere den Vorteil des im Schutz des Therapeuten geträumten Tagtraumes mit der Möglichkeit seiner Lenkung und dem dialogischen Kontakt im Gegensatz zum Nachttraum, in dem man sich selbst überlassen bleibe, schwierige Passagen nicht durchlaufen könne und der bis zur Therapiestunde häufig verblaßt oder teilweise sogar vergessen wird.

Es wäre schade, wenn der Vorteil der Tagtraumtechnik für seine Therapie nicht genutzt werden könnte.

Weiter ausholend kann man das Vorgespräch wie folgt strukturieren, sofern aus nicht-verbalen oder verbalen Signalen des Patienten der Eindruck entsteht, daß er Zweifel hat, skeptisch oder ängstlich ist: Man kann ihn etwa mit der Frage ansprechen, was er selbst zu diesem methodischen Angebot des Tagtraumes meine. Auf diese Weise werden etwaige Bedenken und deren Eigenart am schnellsten deutlich. Gemäß dem Bildungsniveau des Patienten gehe ich dann darauf ein. Man kann auch die Zusammenhänge zwischen Phantasie, Traumwelt und unbewußten beziehungsweise verdrängten Inhalten noch deutlicher machen. Es erscheint mir jedoch vorteilhaft, vor allem den Punkt hervorzuheben, daß es nicht so sehr auf die Erkenntnis der unbewußten Inhalte ankommt, als vielmehr darauf, daß durch die Imaginationen bald eine Entlastung und eine Entwicklung der latenten Konflikte und ihrer Strukturen erfolgen kann. Der Patient möge im übrigen selbst sehen, inwieweit im Verlauf der Behandlung die Tagtrauminhalte seine Selbsterkenntnis fördern und die Lockerung von festgefahrenen Einstellungen vorbereiten könnten. Allerdings unterlasse ich auch nicht den Hinweis auf die Möglichkeit, daß gelegentlich einmal peinliche, unangenehme oder angsterregende Inhalte auftauchen können. Es sei dann wichtig, daß er diese Passagen akzeptiere und unter meinem Schutz beziehungsweise durch meine Hilfe durchlebe und notfalls auch durchleide. Die Möglichkeit, darüber zu sprechen, würde das deutlich erleichtern. – Bei diesem vorbereitenden Gespräch achte man besonders bei Intellektuellen und Akademikern darauf, daß keine allzu rationale Diskussion geführt wird. Eine solche kann für den Therapeuten verführerisch sein, da er als Ausdruck des Widerstandes durch Intellektualisierung vom Patienten auf eine Sachdiskussion verwiesen wird. *Vorgespräch*

Statt einer Zusammenfassung gebe ich ein Überblick-Schema über die Einleitung der KB-Therapie (Tabelle 15).

Tabelle 15: Stufen der Einleitung einer KB-Therapie.

---

1. Zwei bis fünf Sitzungen: Erhebung der tiefenpsychologischen Anamnese (je 50 Minuten).
2. Am Ende der Sitzung Blumentest mit kurzem Hinweis auf die Therapie mit dem Tagtraum.
3. Sitzung zur Klärung der Motivation und der Prognose; Entscheidung, ob Therapie oder Beratung; Verabredung eines vorläufigen Therapieplanes; Schließen eines Arbeitsbündnisses.
4. Erste KB-Sitzung mit einleitendem Hinweis auf Blumentest und Vorteil des KB. Falls ein akutes Problem andrängt, hat dieses Vorrang, besprochen zu werden.

---

akutes Problem

Kommt ein drängendes akutes Problem zur Sprache, kann der Therapeut den Patienten auf halber oder dreiviertel Strecke bitten, dessen Darstellung abzubrechen, «um zu sehen, wie sich dieses Problem auf der imaginativen Ebene – im Tagtraum – darstellt». (Vergleiche «Fokussierung akuter Probleme» S. 189.)

Während einer regelmäßig durchgeführten Therapie hat das Vorgespräch noch eine weitere Aufgabe: die Rückblende auf die vergangene Sitzung und das Durcharbeiten des vom Patienten mitgebrachten Protokolles. Der Therapeut kann es laut lesen und bei einzelnen Passagen fragen, was beziehungsweise ob dem Patienten dazu noch etwas eingefallen sei. Es hängt sehr von dem Einfallsreichtum und der Offenheit eines Patienten ab, ob dieser Teil des Gespräches fruchtbar wird. Das Vorgespräch derart zu strukturieren, übt die Mitarbeit des Patienten. Auch können Assoziationen mit Hilfe des Therapeuten gefunden werden, oder der Therapeut weist auf klärende Zusammenhänge hin.

Nachgespräch

Das *Nachgespräch* könnte unter psychoanalytischen Gesichtspunkten vorrangig der *Durcharbeitung* des Tagtraummaterials dienen. Derartige Versuche scheitern jedoch in den meisten Fällen nach übereinstimmender Beobachtung erfahrener KB-Therapeuten. Nach der «Rücknahme» des Tagtraumes befindet sich der Patient in der Regel noch längere Zeit in einem regressiv veränderten Gefühls- und Bewußtseinszustand. Die intensiv erlebten KB-Inhalte involvieren ihn oft noch längere Zeit stark und anhaltend. Gute Beobachter sind sich mit mir einig, daß einem Ausschwingen der angeregten Stimmungen, diesem emotionalen Weiterklingen der aktualisierten Problematik oder Befriedigung, Raum gegeben werden muß, um ihre ungezwungene therapeutische Nachwirkung nicht zu stören. Die vom Therapeuten herangebrachte kognitive Forderung nach Assoziationen würde diesen Vorgang beeinträchtigen. Der Patient würde sich nicht empathisch verstanden fühlen. Die angestrebte assoziativ-kommentierende Anreicherung des Materials bleibt in der Regel tatsächlich auch spärlich. Erst in der Folgezeit, zwischen den Sitzungen, finden offene Patienten Einfälle über Zusammenhänge selbst. Im Vorgespräch der folgenden Sitzung werden sie dann fruchtbar gemacht.

Das in der Regel relativ kurze Nachgespräch kann aber in zweierlei Weise genutzt werden, um (1) bei zur Verdrängung neigenden Patienten die hauptsächlichen Inhalte zu rekapitulieren, (2) die für den Patienten selbst besonders eindrucksvollen Inhalte verbalisieren zu lassen und dazu vorsichtig allgemein ge-

340

haltene Aspekte zu erörtern. Die an anderer Stelle hervorgehobene «emotionale Einsicht» trägt dann zum Kontext einiger, vielleicht vager Assoziationsversuche bei. Das Nachgespräch verharrt aber meist mehr im Rahmen des nicht-verbalen empathischen Verstehens und «therapeutischen Mitschwingens» des Therapeuten.

Auf der Grundstufe gestalte ich das abschließende Gespräch am Anfang etwa so: Ich bestätige meine Aufmerksamkeit und Interesse beziehungsweise mein Verständnis durch eine Bemerkung über die Bedeutung des Imaginierten und gehe klärend oder verstärkend auf die Details ein. Fragen nach Zusammenhängen weiche ich eher aus mit dem Hinweis, daß im Verlauf der weiteren Behandlung ihm der eine oder andere Zusammenhang von selbst deutlicher werde. – In der Fortgeschrittenen-Technik, und wenn der Patient in der Lage erscheint, schon jetzt Gedankenverbindungen und Einfälle zu finden, greife ich einzelne mir wichtig erscheinende Passagen des Tagtraumes heraus, verweise darauf, daß sie etwas mit seinem Problem zu tun haben und frage, ob er dazu nicht vielleicht «eine Idee» oder «einen Einfall» habe. Die Wahl der Passage richtet sich auch danach, ob mir nach Vorgeschichte und Einsichtsfähigkeit des Patienten dieses Material schon relativ bewußtseinsnahe erscheint.

Eine besondere Situation der fortgeschrittenen Therapie besteht darin, daß in seltenen Fällen nach Ende der KB-Sitzung ein noch nicht abgeklungenes Problem (andrängender Affekt) den Patienten stark beschäftigt oder beunruhigt (S. 191). In diesem Fall hat das Nachgespräch eine wichtige Aufgabe. Es gilt, den Patienten durch das Verstehen zu entlasten, durch kognitive Klärung von Zusammenhängen (wenn auch mehr pauschaler Art) den Abwehrmechanismus der Intellektualisierung einzubringen und zu verstärken. Dabei genügt es unter Umständen schon, ihm deutlich zu machen, wo er im Kontext seiner Problembearbeitung jeweils steht oder welchen Stellenwert einzelne ihn besonders beunruhigende Inhalte der KB-Sitzung haben. Die Gefahr einer frühzeitigen Intellektualisierung nehme ich in diesen Situationen in Kauf, um Patienten mit einem wiederum gestärkten und für ihre Alltagsanforderungen funktionierenden Ich zu entlassen. Bei diesen Interaktionen kommt es auf Feinheiten an, die erst in der Praxis der fortgeschrittenen Behandlungstechnik gewonnen werden können. Umgekehrt fördert das Fortbestehen einer Restspannung unter Umständen den therapeutischen Prozeß im Intervall bis zur nächsten Sitzung. – Im Falle einer Beunruhigung verweise ich noch einmal betont auf die nächste Sitzung. Entlastend wirkt ferner das später noch zu besprechende Protokoll (das ich zu diesem Zweck unter Umständen noch im Wartezimmer entwerfen lasse) und die malerische Darstellung einiger wichtiger Passagen der Sitzung. Auch das kann im Falle der Beunruhigung unmittelbar nach der Sitzung im Wartezimmer erfolgen. Mein Interesse zeige ich dann darin, daß ich die darauf folgende Stunde notfalls um einige Minuten unterbreche, um die Bilder noch kurz in Augenschein zu nehmen, bevor der Patient geht. – Das ist kein Routinevorgehen, sondern die seltene Hilfe zur Stabilisierung eines beunruhigt aus der KB-Sitzung gehenden Patienten.

Auf jeden Fall sollte man im Anschluß an eine jede Sitzung dem Patienten Gelegenheit geben, sich im Wartezimmer zu besinnen und vielleicht einige Notizen zu machen. Ihn sofort in den großstädtischen Straßenverkehr zu entlassen

nachklingender Affekt

341

und so die Nachphase der Besinnung abrupt zu unterbrechen, wäre therapie-feindlich und vergäbe einen Teil der therapeutischen Chance.

Ich erinnere daran, daß das Ausmaß der Entspannung und der Bewußtseins-veränderung so ausgeprägt sein kann, daß die Fahrtüchtigkeit des Patienten in der nächsten Viertelstunde beeinträchtigt ist. Das muß ihm ausdrücklich gesagt werden.

Setting des KB

Zur Darstellung des gesamten Settings scheint es zweckmäßig, die äußere An-ordnung aufzuzeichnen. Die Raumordnung mag sich so nicht in jeder Praxis verwirklichen lassen. Sie hat sich für die Durchführung der KB-Therapie aber besonders bewährt. Kontakte zwischen Patient und Therapeut sollen jenseits des Schreibtisches und jenseits ärztlicher Untersuchungsgeräte und Instrumen-tenschränke erfolgen. Für die reine Gesprächsführung (Anamnese, Vorge-spräch) ist das Setting (a) der Abbildung 15 vorzuziehen, für die KB-Therapie das Setting (b). Der Therapeut soll am Kopfende neben der Couch sitzen, nicht hinter ihr. Im Gegensatz zum klassischen Setting der Psychoanalyse soll das Miteinander mit dem Patienten im Tagtraum dokumentiert werden. Sachlich gesehen liegt der Vorteil darin, daß der Therapeut Mimik, Lidbewegungen und Atmung als Ausdruck der psycho-physischen Reaktion während des KB gut beobachten und der Patient seinerseits notfalls den Therapeuten anblicken kann.

Anteile KB-Gespräch

Noch ein Wort zur Relation zwischen Gesprächs- und KB-Anteil in der Sit-zung. Gelegentlich taucht das Problem auf, daß der Patient gespannt in die Sit-zung kommt und deshalb oder aus anderen Gründen sich nicht oder nur man-gelhaft versenken kann. Dann liegt in der Regel andrängendes Material vor, das zuerst besprochen und vielleicht dadurch auch abreagiert werden muß. Meist sind es aktuelle Kränkungen, deren Affekt in manchen Fällen derart stark ist, daß dem Therapeuten im Rahmen der vorgegebenen Zeit keine Möglichkeit mehr für eine KB-Periode bleibt. Wenn sich derartige Situationen häufen und fast stets krisenhaft im Vordergrund stehen, kann eine KB-Sitzung von einiger Regelmäßigkeit unmöglich sein. Der Gedanke, dann alternativ in der einen Sit-zung die Gesprächs-, in der anderen die KB-Phase durchzuführen, wird den realen Gegebenheiten nicht gerecht und erscheint starr. Mehr bewährt hat sich hier ein gemischtes Vorgehen. Anfangs wird dem Patienten ausreichend Raum für die Aussprache über seinen aktuellen Erlebensdruck gegeben. Daraufhin wird auf jeden Fall in der Sitzung eine mehr oder weniger lange KB-Passage angeschlossen, selbst wenn diese nicht länger als 10–15 Minuten dauern kann. Selbst ein einziges Bild einzustellen ist fruchtbar und fördert die Kontinuität des therapeutischen Prozesses besser als ausschließlich Verbalisation. Das Bild ist dann meist ein guter symbolischer Kommentar zu dem Konfliktstoff. – Man muß zudem bedenken, daß ein überwiegendes Mitteilungsbedürfnis des Patien-ten auch in den Dienst des Widerstandes gegen die tiefer lotende KB-Therapie gestellt werden kann.

Die Situation ist eine andere, wenn in der fortgeschrittenen Mittelstufentech-nik die Bearbeitung von Borderline- und charakterneurotischen Strukturen im-mer mehr ansteht und aus diesem Grunde mehr und mehr gesprächstherapeuti-sche Bearbeitung notwendig wird. Dann stehen die oft rein gesprächstherapeuti-schen Sitzungen neben denen mit dem KB im Dienste der zügigen Bearbeitung

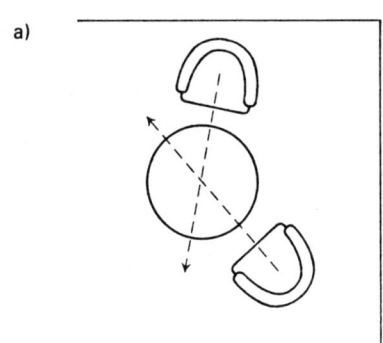

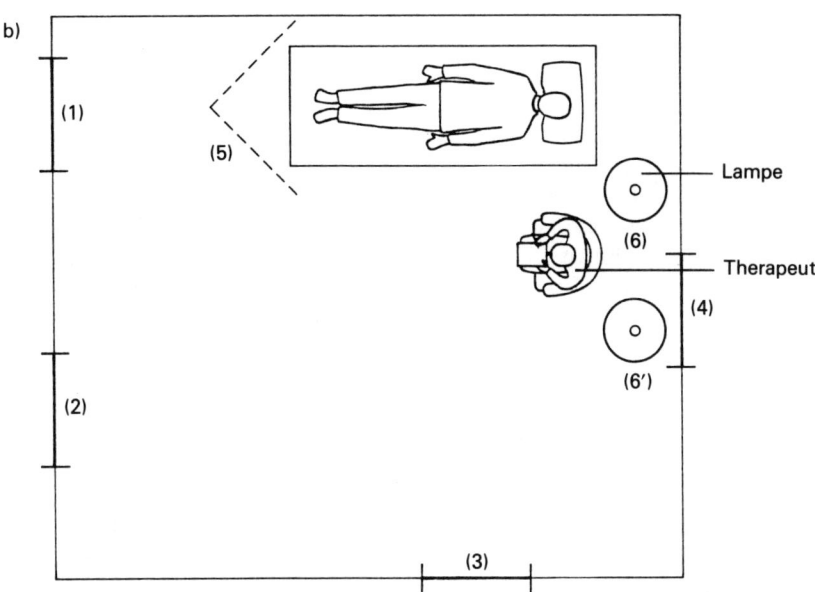

Abbildung 15: Setting für die reine Gesprächsführung (a) und für die KB-Therapie (b).
Vorschläge zur Raumaufteilung: (1), (2), (3): Tür oder Fenster; (4) Fenster; (5) Paravent;
(6) oder (6') Stehlampe (Licht stets hinter dem Patienten!).

allen Materials auf breiter Ebene. Die Literatur zeigt, daß sich in diesen Fällen
die Relation zwischen Gespräch und KB in der Gesamttherapie verschiebt (vergleiche Leuner & Lang 1982).

4.1.2. Lernprozeß des neuen Patienten

Die weitere Einleitung der KB-Therapie bei einem neuen Patienten hat noch die
Erfahrung zu berücksichtigen, daß nur ein Teil von ihnen das KB sofort oder

jedenfalls sehr schnell in der Therapie realisieren kann. Ein anderer Teil von ihnen braucht eine Lernperiode von drei bis fünf Sitzungen, um sich in das Verfahren einzuarbeiten. Das trifft besonders bei Patienten zu, die zum Intellektualisieren neigen und solchen, die durch eine autoritäre Erziehung wenig Verständnis für ihre sich frei entfaltende Phantasie und das sich parallel entfaltende Gefühlsleben haben. – In dieser Periode verbessert sich die Sicherheit zur Manifestation der Imaginationen, schwinden Zweifel, ob man «es» auch richtig macht, ob man die Erwartungen des Therapeuten erfüllt, produktiv genug ist oder sich «richtig» ausdrückt. Hier lernt der Neuling, daß sich die Inhalte des KB autonom weiterentwickeln und einen unerwarteten, eigenen Verlauf nehmen können. Hier muß er auch lernen, daß unter Umständen «häßliche, unschöne» Inhalte und solche, die seinen bisherigen Maßstäben zuwiderlaufen, vorbehaltlos zu akzeptieren sind.

Aus dem Gesagten wird deutlich, daß der Therapeut jetzt zunächst abwartende Ruhe zeigen muß und Unterstützung zu gewähren hat, um diesen Lernprozeß zu fördern. Auch die diagnostischen Einsichten werden sich hier mehr auf Ich-bezogene Verhaltenszüge beschränken müssen. Sie sind in der Regel jedoch aufschlußreich genug.

Zum Lernprozeß gehört unter Umständen auch, daß anfänglich nur Erinnerungsbilder auftreten, die man zunächst stehen läßt. Wiederholen sie sich über längere Strecken besonders hartnäckig, muß der Eindruck eines Widerstandes entstehen. Erinnerungsbilder haben auch ihre Problemaussage allein hinsichtlich der Wahl der Inhalte. In der Regel findet sich bei Nachfrage ein latenter Konflikt, der mit dem Erleben des letzten Besuches an der jeweiligen Stelle in Zusammenhang steht. Die Nachfrage hilft weiter. – Ansonsten verlieren sich

Erinnerungsbilder, wenn die Bewegung in der Landschaft über das Ausmaß des bekannten Areals hinausgeht. In ganz seltenen Fällen kann man den Patienten direkt auch bitten, nun einmal ein «frei erfundenes» oder ein «Phantasie-Bild» zu dem gestellten Thema aufkommen zu lassen. (Niemals jedoch sollte man ihm bedeuten, daß Erinnerungsbilder etwa nicht akzeptiert würden, um den latent fast immer vorliegenden Leistungsdrang nicht zu verstärken.)

Schließlich umfaßt der Lernprozeß auch die zunehmende Freigabe des die Imaginationen begleitenden Gefühlstones. Dieses emotionale Lernen mit Wahrnehmung des Gefühles, der Stimmungen, dem Aufschießen von Affekten bis hin zur Mikrokatharsis bedarf bei stärker intellektuell kontrollierten oder schizoiden Patienten oder auch zwanghaften mit ihrer Gefühlsisolierung der sorgfältigen Förderung dieser Komponente. Im Extremfall scheitert eine Therapie bei dauernder Isolierung der Gefühle, wie wir es von zwangsneurotischen Patienten kennen. Wie SALVISBERG (1982) zeigt, läßt sich das jedoch durch eine entsprechende therapeutische Strategie überwinden. Der Therapeut soll den Patienten an geeigneten Stellen des KB diskret nach seiner emotionalen Gestimmtheit fragen, oder welche Stimmung eine emotionale Szene ausstrahlt (Landschaft, Tier, Baum, Berg usw.). Er wird dabei auf sein naives kindliches Gefühlsvermögen verwiesen. In Vor- oder Nachgesprächen kann er darauf angesprochen werden, daß dem Therapeuten auffalle, wie unverbindlich, sachlich und nüchtern er die Inhalte des KB schildere, und daß man ihn ermuntern möchte, auch seine Gefühle bald mehr und mehr auszudrücken. Gegebenenfalls müssen diese Interaktionen wiederholt werden. Auf die Technik der VEE (S. 410) verweise ich ausdrücklich.

Der Lernprozeß bezieht sich schließlich noch auf die Komponente der gleichmäßigen und relativ dichten Berichterstattung der Patienten. Manche zeigen darin zumindest anfänglich Schwierigkeiten und haben die Sorge, das Bild würde verschwinden oder verblassen, wenn sie parallel dazu sprechen würden. Daß die Verbalisation sich regelmäßig über die Darstellung der Bildinhalte auch auf den parallelen Fluß von Stimmung, Gefühl und Affekt erstrecken soll, ergibt sich aus dem bereits Gesagten. – Außer den dafür förderlichen Interventionen kennen wir aber auch solche, die der Eigenart nach Stimmung, Gefühl und Affekt eher unterdrücken. Es sind nüchterne Fragen nach kognitiven Zusammenhängen an der falschen Stelle. In anderem Zusammenhang werde ich darauf noch ausführlich eingehen (S. 430).

Berichterstattung

4.1.3. Voraussetzungen und Dauer der Therapie

Der Umstand, daß eine ausschließlich mit der Grundstufentechnik durchgeführte KB-Therapie ihre Grenzen hat, ist verständlich. Worin die technischen und behandlungsstrategischen Begrenzungen im einzelnen liegen, habe ich bereits erörtert. Das Schwergewicht der überwiegend protektiven Behandlungsführung war in diesem Zusammenhang genannt worden (S. 82 f.). Aber auch die gegenteilige Erfahrung, daß mit der Grundstufentechnik klinisch sehr weitreichende Ergebnisse selbst mit einer Kurztherapie von bis zu 20 Sitzungen bei unausgelesenen Patientengruppen erzielt werden konnten, habe ich belegt (1.3.). Die Voraussetzungen einer Grundstufentherapie und deren Grenzen sollen zunächst in ihrer klinischen Reichweite umrissen werden.

Grundstufentechnik

Das geschieht deshalb, weil ich an anderer Stelle ein inzwischen weit verbreitetes Lehrbuch über die Behandlung mit der Grundstufe veröffentlicht habe und weil eine etwas erweiterte Technik jenen Weiterbildungsgrad erfüllt, der als Minimalforderung seitens der Bundesärztekammer gefordert wird.[1] Aus der folgenden Darstellung wird aber deutlich, in welchem Maße sich das therapeutische Repertoire einer Weiterbildung zum KB-Therapeuten über die genannte Einengung hinaus ausweitet. Die damit gewonnene Souveränität des Therapeuten ist ganz unvergleichlich gegenüber der Minimalforderung.

(1) Der Grundstufentherapeut ist nicht in der Lage, die Übertragung, wobei vor allem an eine negative Übertragung zu denken ist, rechtzeitig zu erkennen und tiefenpsychologisch aufzuarbeiten.

(2) Im Zusammenhang damit ist er (noch) nicht befähigt, seine durch Übertragung in der Regel ausgelösten Gegenübertragungsgefühle zu erkennen und zu kontrollieren. Folge kann die Stagnation sein, erst recht bei sich länger hinzie-

---

[1] Der Weiterbildungsgang zum Zusatz «Psychotherapie» umschließt die Grundstufentechnik einschließlich Gruppenerfahrung, Fallsupervision und ergänzt diese durch Weiterbildung im assoziativen Vorgehen. Gemäß diesem Lehrbuch umfaßt er also das gesamte Kapitel 1 und von Kapitel 2 Abschnitt 2.1. bis 2.3. sowie die Abschnitte 4.4. und 4.5.

henden Behandlungen (etwa über 20 Sitzungen). Der Therapeut kann psychodynamische Zusammenhänge nicht erkennen. Der Abbruch der Therapie droht.

(3) Diese therapeutische Grenze ist immer auch dort gesetzt, wo die herrschende pathogene Symptomatik auf einer Persönlichkeits- beziehungsweise Charakterneurose beruht oder auf einer Grundstörung (frühe Ich-strukturelle Störung wie Borderline oder narzißtische Position, vergleiche S. 450).

Aber auch die positive Seite ist hervorzuheben, daß nämlich eine Statistik von knapp 100 erfolgreich behandelten *ausgelesenen* Fällen mit dem KB bei zwei Dritteln zeigt, daß eine Psychotherapie von weniger als 30 Sitzungen notwendig war, um ein klinisch befriedigendes Ergebnis zu erzielen[1a]. Unberücksichtigt sind die 40 Behandlungsfälle mit Terminierung auf 15 beziehungsweise 20 Sitzungen (WÄCHTER & PUDEL 1983; KULESSA & JUNG 1983) (1.3.2.).

Kurzbehandlung

Für die Kurzbehandlung haben sich einige Strategien bewährt.

Eine *frühzeitige Begrenzung* vor allem der Kurzbehandlung soll bereits in der ersten entscheidenden Sitzung nach Abschluß der Anamnese-Erhebung und vor Beginn der eigentlichen Therapie erfolgen. Der Patient kann sich dadurch rechtzeitig auf das Ausmaß der Therapie einstellen und versucht, die zur Verfügung stehende Therapiedauer engagiert und aktiv zu nutzen. Dafür gibt es historische Erfahrungen (MALAN 1965; WOLBERG 1967), die seinerzeit haben aufhorchen lassen.

Daß sich eine Kurztherapie, auch im psychoanalytischen Sinne, überwiegend in einem positiven Übertragungsmilieu bewegt, und daß die anaklitische Übertragung, die vorherrschende im KB, dieser Notwendigkeit entgegenkommt, erörtere ich ausgiebig (4.4.2.).

Der durchschnittliche Standard einer KB-Kurztherapie sind 20 Sitzungen. Eine Begrenzung unter 15 Sitzungen kann nicht mehr als Therapie betrachtet werden. Wenn in der Literatur (vergleiche S. 36) trotzdem Kriseninterventionen oder extreme Kurztherapien beschrieben sind, betrifft das doch nur eine begrenzte Patientengruppe. Man muß beim KB mehr als bei anderen Verfahren berücksichtigen, daß durch Öffnung der «Pforten zum Unbewußten» ein tiefgreifender therapeutischer Prozeß eingeleitet wird. Er hat seinen eigenständigen Verlauf in Abhängigkeit vom Ausmaß der Störung des Patienten. Ein Abbruch in der Mitte dieses Prozesses, den nur der sehr Erfahrene im voraus einschätzen kann, kann den Patienten unter Umständen in einer sehr prekären, nicht zu kompensierenden Situation allein lassen. Man kennt Situationen von Folgezuständen anbehandelter aber nicht zu Ende therapierter Patienten. Gelegentlich sind es auch solche, die infolge einer mangelhaft analysierten Übertragung ihre Therapie vorzeitig abbrechen. Darauf kann hier im einzelnen nicht eingegangen werden (vergleiche S. 332). Der Grundstufentherapeut muß sich aber über den prozeßhaften Verlauf einer KB-Therapie im klaren sein. Ihn zu beobachten gelingt im KB noch relativ gut (S. 356 ff.).

Timing

Der voll ausgebildete KB-Therapeut wird auch eine längere Therapiedauer prognostizieren können und dann seine Behandlung auf 30 oder 50 Sitzungen festzulegen versuchen. Eine noch längere Behandlung betrifft in der Regel struk-

---

[1a] STURM (in Vorbereitung).

turelle Ich-Störungen und schwere Charakterneurosen, letztere vor allem bei einem Alter von 50 und mehr Jahren. Neuere Untersuchungen haben aber gezeigt, daß auch im höheren Lebensalter Kurztherapien durchaus erfolgversprechend sein können (ERLANGER 1984). Das der Therapie gesetzte Ziel ist dabei von Belang.

Natürlich erhebt sich die Frage, ob ein durch die Limitierung auf 20 Sitzungen in Gang gebrachter therapeutischer Prozeß im einzelnen Fall wirklich zum Abschluß gebracht werden kann. Sofern der Therapeut diese Begrenzung zu Beginn deutlich ausspricht und vor Ende der geplanten Therapie-Periode in Akzentuierung der realen Gegebenheiten – z. B. ab der 15. Sitzung bei 20 Sitzungen insgesamt – das Problem des Abschlusses und damit auch der zu erwartenden Trennung vom Therapeuten bearbeitet, gelingt die Kompensation der Störung unter Ich-psychologischen Gesichtspunkten in etwa 70% der (unausgelesenen) Fälle. Bei dem Rest bedarf es eines Kompromisses, um dem Patienten und seiner Störung gerecht zu werden:

a) Es werden noch einige, in größeren Abständen durchgeführte Sitzungen im Sinne einer «Nachbehandlung» in vierzehntägigen oder dreiwöchigen Abständen gewährt;
b) stattdessen wird die Therapie fakultativ um 5, 10 oder mehr Sitzungen verlängert, wiederum unter klar definierter Absprache.
c) Die Psychotherapie kann überhaupt gestaffelt durchgeführt werden. Anfangs wird eine begrenzte Zahl von minimal 10 Sitzungen bestimmt, aber in Aussicht gestellt, aufgrund der Entwicklung des therapeutischen Prozesses und der Fähigkeit des Patienten, der Therapie zu folgen (also nach Prüfung der gesamten Umstände und eingehender Besprechung des Zwischenergebnisses), eine klar definierte Zahl von Sitzungen anzuschließen. Letzteres Vorgehen bewährt sich dort, wo der Therapeut schwer einschätzen kann, inwieweit sich der Patient an der konfliktzentrierten Behandlung beteiligen wird, etwa im Falle von psychosomatischen Patienten. Manche empfinden die Staffelung als eine Verunsicherung, weshalb diese rechtzeitig zu diskutieren ist.

Zwanghafte Patienten mit Sicherungstendenzen sind z. B. für diese Staffelung nicht geeignet. – In besonders unklaren Fällen bewährt sich die Vereinbarung einer «Probebehandlung» von mindestens 10 Sitzungen. Bei schwerer gestörten Patienten kann dann das Problem entstehen, wenn die Therapie keine Aussicht auf Erfolg verspricht, daß die Trennung vom Therapeuten als «Objektverlust» traumatisch erlebt wird. Ein Kompromiß wäre, den Patienten im Sinne eines «Betreuungsfalles» in größeren Abständen ohne KB beratend zu führen.

Ein anderes Limitierungsmodell hat ROTH angewandt. Dem Patienten wird vorausgesagt, daß die Therapie nicht mehr als 35 Sitzungen in Anspruch nehmen werde. Jedoch gehe er, der Therapeut, davon aus, daß sie schon früher wirksam sei. Sie solle deshalb als abgeschlossen gelten, wenn ein wesentlicher, vom Patienten als ausreichend empfundener Behandlungserfolg eingetreten sei. Das schließe allerdings nicht aus, daß der Therapeut ihm auch weiterhin zur Verfügung stehe, wenn unter besonderen Umständen später noch einige ergänzende Sitzungen notwendig werden sollten.

Limitierung

347

Auch im KB empfiehlt sich die *Sequenz der Behandlung* von zwei Sitzungen in der Woche. Aus äußeren Gründen muß man sich oft mit einer Sitzung begnügen. Auch bei diesen Intervallen kann sich der therapeutische Prozeß im allgemeinen entfalten. Er kann gefördert werden durch sorgfältige Protokollführung im Intervall (S. 352), und wenn der Patient zwei oder drei Szenen seines KB malend darstellt. Vierzehntägige Intervalle lehne ich jedoch prinzipiell ab. – Eine Behandlung in dichter, etwa täglicher Folge, hat sich bewährt, wenn ein entfernt wohnender Patient seine Urlaubsperiode oder eine periodische Dienstbefreiung von einer bis drei Wochen in Abständen mehrfach über das Jahr verteilt für die Behandlung nutzt. Die Sequenzen erlauben einen dichten therapeutischen Prozeß, da der Alltagsstreß zurücktritt, der Patient konzentrierter und mit innerer Besinnung den therapeutischen Erfahrungen nachgehen kann (worin auch die große Bedeutung der Ferienseminare liegt). Allerdings können die Probleme des aktuellen Alltages allmählich in den Hintergrund treten.

Ansonsten bilden vom Therapie-Ort entfernt lebende Patienten ein Problem. An- und Abreise, die – als Faustregel – zusammengenommen länger dauern als die Therapie selbst, führen nach einiger Zeit zu Unlust und verstärken die Widerstände. Gegebenenfalls können hier eine Doppelstunde oder zwei Einzelstunden an einem Tag weiterhelfen. Im Interesse des Patienten sollte man eine Intervallbehandlung durchführen oder einen näher wohnenden Therapeuten empfehlen.

Die «Dauer» einer «Kurz»-Therapie kann nur bedingt nach dem Zeitraum bestimmt werden. Als Faustregel hat sich bewährt, statt einer kurzen Teilstrekke, z.B. 15 Sitzungen in acht Wochen, eine Sequenz von 15 Sitzungen in 15 Wochen durchzuführen. Gemäß alter klinischer Erfahrung vollzieht sich der Prozeß der Persönlichkeitsreife in der Behandlung um so besser, je länger die Zeitstrecke ist, auch unter begrenztem Einfluß der Behandlungsstunden. Eine «Kurztherapie» von 25 Sitzungen während eines halben Jahres ist deshalb in vielen Fällen besonders günstig.

Exkurs

KB und analytische Kurzbehandlung

Der von ROTH im Zusammenhang mit seinen Studien (1976, 1983) aufgrund der Kurzbehandlung von 37 unausgelesenen Patienten mit Sexualstörungen angestellte Vergleich der KB-Kurzpsychotherapie mit der psychoanalytischen Kurzbehandlung sei angefügt. ROTH hebt hervor:

(1) Die KB-Kurztherapie fordert eine begrenzte Weiterbildung des Therapeuten (Grundstufe, assoziatives Vorgehen, Übertragungsanalyse). Die psychoanalytische Kurztherapie hingegen fordert den voll ausgebildeten Psychoanalytiker mit großer klinischer Erfahrung (BALINT 1973; MALAN 1965);

(2) die psychoanalytische Kurztherapie wird nach BALINT (1973) und MALAN (1965) als «Fokaltherapie» angelegt. Das bedeutet, daß bei dem Patienten vor Beginn der Behandlung ein deutlicher akuter Konfliktkern herausgearbeitet werden muß. Der Fokaltherapie ist nur ein begrenzter Patientenkreis zugänglich[2].

---

[2] Vgl. MALAN 1965, S. 349; BALINT et al. 1973, S. 194ff. zu 4.4.1. – 4.4.6.

ROTH hebt hervor, daß die KB-Kurztherapie, selbst auf der Grundstufe, diese Einschränkung nicht kennt. Auch die Studien von WÄCHTER & PUDEL (1983) sowie KULESSA & JUNG (1983) haben gezeigt, daß unausgelesene Patienten (N = 40) auf eine KB-Kurztherapie in der Weise ansprechen, daß zumindest Neurosen auch mit einer Symptomatik von zwei bis zehn Jahren klinisch ausreichend kompensiert werden können und einer längeren Nachkontrolle (unter Umständen mit nachträglicher Verbesserung) standhalten.

Die Dauer einer Therapie-Sitzung soll strikt auf 50 Minuten begrenzt sein, um es zu wiederholen. Nur in seltenen Ausnahmefällen geben wir fünf oder zehn Minuten zu, wenn besonders dringende Probleme in den letzten Minuten der Sitzung auftauchen. Es ist ein Teil der Realität, daß der Therapeut dem Patienten nur einen begrenzten Zeitraum widmen kann. Diesen Gesichtspunkt zu vernachlässigen heißt, daß der Therapeut die Bedeutung der Realitätskontrolle bei sich und beim Patienten unterschätzt. *Dauer der Sitzung*

4.1.4.   Selbstübungen mit dem KB

Der Gedanke liegt nahe, die Folge der Behandlungen dadurch zu verdichten, daß man dem Patienten Selbstübungen für zu Hause aufgibt. Ich bin oft gefragt worden, wie ich dazu stehe. Da es sich um ein wichtiges, sogar prinzipielles Problem handelt, hole ich etwas weiter aus.

Das Symboldrama geht davon aus, daß der Tagtraum, vom Therapeuten angeregt, unter seinem Schutz durchgeführt und von ihm jene steuernden Ich-Funktionen der Kontrolle übernommen werden, die der Patient im Wachbewußtsein selbst ausübt. Im regressiven Zustand der Versenkung ist das letztere nur bedingt möglich (vergleiche Modell der Tauchexpedition für die Übertragungslage S. 415).

Bei zwei in der Literatur vertretenen Imaginationsverfahren wird dem Probanden empfohlen, die imaginativen Übungen zu Hause selbsttätig vorzunehmen: der aktiven Imagination von C. G. JUNG und der Oberstufe des autogenen Trainings von J. H. SCHULTZ (vergleiche S. 468 f.). In beiden Fällen handelt es sich nicht um die Therapie von Patienten mit Störungen von Krankheitswert. Ich halte es aus noch zu erläuternden Gründen nicht für vertretbar, einen neurotischen, unter Umständen schwer gestörten Patienten zu Hause ohne Schutz jenem Material auszuliefern, das im KB dort bei entsprechend andrängender Psychodynamik freigesetzt werden kann. *Parallelen*

Versuche, das Symboldrama zu Hause allein durchzuführen, sind selbst bei Menschen ohne auffallende Pathologie durch zwei Momente belastet:

(1) Vielen Probanden fällt es schwer, ohne ein Gegenüber, an das sie gewöhnt sind, mehr als blasse, farblose, wenig konturierte Imaginationen einzustellen;

(2) bei begabten oder geübten Menschen entspricht der Charakter der Inhalte dem der Therapie. Sie können bereits in einem aufdeckenden Prozeß mit andrängendem Material stehen. Der Schutz des Therapeuten und seine Führungsfunktion fehlt ihnen zu Hause. Infolge Befangenheit oder unkon-

trollierter Impulse sind sie leicht verleitet, die eigentümlichsten und gefährlichsten Aktionen zu unternehmen, ohne zu ermessen, was sie sich damit antun. Gelegentlich können dann Inhalte virulent werden, auf die sie keinen Einfluß mehr haben. Ich gebe zwei Beispiele:

Beispiel 1

Beispiele

Ein Patient im mittleren Alter steht wegen einer Herzneurose und Arbeitsstörungen in meiner Therapie (S. 31 f.). In der Sitzung ist ein Bär aus einer Höhle im Berg herausgetreten, der sich bald faul auf die Wiese legt und einschläft. Nicht ganz ohne mein Zutun erkennt der Patient, daß sich im Verhalten des Tieres eine seiner unbewußten eigenen Tendenzen widerspiegelt, obgleich er sonst ein fleißiger und pflichttreuer Handwerker ist. Einige Tage nach der Sitzung imaginiert er diesen Bären zu Hause willentlich, als er nachts nicht schlafen kann. Er greift ihn ärgerlich mit einem Messer an. Der Patient gerät daraufhin in einen Erregungszustand. Der von der verängstigten Ehefrau herbeigerufene Hausarzt hat Verdacht auf eine Schizophrenie. Wäre der Zustand nach einigen Stunden nicht abgeklungen, hätte er ihn in eine psychiatrische Institution eingewiesen.

Beispiel 2

Ein psychotherapeutisch interessierter und sowohl im autogenen Training als auch im Katathymen Bilderleben relativ versierter Theologe hatte um Korrektur seiner starken Elternbindung gebeten. Im Hinblick auf seine guten psychotherapeutischen Allgemeinkenntnisse, seine hohe charakterliche Verläßlichkeit und große Lebenserfahrung schien er mir für einen Versuch mit häuslichen Selbstübungen im KB geeignet. Alle 14 Tage kam er zu einer Kontrollsitzung. In der Zwischenzeit unternahm er eine Anzahl schriftlich protokollierter Selbstübungen. Eines nachts rief er mich wegen einer panischen Angstreaktion und depressiver Verstimmung hilfesuchend an. Beide waren dadurch ausgelöst worden, daß er sich entgegen meinem Rat – unter der Vorstellung, besonders tiefschürfende Motive einzustellen sei vor allem hilfreich – dem Motiv des Sumpfloches gegenüber ausgesetzt hatte. Aus diesem war zu wiederholten Malen ein großer, bösartig blickender Krake hervorgekommen. Von Sitzung zu Sitzung immer wieder damit konfrontiert, hatte die Symbolgestalt ihn mit sehr feindseligen, ihn in Panik versetzenden Augen angestarrt. Obgleich ihm die Beziehung zu seiner Mutterproblematik deutlich war, forderte die phobische Dekompensation eine schnelle Krisenintervention.

Auf die dynamischen Hintergründe in diesen Fällen soll nicht eingegangen werden. Ich habe nach dem Prinzip des medizinischen nil nocere (niemals verletzen) systematische Versuche aufgegeben, Patienten oder die Teilnehmer unserer Seminare zu kontrollierten Selbstübungen anzuregen. Wenn das Katathyme Bilderleben verantwortungsvoll angewandt und verbreitet werden soll, kann man diese Versuche nicht gutheißen.

Ausnahme

Die einzige Ausnahme sehe ich darin, einem sehr verläßlichen Patienten mit guten Abwehren einmalig bis zu nächsten Sitzung das Wiedereinstellen einer *bereits geübten Szene* anzubieten, wenn man ihm genaue Verhaltensmaßregeln gibt, falls eine unerwartete Reaktion auftritt.

Der deutschamerikanische Psychiater KOSBAB (1972) beschreibt Eigenübungen zur Selbstwahrnehmung des Symbolismus für Ärzte, die am Ende ihrer psychiatrischen Fachausbildung stehen. Abgesehen von der notwendigen Kontrolle der klaren Anweisung zur Selbstanalyse ist hervorzuheben, daß KOSBAB die Kandidaten für diese Übung sorgfältig nach ihrer Verläßlichkeit und Ich-Stärke ausgewählt hat. Dabei gab es keinerlei Zwischenfälle.

4.1.5. Dokumentation und Präsentation

Im Zusammenhang mit der KB-Sitzung ist ihre Dokumentation zu erörtern. Wir kennen drei in Frage kommende Formen, die Vor- und Nachteile haben.

(1) Video- und Tonbandaufzeichnungen
(2) Abfassung eines Protokolls
    a) durch den Therapeuten
    b) durch den Patienten
(3) malerisch-gestalterische Darstellung von KB-Szenen

Zu (1): Bandaufnahmen

Die anfängliche Scheu vor Tonbandaufnahmen ist heute allgemein gewichen. Auch in den Ausbildungsgängen anderer Verfahren werden, wie in den Fallkontrollseminaren der AGKB, Tonbandwiedergaben von Sitzungen gefordert. Die von Patienten möglicherweise vorgebrachten Bedenken lassen sich in der Regel bei aufrichtiger Erörterung zerstreuen. Bei mir stehen der Kassettenrekorder und das Mikrophon deutlich sichtbar neben der Couch. Vor Beginn der ersten Sitzung lege ich eine Kassette ein und frage den Patienten, ob er mit der Bandaufnahme einverstanden sei. Sie diene zunächst mir zur Kontrolle und erlaube mir, mich voll auf seine Schilderungen zu konzentrieren, weil ich durch Mitschreiben nicht abgelenkt sei. Das Band stünde ihm und mir zur Verfügung, wenn Einzelheiten einer Sitzung rekapituliert werden sollen. Gelegentlich würde ich mir vielleicht erlauben, die eine oder andere Passage vor Fachkollegen wiederzugeben, um meinen therapeutischen Stil zu prüfen.

Die Vorteile der Tonbandaufnahme sind so groß, daß sie die Nachteile bei weitem aufwiegen:

Die Sitzung kann fast «live» reproduziert werden, so daß Feinheiten, die jedem Protokoll entgehen, festgehalten werden: Stimmlage, Stimmführung, Pausen, emotional-affektive Atmosphäre der Zweierbeziehung (Interaktionsstil) als Hinweise auf die so wichtige Übertragungs- und Gegenübertragungssituation und Abwehrmechanismen. Deshalb hat das *Abspielen des Bandes* für den Therapeuten großen didaktischen Wert. Oft erkennt er erst nachträglich feinere emotionale Reaktionen seines Patienten oder eigene. Die Aufnahme wird für die Supervision benötigt.

Das Anhören des Bandes kann auch *für den Patienten* ein starkes Feedback bedeuten: Vergessene Inhalte oder Details werden in Erinnerung gerufen. Einfälle zu Szenen werden gefördert und Übertragungsreaktionen deutlicher wahrgenommen. Fortgeschrittenen und dafür geeigneten Patienten gebe ich zur Bearbeitung der Sitzung die Kassette bis zur nächsten Stunde mit nach Hause, damit sie sich davon statt eines Protokolles Notizen über die ihnen wichtig erscheinenden oder unklaren Passagen machen. Leider erlaubt es die Zeit in der Regel nicht, die Kassette in der darauffolgenden Sitzung gemeinsam vollständig anzuhören. Die wenigsten der Patienten sind meiner Erfahrung nach vorbereitet, dieses Material jetzt einer subtilen Analyse zu unterziehen. Ihre latente Dynamik hat sich bereits gewandelt, und die Aufmerksamkeit für den Rückblick ist begrenzt.

Die Aufnahme eines *Videobandes* dient vor allem der nicht allzu häufigen, einführenden Demonstration des Verfahrens. Mimik, Gestik und Bewegungen in der Interaktion lassen emotionale Erregung besser erkennen, sind optisch wahrnehmbar; der gesamte therapeutische Vorgang ist plastischer und damit didaktisch einprägsamer als bei einer Audio-Aufnahme.

Es sollte jeweils die *gesamte Sitzung* aufgenommen werden und nicht nur die KB-Periode selbst. Meist kann erst im nachhinein entschieden werden, welche Teile wichtig, welche unwichtig sind. Der Dokumentationswert einer Aufnahme geht verloren, wenn sie an gewissen Stellen unterbrochen wird, etwa bei längeren Pausen oder dort, wo sie zunächst unwichtig erscheint.

Ein *Nachteil* der Tonband-Dokumentation liegt wohl darin, daß sich allmählich ein Archiv ansammelt und sein Besitzer fürchtet, sich nie wieder in das Material vertiefen zu können oder zu wollen. Im Interesse des Archivbesitzers dient das Material der Selbstkontrolle des therapeutischen Handelns, ist Fallmaterial in Originalform für Vorträge, Lehrveranstaltungen oder Publikationen und bereichert die Therapie, wenn Patienten ein Feedback durch Anhören ihrer Bänder erhalten. Ich selbst habe stets großen Gewinn aus dem Wiederanhören therapeutischer Sitzungen gezogen, weil mir dann der ganze Mensch und sein therapeutisches Problem wieder lebhaft vor Augen getreten sind und etwaige Erinnerungstäuschungen korrigiert werden konnten.

Zu (2): Abfassung eines Protokolls

Protokoll

Die KB-Therapie kann ferner vertieft werden, wenn der Patient seine Imaginationen hinterher in einem *schriftlichen Protokoll* festhält. Die Notwendigkeit, sich Rechenschaft über das Erlebte abzugeben, unterhält den therapeutischen Prozeß im Intervall. Das Protokoll wird zur weiteren Bearbeitung in der nächsten Sitzung und später zur Verfolgung des Behandlungsverlaufes gebraucht. Der Patient kann mit Hilfe seiner Durchschriften die Phasen seiner Behandlung überblicken.

Die Forderung nach einem Behandlungsprotokoll stößt selten auf Widerstand. Am häufigsten wird seine Abfassung als «Schularbeit» erlebt, was zu analysieren ist. Die oben genannte Erläuterung des Vorteiles wirkt aber doch motivierend. Wenn ein Patient unter schweren Arbeitsstörungen leidet, verzichte ich zumindest anfangs auch darauf und versuche, ihn weiter anzuregen.

Den Therapeuten anzuhalten, ein Protokoll abzufassen, ist eigentlich durch die Möglichkeiten der Bandaufnahme überholt. Die Auswahl des Aufgezeichneten ist wenig authentisch. Mitschreiben beeinträchtigt das feinere empathische Mitschwingen des Therapeuten während der Sitzung: es spaltet die gleichschwebende Aufmerksamkeit. Für die Verfolgung der Hauptlinien des therapeutischen Prozesses liegt später das Protokoll des Patienten vor. – Wir überlassen es deshalb dem Ermessen des Therapeuten, ob und inwieweit er sich Notizen während der Stunde oder danach machen will. Letzteres, mit kurzer thematischer Skizzierung des abgehandelten Problems, kann eine Krankenblatteintragung zum schnellen späteren Überblick des Gesamtverlaufes abgeben.

Zu (3): Malerisch-gestalterische Darstellung von KB-Szenen

Gestaltung

Die Wirkung der KB-Therapie kann nicht unerheblich gefördert werden, wenn der Patient außer seiner Protokollführung sich auch mit KB-Inhalten seiner Wahl, d.h. solchen, die ihm wichtig erscheinen, zu Hause durch engagiertes Malen noch einmal intensiv beschäftigt. Ihm kommen dazu ergänzende Einfälle. In der darauffolgenden Sitzung bringt er außer dem Protokoll auch die Bilder mit, die mit ihm besprochen werden. Häufig ergeben sich anhand dieser Darstellungen erweiternde Aussagen, die weit über die bloße verbale Schilderung des Imaginierten hinausgehen. Das damit verbundene produktive Schaffen macht vielen Patienten schließlich Freude. Die Zahl der Sitzungen kann herabgesetzt und die Intervalle zwischen den Sitzungen können «gefüllt» werden. Gelegentlich nehmen dadurch die Familienangehörigen an der Therapie teil und geben anfängliche Skepsis ihr gegenüber auf.

Ein Teil der Patienten sträubt sich gegen das Malen. Häufig glauben sie, sie könnten nicht gut genug darstellen. Ich verweise dann auf die Bedeutung der unmittelbaren, naiven Ausdrucksgestaltung nach Art eines Kindes, in der sich Gefühlsmäßiges wesentlich deutlicher ausdrückt. Manche schieben auch die bald evident werdende Kluft zwischen dem imaginierten Bild und dem Dargestellten vor. Dem beuge ich vor, indem ich diesen Punkt anspreche und bedeute, daß eine «naturgetreue» Wiedergabe auch nicht erwartet werde, aber auch das Gemalte Unbewußtes ausdrücke. Die Hemmungen zu malen sind vielgestaltig. Sie lassen sich zum größeren Teil überwinden, wie KULESSA (1975) gezeigt hat. Er läßt in seinem Zimmer eine Reihe von Patientenzeichnungen offen auf einem Tisch liegen, der im Blickfeld des Patienten steht. Dieser wird darauf bald spontan aufmerksam und fragt, wer die Bilder gemalt habe. Man betrachtet mit ihm einige der Bilder und bietet dem Patienten an, in ähnlicher, unkonventioneller, naiver Weise («wie die naiven Maler») seine KB-Szenen in Zukunft ebenfalls zu malen.

4.1.6. Einstellung der Standardmotive, ihre Entfaltung und kreative Ausweitung

In der Grundstufentherapie hat es sich aus mancherlei Gründen bewährt, zunächst möglichst schulisch vorzugehen. Die fünf Standardmotive sollten in langsamer Reihenfolge je eines pro Sitzung durchgegangen werden. So wird es auch in den B-Seminaren der AGKB gelehrt. Auf diese Weise wird dem jungen Therapeuten ein ausreichender Grad an Sicherheit in der therapeutischen Führung vermittelt. Die gleichen positiven Voraussetzungen gewährt das Vorgehen auch dem «Anfängerpatienten». Die meist freundlichen, klaren und unkomplizierten Strukturen der Wiese und der folgenden Motive, die im allgemeinen noch mehr an der «Oberfläche» bleiben und kaum tieflotende, aufwühlende beziehungsweise provokante Komponenten haben, führen gut in die Tagtraumtechnik ein. Sie bringen zugleich in mehr oder weniger symbolisch verschlüsselter Form eine Menge Konfliktmaterial. Insofern können auch hier noch gewisse Erwägungen zur Dosierung anzustellen sein. *schulisches Vorgehen*

Das Wiesenmotiv hat sich fast immer als Start für die ersten, aber auch die folgenden Sitzungen und später bewährt. Für Patienten europäischer und nordamerikanischer Herkunft ist es, sofern nicht grobe Gestörtheiten mit fixierten *Wiese als Start*

Bildern bereits im Wiesenmotiv auftauchen, ein guter Spiegel der jeweiligen Gestimmtheit oder aktuell andrängender Probleme. In Fällen, in denen das Wiesenmotiv in einer größeren Zahl der Sitzungen stereotyp das gleiche bleibt, oder wenn sogar immer nur Motive aus der Erinnerung auftauchen, wird man das als eine stärkere Abwehrhaltung registrieren müssen. Inwieweit sich daraus dann eine Befriedigung archaischer Bedürfnisse ergibt (vergleiche 3.1.), zeigt sich erst später. Hinzu kommt, daß die meisten der nachfolgenden Standardmotive, also Bach, Berg, Haus und Waldrand, durch ihre Lage im katathymen Panorama am einfachsten von der Wiese aus zugänglich sind.

Wie ist nun dieses hier empfohlene «schulische Vorgehen» zu verstehen? Nicht gemeint ist damit, daß der Therapeut in jeder der kommenden Sitzungen von seinem Patienten, ohne dessen spontane Entwicklungstendenzen zu berücksichtigen, fordert, strikt die gestellten Aufgaben zu erfüllen. Aufgrund einer stark verkürzten Darstellung (S. 19) bin ich früher in dieser Hinsicht etwas mißverstanden worden. Wir sehen die Führungsaufgabe darin, die individuelle Gestaltung des Standardmotives frei und locker zu ermöglichen. Um eigene Impulse und kreative Ansätze des Patienten anzuregen, frage ich zu Anfang eines *kreative* Motives oder auch später oft, was der Patient in dieser Situation von sich aus *Ansätze* gern machen möchte. Zeigt er z.B. nach Betrachtung der Wiese und Schilderung einiger Details der näheren und fernen Umgebung den Wunsch, sich in der Sonne hinzulegen, werde ich das akzeptieren. Dabei kann man von der Erfahrung ausgehen, daß der Patient hier und überall, wo er verweilen will, früher oder später durch innere Impulse veranlaßt wird, in irgendeiner Weise zu handeln. Oder es stellen sich von selbst neue Elemente der Szenerie ein, die weder er noch der Therapeut voraussehen konnten. Manche Therapeuten geraten in diesen Situationen in die Verlegenheit zu glauben, sie seien für die Entwicklung des Bilderlebens ihrer Patienten verantwortlich, als müßten sie ihnen gewissermaßen «etwas anbieten», oder es sei für den Erfolg der Therapie vorrangig, «möglichst viele» relevante und konfliktbeladene Motive aufzusuchen. Diese naheliegende, vielleicht auch verständliche (Für-)Sorge kann ich damit beruhigen, daß praktisch beinahe jede Form aufsteigender Imaginationen eine therapeutische Bedeutung hat, selbst wenn scheinbar «gar nichts los ist». In diesen Passagen können sich Entwicklungen anbahnen, die in der einen oder anderen Weise Konflikte aufsuchen oder aber konfliktfreie Zonen (3.1.).

Nicht selten beginnt der Patient von sich aus, oder man kann ihn dazu anregen, einen Spaziergang durch die Landschaft vorzunehmen. Das hat gerade in anfänglichen Sitzungen eines therapeutischen Neulings Vorzüge, weil wir auf diese Weise überhaupt, wenn wir die spontanen Verhaltenstendenzen des Patienten ungestört beobachten können, gewährend seine Tendenzen abwarten. Im Abschnitt über die therapeutische Bedeutung von Realszenen habe ich gezeigt, daß das Verhalten auf der imaginativen Ebene mit dem in der Wirklichkeit korrespondiert. Wünsche und Bedürfnisse, aber auch Vermeidungen, Ambivalenzen und Entscheidungsschwierigkeiten bei anstehenden Problemen sind hier wie dort häufig die gleichen, auch wenn die Situation im KB symbolisch eingekleidet ist, wie z.B. in den landschaftlichen Motiven. Öfter treffen die Patienten bei diesen Spaziergängen auf das eine oder andere der für die nächsten Sitzungen vorgesehenen Standardmotive, die der Therapeut dann zwanglos zu «durchlau-

354

fen» bitten kann. Nach Möglichkeit soll jedoch in einer Sitzung nur eins der Motive bearbeitet werden.

Die Einstellung der einzelnen Standardmotive ist nicht nur ein Ordnungsfaktor. Vielmehr führen wir den Patienten damit ein bißchen gezielter, wenn auch im Einzelfall noch relativ unspezifisch, an bereitliegende tiefenpsychologische Probleme heran. Er stößt bei den Wegen durch die Motive auf die definierten fixierten Bilder und Verhinderungssituationen. Sie bilden gewissermaßen den Kern der neurotischen Konfliktproblematik. Eine Lösung kann der Patient in der einen oder anderen Weise durch Probehandeln versuchen.

fixierte Bilder

Der Therapeut gewährt dabei alle spontanen Formen der Ausgestaltung des Motives und der sich mehr oder weniger ausgeprägt ankristallisierenden Arabesken oder sich einschiebenden Nebenszenen. Er läßt sie sogar in den Mittelpunkt des weiteren Verlaufes des Tagtraumes selbst auf der Grundstufe treten. Damit folgt er der grundlegenden therapeutischen Prämisse, daß die Ausweitungen des imaginativen Repertoires und die Vermehrung der kreativen Vielfalt der Inhalte eine wichtige therapeutische Komponente darstellen. Der Therapeut übernimmt hier gewissermaßen die Rolle eines Geburtshelfers, der diese Entwicklung auf der Grundstufe der Standardmotive ermöglicht.

Ich brauche nicht hervorzuheben, daß die Aufhebung des Satzes vom Widerspruch, das Abweichen von der Realität zugunsten phantasievoller Szenen im Tagtraum oder spontane Brüche der Kontinuität seines Ablaufes und sich anschließende Assoziationen bis hin zu eingeblendeten Altersregressionen nicht nur zugelassen werden, sondern vom Therapeuten auch durch verbale oder nicht-verbale Signale vorsichtig gefördert werden sollen.

Bei der geschilderten gewährenden Leitung und Entfaltung des Patienten im Rahmen der Grundstufe bleibt Raum genug, so daß er sich spontan Ich-stärkende Erfahrungen bereiten kann, die ebenfalls vom Therapeuten aufgenommen und verstärkt werden. Bei der Besprechung der therapeutisch wirksamen Faktoren habe ich diese konfliktfreien, gewissermaßen belohnenden Zonen bereits genannt: alle Formen von Wasseranwendung, das Genießen von erfreulichen landschaftlichen Szenen, auch das Auftauchen beglückender Kindheitserinnerungen, partnerschaftlicher Beziehungen usw. (S. 269ff.).

Die fünf Standardmotive der Grundstufe haben für den jeweiligen Patienten je nach Eigenart seiner Konfliktproblematik (Symptome, tiefenpsychologische Vorgeschichte) unterschiedlichen und individuellen Stellenwert. Ich erinnere, wie groß z. B. die Bedeutung des Bergmotives bei einem jungen Mann mit einer Konkurrenz- und Ablösungsproblematik ist im Gegensatz zu einem älteren, beruflich arrivierten. Bei den einzelnen Motiven wird der junge Therapeut bald herausfinden, in welchem Bereich sich die hauptsächlichen Konflikte eines jeden Patienten manifestieren. Das kann in einem, aber gleichzeitig auch in verschiedenen Bereichen in analoger Weise geschehen. Ausschlaggebend ist der latente «Projektionsdruck» des zur Zeit aktualisierten Problemes. Überblickt der Therapeut die Bereiche stärkster Konflikthaftigkeit, hat er für die weitere Behandlung mit der Wahl der Reihenfolge der Motive auch die Möglichkeit der Dosierung in der Hand. Ist doch das Einstellen von problemhaften Szenen immer zugleich ein Stück Konfrontation. Die Aufgabe des Therapeuten liegt letztlich darin, die Führung insgesamt so zu gestalten, daß der Patient aus konflikt-

Dosierung von Konflikt- material

besetzten Szenen nicht enttäuscht oder gar resigniert hervorgeht. Das Gegenteil ist anzustreben: Er soll den szenischen beziehungsweise Handlungsablauf vorsichtig so fördern, daß der Patient daraus möglichst mit einem Schimmer von Ermutigung hervorgeht.

Zu ergänzen bleibt, daß die Standardmotive auch objektiv einen unterschiedlichen Grad von Konfliktmaterial manifestieren können. Die Reihenfolge der ersten vier Motive staffelt sich nach zunehmender Konfliktbelastung. Das fünfte Motiv, das des Waldrandes, hat mehr akzessorischen Charakter mit seinem Hinweis auf charakterliche Fehleinstellungen und verdrängte Verhaltenstendenzen.

Das Essentielle dieses Abschnittes läßt sich an polaren Möglichkeiten ablesen. Auf der einen Seite kann der Therapeut in falsch verstandener, schulischer Art aktiv werden und den Patienten von konflikthaften zu konflikthaften, von bedeutungshaften zu bedeutungshaften Inhalten, also fixierten Bildern führen. Dazu könnten vor allem die Standardmotive verleiten. Er würde damit ein Maximum an Strukturierung der Sitzungen anstreben. Die entgegengesetzte Technik liegt in der minimalen Strukturierung. Das löst beim Patienten Angst und das Gefühl der Verlassenheit und Hilflosigkeit aus und widerspricht der Prämisse der protektiven Haltung des Grundstufentherapeuten (S. 82f.). Erst dem erfahrenen, aktiveren Patienten kann die assoziative Selbststeuerung des Tagtraumes schrittweise überlassen werden und damit der zunehmende Raum der kreativen Entfaltung. – Der Grundstufentherapeut sollte allenfalls einen Mittelweg wählen.

Einfühlung

Wie wohl in kaum einem anderen psychotherapeutischen Verfahren werden deshalb vom KB-Therapeuten hohe Anforderungen an empathische Einfühlung und verbunden damit an ein affektiv-emotionales Engagement gestellt. Ob der Therapeut will oder nicht, er ist Teil dieses Feedback- und Erlebenssystems. Der erfahrene Therapeut weiß, in welchem Ausmaß die bei ihm selbst mobilisierten Ängste, Unsicherheiten und Projektionen berechtigt sind, wie er ihnen zu begegnen hat und wann er in der vorübergehenden probeweisen Identifikation mit dem Patienten und seinem Erleben wieder in die Distanz der kritischen Überprüfung zu treten hat. Ich formuliere in meinen Seminaren deshalb: Der Therapeut soll sich selbst nicht mehr emotionales Engagement und vor allem Ängste zumuten, als er zur sicheren Führung seines Patienten im Moment ertragen kann.

4.2.   Beobachtung des therapeutischen Prozesses

4.2.1.   Allgemeines

Es ist verführerisch, bei einer aufdeckenden Psychotherapie einen therapeutischen Prozeß zu postulieren. Das ist didaktisch zwar wünschenswert, um dem angehenden Therapeuten einen Überblick über den «durchschnittlichen Verlauf» einer Therapie zu geben, jedoch kann sich der Autor dabei allzu leicht der Illusion hingeben, es gäbe so etwas wie einen «durchschnittlichen Verlauf», einen bestimmten Verlaufsrhythmus, den er abstrahieren könne. Das Ergebnis

Verlaufsgestalt ist individuell

356

einer solchen Darstellung zeigt jedoch eine Reihe von Fallstricken und disponiert zu Mißverständnissen. Man glaubt allzu leicht, damit einen Standard für die überwiegende Zahl der Behandlungsverläufe gewonnen zu haben. Im Grunde jedoch ist jede Therapie ein individuelles Geschehen mit der Fülle persönlicher Inhalte und auch ihrer individuellen Verlaufsgestalt, selbst wenn möglicherweise mit einem bestimmten Grundduktus.

Das KB als Tagtraumverfahren hat hier vielleicht ein gewisses Privileg, ein relativ präzises Instrument der Verlaufsbeobachtung zu sein. Das verdankt es:

a) der Grundeigenschaft des Tagtraumes, durch eine phänomenologische Darstellung in Form feststehender und im Detail zu betrachtender Bilder Konfliktstrukturen beschreiben und kommunizieren zu können. Zudem ist der Tagtraum ein in sich relativ geschlossenes und leicht verstehbares, übersichtliches Szenarium mit dementsprechend verfolgbaren Abläufen. FREUD (1900) hob den «großen Zusammenhang der Szenarien des Tagtraumes im Vergleich zum Nachttraum» hervor;

b) der Strukturierung durch die Grundmotive; sie erlaubt, Konfliktkerne immer wieder in dem nämlichen symbolischen Gewande auftreten zu lassen und dessen projektive Veränderung im progressiven oder regressiven Sinne verlaufsartig zu registrieren. Damit spreche ich die in diesem Band bislang nicht zur Sprache gekommene *diagnostische Proportion des Katathymen Bilderlebens* an. *diagnostische Proportion des KB* In Verfolgung der noch aufzuzeichnenden Entwicklungslinien stößt man auf das im 1. Kapitel beschriebene Phänomen der synchronen Wandlung. Im Gegensatz zu dem Wandlungsphänomen, das durch die Direktbearbeitung eines fixierten Bildes entsteht, zeigen während des therapeutischen Vorganges gar nicht eingestellte Motive im Sinne der synchronen Wandlung ebenfalls eine Metamorphose. Diese Erscheinung sehen wir im Verlauf einer Therapie, z. B. in der Entwicklung der Landschaft durch die Jahreszeiten hindurch oder in der Veränderung eines Hauses, auch an anderen Grundmotiven. Gewisse Entwicklungslinien lassen sich dadurch herausarbeiten. Nach dieser Beobachtung scheint im Sinne der Gestaltpsychologie im psychischen System «alles mit allem» verbunden zu sein (ARNOLD et al. 1976 S. 681). Die Veränderung an einer Partialstruktur zieht die an einer anderen nach sich. Dieser Satz trifft jedoch nur zum Teil zu. In manchen stark fixierten Bildinhalten gestörter Patienten finden wir eine Permanenz der Erstarrung auch über eine längere Strecke des therapeutischen Prozesses, als seien diese fixierten Konglomerate im Sinne des Wiederholungszwanges unbeeinflußbar.

Die Beurteilung des therapeutischen Prozesses hängt naturgemäß von der Ausgangslage seines Beginnes ab. Diese läßt sich im einzelnen Fall nur durch *ihre Grenzen* Berücksichtigung aller erhobenen Daten: Vorgeschichte, aktuelle Konfliktlage, Symptomatik, Abschätzung der Ich-Stärke usw. bestimmen. Bei seiner Beurteilung gehe ich auch davon aus, daß er mit einem gewissen Grad an pathologischen KB-Inhalten beginnt. – Auszuschließen ist eine kleine Gruppe von Patienten mit psychosomatischen Erkrankungen beziehungsweise mit Symptomen eines psychovegetativen Syndroms. Auch neurotische Patienten mit der sogenannten Charakterpanzerung gehören dazu. Bei ihnen können so breite Verdeckungen, sprich Verdrängungen oder Verleugnung der gesamten Konfliktwelt, vorliegen, so daß die Landschaftsmotive im KB zunächst gänzlich unauffällig erscheinen. Das kann sich über viele Sitzungen erstrecken. Ebenso wie sich das psychische «Make up» dieser Patienten mit dem als Alexithymie bezeichneten Verhalten zeigt, drückt sich auch auf der Ebene der Imaginationen aus, wie gut eingeübt und gelungen dieses «Make up» ist. In diesen Fällen kann – muß aber nicht – erst die fortschreitende Therapie entscheiden, ob die Patienten zu jener Gruppe gehören, die im Bereich einer «schönen, heilen Kinderwelt» im Symboldrama verharren oder nicht. Ich erinnere an den Fall der depressiven schwedischen Patientin auf S. 260. Bei diesen Fällen, die mit Hilfe der Einübung konfliktfreier Passagen im KB offensichtlich ein hohes Ausmaß an narzißtischem Gleichgewicht gewinnen können, ist ein therapeutischer Prozeß im Sinne der Bearbeitung konflikthafter Psychodynamik nicht verfolgbar. (Er liegt dort offensichtlich mehr im Bereich der Differenzierung der Objektbeziehungen, 3.1.1. – 4.) Wird die Weiche in der beginnenden Therapie jedoch in Richtung einer zunehmenden Auflockerung unter Weckung der unbewußten Konfliktproblematik gestellt, wird sich das auch mehr oder weniger schnell und deutlich im KB abzeichnen. Erst dann beginnt der in unserem Sinne verfolgbare therapeutische Prozeß.

Bemerkung

organische Auflösung

Der Therapeut soll jedenfalls nicht grundsätzlich und in jedem Fall darauf abstellen, einen den Konflikt freisetzenden Verlauf des therapeutischen Prozesses anzustreben. Das «Auflösen» oder «Durchbrechen» der Kruste des seelischen «Make up» soll aus einer abwartenden Position des Therapeuten als Entwicklung angestrebt werden. In seltenen Fällen kann das andrängende Material dann jedoch so dynamisch gespannt, erst durchbruchartig, auch angsterregend, auftreten. Dann kann eine mehr Ich-stützende Therapie im Vis-à-vis gesprächstherapeutisch angezeigt sein. – Ich hebe diese seltenen Situationen hervor, um deutlich zu machen, daß die KB-Therapie nur in einem therapeutischen Prozeß mit organischem Ablauf fruchtbar sein kann (Kriseninterventionen ausgeschlossen). Unkoordinierte, mit dem dynamischen Kontext nicht im Zusammenhang stehende therapeutische Interventionen provozieren Abwehrmechanismen und können zum Abbruch der Therapie führen.

Der Einfachheit halber gehe ich in meiner Beschreibung vom Verlauf einer Kurz-Psychotherapie im Symboldrama von 20 bis 25 Sitzungen aus.

4.2.2.   Prozessuale Abläufe

Sie sind erkennbar in den Formen:

Leitlinien des therapeutischen Verlaufes

(1) synchroner Wandlungen an den Leitlinien von Standardmotiven,
(2) synchroner Wandlung eines Testmotives,
(3) der Auflösung fixierter Bilder zugunsten flexibler Inhalte (auch im assoziativen Vorgehen),
(4) zunehmenden Inhaltsreichtums unter kreativer szenischer Ausweitung,
(5) zunehmender Belebung der Szene.

358

Zu (1): Synchrone Wandlungen an den Leitlinien der Standardmotive

Zur Technik ist zu sagen, daß durch das etwas schulische, regelhafte Einstellen der Standardmotive im Verlaufe der Behandlung sich Veränderungen daran leicht erkennen lassen (S. 62 f.). Bei der Aufforderung, sich das gleiche Bild (etwa) des Hauses aus der letzten Einstellung (oder eines anderen Motives) vorzustellen, wird bald und präzise deutlich, ob und in welcher Form an dem jeweiligen Bild der vorangegangenen Einstellung ein Strukturwandel eingetreten ist. Die Fixierung auf ein bestimmtes früheres Bild kann dadurch vermieden werden, daß unter Einbeziehung der kreativen Entfaltungsbereitschaft statt der bestimmten Imagination desselben letzten Bildes nur das gleiche, vage formulierte Grundmotiv erbeten wird (vergleiche S. 128). Das auftauchende «neue» zweite Haus kann dann z. B. eine Variante des Hausmotives überhaupt sein, das der jeweils veränderten emotionalen Konstellation des Patienten entspricht. Es kann sich aber auch bei wechselnden äußeren Formen eine gleichbleibende spezifische Struktur immer wieder erneut abzeichnen.

synchrone Wandlung spontan

Ich gehe die Standardmotive der Grundstufe im Hinblick auf ihre Leitfunktion in der Verlaufsbeobachtung kurz durch.

a) *Das Motiv der Wiese:* Da sich hier die aktuelle Gestimmtheit abzeichnet, ist der Wandel sehr flexibel. Wandlungsphänomene kann man bereits im Verlauf einer Sitzung als Schattierungen der emotionalen Veränderungen erkennen. Nur wenn von Anbeginn pathologische Wiesenbilder vorliegen, die sich als fixierte Strukturen erweisen, gewinnen die Wandlungen des Motives im Verlauf der Therapie diagnostische Bedeutung für ihre Entwicklung.

b) Am *Motiv des Baches* manifestieren sich fixierte Bilder sehr leicht in Verhinderungsmotiven bei seiner Verfolgung, so daß der Entwicklungsprozeß besonders gut erkennbar wird. Die Beeinträchtigung des Fließens, etwa durch Stauungen usw., schiebt sich von einer Kontrolle zur anderen weiter stromabwärts und wird lockerer, ohne daß das Motiv des Bachlaufes therapeutisch eingestellt oder anderweitig bearbeitet worden wäre. Gegen Ende der Therapie kann der Verlauf bis hin zum Meer flüssig verfolgt werden. Als letztes können sich dort noch getarnte fixierte Bilder einstellen. Das zeigen die Beispiele S. 77, 82.

c) *Das Bergmotiv,* an dem sich sowohl beim *Aufstieg* als auch beim *Rundblick* Neurosezeichen erkennen lassen, bietet vielfältige Möglichkeiten, die Auflösung fixierter Bilder zu verfolgen. Während einer fruchtbaren Therapie wird ein anfänglich schwer oder gar nicht ersteigbarer Berg allmählich immer zugänglicher, sei es, daß er an Höhe, Steilheit oder Gefährlichkeit verliert oder sich alternative Berge einstellen, sei es, daß der Patient mehr Mut und eigene Kraft entwickelt. Das Motiv der Bergbesteigung ist ebenso wie das des Bachlaufes ausgezeichnet geeignet zur Beobachtung des therapeutischen Fortschrittes oder seiner Behinderung.

Ähnlich ist es mit dem *Rundblick* vom Gipfel. Der bei schwer gestörten Patienten allseitig oder in einigen Richtungen verstellte Ausblick erweitert sich zunehmend nach allen Seiten und kann auch immer weiter in die Ferne reichen. – Die Landschaft verändert sich, worauf ich schon hinwies, und durchläuft in ihrer Vegetation vom Vorfrühling an die Jahreszeiten bis zur Vollreife des Korns. Parallel dazu entfaltet sich das Leben in einer anfänglich vielleicht nur mit Wald oder Feldern bedeckten Landschaft derart, daß Zeugnisse menschlicher Aktivitäten, Straßen, Eisenbahnen, Dörfer, sichtbar werden und arbeitende Menschen auf Feldern. In der Ferne liegende Städte, Flüsse, Seen und anderes treten hervor. Auch eigenartige Diskrepanzen der Landschaft, etwa das Nebeneinander eines europäischen und afrikanischen Anteils, die Einengung des Blickes durch konkurrierende Berge usw. signalisieren ungelöste Konfliktstrukturen. Man begegnet diesen Verläufen mit großer Regelmäßigkeit.

Daraus ist der Eindruck entstanden, daß die Psyche ein eigenartiges, den Beginn und das Ende der therapeutischen Entwicklung unbewußt registrierendes Vermögen zu haben scheint. Eine folgerichtige Gestaltungsfähigkeit von klarem Sinnverständnis scheint sich auszudrücken.

d) *Das Motiv des Hauses* macht im Verlauf der Behandlung ebenfalls Wandlungen durch, sei es in seinem Äußeren oder im Inneren. Zu bedenken ist jedoch, daß auch parallel verschiedene, unter Umständen kontrastierende Hausbilder einander gegenüberstehen können. Eine zunehmende Variabilität des Hausmotives spricht für eine Lösung fixierter Strukturen. Nicht selten erscheint das Haus renoviert, umgebaut, erweitert und vergrößert, woraus eine Entwicklungslinie deutlich wird.

e) *Das Motiv des Waldrandes,* das überwiegend der Freisetzung von Symbolgestalten dient, kann auch eine Entwicklungslinie symbolisieren. Der anfangs düstere oder schwarze Wald, der angstbesetzt sein kann, wird allmählich lichter und vertrauenerweckender, so daß der Wunsch aufkommen kann, in ihn hineinzugehen. – Aus dem Wald heraustretende Gestalten, sofern sie anfänglich angstbesetzt und von archaischem Charakter waren, entwickeln sich zu Alltagsgestalten von Tier und Mensch und zeigen auch zunehmend personalen Bezug zum Patienten und zu seinem Problem. Jedoch bietet dieses Motiv keine so eindeutige Leitlinie an wie die vorgenannten.

Zu (2): Synchrone Wandlungen eines Testmotives

Aus dem bisher Gesagten wird deutlich, daß die Verfolgung des therapeutischen Prozesses an einem KB-Motiv nur dann *unverfälscht* möglich ist, wenn dieses Motiv nicht zu therapeutischen Zwecken aufgesucht wurde. Der Wandel, den wir an einem der wiederholt einzustellenden «Meßpunkte» im Verlauf der Therapie ermitteln wollen, soll «indirekt» im Sinne der synchronen Wandlung entstanden sein. Demgemäß lag es nahe, für eine «Linie» derartiger «Meßpunkte» ein Testmotiv, das therapeutisch nicht bearbeitet wird, zu benutzen. Es sollte aufgrund seiner Symbolbedeutung besonders gut für diesen Zweck geeignet sein.

In längeren klinischen Beobachtungen hat sich das gelegentlich spontan auftauchende Bild eines Haus-Neubaus angeboten. Der Bau eines Hauses schien besonders gut geeignet, einen Entwicklungsgang metaphorisch darzustellen. Ich habe es in einer Reihe von Therapien eingehend untersucht. Zu Beginn einer Therapie zeigt sich bei Angebot eines «Neubaus» meist eine Baugrube. In den darauffolgenden Stufen des Hausbaus spiegeln sich die weiteren Phasen der Behandlung wider: Fundamente werden gelegt, der Keller, die Parterrewohnung, vielleicht der zweite Stock gemauert und das Dach aufgesetzt. Der Innenausbau folgt, wie es den meisten heute geläufig ist. Die Besichtigung eines solchen Neubaus bietet Anlaß, vielfältige Einzelheiten zu erkennen und Fortschritte oder Zeichen des Stillstandes zu registrieren. Sie gibt darüber hinaus diagnostische

synchrone Wandlung am Testmotiv

Motiv des Neubaus

Hinweise, wie wenig oder ausgeprägt sich der darin symbolisierende «Neuentwurf der Persönlichkeit» im Verlauf der Therapie darstellt, eventuell mit Versuchen von «Fehlentwürfen».

Bei Prüfung der Bedeutung des Motives vom Neubau als Test für den therapeutischen Verlauf haben sich ähnliche eigentümliche Folgerichtigkeiten gezeigt, wie beim Bergmotiv hervorgehoben: In ungewöhnlicher Stringenz zeigt dieses Motiv noch weitergehende Feinheiten der Entwicklung der realen Behandlung, wohl infolge seines funktionalen Bedeutungsgehaltes. Der Bau eines Hauses hat einen relativ klar definierten schrittweisen Verlauf mit eindeutigem Beginn und eindeutigem Abschluß als einem zweckdienlichen Ziel. Dieses markiert sich als reale Gegebenheit einerseits, erfüllt zentrale, d.h. vitale Lebensbedürfnisse des Behaustseins andererseits, was metaphorisch auf die Behandlung übertragbar ist.

Wie zeichnet sich also der Verlauf einer Therapie am Motiv eines Neubaus ab? – Der Begriff «Neubau» wird vom Patienten offenbar richtig verstanden, denn zu Beginn einer Therapie eingestellt, erscheint tatsächlich ein ganz frühes Stadium wie etwa die Aushebung der Baugrube, das Legen der Fundamente usw. Die Stagnation des therapeutischen Prozesses im Sinne eines vorübergehenden Widerstandes zeigt sich nach meiner Beobachtung eben daran, daß die bislang relativ fleißig durchgeführten Arbeiten aufhören, die erforderliche Handwerkergruppe nicht tätig ist, sei es beim Rohbau, sei es später etwa beim Einsetzen der Fenster, Installieren der Heizung, beim Innenputz usw. Ein akutes psychisches Trauma (gleichgültig, welcher Ursache) kann sich im Einstürzen einer oder mehrerer Mauern oder durch einen anderen Schaden an dem Bau darstellen. Positive wie auch negative Entwicklungszüge kommen jedenfalls zum Ausdruck. Zu den negativen können auch solche gehören, die Folge der Aktivierung eines neuen, dynamisch besetzten Konfliktes sind, infolge Schwächung der Abwehrmechanismen des Ich. In den beiden Beispielen des Bachmotives habe ich diesen Vorgang auf S. 80 gezeigt.

Der junge Therapeut wird sich wahrscheinlich die Frage vorlegen, ob im Falle einer Stagnation der Arbeiten an dem Neubau das Problem nicht vielleicht durch suggestive, instrumentelle Interventionen gelöst werden kann. Man könnte daran denken zu suggerieren, die ausgebliebenen Bauarbeiter kämen zurück und würden sich wieder eifrig ihrer Tätigkeit hingeben. – Es mag sein, daß eine derartige Aktivität des Therapeuten gelegentlich zumindest vorübergehend den Anschein des Erfolges erweckt. Ich erinnere jedoch an die Begrenztheit suggestiver Maßnahmen an fixierten Bildern, wofür ich ein paradigmatisches Beispiel gegeben habe (S. 107). – Unter konzeptionellem Aspekt hat das Motiv des Neubaus zunächst nur Signalcharakter. Manipulationen daran können nicht geeignet sein, das Konglomerat der komplexen dynamischen Strukturen nachhaltig zu beeinflussen.

An einem Beispiel möchte ich die Sensibilität dieses Motives veranschaulichen.

Beispiel

Probandin ist eine 60jährige Ärztin, die sich in einer einmal wöchentlich stattfindenden Lehrtherapie befindet. Das derzeit aktuelle latente Thema ist ihre starke Unterdrückung *Beispiel* partnerschaftlicher Beziehungen aus überwiegend schicksalsbedingten Gründen, da ihre Impulswelt überhaupt durch starke Einengung über eine lange Periode beruflichen Engagements «in Schach» gehalten wurde.

Nachträgliches Protokoll der Betreffenden

«Ich sehe einen vier- bis fünfstöckigen Neubau, d. h. nur das Stahlgerüst der Seitenkanten und daran einzelne noch lose hängende Fertigbauteile mit eingebauten Fenstern. Im Inneren des angedeuteten Neubaus ist schon eine steil nach oben führende Betontreppe zu sehen neben einem röhrenförmigen Fahrstuhlschacht. Dann ist noch ein Stockwerk, etwa das dritte, schon fertig. Von einem langen Betongang gehen mehrere Türen ab. Es ist ein ausgesprochenes Geschäfts- oder Ärztehaus, kühl und sachlich. Ich gehe in eines der Zimmer. Es hat einen häßlichen knallblauen Teppichboden, aber große Fenster, durch die die Sonne scheint. Am Fenster steht über Eck ein großer Schreibtisch, dahinter sitzt ein Mann, groß und kräftig, älter, mindestens wie ich mich gerade fühle. Sein Gesicht liegt im Schatten, ich kann es nicht erkennen. Er strahlt Macht und Kompetenz aus. Ich habe das Gefühl, daß er mich nicht mag, mindestens mir sehr distanziert gegenübersteht. Ich sitze weit weg gegenüber auf einem Stuhl, wie auf einem Armsünderstühlchen, fühle mich scheußlich: Ich habe Angst, angegriffen und fertiggemacht zu werden, weiß, daß ich was falsch gemacht habe. Die Situation erinnert mich an eine Situation mit meinem früheren Chef, als ich wegen des Todes einer Patientin zur Rechenschaft gezogen wurde. Ich fühlte mich elend und sowieso sehr niedergedrückt und schuldig in dem Gefühl, nicht alles richtig gemacht zu haben, gleichzeitig aber auch verletzt und im Stich gelassen, weil der Chef die Patientin selbst gesehen hatte und nun meinem Gefühl nach alles auf mich abwälzte. Das ganze Geschehen lag mir auch jetzt beim Nacherleben wie ein Stein im Magen.

Ich ging dann wieder in das Neubauzimmer, versuchte, auf Anraten des Therapeuten mit dem Ziel der Klarifizierung und Konfrontation mit dem Mann Kontakt aufzunehmen, sagte ihm, was mir an dem Bau gefällt, vor allem der große helle Raum mit dem schönen Blick nach links in die sonnenbeschienene Landschaft. Rechts sieht man weitere im Bau befindliche Gebäude. Wir stehen dann nebeneinander am Fenster, und ich kann jetzt erkennen, daß der Mann mein früherer Chef ist. Ich habe das Gefühl, daß er jetzt ganz freundlich und zugänglich ist. Er legt seinen Arm kurz um meine Schulter wie damals beim plötzlichen Tod meiner Schwiegermutter, als er mich trösten wollte. Es wird dämmrig draußen, wir machen eine Stehlampe an in einer Ecke des Zimmers, wo ich jetzt auch ein paar bequeme Sessel sehe. Wir sitzen da ganz behaglich und entspannt zusammen, und der Druck in meinem Magen ist fast weg. Auch der Gedanke an die Oberschwester, die ich fast noch mehr als Feind empfunden habe, kann mich jetzt nicht beunruhigen. Ich bin müde und abgekämpft wie nach einer schweren Arbeit. – Ich sehe dann den Bau noch einmal von außen. Die Wände sind fertig, nur innen ist noch allerlei zu tun.

Kommentar: Das Beispiel verquickt sich z. T. mit der aktuellen Problematik. Obwohl in der Regel der Neubau ein Einfamilienwohnhaus darstellt, handelt es sich hier um ein vielstöckiges Haus, das als Ärztehaus angesprochen wird. «Kühl und sachlich» wird die persönliche und Wohnsphäre ausgeklammert. Dennoch kommt sie schließlich ins Spiel, und das Hauptproblem der Betreffenden, ein in vorhergehenden Stunden bearbeitetes Trauma durch eine angstvolle und demütigende Situation, spiegelt sich zunächst wider. In dem Chef stellt sich die nur z. T. bisher bearbeitete Vaterproblematik dar, auf die ich nicht eingehen kann. Mein Versuch einer Klärung und der maskierten Versöhnung führt schließlich zu einer Rücknahme der Projektion der als sehr traumatisierend erlebten Situation. Bemerkenswert ist, wie sich der feindselige männliche Partner in einen tröstenden und beschützenden verwandelt. Daraufhin komplettiert sich auch der Neubau, offensichtlich signalisierend, daß diese Versöhnung mit der Vaterimago im Rahmen des therapeutischen Prozesses etwas sehr Wesentliches für die Probandin bedeutet.

In der praktischen Behandlung bleibt es naturgemäß dem Therapeuten überlassen, ob und inwieweit er die Möglichkeiten der Verlaufsbeobachtung im KB nutzen will. Dem Erfahrenen genügt in der Regel die klinische Beobachtung des Fortschrittes an den spontanen KB-Inhalten. Der wissenschaftlich Arbeitende (oder Orientierte) kann entsprechende Entwicklungslinien verfolgen. Eine straffe, quantifizierbare Kontrolle des prozessualen Verlaufes (wenn dann z. T. mit diagnostischen Eingriffen verbunden) ist von LIENHARDT (1983) und STAMM (1983) dargestellt worden.

Zu (3): Auflösung fixierter Bilder zugunsten flexibler Inhalte

Dieser Ablauf kann naturgemäß nicht derart linear und folgerichtig beobachtet werden wie Wandlungen an den Standardmotiven beziehungsweise an einem Testmotiv. Trotzdem ist es dem Therapeuten bald auffällig, wie sich – mehr oder weniger ausgeprägt – fixierte Bilder schon im Verlaufe einiger Sitzungen (spontan) wandeln und durch die freie Entfaltung ergänzender Elemente sich fortlaufend Entwicklungen zeigen. Ich denke an ein anfangs pathologisches Wiesenmotiv, dessen Paradoxien oder bei dem die Festigkeit der pathologischen Strukturen zurücktreten und gleichzeitig in der Umgebung ergänzende Inhalte mit vermehrter Üppigkeit der Natur und liebenswürdigen Details wie Blumen usw. hinzutreten. Ursprünglich archaische Strukturen entwickeln sich schrittweise zu menschlichen und realbezogeneren. Starke Affekte und negative Gefühle wie Angst, Ekel, Unheimlichkeitsgefühle und die dadurch ausgelösten Vermeidetendenzen lassen ebenfalls parallel dazu nach. Diese «Entmythologisierung» der fixierten Strukturen sollte aber nicht verwechselt werden mit adäquater Distanz oder Gefühlsisolierung etwa bei schizoid strukturierten oder zwanghaften Patienten, schon gar nicht mit Spaltungsphänomenen und Verdrängungen. – Bei dieser Dynamik ist das Gegenteil therapeutisch fruchtbar und zu erwarten, daß zumindest vorübergehend Angst und andere negative Gefühle auftauchen und immer deutlicher wahrgenommen werden, gewissermaßen die «Ich-Nähe» zu den Inhalten deutlicher wird (vergleiche Abb. 16).

Ein therapeutischer Prozeß vollzieht sich – vor allem bei länger dauernden Behandlungen – keineswegs linear, wie es zunächst bei der Beobachtung der großen Standardmotive, etwa des Rundblickes und des Bachverlaufes, erscheinen mag. Im Zusammenhang mit bislang noch nicht bearbeiteten Konfliktbereichen können bei deren therapeutischer Aktivierung erneut fixierte Bilder und archaische Inhalte auftreten. Beispielsweise kann – wie nicht selten – das Problem der Ablösung von der mütterlichen Welt in der Behandlung längere Zeit in Anspruch nehmen, um schließlich zu einer Aufarbeitung zu gelangen. Wird die Behandlung fortgesetzt, drängen sich dann nicht selten noch ungelöste Probleme der Abhängigkeit von der Vaterimago in neuen archaischen Inhalten, fixierten Bildern, starken Affekten und Gefühlen hervor (vergleiche Fall von EIBACH 1982). In manchen Fällen wechselt die Bearbeitung der einen und der anderen Objektwelt in relativ schnellem Rhythmus. Bei Regression in die allerfrüheste Erlebnissphäre des Kleinstkindes und Säuglings kann zwischen diesen beiden Imagines noch nicht unterschieden werden.

Auflösung fixierter Bilder

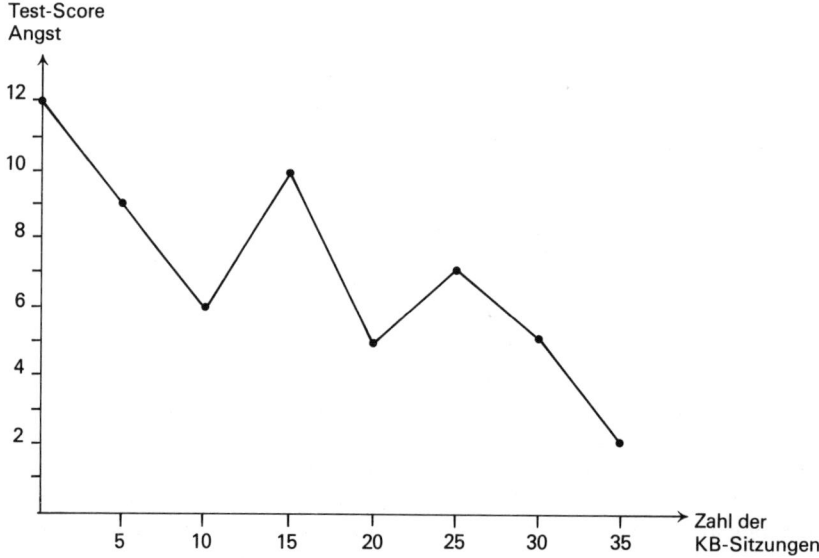

Abbildung 16: Veränderung des Test-Score Angst mit zunehmender Zahl von KB-Sitzungen.

Die Auflösung fixierter Strukturen im KB kann also nur richtig verstanden werden im Kontext des jeweiligen Umkreises einer aktualisierten Problematik auf dem Hintergrund der Vorgeschichte, der aktuellen Gegebenheiten des realen Lebens und der Übertragungssituation. – In seinen Feinstrukturen verläuft der therapeutische Prozeß, gemessen an periodischen Beunruhigungen und Beruhigungen deshalb auch in einer Wellenlinie mit abfallender Grundtendenz und zunehmender Dämpfung der Welle, wie die schematische Skizze in Abbildung 16.

Zu (4): Zunehmender Inhaltsreichtum unter kreativer szenischer Ausweitung

Des öfteren habe ich auf die eigenartige, schon in den anfänglichen Sitzungen einer KB-Therapie häufig zu beobachtende Ausweitung der Szenen hingewiesen. Dieser Vorgang kann nicht allein auf den erörterten Lernprozeß (S. 343) zurückgeführt werden. Vielmehr liegt darin eine eigenartige, genuine Entfaltung der Phantasie und damit der introspektiven Welt überhaupt. Besonders bei stärker eingeengten Patienten etwa mit zwanghafter oder aber auch schizoider Struktur wird dieser Vorgang deutlich und kann für den Patienten etwas Befreiendes haben. Bei einer schlichten und kargen kleinen Wiese weitet sich der Raum schon beim nächsten oder übernächsten Mal aus, Tiere treten hinzu, ein Weg bahnt sich an, der Blick in die umgebende Landschaft wird umfassender, und in der Ferne werden früher oder später Berge, Häuser, ein Wald und andere Strukturen erkennbar. Diese Anreicherung der Inhalte vollzieht sich auf allen

szenische Ausweitung

364

Leitlinien der Standardmotive bis hin zur Ausweitung in den Bereich der Altersregression und der realen Gestalten. Der Inhaltsreichtum erstreckt sich auch auf die Feinstrukturen, beginnt dort sogar häufig bei leblosen Gebilden.

Beispielsweise imaginiert eine Patientin eine unfruchtbare, trostlose Wiese: kein Gras, keine Tiere, Menschen, Häuser; sie fühlt sich einsam. Aus meiner Kenntnis von der Anknüpfungsmöglichkeit durch die Beobachtung von Details bitte ich sie, doch einmal sehr genau den Boden auf kleine Tiere hin zu untersuchen. Binnen kurzem erkennt sie eine Maus, die aufgeregt hin und her läuft. Ich lasse sie mir genau beschreiben, was auch bis in Feinheiten gelingt und bitte sie dann zu beobachten, was die Maus wohl tut. – Sie suche ihr Loch, sie könne ihre Wohnung nicht wiederfinden, sie sei traurig und mutlos, weil sie keine Wohnung mehr habe. – Die unbelebte depressiv wirkende Szene der Natur wird durch die Hinlenkung auf das Detail und Fragen nach kleinen Tieren nun doch belebt. Das Tier drückt in seinem Verhalten das aktuelle Grundproblem der Patientin aus, das sich in der Landschaftsstruktur nur in der Kargheit und Unbewohntheit als für depressive Stimmungsanteile typisch, erlebnismäßig und diagnostisch ausdruckslos, darstellt.

Die zunehmende Anreicherung der Inhalte bezieht sich auch auf das Problemlösungsverhalten des Patienten. Kreative Fähigkeiten kommen schrittweise immer mehr zum Zuge, wie es an dem Beispiel der Maus zumindest in der Darstellung des Problemes deutlich ist. Wie schon angedeutet, drückt sich gerade in der zunehmenden kreativen Entfaltung der Imaginationen der Fortschritt des therapeutischen Prozesses aus und kann bei Anwendung eines von uns schon praktizierten Auswertungssystems quantitativ gemessen werden (PRINDULL 1964, STAMM 1983).

Zu (5): Zunehmende Belebung der Szene

Diese Komponente hängt mit der vorhergehenden natürlich eng zusammen. Die Belebung kann

Belebung der Szenerie

a) *inhaltlicher Art* sein, indem die anfänglich unbelebte Natur des Vorfrühlings immer lebendiger wird, wie es am Leitmotiv des Rundblickes vom Berg beschrieben wurde. Ebenso kann sich die Belebung äußern in der Aufgabe verdeckender Strukturen wie einer allseits bewaldeten Landschaft, die durch die Vielseitigkeit der Natur oder durch Zeugnisse der Menschen lebendiger wird. Extreme Verdeckungen im Sinne einer akuten Verdrängung stellt übrigens die verschneite Landschaft dar. Selbst wenn sie positiv erlebt wird als schön, still, ruhig, anheimelnd usw. oder ästhetische Qualitäten hat, kann nicht übersehen werden, daß es sich um einen Zustand handelt, in dem das Lebendige der Natur verdeckt ist. Die inhaltliche Belebung äußert sich vor allem darin, daß in ähnlicher Entwicklungsfolge wie vom archaischen zum persönlichen Symbol aus der anorganischen Natur mit Steinen, Felsen, Erde, Acker, formalistischen oder technischen Inhalten bei extrem Gestörten pflanzliche Strukturen auftauchen, schließlich tierische Gestalten bis hin zu Menschen. Das Beängstigende ist bei vielen unserer Patienten, daß Menschen lange Strecken gar nicht auftreten, häufig auch Tiere kaum wahrgenommen werden oder sich die Verlassenheit Depressiver extrem in leblosen Bildern einer zerbombten Stadt darstellen können. Die Belebung kann sich auch dadurch äußern, daß persönliche Stilelemente und Inhalte vermehrt in den Standardübungen erscheinen.

Die zunehmende Belebung des KB bezieht sich auch

b) auf *die begleitenden Gefühle.* Wir beobachten sie nicht nur regelmäßig, sondern versuchen sie etwa im Sinne der Verbalisierung emotionaler Inhalte (VEE) anzuregen oder zu verstärken (S. 410). Sie gewinnen im Verlauf der Therapie Stärke und Verbindlichkeit und können an Höhepunkten eine allgemeine «Gefühlserfülltheit» im positiven wie auch im negativen Sinne erreichen. Das trat positiv am deutlichsten in den Beispielen über die Befriedigung archaischer Bedürfnisse vor Augen (Beispiel S. 259) oder negativ angesichts fixierter Bilder mit Angst, Verlassenheit, Unheimlichkeit und anderen als Ausdruck der Aktivierung stark regressiver, gelegentlich abgespaltener neurotischer Strukturen. Auch ihr Auftreten kann Folge des fortschreitenden therapeutischen Prozesses sein. Sie haben ihre eigene Dynamik, die gelegentlich auch in einer frühen Phase der Therapie durchbrechen kann. Im Zusammenhang damit verweise ich auch auf S. 104 und S. 107f., um an die Kompliziertheit der dynamischen Vorgänge in diesem eigenen Kontext zu erinnern. Der fortschreitende Therapieprozeß kennzeichnet sich hier auch in der zunehmenden Fähigkeit des Patienten, sich mit diesem Typ fixierter Inhalte stärker zu konfrontieren bis hin zum Standhalten von Durchleben und Durchleiden oder der Abreaktion negativer Affekte (S. 233). Die therapeutisch fruchtbare Komponente liegt dann vor allem in der Hoffnung auf einen Fortschritt in der zunehmend erlebten Entlastung von Unruhe, Spannung und Symptomatik, die Erleichterung und Befreiung bedeuten, und die auch in markanten Wandlungsphänomenen zum Ausdruck kommen, wie etwa in dem Beispiel des Neubaus auf S. 360ff.

Aktivitäten des Patienten

c) Die *vermehrte Aktivität des Patienten* ist eine weitere wichtige Komponente der Belebung des Symboldramas. Sie kann sich ausdrücken in der *Zunahme der freien Entfaltung des Tagtraumes* unter Rückstellung der Angebote und Interventionen des Therapeuten bei einem anfänglich statisch und phantasiearm imaginierenden Patienten. Hier wird deutlich, daß die Steuerung des Tagtraumes von ihm nun stärker wahrgenommen wird als eine spezifische Form psychischer Aktivität (der Phantasie). Die verstärkte Aktivität kann sich aber ebenso auch im *Tätigwerden des Patienten* oder einer Symbolgestalt (Beispiel S. 198) in der Tagtraumszene selbst darstellen. Ist er z. B. schnell bereit, von der Wiese aus einen Spaziergang zu machen, einen angebotenen Berg zu besteigen usw.? Besonders bei depressiv strukturierten Patienten, aber auch bei zwanghaften, gelegentlich bei schizoiden herrscht zu Beginn der Therapie in beiderlei Hinsicht ein Grad von Passivität vor. Die vermehrten Aktivitäten sind deshalb gerade bei ihnen eine begleitende Komponente des therapeutischen Fortschrittes. Zu ihr gehört also insgesamt die Zunahme des expansiven Verhaltens (S. 233), der kreativen Ansätze und Assoziationen.

Ich *fasse zusammen:* Der therapeutische Prozeß vollzieht sich im Symboldrama wie in anderen aufdeckenden Psychotherapien in der Regel nicht linear, sondern wellenförmig, da periodisch neue, bisher verdrängte Problemkreise zur Bearbeitung kommen. Die Gesamttendenz ist jedoch progressiv. In den Leitlinien der Standardmotive von Wiese, Bach, Berg und Haus haben wir relativ klare Parameter bei der Verfolgung der therapeutischen Entwicklung, sofern sie als «Meßpunkte» allein zur Ermittlung der synchronen Wandlungen herangezogen werden. Der Verlauf kann qualitativ und durch entsprechende Auswertungsmethoden auch quantitativ ermittelt werden, wenn diese «Meßpunkte» nicht zur Therapie eingestellt werden. Dazu eignet sich ein spezifisches Testmotiv, z. B. das eines Neubaus, besonders. Synchrone Wandlungsphänomene können hier unbeeinflußt und relativ klar und übersichtlich in der Linie wiederholt eingestellter Meßpunkte als Verlaufsgestalt gesehen werden. Dabei kommen auftretende Widerstände in Form von Verhinderungen oder progressive Aspekte des Verlaufes zum Ausdruck. Symbolische oder reale Begegnungsszenen können beide Vorgänge sinnfällig kommentieren (Beispiel S. 172). Ferner wurde eine Anzahl allgemeiner Parameter vorgestellt und im einzelnen beschrieben, die mehr pauschale Aspekte der Entfaltung des Ich unter dem therapeutischen Prozeß ausdrücken.

4.3. Die Symbolik

4.3.1. Repräsentanzen früher Liebesobjekte

4.3.1.1. Vorbemerkung

Ich greife die mir öfter gestellte Frage auf, wo bei der Einstellung landschaftlicher Motive, die auf der Grundstufe Vorrang haben, die Begegnung mit den wichtigen frühkindlichen und aktuellen Bezugspersonen bleibt. Tatsächlich ist es auffällig, daß nur wenige der Patienten im KB spontan menschliche oder symbolische Gestalten (Lebewesen) imaginieren, es sei denn, die Therapie ist fortgeschritten. Auf den ersten Blick könnte man darin einen Mangel des Verfahrens erblicken. Wissen wir doch, daß Erfahrungen und Interaktionen mit Bezugspersonen, vor allem in den ersten sechs Lebensjahren, die genetische Matrix aller neurotischen Entwicklung bilden. In der Psychotherapie hat deshalb der Versuch, diese frühen Prägungen zu korrigieren, Bedeutung. Haben wir diese Beziehungen im KB, besonders auf der therapeutisch effizienten Grundstufe, nicht eigentlich völlig ignoriert? Einige Standardmotive der Mittelstufe fördern eine derartige Begegnung ausdrücklich. Wo finden wir aber die Liebesobjekte der frühen Kindheit und die Begegnung mit ihren Nachfolge-Gestalten in den Landschaftsmotiven? Der tiefenpsychologisch Geschulte bedarf keines großen Scharfsinns, um zu erkennen, daß diese angebotenen Motive letztlich regelmäßig auch verstanden werden können als symbolisch eingekleidete Repräsentanzen von Objektbeziehungen. Am Beispiel des Bergmotives ist das schon evident geworden, das z. T. als Symbol der mütterlichen oder auch männlichen Welt deutlich gemacht werden konnte (S. 383). Es gibt verschiedene Wege, den Nachweis dafür zu erbringen, daß Landschaftsmotive im KB auf der Ebene der Objektbeziehungen gelesen werden können und daß alle Landschaftsstrukturen schlechthin eine besondere psychologische Bedeutung für den Menschen haben. Daraus begründet sich, warum im KB Landschaftsmotive und die Bewegung des Menschen in der Landschaft überhaupt den Vorzug besitzen, ver-

Stellung landschaftlicher Symbole

glichen mit anderen imaginativen Verfahren, z. B. dem von SHORR (1983), der den Begegnungsaspekt im Sinne von SULLIVAN ganz in den Vordergrund stellt.

Da wir es im KB regelmäßig mit einer kontrollierten regressiven Einstellung des Patienten zu tun haben, liegt es nahe, einmal eine *entwicklungspsychologische Parallele* heranzuziehen, die Theorienbildung des Kleinkindes. In ihr zeigt sich nämlich, daß das Kind etwa bis zum fünften Lebensjahr Dinge der Natur, belebt oder unbelebt, als menschengleich oder -ähnlich erlebt und demgemäß auch interpretiert. Man spricht von der *Anthropomorphisierung,* der Vermenschlichung. Hat sich das Kind an einer Tischkante gestoßen, ruft es etwa aus: «Du dummer Tisch du» und tritt mit seinem Fuß gegen das Tischbein. – Wenn das Kleinkind auf einem Bild eine Sonne oder einen Baum malt, gibt es ihnen gern ein Gesicht. Das geschieht bis zu einem Alter, in dem das Kind stärker realitätsbezogen wird und die Schulreife erlangt, mit etwa sechs bis sieben Jahren. Beispiele über kindliche Theorienbildung finden wir in den Aufzeichnungen des Psychologen-Ehepaares über ihr Kind «Bubi Scupin» (1907), wovon ich ein Beispiel bringe.

Beispiel

Nachdem sich Bubi Scupin am Finger geritzt hat und Blut geflossen ist, gerinnt das Blut langsam und hört ganz auf zu fließen. Bubi: «Das Blut hat jetzt Angst, herauszukommen.» – Das Kind überträgt seine eigene angstvolle Erfahrung auf das Blut, als würde dieses wie ein Mensch empfinden und danach handeln.

Den zweiten Zugang zu den Landschaftsmotiven gibt uns der Philosoph GRASSI (1979) in seinem Buch «Die Macht der Phantasie», in dem er sich der romanistischen Überlieferung zuwendet und metaphorisches und bildnerisches Denken, Phantasie und Ingenium als wesentliche Bestandteile kreativer Tätigkeit einsetzt:

«Landschaft entsteht nur dort, wo unsere Phantasie am Werk ist, d. h. dort, wo das, was sich unseren Sinnen zeigt, auf eine menschliche Sinndeutung, auf unser momentanes Befinden, auf unsere Fragen und Leidenschaften zurückgeführt wird: Landschaft ist ‹lieblich›, sie ist ‹heroisch›, sie ist ‹erhaben›; Hügel und Ebenen, Berge und Schluchten spiegeln unsere Möglichkeiten wider, ihnen eine Bedeutung zu übertragen . . . Das ‹Gemeinsame›, das zwischen der Natur und den menschlichen Zuständen besteht, und die Natur durch eine metaphorische Transformation in ‹Landschaft› verwandelt, ist das Werk der Phantasie, der freien Deutungsmöglichkeit . . .»

4.3.1.2. Objektbeziehungstheorie

In der Psychoanalyse ist der theoretische Aspekt dieser Betrachtungsweise in der «Objektbeziehungstheorie» (FREUD 1923) entwickelt worden. ANNA FREUD (1954), später RAPAPORT (1973), HARTMANN, KRIS und LOEWENSTEIN (1953) sowie KOHUT (1977) haben Entscheidendes dazu beigetragen. Der Vorgang der Introjektion, ein von FERENCZI (1912) geprägter Begriff, wurde der Theorie zugrunde gelegt. Er bezieht sich zunächst auf das orale Einverleiben in den «psychischen Apparat» beziehungsweise in das Über-Ich als Ich-Ideal. Die Introjektion bezieht sich auf Objekte, deren Teile oder Eigenschaften. Das steht im

Vermensch-
lichung

Theorie der
Dynamik

368

Gegensatz zur Projektion im Sinne eines Hinausverlagerns von Anteilen des
«psychischen Apparates». MELANIE KLEIN (1972), deren Empirie die Analyse
neurotischer und schizophrener Kinder war, zeigt, daß der Säugling schon in
den ersten Lebensmonaten die Tendenz hat, die Mutterbrust oder die Mutter
selbst zu «verschlingen»: «Von Anfang introjiziert das Ich ‹gute› und ‹böse›
Objekte, für die die Mutterbrust den Prototyp darstellt.» In jüngerer Zeit haben
FAIRBAIRN (1952), GUNTRIP (1968) und vor allem KERNBERG (1981) die Vorstellungen über die Organisation von Internalisierungsprozessen differenziert.
Während FREUD den triebdynamischen Aspekt im allgemeinen in den Vordergrund stellt, formuliert wohl am deutlichsten FAIRBAIRN, daß *die Libido immer
die Beziehungen zu den Personen der Kindheit sucht* und damit zugleich die
dazugehörigen regressiven Zustände des Selbst[3]. KERNBERG ergänzt: Die Introjektion ist die «früheste, primitivste und fundamentale Ebene» in ihrer Organisation. «Sie ist die Reproduktion und Fixierung einer Interaktion mit der Umgebung mit Hilfe eines strukturierten Bündels von Gedächtnisspuren.» Diese zeigen drei Komponenten: (a) das Bild des Objektes, (b) das Bild des Selbst in der
Aktion mit diesem Objekt und (c) die affektive Färbung beider unter dem Einfluß der Triebrepräsentanz zum Zeitpunkt dieser Interaktion. Die der Introjektion nahestehende Identifikation betrachtet er als ihre Form auf höherer ent-
wicklungspsychologischer Ebene zu einer Zeit, in der *der Rollenaspekt* zwi-
schenmenschlicher Interaktionen bereits *erkannt* werden kann. Die nächste
Ebene der Organisation von Internalisierungsprozessen ist die *Bildung der Ich-
Identität.* Hervorzuheben ist noch die auch von ihm anerkannte, aus klinischen
Beobachtungen formulierte Feststellung, daß das «Fortbestehen» unverdauter
«früher Introjektionen . . . das Ergebnis einer pathologischen Fixierung schwer
gestörter, früher Objektbeziehungen (ist) . . .». Unter pathologischen Bedingungen «kommen frühe, nicht integrierte Objektbilder an die Oberfläche», niemals
aber stellen sie «freischwebende innere Objekte» dar, sondern sie stehen immer
spezifischen Ich-Strukturen gegenüber, zu denen sie sich herausgebildet haben.
Jedoch sind sie dem Ich fremd und von ihm getrennt, weil das Ich unfähig ist,
Introjektionen zu integrieren, die nicht von gleichen Valenzen aktiviert sind.
Diese Trennung vom Ich dient Abwehrzwecken[4]. Phänomenologisch gesehen
sind Objektrepräsentanzen symbolische Darstellungen in Traum und Tagtraum, die auch in der Übertragung zur Projektion kommen können. Im Traum
und in Phantasien werden sie als Personen, als Szenen, die sich mit ihnen abgespielt haben, oder als symbolisch eingekleidete Strukturen – wir denken hier an
die Landschaftsmotive des KB – wiedergegeben. Sie spiegeln jedoch nicht die
realen Gestalten oder die Beziehungen zu ihnen wider, sondern wie sie durch
sekundäre Bearbeitung und Verdichtung nunmehr als Phantasieprodukte des
Ich oder des Über-Ich erscheinen. Die ganze Fülle innerer Objekte kann – modellhaft – vorgestellt werden, daß sie durch Internalisierung das Selbst des Pa-

Internalisierung

---

[3] D. h. der Selbstrepräsentanz: Das Selbst, gewachsen aus dem Urvertrauen in den ersten drei Lebensmonaten, das das Selbstbewußtsein schafft und als Selbstrepräsentanz
verkörpert wird (vergleiche Abschnitt 3.1.2.).
[4] Ich verweise auf die regressiven archaischen Objektrepräsentanzen, etwa im Beispiel
S. 203).

tienten umgeben (wie im Falle der Planeten), mit dem sie in szenischer Beziehung stehen. Die Objektbeziehungstheorie ist freilich komplizierter als hier dargestellt und bislang noch nicht abgeschlossen.

Die Introjekte werden in der allerfrühesten Phase des Kindes häufig als «gutes» und «böses» Introjekt erlebt, wobei es dem Kleinkind noch schwer fällt, den guten mit dem bösen Aspekt der Mutter oder des Vaters miteinander in Beziehung zu setzen, d. h. sie zu integrieren. Vielmehr tritt anfangs der Abwehrmechanismus der Spaltung auf. Dieser Spaltungsprozeß kann gelegentlich in den Inhalten des Symboldramas wiedergefunden werden (vergleiche S. 239). Dann tritt einmal nur die böse, strafende und verfolgende Seite einer Imago, das andere Mal das Gegenteil, die gute, versöhnliche, schützende, behütende in Erscheinung. – Schließlich kann aber auch der Abwehrmechanismus der Verleugnung hinzukommen dergestalt, daß die «böse» Imago zugunsten der «guten» in den Hintergrund gedrängt wird.

Über-Ich

Introjekte sind nicht nur an der Bildung des Ich, sondern auch des Über-Ich beteiligt im Sinne jener sich vom Ich abspaltenden Instanz, die für die Einhaltung von Geboten und Verboten verantwortlich ist, die Eltern dem Kind auferlegt haben. Sie werden nach einiger Zeit Instanzen der Person. Im KB oder im Traum übernimmt nicht selten ein auf den Patienten blickendes Auge oder eine Fülle von Augen, die ihn (eventuell von allen Seiten) beobachten, symbolisch die Rolle dieser (oft nur sehr schwer zu identifizierenden) Introjektion des Über-Ich. In ausgeprägten Fällen sind es depressive Patienten, bei denen sich dann eine besonders darauf abgestellte Bearbeitung ihres Über-Ich empfiehlt.

In bezug auf das KB möchte ich vorab einige grundsätzliche (kollektive) Gesichtspunkte zur Symbolisation der weiblich-mütterlichen und männlich-väterlichen Welt erörtern, ehe ich auf die landschaftlichen Standardmotive, vor allem die der Grundstufe, eingehe.

Ich habe (S. 398) die Möglichkeit der Entschlüsselung der individuellen symbolischen Beziehungen unter den Gesichtspunkten von «Gestaltqualitäten»[4a] gezeigt. Die männlich-väterliche Repräsentanz ganz allgemein gesehen (unabhängig von der realen Person) äußert sich etwa in Gestalten, die als spitz, langgestreckt, langgezogen, hoch, überragend, erhaben oder als imponierend erlebt

mütterliche und väterliche Repräsentanz

werden oder mit Qualitäten des Progressiven, Penetrierenden, Unruhigen oder Überrollenden ausgestattet sind.

Die *weiblich-mütterliche Repräsentanz* drückt sich im allgemeinen in Qualitäten des Runden, Balligen, Kugeligen oder des Halbrunden aus. Auch solche des Anreichernden, Nährenden, Erfrischenden, des Behütenden, Beschützenden und Umhüllenden aber auch Umarmenden oder Verschlingenden gehören dazu.

Diese Erlebnisqualitäten insgesamt sind allgemeiner Art, also noch ungestaltete, eher vorgestaltliche elementare Eigenschaften, von deren Endformen hier nicht gesprochen werden soll. Es scheint mir aber interessant, daß sich eine Reihe der genannten Qualitäten analog in denen von takete und maluma (S. 399)

[4a] Der Begriff stammt aus der Gestaltpsychologie und meint die unstrukturierte emotionale Qualität von wahrnehmbaren Gestalten (v. EHRENFELS 1890).

ausdrücken. Implizit und ohne eine entsprechende Reflexion der Gestaltpsychologie gehen hier die geschlechtsspezifischen symbolischen Merkmale ein.

4.3.1.3. Landschaftsmotive

Wenn wir also eine Zuordnung von derart gestalteten Landschaftselementen des KB versuchen, ist für diese ein wichtiger einschränkender Punkt zu berücksichtigen: Nicht jeder reale Vater war «objektiv» überragend, überrollend, hastig oder penetrierend. Nicht jede reale Mutter wurde von dem Patienten in seiner Kindheit als nährend, erfrischend, behütend, umhüllend usw. erlebt. Wir müssen vielmehr davon ausgehen, daß in der realen Vergangenheit von unseren Patienten vielfältig schillernde, ambivalente, auch inverse Zuwendungen erlebt wurden. So kann z.B. ein Vater oder eine väterliche Ersatzfigur in einer gewissen Periode durchaus auch als eine behütende, beschützende, nährende usw. Gestalt erlebt worden sein. Umgekehrt kann eine Mutter als mit männlichen Qualitäten begabt emotional wahrgenommen (Jargonbegriff «phallische Mutter») und im latenten Bewußtsein des Patienten gespeichert worden sein. Besonders zu achten haben wir jedoch darauf, ob diese Qualitäten, die wahrscheinlich eine notwendige Befriedigung der einzelnen frühkindlichen Entwicklungsphasen erheischen, mit Enttäuschungen, Ambivalenzen oder einem plötzlichen Umbruch in das Gegenteil belastet waren. Ich denke etwa an KB-Darstellungen einer erfrischenden Quelle, deren Wasser eiskalt ist, oder an einen breiten, strömenden, wasserreichen Bach, in dem man aber nicht baden möchte, weil er verschmutzt ist und ähnliches. Hier ist die Fruchtbarkeit des Wassers gewissermaßen «verdorben». Reflektiert auf die weiblich-mütterliche Welt des Betreffenden dürfen wir vermuten, daß in ihr das Element der emotionalen Kälte beziehungsweise des Unzuträglichen erlebt worden ist. Beispiele für die Fülle der Repräsentanzmöglichkeiten abzugeben, verwehrt mir der begrenzte Raum. Einige wenige jedoch sollen der Veranschaulichung dienen.

in Elementen der Landschaft

Beispiel 1 (schriftliches Protokoll der Betreffenden)
Die Darstellung einer partnerschaftlichen Beziehung hat sich bei einer 60jährigen Versuchsperson spontan an dem Blumenmotiv widergespiegelt. Die Betreffende hatte ihren Mann nach einer kurzen, glücklichen Ehe im Krieg verloren. Seitdem waren partnerschaftliche Beziehungen bei ihr tabuiert. Sie widmete sich ganz der Erziehung ihrer Kinder und ihrem Beruf. Das nicht verarbeitete Problem ihrer Einsamkeit kündigte sich im KB zum ersten Mal in dem folgenden Blumenmotiv an. Ich hatte es eingestellt in der Erwartung, daß sich darin die emotionale Einschätzung ihrer weiblichen Rolle symbolisch darstellen würde. Das Thema nahm jedoch einen viel breiteren, handelnden Verlauf. –
«Ich sehe zwei Zinnien in einer Glasvase, eine aufrecht stehend, die Blüte wie ein Kopf, der Stengel wie die Längsachse des Körpers, die andere nach links gebeugt wie ein ausgestreckter, sich leicht bewegender Arm. Das Bild verwandelt sich in ein Ballett tanzendes Paar, nein, ein Eislauf-Paar, das in aufeinander abgestimmten Bewegungen auf dem Eis tanzt. Die Eistänzer bewegen sich teils nebeneinander mit übereinander greifenden Armen, teils im Gegenüber. Dann dreht sich entweder der Tänzer oder im Wechsel die Tänzerin unter dem ausgestreckten linken Arm des anderen. Es hat alles sehr fließende, miteinander verbundene tänzerische Formen. Es ist eine kleine, runde Eislaufbahn mit wenig Zuschauern auf der Tribüne, nach links hat man einen freien Blick ins Land. – Die

Motiv der Blume

Kleidung der beiden Eisläufer sieht plötzlich so aus, wie ich sie mir bei Gestalten aus dem Nibelungen-Lied vorstelle: die Tänzerin in einem weißen, langen Kleid, der Tänzer in heller Lederjacke und -hose mit einem offenen Helm auf dem Kopf. So laufen sie zusammen ihre Figuren. – Wieder eine Verwandlung: Das Paar ist plötzlich ein Degenfechtpaar in weißem Anzug und Kopfschutz mit geschlossenem Visier. Die Degen kreuzen sich, die Arme bewegen sich aufeinander zu und trennen sich wieder. Es geht nicht um Sieg oder Niederlage, sondern um das Spiel. – Dann sehe ich ein Spalier, gebildet von Degenfechtern und ihren Partnerinnen, die ihre Degen in der Luft kreuzen. Darunter läuft das letzte Paar der Reihe nach vorn, stellt sich auf wie die anderen, das nächste Paar läuft durch usw. Alles spielt sich auf einem Wiesenhang links von einer Kirche aus Feldsteinen mit einem Friedhof dahinter ab. – In der darauffolgenden Nacht träumt die Patientin, Brigitte Bardot besuche sie in ihrer Wohnung, und sie sprächen zusammen «über Sexidole».

Kommentar: Zum Tagtraum selbst kann man verschiedene Auffassungen diskutieren. Abgesehen von den innig aufeinander abgestimmten Bewegungen, die als Symbolik intimster Beziehungen aufgefaßt werden können, ist interessant, wie das Miteinander sich in verschiedenen Rollen darstellt, als Eisläufer, im Ritterkostüm und als Degenfechter mit beiderseitiger phallischer Akzentuierung. Das Hochzeitsmotiv mit der Spalierbildung ist deutlich. Nach meinem Gefühl zeigt dieser Tagtraum auch idealisierende Tendenzen. Das Friedhofsmotiv schließlich reflektiert möglicherweise den frühen Verlust des Ehemannes. – Die Betreffende ging von den zwei Zinnien aus. Deshalb noch ein Wort zu den Objektbeziehungen in Verbindung mit dem Blumenmotiv. Es ist bedeutsam im «Blumentest» und weist wohl überwiegend auf die weibliche Welt hin. Sie läßt die eigene Rolle bei einer Patientin anklingen und beim Manne die der weiblichen und mütterlichen Welt. Daraus ergeben sich z. T. diagnostische Möglichkeiten und für die Behandlung selbst die gezielte Einstellung von Problemen aus diesem Themenkreis.

Beispiel 2

Der 35 Jahre alte Mann kommt mit einer psychogenen Gangstörung zu mir. Auslösende Situation war ein längerer Spaziergang mit seiner Frau und einem befreundeten Ehepaar. Nach Erhebung der Vorgeschichte lasse ich den Blumentest vornehmen. Der Patient schildert eine rote Rose, die er in allen Details, wie mir scheint recht liebevoll und gemäß seiner zwanghaften Struktur sehr genau und zähflüssig beschreibt. Er ergeht sich nicht nur in der Darstellung der Blume, sondern schildert auch die grünen, schimmernden Blätter und die fruchtbare, dunkle Erde, in der der Rosenstock steht, mit Hingabe. Schließlich frage ich ihn, ob es sich um einen realen Rosenstock handele und wo er wohl stehe. – Diese Rose habe er vor kurzem am Hause seines Nachbarn gesehen; sie habe ihm ganz besonders gefallen. In dem sich daran anschließenden Gespräch erfahre ich, daß er besondere Sympathien für die Ehefrau des Nachbarn hat, mit der er bei einer Kaffee-Einladung sehr anregende, ihn beglückende Gespräche geführt habe. Sie und ihr Mann seien das Ehepaar gewesen, mit dem sie jenen Spaziergang gemacht hätten, bei dem seine Beinlähmung begonnen habe.

Kommentar: Die Zusammenhänge sind wohl allzu deutlich. Die Rose hat bei diesem Patienten eine libidinös besetzte Bedeutung, was mir aus der hingebungsvollen Darstellung klar wurde.

Ich schreite von diesem eher elementaren Motiv zu einigen Standardmotiven vor, um mit aller Vorsicht Hypothesen aufzustellen.

372

Die *Wiese* kann, sofern sie fruchtbar, freundlich und als spendend erlebt wird, am ehesten als weiblich-mütterliche Repräsentanz gelten, wie früher schon hervorgehoben. In Fällen stark gestörter Patienten, bei denen sich in der mütterlichen Welt Versagungen darstellen, kann das Wiesenmotiv in verschiedener Weise depressiv getönt sein: karg, abgefressen, ärmlich, bei trübem und regnerischem Wetter, oder es ist sumpfig, eng usw. Befindet sich der Patient in der Wiesensituation durch einen Zaun eingeengt, so möchten wir annehmen, daß auch die Erziehungsprinzipien der als mütterlich empfundenen Repräsentanten in einem gewissen Alter einen die Expansivität des Kindes einengenden Charakter hatten. Daß diese Dinge in Wirklichkeit noch komplizierter liegen und kulissenartig vorgeschaltete Abwehrmechanismen unter Umständen eine ideale Wunschwelt der schönen Sommer-Sonnenwiese «vorgaukeln» und damit tiefliegende Versagungen aus der mütterlichen Welt überdecken können, habe ich schon angedeutet. Derartige anfängliche Übersteigerungen oder die Verkehrung ins Gegenteil als Abwehrmechanismus (ANNA FREUD 1936) lösen sich meist im Verlaufe einer KB-Therapie auf. Deshalb kann der Therapeut seine Rückschlüsse und Hypothesen über den Bedeutungsgehalt des Bildmaterials nur vorläufig ziehen beziehungsweise aufstellen und muß für Korrekturen offen sein.

Exkurs am Beispiel des Motives der Kuh

Ich lasse einen mehr prinzipiellen Exkurs folgen, um das Problem der Objektrepräsentanzen in der Praxis zu verdeutlichen. Die häufig auf der Wiese (zumindest auf Anfrage) zu findende Kuh (oder Kühe) signalisiert in der Regel eine mütterliche Imago. Bei der Begegnung mit der Kuh, sowie mit anderen auf der Wiese spontan auftauchenden Tieren, bietet sich eine geradezu klassische Gelegenheit, mit einem Introjekt symboldramatisch umzugehen. Deshalb habe ich auch schon früh empfohlen, der Therapeut möge die Kuh, überhaupt alle erscheinenden Tiere, genau beschreiben lassen. Dabei tauchen Qualitäten auf, die sich häufig wie folgt darstellen und Hinweise auf die Einstellung des Patienten zu dieser symbolisierten mütterlichen Welt anzeigen: Es kann eine kräftige, wohlgenährte, satte Kuh mit großem, vollem Euter sein. Sie kann den Betrachter unverwandt mit ruhigem, vertrauenerweckendem Blick ansehen. – Oder: Die Kuh ist mager, vielleicht sogar dürr, hinten voller Schmutz. Das Euter ist schlaff, faltig und leer. Sie guckt mit «blöden, glotzenden» Augen. Beim Versuch, sie nach Aufforderung des Therapeuten zu streicheln, wendet sie sich vielleicht ab oder zeigt feindselig die Hörner. – Beide Beispiele stellen Extreme dar, deren verschiedene Teile man in praxi in unterschiedlicher Kombination finden kann. – Selbstverständlich stellt eine im KB imaginierte Kuh ein Introjekt mit Qualitäten in Richtung jener Erlebniswelt dar, die in der frühesten Kindheit als mütterlich versorgend, also die orale Sphäre befriedigend, erlebt wird. – Man sollte sich aber darüber klar sein, daß nicht jede für einen Patienten vielleicht wichtige Muttergestalt in seiner frühen Kindheit eine derartige «kuhig-versorgende» Erlebnisqualität vermittelt hat. Welche tatsächliche Beziehung zur realen Mutter im einzelnen gemeint ist, bleibt zunächst offen.

Motiv der Kuh

Der Baum

In der Welt der landschaftlichen, symbolischen Repräsentation von Objektbe-

Motiv des Baumes

ziehungen bestand bislang eine Lücke zwischen den Strukturen unbelebter Natur wie Berg, Fels, Bach mit Quelle, Strom und Meer und den Tiersymbolen. Es fehlte an Untersuchungen über die Repräsentanz von Objektbeziehungen in der pflanzlichen Welt und blieb bei der Betrachtung der Wiese und der Blume. Da Landschaftsmotive eine große Chance bieten, Objektrepräsentanzen als ein brisantes Thema relativ unverfänglich zu imaginieren, haben meine Arbeitsgruppe und ich uns Gedanken gemacht, welche Rolle wohl eines der Kardinalmotive in der Landschaft, der Baum als pflanzliches Bindeglied zwischen der unbelebten Natur und den Tier- und Menschendarstellungen haben kann. Ich bin dabei zunächst auf den alleinstehenden Baum gestoßen und habe das Baummotiv in den letzten Jahren regelmäßig angewandt. Vor allem habe ich es immer dann eingestellt, wenn es galt, bei Frauen oder jungen Mädchen das Thema einer Beziehung zu männlichen Gestalten zu fokussieren. Ich halte den *Baum* für ein wichtiges, erst in letzter Zeit beachtetes Motiv von großer diagnostischer und therapeutischer Bedeutung. Auch in der realen Natur hat der Mensch gelegentlich eine emotionale Beziehung zu alleinstehenden Bäumen, die vielfältige Konfigurationen und Strukturen haben und uns zu mancherlei anthropomorphen Betrachtungen anregen können. Es sei auch daran erinnert, daß in der griechischen Mythologie Bäume als mit göttlichen Gestalten verbunden galten. Bäume wirken häufig wie Individuen, einmalig in ihrem Ausdruck und ihrer Gestalt stehen sie allein, selten miteinander vergleichbar, nicht selten eigenwillig. Sie werden allerdings nie wie Tiere mit Namen belegt. Jedoch werden sie gelegentlich bestimmten überragenden Personen zugeeignet, wie etwa die «Bismarck-Eiche», als Ausdruck der Verehrung von Personen, denen man Eigenschaften einer knorrigen und allen Stürmen widerstehenden Männlichkeit zuerkennt.

Beispiel 3

Eine 50jährige weibliche Versuchsperson imaginiert einen alleinstehenden Baum, den sie wie folgt beschreibt: «Ein schöner, großer, kräftiger Baum, wie eine Eiche. Der Stamm ist dick und hoch, die Krone rund und weit ausladend; er gefällt mir, ist mir vertraut. Er bietet Schutz, wenn eine Bank darunter ist». («Sie möchten sich gern darunter setzen?») «Ja, er flößt mir Vertrauen ein, unter ihm fühle ich mich geschützt, komme auch immer was da wolle.» («Wie fühlt sich die Rinde an?») «Rissig, kräftig, so richtig wie bei einem soliden alten Eichbaum.» («Können Sie einmal von unten in die Krone des Baumes hineinblicken?») «Ich sehe kräftige, ausladende Äste und dichtes Laub, das ein angenehm dämmriges grünes Licht erzeugt. Tiere sind darinnen: Eulen, Affen, Meerschweinchen; sie bewegen sich z. T. hin und her und scheinen sich wohl und geschützt zu fühlen.» («Wenn Sie nun die Eigenschaften dieses Baumes mit einem Menschen vergleichen würden, wer fällt Ihnen dazu ein?») «Ich denke zuerst an meinen Vater. Ich habe ihn mit 14 Jahren verloren, aber er hatte und hat heute noch eine Ausstrahlung wie dieser Baum. Das ist mir ganz deutlich.» –

Besonders eindrucksvoll ist die Objektrepräsentanz eines väterlichen und eines mütterlichen Baumes in der Behandlung eines 27jährigen Studenten mit einer seit 12 Jahren bestehenden Herzneurose von EIBACH. Die Zeichnungen des Patienten gebe ich hier mit einem kurzen Kommentar wieder (Abbildungen 17 und 18) (EIBACH 1982).

Im Grunde kann das Motiv des Baumes also beide Welten, die männlich-väterliche und die weiblich-mütterliche, repräsentieren. Dabei kann man auch von Gestaltqualitäten ausgehen. Das Prinzip erläutere ich auf S. 398f. In der therapeutischen Praxis freilich können die Attribute des Runden, Balligen und des Spitzen, Emporragenden, kombiniert sein. Klare Trennungen sind keineswegs immer möglich. Weder der Mensch noch Erscheinungen der Natur lassen sich in ein derart einfaches Schema pressen. Es lassen sich viele Mischungsverhältnisse in katathymen Bildern finden; wie soll man beispielsweise eine mittelalterliche Kogge mit überwiegend runden Formen verstehen, wenn sie gleichzeitig als Kriegsschiff mit Kanonen bestückt ist?

Abbildung 17: Der «väterliche Baum» wirkt auf den 25jährigen Patienten mit einer chronischen Herzphobie «sehr lebendig und kräftig, ist mir sehr angenehm ... Mit beiden Armen umarme ich den Baum fest, doch ich bleibe frei, klettere hoch und freue mich, ... Ich fühle mich zu dem Baum hingezogen, spüre seine Wärme und bei ihm Geborgenheit, das will ich ihm aber nicht zeigen.»

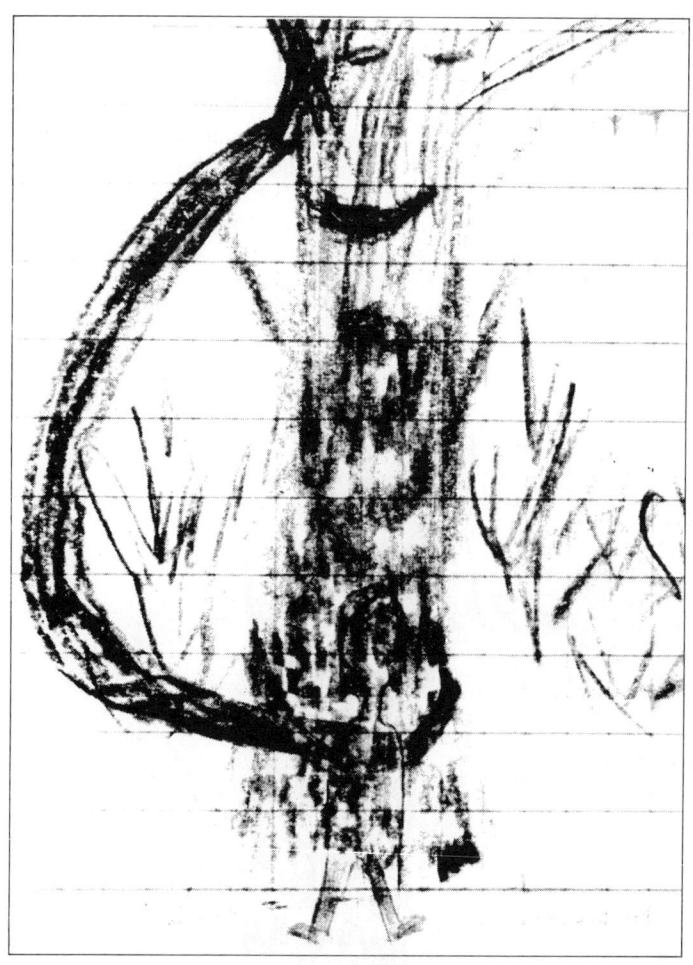

Abbildung 18: Er sucht die Nähe des «mütterlichen Baumes», der im oberen Teil des Stammes ein Gesicht trägt und ihn mit einem Ast streichelt. Sein Gesichtsausdruck ist voll Liebe und Vertrauen. Nach einem beglückenden Gefühl überfällt ihn Trauer, er will den Baum festhalten, doch irgend etwas hindert ihn daran. Die Ambivalenz des ödipalen Problems führt zum Ausbruch seines herzphobischen Syndroms angesichts dieser Imagination. Aus: LEUNER & LANG 1982 S.214, 215.

3-Bäume-Test   Eine *Baumgruppe als Repräsentanz der Familienkonstellation* wurde besonders von KLESSMANN (1978), «3-Bäume-Test» nach CORBOZ (1980), in der KB-Therapie von Kindern und Jugendlichen zur Aufschlüsselung von Familienkonstellationen empfohlen.

Die technische Anleitung lautet, der Patient möge sich in der Landschaft drei Bäume für eine Familiensituation und zwei Bäume, wenn es sich um eine Paar-

376

beziehung handelt, vorstellen. Der Evidenzgrad ist besonders für Kinder und Jugendliche, aber auch für den Therapeuten beträchtlich und fördert die Auseinandersetzung mit Bezugspersonen. Bei Erwachsenen gelingt die Zuordnung der Familienkonstellation nicht immer so gut. Die Darstellung der Dreier-Situation einer Familie hat unter den Aspekten der heute immer mehr Beachtung

Abbildung 19: «Drei-Baum-Test» von Frau X. Unten eine Briefstelle, die ihre narzißtischen Bedürfnisse dokumentiert, vergleiche dazu den Kontrast der Selbstdarstellung des Strichmännchens am Baum mit der Leiter.

findenden Familientherapie Bedeutung gewonnen. Darüber hat KLESSMANN (1982, 1983, 1984) wiederholt berichtet und den systemischen Ansatz der Familientherapie in die KB-Therapie eingebracht. Obgleich der Drei-Bäume-Test die Konstellation unter Geschwistern nicht erfaßt, die bei ihm ausgeblendet bleibt, wird doch in der Regel die viel wichtigere Triangulation oft in überraschender Weise angesprochen (Abbildung 19). Will man eine größere Familienszene darstellen lassen, kann man eine Baumgruppe imaginieren lassen. An anderer Stelle (2.4.1.) habe ich stattdessen empfohlen, eine Tierfamilie zu imaginieren. An diesem Motiv werden naturgemäß besonders interaktionelle Vorgänge deutlicher.

Einige Beispiele von KLESSMANN geben die Abbildungen 20 und 21 wieder. Außer den Konfigurationen der Bäume sind auch Momente der Dominanz und ihre Stellung zueinander zu beachten. Zum letzteren Punkt sind Beispiele besonders aufschlußreich, in denen die Baumstämme eng beieinander stehen und die Baumkronen sich ineinander verflechten. Eine Patientin mit einer rezidivierenden Herzphobie stellte ihre partnerschaftliche Beziehung in Form von zwei imaginierten Bäumen dar. In der ersten Phase der Therapie sind es zwei Bäume, die mit ihren Stämmen ineinander verdreht sind (Abbildung 22). Gegen Ende

Abbildung 20: Maras erster «Drei-Baum-Test» in der ersten Familiensitzung.

378

Abbildung 21: Maras Retest («Drei-Baum») nach Veränderung des Familiensystems.

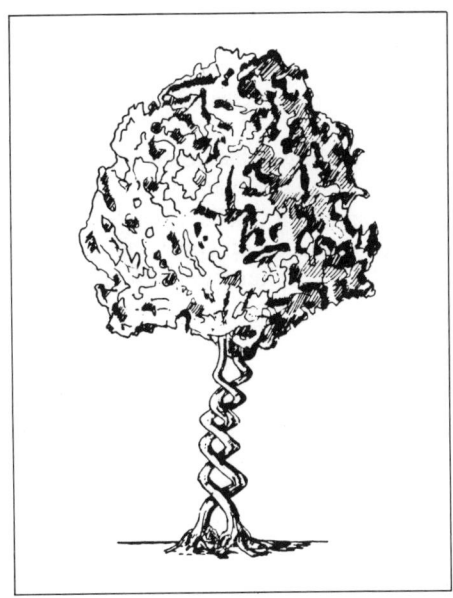

Abbildung 22: Die ineinander verdrehten Baumstämme.

379

der langwierigen Behandlung stehen beide Bäume voneinander getrennt, zwischen denen eine Straße hindurchführt. Die enge symbiotische Beziehung gemäß der phobischen Struktur wird überraschend deutlich: Die Patientin ist ob der «Untrennbarkeit» der beiden Bäume sehr verblüfft. Es gelingt zunächst nur langsam durch nachhaltiges Durcharbeiten der frühkindlichen Beziehungen zu ihrer Mutter die symbiotischen Tendenzen und die Angst vor deren Lösung zu bearbeiten.

Der Bach

Motiv des Baches

Für dieses Motiv gelten, solange der Bach freundlich und lieblich ist und das Wasser erfrischend, solange man darin mit Freuden baden oder es gar trinken kann, ähnlich positive Erlebnisbezüge einer weiblich-mütterlichen Welt wie bei einer angenehmen Wiese; umgekehrt kann sich natürlich hier auch ein frustrierender Aspekt der mütterlichen Welt darstellen: der Bach trocknet aus, ist schmutzig, das Wasser ist gefroren, eiskalt, fällt in einem Wasserfall tief hinunter, verschwindet in einer Erdhöhle usw.

Beispiel

Bei einer zu psychosomatischen Reaktionen neigenden Frau mittleren Alters ergießt sich der Bach bald in einen Wasserfall. Das Wasser ist so kalt, daß es dabei zu einem gewaltigen Eiszapfen erstarrt und unten nicht mehr ankommt. Ein anderes Mal wird sie bei der Verfolgung des Bachlaufes von dem aufspritzenden Wasser durch scharfe Nadeln aus Eis schmerzhaft getroffen. – Bezeichnenderweise erscheint die Mutter im KB später einmal als «Eiskönigin», aus der vereisten Spitze eines Berges heraustretend. In der Anamnese gibt es Hinweise auf stark frustrierende Vorgänge in der frühen oralen Phase. Das Baby wurde kalt abgeduscht, und später finden sich brüske Kontaktabbrüche in der Kleinkindphase.

Anders müßte man die Situation hingegen einschätzen, wenn es sich um einen reißenden Wildbach, einen kraftvoll, stürmisch dahinrauschenden, brausenden Strom handelte, dem man eher männlich-väterliche Qualitäten zuerkennen könnte.

Die Beziehung des *Quellenmotives* zu Mutterbrust-Phantasien ist wohl evident. Auch hier lassen den Therapeuten Störungen besonders aufhorchen. Auf die spezielle Rolle überwiegend positiver Inhalte von Quelle, Bach, Strom und Meer bin ich im Zusammenhang mit der schon wiederholt erwähnten Befriedigung archaischer Bedürfnisse (vergleiche 3.1.) beziehungsweise dem Narzißmus-Problem eingegangen.

Der Berg

Motiv des Berges

Auch dem Berg kommt ein hoher Symbolisationsgrad naher Bezugspersonen zu. Sofern die Konfiguration steil, spitz und hoch gegeben ist, spiegelt er wohl auch hier die männlich-väterliche, Leistungen fordernde Welt wider. Wie wir wissen, können jedoch auch Mütter diesen Aspekt verkörpern. Eine weiblich-mütterliche Konfiguration kann sich in runden Formen, etwa auch einer an die weibliche Brust erinnernden Bergkuppe zeigen.

Die Besteigung des Berges als eine von einer introjizierten Elternfigur geforderte Leistung hat engste Beziehung zur Entwicklungsproblematik etwa eines jungen (oder auch eines älteren) Mannes, der die entscheidende Identifikation mit der ihm als Vorbild erscheinenden Vater-Imago vollziehen muß. Daß dessen Ich-Ideal (Über-Ich) unter Umständen kontradiktorisch zur eigenen Persönlichkeit stehen und diese erheblich überfordern kann, sollte festgehalten werden. Unerfüllbaren Riesenerwartungen an sich selbst, dem Spiegel von Pflichtauflagen durch Elterngestalten (1.4.5.), begegnen wir nicht selten.

Bei der Beschreibung des Bergmotives (S. 84) habe ich schon kurz erwähnt, daß sich in der *Höhe des Berges* das Anspruchsniveau, aber auch die Konkurrenzproblematik, spiegeln. Am ehesten wird vom jungen Mann der Vater als Konkurrent erlebt, den es einzuholen und nachzuahmen gilt, aber auch mütterliche Konkurrenten sind möglich. Seltener zeichnen sich offenbar Bruderrivalitäten ab, etwa wenn zwei Berge als «feindliche Brüder» bezeichnet werden.

In der Phase meiner ersten Experimente mit dem KB begegnete mir ein Bergmotiv, an dem sich die dynamische Konstellation unmißverständlich zeigte. Es war eine modellhafte Szene, lehrreich für das Problem der Identifikation mit dem Vater auf dem Boden der Vater-Sohn-Konkurrenz.

Beispiel (ausführlich in LEUNER 1982b)

Ich hatte einen 18jährigen stark stotternden Adoleszenten mit einer Entspannungstherapie behandelt. Von der seit vielen Jahren bestehenden hartnäckigen Sprachstörung blieb ein Stottern zurück, das nur in Gegenwart seines Lehrmeisters und seines Vaters auftrat. Der Schluß schien zulässig, daß die nicht vollzogene Ablösung von der Vater-Imago als ein altersgemäßes Problem für die Reststörung verantwortlich war. Was lag deshalb näher, als den jungen Mann aufzufordern, sich unmittelbar im KB einen Berg vorzustellen, und ihm den Aufstieg anzuraten. Meine Hypothese: dadurch könne er sein Problem imaginierend thematisieren und im katathymen Panorama bearbeiten. Er bestieg einen kegelförmigen, spitzen Berg von etwa 100 m Höhe, auf den ein spiralförmiger Weg führte. Oben angekommen fand er einen überdachten Sitzplatz in Form eines Pilzes. Beim Rundblick entdeckte er jenseits eines Tales einen anderen, mäßig höheren Berg. Dieser kontrastierte zu dem seinen durch viel größere Masse eines langgestreckten, massiven Bergrückens, gekrönt von einem mächtigen Turm. Meine Hypothese: Der spitze Berg hat nur geringe Masse, durch seine Kegelform erreicht er aber fast die gleiche Höhe wie der viel massigere andere Berg. Auf diesem «seinem» Berg mußte er sich durch ein Wetterdach schützen, d. h. er traute nicht, sich dort frei zu exponieren. Ich nahm an, daß er «seinen» Berg, seine Leistungsfähigkeit, seine Fähigkeit, im Leben etwas darzustellen, emotional in dieser Weise unbewußt einschätzte. Ganz so sicher war ich nicht und wünschte diese Frage genauer zu klären. Der gegenüberliegende Berg schien mir die als massig erlebte Vater-Imago zu symbolisieren, wozu auch der prominente (phallische) Turm passen würde. Ich weitete meine Hypothese aus: Wenn es mir gelingt, den Patienten unter meinem Schutz anzuleiten, den konkurrierenden, turmbewehrten Berg mit Erfolg zu besteigen, womöglich noch den Turm, würde sich darin symbolisch die Identifikation mit dem Vater oder dem Meister ausdrücken, im Sinne des Probehandelns an dessen Stelle setzen, vielleicht mit Erfolg entdecken, daß er diese Position – all seinen Mut zusammennehmend – einnehmen in der Lage ist, d. h. sich mit dem Angreifer zu identifizieren (Abwehrmechanismus). Die sich im Stottern darstellenden gehemmten Aggressionen würden sich dann im Alltag, auch in Form männlicher Durchsetzung und Selbstbehauptung, ungehemmter manifestieren können, und das Restsymptom müßte zurücktreten.

Sohn-Vater-Problem

Das Beispiel zeigt beiläufig, daß es für den ausgebildeten KB-Therapeuten wichtig ist, derartige tiefenpsychologische Dimensionen nicht nur intuitiv zu erfassen, sondern unter Anwendung des tiefenpsychologischen Konzeptes die einzuschlagenden Behandlungsschritte zu konzipieren.

Alles geschah wie ich dem Patienten nahegelegt hatte. Der Aufstieg auf den «väterlichen» Berg war wegen großer Hitze und eines ihn erschreckenden Gewitters sehr anstrengend und mit Angst besetzt. Die Besteigung des Turmes stieß auf Schwierigkeiten. Aus den Gewitterwolken zuckten Blitze, als er heraustrat. Bei diesem letzten Schritt machte ich ihm Mut. Oben angekommen beobachtete er den Abzug des Gewitters. Der Ausblick war mangelhaft wegen des schlechten Wetters. Der spitze Bergkegel jenseits des Tales erschien ihm jetzt niedriger als der derzeitige Standpunkt. Der Abstieg von diesem «väterlichen» Berg und die Rückkehr auf die Wiese waren ohne Schwierigkeiten. – Wie war das Ergebnis dieser einen Sitzung im KB? Das Rest-Stottern in Gegenwart des Vaters und anderer Autoritätspersonen war verschwunden, und er wurde selbstbewußter. Die Nachbeobachtung betrug ein Jahr.

Kommentar: Meine hypothetischen Erwägungen und deren Bestätigung machen Erläuterungen überflüssig. Die in den beiden Bergen symbolisierte Konkurrenzsituation und die Darstellung der väterlichen Welt sind unmißverständlich, ebenso, daß sich mit der Bergbesteigung eine Identifikation mit dem Vater verbindet. Damit ist die Objektrepräsentanz des Berges und die große therapeutische Bedeutung der Bergbesteigung deutlich geworden. Sie findet eine Parallele in der Krisenintervention bei dem depressiven Arzt, in dessen Verstimmung und Arbeitsstörungen nach der Berg- und Turmbesteigung eine entscheidende Wende eintrat (S. 37).

Zur Veranschaulichung der weiblichen Repräsentanz möchte ich ein kurzes Tonbandprotokoll anführen. Es stammt von einem etwa 52 Jahre alten Akademiker, der unter anderem an einer therapieresistenten primären Impotenz leidet.

Beispiel 4 (G. K.) Tonband (nach Einstellung eines Berges)

«Ja, also mir kommt der Wendelstein vor Augen. Ich sehe ihn ganz groß.»
(«Wie wirkt er auf Sie?»)

weibliche Repräsentanz

«Ja, mächtig, nicht; so in dem Laisachtal ist er ja der einzige größere Berg und der so beherrschend wirkt, so das ganze Talgebiet beherrschend. Ich weiß nicht, ob Sie das kennen, das fällt mir jetzt ein, daß man sagt, von einem bestimmten Gebiet aus, von Neuhaus betrachtet, das sieht da aus wie eine schlafende Jungfrau.»
(«Haben Sie das vor Augen oder sieht das anders aus?»)
«Ja, doch, so ungefähr, so ungefähr habe ich das. Ja, jetzt sehe ich auch schon eine Jungfrau, also ein Mädchen, so etwas liegend.»
(«Lassen Sie sie noch mal auf sich wirken, beobachten Sie sie mal.»)
«Sie liegt so da wie eben auf dem Berg, wenn man sich da eine Jungfrau vorstellt, so schräg; also, wie wenn man auf einem Hang liegt, die Knie so leicht angewinkelt. Sie hat nichts an, ist nackt und schläft.»
(«Wie wirkt das denn auf Sie, so stimmungsmäßig, gefühlsmäßig?»)
«Ach, eigentlich anziehend. D. h., sie ist an sich furchtbar groß, und sie ist ja so groß wie ein Berg, also eigentlich so ein Riesenmädchen. Und das hat dann doch wieder etwas also nicht nur Positives, sondern, als ob irgendwie eine Aufgabe zu groß wird, man wird nicht so damit fertig. Nicht, also ich habe den Eindruck, sie ist zu groß für mich.»

Kommentar: Es bedarf kaum weiterer Erläuterungen, um darzustellen, wie der unter einer stark dominanten Mutter aufgewachsene Patient mit depressiver Struktur das Problem der Imago der «Jungfrau» (ich erinnere auch an den bekannten Alpengipfel dieses Namens) erlebt, die letztlich Deckfigur für die als sehr dominant und nicht kommunizierbar erlebte Mutter-Imago ist.

Das Pendant einer Patientin sei angefügt.

Beispiel 5 (H. H.)

(«Stellen Sie sich bitte einen Berg vor.»)
«Ich habe einen Gebirgszug vor mir in ziemlicher Entfernung.»
(«Wie wirkt er gefühlsmäßig auf Sie?»)
«Massiv, statisch, unveränderbar, unbeeinflußbar, bedrohlich. Ich fühle mich im Ge-*Tochter-Mut-*
birge nie wohl. Dort könnte ich mich nicht erholen. Die Berge erdrücken mich, engen *ter-Problem*
mich ein, lassen mir keinen Überblick.»
(«Versuchen Sie, einmal näher heranzukommen.»)
«Das gelingt mir nicht.»
(«Dann versuchen Sie vielleicht einmal aufzusteigen – im Hubschrauber oder Flugzeug
– und sich das Gebirge einmal von oben anzuschauen.»)
«Ohne Mühe kann ich mich erheben, fühle mich erleichtert und schwebe über dem
Berg. Ich sehe unter mir eine Schneelandschaft, einen Lift, Skiläufer, das alles ist sehr
farbig; das Wetter ist sonnig. Ich fliege weiter, da tut sich eine ganz *andere Landschaft* auf:
Ein Bergsee liegt zwischen vielen schroffen Bergspitzen. Er wirkt dunkel, kalt, wie tot,
unheimlich. Das Wetter ist grau.»
(«Versuchen Sie bitte, dort zu landen.»)
«Das geht nicht, es ist alles zu steil. Ich will es auch nicht, es ist mir zu tot und öde.»
(«Was möchten Sie tun?»)
«Ich drehe um und fliege zurück zum Skigebiet. Dort atme ich auf.»

Besprechung des Protokolls acht Tage später:

(«Können Sie sich einen Menschen vorstellen, der dem Gebirge, so wie Sie es beschrieben
haben, ähnlich ist?»)
«Mir fällt spontan meine Mutter ein. Ich vergleiche meine Empfindungen bei dem
Gebirge und meiner Mutter gegenüber und stelle fest, daß sie sich decken.»
(«Wie ist es mit den beiden anderen Landschaften, dem Skigebiet und dem Bergsee?»)
«Der Bergsee ist identisch mit der Mutter, die Skilandschaft mit dem Vater.»
(«Erinnern Sie sich an eine Begebenheit aus der Kindheit, in der Sie Ihre Mutter so
erlebt haben?»)
«Es fällt mir eine Situation ein, als ich etwa 11 Jahre alt war.» – Die Patientin schildert:
«Ich hatte damals einen langen Brief an eine Freundin geschrieben, in dem ich mich sehr
über meine Mutter beklagte. Die Mutter hatte den Brief in die Hände bekommen und
machte mir in Gegenwart des ebenfalls hinzuzitierten, von mir sehr geliebten Vaters eine
große Szene: Sie holte ihn aus der Tasche und hielt mir eine Standpauke, wie ich so etwas
über meine Mutter schreiben könne usw. Ich wurde nichts weiter gefragt, der Brief wurde
zerrissen, es sei ja wohl klar, daß ein solcher Brief nicht abgeschickt würde. Damit war die
Sache erledigt und wurde nie wieder erwähnt. Ich fühlte mich gekränkt, fand es unverschämt, daß meine Mutter den Brief geöffnet hatte, daß sie zu feige war, mich allein zur
Rede zu stellen, sondern meinen Vater zur Unterstützung brauchte. Ich verachtete sie. Es
war das Ende, der I-Punkt auf allem, was ich in der Kindheit mit meiner Mutter erlebt
hatte.»

Kommentar: Interessant ist an diesem Beispiel, wie leicht Einfälle zu einer
Objektrepräsentanz aufkommen können und wie genau hier zwischen der väter-
lichen und der zu ihr ganz gegensätzlichen mütterlichen Welt, die beide in der
Sitzung auch an den Gestaltqualitäten deutlich wurden, unterschieden wird.

Ich komme zurück zur *männlich-väterlichen Symbolik.* Diese schließt auch *männlich-väter-*
Felsen ein, die etwa einen Bachlauf behindern, anderweitig einen Weg versper- *liche Symbolik*

ren oder «der Fels im Meer» sind. Allen gemeinsam ist einerseits der Ausdruck des Starren, Leblosen, Unverrückbaren, andererseits aber positiv gefaßt: des Festen, Stabilen, Sicheren, das allen Stürmen («des Lebens») standhält, dem man sich anvertrauen und unter dessen Schutz man sich begeben kann. – Daß der Turm eine männliche Repräsentanz im Sinne des Phallus-Symboles verkörpert, ist kaum umstritten. In Analogie stehen alle hochgestreckten Gebäude wie Fernsehtürme, Kirchtürme, Hochhäuser, Kräne usw. *Technische Konstruktionen* aus Stahl und Eisen können in diesem Zusammenhang genannt werden. Doch ist immer wieder die Konfiguration zu berücksichtigen, die gestaltpsychologisch, d.h. individuell-emotional, erfaßt wird. Sie gibt letztendlich den Ausschlag, welche Bedeutung das Motiv beim jeweiligen Patienten hat. Betrachten wir die männlich-väterlichen Repräsentanzqualitäten, wie überrollend, gewaltig, erhaben oder imposant, in diesem Zusammenhang, so erinnere ich an technische Gebilde wie die in einem Beispiel erwähnte Lokomotive, die aus dem Wald herauskam als Darstellung der väterlichen Gestalt des Doktorvaters des Patienten.

Im *Bereich der Tiere* gehören dazu etwa der Elefant, das Nashorn, natürlich der Stier, der Hengst, der männliche Löwe oder Tiger und andere sich deutlich als maskulin darstellende Wesen. Auch hier finden wir häufig einen Doppelaspekt. So kann etwa der Elefant – wie an anderer Stelle schon gezeigt – als «gutmütig, freundlich, behütend, beschützend» oder sogar «weise» erlebt werden. Desgleichen kann ein Löwe die Qualitäten eines «warmen, flauschigen» Tieres gewinnen, an das man sich anlehnt und «ankuschelt». Ich denke an eine 20jährige stark aggressionsgehemmte Patientin mit einer Zwangsneurose, die einen Löwen mit den Qualitäten eines Teddybären mit großem Behagen erlebte.

Bei diesem letztgenannten Beispiel, wie auch bei dem des Felsens, stoßen wir auf das grundsätzliche Problem der Symbolik: Symbole sind in ihren Erlebnisqualitäten stets bipolar angelegt, d.h. sie vereinigen Gegensätze. Das ist nicht nur Eigenschaft der Symbole (wie sie C.G. JUNG betont hat), sondern eine essentielle Gegebenheit der menschlichen Existenz und der uns umgebenden Natur überhaupt. Beispielsweise kann Wasser einerseits erfrischen, kann Fruchtbarkeit signalisieren, ist also unabdingbares Lebenselement. Auf der anderen Seite jedoch kann es gefährlich sein und Leben vernichten, etwa in Form einer Überschwemmung eines reißenden Stromes, des stürmischen Meeres. Das gilt analog für Menschen, also Liebesobjekte; sie können einerseits im Sinne des «guten Objektes» (gute Mutter, guter Vater) nährend, fördernd, beschützend und Sicherheit bietend sein, auf der anderen Seite können sie aber auch als «böses Objekt», böser Vater, böse Mutter (M. KLEIN) feindselig erlebt werden: starr, mechanisch, kalt, gewalttätig, willkürlich, brutal, unterdrückend, verschlingend, vereinnahmend usw.

Aus dem Gesagten wird wiederum deutlich, wie gefährlich es ist, mit kollektiven Symbolinterpretationen aufzuwarten. Es ist der große Vorzug des imaginierten (assoziierten) Motives im KB, die Erfassung von Gestaltqualitäten anzuregen, um die individuelle Bedeutung eines KB-Bildes, um die emotionale «Hier und Jetzt»-Situation als aktuelle Konfliktlage zu erkennen. – Auch dem tiefenpsychologisch noch nicht geschulten Leser wird deutlich, in welchem Ausmaß das Katathyme Bilderleben selbst feine, unterschwellige emotionale Regungen und die dazugehörigen Einfälle, Gedanken und Erinnerungen relativ mühelos bewußtseinsfähig macht. Darin eröffnet sich ein breiter Zugang zur individuellen Symbolbedeutung.

Auf den Bereich der *weiblich-mütterlichen Objektrepräsentanzen* im KB möchte ich etwas zusammenhängend eingehen.

weiblich-mütterliche Repräsentanz

Das Haus

Als das vorletzte Standardmotiv der Grundstufe ist es bisher vorwiegend als Ausdruck der eigenen Persönlichkeit betrachtet worden. Nur am Rande erwähnt blieb die Phantasie, daß das Haus auch als «Kasten» (oder «Kästchen»)[5], in das man hineingeht, in das man unter Umständen auch gewaltsam eindringt, erlebt werden kann. Damit wird die weiblich-mütterliche Repräsentanz dieses Motives angesprochen. Die Beziehung zwischen Wohnhaus, «Wohnhöhle» und Mutterschoß beziehungsweise Uterus scheint nicht allzu weit hergeholt. Auch das Motiv der Höhle läßt sich als dazu wichtig assoziieren: Eingang in die weiblich-mütterliche Welt beziehungsweise in die «Mutter Erde», oder enger: als vaginales und uterines Motiv. Zur Höhle assoziiert sich im KB leicht auch «Tunnel» oder «Röhre» als Geburtsweg (medizinisch: «Geburtsschlauch»).

Motiv des Hauses

Dazu ein *Beispiel* von einer weiblichen Versuchsperson

Bei Einstellung eines Hauses erscheinen zwei Häuser: ein Pfefferkuchenhaus und daneben ein solides Fachwerkhaus. Die Betreffende versucht zunächst, an dem Pfefferkuchenhaus zu knabbern. Dabei fällt dieses ein. Unter ihm begraben ist eine Hexe, die sich mühsam befreit. – Nun wendet sich die Versuchsperson dem soliden Haus zu. Im Inneren findet sie eine alte Frau, die an einem Spinnrad sitzt und deren Alter unbestimmbar ist. Sie erkennt die Hexe wieder. Zugleich aber auch ihre Mutter, die vor einer Reihe von Jahren hochbetagt verstorben ist.

Kommentar: Das Haus der Hexe (als Ausdruck einer oralen Verführung, hinter der ein großer oraler Machtanspruch steht) setzt sich gewissermaßen in dem soliden Alltagshaus fort, dem Besitz der Mutter. Die große Abhängigkeit der Versuchsperson kommt zumindest zum Ausdruck.

Das *Motiv der Küche* im Haus als Bereich der oralversorgenden Sphäre kann ebenfalls der mütterlichen Repräsentanz zugerechnet werden, ebenso die Vorratshaltung im Keller und auf dem Boden, ferner ein bergendes Wohnzimmer. Umgekehrt kann das Haus natürlich ebenso die männlich-väterliche, behütende und bergende Sphäre symbolisieren. Ich erinnere an das Försterhaus der an anderer Stelle (S.95) erwähnten 22jährigen Patientin, das sich in ihrer Verliebtheit einstellte. Auch dort wurde der interessante Doppelaspekt deutlich: im Garten Symbole männlich-weiblicher Vereinigung und Fruchtbarkeit in Form langer Gurken und großer Kürbisse; das Haus wurde dann einerseits als bergend erlebt, andererseits als phallisch durch die Vielzahl der Gewehre und vielleicht zugleich ebenfalls als brutal im Hinblick auf die Reh- und Hirschgeweihe an der Wand. Aber natürlich kann die Freundschaft mit einem brutalen, sich mit

---

[5] FREUDS «Kästchenmotiv» (1913).

Schießgewehren umgebenden Mann für den, der sich ihm unterstellt, wiederum einen Schutzaspekt haben.

Analog dem Haus wird übrigens auch die *Stadt* häufig als weiblich angesprochen, z. B. in der Bibel «Jerusalem, Tochter Zions». (Das Stadtmotiv ist in der psychoanalytischen Literatur eingehend untersucht worden.)

Im technischen Bereich wird nicht selten das *Schiff* als feminin angesprochen, weil als tragendes Element erlebt. Die Dinge liegen jedoch wiederum komplizierter, wenn man etwa an ein mit Kanonen bestücktes Kriegsschiff denkt. Aber es gibt auch wehrhafte Frauen, die sich in durchaus männlicher Weise zu verteidigen wissen. Das Schiff ist ein vielfältig zu nützendes Symbol für Objektrepräsentanzen und ein Motiv der Begegnung, wie wir aus der Kindertherapie (KLESS-MANN 1978) und aus der Paartherapie (KOTTJE 1983) gelernt haben (Beispiel S. 464).

Darin kommt zweierlei zum Ausdruck: die weibliche Objektrepräsentanz, zugleich aber auch die Möglichkeit der Bemächtigung des Objektes dadurch, daß die Patientin das Schiff mit Stolz und Vitalzuwachs steuert, in anderen Fällen ein Boot rudert und eine Konkurrenz mit der begleitenden Mutter entsteht (KLESSMANN 1982).

4.3.1.4. Tiergestalten

Tiersymbolik

Was die Tierrepräsentanten im weiblichen Sinne betrifft, weist das schon genannte Motiv der *Kuh* mit mancherlei anderen weiblichen Tieren auf Eigenschaften hin, die dem oralen Bereich angehören, mit Qualitäten wie «wärmend, einhüllend, Schutz gewährend» usw. Wenn auch nicht alle Mütter diese Ausstrahlung haben oder gehabt haben, ist nicht zu leugnen, daß Milch, nahrungsspendende Attitüde und wärmender Hautkontakt das Grundbedürfnis der oralen Befriedigung in sich tragen, und zwar nicht allein im frühen Säuglingsalter, wenn dort auch existentiell notwendig. Aber hier sehen wir auch das Problem des Übermaßes, sobald eine oral spendende Haltung der Mutter die Bequemlichkeit fördert, selbständige, ausgreifende Aktivität zudeckt und expansiv-freiheitliche Bewegungen (in einer späteren Phase) behindert. – Eine andere weibliche Symbolisation finden wir in scheuen, zarten Tieren, wie etwa dem *Reh,* der *Gazelle* und dem *Känguruh.* Tiere, die schüchtern aus dem Wald heraustreten, flüchten schnell und haben doch Aspekte des Nährenden und Weiblichen. Sie erscheinen nicht selten bei asthenischen jungen Mädchen als Symbolisation einer eigenen Verhaltenskomponente. Eine ganz archaische, mütterliche Tierrepräsentanz, die im Zusammenhang mit dem Motiv des Sumpfloches auf der Oberstufe und bei Tauchversuchen in die Tiefe des Meeres erscheint, ist die eines Kraken. Diese archaische Form repräsentiert die regressiven Erlebnisqualitäten der mütterlichen Attitüden des «Verschlingens, Umklammerns» und des «Aussaugens». In Analogie dazu steht das Motiv der *Spinne.* Beide können in der Imagination Schwergestörter überdimensionale Größen erreichen. Sie rufen dann beim Partner unter Umständen panische Angstzustände und das Gefühl aussichtsloser Ohnmacht hervor. Insofern sind diese archaischen Motivbereiche therapeutisch meist unfruchtbar, weil als abgespalten schwer zu integrieren. Sie

386

sollten im KB generell gemieden werden und können eher Gefahren darstellen, denen der Therapeut (auf der Grundstufe) nicht gewachsen ist. Ich erwähne sie lediglich zur Vervollständigung des Repertoires der am häufigsten auftretenden weiblichen Tiersymbole im KB. Aber auch freundlichere, eventuell erotisch getönte weibliche Repräsentanzen, wie eine Katze, eine Stute usw., sind nicht zu vergessen.

Den Leser möchte ich jedoch nochmals dringend bitten, bei der Therapie seiner Patienten keine interpretierende Zuordnung dieser Objektrepräsentanzen zu anamnestisch bekannten Personen vorzunehmen, sondern nur zur Bildung seiner «Privathypothese» zu benutzen. Erweitern sich seine Kenntnisse über die psychodynamischen Daten des Patienten, muß er diese naturgemäß korrigieren. Auch soll der Patient auf einschlägige Vermutungen nicht angesprochen werden, es sei denn, er findet durch seine Einfälle oder angebotene Hilfen die Beziehung zwischen dem Objekt und dem landschaftlichen oder anderen Motiv mehr oder weniger bewußt von selbst. Die Arbeit mit dem KB kann erheblich gestört werden, wenn der Patient von seinem Therapeuten entsprechende Erklärungen erhält, wie es in einem meiner Seminare einmal ein Teilnehmer seinem «Patienten» sagte: «Sehen Sie, dieser hohe, steile Berg ist wohl Ihr Vater, und die Gestalt, der Jäger mit der Brille, der aus dem Wald herauskam, das bin ich.» Einem solchen Vorgehen liegt ein erschreckendes Mißverständnis des Wesens der tiefenpsychologischen Symbolik ganz allgemein und des therapeutischen Stiles im KB überhaupt zugrunde. Die Arbeit im KB kann durch den Versuch einer derartigen 1 : 1-Zuordnung von Symbolrepräsentanz und Bezugsperson, durch Verstärkung der Aktualisierung erheblich gestört werden. Mit besonderem Nachdruck möchte ich deshalb noch einmal auf die heute noch gültige Feststellung hinweisen, daß die *Symbole stets mehrfach determiniert* sind, also mehrere dynamische Quellen haben, die sich im Sinne einer Kontamination auch einmal gleichzeitig in dem Bild ausdrücken können. Wie erwähnt, sind Symbole zudem in ihrem Bedeutungsgehalt polar angeordnet. Wegen der breiten Streuung und vielfältigen Determination des einzelnen Motives habe ich bewußt auch immer nur von «mütterlich-weiblicher Welt» und entsprechend «väterlich-männlicher» gesprochen. Auch habe ich darauf hingewiesen, daß diese wiederum allenfalls zerfallen in «gute» und «böse» Objekte, je nachdem, wie sie im aktuellen Fall des «Hier und Jetzt» gerade bewußt werden. Die vielfältigen Hintergründe, also weitere in der genetischen Linie nach hinten gestaffelte Bezugspersonen und die beschriebene Polarität, lassen sich dem Patienten erst in einer längeren Analyse vermitteln, wenn Amnesien Schritt für Schritt fallen. Im Verlaufe einer Behandlung verschieben sich die einzelnen Personen zugeordneten Symbolgehalte nicht selten. Beispielsweise wurde von einem Patienten zunächst der Vater als unterdrückend, streng und hart erlebt. Als es zur spontanen Abreaktion einer kindlichen Szene im Zusammenhang mit dem Vater kam, tauchte der «gute» Aspekt des Vaters auf, und der Patient erinnerte sich nun, wie der Vater früher auch mit ihm sehr freundlich gespielt, ihn zu sportlichen Übungen angeleitet und streckenweise die Rolle eines guten Kameraden eingenommen hatte. Dementsprechend muß die Hypothesenbildung des Therapeuten korrigierbar bleiben. Wo sich eine solche direkte Zuordnung, wie an den obigen Beispielen dargestellt, einstellt, sei es spontan oder vom Therapeuten angeregt, fassen wir

mehrfache Determination

sie als eine ad-hoc-Darstellung der aktuellen emotionalen Situation auf. Wir bleiben offen für sich später zeigende weitere Determinanten und genetisch andere Stufen emotionaler Erfahrungen.

Man soll ferner nicht dem Irrtum verfallen anzunehmen, daß selbst der spontan geknüpfte Bezug von Symbol und tatsächlichem, «objektivem» genetischem Erlebnis zutreffend ist. Vorrang hat immer der subjektive Erlebnischarakter, dessen Freilegung für die Therapie allein wichtig ist, gleichgültig, ob es sich um *Symbol* einen realen oder einen rein symbolischen Bezug handelt. In beiden mischen *Ausdruck* sich häufig reale Erlebnisse mit kindlichen Verkennungen und Verzerrungen *kindlichen* libidinöser Phantasien und narzißtischer Idealisierungen. Sie alle können ver- *Erlebens* standen werden, wenn man bedenkt, wie sich aus der Perspektive des noch unreflektierten, dem Erleben unmittelbar preisgegebenen Kleinst- und Kleinkindes das Verhalten von Vater und Mutter dargestellt hat. Auch die Motive der sekundären Verarbeitung sind nicht schwer zu verstehen. Über diese Zusammenhänge hat man sich in der psychoanalytischen Literatur Klarheit zu verschaffen gesucht (vergleiche 2.3.3.1., 3.2.). Trotz allem kennen wir realitätsgerechte Wiederholungen infantiler Szenen in der Altersregression, die allen Recherchen auf ihren realen Ursprung bis ins Detail hinein standhalten.

4.3.1.5. Übersicht

Der Übersicht halber fasse ich die erörterten Gesichtspunkte zusammen, die dem Verständnis von Symbolrepräsentanzen dienen.

(1) Alle KB-Inhalte haben Symbolcharakter, auch die landschaftlichen. Sie können neben anderem als Repräsentanten früher Liebesobjekte (Introjekte) aufgefaßt werden.

(2) Der Therapeut kann bei seinen anfänglichen Versuchen (in einer Therapie) den Bedeutungsgehalt der KB-Inhalte (Symbole) zunächst nur arbeitshypothetisch und lediglich auf kollektiver Basis, zuordnen. Erst später kann er dann aufgrund der subtilen Kenntnis der Anamnese und weiterer, aus der Therapie gewonnener Daten ein zunehmend dichteres Netz der individuellen Bedeutungsstrukturen gewinnen und die Zuordnung schrittweise vornehmen.

(3) Die daraus gewonnenen neuen, sich verfeinernden Hypothesen zur Deutung teilt er seinem Patienten in der Regel jedoch spät als Angebot mit (vergleiche deutende Hilfen, S.235).

(4) Der individuelle Bedeutungsgehalt eines Symboles sollte vielmehr durch den Patienten selbst entschlüsselt werden, indem er angeleitet wird, z.B. die Gestaltqualitäten eines Motives näher zu erfassen und dazu Einfälle zu bringen.

(5) Unabhängig davon kommt es gelegentlich auch – eventuell mit Hilfe des Therapeuten – zu einer Selbstinterpretation des Symboles.

(6) Die Relation zwischen Symbol und unbewußtem emotionalem Bedeutungsgehalt kann zunächst nur aus der «Hier und Jetzt»-Situation verstanden werden.

(7) Eine 1 : 1-Zuordnung von Symbol und Liebesobjekt widerspricht der Eigenart des Symboles, und zwar weil
a) die symbolische Repräsentanz stets mehrfach determiniert ist, und zunächst häufig Deckfiguren ins Bewußtsein treten;
b) das das Objekt repräsentierende Symbol polare Bedeutungen im Sinne der Beziehung zum «guten» und «bösen» Objekt einschließt;
c) die Objektbeziehungen in verschiedenen Entwicklungsphasen des Kindes unterschiedlich gewesen sein können;
d) in den zu formulierenden Gestaltqualitäten z. B. eines landschaftlichen Motives zwar einerseits eine reale genetische Beziehung zur Darstellung kommen kann, sie andererseits aber als regressive Symbolrepräsentanz auch eine Verdichtung des emotionalen Klimas der Beziehung zu Introjekten darstellt;
e) infantile Verzerrungen und Verkennungen einschließlich sekundärer Libidinisierung und narzißtischer Idealisierung den Grad der «objektiven» Repräsentierung trüben können.
(8) Für die Therapie zählt allein der subjektive Erlebnisgehalt der gegenwärtigen Behandlungssituation, der Gegenstand der therapeutischen Arbeit im KB ist.

4.3.2. Bearbeitung der Symbole im KB

Verschiedentlich ist betont worden, daß eine «Deutung» der Tagtraumsymbolik auf der Grundstufe selten oder gar nicht erfolgt. Beim fortgeschrittenen Patienten kann der erfahrene Therapeut auf die Symbolik eingehen. Dann soll er aber die theoretischen Aspekte sowie die Techniken ihrer Entschlüsselung beherrschen.

4.3.2.1. Grundzüge der tiefenpsychologischen Symbolik

Unter dem gleichen Titel habe ich an anderer Stelle (LEUNER 1978b) eine ausführliche Studie veröffentlicht. Danach stellt das tiefenpsychologische Symbol einen Sonderfall im Rahmen des Symbolismus dar. Es bezieht sich immer auf die Symbolik des Traumes. Das Katathyme Bilderleben ist in dieser Hinsicht dem Traum gleichzusetzen. Was für den Nachttraum gilt, kann auf den Tagtraum übertragen werden. Eine exakte Definition oder Festlegung des Symbolbegriffes in der Psychoanalyse stieß auf Schwierigkeiten und ist von FREUD (1914) selbst niemals vorgenommen worden. Er schreibt:

Definition des Symbols

«Wir müßten ... die Aufgabe der Traumdeutung weit überschreiten, wenn wir der Bedeutung des Symbols gerecht werden und die zahlreichen, großenteils noch ungelösten Probleme erörtern wollten, welche sich an den Begriff des Symbols knüpfen.»

Eine brauchbare Definition stammt von RANK und SACHS (1913):

«Symbol ist ein letztes, wegen seiner besonderen Eignung zur Verhüllung des Unbewußten und zu seiner Anpassung (Kompromißbildung) an neue Bewußtseinsinhalte überall mit Vorliebe verwendetes Ausdrucksmittel des Verdrängten. Wir verstehen darunter eine besondere Art der indirekten Darstellung, die durch gewisse Eigentümlichkeiten von den ihr nahestehenden des Gleichnisses, der Metapher, der Allegorie, der Anspielung und anderer Formen der bildlichen Darstellung von Gedankenmaterial nach der Art des Rebus (= Bilderrätsel) ausgezeichnet ist. – Das Symbol stellt gewissermaßen eine ideale Vereinigung all dieser Ausdrucksmittel dar: Es ist ein stellvertretender anschaulicher Ersatzausdruck für etwas Verborgenes, mit dem es sinnfällige Merkmale gemeinsam hat oder durch innere Zusammenhänge assoziativ verbunden ist. Sein Wesen liegt in der Zwei- und Mehrdeutigkeit, wie es ja selbst auch durch eine Art Verdichtung, ein Zusammenwerfen (symbàllein) einzelner charakteristischer Elemente entstanden ist. Seine Tendenz vom Begrifflichen nach dem Anschaulichen stellt es in die Nähe des primitiven Denkens; durch diese Verwandtschaft gehört die Symbolisierung wesentlich dem Unbewußten an, entbehrt aber als Kompromißleistung keineswegs der bewußten Determinanten, die in verschieden starken Anteilen die Symbolbildung und das Symbolverständnis bedingen.»

Damit wird die Auffassung von JONES (1919) gestützt, mit der dieser Teil der Definition zusammenfällt: «Nur was verdrängt ist, wird symbolisch dargestellt; nur was verdrängt ist, bedarf der symbolischen Darstellung. Diese Schlußfolgerung ist der Prüfstein der psychoanalytischen Theorie der Symbolik.» Die Person weiß also nicht, wenn sie es mit einem «Symbol» zu tun hat; der Impuls stammt vom Unbewußten.

Zwei Theorien über die Entstehung tiefenpsychologischer Symbole: Die erste wurde von FREUD bis zuletzt aufrechterhalten. Er betrachtete die Symbolik des Traumes als phylogenetisches (oder archaisches) Erbe. Wenn die Symbole «angeboren» sind, wird man nichts über ihre «Entstehung» erfahren können. In der ersten Auflage der «Traumdeutung» (FREUD 1900) schreibt er:

«. . . und überall, wo die Neurose sich solcher Verhüllung bedient, wandelt sie die Wege, die einst in alten Kulturperioden die ganze Menschheit begangen hat und von deren Existenz unter leichter Verschüttung heute noch Sprachgebrauch, Aberglaube und Sitte Zeugnisse ablegen.»

kollektive
Bedeutung

C.G. JUNG griff diese Auffassung auf, um sich ganz der kollektiven Symbolik zuzuwenden. – In einem seiner letzten Werke hebt FREUD (1937) hervor, daß die Allgemeinheit der Sprachsymbolik den Kindern wie selbstverständlich geläufig sei:

«Wir können ihnen nicht nachweisen, wie sie es erlernt haben, und müssen in vielen Fällen zugestehen, daß ein Erlernen unmöglich ist. Es handelt sich um ein ursprüngliches Wissen, das der Erwachsene später vergessen hat. Er verwendet die nämlichen Symbole zwar in seinen Träumen, aber er versteht sie nicht. ... derselben Symbolik bedienen sich Mythen und Märchen», es folgen «. . . Sprachgebrauch und die dichterische Phantasie.»

Die zweite Theorie ergibt sich aus der Frage der Rolle der Symbolik in der Individualentwicklung. Die fundamentale Annahme der Psychoanalyse geht davon aus, daß die Objekte der Außenwelt (Liebesbeziehung) erst durch «Libidinisierung» dem Kinde annehmbar werden. FERENCZI (1927) versucht folgende Erklärung:

«Die Kinder kümmern sich ursprünglich, solange sie die Not des Lebens nicht zur Anpassung und damit zur Wirklichkeitskenntnis zwingt, nur um die Befriedigung ihrer Triebe, d.h. um die Körperstellen, an denen die Befriedigung stattfindet (erogene Zonen).

... Was Wunder, wenn auch ihre Aufmerksamkeit in erster Linie durch solche Dinge und Vorgänge in der Außenwelt erregt wird, die aufgrund einer noch so entfernten Ähnlichkeit an die ihnen liebsten Erlebnisse erinnern?»

Neuere Ansichten neigen dazu, die ontogenetische Erklärungstheorie zu befürworten. Die biologische Situation des Kindes wird als Erklärungsprinzip für die Universalität des kindlichen Verhaltens herangezogen. HARTMANN, KRIS und LOEWENSTEIN (1951) formulieren:

individuelle Bedeutung

«Die Ubiquität gewisser Symbole, vor allem sexueller Symbole, scheint erklärbar, wenn wir uns erinnern, wie grundlegend ähnlich die Lage jedes Kindes in der Erwachsenenwelt ist; sie begrenzt die Zahl bedeutungsvoller Situationen, welche das Kind mit Affekt belebt; wie typisch und unveränderlich die Ängste des Kindes sind, und schließlich, wie einheitlich einige seiner Grundwahrnehmungen und körperlichen Empfindungen sein müssen. – Die Grundbeziehung von Wahrnehmungen zu Teilen des Körpers, von Gebärden, um zu liebkosen oder zu verletzen, um auszuscheiden oder aufzunehmen, um zu empfangen oder zu beinhalten (um nur diese zu nennen), stellen die Grundlage nicht nur für die Symbolbildung dar, sondern auch für die Universalität nichtverbaler Mitteilungen.»

So finden gewisse Funktionen des Ich gleichwertige, allgemeine Ausdrucksmodi und damit Empfindungen ihrer präverbalen Repräsentanz im symbolischen Bild und werden offenbar erst später als sprachliches Symbol in die Sprache aufgenommen.

Aus der Kritik des psychoanalytischen Symbolbegriffes von LORENZER (1970) ist zu ergänzen: Das Symbol wird als *Produkt eines Erkenntnisvorganges* aufgefaßt, bei dem eine «innere Wahrnehmung» die subliminalen (unterschwelligen), unbewußt bleibenden Impulse aus den verschiedensten Quellen aufnimmt. Die subliminalen Stimuli erscheinen bei einem erniedrigten Bewußtseinsstand und erfahren bei der bildhaften Erfassung Verformungen, die den Gesetzmäßigkeiten des Primärprozesses entsprechen. Diese Primärorganisation und die Symbolbildung werden als eine Leistung des Ich aufgefaßt. Im Rahmen der großen Bandbreite von Symbolbildungsvorgängen bis hin zu den endgestalteten sprachlichen Symbolen ist die Ebene der bildhaften Symbole ein «ermäßigtes Niveau der Symbolbildung». Den unbewußten Anteil des Symboles, die Vorstufe der Symbolbildung gewissermaßen, bezeichnet LORENZER als «Klischee». Es führt bei verhinderter Symbolisation zu stereotypen Verhaltensweisen, die den Auslöserschemata der Tiere (Verhaltensphysiologie) gleichzusetzen sind.

Symbol und Erkenntnis

Der Autor hebt hervor, daß die Symbole «ein vielfach geschichtetes, durch ein reiches Netz von Quer-, Längs- und Diagonalbeziehungen verknüpftes System bilden. Jede Operation mit einem Symbol wird vom Symbolsystem impliziert». Im Zusammenhang damit muß auch die Objektrepräsentanz des Symboles gesehen werden als «eine Ansammlung von Imagines mit einem ‹Verhaltensaspekt›, etwa die ‹zärtliche Mutter›, d. h., die ‹Mutter, die sich in der und der Weise zu dem erlebenden Subjekt verhält, verhalten hat oder verhalten soll›». Daraus ergibt sich die Konsequenz, daß die im Symbol dargestellte Objektrepräsentanz immer ein «In-Beziehung-zu» bedeutet und damit auch zugleich einer Selbstrepräsentanz entspricht, die das Verhalten zu einer Beziehungssituation ergänzt. Im Verlaufe einer Desymbolisierung gibt es also keinen Sinn, wenn etwa eine Mutter-Imago für sich angenommen wird. Das Konzept muß vielmehr die *Re-*

präsentanz als «Beziehungsobjekte in aktu», also ein ganz bestimmtes szenisches Arrangement, beinhalten. Dieser *Beziehungscharakter* des Symboles ist wohl eine der wichtigsten neueren Erkenntnisse in der Bearbeitung des tiefenpsychologischen Symbolbegriffes. Aus den klinischen Erfahrungen des Katathymen Bilderlebens kann fast jeder Therapeut entsprechendes Erfahrungsmaterial beitragen.

In der tiefenpsychologischen Traumlehre besteht seit dem ersten Jahrzehnt ihrer Existenz eine Kontroverse, die die FREUDsche und die JUNGsche Richtung seiner Zeit ausgetragen hatte. Es ist die Frage, ob die *Deutung* des Traumes *auf der Objekt- oder auf der Subjektstufe* erfolgen solle. Mit *Objektstufe* ist bekanntlich gemeint, daß der Trauminhalt bezogen wird auf Erfahrungen mit Liebesobjekten, also von außen herantretenden Imagines oder realen Menschen. Dieser Betrachtungsweise neigte FREUD zu. Als erster war es dann SILBERER (1909), der in seinen Untersuchungen über die Schwellensymbolik beim Einschlafen zeigte, daß durch diese Imaginationen ein subjektiver Zustand des Individuums symbolisiert wird. C. G. JUNG nahm später für sich in Anspruch, die Interpretation des Traumes auf der *Subjektstufe* entdeckt zu haben (JUNG 1943). Gemeint ist, daß die Trauminhalte das Subjekt selbst betreffen, indem sie auf unbewußte Wesenszüge und Verhaltenstendenzen des Träumenden hinweisen.

Um für die pragmatisch orientierte Interpretation eine Richtschnur zu haben, gehe ich davon aus, daß eine Betrachtung des Trauminhaltes auf der *Objektstufe* nur denkbar ist, wenn das Liebesobjekt bereits zu einer introjizierten Imago geworden ist. Das Traumbild ist damit eine Projektion des Introjektes in das imaginierte Wahrnehmungsfeld. Die Betrachtung auf der *Subjektstufe* ist kein prinzipieller Gegensatz dazu. Die Wesenszüge eines Menschen und seine Handlungstendenzen aus der Imitation und der Introjektion von Bezugspersonen heraus sind Elemente eines Lernprozesses (Aufbau des Ich). Wenn dementsprechend der Tagtrauminhalt auf der *Subjektstufe* gelesen wird, kann das nur deshalb geschehen, weil das Subjekt wesentlich von den Prägungen durch seine Introjekte bestimmt ist.

Beide Interpretationsweisen haben gleichberechtigte Bedeutung. Ihr Sinngehalt ist jedoch für den Patienten unterschiedlich. Bei der Interpretation auf der *Objektstufe* wird sein Augenmerk auf die in Frage stehende Bezugsperson gelenkt. Das evoziert Gedanken und Einfälle zur Kindheit und zu Szenen der Begegnung und der Frustration, die Angst, Wut oder Haß hervorrufen (können). Damit ist für ihn der «Veranlasser» seiner neurotischen Schwierigkeiten und Einengungen als ein Moment außerhalb seiner Person definiert. Diese Interpretationsrichtung hat in der Tat das Ziel, unterdrückte, aggressive und Haßimpulse freizusetzen und bewußt zu machen. Die Ambivalenz gegenüber den Bezugspersonen fördert den Ablösungsprozeß zum Aufbau eines autonomen Ich. Die Objektinterpretation hat jedoch den Nachteil, daß der Patient – sofern sie mißverstanden wird – die «Schuld» und damit Verantwortung für eine neurotische Störung allein außerhalb seiner Selbst sucht. Für die frühkindliche Periode der genetischen Prägung kann weder verschwiegen noch übergangen werden, daß die Ursachen der neurotischen Fehlentwicklung in den Objekten liegt. Vom Standpunkt des erwachsenen Ich jedoch sind die eigenen Fehlverhaltensweisen aufzuspüren und gemäß seiner Selbstverantwortung bei sich zu bearbeiten. Die

Interpretation auf der *Subjektstufe* lenkt also die Aufmerksamkeit auf die Selbsteinsicht und darauf, sich selbst zu analysieren.

In der ersten Hälfte einer längeren, charakterwandelnden Therapie steht die Bearbeitung des infantilen Ich im Vordergrund, die Objektrepräsentanzen sind zu betrachten. Das betrifft z. T. auch die Technik der Grundstufe und die Kurztherapie. In der zweiten Hälfte einer längerdauernden Therapie ist die Beobachtung der Subjektstufe fruchtbarer. Beharrt der Patient allzu lange auf einer der Betrachtungsweisen, nehme ich das als Widerstand und biete die von ihm unbeachtet gelassene Interpretationsebene an (vergleiche 2.2.7.).

Eine *andere Antinomie* in der Betrachtung der Traumsymbole ist die des *kollektiven Aspektes* bis hin zur Archetypen-Lehre (JUNG) und der *Individualentwicklung*. Wir haben jedoch berechtigten Anlaß und eine Fülle von Belegmaterial (z. B. S. 210), die dazu geführt haben, der Auffassung von HARTMANN, KRIS und LOEWENSTEIN (1951) zu folgen.

4.3.2.2.   Symbolbearbeitung auf kollektiver Ebene

Unter dem Begriff «kollektive Ebene» wird nicht auf die oben erwähnte theoretische Position Bezug genommen, die von einer «angeborenen» Symbolik ausgeht oder einer Position gemäß Archetypenlehre von C. G. JUNG. Gemeint ist vielmehr der praktische Umstand, daß aufgrund allgemeiner Symbolkenntnis die Inhalte des Tagtraumes mehr oder weniger scharf auf gewisse Grundpositionen hin gelesen werden können. Wenn beispielsweise als Symbolgestalt eine Spinne, ein Krake, eine Röhre, ein Tunnel auftauchen, fällt es nicht schwer, einen Bezug zu archaischen Formationen (zu unterscheiden von archetypischen im Sinne von C. G. JUNG), der weiblich-mütterlichen Welt, anzunehmen. Die Nachprüfung der individuellen Symbolbedeutung – das sollte man sich klar machen – bleibt damit noch aus. Derart kollektive Symbolaspekte führen nicht dahin. Für eine individuelle Aussage ist dieses formative Raster einfach zu «grob». Ob es im technischen Sinne Bedeutung hat, einen Patienten auf die im Rahmen einer solchen Symbolik angeschnittene Sphäre aufmerksam zu machen oder nicht, möge dahingestellt bleiben. In der Regel sollte das besser unterbleiben, um eine Rationalisierung und damit Unterdrückung des numinosen emotionalen Gehaltes der archaischen Symbole zu vermeiden. – Der im kollektiven Symbolismus bewanderte Therapeut wird naturgemäß diese Symbole mitlesen und beginnen, ihre Inhalte zunächst hypothetisch mit den aus der tiefenpsychologischen Anamnese ermittelten Daten in Beziehung zu setzen.

Die kollektive Betrachtung der individuell nicht aufschlüsselbaren Symbolik kann:

a) interpretiert werden (für die Hypothese des Therapeuten) aufgrund von Objektrepräsentanzen und von trieb- und antriebsartigen Impulsen sowie dagegen gesetzten Abwehrmechanismen.

b) Hinweise bieten durch aus Mythologien herangezogene Parallelen. Das hat zur Voraussetzung, daß der Therapeut über entsprechende Kenntnisse verfügt. Ich bin skeptisch, wenn unserer Kultur fernliegende Mythen zur Therapie von Europäern herangezogen werden.

Bearbeitung auf kollektiver Ebene

Praxis der kollektiven Klärung

c) Zur besseren Orientierung, auch im weniger groben Raster, können Märchenmotive herangezogen werden. Sie treffen das jeweils herrschende Thema. Märchen spiegeln die Grundthematik menschlicher Konflikte wider und bieten damit deutliche und wichtige Hinweise, die sowohl auf der Objekt- als auch auf der Subjektstufe gelesen werden können. Individuelle Strukturen können gelegentlich ihre Parallele in feineren Details eines Märchens finden, was oft erstaunlich ist. Für die praktische Therapie weise ich auf die hilfreichen Bücher von v. WITTGENSTEIN (1973) und DIECKMANN (1984) hin.

Die kollektive Auslegung von Tagtrauminhalten soll der Therapeut zunächst als seine vorläufige Privathypothese für sich behalten, immer bereit, sie weiterzuentwickeln oder bei möglichen Irrtümern zu revidieren. Indem er sie zu den vielfältigen individuellen Daten des Patienten in Beziehung setzt, wird er sie schon früh ergänzen und Akzente setzen können. Diese Daten werden hauptsächlich gewonnen aus:

a) der sozialen Situation im derzeitigen Lebenskreis, in dem die Symptomatik provoziert wurde;
b) der dynamischen Konstellation in der Familie während der verschiedenen Kindheitsphasen und der Adoleszenz;
c) gegenwärtigen Fehleinstellungen und Charakterhaltungen sowie
d) der Kenntnis über traumatisierende Lebensabschnitte und die Art früher Objektbeziehungen;
e) dem Material der vorangegangenen psychotherapeutischen Sitzungen, sei es im Gespräch oder im KB als Ergänzungen zur Anamnese;
f) aus dem Verhalten im Hier und Jetzt, d.h. in der Übertragungs-Gegenübertragungssituation während der Therapie.

Aus dem Gesagten wird deutlich, daß die kollektiven Symbolstrukturen mit Hilfe der verschiedensten Informationsquellen in zunehmendem Maße «individualisiert» werden können, und auf dem beschriebenen Wege formt sich die unausgesprochene Arbeitshypothese des Therapeuten in ein relativ prägnantes Mosaik der individuellen dynamischen Strukturen aus, zu lesen als Struktur von Interaktionsmustern.

Die Privathypothese der Entwicklung eilt naturgemäß immer einige Schritte der Einsichtsmöglichkeit des Patienten voraus. Sobald der Therapeut diesem seine Einsichten anbietet, besteht die Gefahr, ihn vorzeitig zur Intellektualisierung (als einem Abwehrvorgang) anzuregen. Das noch offene System der inneren Auseinandersetzung kann dadurch einen kognitiven, d.h. intellektuellen Abschluß finden.

Erkenntnisprozeß

Die Eigenart des hier angeschnittenen Erkenntnisprozesses will ich etwas genauer ins Auge fassen. Dem naturwissenschaftlich Geschulten muß diese Form der sukzessiven Anreicherung des Materials als relativ vage erscheinen. Er ist gewohnt, in Kausalzusammenhängen zu denken und nur anzuerkennen, was als Kausalnexus durch eine Ursache-Wirkung-Beziehung begründet ist.

Der Erkenntnisvorgang bei der Entschlüsselung von Symbolen, in der Tiefenpsychologie überhaupt (sofern es sich nicht um klare phänomenologische Darstellungen im Rahmen des Katathymen Bilderlebens handelt, auf die ich noch zu sprechen komme), erfolgt nach dem Prinzip geisteswissenschaftlicher Erkenntnisvorgänge, dem *hermeneutischen Zirkel.* Die Hermeneutik ist die Lehre von der Auslegung von Texten, philosophischen Auffassungen und musikalischen Inhalten. Das Grundprinzip des hermeneutischen Zirkels beruht auf folgendem: Daten werden gesammelt, deren Beziehung zu anderen zunächst unklar bleibt, weil die Anzahl der Daten noch zu gering ist. Je länger die Sammlung der Inhalte fortschreitet, um so mehr reichern sie sich an. Im Kern der Datensammlung entsteht durch Ähnlichkeiten oder Divergenzen eine evidente Beziehungssetzung und durch versuchsweise Parallelschlüsse ein zunehmender Grad an Gewißheit des «konditionalen Gewebes» einer Teilgruppe des Datenpools. Wenn die Datensammlung weiter fortschreitet, reichert sich um diesen ein zunehmend an Gewißheit verfestigter Kern weiteren Materials an, dessen Einordnungsfähigkeit und Interpretationsklarheit minder dicht ist. Je mehr nun wiederum um diesen erweiterten Kern Daten gesammelt werden, umso mehr Beziehungssetzungen und Interpretationsansätze werden möglich.

Je größer der Datenpool wird, umso mehr kann die Zuordnung der Daten aus dem hypothetischen Bereich herausgeführt werden und nimmt Grade der Gewißheit an. Mit anderen Worten: Es entwickelt sich aus dem zunehmenden Material eine Erkenntnisspirale, deren äußere Felder einen hohen Grad an Ungewißheit kennzeichnet, der innere Kreis, das Zentrum, mit immer größerer Gewißheit die Bezugssetzung der Teile zueinander ermöglicht. Die Beweisstrukturen festigen sich mehr und mehr.

Dieser Art muß man sich die Materialanreicherung und die sich immer mehr absichernde Hypothesenbildung im Verlaufe einer Therapie vorstellen. Die «erkenntniskritische Kunst» des Therapeuten liegt nun vor allem darin, daß er die Daten geringer Gewißheit nicht vorzeitig dem Kern zuordnet und sich offen hält für Korrekturen seiner Arbeitshypothesen, wenn neues Material hinzutritt. Das bedingt z.B. auch, daß Interpretationen im ersten und zweiten oder späteren hypothetischen Durchgang nicht in *einem* Sinne festgelegt werden, sondern in bezug auf mehrere mögliche Determinanten gesehen werden. Abzuwarten bleibt, welche Determinanten durch das weiter angereicherte Material dann eine Gewichtung durch die stärkere Evidenz erhalten für den Therapeuten einerseits, den Patienten andererseits zur Reifung seiner Selbsteinsichten.

Hypothesen-
bildung

4.3.2.3. Symbolinterpretation auf individueller Ebene

(1) *Freie Assoziation*

Die individuelle Bearbeitung von Traumsymbolen ist schon in der frühen Psychoanalyse bekannt geworden und bezieht sich auf die Einführung der Technik der *freien Assoziation* durch FREUD. Ich bin darauf im Abschnitt 2.6.1.3. ausführlich eingegangen.

Bearbeitung auf
individueller
Ebene

Diese Technik ist die klassische und heute in der Psychoanalyse noch praktizierte Form der Symbolbearbeitung. Auf der Oberstufe und bei Patienten, die in einer langdauernden KB-Therapie stehen, besteht die Möglichkeit, freies Assoziieren zu üben.

freie Assozia-
tionen

So überzeugend die Methode im Prinzip aber auch ist, so begrenzt bleibt sie in der praktischen Therapie bei kurz- und mittelfristigen Behandlungen. Ein Großteil der Patienten ist kaum oder wenig in der Lage, assoziativ Einfälle zu KB-Inhalten und unbewußten Zusammenhängen zu bieten, geschweige denn Einsichten in die latente Dynamik zu gewinnen. Deshalb ist es von Vorteil, daß das KB eine Reihe von aufdeckenden Techniken besitzt, die bereits im Rahmen einer Kurztherapie phänomenologisch schlüssige Einsichten in die Zusammenhänge vermitteln, seien sie mehr vorbewußter, seien sie kognitiver Art. Eine weitere Hilfe ist die Bereitschaft der KB-Inhalte zur Selbstinterpretation.

In diesem Zusammenhang scheint mir eine Bemerkung des amerikanischen Psychologen SINGER, eines der besten Kenner imaginativer Verfahren in Psychologie und Psychotherapie, bemerkenswert. Er ist der Auffassung, daß FREUD wahrscheinlich schneller und schlüssiger zur Aufdeckung unbewußten Materials gekommen wäre, wenn er die von ihm anfangs (von 1882 – 1888) benutzte imaginative Technik beibehalten hätte, statt zur Förderung unbewußten Materials die der freien Assoziationen zum hauptsächlichen Instrument der psychoanalytischen Behandlung zu erheben (GREENSON 1973).

(2) Die spontane Selbstinterpretation von Symbolen im KB

*spontane
Selbst-
interpretation*

Jeder erfahrene KB-Therapeut kennt Beispiele, in denen Symbolgestalten oder landschaftliche Strukturen in der einen oder anderen Weise *menschliche Züge annehmen* und damit in überraschend einliniger Weise die Objektrepräsentanz darstellen (4.3.1.3.).

Beispiel 1

Eine 38jährige Versuchsperson imaginiert eine sich aus einem Erdloch mühsam herausarbeitende Schildkröte. Ich fordere sie auf, Einzelheiten des Kopfes zu betrachten. Spontan schildert sie, daß die Schildkröte mit einem Mal Haare am Kopf zeige von einer bestimmten Frisur. Ohne weiteres Nachdenken erinnere diese sie an ihren Stiefvater, als sie etwa fünf Jahre alt war. Zu Einfällen angeregt, ergänzt sie, daß die Gestalt einer Schildkröte in etwa ihrer Beurteilung des Stiefvaters entsprechen könne. Er habe sich in sein Studierzimmer zurückgezogen und sei nur gelegentlich bei den Mahlzeiten oder wenn Erziehungsprobleme aufgetreten seien, hervorgekommen. Ein in sich gekehrter, nach außen «gepanzerter» Mensch.

Beispiel 2

Ein 28jähriger Mediziner, der sich in eine ödipale Problematik verstrickt hat und wegen Arbeitshemmungen zur Therapie kommt, imaginiert eine Höhle, aus der eine sich emporrankende Schlange kommt. Angeregt, das Tier genauer zu beschreiben, springt das Bild plötzlich um. Die Schlange erhält einen Menschenkopf, der ihn an den Kopf und das Gesicht seiner Stiefmutter erinnert.

Beispiele dieser Art sind nicht allzu häufig. Die Selbstinterpretation der Symbole vollzieht sich auch selten so abrupt. Dabei ist zu bedenken, daß hier sicherlich nur eine Facette der Repräsentanz zum Ausdruck kommt. Unter Umständen walten auch Abwehrmechanismen, und die realistische Darstellung ist zunächst eine Verschiebung auf diese Person. Im letztgenannten Falle z.B. bestand die libidinöse Beziehung des Patienten nicht eigentlich zur Stiefmutter, sondern zu deren Tochter aus erster Ehe. Bei diesen spontanen, sich einlinig darstellenden Objektrepräsentanzen müssen die weiteren Facetten, die zunächst verdeckt bleiben, hinzugedacht werden.

(3) Induzierte Selbstinterpretation

Diese Form der individuellen Klärung eines KB-Inhaltes habe ich an anderer Stelle (S. 160 f.) in Form der *Augenprobe* (Mittelstufe) prototypisch beschrieben. Dabei fand ich die eigentümliche Brückenfunktion des Gefühlstones, um Einfälle und Assoziationen zu einem KB-Inhalt anzuregen (vergleiche 2.3.2.). Das Auge einer Symbolgestalt, ob Mensch oder Tier, hat im unmittelbaren, naiven Erleben einen relativ klar definierten emotionalen Ausdruck. Zur Anregung eines relevanten Einfalles beziehungsweise der Selbstinterpretation auf der Objektebene wird der Patient gefragt, ob er einen Menschen mit ähnlichem Augenausdruck kenne oder gekannt habe.

angeregte Selbstinterpretation

Das Beispiel eines Theologen und Arztes ist ein signifikantes Modell dafür (S. 161). Im KB entstand die reale Szene des Besuches bei einer seiner ehemaligen Patientinnen. Bei der «Augenprobe» stellte sich die Szene der aus einem epileptischen Anfall erwachenden Mutter ein. Sie blickte ihn mit ähnlich hilfesuchenden Augen an wie seine Patientin. Die «Augenprobe» kann als Modell für die Aufschlüsselung von Symbolen im Hinblick auf ihre Objektrepräsentanz betrachtet werden. Untersuchungen an nicht belebten symbolischen Inhalten führten zu analogen Ergebnissen. In Kapitel (4.2.1.) über die Objektrepräsentanzen von Landschaftsmotiven werde ich darauf zurückkommen. Die Technik beruht in ähnlicher Weise wie bei Symbolgestalten darauf, daß man versucht, Patienten durch hinweisende Bemerkungen zu lenken, an dem jeweiligen Motiv *eine Physiognomie wahrzunehmen.* So kann beispielsweise an der Rinde eines Baumes allmählich ein Gesicht erkannt werden. Das gleiche kann angeregt werden an der rauhen Struktur einer Mauer, der Fassade eines Hauses, der Gestalt eines Berges, eines Felsens usw. Bereits im hellen Wachbewußtsein können derartige physiognomische Projektionen auftreten. Sie werden bekanntlich bei projektiven psychologischen Testverfahren systematisch genutzt, z.B. bei dem bekannten Rorschach-Test.

Ich kann auf die schon früher angeführten Beispiele verweisen (z. B. S. 317 f.).

Diese Technik der «Physiognomisierung» sollte in einer Behandlung nicht häufig und keineswegs allzu früh angewandt werden. Der Patient sollte bei einer solchen Symbolentschlüsselung bereit sein, anschließend dazu auch Einfälle zu sammeln. Der Therapeut sollte reflektieren, ob und wann er die Methode anwendet, da sie stark aufdeckend und konfrontativ sein kann. Mancher Patient weiß damit zunächst nicht viel anzufangen. Naturgemäß ist sie aber besonders gut geeignet, dem Patienten Zusammenhänge vor Augen zu führen, die ihm erst zu einem viel späteren Zeitpunkt evident geworden wären, wenn überhaupt jemals. Dieses Vorgehen kann eine Interpretation des Therapeuten ersetzen und hat als Beweismittel ungleich größere Überzeugungskraft als diese. Sie gibt darüber hinaus dem Patienten das Gefühl, die Entschlüsselung eines symbolischen Inhaltes selbst gefunden zu haben, was für den Lernprozeß fruchtbarer ist als eine vom Therapeuten angebotene Deutung.

Bei einem nichtbelebten Symbol kann der Schritt zur Physiognomie ein relativ großer sein. Manchen Landschaftsmotiven ist die Physiognomisierung auch nicht angemessen. Deshalb habe ich eine weitere Technik der induzierten Selbstinterpretation entwickelt, die die Objektrepräsentanz auch eines unbelebten Gegenstandes, ja einer nicht-gegenständlichen Darstellung mit Hilfe eines Brückenschlages emotionaler Qualitäten zu klären vermag.

4.3.2.4. Selbstinterpretation mit Hilfe von Gestaltqualitäten

Das Prinzip

Die in der Praxis leicht und verläßlich anzuwendende Technik der Entschlüsselung der individuellen Tagtraumsymbole kann mit der schon erwähnten, heute etwas in Vergessenheit geratenen *Gestaltpsychologie* begründet werden. Ursprünglich aus der Wahrnehmungspsychologie hervorgegangen, erlaubt die Zentrierung der Wahrnehmung auf die Gestaltqualitäten[5a] eines bildsymbolischen Inhaltes relativ einfach die Beziehung herzustellen zwischen einer im KB auftretenden optischen «Gestalt» und deren emotionaler Anmutung.

Gestaltqualitäten zur Selbstinterpretation

An anderer Stelle (LEUNER 1962 S. 112) habe ich die Beziehungen zwischen gestaltpsychologischen Erkenntnissen (nicht zu verwechseln mit gestalt*therapeutisch*) und dem emotionalen Gehalt tiefenpsychologischer Symbole gezeigt. – Dieser Ansatz zur Traumlehre ist meines Wissens außer in einem frühen Aufsatz von LEFEBRE (1952) über erste theoretische Aspekte auf die praktische Konsequenz der Entschlüsselung des individuellen Symbolinhaltes hin nicht untersucht worden.

Von daher gesehen läßt sich das tiefenpsychologische Symbol auch charakterisieren als *der bildhafte Ausdruck einer unbewußten, aber bewußtseinsfähigen emotionalen Erlebnisspur* von einer, durch die Eigenart der Bilder und die ihr zugeordneten Bedeutungsgehalte zwar vielfältigen, aber doch relativ klar definierbaren Struktur. Unter Struktur, synonym Gestaltqualität, verstehen wir die Qualität des Gefühlhaften, die sich mit der Gestalt des Bildes verbindet. Auf die mehrfache genetische Determination sowie die Vieldeutigkeit des Symbols braucht hier nicht eingegangen zu werden. (Wegen Details über strukturelle Zusammenhänge vergleiche LEUNER 1962 S. 111, 120). Die Zuordnung eines Symbols mit Hilfe von Gestaltqualitäten möchte ich an folgendem einfachem Experiment veranschaulichen. Es stammt von W. KÖHLER (1933). Ich benutze es gern seiner Anschaulichkeit wegen in meinen Seminaren. Bei etwa 95% der Beobachter erfolgt eine klare Zuordnung einer Kritzelzeichnung zu einer sinnlosen Silbe aufgrund des hohen Evidenzgrades. Das beiden Gemeinsame ist die *Struktur ihrer Gestalt.*

Struktur der Gestalt

Den Teilnehmern des Seminares werden die beiden Kritzelzeichnungen nach Abbildung 23 gezeigt, und sie werden gebeten, den Zeichnungen die sinnlosen Silben «maluma» und «takete» beizuordnen.

Der Leser möge sich diesem Versuch unterziehen. Er wird entdecken, daß es ihm zwingend erscheint, die sinnlose Silbe «takete» der Kritzelzeichnung b) und «maluma» der Kritzelzeichnung a) zuzuordnen.

[5a] Der Begriff wird dort gekennzeichnet als «die übersummative Eigenart von Gestalten oder Ganzheitsformen» (METZGER 1974).

398

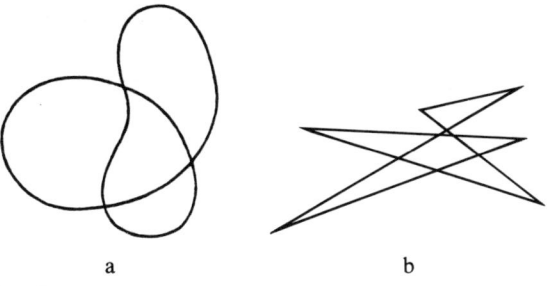

a   b

a maluma   b takete

Abbildung 23: Nach W. Köhler (1933) und H. Leuner (1962).

Auf die Frage, warum das so geschieht, kommt zunächst die Antwort, das sei «ganz einfach evident», bedürfe keiner Erläuterung und könne durch wissenschaftliche Argumentation nicht eigentlich begründet werden. Einige der Seminarteilnehmer weisen darauf hin, daß eine Ähnlichkeit von Klangabfolge «takete» mit der spitzen und «maluma» mit der bogigen Kritzelzeichnung bestünde. Eine Analogie der Gestalten ist unübersehbar. So würde die Gestaltpsychologie auch argumentieren. Bitte bemerken Sie jedoch, daß es sich um eine *Analogie* handelt. Ein kausales Verhältnis, wie wir es in der Naturwissenschaft herzustellen gewohnt sind, besteht nicht, kann auch in keiner Weise begründet werden. Es ist vielmehr unsere Psyche, die mit einem derart hohen Grad an Verläßlichkeit eine Zuordnung vornimmt. Die Gestaltpsychologie sieht das Tertium comparationis zwischen den inkompatiblen Wahrnehmungsinhalten Bild und Wort also in den beiden innewohnenden gleichen «Gestaltqualitäten». Vom emotionalen unmittelbaren Erleben her betrachtet, wäre zu formulieren: Die Gestaltqualitäten der Kritzelzeichnung a) und der Silbenfolge «maluma» mit ihren «runden, bogigen und weichen» Elementen wirken «sanft, freundlich, angenehm, bauchig, ruhig, vertrauenerweckend», um einige hauptsächliche zu nennen. Für die Kritzelzeichnung b) und die Silbenfolge «takete» mit Qualitäten «eckig, spitz, scharf, kantig» usw. werden Adjektiva gewählt wie: «zackig, ungemütlich, unruhig, gespannt, gefährlich, zustoßend» usw.

Diese offensichtliche «innere Verwandtschaft» zwischen den *schulmäßig definierten Gestaltqualitäten und den emotionalen Anmutungsqualitäten* bildet die Brücke der Evidenz zu dem *gefühlsmäßigen Anmutungscharakter.* Darin liegt der Schlüssel für die individuelle, ich hebe hervor, für die ganz *individuelle Bedeutung eines Bildsymbols* im KB. Vorteil ist dabei, daß der Patient überwiegend ein feststehendes Bild vor Augen hat, so daß er dessen Gestaltqualitäten in Ruhe wahrnehmen und beschreiben kann. *Anmutungs- qualitäten*

Die geschilderte Brückenbildung durch emotionalen Anmutungscharakter läßt sich auch aus der *Assoziationspsychologie* begründen (vergleiche S. 141). Im Streit um die Frage, welche treibende Kraft, welches verbindende Element die gedanklichen Assoziationen aneinander bindet, hat Lewin (1921), haben später Experimente von Fuchs (1954) und hat Rapaport (1973) übereinstimmend zeigen können, daß emotionale Momente das Verbindende, das veranlassende Element in der Verknüpfung assoziativer Einfälle sind. Ein dynamischer Vorgang steht also auch hier zur Debatte (Überblick LEUNER 1964b).

Die Praxis

Praxis

Wie gehen wir nun bei der *Entschlüsselung der symbolischen Repräsentanzen* unter diesem Aspekt vor? Ich denke etwa an die Betrachtung eines imaginierten Berges, eines Baumes, einer Landschaft, des Hauses oder eines Tieres, wie einer Kuh, einer märchenhaften Gestalt, etwa eines Riesen, einer Hexe, aber auch der schon erwähnten archaischen Tiergestalten, wie Schlange, Krake, Fisch usw. Das Ziel unserer Interventionen richtet sich zunächst – wie häufig – auf eine möglichst subtile Beschreibung der Konfiguration und/oder bei Lebewesen deren Mimik. Dann folgt die Frage nach den Gestalt- beziehungsweise Anmutungsqualitäten des beobachteten Objektes, um den Patienten anzuregen, sich des Gefühlsgehaltes beziehungsweise der Anmutungsqualitäten einer Szene, Landschaft, einer Gestalt beziehungsweise Teilen davon zu vergewissern um sie damit noch deutlicher wahrzunehmen. Wir fragen etwa: «Wie erleben Sie . . . (z. B. diesen Baum) einmal ganz naiv gesehen?» oder: «Wie wirkt . . . so ganz gefühlsmäßig, naiv betrachtet auf Sie (ohne nachzudenken)?»[6]

Die wenigsten Patienten verstehen schon in den ersten Therapiesitzungen, was mit diesem Angebot gemeint ist. Deswegen kann man ergänzend Hilfestellungen geben, indem man einige mögliche Qualitäten, am besten alternativ gegeneinandergesetzt, anbietet. Nehmen wir das Beispiel eines Berges. Ist er: «spitz, erhaben, gewaltig, majestätisch» oder gar «feindselig»? Oder ist er (alternativ) eher «rund, freundlich, einladend und bewaldet»? Schließlich kann man noch fragen, wie der Patient sich diesem Berg gegenüber verhalten würde. Er kann sich animiert fühlen, ihn zu besteigen oder phantasieren, sich an seinem Fuße anzusiedeln. Er mag dieses letztgenannte Angebot ablehnen, weil der Berg Qualitäten hat, die ihm nicht angenehm sind. – Auf jeden Fall wird der Patient sich für einige der angebotenen Qualitäten entscheiden und damit den Anmutungscharakter präzisieren. Zugleich wird der Gefühlston bewußt und verbalisiert. Damit haben wir den Patienten von der «bloßen optischen» ‹Wahrnehmung› auf die regressive, emotional-affektive Spur geführt, einen Wechsel seiner Aufmerksamkeitszuwendung erreicht und können die emotionale Wahrnehmung im Sinne der VEE kognitiv klären und präzisieren lassen (4.4.1.).

Ergänzend bitte ich manchmal den Patienten noch im KB, die Silhouette etwa eines Berges, eines Baumes usw. mit dem Zeigefinger in die Luft malen zu lassen. Er möge sich ferner die Gestalt einprägen, um sie anschließend in einer Bleistiftskizze auf Papier zu werfen. Die Skizze kann der gemeinsamen Diskussion über die Gestaltqualitäten dienen.

Einfälle

Im *nächsten Schritt* stellen wir noch angesichts der Imagination die Frage, ob dem Patienten ein Mensch aus Gegenwart oder Vergangenheit einfalle, zu dem die von ihm genannten (Gestalt-)Eigenschaften passen könnten. Das ist eine Anregung zur Assoziation einer personalen Repräsentanz. Der mit dem Erleben im KB einigermaßen vertraute Patient wird bald einen Einfall oder mehrere

---

[6] Die Analogie zu Anregungen von Assoziationen (siehe dort) ist deutlich.

Einfälle haben. Nehmen wir die oben zuerst genannten Qualitäten des Berges, so mögen ihm ein strenger Vorgesetzter, ein berufliches Vorbild und genetisch zurückliegend gestaffelt eine Autoritäts- oder Bezugsperson, wie ein Lehrer, der eigene Vater usw., einfallen.

Die Konzentration des Patienten auf den Gefühlston zeigt übrigens Ähnlichkeit mit der Technik des Experiencing in der Gesprächstherapie (vergleiche GENDLIN 1984).

Zur Veranschaulichung verweise ich auf das Beispiel auf S. 124.

Ein *anderes Beispiel* entnehme ich dem KB einer 50jährigen verheirateten weiblichen Versuchsperson. Sie beschreibt einen etwa 1800 m hohen Berg. Er wirkt schroff, besteht nur aus Felsen, ist nicht bewachsen und ragt als Massiv aus einer flachen Landschaft empor, und überrascht sie, weil die Spitze des großen Mittelteiles wie abgeschnitten wirkt. Er mißfällt ihr deshalb, er sei ihr «unsympathisch». Auf meine Frage, ob sie diese Qualitäten des Berges mit einer ihr bekannten Person in Verbindung bringen könne, beginnt sie zögernd über die Unbefriedigtheit wegen der Impotenz ihres 12 Jahre älteren Mannes zu sprechen.

4.3.2.5. Indirekte Technik der Entschlüsselung

Statt die Gestaltqualitäten explizit zu formulieren, kann man auch die Beobachtung des Verhaltens im KB zur Klärung des Sinngehaltes heranziehen. Darunter können wir zweierlei verstehen: eine imaginierte *Symbolgestalt* tritt handelnd auf, oder der Patient selbst handelt spontan oder auf Hinweise und Angebote des Therapeuten (etwa auch bei der Lösung einer Aufgabe) im katathymen Panorama. Das kann beiläufig, mehr von selbst geschehen, oder der Therapeut verbindet mit einem solchen Probehandeln ausdrücklich einen Auftrag. Ich denke z. B. an Begegnungen mit Tieren, Märchengestalten oder Bezugspersonen, auch Handlungen des Patienten selbst (Probehandeln) haben hier Bedeutung.

Probehandeln zur Entschlüsselung

Beispiel (Ergänzung zu S. 90)

Der Manager, der «seinen» Berg mit der Gestalt Adenauers in Beziehung brachte, sah keine Möglichkeit, den Berg zu ersteigen. Zur Probe ließ ich ihn deshalb einmal mit dem Hubschrauber auf den Gipfel fliegen. Es war wegen starken Windes eine gefährliche Landung (Verhinderungsmotiv). Der Ausblick vom Gipfel war für ihn nicht sonderlich attraktiv. Die Landschaft lag flach und uninteressant vor ihm, obgleich er nach allen Seiten hin einen Ausblick hatte. Er wünschte bald zurückzukehren. Ich schloß daraus, daß er Schwierigkeiten hatte und nicht die Tendenz, sich mit einer markanten Führungspersönlichkeit zu identifizieren. In Form eines weiteren kleinen Tests fragte ich ihn, ob er sich vorstellen könne, an dem Fuß dieses Berges ein Wohnhaus zu bauen. Diesen Gedanken lehnte er ziemlich erschreckt ab und phantasierte sich ersatzweise an den Fuß eines flacheren, von Wald bestandenen, freundlich-schützenden Berges, um sich dort niederzulassen. Ich glaubte, darin eines seiner Probleme, die nicht gelungene Identifikation mit der väterlichen Imago und die Hinneigung zur mütterlichen Welt zu erkennen.

Kommentar: Der Versuch der Bewältigung des probeweisen Handelns oder eines irgendwie gearteten Umganges mit einer Symbolrepräsentanz führt – abgesehen von therapeutischen Lösungsmöglichkeiten – zu einer Klärung.

Eine aufschlußreiche Form des Probehandelns liegt also auch darin, daß es der Patient nur phantasiert, statt es explizit durchzuführen. Man kann beispielsweise formulieren: «Wie würden Sie sich fühlen, wenn Sie den Berg ersteigen müßten?» oder: «Stellen Sie sich vor, Sie sind auf dem Berg oben angekommen. Wie wäre Ihnen zumute, würden Sie sich freuen, wären Sie stolz, es geschafft zu haben, oder wie könnte das sein?»

Statt *Beschreibung der Gestaltqualitäten können wir also phantasierte oder gedachte Probehandlungen* angesichts eines gewichtigen Symboles anregen. Dem Therapeuten können sie als diagnostischer Hinweis gelten, dem Patienten als Teil einer Konfrontation, die er akzeptiert, vorbewußt registriert oder, wahrscheinlich besser, die mit ihm im weiteren Verlauf einer länger dauernden Therapie im einzelnen durchgearbeitet werden kann.

Auch hier die Warnung, eine derartige probehandelnde Konfrontation nicht allzu früh vorzunehmen. Der Patient muß dafür reif und offen sein. Sonst kann er diese Konfrontation nicht adäquat verarbeiten, und sie unterliegt zu seinem Schutze eher der Abwehr.

Diese *induzierte Entschlüsselung* eines Symboles sollte möglichst organisch im Kontext einer Sitzung vorgenommen werden. Dazu gibt es analoge Wege:

Anregung durch den Therapeuten.

(1) Wenn im Vorgespräch Konflikte mit Personen auftauchen, kann – um daran anzuknüpfen – ein angemessenes, objektrepräsentierendes Symbol angeregt werden, etwa der Berg, ein alleinstehender Baum, eine aus dem Wald oder der Höhle heraustretende Gestalt, gegebenenfalls die reale Gestalt selbst usw.

(2) Hat der Therapeut den Eindruck, im Kontext des therapeutischen Prozesses stehe eine Auseinandersetzung mit einem Objekt an, soll er dieses Thema im Vorgespräch anschneiden, um den Patienten auf eine entsprechende szenische Darstellung einzustimmen.

4.3.2.6. Die Bedeutung der Konfiguration einer Symbolgestalt

Bei aufmerksamer Betrachtung der Gestalten der Tagtrauminhalte stoßen wir noch auf ein anderes Problem. Es ist nämlich die Frage, welche Schlüsse wir aus der Konfiguration eines katathymen Bildes und aus der materiellen Eigenart des dargestellten Objektes ziehen können. Genau genommen handelt es sich hier um zwei Faktoren:

2 Formen

(1) *die Konfiguration eines KB-Bildes,* wie sie am einfachsten in den Kritzelzeichnungen zum Ausdruck kam,

(2) *die Rangstufe* eines Inhaltes, gemessen an dem Grad der Nähe zur Natur, zu Lebewesen und zum Menschen, darin zugleich seine Stellung innerhalb der phylogenetischen Entwicklungsreihe.

Zu (1): Die Konfiguration eines katathymen Bildes

Die Traumpsychologie, anfangs bei FREUD und seinen Schülern, später noch ausgeprägter bei C.G. JUNG, durchzieht eine sehr einfache konfigurative Thematik, die sich zunächst polar darstellt. Der eine Pol bezieht sich auf *langge-*

streckte oder spitze Gegenstände, der andere auf *runde, ballige Konfigurationen.* *archaische*
Diese Gegenüberstellung kam auch in den Silben «takete» und «maluma» zur *Form*
Geltung, obgleich den Gestaltpsychologen der in der Tiefenpsychologie ange-
sprochene Referenzrahmen fremd war. In den frühen Darstellungen alter Kul-
turen, z.B. bei den Etruskern und den Azteken, heute noch in Töpfereien der
Indios in den Anden, finden wir archaische Darstellungen, in denen männliche
Gestalten als langgestreckt und schlank, weibliche als dickbauchig und rund
gekennzeichnet sind. Ähnliches kann man in den Kritzelzeichnungen kleiner
Kinder erkennen. – C.G. JUNG spricht im Zusammenhang mit seiner Lehre von
den Archetypen vom «großen Runden». In der frühen Periode der psychoanaly-
tischen Lehre wurden langgestreckte Gegenstände häufig mit dem männlichen
Sexualorgan und runde oder solche mit Öffnungen als weibliche apostrophiert.
Wir formulieren heute weit vorsichtiger. Auf der kollektiven Interpretationsebene werden allenfalls langgestreckte spitze Konfigurationen auf Objektrepräsentanzen der männlich-väterlichen Welt und runde der weiblich-mütterlichen
Welt bezogen. Diese bewußt unbestimmt gehaltenen Formulierungen sollen das
Mißverständnis vermeiden, als ob die Bilder immer und unmittelbar auf die
persönlichen Elterngestalten hinwiesen. Vielmehr ist es die Verdichtung der
Summe von Erfahrungen, die ein Kind mit der einen oder der anderen Gruppe
von Imagines gesammelt hat. Dennoch finden wir nicht selten, z.B. in der Imagination vom Drei-Baum-Test, daß das Kind, für den Vater einen langgestreckten,
für die Mutter einen Baum mit runder Krone zeichnet. Ich verweise auf Abbildung 19, S.377.

Zu (2): Die phylogenetische Hierarchie

Ein Teil der Traumsymbole kann nicht durch Einfälle des Patienten entschlüs- *phylogenetische*
selt werden. Diese «großen Träume» mit dem Moment des «Numinösen» und *Form*
ihren Parallelen zu Mythologien entziehen sich scheinbar der genetischen Bearbeitung. Das hat C.G. JUNG zu der Annahme eines «kollektiven Unbewußten»
geführt. Er entwickelte daraus seine Lehre von den Archetypen. Auch im Katathymen Bilderleben haben manche seiner Inhalte den Charakter eines «großen
Traumes»[7]. – Obgleich bei der Entwicklung des Katathymen Bilderlebens vom
Werk C.G. JUNGs angeregt, ist für mich weder die Annahme eines «kollektiven
Unbewußten» und der Archetypen eine Voraussetzung zur Interpretation der
Symbolik des Tagtraumes, noch der archaischen Inhalte. Ich folge vielmehr der
oben genannten Hypothese von HARTMANN, KRIS und LOEWENSTEIN (1951). Ich
bin überzeugt, daß die Annahme angeborener Inbilder wissenschaftlich weder
haltbar noch notwendig ist. Ein Teil meiner Begründung wird sich aus der folgenden Darstellung ergeben. Ich verweise aber auch auf die kritische Studie von
BALMER (1972).

---

[7] Große Träume sind solche, die sich durch ihren numinösen, feierlichen oder überhaupt heraushebenden Gefühlston auszeichnen. Ihre Inhalte erscheinen so als etwas
«Letztes». – In der derzeitigen psychoanalytischen Nomenklatur würden wir sie durch das
«neue» Narzißmuskonzept theoretisch zu erfassen suchen.

Bemerkenswert ist jedoch die von JUNG zuerst formulierte Beobachtung, daß sich in Traumserien mitunter Entwicklungen abzeichnen, die der phylogenetischen Folge der Arten gleichen.

Wandlungs-
kette

BOSS (1953) beschreibt zur Argumentation gegen die Archetypenlehre eine lange Traumserie, in der die phylogenetische Reihe der Symbole gut zu verfolgen ist. Dieses Thema hat in der Auseinandersetzung mit der Symbolik im KB Bedeutung. Leider kann ich die Analyse von BOSS aus Raumgründen hier nicht wiedergeben.

phylogenetische
Reihe

Für das KB selbst darf ich auf das eindrückliche Beispiel der Symbolkonfrontation auf S. 208 hinweisen. Es zeigt in zwei Sitzungen eine gut verfolgbare archaische Entwicklungskette durch die phylogenetische Reihe der Tiersymbole. Die Gestalten weisen dabei stets analoge, aggressiv-feindselige Verhaltenszüge auf. Am Ende steht der drohende, angsterregende Vater der Patientin aus einer realen Szene.

Kommentar: Die psychodynamische und therapeutische Bedeutung dieser Wandlungskette soll hier nicht erörtert werden. Bemerkenswert ist vielmehr, daß innerhalb zweier 45-Minuten-Sitzungen sich die zur Diskussion stehende phylogenetische Wandlungskette vollzog: Fisch, Amphibie, Vogel, Säugetier und schließlich Mensch. Es bedarf keines großen Scharfsinnes, zu erkennen, daß das letzte Glied der Kette, der wie in der Realität drohende Vater, die individuelle Bedeutung der übrigen symbolisch eingekleideten Kettenglieder interpretiert. – Das allen Gemeinsame ist das gleiche, extrem feindselige, die Patientin in Angst und Schrecken versetzende Verhalten des Vaters, das sie in ihrer Kindheit und Jugendzeit erlebt hat.

Dieser modellhaft, aber auch sonst im Rahmen der Symbolkonfrontation hier und da, z. T. bruchstückhaft, beobachtete Wandlungsverlauf ist mit dem in der Traumserie von BOSS nicht identisch, zeigt im Kern aber dasselbe Prinzip. Im Falle meiner Patientin ist die männlich-phallische beziehungsweise Triebkomponente unübersehbar: der lange Fisch, der Storch mit langem Schnabel, der Stier, der mit einem Stock bewehrte Vater. Der Ausgangspunkt der Reihe ist die phylogenetische Ebene des Fisches. Bei dem Patienten von BOSS identifiziert sich die Reihe mit Merkmalen der mütterlich-weiblichen, also ebenfalls ödipalen Welt. Der Startpunkt liegt jedoch in der Reihe wesentlich «früher», in abstrakten Formeln und technischen Gebilden, um dann über eine Pflanze, eine Rose, zu Insekten, Schlangen, zu einer Frau mit rotem Kleid – und letztendlich – zur inzestuösen Beziehung der Mutter zu führen. Wenn auch hier das feindselige Element nicht in gleichem Maße im Vordergrund steht wie in meinem Fall, bleibt bemerkenswert, in welchem Ausmaß die Beziehung zum Liebesobjekt in beiden Fällen «entmenschlicht» ist, wofür naturgemäß biographische Daten vorliegen müssen (BOSS spricht darüber nicht). Man fragt sich, was seinen Patienten veranlaßt haben muß, die Objektbeziehung zur Mutter derart abzuwehren, daß sie sich anfangs nur in mathematischen Formeln, Zyklotronen und Maschinen darstellt.

Oder es erhebt sich die Frage, was in der so primitiven, regressiven Symbolisation von Objektbeziehungen signalisiert wird, wenn statt des Vaters ein riesengroßer, böser, schnappender oder verschlingender Fisch auftritt und wenn statt der Gestalt der leibhaftigen Mutter Formeln, Maschinen und Zyklotrone erscheinen? Bei anderen Patienten finden wir im KB dann gelegentlich auch unbelebte Elemente der Natur wie Felsen, schroffe Berge, wütend gepeitschtes Meer und anderes. – Ich lese diese Inhalte bewußt zunächst auf der Objektstufe, also als Introjekte, um auf der angeschnittenen Argumentationsebene zu bleiben. Boss setzt in seinem Fall die Entwicklung der Traumbilder in Parallele zur persönlichen Entwicklung des Patienten in der Therapie, bewertet also die Subjektstufe.

Sobald wir den tierischen Bereich betrachten, handelt es sich unzweideutig um archaische Gestaltungen. Die Annahme einer stark regressiven symbolischen Darstellung, auf die schon Jung (1952) hingewiesen hat, ist berechtigt. Dazu paßt auch, daß die investierten Affektbeträge, vor allem in meinem Fall, Feindseligkeit und damit ausgelöste Angst, um so stärker sind, je regressiver, je früher die phylogenetische Stufe der Tiere ist. Die anorganischen Strukturen können sinngemäß als eine dem menschlichen Bereich noch fernere, noch regressivere Ebene verstanden werden.

Die archaischen Symbole, das wird aus beiden Beispielen deutlich, kennzeichnet die Unfähigkeit, die darin repräsentierten Objekte in das Ich zu integrieren. Sie sind unvereinbar mit einer Ich-syntonen Entwicklung. Sie verdichten offenbar einen bestimmten Interaktionsstil gegenüber dem Ich beziehungsweise dem Selbst des Patienten. In meinem Beispiel ist die gewalttätige Feindseligkeit des Vaters am deutlichsten. Im Bereich der mütterlich-weiblichen Repräsentanz zeigt sich im KB die negative archaische Ebene gemeinhin in Bildern eines verschlingenden Meeres, einer unheimlichen Höhle, einer fleischfressenden Blume, einer umfassenden Krake, einer Spinne usw. Im Zusammenhang mit der beobachteten Abspaltung habe ich jetzt die negativen Aspekte hervorgehoben, im Sinne des Introjektes der «bösen» Mutter. Aber auch der positive Aspekt kann in der archaischen Symbolik deutlich werden, etwa im Meer, das einen beim Schwimmen trägt, dessen Wasser angenehm um die Haut streicht; die Höhle, die birgt, schützt und Ort der Ruhe ist; die Blume, die ohne feindseligen Akzent durch ihre Schönheit fasziniert usw. Das positive Erleben dieser regressiven Strukturen gewinnt Bedeutung in der «Befriedigung archaischer Bedürfnisse» (S. 259) und vermittelt dem Ich ein «erstaunliches Maß an psychischer Energie», das ihm als primär-narzißtische Objektbeziehung zuströmt (Argelander 1972).

Dynamik archaischer Gestalten

Die Psychodynamik der negativ akzentuierten archaischen Symbole deutet also auf das Gegenteil der idealisierten, nämlich auf das «böse Objekt», wie es zuerst Klein (1972) bezeichnet hat, und steht dem Selbst und den Objekteinheiten in einer «primitiven Spaltung» gegenüber, wie es Volkan (1978) kennzeichnet und im Konzept der Borderlinestruktur von Kernberg hervorgehoben wird. Lang (1982) beschreibt bei einem Borderlinefall, wie die archaische Darstellung des bösen Introjektes unter dem gewährenden Schutz des Therapeuten im KB zugelassen und durch die integrativen Kräfte des Ich assimiliert werden kann.

Spaltungsphänomene

Zusammenfassend möchte ich hervorheben: Die im KB und auch in Träumen oft rätselhaft erscheinenden unbelebten Strukturen und vor allem die archaischen Pflanzen- und Tierdarstellungen weisen auf eine extreme Regression von Teilen des Ich beziehungsweise des Selbst hin, die als abgespaltene Intro-

jekte verstanden werden können. Diese können entweder mit einer positiv besetzten Imago oder mit einem «bösen» Introjekt identifiziert werden. Es scheint
zwei hauptsächliche Gründe für diese ausgeprägte Regression zu geben: a) Im
Falle des «guten Objektes» die Regression zum Schutz und im Dienste der Re-
kreation (LEUNER 1978) zur Erhaltung des ökonomischen Gleichgewichtes, b)
im Falle des «bösen Objektes» als extreme Abwehr in Form der Abspaltung zum
Schutze des Ich beziehungsweise des Selbst vor Invasion des feindseligen Angrei-
fers.

In der praktischen Therapie des KB treten archaische Symbole nicht selten
spontan auf oder können durch ein dafür disponierendes Standardmotiv evoziert werden. Sie wirken zunächst in hohem Maße Ich-fremd, sind im Falle des
bösen Objektes mit ausgeprägt archaischen Affekten verbunden; im Falle des
guten Objektes werden sie in ähnlicher Weise wie «große Träume» (JUNG) erlebt. Während letztere eine stützende und Ich-stärkende Wirkung haben, bedarf
es bei der Bearbeitung der anderen der Ich-stärkenden Unterstützung durch den
Therapeuten, um die beschriebene Entwicklung über die phylogenetische Stufe
bis hin zur menschlichen, d. h. besser assimilierbaren Repräsentanz zu führen.
Eine der möglichen Techniken dafür ist die Symbolkonfrontation. Der therapeutische Modus im Umgang mit positiven archaischen Strukturen ist im Kapitel «Befriedigung archaischer Bedürfnisse» (Abschnitt 3.1.) beschrieben.

4.3.2.7. Die phänomenologische Betrachtungsweise

An verschiedenen Stellen dieses Kapitels habe ich Hinweise für die Intepreta-
tion des Tagtraumes auf der Subjektebene gegeben. Die Betrachtung der Subjektrepräsentanz wird vom Patienten kognitiv nicht so leicht erfaßt wie die Betrachtung auf der Ebene der Objektstufe.

*daseins-
analytische
Betrachtung*

Eine noch weitergehende Betrachtung von Träumen ist die daseinsanalytische unter Außerachtlassung aller theoretischen Grundannahmen von BOSS
(1953). Sie ist ausgesprochen phänomenologisch. Die Strukturen des Traumes
werden als «Weisen des individuellen In-der-Welt-Seins», als «Weisen der individuellen Strukturbeziehung zur Welt» und zur eigenen emotionalen Entwicklung angesehen. Implizit allerdings folgt auch Boss einem nicht näher definierten Menschenbild. PONGRATZ (1968) bewertet den Betrachtungsmodus des

*meditative
Phänomeno-
logie*

Traumes von BOSS als eine *«meditative Phänomenologie».* «Die Traumwelt
wird durch die jeweilige thematische Situation der Person im wörtlichen Sinne
bedingt. Wenn jemand z. B. im Daseinsmodus der Unerschlossenheit existiert,
füllt sich seine Traumwelt mit Dingen, die verschlossen sind; wenn ein anderer
in einem kindlichen Weltbezug lebt, erscheinen ihm träumend mütterliche Gestalten; ist das Dasein eines Dritten auf Hunger gestimmt, so ruft er die Welt der
eßbaren Dinge in sein Traumleben.» – Dem daseinsanalytischen Traumver-
ständnis gilt somit auch der träumende Mensch nicht als weltlos. Vielmehr sind
es gerade sein Weltbezug, sein «Weltentwurf», sein «Daseinsmodus», die auch
seine Träume gestalten. «Das jezeitliche Sein des Menschen in der Welt ist damit
als Traumquelle aufgezeigt». – Boss wendet sich dem materiellen Bestand des
Traumes zu, den Traumgestalten also, «deren vollen Dinggehalt zu Tage zu

406

fördern» ihm Aufgabe der phänomenologischen Betrachtung ist. Es ist sein Bestreben, die Traumdinge in ihrem «Eigengehalt» zu erfassen. – Das geschieht auch in der erwähnten Traumanalyse von Boss.

Ich finde die Betrachtungsweise von Boss in ihrer Forderung nach phänomenologischer Offenheit und Unvoreingenommenheit in gewisser Hinsicht bestechend. Der «Meta-Ansatz» liegt darin, daß nicht ein induktiv erschlossenes Konzept nach Art des latenten Traumgedankens der Psychodynamik Leitlinie ist, sondern der jeweils aus dem Traum und dem aktuellen So-Sein des Patienten gewonnene Daseinsentwurf beziehungsweise Daseinsaspekt. Damit wird versucht, eine existentielle Perspektive in die Ganzheit von Erleben, Motivstruktur und Einstellung einzubringen, fernab aller Psychologisierung.

Der Nachteil der «meditativen Phänomenologie» liegt wohl darin, daß ihre lehrende Vermittlung schwierig, wenn teilweise nicht sogar unmöglich ist. Vieles bleibt im Rahmen sprachlich-bildhafter Ausdrucksformen und ist damit nur schwer übertragbar. Versuche einer gewissen strukturellen Durchdringung und Systematisierung, wie sie wissenschaftliche Arbeit erfordert, führen leicht zur Erstarrung, und gerade das jeweils Einmalige, Individuelle eines Entwurfes ginge verloren. Die Phase der daseinsanalytischen Betrachtungsweise in der Psychiatrie Ende der fünziger Jahre blieb leider auch in Klischeebildungen stecken. Es hat sich meines Erachtens aber neben der zuvor erörterten tiefenpsychologischen und gestaltpsychologischen Untersuchungsart bewährt, den Tagtraum auf der Subjektstufe auch nach phänomenologisch orientierten Anmutungen zu betrachten. Bislang haben wir darüber noch wenig Erfahrungen sammeln können und keinen Dialog mit dem Imaginierenden über den Entwurfscharakter seines Tagtraumes geführt. Für den Unterricht wären seminaristische Übungen denkbar, in denen die Teilnehmer sich durch freie Einfälle gemeinsam bemühen, den phänomenologischen Gehalt eines Tagtraumes oder einer Serie von Tagträumen in dieser Weise zu erfassen.

Unsere doch jahrzehntelange Erfahrung mit der KB-Therapie hat überzeugend gezeigt, daß das unreflektierte, durch Interventionen nicht beeinflußte Bild über längere Strecken an sich bereits eine therapeutische Wirkung hat, wenn auch nur in begrenztem Maße. Auf diesen Einfluß bin ich in Kapitel 1.6.2. unter den Stichworten «Vergegenwärtigung und Vergegenständlichung» eingegangen. Wir haben zur Beantwortung der Frage, wodurch dieser rückwirkende Einfluß unbewußter Strukturen allein des Tagtraumbildes zustande kommt, zwei Hypothesen zur Verfügung. Es liegt nahe, dazu auch den Gesichtspunkt der «meditativen Phänomenologie» einzubringen. Vielleicht ist die phänomenologische Betrachtung von Boss eine sehr gute und hinreichende Erklärung für den «Mechanismus» dieser Rückwirkung. Es besteht ja wohl kein Zweifel, daß die Betrachtung eines Bildes, sei es das einer realen Landschaft, sei es des Bildes in einer Kunstausstellung oder der Malerei eines Patienten, immer und ohne Ausnahme auf den aufmerksamen, offenen Betrachter eine psychologische Wirkung entfaltet. Gleichgültig, welche wissenschaftliche Hypothese man für diese Wirkung auch heranziehen will, das Phänomen ist empirisch unumstößlich. Die phänomenologische Betrachtungsweise von Boss erhebt diesen Umstand in den Stand seines methodischen Vorgehens. Als solches möchte ich sie hier auch betrachten. Freilich ist die daseinsanalytische Methode breiter gefächert und stellt das

«Mechanismus» der Rückwirkung

407

jeweilige Bild vor den Hintergrund der Existenz des Betreffenden überhaupt. Diese mag aber bei der nichtverbalisierten Betrachtung eines KB-Bildes un- oder vorbewußt immer mitbeteiligt sein. Das wird am deutlichsten in der Betroffenheit des Patienten gegenüber manchen KB-Motiven, z. B. der Besichtigung des Hauses, wenn dessen Einrichtung dem Geschmack und den Erwartungen des Imaginierenden zuwiderläuft. Die Betroffenheit entspringt dann gerade daraus, daß das Bild auf dem Hintergrund des bewußten existentiellen Entwurfes einen Kontrast bildet, hier mit negativem Akzent. Die gleiche Betroffenheit kann aber auch durch einen Kontrast positiver Art hervorgerufen werden.

Verschmelzung mit dem Bild

Eine andere, bislang noch nicht behandelte Erlebnisweise katathymer Bilder kann ebenfalls mit der «meditativen Phänomenologie» in Verbindung gebracht werden: die Identifikation des Imaginierenden mit einem imaginierten Objekt, synonym die Verschmelzung des Imaginierenden mit dem imaginierten Objekt. In spontaner Entfaltung des KB wird das selten beobachtet, kann aber vom Therapeuten angeregt werden. In der Gestalttherapie ist es eine besonders hervorgehobene Technik, die eine «stark archaische Brisanz» in sich trägt.

Auf dieses Phänomen bin ich bislang nicht zu sprechen gekommen, weil es im KB wenig beschäftigte. Nach unserem tiefenpsychologischen Konzept impliziert es eine tiefe Regression in den primär-narzißtischen Bereich. In der Therapie neurotischer und noch schwerer gestörter Patienten kann diese Interventionstechnik zu unübersehbaren Reaktionen oder zur Provokation extremer Abwehrmechanismen führen. Das widerspricht dem Prinzip des KB, unbewußte Dynamik von der Oberfläche schichtenweise und damit für das Ich integrierbar zu bearbeiten.

Ich gebe zwei Beispiele an, um das Gesagte zu verdeutlichen.

Beispiel 1

Beispiele

Eine etwa 30jährige Teilnehmerin an einem Seminar, die durch ihre Lebhaftigkeit, starke Anregbarkeit, also ihre hysterischen Strukturanteile auffällt, berichtet über den Ablauf ihres Blumentestes in der Gruppe folgendes: Sie habe die Sonnenblume «gesehen», deren übermäßig große und sehr schöne gelbe Blüte sich «wunderbar» gegenüber dem blauen Himmel abhob. Sie habe sich von der vom Bilde ausgehenden Stimmung ganz «einfangen lassen». Plötzlich habe sie zu ihrem eigenen Erstaunen, sie sei dabei auch ein wenig erschrocken, sich selbst als Sonnenblume gefühlt, sie sei zur Sonnenblume geworden. Das könne sie sich eigentlich gar nicht erklären. Es sei aber ein schönes Gefühl gewesen. Sie habe sich ganz vom Alltag und ihrer Umgebung abgehoben gefühlt und eigentlich bedauert, daß ich (als Seminarleiter) nach einiger Zeit die Gruppenübung abgebrochen habe.

Beispiel 2

Eine Akademikerin in den mittleren Jahren, ledig und voll berufstätig, kommt in Behandlung wegen ihrer extremen schizoiden Kontaktscheu und der Unfähigkeit, unter Einfluß einer ästhetisch überzüchteten Idealbildung ihre Gefühle auszudrücken. Das KB entwickelt sich – wiederum unter Isolierung der Gefühle – im Kontrast zum äußeren Auftreten sehr lebhaft und überaus phantasievoll. Häufig sind es drastische Szenen, z. T. existentiell bedrohlichen Charakters, die sich am Schluß des Tagtraumes meistens zu einem versöhnlichen Ende wenden. Sie imaginiert, wie ein bekannter Kollege mit wütender Energie die Bäume eines Waldes fällt. Aus einem der Bäume fließt zunächst Blut, es verwandelt sich in eine Wasserquelle, das Wasser bildet einen Bach, dieser überflutet schließlich die ganze Landschaft als reißender Strom. In diesem Moment erlebt sich die Patientin selbst als diesen Strom, als das Wasser, das dahinfließt und alles mit sich reißt. Sie empfindet weder Unbehagen noch Angst, lächelt vielmehr animiert und scheint diese Eigenschaft, ein reißender Fluß zu sein und alles zu überschwemmen, geradezu zu genießen.

Mir will scheinen, daß diese extreme Identifikation, unter Aufgabe der eigenen menschlichen Identität, die offensichtlich das ganze Ich erfüllt, als eine besonders extreme Form der «meditativen Phänomenologie» betrachtet werden kann, zumindest ihr nahesteht. Von der therapeutischen Bedeutung dieser Vorgänge habe ich mich nicht überzeugen können.

4.4. Therapeutenverhalten und die Übertragung in der KB-Therapie

Für das Gelingen einer Psychotherapie stehen die angewandte Methode und das Therapeutenverhalten gleichrangig nebeneinander. Letzteres ist wesentlich von den emotionalen Beziehungen zwischen Patient und Therapeut bestimmt. Der der Methodik gewidmete Anteil ist kognitiv noch relativ leicht erlernbar. Der Erwerb des Therapeutenverhaltens bedarf einer Schulung eigener Art, die von der grundsätzlichen Erfahrung ausgeht, daß *der Therapeut das entscheidende «Instrument» in der Psychotherapie* ist. Von der «Droge Arzt» (Therapeut) wurde gesprochen, die auf den Patienten und seine jeweilige Reaktionsweise «abgestimmt» sein muß. Dabei versteht es sich beinahe von selbst, daß das Therapeutenverhalten einerseits von der technischen Seite, andererseits aber von der emotional-affektiven der Beziehungen zwischen Patient und Therapeut her betrachtet werden muß.

4.4.1. Kognitives Therapeutenverhalten

Der fortgeschrittene Grundstufen-Therapeut sollte sich auch mit den Problemen der Übertragung und Gegenübertragung im KB vertraut machen. Im Rahmen der Mittelstufentechnik ist die Dynamik der Patienten-Therapeuten-Beziehung unter verfeinerter emotionaler Fremd- und Selbstwahrnehmung zu beachten.

Das kognitive Therapeutenverhalten kann z. T. als *Verhaltensanweisungen* vermittelt werden. Es soll «freundlich-zurückhaltend, gewährend und in allen seinen Aktionen vorsichtig, aber gegebenenfalls auch entschieden sein. Direkte Interpretationen werden bekanntlich nicht gegeben. Einfälle aber mögen beim fortgeschrittenen Patienten angeregt und die Frage nach den Beziehungen der imaginierten Inhalte zur realen Welt des Alltags gestellt werden» (LEUNER 1982b).

gesprächstherapeutisches Basisverhalten

Die erste Bestätigung des Patienten und seiner Beschwerden liegt darin, daß er bei Erhebung der Vorgeschichte in seinen Sorgen und Nöten ernst genommen wird, und der Therapeut Interesse und Mitgefühl zeigt. Die geringste urteilende oder nur andeutungsweise mißbilligende oder korrigierende Bemerkung oder eine so zu deutende nicht-verbale Reaktion muß er vermeiden. Das an Stelle dessen tretende «warming up» erfolgt mit offener, gleichbleibend freundlicher, aber auch ruhiger Haltung. Daraus entwickelt sich die für jede Kurztherapie notwendige positive Übertragung (siehe dort) des Patienten. Belohnende Signale sollen eine «Miniintervention» und so diskret sein, daß sie kaum bewußt wahrgenommen werden: ein einfaches «ja», bestätigendes «hm», «ach so», «ich verstehe», «sehen Sie» usw., sowohl im Gespräch als auch im KB selbst.

BREUER und KRETZER (1974, 1978) haben gezeigt, daß die Basisvariablen der nicht-direktiven Gesprächstherapie nach ROGERS geeignet sind, das Therapeutenverhalten zum Teil auch für das KB zu definieren. Die meisten der hier zu nennenden Variablen werden allerdings seit langem mit der für das KB modifizierten tiefenpsychologischen Technik geübt. Sie gehören heute fast jeder Form von Psychotherapie an. Nur wurden sie in ähnlich klarer Weise, wie in der Gesprächstherapie früh geschehen, nicht formuliert; ihre Charakterisierung trägt zu vermehrter Klarheit für den Lernenden bei, hat für uns vor allem didaktische Bedeutung. Deshalb habe sich sie hier knapp zusammengestellt. Im Rahmen unseres tiefenpsychologischen Konzeptes sind sie lediglich der erste didaktische Schritt. Sie werden überwölbt von dem Interaktionsmodus von Übertragung und Gegenübertragung, also dem emotionalen Interaktionsmuster zwischen Therapeut und Patient.

Positive Wertschätzung beziehungsweise emotionale Wärme sowie Echtheit im Verhalten des Therapeuten[8] sind für jede Psychotherapie von Wichtigkeit. Die Schaffung eines «warmherzigen» Klimas als Ausdruck der Anteilnahme am Leiden des Patienten ist zur Fundierung einer stabilen Beziehung besonders geeignet.

«*VEE*»

Verbalisierung emotionaler Erlebnisinhalte (VEE*): Mit diesem Begriff meint man folgende Interventionstechnik: Der Therapeut richtet sein Augenmerk (während der Tagtraumsitzung neben der Beachtung des Tagtrauminhaltes) auf die Gefühls- und Stimmungslage des Patienten, wie sie auch nicht-verbal, etwa in Sprachmelodie, Pausen, Stocken und sonstigen Verhaltenseigentümlichkeiten sowie aus KB-Inhalten zum Ausdruck kommen. In seinen Interventionen geht der Therapeut hier weniger (oder gar nicht) auf den vom Patienten geschilderten kognitiven Inhalt ein, sondern verbalisiert den begleitenden Gefühlston oder die herrschende Stimmung etwa so: «Ich habe den Eindruck, Sie fühlen sich jetzt . . .», oder: «. . . , daß Sie diese Erfahrung entmutigt hat.» Manche Therapeuten formulieren auch breiter und beanspruchen damit die kognitive Aufmerksamkeit des Patienten stärker. Das halte ich für die Tagtraumperiode nicht für adäquat. Die Notwendigkeit des Patienten, sich auf eine längere Intervention des Therapeuten konzentrieren zu müssen, lenkt ihn von

modifiziert für das KB

dem (regressiven) emotionalen Engagement im Tagtraum ab. Der Fluß der Imaginationen und der begleitenden Gefühle wird beeinträchtigt. Die VEE soll dem Patienten aber gerade signalisieren, daß er vom Therapeuten verstanden wird. Deshalb hat sich für die Imaginationsphase bewährt, die Gefühlslage nur mit zwei oder drei Worten, telegrammstilartig, zu verbalisieren. Dies gilt erst recht beim Auftreten starker Affekte wie Angst, Erschrecken, Not, Verzweiflung, Einsamkeit, Depression usw. Dabei ist es vorteilhaft, diese wenigen Worte nach Stimmklang und Wortmelodie *und Formulierung in einer Mittelstellung zwischen Statement und Frage* zu gestalten. Das kann schriftlich nur begrenzt wiedergegeben werden, beispielsweise: «Das macht Ihnen Angst?» – «Das ist eine

---

[8] Die folgenden mit * bezeichneten Variablen sind wertvoll für die KB-Therapie.

unheimliche Situation?» – «Sie fühlen sich jetzt wohl?» – «Das ist für Sie eine neue wichtige Erfahrung?» Noch kürzer, bei starken Affekten etwa: «Das ist schrecklich?»

Beim Anhören von Kassettenbändern haben Seminarteilnehmer, die mit der Technik nicht vertraut sind, manchmal den Eindruck, als hätten diese fragenden Statements eine Suggestivwirkung auf den Patienten. Diese ist jedoch weit geringer als angenommen, wenn sie überhaupt besteht. Infolge der prägnanten Wahrnehmung der Gefühle und des zunehmenden Vertrauens korrigiert der Patient die Formulierung des Therapeuten in der Regel, beispielsweise: «Nein, ich habe keine Angst, das ist mehr so schauerlich, so unheimlich, aber doch ganz schön.» Man kann weitgehend auf diese Korrektur vertrauen. Trotzdem sollen bei der VEE im Tagtraum Interventionen sehr vorsichtig und nur – wie gesagt – im Sinne eines fragenden Angebotes oder Statements formuliert werden. Sie ersetzen die plumperen Anfragen an den tagträumenden Patienten wie etwa: «Wie fühlen Sie sich jetzt?» – Oder: «Wie erleben Sie die Stimmung dieser Landschaft?» – Oder: «Wie wirkt das . . . Bild gefühlsmäßig auf Sie?», obgleich diese Form zu fragen nicht falsch und nicht immer zu vermeiden ist. Die Beachtung der emotional-affektiven Erlebnisseite möchte ich als gleichrangig neben die bildimaginativen Wahrnehmungen stellen.

Zweck der VEE ist es:

Zweck der VEE

a) den Patienten neben dem perzipierten Inhalt des Tagtraumes auf die vorbe-wußte Spur der begleitenden Gefühle und Affekte hinzuweisen und diese be-wußt wahrnehmen zu lassen. Die verbalisierten Gefühle verlieren damit ihren unkontrollierten Einfluß und geben Raum für nachdrängende. Ein un-terschwelliger Fluß der Emotionen und Affekte wird angeregt und wirkt der Gefahr der Stagnation nach Art der fixierten Bilder entgegen;

b) dem Patienten zu zeigen, daß der Therapeut versucht, ihn emotional zu ver-stehen. Das fördert sein Vertrauen, seine Bereitschaft, sich zu öffnen. Die anfänglichen Schranken zwischen ihm und dem Therapeuten fallen zugun-sten emotionaler Nähe. Die Variablen «Wärme» und «positive Wertschät-zung» sowie «Echtheit» werden akzentuiert. Das gewonnene Vertrauen nimmt Angst und Spannung und ermutigt zur freieren Äußerung auch pein-licher, bis dato abgewehrter Gedanken, Imaginationen und Gefühle.

Im Nachgespräch hat sich die VEE bei der assoziativen Bearbeitung der KB-Inhalte als erlebnisaktivierende Methode bewährt (KRETZER). Die VEE ist eine hervorragende Variable, auf deren Grenzen ich hier nicht eingehen kann. In der modernen psychoanalytischen Technik (GREENSON 1975) hat sie ihre Parallele in der Klarifikation von Gefühlen und in der Akzentuierung von andrängenden Impulsen zur Förderung der «Mikrokatharsis».

*Nondirigismus** steht in der Tagtraumphase im Vordergrund. Auf jedes vor-schnelle Drängen, sei es auf eine Konfliktlösung oder Angebot des Schutzes vor angstbesetzten oder mit negativen Affekten besetzten Inhalten, wird verzichtet. Stattdessen soll der Patient eigene Lösungsstrategien finden, angeregt durch For-mulierungen: «Was möchten Sie jetzt am liebsten tun?» – «Haben Sie eine Idee, wie Sie da am besten herauskommen können?» – Oder: «Ich könnte mir denken,

Nondirigismus

daß Sie erst einmal abwarten müssen, welche Möglichkeiten sich anbieten» (oder «. . . Ihnen einfallen . . .»). – Dabei kann der Patient etwa mit einer Konfliktkonstellation im Tagtraum eine Weile konfrontiert bleiben und das Prinzip von «Durchleben und Durchleiden» (S.233) anklingen. KRETZER (1978) hebt hervor, daß man unter Vermeidung dirigistischen Verhaltens in den meisten Fällen «auf erstaunlich kreative Lösungen» (S.410) stoßen kann, die die Patienten selbst finden und an die der Therapeut nicht gedacht hätte.

engagiertes Mitgehen

Engagiertes Mitgehen*. Diese Variable erhält (nach KRETZER) in besonderem Maße das gute Verstehen zwischen Patient und Therapeut. Im Symboldrama ist es unentbehrlich, in schwierigen oder krisenhaften Situationen auf der Grundlage des einfühlenden Verstehens (Empathie) und der Verbalisierung der herrschenden Erlebnisqualität (VEE) verstärkt engagiert mitzugehen. Beim Patienten wird damit das Gefühl gestützt, daß der Therapeut gerade in der gegebenen wichtigen, schwierigen Szene Interesse an ihm hat. Er ist «für ihn da» und bereit, ihn stützend zu begleiten.

Wenn die engagierte Aktivität reflektiert wird und in wohldosierter Form zur Anwendung kommt, halte ich sie für wichtig und in krisenhaften Konfliktlagen des Symboldramas für geradezu entscheidend für die weitere positive therapeutische Entwicklung. Umgekehrt: Nichts ist für den Patienten enttäuschender als eine Kluft zwischen sich und seinem Therapeuten. Sie verstärkt alte Erfahrungen des Alleingelassenwerdens (Beispiel S.428).

Spezifität und Klarheit des Ausdruckes ist eine selbstverständliche Variable. Den Therapeuten im regressiven Zustand des Tagtraumes akustisch nicht zu verstehen, impliziert das Gefühl, daß er auch sonst «nicht zu verstehen» ist, was für die Therapie nicht fördert.

Experiencing

Experiencing* ist von GENDLIN (1984) in die GT eingeführt worden und hat immer mehr an Bedeutung gewonnen. Es bezieht sich auf die Zentrierung des «Hier-und-Jetzt-Gefühles». Diese Variable ist meines Erachtens im Grunde in der vorerwähnten stets enthalten und wird im KB seit früher Zeit praktiziert. Sie stellt gegenüber der VEE eine Akzentuierung dar im Sinne der ausdrücklichen Wahrnehmung des bewußten Innewerdens beziehungsweise des aktuellen Gefühles oder auch der Körperempfindungen, die in Gefühle übersetzt werden können. Hier sind Formulierungen am Platze wie etwa: «Wenn Sie dieses Bild vor sich haben, was geht in Ihnen vor?» – Oder: «Wie erleben Sie diese Szene einmal so ganz naiv gesehen?» – Oder: «Welchen Stimmungsgehalt hat diese Landschaft (dieser Berg, dieser Baum usw.) für Sie?» – Oder: «Mal so ganz naiv betrachtet, wie wirkt dieser Baum (Berg, dieses Tier, diese schwierige Situation, in der Sie sich befinden) auf Sie?» – Diese Art der Frage fordert den Patienten kognitiv und kann den Strom der Imagination vorübergehend unterbrechen. Sie sollte deshalb nur gestellt werden, wenn dadurch eine emotional stark involvierende Situation nicht durchbrochen wird. Gelegentlich wird man sie als störende Komponente hinnehmen müssen, wenn es begründet ist, das Experiencing hervorzuheben. – Im Rahmen des assoziativen Vorgehens schafft diese Einstellung günstige Voraussetzungen für die Förderung freier Assoziationen und Altersregressionen. Diese Variable kann auch im Nachgespräch eingesetzt werden mit dem Ziel, das im Tagtraum Erlebte emotional erneut zu aktivieren (KRETZER 1978). Ihre Anwendung setzt aber großes Fingerspitzengefühl, besonders in der Tagtraumphase, voraus und muß reflektiert werden.

Ich verlasse damit die Ebene des kognitiven Therapeutenverhaltens. Den idealen Führungsstil in der KB-Therapie möchte ich abschließend in einem einzigen Satz verdichten: *Je weniger der Patient die Interventionen des Therapeuten merkt und je mehr er sich dabei verstanden und sicher fühlt, desto besser ist die therapeutische Führung.*

4.4.2. Emotionales Therapeutenverhalten: Übertragung und Gegenübertragung

4.4.2.1. Grundlagen

Die Psychoanalyse hat unter den Begriffen Übertragung und Gegenübertragung die emotionalen Wechselbeziehungen zwischen Patienten und Therapeuten in subtiler Weise untersucht. An diesem interaktionellen Erfahrungsgut kann heute keine Psychotherapie vorübergehen. In der Kurztherapie der Grundstufe brauchen diese sublimen Beziehungen nicht unbedingt therapeutisch berücksichtigt zu werden. Jedoch soll der Therapeut Kenntnis davon haben. In der Technik der Mittel- und Oberstufe ist der Umgang mit beiden aber unabdingbar und wird seminaristisch gelehrt.

emotionale Patienten-The-rapeuten-Be-ziehung

Was bedeutet der Begriff Übertragung? – Gemeint ist die Übertragung von Gefühlen auf den Therapeuten, die der Patient in den ersten sechs Lebensjahren als einer besonders prägsamen Phase gegenüber seinen wichtigsten Bezugspersonen entwickelt hat. Zu denken ist vor allem an Eltern beziehungsweise Eltern-Ersatzgestalten oder andere wichtige Personen, die prägende Bedeutung für das Gefühlsleben des Patienten gehabt haben. Wir begegnen also hier den in Kapitel 4.3.1.2. untersuchten «Objektbeziehungen», um diesen psychoanalytischen Fachbegriff für «Liebesobjekte» zu gebrauchen. Beispielsweise kann der Patient in einer Phase seiner Behandlung entdecken, daß der Therapeut in ähnlich harter Weise, vielleicht fordernd und reglementierend spricht, wie er es als kleines Kind bei seinem Vater erlebt hat. Man spricht dann von einer «Vaterübertragung». Dabei ist zu berücksichtigen, in welcher Altersphase der Patient derartige Erlebnisse mit der jeweiligen Bezugsperson hatte. Erfahrungsgemäß können frühe Erlebnisse durch spätere überdeckt sein und gelegentlich gegensätzlichen Charakter haben. Wenn in subjektiver Wahrnehmung der Sprechweise des Therapeuten die Gefühlsbeziehungen zum Vater in ihrer ganzen Komplexität wieder aufleben, reagiert der Patient in gleicher Weise wie damals, etwa mit Ängstlichkeit, Scheu und innerem Rückzug. Pauschaler formuliert spricht man dann von einer «negativen Übertragung». Um das Beispiel auszuweiten: Der Patient kann aber auch beobachten, wie er in seiner Beziehung zum Therapeuten eine warme, hingebungsvolle, vertrauensvolle Stimmung und dazugehörige Gefühle entwickelt. Er erlebt in diesem Zusammenhang seinen Therapeuten als wohlwollend gewährend, ihn akzeptierend. Nach genauerer Analyse und Sammlung von Einfällen des Patienten stößt man dann z.B. auf Erinnerungen an eine mütterliche Gestalt seiner frühen Kindheit. Das mag die Großmutter oder eine liebevolle Tante gewesen sein. Diese als positiv und förderlich erlebte «Großmutterübertragung» wird pauschal als «positive Übertragung» bezeichnet.

Man kann mit der Psychoanalyse von der Hypothese ausgehen, daß jede beim Patienten in der Psychotherapie phantasierte oder erlebte stärkere Gefühlsbeziehung ihre Wurzel in frühen Beziehungsstrukturen hat. Sie ist *die Matrix, auf die sich spätere emotionale Beziehungen unbewußt immer wieder hin orientieren.* Die starken, kleinkindhaften Gefühlsbeziehungen können so ihre ursprüngliche Macht wiedererlangen, z.B. auch in Liebesbeziehungen bis hin zur Hörigkeit.

frühkindliche Matrix emotionaler Beziehungen

Diese ausgedehnte Revitalisierung infantiler (Objekt-)Beziehungen kann in der Analyse zum wichtigsten therapeutischen Instrument werden, die *Übertragungsneurose.* Sie erlaubt, die kindliche Neurose nun im «Hier und Jetzt» der Behandlungssituation zu bearbeiten. Die Übertragungsneurose kann aber auch zum entscheidenden Handicap einer Therapie werden. In Form des oft schwer zu erkennenden *Übertragungswiderstandes*[9] kann sie den Fortgang der Therapie gefährden, sie sogar zum Scheitern bringen. Deshalb fordert die Bearbeitung der Übertragungsneurose einen sehr erfahrenen, tiefenpsychologisch weitergebildeten Therapeuten.

Übertragungsneurose

In der psychoanalytischen Kurztherapie (DÜHRSSEN 1972, MALAN 1965, LEUNER 1967, LOCH 1967) wird jedoch ausdrücklich vermieden, diese Übertragungsneurose aufkommen zu lassen. Vielmehr ist man bemüht, jede andrängende negative Übertragung zu vermeiden beziehungsweise sofort zu analysieren.

In der KB-Therapie tritt die Übertragungsneurose über weite Strecken, vor allem auf dem Niveau der Grundstufe, selten oder gar nicht in Erscheinung. Neben der zeitlichen Komponente (bis zu 30 Therapiestunden) liegt der Grund in psychologischen Faktoren des KB selbst. Diese ermöglichen auch langdauernde Behandlungen ohne Auftreten einer Übertragungsneurose, wie EIBACH (1982) und LANG (1982) in der KB-Therapie chronisch und narzißtisch Gestörter gezeigt haben.

4.4.2.2. Strukturierung, zweidimensionale Übertragung, Projektionsneurose

Projektionsneurose

Die Grundstufentechnik impliziert durch einige Parameter relativ *stabile psychodynamische Bedingungen.* Sie sind bestimmt durch den überwiegend stützenden Charakter und die schonenden Strategien der Konfliktaufdeckung und -bearbeitung. Das drückt sich aus in: a) Bevorzugung von Standardmotiven, die strukturieren und symbolisch einkleiden, trotzdem eine breite Spanne der Konfliktprojektion (Landschaftsmotive) ermöglichen; b) Freisetzung von Konfliktmaterial überwiegend spontan an der «Oberfläche» der Latenz (des Unbewußten); c) der anaklitischen Übertragung in der Interaktion mit dem Therapeuten; d) der Bevorzugung eines non-direktiven Therapeutenverhaltens auf der Basis der empathischen Wahrnehmung.

[9] Begriff vergleiche LAPLANCHE & PONTALIS (1972, S.623).

414

Der Hauptakzent der stabilisierenden Wirkung liegt in den spezifischen Übertragungsbedingungen des KB. Sie müssen in zwei Teilen untersucht werden:

Übertragungsbedingungen

(1) dem Setting in der KB-Therapie
(2) der spezifischen Projektion im Tagtraum

Zu (1): Das Setting in der KB-Therapie

Es disponiert in verschiedenerlei Hinsicht zu einer für den Patienten befriedigenden, stabilisierenden Übertragungsbeziehung, die sich in zwei Dimensionen darstellt (LEUNER 1982b). Zu ihrer Charakterisierung habe ich ein Modell benutzt: Ein Taucher alter Art steigt von einem Schiff ins Meer. Ein Expeditionsleiter auf dem Schiff steht mit ihm durch ein Telephon, einen Luftschlauch sowie ein Seil in Verbindung. Der Taucher, hier der Patient, ist auf seine Hilfe angewiesen. Beide können miteinander diskutieren, welche Maßnahmen bei den Funden auf dem Meeresboden zu treffen sind; der Taucher kann instrumentelle Unterstützung für seine Arbeit erbitten und schließlich – abgesehen von der Vitalversorgung – den Wunsch signalisieren, an die Oberfläche zurückzukehren. Der Leiter regelt darüber hinaus alle Außenbeziehungen: die Kontrolle der Zeit, die Darreichung von Werkzeugen, die Beendigung der Expedition wegen äußerer Einflüsse, Erschöpfung des Tauchers usw. Insofern besteht einerseits eine beträchtliche Abhängigkeit des Tauchers, andererseits ist er aber in hohem Grade selbständig. In dem für den Menschen fremden Medium, den «unergründlichen Tiefen des Meeres», muß er sich eigenständig bewegen, einen Auftrag ausführen, jene Welt beobachten, um den dort lauernden Gefahren begegnen zu können. – Dieses Modell des Tauchers eignet sich gut, die Patienten-Therapeuten-Beziehung zu veranschaulichen, weil im KB analoge, gegenläufige Funktionen vorliegen. Die Komponente der emotionalen Abhängigkeit kann, tiefenpsychologisch formuliert, gemäß SPITZ (1956/1957) mit der psychoanalytischen Therapie verglichen werden. Der Patient befindet sich in der Lage eines Kindes im frühesten Alter, gefesselt an sein «Couch-Kinderbett», höchst abhängig von dem hinter (beziehungsweise neben) ihm sitzenden, kaum zu sehenden Therapeuten. Dieser tritt mit ihm wenig in Beziehung, verhält sich vielmehr passiv und abwartend. Er hat den Patienten aber zugleich verpflichtet, alles, was an Gefühlen, Einfällen, Gedanken usw. in sein Bewußtsein tritt, motorisch passiv bleibend, mitzuteilen. Beim KB tritt ergänzend hinzu, daß der Patient sich in einem zunehmend entspannten Zustand befindet, der tiefenpsychologisch als Ich-Regression verstanden wird. Den hier waltenden Beziehungstypus der «Hingabe» nennt SPITZ mit FREUD die *«anaklitische Situation»*. Eine solche liegt zweifellos auf seiten des Patienten auch im Katathymen Bilderleben vor, verstärkt durch die während der Imagination entstehende Einengung des Bewußtseins und die Versenkung.

anaklitische Situation im KB

Jedoch besteht eine Spaltung des Ich durch die gleichzeitige aktive Rolle, in der sich der Patient in der Sphäre des vorbewußten Tagtraumes befindet. Er ist in starkem Maße in dieser Welt auf sich selbst angewiesen, auf seinen Mut, seine Eigenaktivität, seinen Einfallsreichtum und auf sein «Stehvermögen», Forderungen, die ganz im Gegensatz zu der anaklitischen Hingabe und (partiellen) Ich-Regression in der Couch-Situation stehen.

Gemäß dem Tauchermodell steht der Patient in dauernder verbaler Verbindung mit dem Therapeuten, was – vom nächtlichen Traumerleben her gesehen – ein neuer Parameter ist gegenüber der einsamen Situation des Patienten dort. Er kann sich ihm in allen Notsituationen anvertrauen, steht dauernd unter dessen Schutz und wohlwollender sowie kompetenter Leitung während seiner Exkursionen in die imaginative Welt der Konflikte und Objektbeziehungen. Dieser Schutz ist eine spezifische Komponente des Symboldramas. Das Miteinander der beiden Kontrahenten kann als eine Peer-Gruppierung, ein Miteinander von Gleichberechtigten betrachtet werden. Das drückt sich auch in der äußeren Anordnung im Vergleich zur Psychoanalyse aus. Während dort der Therapeut in einiger Entfernung *hinter* dem Kopfende des Patienten sitzt, ihn also nie sehen kann, und der Patient sich häufig von ihm distanziert fühlt, sitzt der Therapeut im KB *am Kopfende der Couch neben diesem,* so daß, wenn gewünscht, sich beide ansehen können. Das Nebeneinander der räumlichen Anordnung signalisiert das *Miteinander* (vergleiche Abbildung 24 a und b, ausführlich LEUNER 1982, S. 163).

Diese keineswegs gering einzuschätzende Peerbeziehung kontrolliert das regressive Gefühlsmilieu der anaklitischen Hingabe und unterhält und gewährleistet die relativ stabile Therapeuten-Patienten-Beziehung. Um im Bilde zu bleiben: Der in den Tiefen operierende Patient kann gewiß sein, daß ihm jederzeit die Regulierung der Außenweltbeziehungen und ein stabiler Beistand in seiner «Tiefenforschung» zur Verfügung stehen. Dieser Schutz erlaubt dem regredierten Patienten, einen Teil seiner allgemeinen Widerstände und Abwehrmechanismen zu lockern (z. B. Intellektualisierung, Rationalisierung, Charakterpanzerung), z. T. sogar aufzugeben, um das andrängende Material imaginativ und emotional besser wahrzunehmen und durch Reduktion von Angst oder Beschämung zu durchleben.

Ein weiteres Moment für das KB sei noch erwähnt. Durch den dialogischen Austausch zwischen Patient und Therapeut ist letzterer in Form der Tagtrauminhalte immer auch zugleich Mitwisser vorbewußter Probleme und nimmt an seinem «intimen» seelischen Prozeß teil. Auch werden nicht nur die intrapsychischen Konflikte, sondern auch die Übertragungsbeziehungen in den herrschenden Feedbackzirkel Patient-Therapeut-Patient gebracht. Die Anteilnahme des Therapeuten an dem projektiven, gefühlsgetragenen Tagtraum liefert einen Beitrag zur herrschenden Peer-Beziehung und verstärkt sie. Die genannten Therapeutenvariablen wie emotionale Wärme, Kongruenz, nicht-direktives Vorgehen usw. sind dieser Beziehung angemessen.

Bezogen auf die Übertragungsneurose trägt die hier charakterisierte interaktionelle Beziehung im KB entscheidend dazu bei, diese über lange Strecken zu vermeiden. Die Peers haben einen Kontrakt geschlossen, ein Arbeitsbündnis, und jeder übernimmt einen relativ klar umrissenen Part mit dem Ziel, dem Patienten die Psychologie seiner vorbewußten Impulse und Konflikte zu veranschaulichen und zu erklären. Die zwischen Gleichberechtigten bestehende Beziehung, von den reifen Ich-Anteilen getragen, kann verhindern, daß die regressive, infantil-anaklitische Gefühlsbeziehung das ganze Ich in Anspruch nimmt, vielmehr erhält es die notwendige, klar erlebte und definierte Spaltung des Ich.

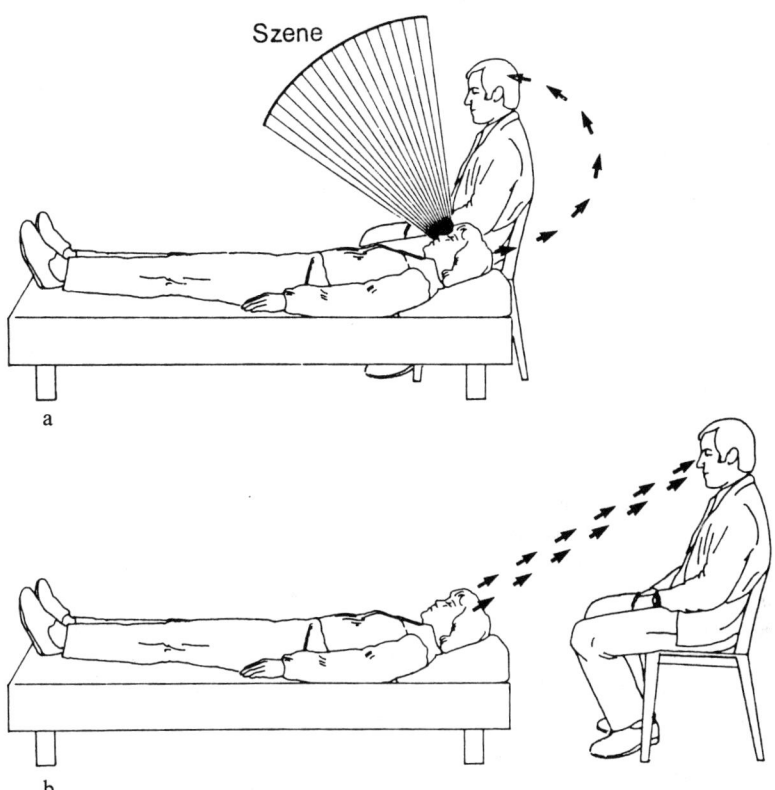

Szene

a

b

Abbildung 24: a) Die projektiven Übertragungsverhältnisse im Setting des Katathymen Bilderlebens; b) in dem der Psychoanalyse. Sie unterscheiden sich vor allem dadurch, daß im KB der überwiegende Anteil der projektiven Dynamik in der Szene der Tagtraumimagination manifest wird. Hier ist sie nicht nur phänomenologisch ausgeprägt und prägnant, sondern okkupiert auch das Bewußtsein des Patienten ganz überwiegend. Eine gering oder gar nicht ausgeprägte «Nebenprojektion» kann dem Therapeuten als Übertragungsgefühl gelten. – Im Falle der Psychoanalyse richtet sich aufgrund des Settings und des Mangels an anderen Projektionsebenen die gesamte Dynamik als Übertragungsgefühl auf den Therapeuten. – Umgekehrtes Bild für die Gegenübertragungsreaktion: Im Falle a) richtet sie sich auf die vom Patienten geschilderte Tagtraumszene überwiegend, im Falle b) ausschließlich auf die Person des Patienten.

Das nach dem Tauchermodell charakterisierte Nebeneinander von anaklitischer und peerhafter Übertragungsbeziehung nenne ich *«zweidimensionale Übertragung».*

zweidimensionale Übertragung

Zu (2): Die spezifische Projektion im Tagtraum

In der psychoanalytischen Technik ist das Setting so gestaltet, daß alle aufkeimenden Übertragungsgefühle aus Mangel an einer anderen Projektionsebene auf den Therapeuten projiziert werden müssen. Die Konstellation des Symboldramas unterscheidet sich davon wesentlich. Wie alle Projektionen, erscheinen auch die frühkindlichen Objektbeziehungen und damit aufkeimende Übertragungsgefühle zwangsläufig auf dem vor Augen stehenden «Projektionsschirm» der Tagtraumszene. Sie stellen sich in Inhalten des KB dar, gleichgültig ob sie positiver oder negativer Art sind, werden also im Bild ebenso prägnant präsentiert wie anderes Konfliktmaterial. Das ist eine Folge der Einführung des zwischen Patient und Therapeut «plazierten» neuen, *ergänzenden Parameters,* der wahrnehmungsmäßig besonders attraktiven Projektionsebene der optischen Phantasie. Sie nimmt die Masse der Psychodynamik, damit auch die Übertragungsprojektionen auf. In diesem Medium stellen sie sich viel prägnanter dar als bei den rein emotional und eher dumpf getönten, auf den Therapeuten gerichteten Gefühlen. Das kann dort nur relativ spät erkannt werden und wird allzuleicht übersehen. Im KB haben die Szenen frühkindlicher Objektbeziehungen hingegen viel von ihrer Realitätsnähe, vor allem in der Altersregression (S.254f.). Trotzdem können die Ebenen der Phantasie und der Wirklichkeit voneinander unterschieden werden. Beispielsweise kann der Patient eine Szene erfahren, in der er als halbjähriges Baby den massigen, über sich gebeugten Körper des Vaters als erdrückend wahrnimmt ohne zu vergessen, daß er noch immer auf der Couch des Therapeuten liegt. Derartige auch genetisch frühe Szenen müssen als Verdichtung der emotionalen Beziehungen zu der jeweiligen Person gelesen werden. Mit anderen Worten: Statt die Objektrelationen im Rahmen der Übertragungsgefühle am Therapeuten zu erleben und bewußt zu machen, können sie im Katathymen Bilderleben quasi *in der Originalszene affektiv höchst verbindlich wiedererlebt werden.*

Dieser an anderer Stelle ausführlich untersuchte Umstand (LEUNER 1983) hat mich veranlaßt, im Gegensatz zur Psychoanalyse, aber in Anlehnung an deren Sprachgebrauch, *statt der «Übertragungsneurose» nun den Begriff der «Projektionsneurose»* für das Katathyme Bilderleben einzuführen. Die Projektionsneurose manifestiert sich im Symboldrama aber nicht immer im personalen Bereich oder in Altersregressionen. Auch bei Landschafts-, Tier- oder gegenständlichen (Symbol-)Inhalten manifestieren sich Objektrepräsentanzen und tritt dementsprechend die Dynamik der Projektionsneurose hervor. Eine Fülle klinischen Anschauungsmaterials bieten die sorgfältigen KB-Analysen der Therapiefälle von EIBACH (1982) und LANG (1982). Die Verarbeitung der Dynamik kann sowohl in der Szene als auch in ihrer symbolischen Einkleidung erfolgen. Dafür stehen viele Wege offen: die unmittelbare oder mittelbare Korrektur durch imaginatives Probehandeln (S.117), die Problemlösung am sich wandelnden symbolischen Szenarium (S.95f.), die unmittelbare Korrektur der Objektbeziehungen in der genetischen Kind-Eltern-Szene (S.252f.).

Ich fasse diesen Abschnitt zusammen: Das KB kennzeichnet eine Reihe Faktoren, die der Entstehung einer Übertragungsneurose entgegenwirken. Daraus erklärt sich der klinisch zu beobachtende Umstand, daß das Verfahren mit begrenzter Weiterbildung des Therapeuten relativ übersichtlich und unter stabilen Verhältnissen praktikabel ist. Als die Übertragungsneurose verhindernde Faktoren werden betrachtet: die Strukturierung der Grundstufe mit Hervorhebung stützender und supportiver Motive und Interaktionen, die zweidimensionale

Projektionsneurose

Übertragung mit den Komponenten der regressiv-anaklitischen und der progressiven Peer-Position sowie besonders die entlastende Projektion auf die imaginative Ebene (Projektionsneurose). Fakultativ ist ergänzend die Komponente der kurzen Behandlungsdauer (weniger als 30 Sitzungen in zwei Drittel der Fälle) zu nennen. – Trotzdem legt die Weiterbildung zum KB-Therapeuten Wert auf die Erfassung von Übertragung und Gegenübertragung aus den im folgenden dargestellten Gründen.

4.4.2.3. Die negative Übertragung und die Gegenübertragung im KB

Aus definitorischen Gründen muß ich zunächst folgenden Hinweis geben: Trotz der Verlagerung der hauptsächlichen Übertragungsdynamik auf die Bühne der Imaginationen des KB entwickeln sich feine Übertragungs- und Gegenübertragungsregungen zwischen Patienten und Therapeuten. Sie können lange Zeit für die Behandlung irrelevant bleiben, können sich aber hier und da einmal zur Übertragungsneurose ausweiten. Die Therapie in Frage stellt dann in der Regel die «negative Übertragung». Übertragung, so auch die negative, hat ihre Quellen:

a) *in äußeren Anlässen*
b) *in der unbewußten Dynamik des Patienten*

Anlässe zur negativen Übertragung

Zu a): Äußere Anlässe können darin liegen, daß der Therapeut durch gewisse Merkmale oder Verhaltenszüge beim Patienten Gefühle auslöst, die an Objektbeziehungen der Kindheit erinnern. Je stärker der Patient gestört oder labilisiert ist oder/und zur Regression neigt, um so geringfügiger können die äußeren Anlässe sein, um Übertragungsgefühle zu wecken. Sie können scheinbar ganz untergeordneter Art sein wie Details der Kleidung des Therapeuten, seiner Statur, seines Haarschnittes, der Sprechweise, des Augenausdruckes und manches andere.

Unter Umständen entgeht der Therapeut fast zwangsläufig seinem Schicksal nicht, in die «Schußlinie» einer frühkindlichen Beziehung des Patienten zu geraten. Z. B. genügen etwa graue Haare des Therapeuten, um eine «Vaterübertragung», gleichgültig, ob im «positiven» oder im «negativen» Sinne, anzuregen. Negative Übertragungsgefühle können gegebenenfalls lange Zeit durch andere Momente überdeckt bleiben, so daß eine spezielle Übertragung spezifisch in Form der Projektionsneurose des KB hintangehalten wird.

Bei einem zum Agieren neigenden Patienten mit Borderline-Struktur kann die Übertragungsneurose dann auch einmal auf einen Menschen außerhalb der Therapie verschoben werden.

Zu b): In der Tiefenpsychologie spricht man von dem «Anreichern der Übertragungsgefühle» als Hinweis darauf, daß diese nicht in jeder Situation dem Patienten wahrnehmbar und schon als Übertragungswiderstand störend sein müssen. (Aber: eine negative Übertragung ist ein häufiger Anlaß zum Widerstand.) Sind Übertragungsgefühle jedoch so weit «angereichert», können sie zu einem ernsthaften Störfaktor der KB-Therapie werden. Sie bedürfen dann der analysieren-

«anreichern» von Übertragungsgefühlen

den Bearbeitung. Ich denke z. B. an die Behinderung zu imaginieren, an Widerstände gegenüber peinlichen Gedanken, so daß Teile der Vorgeschichte verschwiegen werden, auch eine spezifische Problematik, z. B. sexueller Art[10]. Zwei Beispiele können die «Macht der negativen Übertragung» veranschaulichen, die die Einleitung der KB-Therapie selten einmal schon auf der Grundstufe beeinträchtigt oder in Frage stellt.

Beispiel 1

3 Beispiele

«Vater-übertragung»

Vor längerer Zeit behandelte ich eine etwa 24jährige Studentin, die mir von den Eltern wegen ihrer depressiven Verstimmung «geschickt» worden war. In den anamnestischen Gesprächen wird deutlich, daß sich die äußerlich betont attraktiv aufgemachte Patientin auf dem Hintergrund einer seit mehreren Jahren bestehenden, ausgeprägt depressiven Neurose tatsächlich in einer Phase der Resignation befindet, und diese sich krisenhaft zugespitzt hat. Ich versuche, die in abwartender Position verharrende Patientin durch stützende Gespräche zu stabilisieren und ihr mein Wohlwollen und Verständnis zu signalisieren sowie mein Hilfsangebot auszudrücken. Nachdem ich glaube, in dieser Richtung Fortschritte gemacht zu haben, schlage ich ihr die Weiterbehandlung mit dem KB vor. Die Patientin, die wenig Eigeninitiative entwickelt und gewohnt ist, Anordnungen Älterer zu befolgen, legt sich ohne Widerspruch auf die Couch und beginnt zu imaginieren. In der zweiten oder dritten Sitzung fällt mir auf, daß die Darstellungen ihrer Imaginationen mühsam, zögernd und schwerfällig sind. Der Fluß der Imagination scheint gehemmt oder oberflächlich. Ich spreche meine Beobachtungen aus, ich hätte den Eindruck, das Bildern bereite ihr große Mühe. Sie bestätigt: Die Bilder entstünden nicht spontan, sondern sie müsse sie mit ihren Gedanken «heranziehen». Ich frage, um ihre Wahrnehmung für unsere Beziehung zu schärfen, wie sie diese gefühlsmäßig erlebe und woran sie dabei erinnert werde. Ihr wird langsam klar, daß sie an die Schule erinnert ist. Auch dort hatte sie das Gefühl, dem Lehrer zuliebe «etwas produzieren zu müssen». Dabei hätte sie keinen rechten Gedankenstrom und keine Einfälle gehabt. Sie assoziiert dazu ferner Szenen aus der frühen Kindheit im Zusammenhang mit ihrem Vater, der in kühler Manier von ihr immer nur Leistungen gefordert, jedoch ihr Bedürfnis nach liebender Annäherung ignoriert und oft brüsk zurückgewiesen habe. Die mangelnde Fähigkeit zu imaginieren stellt sich, wie fast die Regel, als ein Übertragungswiderstand dar. Ich beginne gemeinsam mit ihr, den Widerstand durch Assoziation (Mittelstufentechnik) zu bearbeiten, und lasse sie dazugehörige Kindheitsszenen im KB einstellen. Sie imaginiert, wie sie als kleines Mädchen von der Schule nach Hause kommt. In der Halle des großen elterlichen Hauses wird sie von dem auf dem obersten Treppenpodest stehenden Vater streng und mit auf sie weisendem Zeigefinger examiniert, welche Noten sie nach Hause bringe usw. – Das nimmt zwei Sitzungen in Anspruch. Von da an bestehen kaum noch Schwierigkeiten, das KB zu vollziehen. Ich werde später – wie ich erfahre – von der Patientin draußen als «Papa Leuner» apostrophiert, woraus ich lese, daß eine Übertragung im Sinne des «guten» oder idealisierten Vaters vorherrscht und die frühe Kind-Vater-Beziehung insofern eine emotionale Korrektur erfahren kann.

Kommentar: Der Therapeut, der *allein* auf die Grundstufentechnik angewiesen ist, muß sich in einem solchen Fall bescheiden, ihn an einen erfahreneren Kollegen abgeben, weil er nicht ausreichend vorbereitet ist, eine derartige initiale negative Übertragung zu meistern. Diese Patientin scheint mir ein typi-

---

[10] Dazu GREENSON (1975): «Immer, wenn eine Übertragungsreaktion irgendeiner Art sich der analytischen Arbeit entgegenstellt, wenn ihre vorherrschende Funktion im Widerstand besteht oder wenn sie einem wichtigen, wenn auch nicht überwiegenden Obstruktionszweck dient, muß die Übertragung analysiert werden.»

sches Beispiel für eine schwere neurotische Gestörtheit zu sein, bei dem ein projektiver «Übertragungsdruck» (Übertragungswiderstand) infolge der belastenden Vaterproblematik schon zu Beginn der Therapie herrscht. Das Erreichen des Therapiezieles ist an eine breite Übertragungsanalyse (Durcharbeiten) gebunden. Die einfache Grundstufentechnik stößt an ihre Grenze. Aber auch im Verlaufe einer längerdauernden Therapie können negative Übertragungen ins Spiel kommen und den therapeutischen Prozeß beeinträchtigen. Ihre Dynamik wird dann stärker als die der Projektionsneurose. Dazu ein besonders markantes – wenn auch seltenes – Beispiel.

Beispiel 2 (W. I.)

In der sich über mehr als zwei Jahre erstreckenden KB-Therapie einer 36jährigen, ledigen, berufstätigen Patientin mit einer schweren narzißtischen Störung biete ich nach anfänglicher längerer Ich-stützender Therapie das KB an. Sie nimmt es willig auf und imaginiert auffällig drastische, emotional sie aber nicht engagierende Szenen (gemäß der schizoiden Struktur). Ihre Unfähigkeit, Probleme zu verbalisieren, ihre ängstliche Scheu, sich überhaupt zu öffnen, konnten bislang genetisch nicht geklärt werden. Ihr Vater starb an einer konsumierenden Krankheit, als sie etwa fünf Jahre alt war. Sie wuchs dann mit zwei Brüdern und der als «lebenstüchtig» geschilderten Mutter auf. Das frühkindliche Verhältnis zur Mutter konnte nie geklärt werden; sicher ist, daß die Patientin sich bis heute nicht mit der Mutter über ihre Probleme und Sorgen auszusprechen vermag, obgleich die Mutter als freundlich, wohlwollend und verständnisvoll geschildert wird und sich Freundinnen der Patientin ihr gern anvertrauen. Einige KB-Szenen zeigen, wie die Patientin als Fünf- oder Sechsjährige von der Mutter ohne viel Worte herumgestoßen wird.

Ein unbewußtes, aber nicht analysierbares, da nicht ansprechbares Verhalten in Form scheuer Zurückhaltung signalisiert schon seit längerer Zeit eine latente Übertragungsneurose. Die auf mich projizierte Objektbeziehung wage ich nicht direkt anzusprechen im Hinblick auf die große Scheu der Patientin, Gefühle im zwischenmenschlichen Bereich überhaupt zu äußern. – Dann aber wird die Übertragungsneurose abrupt manifest in folgender Situation:

Die Patientin kommt in die Sitzung ohne das sonst von ihr zwar widerwillig, aber regelmäßig abgefaßte Protokoll des Tagtraumes der vorangegangenen Sitzung. Abweisend und nach meinem Gefühl mit dem Unterton kindlichen Trotzes argumentiert sie, das Protokoll hätte eine Szene enthalten, die ihr Berufsleben und Auseinandersetzungen mit Mitarbeitern betreffe. Damit hätte sie Interna aus ihrer Berufssphäre verraten und fügt paranoid hinzu, man wisse ja überhaupt nicht, wer später ihre Krankenunterlagen in die Hand bekommen würde. – Ich verteidige mein Anliegen teils sachlich, teils unter Gegenübertragungsgefühlen auch etwas ärgerlich, weil ich die regressiv-infantile Einstellung der Patientin wahrnehme, die in Kontrast steht zu ihrer immer kooperativen und «vernünftigen» Haltung, und spreche die kindlich-trotzige Reaktion an. Sie verteidigt sich, ich lasse sie sprechen, halte mich dabei zunehmend zurück, bis wir uns schließlich beide anschweigen. Sie springt auf und verläßt mit verschlossen-abweisendem Gesicht abrupt das Zimmer (was sie früher gelegentlich auch getan hat), statt das klärende Gespräch fortzuführen. Ich weise darin eine extrem schizoide Abwehrreaktion und akzeptiere sie stillschweigend.

In der nächsten Sitzung erscheint sie deutlich gelöst und berichtet von selbst über ihre Beobachtungen. Sie habe das Gespräch erlebt, als habe ich sie unter anderem mit dem Hinweis, daß ich sie als «bockig» erlebe, beschimpft. Dann hätte ich lange Zeit geschwiegen, und plötzlich sei ihr der Gedanke gekommen: «Und jetzt kriegt er gleich einen Herzanfall.» – Dieser Einfall habe sie sehr getroffen und ihr deutlich gemacht, daß sie mich in der Rolle ihrer Mutter erlebt habe. Aus meinem Schweigen habe sie geschlossen, daß ich sehr verletzt sei. Das kenne sie von der Mutter von früher, nämlich daß dann eine Diskussion mit ihr nicht mehr möglich gewesen sei, wenn sie geschwiegen habe. So habe sie sich

«Mutter-Übertragung»

durch mein Schweigen hochgradig bedroht gefühlt. Ich hätte auch die gleichen Worte gebraucht wie die Mutter, «bockig» usw., hätte die gleiche Haltung, etwas vornüber gebeugt, eingenommen, als ich schwieg: «genau wie meine Mutter». Sie habe die Sitzung abrupt verlassen, weil sie sich sehr hilflos gefühlt und nicht gewußt habe, wie es weitergehen solle. – Erstmals wird das sehr schlechte Verhältnis der Patientin zu ihrer Mutter deutlich. Die Unfähigkeit, sich mit ihr auszusprechen, beruhe darauf, daß die Mutter bei anstehenden Auseinandersetzungen sehr häufig geschwiegen habe. Das habe die Patientin als schweren Abbruch der Beziehung und als «entsetzlich» erlebt. Hinzu sei noch gekommen, daß die Mutter in ihrem siebten Lebensjahr an einer schweren Herzmuskelentzündung erkrankt sei und lange in Krankenhausbehandlung gestanden habe. Die Kinder seien über längere Zeit auf verschiedene Verwandte verteilt worden. In der Folgezeit habe die Mutter bei anstehenden Auseinandersetzungen entweder einen Herzanfall bekommen oder einen solchen angekündigt. So habe sie in der Zeit vom siebten bis zum zehnten Lebensjahr immer wieder die Angst gehabt, die Mutter würde an einem Herzanfall sterben, und darin als Halbwaise dauernd eine schwere Bedrohung ihrer Existenz erlebt. Nicht selten hätte sie des nachts auf den Atem der Mutter gelauscht, um zu hören, ob sie noch lebe.

Ein Kommentar ist wohl überflüssig. Die Darstellung spricht für sich selbst. – Hätte die Patientin ihre Erinnerung an den Herzanfall der Mutter nicht gehabt und wäre die Wahrnehmung der Gefühle durch die bisherige Therapie nicht geschärft gewesen, hätte die Gefahr bestanden, daß sie die Therapie abgebrochen hätte.

Ein anschauliches Beispiel, wie eine nicht analysierbare Übertragung mit Hilfe des KB aufgedeckt werden kann, zeigt sich in dem folgenden, besonders instruktiven Beispiel.

Beispiel 3 (K.N.)

Imagination des Therapeutenverhaltens

Ein etwa 50jähriger Patient, der wegen depressiver Verstimmungszustände und einer ausgeprägten Charakterneurose schon seit längerer Zeit in meiner Behandlung steht, imaginiert im Verlaufe der fortgeschrittenen Therapie folgende Szene:

Er hat einen Berg erstiegen, auf dem er eine alte, prächtige Burg der Ordensritter findet. Nachdem er sich dort umgesehen hat, verläßt er die Burg wieder durch eine in den Garten führende Pforte. Hier ist ein Gärtner, der von fleißigen Zwergen unterstützt wird. Diese hacken den Boden, pflanzen mit Sorgfalt vielerlei Blumen und andere Pflänzchen, begießen diese usw. Dabei fällt ihm besonders auf, daß das Gesicht der Zwerge nicht zu erkennen ist. Ihre Zipfelmützen sind bis über die Augen heruntergezogen, so daß man sich wundern muß, wie es ihnen überhaupt möglich ist, etwas zu sehen. Er spricht den Gärtner daraufhin an. Dieser bedeutet ihm, daß ihn, den Patienten, das nichts anginge. Schließlich nimmt sich der Patient den Mut und lupft einem der Zwerge die Mütze, um sein Gesicht zu erkennen. Daraufhin packt ihn der große, kräftige Gärtner, um ihn kurzerhand aus dem Garten hinauszuwerfen.

Kommentar: Es liegt nahe, die Gestalt des Gärtners mit dem Therapeuten in Verbindung zu bringen. Nach HEYER (1950) kann er emotional als «Mann mit gärtnerischer Geduld» aufgefaßt werden. Die Assoziationen des Patienten ergeben wichtige Details: In früheren Perioden der Therapie hatte er gemäß seiner stark kognitiven Einstellung Schwierigkeiten, emotionalen beziehungsweise intuitiven Zugang zu den Bildsymbolen des KB zu bekommen, und fragte häufig im Sinne einer 1 : 1-Zuordnung: «Was ist das». Ich habe mich geweigert, diese Fragen zu beantworten oder ihn dahingehend beschieden, daß eine direkte Antwort nicht zu geben sei und ihm der Bedeutungsgehalt zu einem späteren Zeitpunkt wohl von selbst verständlich werden würde. – Nun bringt er die Zwerge in Beziehung zu den ihm fremd gebliebenen Symbolen, die er ebenso wenig wie die Gesichter der kleinen Helfer erkennen kann und deren Eigenart der Gärtner unter Androhung des Hinauswurfes nicht preisgeben will.

Nicht immer gelingt das Mitlesen der Übertragungsgefühle im KB derart unmittelbar. Sofern es sich um menschliche oder tierische Gestalten in der Szene handelt, scheint es noch relativ leicht. Allein der mit der psychoanalytischen Lehre vertraute Therapeut weiß, daß auch Landschaftsmotive der verschiedensten Art, natürlich auch Blumen, Bäume usw., Repräsentanten früher Bezugspersonen darstellen können (Beispiele S. 371, 381) und damit auf die aktuelle Übertragung auf den Therapeuten hinweisen. Ich erinnere beispielsweise an einen 37jährigen Chemiker, der wegen eines psychosomatischen Magensyndroms mit Vergiftungsängsten zu mir kam. Die aktuelle soziale Situation war dadurch gekennzeichnet, daß der früher in einem Großbetrieb angesehene leitende Fachmann jetzt in dem relativ kleinen Betrieb seines Vaters tätig war. Dieser hielt ihn gemäß seinem autokratischen Führungsstil in Abhängigkeit, und der Patient fand keinen Weg, sich aus der vom Vater zugewiesenen inferioren Rolle zu befreien. In der Anfangsphase des KB dominierten hohe, düstere Berge, von Wolken umhüllt. Sie wurden als bedrohlich erlebt und in Widerständen abgewehrt, wie im wiederholten Abreißen des Bildes deutlich wurde. Dieser Widerstand konnte als übertragungsbedingt angesehen werden. Eine Reihe nicht-verbaler Reaktionen mir gegenüber, zum Teil ängstliche Zurückhaltung, bestätigten diese Auffassung. Jedoch durchbrachen diese latenten Übertragungsgefühle unsere tragende anaklitische Basisübertragung im KB nicht, und die Therapie konnte lange Strecken mit Erfolg fortgesetzt werden, ohne die latente Übertragung anzusprechen.

Neben dem fruchtbaren Mitlesen der Übertragungsgefühle im KB gibt es eine ganz unterschwellige, sublime Übertragungsform, die fast immer latent bleibt, aber dennoch Einfluß auf den Verlauf des Tagtraumes gewinnt. Ich verdanke ihre Kenntnis aufgeschlossenen Teilnehmern meines D-Seminars, in dem Wahrnehmung und Analyse von Übertragung und Gegenübertragung geübt werden.

«verdeckte» Übertragung

Beispiel 4

In dem paarweisen Training der Patienten-, teils der Therapeutenrolle ergibt sich zwischen zwei Teilnehmerinnen folgende, nachträglich analysierbare Interaktion. Die «Therapeutin» regt die Verfolgung des Bachlaufes an. Die «Patientin» folgt diesem Vorschlag auch mit einiger Zielstrebigkeit und benutzt den Weg stromauf. Dabei gelangt sie in eine schlauchartig sich erstreckende Höhle, an deren Ende sich der Bach wasserfallartig ergießt. In Verfolgung ihres Zieles umgeht die «Patientin» diesen Wasserfall und findet einen Umweg, um den Bach auf höherem Niveau außerhalb der Höhle wiederzufinden. Diese Szene ist also insgesamt unauffällig und offensichtlich problemlos. Im Nachgespräch jedoch ergänzt die Patientin, daß sie eigentlich sehr gerne durch den etwas turbulent erscheinenden Wasserfall hindurchgestiegen wäre, was sie wie eine Art Abenteuer gelockt hätte. Sie habe aber schon beim Eintritt in die Höhle die zunehmende Unsicherheit ihrer «Therapeutin» bemerkt und habe ihr nicht noch mehr Angst machen wollen, als diese offenbar schon gehabt habe. Deshalb habe sie auf dieses «Abenteuer» verzichtet. Auf meine Frage wird die Übertragungssituation schnell deutlich. Ähnliche Unsicherheit und Ängstlichkeit kenne die «Patientin» seit der frühen Kindheit bei ihrer Mutter. Deshalb hätten ihre Geschwister und sie immer vermieden, über ihre «abenteuerlichen» Streifzüge in die Umgebung zu berichten, und hätten sich – um die Mutter zu schonen – in ihrer Gegenwart meist «vernünftig» verhalten.

Unterdrückung expansiver Tendenzen

Auch hier bedarf es kaum eines Kommentars. Unterdrückung expansiver Tendenzen zur Schonung der Mutter, hier der «Therapeutin», beeinflußt jedoch die Szene im KB, ohne ihren Ablauf manifest zu stören. Die unter anderen Umständen gelebte Verhaltenstendenz wird unterdrückt. Wie häufig und in welchem Ausmaß derartige «Rücksichten» auf den Therapeuten aufgrund sublimer Übertragungen stattfinden, bleibt ungewiß. Zwei relativ häufige Tendenzen habe ich beobachtet. Eine davon liegt in der Vorstellung des Patienten, er müsse den Therapeuten durch möglichst produktive und interessante Imaginationen «gut unterhalten». Würde er langweilig werden, bestünde Gefahr, daß der Therapeut das Interesse verliert und die Behandlung vielleicht sogar vorzeitig zum Abschluß bringt. Die andere Tendenz zielt darauf ab, nach Art eines gewissen intellektuellen oder emotionalen Imponiergehabes entweder besonders aparte und ausgefallene oder besonders ästhetische, schöne oder nach Ablauf des Kontextes literarisch oder lyrisch eindrucksvolle Tagtraumszenen «zu bieten» (Beispiel S. 144 und S. 198). Manche Patienten verlagern dieses Anliegen auch in die Darstellungsweise ihrer Malereien. – Inwieweit unterschwellige Verhaltenseigentümlichkeiten des Therapeuten den äußeren Anlaß zu dieser Übertragung bieten, ist schwer zu ermessen. Das Feedback eines noch so zurückhaltenden Therapeuten ist wohl oft ein wenig engagierter, interessierter oder wohlwollender, wenn er bestimmtes KB-Material mehr schätzt als anderes.

Zusammenfassung

Aus dem Gesagten möchte ich zusammenfassend hervorheben, daß die Übertragung dauernd und überall stattfinden kann, sie ist «ubiquitär». In welchem Maß sie in der KB-Therapie Bedeutung gewinnt, hängt vom Ausmaß der angereicherten Übertragungsgefühle ab. In der Regel sind sie zunächst immer unbewußt, können aber, wie gezeigt, das szenische Verlaufsgehabe des imaginierenden Patienten sehr früh beeinflussen, was meines Erachtens nicht verhindert werden und wohl auch nicht unbedingt werden sollte. Der interaktionelle Umgang mit dem Therapeuten ist seinerseits, gleichgültig ob man schon von Übertragungsneurose sprechen will oder nicht, eine wichtige Komponente der Therapie überhaupt. Die Darstellung der Konfliktwelt in den Imaginationen erlaubt im KB aber besonders schön und schon relativ früh, die Übertragung mitzulesen, wozu der voll ausgebildete Therapeut befähigt sein sollte. Ausgeprägtere negative Übertragung beeinträchtigt und gefährdet die Therapie und sollte alsbald mit Hilfe des KB analysiert werden. Insgesamt kann die Bedeutung der Übertragungsgefühle in der Praxis der KB-Therapie im Sinne des aktiven Aufgreifens durch den Therapeuten über lange Strecken außer Betracht bleiben.

Gegenübertragung

Ich komme nun auf die *Gegenübertragung* zu sprechen. Darunter wird bekanntlich die umgekehrte Situation zur Übertragung verstanden: die unbewußte emotionale Beziehung des Therapeuten seinem Patienten gegenüber. Sie kann eine quasi spiegelbildliche Reaktion auf die Übertragungsgefühle des Patienten sein, aber auch spontan aufgrund einer noch bestehenden «Restneurose» des

Therapeuten entstehen. Sie geht immer auf seine nicht analysierten Objektbeziehungen zurück. Die Kontrolle dieser unbewußten Gefühle gelingt oft nicht ohne fremde Hilfe (Fallsupervision).

Das jeweilige Interaktionsmuster Patient-Therapeut (oder umgekehrt) beruht also auf der Übertragungs-Gegenübertragungsrelation. Sie kann sich im Verlaufe einer längeren Therapie verändern, z. B. kann aus einer positiven Beziehung eine «negative» werden. Ihre extreme Situation ist der bekannte «Clinch», in den beide emotional miteinander geraten können. Die Situation ist dann dermaßen emotional belastet und «verzerrt», daß die Behandlung völlig stagniert und der eine oder der andere zum Agieren neigt (z. B. die Behandlungsmethode oder -technik ändert, die Therapie abzubrechen droht, usw.).

Die Gegenübertragungsgefühle können sehr diskret sein und lange unerkannt bleiben. Ihre Wahrnehmung und Analyse bedarf der Schulung und kann auch dem Mittelstufen-Therapeuten nur durch seminaristische Übungen vermittelt werden. (Ich verweise auf das Sonderseminar «Übertragung» in der curricularen Weiterbildung zum KB-Therapeuten, siehe Anhang.)

Beispiel 5

Ein bei mir supervisionierter Therapeut beobachtet, daß er bei der Aufnahme der Vorgeschichte bei einer neuen Patientin müde wird, nicht mehr recht mitschreiben kann, sich deshalb bequem in den Sessel zurücklehnt und es schließlich aufgibt hinzuhören: Er spürt einen ausgesprochenen Widerwillen der Situation gegenüber und muß sich anhand dieser Indizien bald fragen, was eigentlich in ihm vorgehe. Er erkennt, daß ihn die etwas gepreßte, laute und eindringliche Stimme der Patientin und die hastige und gewichtige Darstellung ihrer Probleme «in die Reserve drängen». Das Registrieren dieses Umstandes und das Eingeständnis erleichtert ihm, seine Aufmerksamkeit wieder der Patientin zuzuwenden. In der Supervisionssitzung wird ihm schließlich mit Hilfe meiner Fragen deutlich, daß das Verhalten der Patientin ihn peinlich an eine ähnliche Verhaltensweise seiner Cousine erinnert. Sie hatte ihm in der frühen Kindheit wie eine Schwester nahegestanden und war von ihm als stark erdrückend erlebt worden.

Kommentar: Die Einsicht in die Gegenübertragung wird in drei Stufen gewonnen: (1) die Wahrnehmung der eigenen Reaktion (hier Müdigkeit, nicht mehr Zuhörenkönnen); (2) die Erklärung, wodurch dieser Zustand hervorgerufen wird; (3) die erst später mögliche Analyse der frühkindlichen Objektbeziehung.

Die Wahrnehmung der eigenen Reaktion des Therapeuten auf seinen Patienten kann ferner als ein diagnostisches Signal der bestehenden, noch unbewußten Übertragung des Patienten benutzt werden. Solche Signale sind z. B.: Der Therapeut wird schläfrig, kann nur noch schwer folgen, Unwillen keimt auf, er bekommt psychosomatische Beschwerden usw. Die *diagnostische Bedeutung* ist von zweierlei Art: (1) Sie zeigt dem Therapeuten, daß der Patient ihn unbewußt beeinflussen, ihn in eine gewisse Rolle «drängen» will, etwa im Sinne eines Übertragungsangebots beziehungsweise -wunsches oder auch -bedürfnisses. Er hat sich die Frage zu stellen: «Was macht der Patient jetzt mit mir» (unbewußt)? – Will er z. B. dominieren, den Therapeuten in eine hilflose Position drängen? usw. (2) Wird deutlich, daß bei dem Patienten derzeit ein Übertragungsproblem von Widerstandscharakter vorliegt. Dazu möchte ich ein Beispiel geben.

Beispiel

Gegenübertragung als Signal

425

Beispiel 6 (K.G.)

Ein in Ausbildung befindlicher KB-Therapeut steht in meiner Lehrtherapie. In einer bestimmten Sitzung beobachte ich, wie er mit besonderem Eifer imaginiert und lebhaft berichtend spricht. Ich beginne, mich zu langweilen und habe Schwierigkeiten, konzentriert zuzuhören, denke, er brauche mich eigentlich nicht, da er sich im KB ganz selbständig bewegt. Ich bin versucht, ihn «laufen zu lassen», um mich eigenen Gedanken hinzugeben. – Da stelle ich mir die obengenannte Frage: «Was macht er jetzt mit Dir?» und beobachte Inhalt und Darstellungsweise seiner KB-Passagen genauer. Ich entdecke, daß er sich eigentlich im Kreis herumdreht, obgleich er ja sehr fleißig imaginiert. Ich formuliere diesen meinen Eindruck und mein Gegenübertragungsgefühl nach einiger Zeit. Der Betreffende kontrolliert sich und erkennt, daß er sich in der Tat in den Szenen auf für ihn unverbindlichem Terrain bewegt und mich offensichtlich von der Teilnahme hat ausschließen wollen. Er fürchtet, ich würde über die eigentlichen, unterschwellig andrängenden Inhalte ein kritisches Urteil fällen. Solche Befürchtungen habe er früher häufig bei seiner dominierenden Mutter gehabt. Er habe schon als Kind eine gewisse Technik der «Verschleierung», wie er es nennt, entwickelt.

Auch im Bereich der Gegenübertragung finden wir zwar statistisch relativ häufig vorkommende Interaktionsmuster, über die ich im folgenden kurz referiere. Sie erklären sich im wesentlichen daraus, daß der Therapeut in enger empathischer Anlehnung angehalten ist, die geschilderten imaginativen Inhalte zu verstehen und an der Szene emotional teilzunehmen. Diese empathische Verfolgung des Prozesses, das Miteinandersein in der Peer-Situation, ist besonders wichtig, wenn ein engagiertes Mitgehen in gefährlichen Szenen gefordert wird. Diese enge, erlebnismäßig mitschwingende Empathie des Therapeuten fordert von ihm auch ein stärkeres Engagement. Verglichen mit manchen anderen Psychotherapie-Verfahren ist sie beim KB mitunter sehr ausgeprägt. Zwei dabei bereitliegende, einander gegensätzliche Gegenübertragungsreaktionen sollte der Erfahrene unter Kontrolle halten.

Abweisung des Übertragungsangebotes

(1) Der Therapeut hat eine *das Übertragungsangebot abweisende* (abwehrende) *Tendenz*. Sie soll vom Patienten induzierte, vielleicht allzu starke Gefühle verhindern. Aus Gründen des eigenen Schutzes wird dann etwa eine übermäßig kühle, distanzierte, «technische» Haltung an den Tag gelegt. Der emotionale Gehalt der KB-Szene, die begleitenden Gefühle und andere nicht-verbale Signale können aus dieser inneren Distanzierung nicht mehr empathisch wahrgenommen werden. Die Standardanweisungen von Wärme, Kongruenz und empathischer Teilnahme bleiben unerfüllt. – Der Patient seinerseits fühlt in der sensibilisierenden Versenkung des KB die zunehmende Distanziertheit und zieht sich seinerseits, sich mangelhaft verstanden fühlend, vom Therapeuten zurück. Die Distanz ihm gegenüber steigert sich, in schwierigen Situationen vermißt er den notwendigen Schutz. Besonders depressive Patienten fühlen sich verlassen, auf sich allein gestellt oder sogar abgelehnt. Da die meisten unserer Patienten aus ihren frühen Objektbeziehungen derartig kühle Distanz kennen, induziert diese allzu technische Haltung (Interventionsform) eine latente negative Übertragungslage. Sie zieht eine diskrete Beeinträchtigung der tragenden Beziehung zum Therapeuten und damit eine Veränderung des KB-Prozesses nach sich. Teilnehmer eines Fallseminars, die eine Kassette mit entsprechenden Inhalten anhören, beschleicht dann häufig die gleiche in der Beziehung herr-

schende Stimmung: Kühle, Distanz, gewisse Leere, unangemessene Sachlichkeit und Zurückverwiesensein auf sich selbst. Der Patient reagiert in der Imagination wiederum mit Abwehren: Unangenehme Inhalte werden vermieden, bei ihrem Auftreten bricht die Szene ab, springt auf eine andere um, oder er phantasiert eine freundlichere schützende Szene, als versuche er, sich die in Beziehung zum Therapeuten vermißte «warme Umgebung» unbewußt zu schaffen.

(2) Die gegenteilige Entwicklung, die ich «*Über-Identifikation*» nenne, meint, daß die Gefühle des Patienten vom Therapeuten oft unkontrolliert besonders stark erlebt werden, eine einseitige Identifikation, die lange Strecken sein Bewußtsein okkupieren kann. Gelegentlich tendieren junge Therapeuten dann sogar dazu, während der KB-Sitzung selbst die Augen zu schließen, um in ausgeprägter Hingabe das Erleben des Patienten aus großer Nähe empathisch begleiten zu können. Manche Therapeuten glauben, daß dieses nahe empathische Verstehen des Patienten gerade Garantie für das Gelingen der Behandlung ist, zumindest eine Verstärkung ihrer Wirkung ermöglicht. – Doch ist auch diese Form der Gegenübertragung bedenklich. Besonders in ihm belastend erscheinenden Situationen kann der Therapeut stark bemitleiden oder geängstigt sein. Er engagiert sich dabei übermäßig, hat Schuldgefühle oder vermutet Gefahren, vor denen er den Patienten besonders glaubt beschützen zu müssen.

Über-Identifikation

Häufig werden beim Therapeuten eigene Ängste mobilisiert, die – wie sich im nachträglichen Gespräch herausstellt – der Patient in dieser Weise gar nicht gehabt hat. Dann kann der Therapeut auch dahin tendieren, mit übertriebenen Interventionen in das KB einzugreifen. Besser wäre es, den Patienten zur Klärung über seinen emotionalen Zustand zu befragen. – Die starke Identifikation bleibt unkontrolliert, wird oft auch nicht ausreichend wahrgenommen, geschweige denn geprüft. Diese Überidentifikation ist eine spezifische Form der Gegenübertragung. Der Therapeut wehrt damit seine eigenen, ansteigenden Ängste aus natürlichen Gründen ab, verschiebt sie auf den Patienten und versucht, sie an diesem unter Kontrolle zu bringen. Zwar ist eine vorsichtige protektive Haltung auf der Grundstufe – wie früher hervorgehoben – zu empfehlen. Diese überprotektive unkontrollierte Gegenübertragungsposition als übermäßig sorgende Intervention ruft aber beim Patienten korrespondierende Übertragungsreaktionen hervor. Auf dem Tonband einer solchen Sitzung hört man dann, wie die Stimme des Therapeuten immer wärmer wird, er seine anfängliche Zurückhaltung verliert, die Zahl seiner Worte vermehrt, hastiger spricht oder eventuell sogar quasi-agierend versucht, technische Hilfsmittel einzuführen und Vorschläge zu machen, deren Charakter sich bis zum direktiven Verhalten steigern kann. Selbst der in einem anderen Verfahren geschulte Therapeut kann zu Beginn seiner KB-Karriere an dieser Stelle nicht geringe Schwierigkeiten haben. Aus der Dramatik eines szenischen Geschehens im KB allein kann aber die Beunruhigung, können Ängste des Patienten nicht abgelesen werden. Ein Teil von ihnen, z.B. schizoid und zwanghaft strukturierte, erlebt dramatische Szenen oft eher aus kühlem Abstand. Ein anderer Teil depressiv und hysterisch Strukturierter scheint stellenweise tatsächlich schwere Ängste und andere Affekte zu haben, kann sie sogar im Übermaß dramatisieren. Zur Veranschaulichung der Überidentifikation gebe ich ein Beispiel.

Abwehr von Ängsten

Tonband

Beispiel 7 (D. A.)

Ich entsinne mich eines Fallseminars, in dem ein durchaus begabter Kandidat die KB-Sitzung einer jungen Patientin vorstellte. Seine Frage lautete, ob er der depressiven Entwicklung seiner Patientin unwillkürlich, ohne es zu merken, zunehmend Raum gegeben habe. Das Anhören des Bandes löste bei den meisten Teilnehmern der Gruppe tatsächlich diesen Eindruck aus. Die Patientin sprach im Verlaufe der KB-Passage immer leiser und leiser. Am Ende war sie kaum noch zu verstehen. Die Pausen zwischen den verbalen Äußerungen wurden immer länger, die Stimmung offensichtlich immer depressiver. Das gleiche war aber auch an der Stimme des jungen Therapeuten zu beobachten. Er folgte der Patientin unwillkürlich «in die Depression». Seine Stimme wurde ebenfalls leiser und leiser, die Pausen zwischen seinen bestätigenden Signalen immer länger. Die Gefühle der Patientin von Traurigkeit und Hoffnungslosigkeit und seine eigenen teilten sich bald auch den Seminarteilnehmern mit. Es war deutlich, daß der junge Therapeut – ohne es zu bemerken – durch die Patientin in seiner eigenen depressiven Struktur derart angesprochen worden war, daß er ohne die Möglichkeit der Strukturierung und einer Führung des therapeutischen Ablaufes mit ihr gemeinsam «abgedriftet» war. Hier hatte er sich offensichtlich eine lange Strecke überidentifiziert.

Er war noch nicht geschult, zwischenzeitlich in Distanz zu gehen, sich über den Verlauf des therapeutischen Prozesses Rechenschaft abzulegen und seine Aufgaben wahrzunehmen, auf diesen Einfluß zu nehmen. Seine Gegenübertragungsgefühle könnte man versuchsweise verbalisieren: «Du armes Mädchen, ich verstehe Dich gut, die Welt ist wirklich traurig, und Du hast ein furchtbar trauriges Schicksal; ich weiß eigentlich auch nicht recht, auf welchem Wege ich Dir heraushelfen kann.»

Daß ihm diese überidentifizierende Gegenübertragung nicht bewußt geworden ist, kann man auch dem Umstand zuschreiben, daß die Patientin ihr Selbstmitleid deutlich signalisierte. Damit hat sie ihn in eine ihr ähnliche hilflose Rolle gedrängt, die er weder wahrnehmen, noch aus der er sich befreien konnte. Auf dem Wege der rechtzeitigen Analyse der Gegenübertragungsgefühle wäre dieses therapiegefährdende «Abdriften mit der Patientin» zu vermeiden gewesen (vergleiche «Empathie»).

Es bedarf einer längeren Schulung des KB-Therapeuten, die Fülle der nicht-verbalen Signale des Patienten wahrzunehmen und in welchem Zustand sich der Patient dabei selbst erlebt. Zu dieser Rückprüfung kann die schon im Basisverhalten erwähnte VEE beitragen.

4.4.2.4. Der Empathiebegriff

Im Zusammenhang mit der Überidentifikation komme ich auf den wichtigen Empathiebegriff zu sprechen, wie er *in der Psychoanalyse* gesehen wird. Empathie wird als die *«vorübergehende oder probeweise Identifikation des Therapeuten mit seinem Patienten»* betrachtet, d. h. die emotionale Annäherung, die sich aus der Dimension der mitfühlenden «Nähe und Ferne» ergibt. Die vorübergehende emotionale Nähe erlaubt, die Identifikation mit dem Patienten wahrzunehmen und mitzuerleben, was in diesem emotional «vorgeht». Das ist im KB auf zwei Ebenen zu lesen: a) in der mehr kognitiven verbalen Darstellung der vom Therapeuten nachzuvollziehenden szenischen Imaginationen und parallel b) in den auf nicht-verbaler Ebene vermittelten Signalen des Verhaltens. Beide können ineinander übergehen, z. B. dann, wenn bei Beschreibung eines KB-Bildes sowohl der Inhalt als auch die sprachliche Vermittlung analoge emotionale Signale zeigen.

Genauer betrachtet soll die Identifikation des Therapeuten aber *nur «versuchsweise und vorübergehend»* erfolgen. Sie hat die Form einer imitierenden Identifikation. Sie soll die damit verbundene Veränderung im eigenen Ich wahrzunehmen erlauben, um davon auf die Gefühlslage des Patienten rückzuschließen. Sofern es die szenischen Vorgänge betrifft, sollen sie mit offenen Augen nachgezeichnet werden. Zwischenzeitlich soll der Therapeut wieder *einen Schritt* aus der Nähe zurück in die *vermehrte Distanz* gegenüber den Inhalten und dem Gefühlsleben des Patienten treten. Allein aus ihr kann er reflektieren und eine Reihe wichtiger Erwägungen darüber anstellen (Schlußfolgerungen bilden), wie der wahrgenommene *innere Zustand des Patienten* zu beurteilen sei:

a) welche dynamischen Zusammenhänge walten,
b) wie er in das Mosaik der Daten aus Vorgeschichte und bisheriger Therapie einzuordnen ist, *Erkenntnis durch Empathie*
c) wie die Übertragungssituation zu lesen ist,
d) welche eigenen Übertragungsgefühle im Moment vorherrschen.

Und schließlich ist die Reflexion anzustellen:

e) Ist eine Intervention in diesem Moment angezeigt oder nicht?
f) Welcher Art sollte sie sein?

Letztlich sollte man sich Rechenschaft ablegen,

g) wie der Patient diese geplante Intervention erleben würde.

Diese Reflexionen sollte der «ideale», voll ausgebildete KB-Therapeut aus der vorübergehend eingenommenen Distanz vom Patienten schnell anstellen können. Eine Vollkommenheit der Reflexion wird in den seltensten Situationen erreicht werden. Erstaunlich ist aber, daß der voll trainierte KB-Therapeut einen großen Teil dieser Reflexionen in kurzer Zeit vorzunehmen vermag, wenn es notwendig ist.

Aus dem Gesagten ergibt sich eine fortlaufende, undulierende Bewegung zwischen versuchsweiser, zeitlich begrenzter Identifikation durch starke Annäherung und sukzessiver distanzierter Haltung. *Dieses Undulieren ist ein wesentliches Instrument des Erkenntnisprozesses in der KB-Therapie.* Ich stelle ihn in Abbildung 25 dar. *Nähe – Ferne undulieren*

Abbildung 25: Schema des «Undulierens».

a) Spur der wahrnehmbaren Äußerungen des Patienten insgesamt;
b) Spur der begleitenden empathisch-identifikatorischen Wahrnehmung
   des Therapeuten.

Zum Abschluß dieses kurzen Kapitels gebe ich ein Beispiel wieder, in dem das empathische Mitschwingen einer Therapeutin offensichtlich mißlungen ist. Es zeigt zudem, daß die die KB-Sitzung ausstrahlende *Stimmung* die sublimste, deshalb für den Therapeuten am schwersten zu erfassende *Wahrnehmungsspur* ist.

Beispiel 3 (A. J.)

Patient ist ein Arzt, der sich nach außen nüchtern, aktionalistisch und erfolgreich darstellt. Damit wehrt er seine emotionalen Bedürfnisse nach Nähe, Wärme und Verständnis ab. Therapeutin ist eine sensible, feinsinnige und psychoanalytisch voll ausgebildete Psychologin. Sie überläßt von der kognitiven Seite her betrachtet ihrem Patienten im assoziativen Vorgehen die Gestaltung des Symboldramas. Er rudert vom Strand mit einem Boot hinaus aufs Meer und begegnet dort einem ankernden Tankschiff, das schließlich mit mächtigen verrosteten Schiffswänden vor ihm emporragt. Er klettert eine Strickleiter empor und findet sich bald an Deck in einer Runde von dort hockenden, wie er es nennt «mexikanischen Matrosen». Man spricht nur wenige Worte, und er fühlt sich «so richtig wohl in der Gemeinschaft von Männern, die weiter nichts wollen und brauchen, als miteinander zu sein». Es wird langsam dunkel, und man sitzt noch immer beieinander. Das Engagement der in Gemeinschaft nicht-verbal verbundenen Männer wird stimmungsmäßig signalisiert, kaum kognitiv wahrnehmbar. Die Therapeutin scheint aber diese empathische Wahrnehmungsspur nicht erfaßt zu haben. Wäre ihr das möglich gewesen, hätte sie die Stimmung anreichern lassen, sogar durch die VEE verstärkt. Die Therapeutin blieb jedoch einseitig auf die inhaltliche Spur fixiert und zerriß den emotionalen Kontext durch die Frage, wie lang das Schiff sei. Der Patient reagierte, indem das Bild umsprang und er sich ratlos im Mannschaftsraum allein wiederfand.

Für den kundigen Leser bedarf es nicht der Erläuterung, daß in Fällen, in denen der Therapeut die emotionale Einstellung verfehlt, er die Gefühle des Patienten bei sich selbst abwehrt. Er kann das Übertragungsangebot nicht annehmen (vergleiche S. 426).

In seltenen Fällen wird eine eigentümliche Diskrepanz zwischen dem imaginativen Inhalt des KB und der Stimmung des Patienten deutlich, besonders kraß erlebt in Fällen, in denen der Patient über eine depressive Verstimmung (überwiegend neurotischer Art) klagt und im Kontrast dazu im KB sommerlich fruchtbare Wiesenmotive bei Sonnenschein imaginiert. Der Psychiater denkt dabei zunächst an «inadäquaten Affekt», der für Schizophrene typisch sein soll. Obgleich auch im KB inadäquat, kann von Schizophrenie keine Rede sein.

4.4.2.5. Wahrnehmung von Gefahren in der Gegenübertragung

Angstabwehr

Die *Abwehr von Angst einflößenden Szenen* im KB kann für die therapeutische Führung verhängnisvoll werden. Der Therapeut muß im Laufe seiner Ausbildung ein Gespür für jene Anlässe bekommen, in denen bei Fortsetzung des anstehenden szenischen Verlaufes Gefahren beziehungsweise schwer übersehbare Ängste auftreten können. Ich spreche von gewissen typischen Motiven oder Angelpunkten im katathymen Panorama, die aufgrund längerer klinischer Erfahrung *gefahrenverdächtig sind.* Vor allem der Grundstufentherapeut muß seine Wahrnehmung dafür schärfen. Eine seiner Aufgaben ist es, den noch begrenzt Erfahrenen vor stärkeren Einbrüchen negativer Affekte (Angst usw.) zu schützen. Er soll sich auch diesbezüglich selbst nicht mehr zumuten, als er in der Lage ist zu bearbeiten.

Erst im Rahmen der Mittelstufentechnik wird er genügend vorbereitet sein, überraschende Affekt-belastete Szenen zu meistern. Auf der Grundstufe sollen z. B. archaische Inhalte vermieden werden, mit denen umzugehen der Therapeut unvorbereitet ist. Nicht ohne triftigen Anlaß soll der Patient z. B. in einen dunklen Wald, gar eine Höhle hineingelassen oder gegenüber dem Sumpfloch exponiert werden. Angesichts von Symbolgestalten soll er nicht aggressiv werden, selbst wenn er es ausdrücklich wünscht. Das gleiche gilt für das Eintauchen in die Tiefe des Wassers.

Bei diesen Intentionen können sich die schon genannten archaischen, oft stark affektgeladenen Szenen einstellen oder umgekehrt stärkere Widerstände aufbauen.

Mögliche Reaktionen haben Außenstehende gelegentlich veranlaßt, das KB als «gefährlich» zu bezeichnen. Worin können sie bestehen?

Im dunklen Wald kann sich der Patient verirren, kann auf gefährliche, eventuell archaische Tiere, Fabelwesen oder Menschen stoßen usw. (siehe S. 102). Für die Höhle folgt ein Beispiel. Aus dem Sumpfloch können als gefährlich erlebte archaische Tiere aufsteigen, z. B. ein Riesenkrake oder ein Riesenfisch, beide mit bösem, beherrschendem Blick (S. 307), ein anzüglich blickender Mann, der aggressiv wird.

Das Problem der Provokation einer archaischen Szene mit Freisetzung panischer Angst und der für den Therapeuten damit verbundenen Schwierigkeiten im Verlauf der Szene soll ein Beispiel verdeutlichen.

Beispiel 8

Eine Kollegin, die sich noch in den Anfängen der Ausbildung zur KB-Therapeutin befindet, gestattet einer Patientin, die eine Höhle imaginiert, diese zu betreten. In ihr ist nicht viel zu finden. Deshalb geht die Patientin aus eigenem Antrieb mutig tiefer hinein. Die Höhle weitet sich domartig aus, ist naß und düster – eine zunehmend ungemütliche Szenerie. Weder Patientin noch Therapeutin können (letztere sollte aber eigentlich) in dieser Situation wissen, wohin sie die Entwicklung treiben wird. Das Bild springt von selbst um, und die Patientin sieht sich plötzlich im Maul eines großen Fisches, was heftige Angst auslöst. Plötzlich wandelt sich dieses Fischmaul zu dem Mund ihrer Mutter. – Sie sitzt, einige Millimeter groß, auf einem der Schneidezähne. Nun überträgt sich die panische Angst auch auf die Therapeutin. Sie fürchtet mit Recht, das archaische Wesen Fisch-Mutter könne die signalisierten Aggressionen wahrmachen, der Mund könne jeden Moment zubeißen, die Patientin zerquetschen oder diese verschlingen. Wie kann sie diese Szene beherrschen?

Rückblickend: Die Therapeutin hat aus Unkenntnis oder/und aus mangelnder empathischer Wahrnehmung versäumt, die auf der Symbolebene andrängende Gefahr zu verhindern. Die Patientin hätte die Höhle nicht betreten beziehungsweise nicht tiefer in sie eindringen sollen. Auf der Grundstufe herrscht aus Vorsichtsgründen das Prinzip vor, regelmäßig alle jene Szenen zu vermeiden, die Therapeuten und/oder Patienten emotional überfordern. Die zur Verfügung stehenden Führungstechniken sollen vorsichtig und eher protektiv, nicht aber konfrontativ wie auf der Mittelstufe, eingesetzt werden.

Kommentar: Im vorliegenden Falle hatte sich die Therapeutin überfordert. Es ist ein Irrtum, anzunehmen, *die KB-Therapie werde durch Dramatik der Inhalte effektiver.* Wir gehen vielmehr von einem Konzept FREUDS aus und lassen nur jenes Material imaginativ freisetzen, das der Oberfläche am nächsten liegt. Das Eindringen in eine Höhle oder das Versinken in die Tiefe des Meeres kann zwar gelegentlich harmlos verlaufen, indem sich bei einem intakten Ich entsprechende Abwehrmechanismen rechtzeitig einstellen. Bei einem stärker gestörten neurotischen Patienten kann aber eine andrängende archaische Dynamik freigesetzt werden. Wird er dann mit Ängsten und anderen negativen Affekten überschwemmt, besteht unter anderem die Gefahr des Abbruches der Therapie.

Die Therapeutin war in diesem Falle geistesgegenwärtig und hatte Glück. Sie nahm eine direktive Intervention vor und bot der Patientin an, einen großen Balken im Inneren des Mundes der Mutter aufzustellen. Das gelang schließlich auch, und die Patientin sprang vom Schneidezahn herunter und landete auf einer Wiese. – Glücklicherweise war es die Wiese und nicht ein anderes archaisches Motiv.

Psychoanalytische Therapeuten haben sich nach einer analogen Erfahrung vom KB zurückgezogen, weil es ihnen «zu gefährlich» erschien. Derartige «Überdosierungen» mit Überschwemmung durch archaische Inhalte und starke Affekte sind technisch durch die Stufung des KB vermeidbar. Das sollte ernstgenommen und die notwendigen Beschränkungen sollten eingehalten werden. Der Therapeut soll seinen Patienten und – wie gesagt – auch sich selbst von unkontrollierbaren Ängsten und Zwischenfällen freihalten. Gegenübertragungsängste und andere Gegenübertragungsgefühle können als beachtenswerte Gefahrensignale dienen.

4.4.3. Zielvorstellungen des Therapeuten

Es ist durchaus sinngerecht, daß der Therapeut bei der Durchführung des Katathymen Bilderlebens gewisse Zielvorstellungen entwickelt. Er wird dazu vor allem innerlich dann dazu gedrängt, wenn der Patient ein Kind oder ein Jugendlicher ist oder ein Erwachsener, der aufgrund mangelnder oder diffuser Vorstellungen kein therapeutisches Ziel hat. (Frage: «Was möchten Sie durch die Behandlung erreichen. – Was soll sich durch die Behandlung bei Ihnen ändern?») An anderer Stelle habe ich darauf hingewiesen, daß das therapeutische Ziel nach Erhebung der Vorgeschichte und in der Kenntnis der vielfältigen Daten mit dem Patienten gemeinsam (unter Zurückhaltung des Therapeuten) geklärt und abschließend definiert werden soll. Das schließt nicht aus, daß sich dieses Ziel im Verlaufe der Behandlung verschiebt oder differenziert. Bei der oben genannten Patientengruppe bereitet das technisch naturgemäß Schwierigkeiten. Bei Kindern kann das Therapieziel aufgrund des herrschenden Symptoms implizit signalisiert werden. Trotzdem sollte es meines Erachtens beim Kind und beim unbestimmt motivierten erwachsenen Patienten ausgesprochen werden. Gelingt das in der gewünschten Prägnanz nicht, müssen *ernsthafte Zweifel an der Motivation* des Patienten entstehen, und die Frage taucht auf, ob er nicht vielleicht eher so etwas wie Trost, freundliche Interaktion mit einem die Vater- oder Mutterstelle vertretenden Therapeuten sucht. In diesem Fall ist der Beginn einer Therapie fraglich. Statt dessen sollte besser eine locker gestreute Betreuung tre-

mangelhafter Therapieauftrag

432

ten, denn der Patient verwechselt freundliche orale Zuwendung mit therapeutischer Arbeit.

In diesen Fällen oder auch anderweitig kann ein Therapeut, meistens ein noch wenig erfahrener Kandidat, dazu neigen, aus einer Helferhaltung (die eingehend zu reflektieren wäre) ein therapeutisches Konzept für seinen Patienten zu entwickeln. Er lehnt sich in der Regel an kognitive und intellektuelle Gedankengänge darüber an, was dem Patienten dieser Art «dienlich» sei, wobei gewisse Defizite aufgrund der Anamnese zu füllen seien.

Helferhaltung

Diskussionen mit erfahrenen Therapeuten und meine eigene Erfahrung zeigen jedoch, daß derartige Konzepte aus verschiedenen Gründen wenig fruchtbar sind, am besten überhaupt vergessen werden sollten. Dafür sind die folgenden Gründe anzuführen: (1) Das Konzept entstammt in der Regel intellektuellen Erwägungen; (2) es kann dementsprechend dem unbewußten Motivationssystem des Patienten und dessen vielfältigen assoziativen Verzweigungen nicht gerecht werden; (3) der Gefühls- und Erfahrungsaspekt des Patienten bleibt unberücksichtigt.

Gefahr eines rationalen Konzeptes

Im Gegensatz dazu hebe ich die klinische Erfahrung hervor, daß der Patient sein eigenes Motivationssystem bewußt, vorbewußt oder aus unbewußt-intuitiven Impulsen heraus in seinen vielfältigen Verästelungen und Bedeutungsakzenten *selbst am besten «kennt»* und aus emotionaler Einsicht schrittweise erfahren und damit verbalisieren kann. Diese Kategorien stellen sich im therapeutischen KB-Prozeß langsam, aber immer präziser und symbolisch verständlicher dar und vermitteln Einsichten für den Patienten und Daten für den Therapeuten.

Diese Erfahrungen stützen folgende Hypothese, die *gegen eine strikte Vernachlässigung* anfänglicher globaler, intellektuell gewonnener Therapiekonzepte im Einzelfall sprechen. Das Katathyme Bilderleben als spontane imaginative Darstellung der andrängenden Konflikte des Patienten und die damit verbundene adaptative und schützende Funktion des individuellen Ich reguliert relativ autonom und individuell angepaßt die Freisetzung des Konfliktmaterials und die sich danach entfaltenden kontinuierlichen Entwicklungslinien. Wie hervorgehoben, können diese nach kognitiven Konzepten nicht im voraus entworfen werden. Im höchsten Maße hat sich bewährt, sich dieser Ich-syntonen Entfaltung der Konfliktwelt und der periodisch manifestierenden Abwehren – z.T. in Form von Phasen archaischer Befriedigung – anzuvertrauen. Der sich daraus entwickelnde therapeutische Prozeß sollte in gewährender Haltung des Therapeuten zugelassen werden. Sich einschaltende Abwehrmechanismen müssen ebenso akzeptiert werden wie Konfliktkonfrontationen, als jener autonome Weg des Ich, den es in seinem Entwicklungsprozeß beschreiten muß. Nur gelegentliche und an gewissen Knotenpunkten sind hilfreiche Interventionen fruchtbar (vergleiche «Assoziatives Vorgehen» und «Durcharbeiten im KB»). Nimmt der Therapeut diese Haltung ein, überträgt sich die damit signalisierte Gewißheit auf den Patienten unwillkürlich. Der Therapeut gibt einen Vertrauensvorschuß, der für den Patienten gelegentlich eine korrigierende emotionale Erfahrung im Vergleich zu seinen biographischen Objektbeziehungen ist und eine Ich-Stärkung beinhaltet. Verbunden damit ist naturgemäß auch ein Vertrauen in die kreativen Potenzen des Patienten-Ich. Das trifft auch für die Therapie von Kin-

autonome Entwicklung fördern

dern und Jugendlichen zu. – Die Formulierung von Interventionen und die bewußte und vielleicht auch unbewußte Einstellung des Therapeuten sollte dabei uneingeschränkt implizieren, daß er die Therapie als einen autonomen Entwicklungsprozeß begreift, den er in wohlwollender Haltung und Vertrauen auf diesen zu fördern trachtet. Diese vielleicht nur subliminal zu vermittelnde positive Haltung des Therapeuten überträgt sich verbal oder nicht-verbal auf den Patienten und ist sicher einer der wesentlichen Motoren der KB-Therapie.

Führungsfunktion des Patienten

Die Führungsfunktion in der Therapie übernimmt der Patient. Voraussetzung ist jedoch eine vertrauensvolle positive, partiell anaklitische Übertragung und das sehr vorsichtig signalisierte Vertrauen des Therapeuten in den von ihm angeregten Entwicklungsprozeß. Wie an anderer Stelle schon hervorgehoben, eignet sich das Modell des Geburtshelfers zur Charakterisierung der Situation. Dieser läßt den natürlichen Vorgang der Geburt abwartend walten und greift nur an jenen Stellen ein, an denen sich Hindernisse oder Mängel im charakteristischen Verlauf einstellen. In der alten ärztlichen Therapie hatte man dafür den Begriff der «prospektiven Therapie» geprägt aus der Erkenntnis, daß die Natur – in unserem Zusammenhang der natürliche Selbstheilungsprozeß – hilft, soweit man ihr dieses nur ermöglicht und vorsichtig fördert. Die KB-Imaginationen als regressive Dimension der Bildersprache stellen einen ausgezeichneten Vorgang dieser Ermöglichung dar, auf den in hohem Maße Verlaß ist, selbst in besonders schwierigen und chronischen Fällen, die eine langdauernde Therapie erfordern. Das Engagement des Therapeuten kann dabei in kritischen Phasen von ausschlaggebender Rolle sein (S. 412).

Schlußbemerkung: Ich habe in diesem Kapitel versucht, die relative Komplexität der Therapeuten-Patienten-Beziehung im KB auf verschiedenen Ebenen darzustellen. Die emotionale Ebene, mit der sich die Tiefenpsychologie befaßt, ist die komplizierteste. Der interaktionelle Erkenntnisprozeß ist aber für das Therapeutenverhalten der wichtigste, um entscheidende Behandlungsfehler zu vermeiden. Sie können allerdings nicht grundsätzlich ausgeschlossen werden. Häufig entwickeln sich die Szenen im katathymen Panorama auch so schnell, daß dem Therapeuten nicht Zeit genug bleibt, die hier angeführten Überlegungen anzustellen. Das ist für den Durchschnittspatienten sicher kein grundsätzliches Hindernis, trotzdem eine erfolgreiche Behandlung zu absolvieren. Er besitzt in der Regel eine gewisse Plastizität und emotionale «Robustheit». Trotzdem sollte der angehende KB-Therapeut nichts unversucht lassen, durch eingehende Schulung in den Intensivseminaren zur Selbsterfahrung und besonders in solchen zur Kontrolle seiner Fälle einen optimalen Führungsstil zu erlangen.

Zum Schluß möchte ich noch eine Faustregel aufstellen, die für alle Interventionen des Therapeuten gilt und Richtschnur für sein Verhalten in jeder Situation sein kann: Er soll *versuchen, sich jeweils Rechenschaft darüber abzulegen, wie der Patient eine geplante Interaktion oder Unterlassung dieser Interaktion in dem gegebenen Moment erleben würde und welches Verhalten des Therapeuten am besten helfen könnte, den therapeutischen Prozeß ohne Aktivierung von abwehrenden negativen Gefühlen und Abwehrmechanismen zu fördern.*

4.4.4.   Die fünf Ebenen der Wahrnehmungseinstellung des Therapeuten

Wie in der Psychoanalyse ist es auch im Katathymen Bilderleben von ausschlaggebender Bedeutung, welche Wahrnehmungseinstellung der Therapeut einnimmt, um den therapeutischen Prozeß zu beobachten und Schlußfolgerungen für sein weiteres Vorgehen zu ziehen. Verschiedene technische Hinweise und Anweisungen wurden bereits gegeben. Im vorliegenden Abschnitt sollen die dazu einzustellenden Ebenen der Wahrnehmung in knapper Übersicht zur Beobachtung und zum empathischen Einfühlen vorgestellt werden. Nach unseren bisherigen Kenntnissen sind es fünf Spuren, die nach Möglichkeit laufend beobachtet werden sollten. Drei von ihnen sind mit auftretenden Phänomenen verbunden, die der Patient während des Tagtraumes bietet, zwei weitere beziehen sich auf Schlußfolgerungen daraus. Letztere wird erst der sehr erfahrene und geübte Therapeut im Verlauf der Sitzung ziehen können. Eine weitere erschließt sich dem Therapeuten aus seinen eigenen Gefühls- und Handlungsimpulsen.

Ich habe die fünf Ebenen hier zusammengestellt. Sie verbinden sich mit Wahrnehmungsspuren, die der Therapeut nach Möglichkeit parallel oder im schnellen Wechsel nacheinander versuchen soll zu vollziehen.

Spur 1: Imaginative Inhalte und ihre Verlaufsgestalt

Selbstverständlich sind die bildhaften Imaginationen am meisten evident. Für die Vorgänge im Katathymen Bilderleben scheinen sie deshalb zunächst auch das «Wichtigste», das sich als «Material», als Nachricht des Unbewußten, als Manifestation von Impuls und Abwehr für beide, Patient und Therapeut, darstellt. Der unvoreingenommene, noch ungeschulte Beobachter, aber auch der Patient, glauben, damit alles Wesentliche erfaßt zu haben, was am Katathymen Bilderleben Ausdruck und Bedeutung hat. Der erfahrene Therapeut (und Psychoanalytiker) aber weiß um die «Relativität des Materials». Trotzdem dürfen wir die Bedeutung der Imaginationen nicht unterschätzen. In wenigen psychotherapeutischen Verfahren gibt es wohl ähnlich prägnante, klar überblickbare und vermittelbare Szenen wie im Tagtraum, die so unmittelbar Bezug auf die latenten psychodynamischen Prozesse nehmen. Die ersten Wahrnehmungen des Therapeuten und damit seine hauptsächliche kognitive Aufmerksamkeit stützen sich zunächst darauf, was inhaltlich imaginiert wird und welche Details an diesen Inhalten zu ihrer genaueren Bestimmung beitragen. *1. Tagtrauminhalte*

Daran schließt sich dann aber bald die Frage an, was die Inhalte symbolisch wohl bedeuten mögen und wie ihr individueller Bedeutungszusammenhang verstanden werden soll. Die besondere Zentrierung der Aufmerksamkeit auf die fixierten Bilder als mehr oder weniger deutliche Konfliktherde bietet eine orientierende Hilfe usw. Wesentliche Leitfunktion hat dabei der Versuch, das in der Szene vorherrschende und im Kontext fortgeführte Thema des Inhaltes und der impliziten Konfliktbearbeitung zu erfassen. Die Beobachtungen der Verlaufsgestalt sind bedeutungsvoll: Ist er kontinuierlich? – Wo wird er durchbrochen, wo springt er um? – Weicht er von dem kontinuierlichen Sinngehalt ab, bringt einen neuen hinein? – Damit zielt die Beobachtung auf sich manifestierende Abwehrvorgänge und Widerstände (3.3.4.3.). Die Inhaltsanalyse hat demgemäß vorrangige Bedeutung in unseren Weiterbildungsseminaren, auch zur Schulung des Symbolverständnisses.

2. begleitender Gefühlston

Beide vollziehen sich diskreter und können oft nur indirekt erfaßt werden im Gegensatz zur Wahrnehmung der Traumszene. Ihre Beobachtung wird deshalb meist vernachlässigt. Aber gerade die darauf gerichtete Wahrnehmungseinstellung ist von fast der gleichen Wichtigkeit wie die Beobachtung der Imaginationen und ihres Verlaufes. Phänomenologisch genauer betrachtet kann zwischen den eigenen Binnengefühlen des Ich und denen einer Landschaft unterschieden werden. Gelegentlich fallen beide auch zusammen. Abgesehen von der Verfolgung des Therapieverlaufes wird bei Beachtung der Gefühlsseite dem Patienten die Wahrnehmung mikrokathartischer Reaktionen vermittelt. Die Wahrnehmung der emotionalen Leitspur fordert auch vom Therapeuten Fähigkeit zur regressiven empathischen Wahrnehmung. Technisch wird sie im Sinne der VEE beim Patienten angeregt (vergleiche S. 410 und 430).

Spur 3: Verhaltensbeobachtung

3. Verhalten

Eine äußere und eine innere Verhaltensebene können unterschieden werden. Auf der äußeren wird bei dem entspannten Patienten auf der Couch nicht allzu viel wahrgenommen, sofern der Therapeut sich nicht auf Feinstrukturen konzentriert.

Ich denke an Hinweise auf innere Spannung, Angst und Unruhe, wofür wir sichere, wenn auch unterschiedlich verteilte Anzeichen haben: Restanspannung der Gliedmaßen und der Mimik mit Fehlen der typischen Erschlaffung, Restflattern der geschlossenen Augenlider, starker, lebhafter Pulsschlag an den Karotiden des Halses, vor allem aber als ganz feiner *Parameter die Atembewegung*. Bei ihrer Beobachtung kann man von der «idealen Entspannungsatmung» ausgehen. Ich habe sie an anderem Ort ausführlich beschrieben. Sie ist einschlägigen Atemtherapeuten dadurch bekannt, daß die Inspiration etwas schneller erfolgt als die Exspiration. Nach der Ausatmung folgt eine mehr oder weniger lange Pause. Ihre Dauer kann selbst bei einfacher Beobachtung des sich hebenden und senkenden Leibes als Grad der gesamten organismischen Entspannung gelten. Die exspiratorische Pause kann bis zu fünfmal so lang sein wie die inspiratorische. Während der KB-Sitzungen zeigen sich derart ideale Atemkurven in der Regel jedoch nicht. Einerseits ist der Patient durch ansteigende Gefühle und Affekte mehr oder weniger beunruhigt, was den Atemrhythmus verändert, andererseits fordert von ihm allein die sprachliche Darstellung der KB-Inhalte eine Atemökonomie. Ausgeprägtere Irritationen jedoch lernt der Therapeut allmählich auch hier an der Weise des Atmens abzulesen: hastiges, abruptes, paradoxes Atmen, kurze Unterbrechung des Atemrhythmus oder überhaupt das Fehlen eines wenigstens zeitweilig wieder einkehrenden gleichmäßigen Auf und Ab. Es wäre eine interessante Aufgabe, regelmäßig im Direktschreiber Atemkurven, verglichen mit Kurven anderer autonomer Parameter, im Zusammenhang mit dem Inhalt katathymer Passagen aufzuschreiben.

Der aufmerksame Beobachter katathymer Sitzungen wird bald erkennen, daß für den Verlauf der Behandlung das Einhalten einer allgemeinen muskulären Entspannung im Sinne des Hypnoides keineswegs Voraussetzung ist. Eine Zahl motorisch lebhafter Patienten gestikuliert, skizziert mit der Hand in der Luft, wirft sich gelegentlich hin und her, richtet sich sogar einmal auf und bringt insofern seine Erregung und sein Darstellungsbedürfnis motorisch zum Ausdruck. Darin kann ein Grad therapeutischer Abreaktion liegen, zumindest eine wünschbare motorische Abfuhr.

Die *Ebene des inneren Verhaltens* meint natürlich die szenischen Imaginationen. Wenn wir früher strikt davon ausgegangen sind, daß der wesentliche Ausdruckscharakter des KB in den symbolischen Darstellungen liegt, wurde uns später jedoch deutlich, daß auch das scheinbar viel oberflächlichere Verhalten von Symbolgestalten oder des Patienten im katathymen Panorama nicht nur gleichrangige Bedeutung haben, sondern mit dem realen Verhalten des Patienten im Alltag in engstem Zusammenhang stehen. Verhalten ist offenbar nicht teilbar, gleichgültig, ob im Tagtraum oder im Alltag geübt. Dieses unteilbare Verhalten entspringt – auf welcher Bewußtseinsebene auch immer praktiziert – dem nämlichen Grundverhaltensmuster. Als diagnostisch-therapeutische Regel formuliert: Wie sich der Patient im katathymen Panorama bewegt, bewegt er sich auch in der wirklichen Welt (vergleiche auch 2.3.4.2.). Am Rande sei auf die gelegentlich überraschende Korrelation zwischen den Aktivitäten im Panorama und den nachfolgenden in der Wirklichkeit erinnert (Beispiele S. 118 und S. 119).

Spur 4: Nachricht an den Therapeuten

In der dialogischen Situation des KB geht der Patient mehr oder weniger ausgeprägt eine partnerschaftliche Beziehung ein (vergleiche Kapitel Übertragung 4.4.2.1.). Neben den dort untersuchten subtilen emotionalen Beziehungen ist die Beschreibung der KB-Inhalte eine sonst verborgen bleibende, von der üblichen verbalen Kommunikation ausgeschlossene, relativ intime spezifische Ebene der Vermittlung des Ich. Zumindest vorbewußt erkennt der Patient früher oder später, daß er den «persönlichsten und intimsten», ihm in seiner Tragweite kognitiv zunächst gar nicht bewußten Anteil seines Seelenlebens in den Schoß eines anderen Menschen legt. Allein aufgrund der Vertrauensbasis kann er annehmen, daß er «gut aufgehoben», «sorgfältig gehütet» wird. Mit dieser etwas poetischen Ausdrucksweise möchte ich den Charakter der «Nachricht an den Therapeuten» akzentuieren.

Tiefenpsychologisch betrachtet lotet die Bedeutung der Nachricht tiefer, als der Patient wissen kann. Für unsere Zwecke engen wir die Frage ein und lesen die Nachricht unter dem Gesichtspunkt «Was will der Patient mir auf den Wahrnehmungsspuren 1 – 3 sagen, mir daran zeigen, wozu mich veranlassen?»

Spur 5: Nachricht an sich selbst

Im Gegensatz zu der extrapsychischen ist die Nachricht an sich selbst eine intrapsychische. Die von einander zunächst relativ getrennt operierenden psychischen Instanzen erhalten untereinander Informationen: intrasystemische Kommunikation. Die Instanz Bewußtsein des Ich erhält z. B. Nachrichten aus seinem vorbewußten oder unbewußten Anteil. Das Ich erhält Nachrichten aus dem Es oder aus dem Über-Ich. Versucht man, diese Nachrichten zu verbalisieren, wird deutlich, daß sie auch den Charakter eines Disputes annehmen können. Darstellungen der Einschätzung des Therapeutenverhaltens im Umgang mit dem Pa-

4. Mitteilung an den Therapeuten

5. Mitteilung an sich selbst

tienten können sich aber ebenso gut – und das scheint mir fruchtbarer, wenn auch schwerer zu formulieren – auf die intrasystemische Nachricht beziehen. Wie könnten die Nachrichten in den beiden Beispielen formuliert werden? Z. B. vom Gärtner und den Zwergen: «Der L. ist ein recht aktiver und erfahrener Therapeut. Im Grunde behandelt er mich aber unverschämt und will mir die Geheimnisse seiner Symbole nicht verraten. Ich werde versuchen, ihn zu überlisten», – stärker intrasystemisch vom vorbewußten beziehungsweise unbewußten Teil des Ich an den bewußten: «Wenn Du noch immer nicht begriffen hast, die Bedeutung der Symbolbilder intuitiv zu erfassen, hier ist eine Gelegenheit, sie Dir in den Zwergen darzustellen. – Übertritt doch einfach das Verbot und versuche, ihr Gesicht zu erkennen.» –

4.4.5. Die Abstinenzregel

Bei der Abhandlung des Therapeutenverhaltens darf die seinerzeit von FREUD (1918) aufgestellte Regel über die Einhaltung der sogenannten Abstinenz nicht fehlen. Nicht weil diese Regel auf eine so zentrale psychotherapeutische Autorität zurückgeht, sondern weil sie sich meines Erachtens auch in der alltäglichen Praxis einer jeden Psychotherapie als wichtiger Teil des Verhaltens des Therapeuten bewährt hat, empfehle ich sie auch für die KB-Therapie. Die Abstinenzregel besagt, vereinfacht ausgedrückt, daß der Therapeut während der Behandlungsperiode keinerlei persönliche oder familiäre Kontakte mit dem Patienten aufnehmen soll. Das beinhaltet naturgemäß zugleich, daß die Therapie von Bekannten und Angehörigen ausgeschlossen ist.

Dieser Ausschluß persönlicher Kontakte heißt auch, daß der Therapeut jeden geselligen Verkehr mit seinen Patienten vermeidet oder entsprechende Einladungen ablehnt. Die psychodynamische Begründung ist darin zu sehen, daß in einer persönlichen Annäherung sowohl für den Therapeuten als aber auch für den Patienten psychologische Versuchungssituationen verbunden sein können. Sie führen zu schwer kontrollierbaren Gegenübertragungs- und Übertragungsgefühlen. Es kann meines Erachtens kaum ein Zweifel bestehen, daß der Patient (oder die Patientin) seinem Therapeuten oder seiner Therapeutin in der nächsten Behandlungsstunde anders begegnen wird, wenn man sich aus Anlaß etwa einer Abendgesellschaft gesehen hat, miteinander in Gespräche verwickelt war, getanzt hat, und vielleicht auch erotische Beziehungen von beiden Seiten erlebt wurden oder aber umgekehrt auch solche der Rivalität oder der Feindseligkeit. Das Feld der Begegnungen weitet sich dann naturgemäß noch aus, wenn der Ehepartner des Therapeuten oder auch des Patienten zugegen ist. Auch wird der Patient dadurch andere Erwartungen an seinen Therapeuten entwickeln, als wenn dieser sich ausschließlich auf seine Aufgabe als Psychotherapeut und relativ neutraler, unbestechlicher Helfer beschränkt. – Die neueren Bestrebungen in der Psychotherapie, unter Umständen sehr enge, auch körperliche Kontakte mit Patienten zu pflegen, um ihnen zu helfen, sind mir wohl bekannt. Auch gibt es Einzelfälle von psychotisch oder schwer neurotisch Kranken, bei denen zum Teil mit Erfolg erprobt wurde, die Betreffenden in der Familie des Therapeuten über längere Zeit aufzunehmen. Ich selbst verfüge über keine Erfahrungen in dieser Richtung. Der in Ausbildung befindliche KB-Therapeut sollte aber von vornherein und auf die Dauer klare und emotional übersichtliche Bedingungen für sich schaffen und einhalten, dies sowohl im eigenen Interesse als auch im Interesse des Patienten. Nur dadurch können alle möglichen emotionalen Verstrickungen im Bereich der Übertragung und Gegenübertragung mit einiger Verläßlichkeit vermieden werden oder wenigstens doch analysierbar bleiben. Das darauf gerichtete Bewußtsein kann nur geschärft und erhalten werden, wenn andersartige emotionale Beziehungen durch Begegnung im privaten Rahmen klar und ausdrücklich abgelehnt werden.

Die Abstinenzregel kann unter den Umständen der paarweisen Übungen während der Weiterbildungsseminare zum KB-Therapeuten gelegentlich einmal angetastet werden. Ich denke an private Kontakte in den Seminaren, bei wiederholten paarweisen Übungen, bei den verschiedenen Veranstaltungen oder durch Bekanntschaft in Studium und Beruf. Der Ausbildungskandidat wird dann besonders Gelegenheit haben, das Ausmaß störender Übertragungs- und Gegenübertragungsgefühle kennen- und wahrnehmen zu lernen. Diese Erfahrung, die ich keineswegs als besonders erstrebenswert darstellen möchte, kann aber eine Gelegenheit zur Entwicklung der Sensibilität hierfür sein und die Analyse dieser Gefühle schon im Weiterbildungsgang erlauben. – Die Leitung der Seminare, die dieses Problem kennt, hebt in ihren Programmen auch immer wieder hervor, daß befreundete Teilnehmer nicht das gleiche Seminar belegen sollen.

Wenn die Abstinenzregel ausschließt, Bekannte oder Angehörige zu behandeln, fordert sie also auch, daß ein Ehepartner nicht den anderen, ein Geschwisterteil nicht einen anderen oder Angehörige überhaupt, einschließlich der Kinder, zu Imaginationen im Katathymen Bilderleben anleiten sollten. Abgesehen von flüchtigen Versuchen müßte ein solches Vorgehen auch als ein entscheidender Kunstfehler gelten. – Diese strikte Formulierung mag heute in einer Zeit großer Freizügigkeit übertrieben erscheinen. Ich darf aber daran erinnern, daß es mit gutem Recht als eine alte ärztliche Regel gilt, Menschen der persönlichen Umgebung, besonders Familienangehörige, nicht selbst zu behandeln. Schon frühzeitig hatte man erkannt, daß ärztliche Maßnahmen in diesen Fällen nicht frei sind von emotionalen Regungen und damit die diagnostische, aber erst recht die therapeutische Entscheidungsfähigkeit und auch die technische Sicherheit in der Anwendung einer Behandlung leidet. Mir ist die Verführung, vor allem für den jungen Therapeuten, nicht fremd, weil er glaubt, mit dem Katathymen Bilderleben nun über ein wirksames Instrumentarium zu verfügen, um einem nahe stehenden Menschen helfen zu können. Dabei sollte er jedoch sehr genau reflektieren, daß in jedem solcher Fälle gerade die feindseligen Impulse seines Partners, seines Kindes oder wer es auch immer sein mag, die sich auch gegen ihn richten können, therapeutisch besondere Bedeutung haben. Der abhängige Partner wird unwillkürlich diese und auch manche anderen Impulse unterdrücken. Sie werden nur verschleiert oder im KB gar nicht zum Ausdruck kommen. Sollten sie jedoch auftreten, läuft die Beziehung Gefahr, durch die unglückliche Vermischung von therapeutisch freigesetzten Gefühlen einerseits und den Loyalitätserwartungen des Therapeuten in seiner partnerschaftlichen Rolle andererseits beeinträchtigt zu werden. – Die Psychotherapie oder auch nur psychotherapeutische Versuche im Zusammenhang mit einem nahestehenden Menschen, gleichgültig welche Methode angewandt wird, gehört zur Wahrung der Unbefangenheit und der fachlichen Kompetenz auf jeden Fall immer in die Hände eines Dritten. Das schließt nicht aus, daß stattdessen eine Paartherapie im therapeutischen Rahmen durchgeführt wird, wodurch beide Beteiligte ihre emotionale Beziehung klären und vielleicht auf eine neue Ebene stellen können.

4.5.   Indikationen und Kontraindikationen

Allgemeines

Für jedes Psychotherapieverfahren stellt sich früher oder später die Frage nach seinen Indikationen und Kontraindikationen. Im Gegensatz zur somatischen Therapie stößt es hier viel stärker auf Schwierigkeiten, mit knappen, übersichtlichen Angaben aufzuwarten. So ist auch in der einschlägigen psychotherapeutischen Literatur seit langem aufgegeben worden, bei der Indikationsstellung überwiegend von Diagnosen oder Krankheitsbildern auszugehen. Für die Beurteilung der Leistungsfähigkeit eines psychotherapeutischen Verfahrens ist vielmehr eine größere Anzahl von Faktoren zu berücksichtigen. Sie können einander ergänzen, sich potenzieren oder ausgleichen. Im Hinblick auf ihre unterschiedliche Gewichtung hat es sich eingebürgert, sie *unter Prognosegesichtspunkten zu betrachten*. Die des KB unterscheiden sich daher nicht grundsätzlich von denen der klinischen Psychotherapie überhaupt. Diese Parameter der Prognosestellung liegen auf Betrachtungsebenen, die ich zunächst im Überblick anführe.

4.5.1.   Ebenen prognostischer Aspekte

(1) Symptomenkatalog; Art und Dauer der Beschwerden, Primordial-Symptome, Einstellung dazu und Umgang mit ihnen
(2) auslösende Situation
(3) aktuelle soziale Szene während der Entstehung der Beschwerden bis zu Beginn der Behandlung
(4) Lebenslauf, Entwicklung der Persönlichkeit und deren Verhalten
(5) biologische Gegebenheiten, Krankheitsvorgeschichte und aktueller Körperzustand
(6) Einstellung gegenüber einer Psychotherapie, besonders gegenüber dem KB, Motivation
(7) aktuelle Beziehung des Patienten zum Therapeuten, der die Behandlung anbietet

Zu (1): Symptomenkatalog usw.

Art der Symptome

Die Indikationen des KB im Hinblick auf *Diagnosen* und verbürgte Ergebnisse erscheinen auf Tabellen S.450, 452. Obgleich die Symptomatik selbst nur begrenzt Hinweise für die Behandlungsprognose gibt, ist es aus den folgenden Gesichtspunkten wertvoll, einen möglichst ausführlichen Symptomenkatalog aufzustellen. Einige Schwerpunkte der Prognose sind zu nennen:

- Eine «lärmende», sich gegebenenfalls dramatisch darstellende psychogene Symptomatik hat oft eine günstigere Prognose als eine unauffällige, die häufig mit einer auf Charaktersymptomatik hinweisenden Verhaltensart gekoppelt ist (z.B. Übergefügigkeit, Eigensinn, Pedanterie, Zwangsvorstellungen, Zwangsgrübeln).
- Körperliche oder psychische Symptome haben eine schlechte Prognose, wenn sie (unabhängig von ihrer Dauer) das Leben des Kranken stark beeinträchtigen und bedrohen oder ihn hindern, eine soziale Rolle zu übernehmen oder diese zu behalten (Anorexia nervosa, schweres Asthma bronchiale, Lungenemphysem als Ausdruck einer selbstschädigenden Tendenz).
- Symptomatik, die dazu führt, daß der Betreffende sich beruflich und privat einschränkt oder auf entsprechende Tätigkeiten sogar verzichtet (Agoraphobie, Claustrophobie, Herzphobie), wobei der Kranke immer unfähiger und hilfloser wird, ist belastend.
- Verhaltensstörungen, wie Süchte, neurotische Verwahrlosung[11], ausgeprägte Perversionen und Neigungen zum Ausagieren, die alle auf eine Tendenz zur Ersatzbefriedigung hinweisen, haben eine schlechte Prognose.

Die *Dauer der Symptomatik* gilt als einer der zuverlässigsten Prognosegesichtspunkte. Je länger die Symptomatik besteht, umso ungünstiger ist die Prognose, allerdings in Abhängigkeit von anderen Parametern. Symptomdauer von zwei Jahren gilt als akut und subakut, Symptomatik von bis zu fünf Jahren als subchronisch, bis zu zehn und mehr Jahren als ausgesprochen chronisch. Die Streuung der Prognose in dieser Hinsicht beim KB zeigt Tabelle 6, S.25 für die Behandlung mit der Grundstufentechnik. Weiter zurückliegende, selbst nach einem freien Intervall zu erfassende psychogene Beschwerden, auch anderer Art, trüben die Prognose; besonderes Gewicht haben aus der Kindheit zu erfragende *«Primordial-Symptome»* (Nägelkauen, Bettnässen, Stottern, nächtliches Aufschrecken, Tics, Davonlaufen und Kontaktstörungen usw.). Besserung durch die Entwicklungsjahre hebt die Prognose, die Fixierung extremen Verhaltens während der Pubertät oder Auftreten neuer Symptome trübt sie.

Dauer der Symptome

Die *Einstellungen des Patienten zu seinen Symptomen* sind prognostisch naturgemäß besonders bedeutungsvoll.

Zu prüfen ist das Ausmaß des *sekundären Krankheitsgewinns*[12] (Finalisierung). Der Patient kann sekundär Nutzen aus seiner Krankheit ziehen, wie etwa: erhöhte Zuwendung, Fürsorge, besondere Rücksichtnahme durch die Umwelt, Privilegien, Bindung des Partners an sich, Befreiung von unliebsamer oder belastender Tätigkeit an einem konfliktbelasteten Arbeitsplatz, materielle

Einstellung des Patienten

---

[11] Willkürliches, häufiges oder dauerndes Überschreiten der in einer Gesellschaft üblichen Regeln und Konventionen, wie Stehlen, Weglaufen, Lügen, Hochstapelei, Prostitution, Gewalttätigkeit usw.
[12] Der *primäre Krankheitsgewinn* (FREUD 1905) bezieht sich auf die scheinbare Erledigung eines bestehenden Konfliktes durch Symptombildung («Flucht in die Krankheit», Befriedigung im Symptom überhaupt im Sinne einer partiellen Triebbefriedigung und Entspannung).

Vorteile wie Schmerzensgeld, Berentung, Aussetzen von Haftstrafen und anderes.

- Offensichtlicher oder verdeckter sekundärer Krankheitsgewinn (z. T. schwer zu erfassen) trüben die Prognose einer jeden Psychotherapie. Im Einzelfall ist zu prüfen, wieweit andere, «gesunde» Wertmaßstäbe und vitale Möglichkeiten der Lebenserfüllung dem entgegenstehen. Ausgeprägte Beteuerungen des Gesundungswillens sind suspekt.
- Weniger deutlich zu erfassende, aber wichtige Formen der Einstellung zu den Beschwerden können bestehen in: Bildung einer *Hypothese* für die organische Ursache (häufig durch Ärzte und deren Ratlosigkeit, Krankenhausaufenthalte und vor allem durch lange Krankenkarriere gefördert) beeinträchtigen die Prognose.
- Bei starker Fixierung oder Unauflösbarkeit solcher (unausgesprochener) Hypothesen kann die Therapieprognose bei subjektiv vorherrschenden Körpersymptomen sehr ungünstig sein. Eine *KB-Probebehandlung* kann jedoch die Konfliktabhängigkeit dieser Symptome mit zunehmender Überzeugungskraft zeigen und bei nicht allzu hartnäckiger Symptomatik diese Hypothese abbauen.

Rationalisierung

In dieses Kapitel gehört auch die *Rationalisierung,* die mit der Dauer der Symptome zunimmt. Das eigene Leiden und damit verbundenes Erleben wird als «vernünftig» und damit verständlich, neurotische Verhaltensstörungen (Gehemmtheit, Passivität, illusionäre Ansprüche) werden als Vorzüge hingestellt.

- Analog zu beurteilen sind Hinweise auf eine *Erbhypothese* und auch ärztlich induzierte *Kausalerklärungen.*
- Bei länger bestehender Körpersymptomatik (z. B. Stottern) findet sich *Gewöhnung,* Sich-Abfinden, Resignation.
- Stärker *ideologisiert* ist die Vorstellung, die Beschwerden seien eine «gerechte Strafe» wegen vermeintlicher Verfehlungen.
- Auch die «*Mechanisierung*» als ein sekundärer Prozeß bei einer länger bestehenden Symptomatik gehört hierher. Von J.H. SCHULTZ als «Gedächtnisfaktor der falschen Gewöhnung» (Lerntheorie, Verhaltenstherapie) apostrophiert, schleichen sich bedingte Reflexsymptome ein (z. B. Erröten, Stottern, Händezittern, Impotenz, manche phobische und Zwangssymptomatik bis hin zu «Angst vor der Angst»), die auch durch das KB im chronischen Fall selten «geheilt» werden können. Es bearbeitet zwar den psychodynamischen Hintergrund, jedoch nicht den «Reflex». Letzterer ist dann unter Umständen erst einer ergänzenden Verhaltens- oder hypnotischen Behandlung zugänglich.
- Symptome können auch, im Dienst eines «*unbewußten Trotzes*» stehend, hintergründige unbewußte Aggressionen im sozialen Feld oder Ausdruck selbstzerstörerischer *Autoaggressionen* sein. Das bezieht sich sowohl auf körperliche als auch auf psychische Symptome (z. B. hartnäckige neurotische Depression). Die Behandlungsprognose hängt entscheidend von der Fähigkeit des Therapeuten ab, diese oft stark verdeckte Dynamik im Verhalten und in den KB-Inhalten zu erkennen und offenzulegen.
- Verbunden damit ist auch eine *Zuschiebung von Schuld und Verantwortung*

442

entweder an die Eltern, spätere Ersatzfiguren, Partner oder in übertriebenem Maße an sich selbst. Bei aller Anerkennung der Notwendigkeit, solche aggressiven Schuldzuschreibungen therapeutisch als Motor zur Lösung der Abhängigkeit in der Durchgangsphase der Therapie zu nutzen, muß das reifende Ich die schicksalhafte Gegebenheit der zu erkennenden Schwächen und Fehler der Eltern anerkennen. Sie standen selbst unter dem Schicksalsaspekt der eigenen Erziehung und der ihrer Eltern. – Die Schuldzuweisung selbst bedarf der sorgfältigen Bearbeitung der Über-Ich-Position und etwaiger ideologisch oder religiös überzüchteter Gewissensbildung. Hier liegen die therapeutischen Schwierigkeiten ähnlich wie bei der genannten Umorientierung (vergleiche unten).

Gelegentlich wird die Feststellung einer Psychogenese durch den Therapeuten als *Zumutung* erlebt, löst Unmut und Ablehnung aus und schiebt dem Therapeuten die Verantwortung für das Leiden zu. Damit kann der Patient seine hintergründige Passivität, die sich auch im sonstigen Verhalten und in den KB-Inhalten zeigt, ausleben. Er verweigert innerlich seine aktive Mitarbeit und schiebt dem Therapeuten die Beseitigung seiner Symptome zu. *Kränkung*

Die in diesem Abschnitt beschriebenen unbewußten Parameter bilden energetisch-dynamische «*Seitenkanäle neurotischen Lustgewinnes*» (HEIGL 1972), die den Leidensdruck herabsetzen und einen Motor zur Heilung drosseln, und zwar umso mehr, je länger die Symptomatik besteht. Erst die langdauernden therapeutischen Bemühungen des Erfahrenen können die hier notwendige Umorientierung bewerkstelligen, wozu das KB im besonderen Maße geeignet ist.

Zu (2): Auslösende Situation

Die genaue Erhebung der symptomauslösenden Situation kann einen deutlichen Hinweis auf die Schwere der psychogenen Störung und damit ihrer Behandlungsprognose geben. Nur in einem Fünftel psychogener Erkrankungen lösen äußere traumatische Konflikte oder Streß die Symptomatik aus: Todesfälle, Unfälle, Besitzverlust, soziales Elend usw., wie SCHWIDDER (1959) nachwies. Bei neurotischen Menschen genügen häufig leichte und mittelschwere Krisen, eine sich fortsetzende Symptomatik auszulösen; sie neigen dazu schon in den «Schwellensituationen des Lebens», in Situationen, vor die jeder Mensch gestellt wird: Schulbeginn, Examen, Kontakte zum anderen Geschlecht, erster Geschlechtsverkehr, Berufswahl, Spannung am Arbeitsplatz, Auseinandersetzung mit Konkurrenten, Verlobung, Heirat, ehelicher Alltag, Geburt von Kindern und deren Erziehung, Verlust heranwachsender Kinder oder deren Heirat, Pensionierung, Altern, Auseinandersetzung mit dem Sterben. Das Ausmaß der Beteiligung der Person an einer Neurose oder psychosomatischen Erkrankung kann daran gemessen werden, ob die auslösende Situation niedrigen oder hohen Streßgrad nach allgemeiner Lebenserfahrung beinhaltet. *auslösende Situation*

Zu (3): Aktuelle soziale Szene

Das *aktuelle soziale Feld,* in dem der Patient zu Beginn der Symptomatik bis zum Aufsuchen des Psychotherapeuten und auch in der davorliegenden Phase *aktuelles soziales Feld* steht oder gestanden hat, sollte untersucht werden. Daraus läßt sich leicht die Partnerschaftsdynamik und die Familienkonstellation und deren Dynamik, wie sie aus der Familientherapie erwachsen ist, ermitteln. Ungünstiger Prognosefaktor sind rigide Systeme in beiden Fällen: der Partner lehnt Psychotherapie ab, stempelt den Patienten als krank, ist nicht bereit, zum Paargespräch zu erscheinen, das Rückschlüsse auf seine Offenheit der Therapie gegenüber vermittelt; die Familienkonstellation zeigt, welcher Spannung der Patient ausgesetzt ist und ob er ausgesprochener Index-Patient ist, wie Familienmitglieder zu seiner Therapie stehen und wie elastisch sie auf den zu erwartenden Wandel von Symptomen und des Verhaltens eingehen können. – Prognostisch extrem ungünstig sind Konstellationen, die unabwendbar sind, ohne den Patienten zu gefährden: z. B. älterer, autoritär orientierter Ehemann einer gefügigen Patientin mit der Gefahr einer schweren Ehekrise, Scheidung mit Verlust der materiellen Sicherheit einer Patientin, die sich nicht selbst erhalten könnte; Juniorchef im Betrieb seines dominanten Vaters; an psychogener Körpersymptomatik erkrankter Patient, der weder Mut noch Vitalität zur Verselbständigung aufbringt, auch aus Angst vor Rezidiven.

Lebenslauf   Die *Rückverfolgung des Lebenslaufes* zeigt das Ausmaß der Lebensbewährung und damit der Entwicklung des eigenen Ich: Abbruch der Schule, des Lehrverhältnisses und anderer Ausbildungsgänge, häufiger Berufswechsel, Unfähigkeit, mit schwierigen Vorgesetzten oder Gleichgestellten umzugehen, öfterer Partnerwechsel mit wiederholten Scheidungen weisen auf eine schwere Störung hin. Beruflicher Aufstieg mit Bewährung, Familiengründung mit Überwindung der typischen damit verbundenen Krisen zeigen trotz anderer Störungen eine zumindest partiell prognostisch positive Ich-Stärke. Skepsis ist am Platze bei Menschen, die «ein Erfolg sind», ohne schließlich innere Befriedigung und Lebensfreude gewonnen zu haben. Neurotischer Ehrgeiz, zwanghafte Überkompensation durch einseitiges Erfolgsstreben und leere Aktivität von Suchtcharakter sind hier gepaart mit Verarmung anderer Lebensbereiche, vor allem der Bindungs-, Liebes- und Genußfähigkeit. Der Begriff *«sozial geprägter Defekt»* wurde gebildet. Gelegentliche unerklärliche Verstimmungen, Disphorien, Mattigkeit, Ekel und ein Gefühl der Sinnlosigkeit sind die Symptome dafür, daß den dauernden, verausgabenden Aktivitäten keine das Lebensgefühl stärkende Befriedigung gegenübersteht. Nur eine ausgedehnte Psychotherapie, auch mit dem KB (bis zu 150 Stunden) ist dann je nach Alter des Patienten geeignet, die notwendige innere Umstellung herbeizuführen. Allein wenn alte, verschüttete Resourcen (siehe dort) mobilisiert werden können, kann eine Kurztherapie genügen. Das KB als «Erfahrungstherapie» ist hier besonders angezeigt.

Diese begrenzte Modifikation der Lebenssituation kann auch Indikation einer charakterwandelnden Therapie anderer Art sein. Das vermag die Patienten jedoch in dieser Lage an *neue Sinnhorizonte* heranzuführen und selbst das Leben in *aussichtsloser Konstellation* wesentlich zu erleichtern (vergleiche Sterbehilfe S. 40). Die soziale Situation bei chronischer Symptomatik führt gelegentlich auf eine «Lebenslüge», die schon lange praktiziert wird und deren Aufgabe Folgen hätte, die auch eine lange Therapie nicht zu meistern vermag: z. B. 32jährige Patientin, die ihr achtjähriges Kind, das aus einer kurzen Liaison stammt, dem sexuell gestörten Ehemann «untergeschoben» hat.

Zu (4): Lebenslauf und Entwicklung der Persönlichkeit

Der Lebenslauf der tiefenpsychologischen Anamnese gibt prognostische Hinweise nicht nur im Sinne der «Lebensbewährung», sondern auch des *Stiles der Lebensbewältigung* und der sich darin äußernden Funktionseinengungen im sozialen und psychischen Bereich. Die Reifungs-, Lern- und Motivationsprozesse werden deutlich in Verbindung mit den frühkindlichen Prägungen. Prognostisch positiv ist soziale Bewährung trotz langdauernder belastender Symptomatik, sind Einfallsreichtum und schöpferische Fähigkeiten und andere *Resourcen des Ich,* wie die Ausübung künstlerischer (auch laienhafter) Tätigkeiten mit Befriedigung, Sport, Liebhabereien, Naturliebe usw., die verschüttet, vernachlässigt oder vergessen sind und an die anzuknüpfen lohnt, um Lebensgefühl und soziale Befriedigung zu fördern. Wichtig sind auch die Fähigkeiten zu sozialen und Liebesbindungen, die lange Zeit nicht gepflegt wurden.

Prognostisch *negative Entwicklungen der Persönlichkeit* kennzeichnen folgende Begriffe: Neigung zu Passivität und Resignation, damit verbunden Anzeichen von Verwöhnung in einzelnen Lebensbereichen etwa durch eine überprotektive Bemutterung, durch symbiotische Umklammerungstendenzen; Fehlerwartungen infolge übersteigerter Idealisierung von Lebenssituationen oder von Personen, verbunden mit Ansprüchlichkeit; Frustrationsintoleranz in alltäglichen Lebenssituationen (siehe auslösende Situation); überzüchtete Schamgefühle, skrupelöse Gewissenstendenzen, aus denen sich Hemmungen in der Kommunikation, vor allem auch in der Therapie ergeben, und Minderwertigkeitsgefühle – beide Hinweise auf eine narzißtische Störung. Das ist erst recht der Fall bei Tendenz zur Überkompensation in Form omnipotenter narzißtischer Selbstdarstellung, einseitigem Leistungszwang oder süchtiger Tendenz in einzelnen oder mehreren Bereichen, der Ausweg in den Bluff und überzogenes materielles Auftreten. Mangelnder Bezug zur Realität wird deutlich, wofür ein strenger Maßstab der Umgang mit Geld sein kann und die Fähigkeit zum *Verzicht* aufgrund der realen Gegebenheiten. Die *Tendenz zur Ideologisierung,* gar einer bestimmten ideologischen Richtung zu folgen und aus ihr die Symptomatik und andere Lebensbezüge erklären zu wollen, ist prognostisch besonders ungünstig. Ideologie ist fast immer Zeichen einer schweren Neurose und der inneren Notwendigkeit, unsicheres Selbstwertgefühl abzustützen. Diese Patienten haben in der Regel keinen Leidensdruck.

Racheimpulse, auch verdeckt als «passive Rache» unter dem Begriff des *«masochistischen Triumphes»,* gestalten die Therapie schwierig und langwierig. Im ersteren Fall sucht der Patient sich am anderen zu rächen, ihn moralisch zu vernichten, im letzteren, indem er sich selbst (unbewußt/absichtlich) schädigt oder schädigen läßt. Dabei hat jede Rache auch eine selbstschädigende Komponente, wie das Haften am Krankheitsgewinn, Beantwortung einer Besserung mit einer Verschlechterung. Leider ist Selbsthaß schwierig festzustellen, hat daher prognostisch untergeordnete Bedeutung.

Schließlich gehört zu diesem Abschnitt die prognostische Valenz der *neurotischen Strukturen,* hysterisch, zwanghaft, schizoid und depressiv sowie neuerdings phobisch und narzißtisch. In einem Exkurs am Ende dieses Kapitels gehe ich darauf ein.

Genese

Resourcen des Ich

Zu (5): Biologische Gegebenheiten, Krankheitsvorgeschichte und aktueller Körperstand

Der prognostische Anteil des *Lebensalters* wird in mehreren Momenten deutlich:

- Jugendliche in ihrem aufkeimenden Kraftgefühl und Optimismus lassen sich in der Regel nicht auf eine längere, charakterwandelnde Psychotherapie ein (etwa 17 – 24 Jahre). Prognostisch günstiger sind die Lebenskrisen der Bilanz und des ersten Mißerfolges (etwa 28 – 34 Jahre) und des peinlichen Nachlassens der Spannkraft (etwa 40 – 55 Jahre) (nicht selten verbunden mit Kompensationsversuchen wie «midlife crisis»), Konkurrenzproblematik oder Angst vor Verlust der Position, bei Frauen der Verlust der das Haus verlassenden Kinder usw.
- Die Behandlungsprognose für eine *länger dauernde, charakterwandelnde Therapie* soll mit zunehmendem Alter nachlassen (die periodischen Daten unberücksichtigt). Der Verlust an Elastizität und Umstellungsfähigkeit wird angeschuldigt, auch daß der ältere neurotische Mensch zäher an seiner Form der Lebensbewältigung und eventuell Lebenslüge festhält als der jüngere. Auch sind mit zunehmendem Alter die prospektiven Möglichkeiten des Lebens begrenzter als zwischen 20 und 30 Jahren. Für die Psychoanalyse wird zum Teil die Grenze bei 40 oder 45 Jahren gelegt. Verglichen mit der Zeit vor einigen Jahrzehnten zeigen ältere Menschen heute bis in die 60er Jahre hinein ein hohes Maß an Elastizität, Aufnahme- und Umstellungsfähigkeit. In der Praxis gibt es vielfältige Beispiele, daß Psychotherapie bei Menschen bis 65 oder gar 70 Jahren wirksam sein kann. Neben dem individuellen Maß an Elastizität, Lernfähigkeit und Aufgabe von Illusionen spielt das
- *therapeutische Ziel* eine wichtige Rolle. Bleibt es begrenzt auf die notwendige Umstellung und Realitätseinsicht in die altersgemäßen Lebensverhältnisse, auf die Anregung korrigierender Werthaltung und erfüllender Sinnaspekte, führt das *KB in besonderem Maße* zu befriedigenden Ergebnissen (ERLANGER 1984). Die Überwindung von Stagnation in einer früheren Entwicklungsphase kann mit Hilfe einer therapeutischen Altersregression mit begrenzter Sitzungszahl zu Besserungen führen.
- Die *Intelligenz* des Patienten ist ein prognostisches Kriterium von begrenzter Bedeutung, besonders für das KB. Durchschnittliche oder leicht unterdurchschnittliche Intelligenz, mangelnder Bildungsgrad (Landfrauen, auch ältere Fließbandarbeiter usw.) sind prognostisch nicht schlechter als Patienten mit höherem Bildungsgrad oder höherer Intelligenz. Ausschlaggebend ist die Selbstwahrnehmung der eigenen Gefühlswelt und die Fähigkeit zur emotionalen Einsicht, vorausgesetzt, der Therapeut kann sich auf das Niveau dieser Patienten begeben. Wenn hohe Intelligenz bei einer charakterwandelnden Therapie die Prognose auch bessern kann, steht sie nicht selten im Dienst der intellektualisierenden Abwehr oder der Rationalisierung. Dank des Erlebnischarakters des KB können diese Tendenzen besser als bei anderen Psychotherapieformen unterwandert werden, und die bildhafte Evidenz seiner Inhalte wirkt überzeugend. Hohe Intelligenz verbindet sich nicht selten mit zwanghafter und schizoider Struktur oder extremer aggressiver Gehemmtheit (siehe unten).

– *Organische Defekte* angeborener Art, Mißbildungen, Hasenscharte, Wolfsra- organische Defekte
chen, Schielen, Häßlichkeit, Blindheit oder sekundär erworbene Defekte
(Amputation von Gliedmaßen, des Busens) können die Prognose trüben. Ihr
prognostischer Einfluß wird bei Neurosen und psychosomatischen Erkrankungen eher über- als unterschätzt. Mißbildungen können den Gesundungswillen durch Überkompensation mobilisieren. Im Gegensatz dazu stehen:
– *Körperliche Krankheiten*, vor allem chronischer Art (Tuberkulose, Multiple organische Krankheiten
Sklerose, Herz-Kreislauf-Schäden), schränken im allgemeinen die expansiven
Möglichkeiten ein und verschlechtern die Prognosen.
– *Ungewöhnlich anziehendes Äußeres*, Schönheit und Charme als «Geschenke» Vorzüge, Begabungen
der Natur, die aktive Leistungen lange Zeit überflüssig machen und Anstrengung in der Therapie und Leidensdruck herabsetzen, sind häufig mit langzei-
tiger Verwöhnung verbunden. Das gilt auch für ausgeprägte intellektuelle
oder künstlerische Begabungen, die allzu leicht in den Dienst des Widerstandes gestellt werden. Erst in Krisensituationen entwickeln diese Patienten jenes
Maß an Leidensdruck, das durch ihre Hervorgehobenheit nicht mehr kompensiert werden kann (wie lange?).
– *Erbradikale* werden heute nur noch im Sinne basaler Verhaltenstendenzen Erbradikale
gesehen wie Hypersensibilität, Hypermotilität und Hypersexualität mit neu-
rosebegünstigender Wirkung (nicht selten auch als reaktive Überkompensation erworbener Verhaltensstörung). Pauschaler formulierte Erbanlagen liegen in Begriffen der pyknischen und asthenischen Konstitution; die erste ist
prognostisch günstiger, die zweite schlechter zu beurteilen.

Zu (6): Einstellung gegenüber der Psychotherapie, besonders gegenüber dem Motivation zur Therapie
KB, und Reaktionen darauf, Motivation
Zu diesem Abschnitt zählen eine Reihe von psychologischen Faktoren aus unterschiedlichen Bereichen. Sie sind zum Teil schon erwähnt worden. Der Therapeut verfügt über diese Daten meist erst nach Erhebung der Vorgeschichte,
und nachdem er eine Reihe von Fragen eingeflochten hat, die die *Erwartungen*
und die mehr oder minder bewußte *Einstellung zur Therapie* klären sollen.
– Die *Motivation* des Patienten zur Psychotherapie ist von ausschlaggebender
Bedeutung für die Prognose. Sie hängt entscheidend von seinem Leidensdruck
ab. Dabei ist sorgfältig zu unterscheiden:
– – a) *«echter» oder real bedingter Leidensdruck* im Sinne des inneren Leidens Leidensdruck
an der Schwere der Symptomatik, auch psychischer Gestörtheit, die den
Patienten zu dem (eventuell krisenhaft) gereiften *eigenen* Entschluß führt,
den Psychotherapeuten aufzusuchen, eventuell gegen mancherlei Widerstände wie Bedenken, vor allem wegen Einsatz an Zeit, Geld, und vielleicht
auch Verlust an Ansehen. Dem steht ein *sekundärer Leidensdruck* aus sozialen Gründen gegenüber: Wunsch oder Bedingung der Ehefrau, Beschämung wegen eines Symptomes in der Öffentlichkeit, die Abwendung eines
Strafprozesses oder einer Gefängnisstrafe sind Hauptanlaß, den Psychotherapeuten aufzusuchen. Die Behandlungsprognose ist hier äußerst zweifelhaft.
– – b) *Leidensdruck*, der *neurotisch oder irreal* bedingt ist, d.h. durch Über-

447

schätzung des «Leidens» aufgrund neurotischer Fehleinstellungen und ideologischer Einseitigkeit. Die Prognose ist hier besonders ungünstig für eine Kurzpsychotherapie. Mangelnder «echter» Leidensdruck trübt die Prognose einer jeden Psychotherapie entscheidend. Die Hoffnung des Therapeuten, der Leidensdruck werde sich im Verlaufe der Therapie vertiefen, ist häufig trügerisch. – Leidensdruck kann auch erheblich herabgesetzt sein durch Stolz oder neurotisches Ideal beziehungsweise ideologische Einstellung zu einer psychischen Symptomatik (Verhaltensstörung), ihre Glorifizierung oder «süchtiges» Festhalten an ihr; analoges gilt für das Vorliegen von Ersatzbefriedigungen wie Alkohol- und Tablettenabhängigkeit, die Leugnung der Realität mit Flucht in selbsterhöhende Tagträume, überkompensierende Haltungen und übertriebene, «aufgesetzte» Verhaltenszüge.

illusionäre Erwartungen
– *Fehlerwartungen* illusionärer Art und Ansprüche sind bei partiell verwöhnten Patienten (Lebensstil) häufig. Sie können sich darstellen als neurotische Ungeduld mit der Vorstellung, Psychotherapie sei mit wenigen Sitzungen vollzogen, es werde eines Tages einen «Knall» tun, der die Wende herbeiführe; der Therapeut werde die Therapie vollziehen, und der Patient brauche nur abzuwarten («Herr Doktor, Sie können mit mir alles machen was Sie wollen, wenn ich nur gesund werde»); oral passive Einstellung mit Bequemlichkeit, Mangel an Initiative, aber auch eine unbewußte Vorwurfshaltung und passive Rache stehen häufig dahinter.

soziale Umgebung
– Die *sozial bedingte Einstellung* zur Psychotherapie ist zu prüfen: Urteile von Familienangehörigen, der sozialen Umgebung wie der Bekannten, der Nachbarn, der Bewohner des Dorfes, in dem «jeder jeden» kennt, sind für viele Patienten ein ernsthaftes Hindernis, einen Psychotherapeuten aufzusuchen; das erst recht, wenn dieser in einer (psychiatrischen) Institution tätig oder «Nervenarzt» ist. Die konventionelle Ablehnung von Beschwerden und Berufskategorien, die mit «psycho» oder «seelisch» zusammenhängen, kann für traditionell gebundene, von der sozialen Szene stark abhängige Patienten ein starkes primäres Handikap sein und bedarf frühzeitiger Ansprache und eventuell der Bearbeitung, um diese «Kraft» gegen die Psychotherapie herabzusetzen.

Alexithymie
– Die sogenannte *Alexithymie,* die Unfähigkeit, Gefühle und Konflikte wahrzunehmen, ist vor allem ein Kennzeichen psychosomatisch Kranker auf dem Boden unbewußter Verleugnung der Gefühls- und Konfliktwelt (V. RAD 1983). Die Psychotherapieprognose dieser Patienten gilt im allgemeinen als schlecht. Klinische Erfahrungen mit dem KB zeigen jedoch die außerordentlichen Chancen, die es in der Überwindung der Alexithymie besitzt (LEUNER 1982, WÄCHTER 1984, WILKE 1979, 1982, 1983).

In der Bereitschaft zur Mitarbeit im Sinne des *Arbeitsbündnisses* (S. 340) zeigt sich das Ausmaß des Leidensdruckes, der Motivation sowie der realistischen Einstellung der reifen (gesunden) Ich-Anteile.

Einstellung zum KB
– *Die Einstellung des Patienten zum KB* ist bei sachgemäßer Einführung (S. 339f.) im allgemeinen unproblematisch. Manche Patienten haben davon gehört und verlangen ausdrücklich, damit behandelt zu werden. Dieses Enga-

gement ist in der Regel günstig. Eine kleine Gruppe, meist solcher, die das Verfahren schon einmal erprobt haben und ihrer Auffassung nach nicht eindrücklich genug imaginieren konnten, halten weniger davon. Ein nochmaliger Versuch unter Hinweis auf die Möglichkeit, den Tagtraum einzuüben, kann zum Erfolg führen. Eine ganz kleine Gruppe von Patienten, die nicht gewohnt sind, sich ihrem inneren Milieu hinzugeben, etwa chronisch subdepressive oder extrem alexithym eingestellte, haben trotzdem noch Schwierigkeiten.

Für diese ganz kleine Gruppe, die das Verfahren dann gelegentlich auch etwas lächelnd herabsetzt, ist die Indikation nicht gegeben. Es bleibt offen, inwieweit durch sorgfältige Analyse der Gegenübertragung ein Wandel geschaffen werden kann (Beispiel S. 420f.).

Die Prognose einer KB-Therapie läßt sich teilweise aus dem *Blumentest* und *Blumentest* den ersten Sitzungen stellen. Der Therapeut kann bei besonders drastischen, für ausgeprägte Pathologie sprechenden Inhalten gemäß dem Stand seiner Weiterbildung und Erfahrung urteilen, ob er glaubt, das KB erfolgreich anzuwenden. Pathologische Inhalte des Blumentestes vergleiche S. 338. Drastische, für eine schwere Störung sprechende Inhalte am Motiv der Wiese, des Baches oder des Berges, auch des Hauses, finden sich in den Abschnitten über die Standardmotive (S. 108ff.). Nachdem aus der Vorgeschichte das Ausmaß *Ausmaß der* der Gestörtheit bereits deutlich geworden ist, bieten die KB-Inhalte wertvolle *Gestörtheit* ergänzende Hinweise zur Erfassung der Abwehrstrukturen. Häufig handelt es sich dabei um ausgeprägte depressive Neurosen mit der Gefahr der Überschwemmung mit unkorrigierbaren depressiven Inhalten (vergleiche S. 453). Die extrem hysterisch Strukturierten, ebenfalls mit schwachem Ich, laufen Gefahr einer Überschwemmung des Bewußtseins mit der Schwierigkeit, Phantasie und Wirklichkeit auseinanderzuhalten. Eine Ich-stützende Gesprächstherapie im vis-a-vis ist der Ausweg; das *KB ist hier streng kontraindiziert.*

Dramatische und unter Umständen hektisch aneinandergereihte fragmentierte Inhalte findet man bei manchen Borderline-Strukturen. Hier ist größte Vorsicht mit dem KB geboten. Der erfahrene Therapeut mag einen Versuch vornehmen in der berechtigten Erwartung, daß das Bildern eine Entlastung von andrängenden Impulsen erreicht (Beispiel S. 311f.). Das ist in einer kurzen Probebehandlung zu erkennen.

Zu (7): Aktuelle Beziehung zwischen Patient und Therapeut

Wenn auch relativ selten, gibt es doch eine kleine Gruppe von Patienten, die aus *Beziehung* vielfältigen oft nicht unmittelbar ersichtlichen Gründen schon in der Periode *Patient –* der Anamnese-Erhebung die Mitarbeit offen oder verdeckt verweigern. Natur- *Therapeut* gemäß wird der Therapeut versuchen, diese verdeckte Ablehnung anzusprechen, um die Gründe zu erfahren. Abgesehen von den unter Punkt (6) genannten negativen Einstellungen ist hier der Überweisungsmodus vor allem anzusprechen: von Angehörigen, einem Arzt oder einer Klinik «geschickte» Patienten; ferner können individuelle neurotische Gründe zur Ablehnung etwa eines männlichen Therapeuten oder einer Therapeutin führen, eines älteren oder eines als zu jung erscheinenden. Mitunter hört man auch von einer Aversion gegen die jeweilige Institution, das Gebäude der Klinik wegen früherer negativer Erfahrungen mit Krankenhäusern und ähnlichem. Bei verdecktem Widerstand muß auch an eine bereits *manifeste Übertragungsneurose* gedacht werden als negative Übertragung früher Objektbeziehungen (Beispiel S. 419). Nur der mit der Übertragungsanalyse einigermaßen vertraute Therapeut wird hier versuchen können, das Problem unverzüglich zu bearbeiten. Was das KB betrifft, kann nicht erwartet werden, daß allein durch Einleitung des Tagtraumes die aus vielfältigen Gründen bestehende negative Beziehung zum Therapeuten überwunden werden kann.

«Checklisten»   Die folgenden Übersichten fassen das Gesagte zusammen und können in Zweifelsfällen auch als *«Checkliste»* bei der Beurteilung eines Patienten dienen.

4.5.2.   Übersichten

4.5.2.1.   Schlechte Prognose und Kontraindikation

(1) Im Gegensatz zur freien szenischen Entfaltung sind die Inhalte des KB fragmentiert, unkoordiniert, und eine thematische Ordnung ist nicht zu erkennen: schwere Ich-strukturelle Störung, gleichgültig welcher Diagnose. Die Prognose auf der Grundstufe ist zweifelhaft, ein therapeutischer Versuch für den erfahrenen KB-Therapeuten keineswegs ausgeschlossen.

(2) Die Prognose ist ebenfalls zweifelhaft, wenn der Patient das Verfahren ablehnt und nach etwa acht Sitzungen keine wenigstens andeutungsweise Entlastung wahrnimmt. Ist die Imaginationsfähigkeit und die Übertragung gut, kann eine Probebehandlung bis zu 20 Sitzungen sinnvoll sein.

(3) Relative Kontraindikationen:
   – Borderline-Fälle, die im Prinzip dem KB zwar zugänglich sind, jedoch der Auslese und großer therapeutischer Erfahrung bedürfen
   – Schizophrene Patienten mit akuter oder subakuter Symptomatik[13]
   – Manisch-depressive Erkrankungen schließen sich von selbst aus, da die Patienten während der Psychose das KB nicht vollziehen können. Im Intervall sollte nur der voll ausgebildete Therapeut und Psychiater das KB mit dem Ziel der Verhinderung von Rückfällen anwenden
   – Schwere (chronische) depressive Neurosen, besonders bei abhängigen, infantilen Personen
   – Patienten mit ausgeprägten Charakterneurosen im Sinne schwerer sozialer Anpassungsstörungen, besonders mit einseitiger schizoider, hysterischer und depressiver Struktur, die eine langdauernde Charakteranalyse fordern

(4) Absolute Kontraindikationen:
   – Fehlende oder mangelnde Motivation zur Psychotherapie

[13] Das ist eine schulische Aussage. Erfahrene KB-Therapeuten als klinische Psychiater zeigen episodische Fälle mit akuter Entlastung und Auflockerung subakuter rigider Strukturen.

450

- Mangelnde Intelligenz (IQ unter 0.85)
- Schwere pathologische Fälle mit psychosenaher oder ausgeprägter hysterischer oder schizoider Symptomatik; Patienten mit affektiven Störungen auf dem Boden einer zerebral-organisch bedingten Enthemmung oder Distanzlosigkeit

4.5.2.2. Positive Gesichtspunkte für die Indikation des KB

- Der Patient hat einen echten, unverhüllten Leidensdruck;
- er zeigt den aufrichtigen eigenen Wunsch zur Behandlung mit der Bereitschaft, sich aktiv für die Durchführung der Therapie, eventuell auch, wenn diese vorübergehend beschwerlich sein könnte, einzusetzen;
- er ist glaubhaft bereit, sich unter Einfluß der Therapie in seinen Anschauungen, Lebensgewohnheiten usw. umzustellen, eventuell auch unter Aufgabe altvertrauter, bequemer Lebenshaltungen;
- er ist bereit, sich auch mit einem relativ begrenzten Behandlungsziel, wie etwa der Besserung einiger Symptome, zufriedenzugeben;
- er zeigt eine allgemein verläßliche Einstellung zu dem angebotenen Arbeitsbündnis;
- er hat in seinem Leben bereits eine gewisse Entwicklung der eigenen Person erfahren, indem er Berufs- und Ausbildungsziele in selbständiger Arbeit erreicht, stabile Partnerbeziehungen entwickelt hat (eventuell Familiengründung): relative Ich-Stärke;
- es bestehen keine oder nur geringe Hinweise auf eine Tendenz zur Bequemlichkeit, zum Bluff und zur fassadenhaften Selbstdarstellung;
- lange Dauer der bestehenden Symptome (mehr als fünf bis zehn Jahre) schließt die Therapie mit dem KB auch auf der Grundstufe nicht aus. Mit einer längeren Therapie (über 30 Sitzungen) muß aber gerechnet werden. Es ist zu beurteilen, wie weit eine neurotische Charakterstörung die Symptomatik trägt, die nur der erfahrene, voll ausgebildete KB-Therapeut (fortgeschrittene Mittelstufentechnik) bearbeiten kann (vergleiche S. 219);
- der Patient hat keine negative Einstellung zu dem Verfahren, beziehungsweise ist nach Kennenlernen des KB einigermaßen aufgeschlossen für seine eigenen Phantasieproduktionen;
- der Therapeut kann ohne Schwierigkeiten eine empathische Beziehung zu dem Patienten entwickeln (d. h. ist ohne inneren Zwang bereit, dem Patienten zu helfen, und kann eventuell vorhandenes Mitleid gut reflektieren);
- der Patient entwickelt nach einiger Übung eine ausreichende (szenische) Phantasieproduktion, auch im Zusammenhang mit den angebotenen Standardmotiven;
- bei der Gruppe der Alkohol-, Tabletten- und Rauschmittelabhängigen («harte Drogen») liegen begrenzte Erfahrungen vor. Bei LSD-abhängigen Jugendlichen, denen das KB als «Ersatz» für die «bewußtseinserweiternden Qualitäten» gilt, war das Ergebnis offenbar günstig (KLESSMANN 1978).

4.5.2.3. Indikationen des KB aufgrund klinischer Ergebnisse

klinische
Ergebnisse

Krisenintervention und alle Formen *neurotischer Entwicklungen* und *psychosomatische Erkrankungen Erwachsener* und des *Kindes- und Jugendalters* (vergleiche STURM 1984).

Spezielle Erfahrungen mit günstigen Ergebnissen liegen für folgende Indikationen vor:

- Krisenintervention (LEUNER 1982; STURM 1984)
- Kurztherapie auch depressiver Neurosen und Phobien (WÄCHTER 1982, 1983; STURM 1984)
- charakterneurotische Anpassungsstörungen (HORN 1978 und andere)
- Zwangsneurosen (KOCH 1969; SALVISBERG 1982)
- Borderline- und narzißtische Störungen (LANG 1982; WÄCHTER 1982)
- psychogene Psychose (HOLFELD & LEUNER 1982)
- psychogene Organstörungen (KULESSA & JUNG 1983; WÄCHTER 1983)
- Herzneurosen (EIBACH 1982; STEINER 1982)
- Anorexia nervosa (KLESSMANN 1978, 1982; SEITHE 1982)
- Colitis ulcerosa (WILKE 1979, 1982)
- psychogene Genitalstörungen bei Mann und Frau (ROTH 1983)
- Paartherapie (HENLE 1982; KOTTJE-BIRNBACHER 1981, 1982a, b)
- Familientherapie (KLESSMANN 1982)

Auf die Sammlung der Einzelfallanalysen und der Auswertung von 95 Fällen sei verwiesen (STURM 1984).

4.5.3. Prognostische Gesichtspunkte aufgrund von Persönlichkeitsstrukturen

Bei Betrachtung der genetisch gewachsenen Charakterstrukturen im Sinne der neurotischen Strukturlehre von SCHULTZ-HENCKE (1965), verfeinert von RIE-
*Misch-
strukturen*
MANN (1975), ist im Überblick folgendes zu sagen. Die häufigeren *Mischstrukturen bieten prognostisch günstige Aussichten,* besonders wenn sie einen hysterischen Strukturanteil zeigen. Gewisse strukturelle Kombinationen haben sich hingegen als therapeutisch schwierig und prognostisch ungünstig erwiesen. Ich denke vor allem an die einseitige *Kombination von depressiver mit schizoider Struktur* oder von *zwanghafter* mit entweder *schizoider* oder *depressiver Struktur.* Immer dort jedoch, wo sich hinter dieser Kombination noch ein Rest von hysterischen Strukturanteilen mobilisieren läßt, bieten sich prognostisch günstigere Aspekte. Die therapeutischen Erwartungen sind bei stark einseitig akzentuierten Strukturen erheblich herabgesetzt. Die Probleme, die sich bei den einzelnen Strukturen ergeben, skizziere ich kurz:

*hysterische
Struktur*
Bei *ausgeprägt hysterischer Persönlichkeit* beziehungsweise stark vorherrschender Struktur dieser Art besteht im KB die Gefahr einer vom Ich nicht mehr zu kontrollierenden Überschwemmung des Bewußtseins mit imaginativem Material, mit Impulsen überhaupt, die nur mangelhaft integriert werden können (Ich-Schwäche). In diesen Fällen ist eine das Ich stützende Gesprächstherapie

452

im vis-à-vis unter Vermeidung von Regressionen entschieden vorzuziehen. – In minder schwierigen Fällen haben diese Patienten die eigentümliche Fähigkeit, in ihrem Übertragungsangebot dem Therapeuten immer gerade das «zu bieten», was er implizit von ihnen erwartet im Sinne einer vermehrten «Rollentüchtigkeit» als Abwehrverhalten. Sie vermeiden damit das verbindliche Engagement zur Umstrukturierung ihres Ich, die nicht selten über eine abgewehrte depressive Phase verläuft und dann in der Regel großen therapeutischen Aufwand erfordert. Die häufigen narzißtischen Anteile erschweren die Therapie.

Bei *ausgeprägt schizoider Struktur* besteht die Gefahr, daß der Patient sich von den Inhalten und den begleitenden Emotionen der KB-Therapie bedrängt fühlt, weil diese «zu schnell» aufschießen und emotionell als «zu dicht» andrängend erlebt werden. Diese Patienten neigen deshalb zu frühzeitigen Abwehren. In der Regel kann man nur durch sorgfältige Vorbereitung und einige kurze probeweise KB-Sitzungen ermitteln, inwieweit das Ich dieser Patienten in der Lage ist, andrängende Inhalte und Impulse souverän zu regulieren. Die Art der Übertragung auf den Therapeuten und dessen dem schizoiden Charakter angemessenes vorsichtiges, eine mittlere Distanz einhaltendes Interventionsverhalten kann die Prognose für die Durchführung des Katathymen Bilderlebens fördern. Unter Umständen ist eine tiefenpsychologische Gesprächstherapie anfänglich vorzuziehen oder über längere Perioden einzustreuen.

schizoide Struktur

Bei *ausgesprochen depressiver Struktur* möchte ich das Krankheitsbild der depressiven Neurose gern einbeziehen. Diese hat im KB keineswegs eine schlechte Prognose, auch nicht auf der Grundstufe. Jedoch gibt es bei ihr, wie auch bei den Borderline-Fällen, eine deutliche Grenze der Indikation. Sie liegt bei depressiven Neurosen dort, wo das Ich der Person noch mangelhaft entwickelt ist, etwa bei Jugendlichen und jungen Erwachsenen (aber auch älteren Personen), die *in starker Abhängigkeit leben,* beziehungsweise eine symbiotische Beziehung zum Elternhaus, der Mutter oder zum Partner eingegangen sind. In ausgeprägten Fällen finden sich typische Züge einer unselbständigen, infantilen Person. Hier liegt eine ausgesprochene *Kontraindikation* vor. Sie drückt sich in der Regel schon in den ersten Sitzungen des KB dadurch aus, daß immer wieder von neuem depressive Inhalte auftreten und mit dem Interventionsinstrumentarium der Grundstufe, häufig der des KB überhaupt, nicht beeinflußbar sind. Dann beobachten wir vielmehr eine *Zunahme depressiver Szenen* in der Imagination und vielleicht auch eine Verstärkung der depressiven Verstimmung als *warnende Signale.* In diesen Fällen ist die Therapie sofort abzubrechen und eine stärker gesprächsorientierende, Ich-stärkende Form im vis-à-vis notwendig. – Patienten mit *ernsthaften Suizidtendenzen* oder vorausgegangenen Suizidversuchen (von nicht mehr spielerischem Charakter) sollten von der Behandlung mit dem KB *auf ambulanter Basis* auf jeden Fall *ausgeschlossen* werden. Aber auch stationär können die latenten Autoaggressionen und Selbstvernichtungstendenzen ein bedenkliches Ausmaß annehmen. Nur der sehr erfahrene psychiatrische Therapeut sollte in der Klinik probeweise Behandlung mit dem KB durchführen. Diagnostisch ist an eine Borderline-Störung zu denken mit der Gefahr plötzlicher depressiver Durchbrüche, die nur schwer zu steuern sind.

depressive Struktur

Ausgeprägt *zwanghaft strukturierte Personen* haben Schwierigkeiten dadurch, daß sie ihre Gefühle zu isolieren gewohnt sind, ihnen also die notwendige

zwanghafte Struktur

emotionale Beteiligung im Katathymen Bilderleben fehlt und nur schwer mobilisiert werden kann. Ihre Tagtrauminhalte sind insofern oft blaß, einseitig und auch klischeehaft, zumindest anfangs ausdruckslos, und wirken gelegentlich stereotyp. Das Gesagte ist vor allem bei der manifesten Zwangsneurose prognostisch sehr belastend. In jüngster Zeit hat jedoch SALVISBERG (1982) eine Ergänzung der Technik des KB beschrieben, die es möglich macht, die bislang ungünstig erscheinende Prognose von zwangsstrukturierten Patienten und von Zwangsneurotikern ganz wesentlich zu bessern.

Charakter-
neurose

Über die Struktureigentümlichkeiten hinaus möchte ich noch einige *Charakterfehlhaltungen beziehungsweise Ich-Deformierungen* erwähnen, bei denen die Behandlungsprognose eingeschränkt ist, weil eine breite charaktertherapeutische Behandlung mit fortgeschrittener Mittelstufentechnik unter breitem Durcharbeiten erforderlich wird. Ich nenne zunächst Patienten mit sehr ausgeprägten Autarkiebestrebungen, d.h. solche, die nach ihrem Ideal auf das Konzept der absoluten Selbständigkeit festgelegt sind. Ihre sozialen Bezüge sind karg, häufig von Enttäuschungen geprägt, sie haben in der Regel ein hohes Leistungsideal oder sind zu keinem sozialen Engagement bereit. Die Vernachlässigung mitmenschlicher Beziehungen und des Genußstrebens sind oft sehr ausgeprägt, wie sie überhaupt einem asketischen Ideal huldigen. Häufig ist den Betreffenden eine schizoide und/oder Zwangsstruktur eigen. Deshalb bedarf es einer die Charakterstruktur durcharbeitenden Therapie. Die Prognose ist im Prinzip nicht ungünstig, jedoch nur in Verfolgung einer fortgeschrittenen Mittelstufentechnik längerer Dauer (bis 150 Sitzungen). Eine Variante ist die auf *Selbstverzicht abgestellte übermäßige Sorgehaltung.* Patienten dieser Art beziehen ihre Triebbefriedigung aus der altruistischen Abtretung als Abwehrverhalten, d.h. sie sind befriedigt, wenn es «den Anderen» gut geht. Die psychotherapeutische Charakterwandlung dieser Personen stößt auf Schwierigkeiten, weil sich ihr nicht selten eine ideologische Erstarrung, etwa christlicher oder sozialistischer Art, entgegenstellt.

Diese Beobachtung führt zu einer Gruppe von Menschen, deren Lebenslinie mehr oder weniger offenkundig durch eine ideologische Ausrichtung überhaupt eingeengt ist. Diese kann durch das Bekenntnis zu eindeutigen religiösen, politischen und anderen Weltanschauungen erkennbar werden. Sie kann aber auch relativ *verdeckt* sein durch mehr periphere ideologistische Sentenzen, die keiner Gruppe zugeeignet sind. Wie auch immer, sobald auch nur ein Anflug von ideologischer Fixierung bei Patienten deutlich wird (manchmal muß man diese auch gezielt abfragen), ist die Prognose getrübt, wenn nicht gar eine Umorientierung (Altersfrage) unmöglich wird.

strukturelle
Ich-Defor-
mierung

Eine besondere Gruppe bilden *Borderline-Fälle* und *narzißtische Syndrome.* Eine pauschale Entscheidung über die Prognose dieser Fälle läßt sich schwer treffen. Nach unserer Erfahrung hängt es entscheidend davon ab, ob diese Patienten einen angemessenen Grad an Ich-Stärke, im Sinne von Lebensbewältigung, Aufbau einer Familie und einer beruflichen Laufbahn, erreichen konnten. Ich verweise auf einen besonders instruktiven Fall von O.LANG (1982). – Borderline-Patienten haben häufig die Fähigkeit, plastisch zu imaginieren. Das kann sie im Rahmen des KB fördern. Sie erfahren durch das KB oft eine schnelle Entlastung, die eine Konfliktbearbeitung erleichtert. Bei ihnen und bei narzißtisch Gestörten muß der Therapeut jedoch immer mit starken regressiven Tendenzen und damit archaischen, extrem affektgeladenen Passagen im KB und auch sonst rechnen. Deshalb sind diese Gruppen für die Therapie auf der Grundstufe im Prinzip (Ausnahmen bestätigen die Regel) ausgeschlossen. Der ausgebildete und geübte KB-Therapeut kann mit der nötigen klinischen Erfahrung hier im Rahmen der fortgeschrittenen Mittelstufentechnik Wege finden, das KB fruchtbar und die Behandlung abkürzend einzusetzen. Eine Studie über die Behandlung Ich-strukturell gestörter Patienten liegt vor (LEUNER, in Vorbereitung).

4.6.   Gefahren der KB-Therapie

Das Verfahren scheint sicht, zur Überraschung des noch unerfahrenen Therapeuten, relativ «glatt» zu vollziehen. Indessen ist es geradezu verführerisch, und Kreise von jungen Therapeuten, bis hin zu Sozialarbeitern, bedrängen unsere Arbeitsgemeinschaft (AGKB), ihnen die Ausbildung zuteil werden zu lassen. Den wenigsten, allenfalls Ärzten, wird verständlich, in welchem Ausmaß das Verfahren trotz der leichten Applikabilität Gefahren für den gestörten Patienten und den Therapeuten mit sich bringt. Die Gründung der nationalen Arbeitsgemeinschaften[14] mit einer relativ strikten Satzung wurde notwendig, um das Verfahren vor falscher Anwendung zu schützen. Therapieversuche können bei Mangel an psychopathologischer, tiefenpsychologischer und allgemeintherapeutischer Ausbildung und vor allem an klinischer Erfahrung (auch unter Supervision) und bei falscher Indikation nicht vertreten werden. Das KB ist ein, wie wir medizinisch apodiktisch sagen, *nicht indifferentes Verfahren*. Bei fehlerhafter Anwendung und mangelnder Schulung des Therapeuten können erhebliche Nachteile, ja sogar Schädigungen des anvertrauten Patienten auftreten. Im Falle der Psychotherapie liegen die Gefahren – im Gegensatz zur übrigen Medizin – vor allem auch darin, daß ihre Methoden einerseits dem sogenannten gesunden, unauffälligen Menschen zur psychohygienischen Hilfe oder zur Förderung seines Individuationsprozesses dienen. Das gleiche Instrument wird jedoch andererseits vorzugsweise als Heilmittel für psychisch schwer Gestörte, bis hin zu psychotischen Grenzfällen, erfolgreich angewandt. – Welches ist aber das Rüstzeug, um die Fälle entsprechend zu kategorisieren und dem mit dem KB Betrauten die Grenzen seiner Anwendung am Einzelfall rechtzeitig zu erkennen zu geben?

Die Gefahren des KB liegen also in: (a) seiner ubiquitären Anwendbarkeit; (b) seiner außerordentlichen therapeutischen Wirksamkeit; (c) der Gefahr, besonders bei psychisch Gestörten Tiefenimpulse und Konflikte von mitunter unerhört existentieller Verbindlichkeit freizusetzen. Weder aus Büchern noch in Seminaren oder Kursen können die zu ziehenden Grenzen erfaßt werden. Allein *die persönlichen therapeutischen, d.h. klinischen Erfahrungen* mit schwer Gestörten, Neurosekranken und psychotischen Grenzfällen, die Verfolgung von Behandlungsverläufen mit und ohne Katathymem Bilderleben führen hier wei-

Gründe der Gefahren

---

[14] Anhang 1.

ter. Mit dieser Auffassung stehen wir nicht allein, sondern nicht zu Unrecht fordert die Ausbildung zum Zusatz «Psychotherapie» und in Zukunft zur Qualifikation zum klinischen Psychologen eine entsprechende, diese Gesichtspunkte berücksichtigende Weiterbildung.

Bei schulmäßiger Anwendung der Grundstufe des KB entsprechend der Anleitung dieses Buches, dem begleitenden Besuch der Seminare (vgl. S. 475) sowie bei entsprechender allgemeiner psychotherapeutischer Vorbildung können ernsthafte Gefahren vermieden werden. Diese Mahnung schließt die Beachtung der Kontraindikation ein. Insgesamt ist der stufenweise Aufbau des KB und die Hierarchie der Interventionsformen entwickelt worden, um die Gefahren in Anwendung auch des Gesamtverfahrens auf einem Minimum zu halten. Bei erfahrenen, vollausgebildeten Therapeuten wurden ernsthafte Zwischenfälle nicht bekannt.

Hauptschwierigkeiten entstehen nach unserer Erfahrung dort, wo brüchige Ich-Abwehren durch Anwendung des KB schnell und derart geschwächt werden, daß das Ich durch die Fülle andrängender Impulse plötzlich überschwemmt zu werden droht. Zwei Neurosestrukturen sind – wie schon gesagt – anfällig: der extrem hysterisch strukturierte oder der extrem depressiv strukturierte Patient oder der Fall einer schweren, manifesten depressiven Neurose. Der therapeutische Erfolg bei depressiven Neurosen ist im Prinzip gut, z.T. sogar sehr gut. Wegen Einzelheiten vergleiche 4.5.3. Die zur Beurteilung notwendigen Daten wird der Erfahrene leicht aus der Vorgeschichte ermitteln (4.1.1.). Er findet sie spiegelbildlich bestätigt in den Inhalten des KB der ersten, zweiten oder dritten Sitzung.

Die Gefahren lassen sich an diesen Inhalten großflächig ablesen. Es gibt aber auch diskretere, die mit einem stark unterdrückten, primären depressiven Konfliktherd verbunden sind.

Beispiel 1

Die 26jährige Studentin mit einer depressiven Neurose (vergleiche S. 420) hatte sich im Verlauf der allerdings recht mühsamen Behandlung gut entwickelt. In einem für sie wichtigen KB hatte ich sie ins Elternhaus geführt (Realszene). Sie erlebte eine Altersregression (vierjährig). Ihr Vater stand im Vestibül des großzügigen Hauses und wies von oben herab mit dem Zeigefinger auf sie und beschuldigte sie einzelner rekonstruierbarer Verfehlungen. Sie war tief betroffen, daß nun nicht einmal mehr ihr Vater zu ihr hielt, denn die Mutter hatte unter der dominanten Regie des Vaters bereits gelernt, sich zu ducken, und war dem Kind keine Stütze. Die starke Mißbilligung des Vaters versetzte sie in extrem traurige Stimmung. Es gelang in der Sitzung nicht, versöhnliche oder ablenkende Inhalte zu konstellieren. Sie mußte im Hinblick auf die vorgeschrittene Zeit etwas schnell abgebrochen werden. Darauf entwickelte die Patientin zu Hause eine depressive Verzweiflungsreaktion und rief mich nachts gegen 2.00 Uhr (aufgrund einer Vereinbarung) an, um mir über ihre tiefe, als ausweglos empfundene Traurigkeit und Verlassenheit zu berichten. Ich habe sie eine halbe Stunde angehört, sie meines Verständnisses versichert und ihr einen Termin am nächsten Morgen gegeben mit dem anschließenden suggestiven Hinweis, zunächst abzuwarten.

Beispiel 2 (aus einem meiner Seminarkurse)

Eine Kollegin mit psychoanalytischer Vollausbildung rekapitulierte in einer KB-Übung im Kurs mit starker affektiver Verdichtung ein traumatisches Kindheitserlebnis, das für sie von «ungeheurer Bedeutung» war. Bezeichnenderweise war die Thematik in ihrer lang-jährigen Analyse (460 Stunden) zumindest in dieser Form nie aktualisiert worden. Sie sah sich als 14jähriges Mädchen auf dem Bahnsteig, als schlagartig ihr an einem Herzinfarkt verstorbener Vater vor ihr lag und das Publikum sie umringte. Dem schlossen sich Szenen der absoluten Hilflosigkeit der Mutter an und der Notwendigkeit, alle erforderlichen Schritte zur Vorbereitung des Begräbnisses usw. einzuleiten. Der schwere Verlustschmerz, der tiefe Einschnitt, den dieses Erlebnis in ihr Schicksal hatte, wurde jetzt schlagartig wieder lebendig. Erst durch einige weitere Sitzungen mit dem KB mit Vollzug von Trauer-arbeit traten versöhnlichere und distanzierende Aspekte hervor. Dabei ist zu sagen, daß die Betreffende über das Seminar hinaus in einer privaten Gruppe mitmenschlich stark eingebettet war. Aber das schlagartige Aufblenden des offensichtlich nicht verarbeiteten schweren Verlustes des Vaters, an dem sie sehr hing, löste diesen plötzlichen depressiven Einbruch aus. – Dieses Ereignis hatte sich zwar in vorausgehenden KB-Sitzungen ange-kündigt, jedoch darin nicht die außerordentliche Brisanz und die weitere Folge erkennen lassen. Die Probandin hatte auch in den vorausgehenden Tagen subjektiv gespürt, daß etwas Entscheidendes andrängte, konnte dem letztlich aber nicht Einhalt gebieten. Vom Aspekt der individuellen Entwicklung her mußte dieses Ereignis begrüßt werden.

Die beiden Beispiele werfen ein Schlaglicht auf die außerordentliche Indiffe-renz des KB. Archaische, existentiell bedrohliche Gefühle können selten einmal ganz unerwartet durchbruchartig freigesetzt werden. Das verlangt, daß der Therapeut weitreichende Erfahrungen im Umgang mit psychopathologischen Grenzfällen und Grenzsituationen hat.

4.7. Erweiterungen des KB

4.7.1. Das musikalische Katathyme Bilderleben (mKB)

Zu Beginn der sechziger Jahre tauchte in Zusammenarbeit mit NERENZ (1965, 1969) die Frage auf, in welcher Weise Musik das KB beeinflußt. Langjährige Untersuchungen führten zu einer Reihe interessanter Ergebnisse und Schlußfol-gerungen (LEUNER 1974).

Zusammenfassend kann darüber folgendes festgestellt werden. Jedwede Mu-sik, so lange sie von dem Probanden (Patienten) akzeptiert wird, beeinflußt die Imaginationen in drei therapeutisch wertvollen Richtungen:

Musik inten-siviert KB

1. Die entspannende Versenkung wird erheblich vertieft, was aufgrund einiger Voruntersuchungen mit dem autogenen Training und Hypnose zu erwarten war (TEIRICH 1958).
2. Melodie und Rhythmus oder auch eine banale Tonfolge regen den assoziati-ven Fluß der Bilder an (spontanes assoziatives Vorgehen) im Gegensatz zu den nicht selten statisch feststehenden KB-Bildern im Standard-Vorgehen.
3. Die begleitenden Gefühle und Affekte werden deutlich aktiviert. Das führt oft zu einer tiefen Bewegtheit.

Diese Faktoren üben offenbar einen Einfluß auf die Farbigkeit und Plastizität der Imaginationen aus, so daß sie nicht selten eine übernatürlich gesteigerte Brillanz haben. Die Erlebnisweise des mKB kann beim einigermaßen geübten und aufgeschlossenen Patienten Qualitäten und Intensitätsgrade erreichen, die an die erlebnisintensiven Tagtraumformen bei hilfsweiser Anwendung von Halluzinogenen erinnern.

Die Aktivierung von Gefühlen durch die Musik betrifft auch die unbewußte Darstellung von Konflikten und regressiven psychischen Traumata. Der Proband projiziert in die gespielten Musikpassagen seine eigenen Probleme hinein. Dieser Vorgang entspricht dem Mechanismus projektiver Tests. Entsprechend sind die Reaktionen auf ein und dasselbe Musikstück individuell ganz unterschiedlich, so daß gerade bei Gestörten trotz vielfältiger Versuche eine statistisch einigermaßen verbindliche Zuordnung des Charakters eines Musikstükkes zu den evozierten Affekten kaum gelingt.

Die Leichtigkeit, mit der intensive Erlebnisse durch das mKB hervorgerufen werden können, hat bei angehenden Therapeuten häufig den Wunsch geweckt, die Therapie dadurch wirkungsvoller zu gestalten. Erscheint doch zunächst die Auswahl der gespielten Musik wenig kritisch und die Anwendung des Verfahrens außerordentlich leicht. Nicht selten werden entsprechende häusliche Selbstversuche vorgenommen. – Damit sind allerdings Gefahren verbunden, die in einer «Überdosierung», d. h. eine Provokation starker Gefühle und Affekte, wie Depression, Verlassenheit, Vernichtungsgefühl, Gefühl der Überwältigung usw., gelegentlich liegen können. Die unbewußte Dynamik kann plötzlich auftreten und ist ohne weiteres nicht vorauszusehen. – Der Einzeltherapie gelingt zwar eine sorgfältige Anpassung der Musik an die Person und den therapeutischen Verlauf unter der Voraussetzung, daß der Therapeut das KB in der Grundstufe beherrscht und das mKB unter Supervision eingeübt ist. Zweite Voraussetzung ist die Vertrautheit mit der anzuwendenden Musik und den aufzustellenden Programmen, dritte Voraussetzung die Fähigkeit des Therapeuten, das freigesetzte Material der 20 – 30 Minuten dauernden Imaginationsperiode im Vor- und Nachgespräch sorgfältig zu bearbeiten. Die Tagtraumszene allein, sei sie noch so emotional erregend, ist an sich oft beeindruckend, kann aber ohne anschließende Bearbeitung den therapeutischen Prozeß nur sehr bedingt fördern. Von der Technik des mKB her gesehen ist noch zu vermerken, daß der Patient wie im Einzel-KB fortlaufend über seine Imaginationen berichtet. Demgemäß kann der Therapeut die Wirkung der Musik dosieren, indem er gegebenenfalls das gespielte Stück wechselt.

Werden die genannten Voraussetzungen erfüllt, kann dieses Verfahren Gutes leisten und gerade in der Behandlung relativ schwieriger Charakterstrukturen, besonders mit starker Charakterpanzerung, sehr von Vorteil sein (LEUNER 1974). Die Weiterbildung zum mKB ist bislang nicht in den Ausbildungsgang zum KB-Therapeuten aufgenommen worden, denn über ein erarbeitetes grobes Konzept hinaus ist es noch nicht befriedigend gelungen, die theoretischen Zusammenhänge der Psychodynamik einer Musikwirkung auf das KB zu erarbeiten. – Auf keinen Fall sollte dieses Verfahren in die vielfältigen Formen von Musiktherapie eingeordnet werden.

4.7.2. Gruppentherapie mit dem mKB

Die ausgeprägte Promotion des Bilderflusses im mKB und die, wenn auch begrenzte, Steuerbarkeit des Tagtraums durch die Wahl des Musikprogrammes
legt nicht zuletzt aus ökonomischen Gesichtspunkten den Gedanken nahe, auf
diese Weise Gruppen von sechs bis zwölf Personen zu behandeln. Nach entsprechender Vorbereitung, verbaler Einstimmung zur Entspannung und Vorgabe
eines leicht strukturierenden Motives (Wiese z.B.) setzt eine freundliche, etwa
pastorale Musik ein. Jeder der Gruppenmitglieder beginnt seinen eigenen, individuellen Tagtraum, über den er jedoch nicht sofort berichten kann. Die Entwicklung der Bildpassagen und ihrer Inhalte überraschen durch ihre Eigenart,
Bizarrerie und unmittelbaren persönlichen Bezug im Zusammenhang mit ihrer
ausgeprägten emotionalen Intensität. Nach Ablauf von 20 – 30 Minuten klingt
das gestaffelt aufgebaute Musikprogramm ab, und die Gruppenmitglieder berichten einzeln über ihre Erlebnisse (KREISCHE 1980).

Einzel-KB in der Gruppe

Der Nachteil dieser Gruppentechnik liegt darin, daß der Therapeut nicht
fortlaufend über die Inhalte und das Ausmaß der affektiven Bewegtheit des Patienten informiert werden kann. Verglichen mit anderen Formen der Gruppentherapie wurde bald auch der Nachteil deutlich, daß ein gruppendynamischer
Prozeß nicht, nur am Rande oder oberflächlich zustande kommt. Auseinandersetzungen, in denen die Betreffenden Korrekturen oder Feedback durch die
Gruppe erhalten, bleiben aus. Die Vorgänge erinnern eher an eine narzißtische
Form des Selbsterlebens, nun ausdrücklich gefördert durch den Therapeuten.
Gewisse Menschen schätzen diese «intime Weise» der Imaginationen, besonders
solche, die eine autarke Lebenseinstellung oder einen schizoiden oder depressi-
ven Strukturanteil haben.

Die *Hauptgefahr* für den einzelnen Patienten liegt im Gegensatz zum individuellen mKB also darin, daß es im Einzelfall zur Überdosierung der affektiven
Unruhe und Provokation archaischer Inhalte kommen kann oder daß einzelne
Teilnehmer sich von der Eigenart einer von ihnen ungeliebten Musik gestört
fühlen und abwehren. Im begrenzten Maß kann dem dadurch entgegengewirkt
werden, daß eine allgemein unbekannte Musik und solche von freundlichem
harmonisierendem Charakter gespielt wird. – Das Verfahren scheint sich dort
besonders zu bewähren, wo ein fortlaufender psychotherapeutischer Prozeß
nicht angestrebt wird, sondern nur eine gelegentliche Einstimmung, etwa auch
als abendliche, beruhigende Übung bei Patienten in einem Krankenhaus, in
einer Tagesstätte oder Ferienfreizeit. Im Zusammenhang mit Seminaren ein-
schlägig weitergebildeter Therapeuten wird die Methode gern gesehen, weil sich
aktuelle Probleme erlebniskräftig darstellen und den Betreffenden aufgrund der
professionellen Symbolkenntnis Einsichten vermittelt werden.

Damit ist der entscheidende Nachteil des Verfahrens angesprochen: In einer
Gruppe von mehreren Patienten gelingt die Bearbeitung des Materials in der
Regel nicht. Ein etwa angestrebter therapeutischer Prozeß kommt nicht wirklich in Gang. Vielmehr entsteht das Mißverständnis, als sei das Erlebnis intensiven Imaginierens schon die Therapie selbst. Etwas anderes ist es, wenn die
mKB-Passagen im nachhinein in Einzeltherapie analog nächtlichen Träumen
bearbeitet und analysiert werden. Ergänzend können die Patienten ihre Inhalte

in der Gestaltungstherapie darstellen und sie damit Gegenstand einer Bearbeitung durch die Gruppe werden.

4.7.3. Gruppentherapie im KB als Gruppenphantasie (GKB)

Gruppen-
dynamik im KB

Eine angeregte Gruppendynamik wird in einer anderen Form des KB in der Gruppe ausgelöst. Zu diesem Zwecke haben wir als Standardverfahren des GKB die Gruppenphantasie entwickelt. Nach einigen individuellen Vorübungen, um eine gewisse Sicherheit im KB zu erlangen, vereinigen sich die Patienten zu einer Gruppe von sechs bis acht Personen. Sie imaginieren hier unter fortlaufender verbalisierender Kommunikation nach Vorgabe eines gruppengemäßen Themas gemeinsam. Die aufkommenden Phantasien können als Ausdruck der latenten Gruppenphantasie gelten, die nach der herrschenden Lehre den manifesten gruppendynamischen Prozessen zugrunde liegt (HEIGL-EVERS 1979). Zur besseren akustischen Verständigung liegen die Probanden sternförmig auf dem Boden, die Köpfe zur Mitte hin zeigend. Die Gruppe erarbeitet zunächst mit dem Therapeuten sitzend das zu wählende Thema der gemeinsamen Imagination. Dieser Entscheidungsprozeß wird allmählich der Gruppe selbst überlassen und aktiviert schon zu Beginn der Sitzung die Gruppendynamik. Die typischen Themen können in Verbindung mit den Standardmotiven stehen, wie gemeinsame Besteigung eines Berges, Besichtigung eines Hauses oder Schlosses oder einer Burg, Begegnung hochgestellter Personen. Aber auch unabhängige Themen, wie eine gemeinsame Dampferfahrt oder Expedition, ein Freiballonflug, Bau eines gemeinsamen Hauses usw., sind besonders geeignet. Nach Einigung über das Thema regt der Therapeut die Entspannung an und stellt als Kristallisationskern den Treffpunkt der Gruppe zu ihrer Phantasie-Exkursion ein. Der Therapeut greift während der Phase der gemeinsamen Gruppenphantasie praktisch kaum ein.

Nach etwa 30 Minuten wird zurückgenommen, und die Gruppe setzt sich auf, um im Kreis ihre imaginierten Beobachtungen zu diskutieren. Sehr häufig sind die Inhalte realistisch und geben Anlaß zu einem langen Austausch. Der Therapeut führt diese Gespräche in eine Phase der Klärung, Bearbeitung der Bedeutungsgehalte und gruppendynamischen Vorgänge über. Das Verfahren des GKB hat sich ganz besonders bewährt in der Bearbeitung von restneurotischen Störungen bei angehenden KB-Therapeuten. Es wird dementsprechend von erfahrenen Gruppentherapeuten der Arbeitsgemeinschaft für Katathymes Bilderleben an sechs Wochenenden fortlaufend durchgeführt (LEUNER et al. in Vorbereitung).

Die Behandlung von Patienten mit leichten und mittelschweren Störungen unterscheidet sich von denen der oben genannten Gruppe nur gering. Die Anwendung ist auch im klinischen Setting bei überwiegend schwer gestörten Patienten mit narzißtischer oder Borderline-Struktur erprobt worden (LEUNER et al. in Vorbereitung). Die durchzuführende Behandlung ist hier problematischer, ausgeprägte Regressionen können auftreten, und ein gruppendynamischer Prozeß im eigentlichen Sinne kommt nur selten auf, wird vielmehr durch das KB der Einzelnen in der Gruppe ersetzt. Nicht selten muß der Therapeut hier in die

Phase der Imagination eingreifen. – Therapeut kann nur sein, wer das KB im Standardverfahren beherrscht und darüber hinaus eine ergänzende gruppendynamische Weiterbildung hat, d. h. mit der inzwischen ausführlich bearbeiteten konzeptionellen Grundlage (KOTTJE-BIRNBACHER & SACHSSE in Vorbereitung) vertraut ist und über ausreichende Selbsterfahrung verfügt.

4.7.4. Selbstanalyse mit dem KB

Die erste Selbstanalyse führte bekanntlich FREUD in früher Zeit durch. Eine weitere Methode und Diskussion stammt von HORNEY. Der deutsch-amerikanische Psychiater KOSBAB (1972) hat eine Technik zur Selbstanalyse im KB beschrieben und ihre Ergebnisse erläutert. Zugelassen wurden nur ausgewählte Ärzte in Weiterbildung zur Psychiatrie, die über intakte Ich-Funktionen verfügten. Nach Einübung des autogenen Trainings und des KB wurden häusliche Selbstübungen aufgegeben: in Versenkung die fünf Standardmotive (eventuell einige Ergänzungen) in wöchentlichen Abständen einstellen mit ihrer assoziativen beziehungsweise kreativen Entfaltung. Der Proband sprach wie im Einzel-KB, allerdings auf ein bereitstehendes Tonband. Aufgrund seiner Vorkenntnisse wurde erwartet, daß er den Prozeß trotz der notwendigen Hingabe auch zu steuern vermag. Das Tonband hörte er sich im nachhinein an, machte sich Notizen, sammelte freie Einfälle und unterzog sich einer Kontrolle durch den Supervisor. Nach Abschluß der Serie folgte ein Endgespräch. Ein halbes Jahr später wurden die Probanden aufgefordert, die Stationen des KB nochmals zu durchlaufen und mit den Inhalten des ersten Durchganges zu vergleichen. Dann erfolgte wiederum eine abschließende Supervision. – Die von KOSBAB gezeigten Beispiele weisen darauf hin, daß die professionell entsprechend vorbereiteten Probanden durchaus in der Lage sind, die symbolischen Inhalte mit der aktuellen Konfliktproblematik zu korrelieren und auf diese Weise Einsichten in ihre unbewußten Strebungen und Konflikte zu erhalten. So konnte ein Teilnehmer seine Beziehungen zu Frauen grundlegend umstellen und jetzt eine bleibende Beziehung eingehen. Ein anderer erhielt eine wesentliche Entscheidungshilfe bei der Wahl seiner weiteren fachlichen Entwicklung.

KB-Selbstübungen des Therapeuten

Selbstübungen einer Gruppe von Assistenten der Psychiatrischen Klinik der Universität Göttingen in einer führerlosen Gruppe (GKB) verliefen recht befriedigend. Obgleich im gruppendynamischen Prozeß gelegentlich auch aggressive Impulse und heftige Auseinandersetzungen auftraten, wirkte sich insgesamt die halbjährige Übung in wöchentlichen Abständen spannungsreduzierend und das gegenseitige Verständnis der Teilnehmer fördernd aus. Das berufliche Teamwork der Ärzte und Psychologen wurde zu Gunsten größerer Toleranz, persönlicher Wertschätzung gestaltet und dadurch befriedigender und effizienter als vorher (LEUNER & SACHSSE 1977).

Selbstübungen im KB durch Patienten sind nach meiner Erfahrung nicht empfehlenswert. Aus Sicherheitsgründen ist zur größten Vorsicht zu raten. Dem Patienten fehlt der Schutz des Therapeuten und dessen Anleitung; er verfügt nicht über die notwendige Kenntnis der einzustellenden Motive und des Führungsstils in bedrängenden Szenen. Archaische Inhalte können bei entsprechen-

Selbstübungen des Patienten

dem Störungsgrad, aber auch bei einer harmonisch erscheinenden Person einmal unvermittelt durchbrechen. Ich verweise auf das Beispiel auf S. 307 und S. 251. Einer der hauptsächlichen Mängel liegt schließlich darin, daß die Patienten das umfassende Konzept des KB nicht internalisiert haben und nach einem Privatkonzept handeln, das gelegentlich zu einer nicht zu integrierenden Konfrontation mit archaischen Gestalten führt. Eine Supervision, selbst in kürzeren Abständen von acht bis vierzehn Tagen, kann dem nicht abhelfen.[15] Eine Ausnahme bilden jene Situationen, in denen der Therapeut nach einer gelungenen Sitzung dem Patienten aufgibt, eine Szene oder ein Einzelbild aus der Sitzung zu Hause noch einmal allein zu wiederholen. Voraussetzung für diese Form der Eigenübung ist zusammengefaßt: a) Die Szene muß in der Therapiesitzung bereits eingestellt worden sein, b) die gegebene Aufgabe ist dem Patienten klar zu umreißen, c) der Patient muß eine verläßliche Person sein, die gelernt hat, mit dem KB umzugehen, d) eine gute, positive Übertragungslage dem Therapeuten gegenüber muß bestehen.

Eine etwas andere Situation liegt vor, wenn sehr erfahrene Therapeuten in einer KB-Lehrtherapie, ergänzend vielleicht an einer Analyse teilgenommen haben und sich im KB über aktuelle Problemlagen Klarheit verschaffen wollen. Von ihnen kann erwartet werden, daß Selbstübungen in hohem Maße gelingen und damit auch fruchtbar sind. Jedoch ist zu bedenken, daß auch hier Selbstübungen dann sehr problematisch werden, wenn sich der Betreffende in einer Krisensituation befindet, etwa starkem beruflichem Streß, depressiver Verstimmung infolge Mißerfolges, Verlust oder drohender Verlust eines nahen Angehörigen, Partnerschaftskrise usw. So begreiflich der Wunsch zur Selbsthilfe ist, übersieht der Betreffende in seiner Lage das Ausmaß der krisenbedingten Ich-Störung oft nicht ausreichend. Entsprechende Beispiele der Verstärkung der Problematik bis hin zur schweren Verzweiflung sind bekannt. In diesen Fällen sollte sich der Betreffende rechtzeitig einem erfahrenen Kollegen (KB-Therapeuten) zu seinem eigenen Schutz anvertrauen.

Eine bedingte Form der Selbstübung ist das Imaginieren mit Hilfe eines Angehörigen, der die Rolle des Leiters übernimmt. Die Gegenwart eines Dritten hat den Vorteil, daß die Imaginationen lebendiger und farbiger sind und belastende Eindrücke unmittelbar einem Zuhörer mitgeteilt werden können im Gegensatz zur reinen Selbstübung. Dieses Vorgehen stößt sehr bald auf Fragen der Abstinenz und bringt das Problem der Verfälschung der Inhalte allein dadurch auf, daß bei dem vertrauten Gegenüber gewisse Hemmungen und Verdrängungsmechanismen aufkommen müssen und daß später der Begleiter das Material bei Auseinandersetzungen in feindseliger Absicht benutzen kann. In einer derartigen «Heimtherapie» verstricken sich die Betreffenden mit konsequenter Folgerichtigkeit gelegentlich in schwierige Probleme ihrer Partnerschaft.

Über einen kurzen Versuch hinaus sollten derartige Übungen wiederum zum Schutz der Betroffenen unbedingt unterbleiben zugunsten der Paartherapie mit dem KB und einzelner klärender Paargespräche.

---

[15] Der Therapeut soll sich an die ärztliche Regel des «nil nocere» – «niemals verletzen» als oberstem Gebot bei jedem therapeutischen Angebot erinnern. Selbstübungen beinhalten eine Gefahrenquelle, die so gering als möglich zu halten ist.

4.7.5. Kombination des KB mit autogenem Training und Hypnose

Zwischen dem KB als konfliktzentrierter Methode und den beiden anderen genannten Verfahren, die nach alter Bezeichnung der Gruppe der «zudeckenden Methoden» angehören, besteht zumindest bei oberflächlicher Betrachtung eine Inkompatibilität. Das bestätigt eine klinische Studie von STAMM (1983). Nach ihr genügen bereits fünf Hypnosesitzungen selbst bei schwer gestörten Patienten, um die anfangs pathologischen Inhalte eines KB entscheidend in Richtung Harmonisierung, ausgeprägter Konfliktfreiheit und oraler Tönung der üppigen Landschaft und der vermehrten Belebtheit des Panoramas zu verschieben.

Wegen der Einleitung des KB durch autogenes Training oder Hypnose verweise ich auf S. 48f. Ein unmittelbares Nebeneinander scheint mir aus den genannten Gründen wenig sinnvoll, obgleich die prä/post Testergebnisse der Studie von STAMM z. T. signifikante Verbesserungen einiger Parameter ergeben haben. Unter klinischem Aspekt war dabei bemerkenswert, daß viele Patienten die KB-Sitzungen den Hypnosesitzungen vorzogen.

Eine konsekutive Kombination scheint sich bewährt zu haben: Im Falle einer Hypnose-Therapie, aus gewissen Gründen angezeigt und angestrebt, kann eine KB-Behandlung als erster Schritt notwendig sein. Umgekehrt kann eine KB-Therapie trotz ausführlicher Bearbeitung der Psychodynamik nicht ausreichen, um eine reflexhaft eingespielte, automatisierte Symptomatik (SCHULTZ 1958) wirkungsvoll zu beseitigen. Dazu zwei Beispiele.

Beispiel 1

Eine Akademikerin suchte mich mit dem dringenden Wunsch auf, ihr entscheidende Hilfe bei der Bekämpfung ihres Alkoholismus zu geben. Gemäß den Vorschlägen von SCHULTZ (1958) war ich in diesen Fällen geübt, mit Hilfe einer Abstinenzhypnose eine relativ schnelle und wirkungsvolle Hilfe anzubieten. Nach begrenzt möglicher Erhebung der Anamnese (die Patientin ließ sich auf ihre Konfliktvorgeschichte nicht ein) begann ich mit der ersten hypnotischen Sitzung. Schon im Vorbeginn fiel mir ihre innere Unruhe und Gespanntheit auf. Die Einleitung der Hypnose gelang auch nicht; vielmehr zeigte sie, auf der Couch liegend, das Bedürfnis, sich auszusprechen und das hauptsächliche, sie derzeit bedrängende Problem, die Auseinandersetzung mit ihrer Mutter, zu bearbeiten. Ich gab dem naturgemäß nach und begann zur affektiven Entlastung und Bearbeitung mit einer Reihe von KB-Sitzungen. Da die Patientin aus äußeren Gründen eine längere Therapie nicht eingehen konnte, griff ich, nachdem eine allgemeine Beruhigung eingetreten war, das ursprüngliche Behandlungsziel wieder auf und nutzte die Hypnotherapie, um ihren Willen gegen die Alkoholabhängigkeit zu stärken.

Beispiel 2

Der Privatdozent einer Fakultät der Göttinger Universität suchte die frei praktizierende Psychotherapeutin auf, um eine ausgeprägte neurotische Störung mit Charakterdeformierung und Arbeitsstörungen sowie partnerschaftlichen Problemen zu bearbeiten. Gleichzeitig bestand eine ausgeprägte Stotterneurose. Die Therapeutin (EIBACH 1968) begann mit einer ausgedehnten, sich über knapp zwei Jahre hinstreckenden KB-Therapie. Die schwere Sprachstörung (die während der Entspannung stark zurücktrat) bestand jedoch weiterhin und hinderte den Betreffenden am akademischen Unterricht und vor allem auch in der Abhaltung von für seinen Beruf wichtigen Kongreß-Referaten stark. Um dieses Behandlungsziel zu erreichen, begann die Therapeutin nun mit einer auf die klinisch noch immer sehr ausgeprägte Störung abzielenden Hypnose-Behandlung. Innerhalb relativ kur-

Kombination KB mit a. T. oder Hypnose

2 Beispiele

zer Zeit konnte die «Automatisierung» des Symptoms aufgehoben werden, d.h. es verschwand vollständig. Der Betreffende konnte ohne Schwierigkeiten seinen Unterricht durchführen und vor allem trotz des damit verbundenen Stresses auch auf internationalen Kongressen vor großem Publikum vortragen. Während der mehrere Jahre dauernden Nachbeobachtung blieb das Ergebnis konstant. – Vieles spricht dafür, daß die lange, die Psychodynamik weitgehend bereinigende KB-Phase der Sprachstörung ihre dynamische Grundlage genommen hatte. Eine begrenzte Zahl hypnotischer Sitzungen genügte, um den Reflex-Mechanismus aufzulösen.

Es ist allgemein bekannt, daß eine derartige Konversionssymptomatik (am motorischen System), wie Tics, Schreibkrampf, aber auch verschiedenerlei psychosomatische Symptome, auf eine rein konfliktzentrierte Therapie mangelhaft oder gar nicht anspricht. In diesen Fällen ist eine Kombination der angewandten Methoden *nacheinander* zweifellos angezeigt.

4.7.6.   Paar-Therapie, Familien-Therapie

Paar- und Familientherapie mit KB

Seit Mitte der sechziger Jahre wurden in den USA die Paar-Therapie und die Familien-Therapie erprobt, und eine Fülle von Erfahrungen ist in der Literatur zusammengetragen worden. Mit einer Latenz von etwa zehn Jahren sind beide Therapien auch in Europa bekannt und angewandt worden. Beide gehen von der Prämisse aus, daß aus einer Reihe von Gründen gestörte partnerschaftliche Beziehungen oder gestörte Familiendynamik ein wesentlicher Anlaß für die Entstehung der Symptomatik des sogenannten Index-Patienten sind und diese unterhält. Verschiedene Schulen mit z.T. unterschiedlichen Konzepten haben sich in der Betrachtung dieser Dynamik und der Behandlungstechnik herausgebildet. In Europa war es für die Paar-Therapie der Ansatz des Schweizer Psychiaters WILLI mit dem Kollusionskonzept (1975), für die Familien-Therapie vor allem das von STIERLIN (1975) und seinem Arbeitskreis in Heidelberg, die eine Schrittmacherfunktion hatten und noch haben. Neue Impulse gehen von der Systemtheorie aus, zuerst von WATZLAWIK (1980) vertreten. – Diese kurzen Hinweise sind notwendig, um zu verdeutlichen, daß diese beiden Therapie-Formen nicht mehr allein aus den Theorien und Methoden der einzeltherapeutischen Schulen, wie der Tiefenpsychologie und Psychoanalyse, verstanden werden können.

Der Vorteil der Paar- und Familientherapie liegt, pauschal betrachtet, darin, daß die Gefahr der Entfremdung des in Einzeltherapie befindlichen Patienten gegenüber Partner oder Familie vermieden wird. Vor allem hat die Empirie beider Verfahren gezeigt, daß die Behandlungen mit dem Ziel der klinischen Heilung des Index-Patienten ganz wesentlich kürzer ist, verglichen mit der Einzeltherapie. Man könnte daraus beinahe den Schluß ziehen, daß der archimedische Punkt der Weiterentwicklung einer effektiven Psychotherapie an dieser Stelle liegt. Die Durchführung dieser Verfahren ist wegen des Mangels entsprechend ausgebildeter Therapeuten, der Vielfalt der Konzepte und des Umstandes, daß ein konzeptioneller Abschluß noch nicht erreicht ist, behindert. In der Praxis besteht nicht selten ein Widerstand der Partner und Familienmitglieder, sich an der Behandlung zu beteiligen.

Das Katathyme Bilderleben bot sich in besonderem Maße zur Durchführung dieser beiden Therapieverfahren an, weil die vom Paar oder der Familie im Verbund durchgeführten Imaginationen Material der Auseinandersetzung von hohem Evidenzcharakter bietet. Es erlaubt dem Therapeuten, sehr schnell Divergenzen, Spannungen, die latenten Kollusionen und Kränkungen sowie Schuldzuweisungen aufzuzeigen. Aufgrund meiner eigenen Beobachtungen in den USA und Kenntnisse der Literatur habe ich relativ früh begonnen, Paar-Therapie mit dem KB zu versuchen (LEUNER 1978). Diese Versuche waren ermutigend. Seit einer Reihe von Jahren ist vor allem KOTTJE-BIRNBACHER (1981, 1982, 1984) mit Publikationen ihrer Erkenntnisse und Ergebnisse über die Paar-Therapie mit dem KB hervorgetreten. Für die sicher viel schwierigere Familien-Therapie hat KLESSMANN (1978, 1982) klinische Erfahrungen und die durch das KB zu gewinnenden Einsichten in die Familiendynamik dargestellt. Der leichtere Ansatz der KB-Paar-Therapie ist inzwischen in Verbindung mit der gründlichen Weiterbildung im Arbeitskreis von WILLI so weit gediehen, daß schon in nächster Zukunft ein Probelauf zur Weiterbildung im KB zu erwarten ist. Gründliche Vorbildung in Paar-Therapie wird dazu notwendig sein; eines der Hauptprobleme liegt darin, daß der Therapeut den Mitgliedern der Zweier- oder Familien-Gruppe gegenüber unter Kontrolle seiner Gegenübertragungsgefühle eine allseitig loyale, neutrale Einstellung einhalten muß. Ich meine, daß man vor allem der Paar-Therapie eine bemerkenswerte Zukunft voraussagen kann.

4.8. Die Stellung des KB im Rahmen der psychotherapeutischen Verfahren, Abgrenzung gegen verwandte Methoden

Die hauptsächlichen psychologischen Funktionen, auf denen das KB beruht, sind seit langem als psychotherapeutisch wirksam bekannt:

(1) Die psychophysische Entspannung, vergleichbar mit fortgeschrittenen Übungen des autogenen Trainings als einem hypnoiden Zustand veränderten Bewußtseins, ist gekennzeichnet durch Herabsetzung und «Abblendung» des wachen Bewußtseins mit Fokussierung der Aufmerksamkeit auf Innenvorgänge. Dieser als regressiv zu bezeichnende Zustand geht mit einer vermehrten Suggestibilität einher, was dem Therapeuten bekannt sein muß. Zugleich ist aber eine sonst schwer überschreitbare Schwelle erniedrigt, die Wahrnehmung von Leibsensationen und Gefühlen, der Phantasieproduktion und damit auch des Tagtraumes. *Verwandtschaft der Grundlagen?*

(2) die in der Psychotherapie nützliche, seit FREUD immer wieder eingehend studierte Funktion des Traumes. Symbolisch verstanden geben seine Inhalte Auskunft über unbewußte Antriebe, Abwehren und Konflikte sowie Verhaltenstendenzen. Tagtraum und Hypnoid sind eng miteinander verschränkt. Die leichte Entspannung ermöglicht den Tagtraum, dieser ruft dessen Vertiefung hervor usw. Ein Kreisprozeß entwickelt sich in Richtung eines ausgeprägten Katathymen Bilderlebens.

Bei der Frage der Stellung des KB im Rahmen der psychotherapeutischen Verfahren ziehe ich zunächst die beiden von den genannten Funktionen ausgehenden Gruppen traditioneller Psychotherapie zum Vergleich heran: hypnoide Verfahren wie Hypnose und autogenes Training und Psychoanalyse als Prototyp der mit dem Traum arbeitenden konfliktzentrierten Psychotherapie.

Hypnose und autogenes Training: Die klassische Fremdhypnose, in der der Therapeut den hypnoiden Zustand zielgerichtet durch wiederholte Übungen beim Patienten hervorruft, und das autogene Training als Selbsthypnose sowie die aus beiden kompilierte gestufte Aktivhypnose (KRETSCHMER 1959; LANGEN 1961) haben mit dem KB zwar scheinbar die Grundlage des Hypnoids gemeinsam. In diesem werden die verschiedensten seelischen Funktionen ausgelöst und gefördert, und zwar nicht nur unterschiedliche, sondern auch einander entgegengerichtete. Die gesteigerte Suggestibilität wird benutzt, um Hypnose und autogenes Training einzuleiten und zu vertiefen. Suggestionen werden dann teils unspezifisch, teils spezifisch zur therapeutischen Extinktion von Symptomen (psychosomatischer, organneurotischer oder psychoneurotischer Art) eingesetzt. Damit verbindet sich unter Umständen auch eine sehr weitgehende Steuerung des Verhaltens. Das KB hingegen nutzt diese suggestiven Möglichkeiten des Hypnoides nicht. *Es verweigert sich ihnen gegenüber aufs Äußerste.* Der Therapeut wird vielmehr in der Durchführung des Symboldramas in subtilster Weise angeleitet, jeglichen suggestiven Einfluß zu vermeiden, auch nicht den leisesten Anklang davon spürbar werden zu lassen. Allerdings ist keine Form von Psychotherapie, wie es FREUD der Psychoanalyse zugestanden hat, ohne suggestives Moment. Betontes Ziel ist im hypnoiden Zustand des KB vielmehr, die Binnenwahrnehmung zu steigern, die genannten Schranken und Widerstände gegenüber unbewußten Gefühlen und gegenüber der aufkeimenden Phantasie herabzusetzen, die Ich-Grenzen durchlässiger zu machen.

Im Gegensatz zur Einleitung des KB durch Hypnose oder autogenes Training (S. 48 f.) vermeidet der Therapeut in der auf S. 51 f. angegebenen Verbalisierung zur Entspannung Suggestionen. Die Anleitung zur Selbstentspannung tritt an deren Stelle.

Eine gewisse Analogie finden wir zwischen KB und der vor allem in der amerikanischen Literatur dargestellten *Hypnoanalyse,* einer Exploration unbewußter Schichten in Hypnose (WOLBERG 1964). Auf sie will ich hier im einzelnen nicht eingehen. Ihr Anliegen ist jedoch nicht die imaginativ-symbolische Erweckung unbewußter Strebungen, sondern nach der Lehre vom psychischen Trauma die Freilegung pathologischer Eindrücke aus der frühen Kindheit. Gezielte Eingriffe mit häufig forcierten Altersregressionen ohne den von uns bewußt in den Vordergrund gestellten Aspekt der organischen schrittweisen Freisetzung symbolischen Materials herrschen methodisch vor.

Mit der *Psychoanalyse* hat das KB das schon an anderer Stelle erläuterte tiefenpsychologische Grundkonzept gemeinsam, und daß der Tagtraum den Regeln des Nachttraumes (Primärprozeß) unterliegt, den Affekten und Gefühlen gehorcht. – Gegensätzlich zur psychoanalytischen Technik ist die Leitung des Tagtraumes durch den Therapeuten, seine Strukturierung durch Grundmotive und Regieprinzipien. Das KB ist viel stärker auf das Erleben von Affekten und Gefühlen und den Handlungsansatz zentriert als die auf verbale Durcharbeitung

Hypnose a. T.

Hypnoanalyse

Psychoanalyse

abgestellte Analyse. Es kann auf die Übertragungsneurose als Instrument der Therapie weitgehend verzichtet werden zugunsten der Projektionsneurose.

Aber auch in der psychoanalytischen Technik werden Akzente gesetzt und Strukturen eingeführt; z.B. sind nach BELLAK (1961) die sogenannten «freien» Assoziationen keineswegs frei, sondern der Therapeut gibt das Thema an, zu welchem Teil des Traumes der Patient assoziieren soll. Auch die interpretierende Thematik und das Aufgreifen der dafür notwendigen Erlebnisdetails kann eine erhebliche Strukturierung darstellen. Der Patient lernt aus ihr, welche Maßstäbe und Wertsetzungen der Therapeut hat, und richtet sich danach.

Hinsichtlich des Hypnoids weiß der erfahrene Psychoanalytiker, daß der durch tägliche Sitzungen eingeübte Patient auf der Couch in einen abgeblendeten, in der Tat hypnoiden Bewußtseinszustand gerät und nach Abschluß der Sitzung einige Zeit benötigt, um wieder den wachbewußten Zustand (im Straßenverkehr) zu erreichen. Umgekehrt ist der Psychoanalytiker, der einer Demonstration des KB beiwohnt, über die Unmittelbarkeit der Freisetzung unbewußten Materials und der begleitenden Gefühlstönung überrascht (NIEDERLAND 1966).

Vergleicht man den Vollzug des therapeutischen Prozesses im Katathymen Bilderleben mit dem in der Psychoanalyse, treten *entscheidende Unterschiede* zutage als Antwort auf die Frage, weshalb das KB ungleich unmittelbarer und damit therapeutisch wirksamer unbewußtes Material freisetzt. Ausgehend von der klassischen psychoanalytischen Behandlung sind zwei Schritte zu unterscheiden: Die «Via Regia» (FREUD) zum Unbewußten, der Traum, beschreitet der Patient nachts im Schlaf allein und schutzlos, nicht selten von Ängsten geplagt, das Traum-Kontinuum unterbrechend. Seine Rekonstruktion im Wachzustand der Analysestunde ist meist nur noch ein blasses Gebilde von «Material», das assoziativ verbal und rational bearbeitet wird. Diese beiden Schritte sind im KB zu einem einzigen zusammengefaßt: Traum in Gegenwart und unter dem Schutz des Therapeuten im veränderten Bewußtseinszustand (in Analogie zum REM-Schlaf) und zugleich dialogische Interaktion mit dem Therapeuten. Schutz (NUNBERG 1932) erlaubt zu regredieren, Widerstände und Abwehr fallen zu lassen und sich Ängsten und anderen negativen Gefühlen stärker auszusetzen. An die Stelle der Übertragungsneurose tritt die Projektionsneurose (siehe dort).

In diesem Zusammenhang erinnern wir uns an das Konzept FREUDs bei der Frage nach Anwendung der Psychoanalyse für die breite Bevölkerung (1921). Das Gold der Psychoanalyse müsse mit dem Kupfer der Suggestion amalgamiert werden. Setzen wir den Begriff Suggestion, bei dem FREUD wohl an Hypnose dachte, mit «Hypnoid» gleich (was nach FREUDs Interpretation korrekt erscheint), liegt das KB offensichtlich genau auf der Linie der Vorstellungen FREUDs über ein Amalgam beider Verfahren. In unserem Falle besteht dabei der Vorzug, daß trotz der hypnoiden Komponente das KB mit einem Minimum an Suggestionen auskommt, wenn der Patient und nicht der Therapeut weitgehend Schrittmacher des therapeutischen Prozesses ist.

Die Abgrenzung des KB gegenüber verwandten Verfahren hat sich mit drei weiteren Methoden zu beschäftigen: der aktiven Imagination von C.G. JUNG, der Oberstufe des autogenen Trainings und der Tagtraumtechnik des französischen Ingenieurs DESSOILLE «Le rêve eveillé dirigé». Grundlage aller drei ist die

Imagination. Ergänzend ist die Psycho-Imagination-Therapy von SHORR (1972) zu nennen sowie die Technik der «Positive Mental Images» von SIMONTON et al. (1980).

aktive Imagination

Die *aktive Imagination* von JUNG (1916) (AMMANN 1979) geht nicht allein von der optischen Imagination aus, sondern ursprünglich war damit jede Form imaginativer Tätigkeit gemeint, so auch die malende Darstellung von Träumen, die Gestaltung unbewußter Regungen in musikalischer und tänzerischer Form. Am bekanntesten ist jedoch die Form der optischen Imagination geworden. Die so verstandene aktive Imagination geht davon aus, daß eine längere Analyse des Patienten abgeschlossen ist. Dann wird ihm aufgegeben, zu Hause in einem nicht näher definierten gelösten Zustand frei steigende Imaginationen sich entfalten zu lassen. Das gelingt mehr oder weniger gut bei einer Personengruppe, die zu optischen Phänomenen disponiert ist. An anderer Stelle habe ich die aktive Imagination als eine «Vorstufe des KB» in Form der «unsystematischen Verfahren» zur Imagination bezeichnet. In der Tat gibt es keine klaren technischen Anweisungen zur Einleitung und Durchführung der aktiven Imagination. Im Gegensatz zum KB imaginiert der Patient zu Hause und allein. Er ist dementsprechend, wie auch im Nachttraum, den aufsteigenden Imaginationen ohne den Schutz des Therapeuten ausgesetzt. Solche «Hausübungen», die ich im KB nur selten als klar definierten Auftrag durchführen lasse, bergen bei nicht über lange Strecken analysierten Patienten (mit Jahren ist zu rechnen) die große Gefahr, plötzlich archaisches Tiefenmaterial zu evozieren und schlimmstenfalls den Patienten in depressive und Paniksituationen zu versetzen (S. 461 f.). Dafür habe ich von eigenwilligen Selbstversuchen einiger meiner Patienten dramatische Beispiele (S. 102). Wenn C. G. JUNG sein Verfahren als Ergänzung der fortgeschrittenen Analyse ansah, wurde das imaginierte Material in der Analysestunde doch wie Träume behandelt. In Abwandlung wurde eine tagtraumartig geführte Therapie bei Kindern (ZÜBLIN 1955) publiziert, auch ohne definierte, lehrbare Technik.

Verhaltenstherapie

Über die Stellung des KB gegenüber der *Verhaltenstherapie* möchte ich kurz referieren. Beiden Therapien liegt ein anderes Neurosekonzept zugrunde. Dem der Verhaltenstherapie können wir aufgrund der empirischen Fakten nicht folgen. Neurosen und Symptomatik können – wie dort – nicht einander gleichgesetzt werden. In der Imagination wird das unbewußte Seelenleben zum Phänomen, oft als Symbol. Wenn die Verhaltenstherapie zumindest in der Version von WOLPE (1958) Entspannung und Imagination benutzt, dann letzteres ausschließlich von der realen Welt, etwa um sich an phobischen Situationen schrittweise zu exponieren in der Absicht, ihre phobische Besetzung auszulöschen. Einige Grundprinzipien der Verhaltenstherapie wie Belohnung und Bestrafung beziehungsweise Verstärkung und Extinktion spielen bei vielen Psychotherapieformen – wenn auch nicht als System – eine Rolle, so auch in den Regieprinzipien des KB (z.B. in der Konfrontation). Bei einer gelegentlichen Annäherung an verhaltenstherapeutische Mechanismen, etwa bei wiederkehrender Konfrontation mit phobischen Objekten, baut sich der Patient im KB aber eine «Hierarchie» der Annäherungsschritte selbst auf (Beispiel Brückenphobie S. 120). Diese Mechanismen wurden bereits vor Existenz der Verhaltenstherapie gefunden (LEUNER 1955b). Auf die der Therapie vorangestellten kognitiven Planungsschritte im Wachbewußtsein (z. B. Angsthierarchie nach WOLPE) wird im KB bewußt verzichtet zugunsten der Förderung des spontanen und individuell-kreativen Handlungs- und Problemlösungsansatzes der Imagination. Imaginationen finden auch sonst in der Verhaltenstherapie breite Anwendung zur Desensibilisierung, in aversiven Techniken, zur verdeckten Konditionierung, zur Implosionstherapie und anderen Methoden. Einen Überblick gibt SINGER (1978c).

Die *Oberstufe des autogenen Trainings* geht von einer ganz anderen Grund- *Oberstufe a. T.*
lage aus. J. H. SCHULTZ (1973) führt bei der Übung des autogenen Trainings Imaginationen in einem sehr späten Stadium ein, erst nachdem der Patient alle Übungen der Unterstufe durchlaufen hat und diese voll beherrscht (Schwere- und Wärmeerleben, Herzruhigstellung, Atemübung, Wärme im Sonnenge-flecht, die Stirnkühle).

Trotz des erreichten hohen Grades hypnoider Versenkung wird als weiterer Schritt zur Vertiefung die Oben-Innenwendung der Augenbulbi geübt, um eine dem Schlaf angenäherte «Umschaltung» zerebraler Funktionen zu erreichen. Dann folgen sehr vorsichtige Selbstversuche zu Hause mit spontan auftauchen-den optischen Phänomenen wie abstrakte Muster. Später stellt sich der Proband kognitive «Fragen an das Unbewußte», auf die er imaginative Antworten erhält: nach der «Eigenfarbe», nach: «Was mache ich falsch?» usw. Die Antworten sind statische Bilder, die der Patient nur kognitiv interpretieren kann. Das ist tiefen-psychologisch in keiner Weise relevant. J. H. SCHULTZ begnügt sich aber kom-mentarlos damit. Hinweise auf sein Konzept und die therapeutische Bedeutung dieser Übungen bleiben aus. Den wesentlichen Unterschied gegenüber dem KB sehe ich darin, daß ein außerordentlicher Aufwand bis zur Erreichung der ima-ginativen Stufe (unnötigerweise) gefordert wird. Auch ist bei ausgeprägt neuroti-schen Patienten die Einübung des autogenen Trainings bis zu dieser Vollkom-menheit meist gar nicht möglich oder sehr langwierig (6 – 9 Monate). Ein Teil auch sehr erfahrener KB-Therapeuten zieht aus «Sicherheitsgründen» vor, den Patienten wenigstens in die ersten beiden Übungen des autogenen Trainings (Schwere- und Wärmeübung) einzuarbeiten. Besonders schwierigen Patienten glaubt eine kleine Gruppe sogar ausgesprochen hypnotische Versenkungssugge-stionen geben zu müssen. Beides hat sich als nicht notwendig erwiesen (S. 48 f.).

Bei der weitläufigen Einübung des autogenen Trainings bis hin zur Oberstufe *Konflikte*
muß bedacht werden, daß diese sehr tiefe Selbsthypnose beträchtlichen Einfluß *zudeckend?*
auf die Person im Sinne zunehmender Harmonisierung ausübt. In einer Studie meines Mitarbeiters STAMM (1983) haben wir versucht, den Einfluß von beruhi-genden (Leer-)Hypnosen auf das KB zu ermitteln. Statistisch signifikante Ver-schiebungen der KB-Inhalte in Richtung vermehrter Harmonie, Ruhe und ora-ler Üppigkeit der Landschaft und gönnerhaft spendenden Personen beherrsch-ten das Bild. Konflikthafte Inhalte traten hingegen schon nach fünf Hypnosen stark zurück. Zwar bewahrheitet sich der veraltete Begriff «zudeckendes Verfah-ren» nicht wörtlich, denn neue emotionale Qualitäten, die z. B. ein depressiver oder zwanghafter Patient in der Form kaum kennt, werden erlebnismäßig wach-gerufen. Das Konfliktmaterial ist betont überdeckt und kommt nicht mehr ins Spiel. Vielleicht erklärt sich daraus, daß Probanden nach langer Einübung der autogenen Selbsthypnose wesentlich gefahrloser zu Hause imaginieren können

als unsere dahingehend unvorbereiteten Patienten. Auf jene Komponente des autogenen Trainings, daß anläßlich der Übungen beim Patienten unbewußte Beziehungen zur Körperlichkeit unter anderem erkannt werden (WALLNÖFER 1973), kann ich hier nicht eingehen. Auch bin ich nicht grundsätzlich gegen eine Kombination von vertiefter hypnoider Entspannung und autogenem Training. Ich kenne eine Reihe von Fällen, denen trotz sehr schwerer Gestörtheit eine Kombinationsbehandlung, z. B. KB und anschließendes hypnoides Verfahren, zur Durchbrechung eines chronischen Reflexzirkels (siehe S. 463) wie das Stottern entscheidend geholfen hat. Das geht über die Standardform des Symboldramas hinaus, und der Therapeut sollte sehr genau reflektieren, was er zur jeweiligen Phase seiner Therapie tut und welche Wirkung es beim Patienten entfaltet.

Tagtraumtechnik von DESOILLE

Eine Ausweitung der Oberstufe des autogenen Trainings ist die von THOMAS (1967) empfohlene Einbeziehung der Tagtraumtechnik von DESOILLE (S. 82 f.). Ohne Purist sein zu wollen, bleibt bei der *Kompilation* zweier getrennt entwickelter Verfahren offen, wie weit das sinnvoll und zweckmäßig ist (siehe unten).

Das erste Buch über den *gelenkten Tagtraum von* DESOILLE erschien 1945 in Paris, vor Beginn meiner Experimente mit dem KB 1948. Ich erhielt erst spät davon Kenntnis. Es ist von dem Italiener RIGO (1961) weiterentwickelt worden.

Das Grundprinzip dieser «Tagtraumtechnik» geht von der Entspannung des Patienten mit leichten Suggestionen aus und führt Motive von gewissen symbolischen Gegenständen, z. B. Vase, Schwert usw., zur Kristallisation des Tagtraumes ein. Sie wirken kognitiv konzipiert, wenngleich an ihrem Symbolwert nicht gezweifelt werden kann. Auch Exkursionen in die Landschaft kommen vor. Der Patient wird – im Gegensatz zum KB – ziemlich stark geführt. Die Führungsprinzipien sind in diesem Verfahren einfach strukturiert und uniform. Von C. G. JUNG ausgehend wird einmal, die Rechts-Links-Symbolik ansprechend, der Patient von links nach rechts und umgekehrt geführt, außerdem von oben nach unten, d. h. Berge ersteigend oder in den Himmel gelangend oder umgekehrt, auf die Erde herunter kommend und bis hinein in den tiefen Ozean sinkend. Man wird nicht übersehen können, daß dadurch – leider nicht näher definierte – Entwicklungsaspekte angesprochen werden. Bei diesen hier nur angedeuteten Aktionen greift der Therapeut durch mancherlei Hilfsmaßnahmen ein. Er bietet etwa Leitern oder Seile an. In sehr kritischen Situationen hält der Therapeut einen Zauberstab als Deus ex machina bereit. Damit kann der Patient jedes Hindernis, jede auftauchende Schwierigkeit, jedes angsterregende Objekt beseitigen und jedes Problem gewissermaßen schlagartig lösen. Die Wirkung ist oft überraschend und dramatisch. Aktive, von der Notwendigkeit des therapeutischen Entwicklungsprozesses nicht sehr durchdrungene Therapeuten gewinnen Gefallen an dieser mächtigen Waffe. Offenbar hat sich DESOILLE und haben sich Therapeuten wie THOMAS wenig Klarheit über die symbolische Bedeutung solcher Maßnahmen verschafft. Hier werden massive Übertragungswünsche des Patienten an den idealisierten Therapeuten realisiert, indem letzterer seinen mächtigen magisch-mythischen (väterlichen) Phallus dem unmündigen Kind leiht. Nicht also die Eigenleistung des Patienten und das Bestehen des Abenteuers als Durchleben und Durchleiden, sondern der Transfer fremder Kraft ist

470

eine immer wiederkehrende Hilfe. Schwer verständlich ist mir, wie die notwendige Reife des neurotisch-infantilisierten Ich erreicht werden kann. Gefahrenmomente, die ich bewußt vermeide, etwa in die Tiefe des Meeres zu steigen, um dort alte Wracks oder ähnliches aufzusuchen, können bei stärker gestörten Patienten Angst und Panik hervorrufen und zu archaischen Konfrontationen führen mit Riesenkraken, großen Haifischen usw. Sicher begegnet er dort sehr tiefliegendem Symbolmaterial. Widerstand gegen die Therapie und deren Abbruch können die Folge sein. Das von mir geradezu angestrebte langsame Schritt-für-Schritt-Exponieren und das vom Patienten selbst dosierte Freisetzen konflikthaften Materials wird nicht in Betracht gezogen. Die zielgerichtete Führung, der eher eine rationale Komponente anhaftet, verhindert die spontane Freisetzung konfliktfreier Bereiche und Befriedigung archaischer Bedürfnisse oder die Beobachtung neurotischen Fehlverhaltens (Minimalstrukturierung S. 168ff.).

Das Verfahren von DESOILLE kennt weder die standardisierte Diagnostik des therapeutischen Prozesses, noch die freie assoziative Entfaltung des Tagtraumes mit seinen kreativen Möglichkeiten und der Altersregression mit Korrektur früher Objektbeziehungen. Das Konzept von DESOILLE ist im Gegensatz zu dem anfänglichen auf C.G. JUNG aufbauenden auf die Lehre von PAWLOW bezogen. Erst in jüngster Zeit werden Bemühungen deutlich, ein psychoanalytisches Konzept heranzuziehen. Klinische Studien zur Prüfung der Effizienz des Verfahrens liegen meines Wissens nicht vor, in begrenzter Form nur anekdotische kurze Einzelfallbeschreibungen.

Die *Psycho-Imagination-Therapy von SHORR* wurde erstmals 1972 veröffentlicht. Eine zusammenfassende neuere Publikation (SHORR 1983) liegt inzwischen vor. Das Verfahren beruht auf Erfahrungen mit einem projektiven Test mit Hilfe optischer Imaginationen (SHORR 1974), dem 14 imaginierte Situationen und vier Aufgaben zur Vervollkommnung von Sätzen Grundlage waren (SHORR Imagery Test (SIT)). Der Methode wird als Konzept die «Selbst-und-der-Andere-Theorie» von SULLIVAN (1953) und von LAING (1971) zugrunde gelegt. Die Entwicklung der Persönlichkeit stehe in Beziehung zur Bestätigung und Ablehnung durch andere. Demgemäß müsse ein Kind zwei grundsätzliche Bedürfnisse in Beziehung zu Personen erfüllen: das Bedürfnis, sich von anderen zu unterscheiden, und das, sich der Anerkennung zu versichern. Würden diese Bedürfnisse nicht erfüllt, entwickle das Kind «falsche Positionen». Imaginationen bildeten einen primären Zugang zum Selbst und zum Anderen (gemeint wohl Beziehungen zu diesem), wodurch Gedanken, Wünsche, Erwartungen und Gefühle recht wirkungsvoll reaktiviert und wiedererfahren werden könnten.

Nach Art eines Testes kennt die Psycho-Imaginations-Therapie vier Techniken: (1) Beendigung eines Satzes; (2) Nennungen der häufigsten und letzten Fragen; (3) Fragen nach dem Selbst und dem Anderen und (4) die imaginativen Situationen (IS). – Als Techniken werden angeboten: spontane Imaginationen, gerichtete Imaginationen als die hauptsächliche Methode, Selbst-Image-Imaginationen, duale Imaginationen, Körper-Imaginationen, sexuelle Imaginationen, voraussehende Imaginationen, aufgabenorientierte Imaginationen, kathartische Imaginationen, Tiefen-Imaginationen, allgemeine Imaginationen, Gruppentherapie-Imaginationen. Die einzelnen Bereiche sind untergliedert in einzelne technische Ansätze unterschiedlicher Zahl.

Psycho-Imagination-Therapy nach SHORR

Shorr bezeichnet sein Verfahren auch als phänomenologische Methode. Dementsprechend orientiert sich die genannte Gliederung auch ausschließlich an Erscheinungsweisen und klinischen Einsätzen. Bei der Fülle der technischen Ansätze, die unsystematisch gegliedert sind, fällt es schwer, den Überblick zu behalten.

Das Verfahren von Shorr kennt offensichtlich keinen prozeßhaften Ablauf therapeutischer Szenen und Sequenzen der Sitzungen. Vielmehr stellt er aufgrund seiner Fragestellungen einzelne Bilder ein, die dem Patienten als Motive vorgegeben werden, und wählt aus diesen das emotional am meisten besetzte aus, um den Patienten anzuregen, einen Satz zu beenden «als ob er die Imagination (das imaginierte Bild) selbst wäre». Aus den gegebenen Antworten, fragmentierte kurze Gedanken im Sinne freier Assoziationen, erläutert Shorr: «. . . waren wir fähig, einen sinnvollen Dialog zu entfalten. Ich will keine Interpretationen versuchen, aber wie sie sehen können, kann eine Menge in kurzer Zeit aufgedeckt werden.» Der Patient kann auch gefragt werden, ob er aus den fünf angeregten Interpretationen: «einigen Sinn finden kann». Eine andere Einstellung ist, den Patienten vorstellen zu lassen, er möge die Straße entlanggehen und alles berichten, was er sehe. Auf die vielfältigen Einzelheiten kann nicht eingegangen werden. – Offenbar entspricht es dem Naturell des einfallsreichen Autors, eine große Zahl von intuitiv gewonnenen, aber nicht reflektierten, anekdotischen Anregungen zur Imagination anzubieten, deren phänomenologische Ausrichtung sich aus den genannten Begriffen wie gerichtete, Selbst-, Dual-, Körper- usw. Imagination ergibt. In seinen Vorträgen wird die außerordentliche Wertschätzung der unübersehbaren Mannigfaltigkeit der Imaginationen seiner Patienten deutlich, wenn er beispielsweise mehr als 2000 unterschiedliche Antworten auf die vorgegebenen Motive registriert hat.

Klinische Effektivitätskontrollen oder ausgedehnte Einzelfallstudien sind mir nicht bekannt geworden. In popularwissenschaftlichen Veröffentlichungen empfiehlt Shorr Selbstübungen (1977).

Imaginationstherapie von SIMONTON

Die *Imaginationstherapie von SIMONTON*, Matthews-Simonton und Creighton (1978) wird auch als *«Live-Saving Self-Awareness-Technique»* bezeichnet. Der erste Autor ist Onkologe und Radiologe, seine Frau Psychotherapeutin und der dritte Berater von Krebspatienten. – Ausgehend von einem psycho-physischen Ganzheitsmodell, Entwicklung von Krebs und dessen Beeinflussung, haben die Autoren eine Imaginationstechnik entwickelt, die ebenfalls auf Entspannung und Anregung von Tagträumen beruht. Entscheidender Unterschied zu den konfliktzentrierten Verfahren (KB, Oberstufe autogenes Training, aktive Imagination, Methode von Shorr) ist die ausgesprochen suggestive Anleitung zu «effektiven Imaginationen» oder «positiven psychischen Imaginationen» im Zusammenhang mit einem Kampf der gesunden psychophysischen Kräfte gegen die zerstörerischen des Krebses. Es gilt dabei, problemträchtige Imaginationen zu unterdrücken oder zu überspielen. Die Darstellung dieser imaginativen Kämpfe z.B. zwischen den feindseligen Krebszellen und den gegen diese auftretenden, verschlingenden weißen Blutkörperchen, verschlingenden Fischen, ankämpfenden Rittern usw., veranschaulichen die zentrale Methode. Sie geht von der Hypothese aus, daß durch Imaginationen, unterstützt durch einen ausgeprägten, vom Therapeuten geförderten Gesundungswillen, diese positiven Ima-

472

ginationen geeignet sind, die zellulären und anderen Abwehrkräfte des Organismus in der gewünschten Richtung zu beeinflussen. Es gibt einige Hinweise aus Untersuchungen im Bereich der Grundlagenforschung, daß es tatsächlich so etwas wie eine Veränderung des Verhaltens der Lympho- und Leukozyten durch eine solche Technik gibt. In der Methode der Autoren spielen ergänzend Imaginationen eine Rolle, um Ärger und Enttäuschung zu überwinden, solche, die auf Zukunftsziele gerichtet sind, sich gegen Schmerz richten, Tod und Wiedergeburt einstellen und, vor allem auch für den Therapeuten interessant und erwägenswert, das «Anzapfen innerer Quellen» des Patienten, durch Imagination «innere Führer», die respektierliche Autoritätsgestalten von hohem symbolischem Wert sein können, oder bedeutungslose Phantasiegestalten. Sie können als Ratgeber fungieren, indem ihnen direkt Fragen vorgelegt werden, z. B. über Schmerzen und deren Ursache, als Hilfe der Problemlösung. Die Gestalten werden interpretiert als «Symbol für Dein inneres Selbst». Gewisse Regeln im Umgang mit dem inneren Führer werden gegeben (die Rolle von Führungsgestalten im KB vergleiche S. 197).

In Gesprächen mit Therapeuten, die SIMONTONS Methode anwenden, wurde deutlich, daß eine Auslese der Patienten für die Durchführung notwendig ist, denn resignierende, passive Charaktere sind nicht geeignet, da mangelhaft motiviert, diese Form des inneren Kampfes in den Imaginationen täglich unter intensiver Selbsthypnose auch mit Erfolg zugunsten der ankämpfenden «Partei» durchzuführen. SIMONTON et al. betten diese Technik sinnvoll in begleitende Maßnahmen und in ein ideologisch unterbautes Lebenskonzept ein. Die gesamte Arbeit ist von dessen und der Therapeuten Suggestivkraft getragen. Diese lebensrettende Technik der Selbstwahrnehmung unterscheidet sich allein dadurch grundlegend von der abwartenden, gewährenden und betont nicht-suggestiven Einstellung des KB-Therapeuten und der Technik des Verfahrens. Eine gewisse Parallele zu den in der Imagination einander bekämpfenden «Parteien» finden wir allerdings auch im KB (LEUNER 1955a), wo sich ebenfalls ein progressiv-therapeutisches Prinzip gegenüber einem negativ akzentuierten, sich der Gesundung entgegenstellenden neurotischen Prinzip abzeichnet (S. 106).

Abschließend sind noch Imaginationstechniken zu erwähnen, die in den USA unter dem Begriff *«Mental Imagery»* bekannt geworden sind und vor allem beim Training von Sportlern Anwendung finden. Die Erfahrung, daß in der Imagination durchgeführte Handlungsvollzüge von der Psyche verarbeitet werden, als seien sie real vollzogen, nutzen trainierende Sportler, etwa Slalomläufer, Turm- und Trampolinspringer. In tiefer Entspannung imaginieren sie Bewegungsabläufe und Körperfiguren vorwegnehmend. Das Ergebnis des Trainings kann dadurch entscheidend verbessert werden. Die Parallele im KB sehen wir in der Einstellung von Realszenen zur Antizipation von zukünftigen Situationen und deren Überwindung, z. B. im Zusammenhang mit phobischen Beeinträchtigungen.

*Mental
Imagery*

473

Anhang

Anschriften der Organisationen, die Seminare zur Weiterbildung zum Therapeuten im Katathymen Bilderleben veranstalten bzw. die Teilnahme an Seminaren vermitteln:

1. Arbeitsgemeinschaft für Katathymes Bilderleben (AGKB), Institut
   Friedländerweg 30, D – 3400 Göttingen
   Tel. 0551-46754

2. Österreichische Arbeitsgemeinschaft für Katathymes Bilderleben (ÖAGKB)
   Schelleingasse 8, A – 1040 Wien
   Tel. 0222/654454

3. Schweizer Arbeitsgemeinschaft für Katathymes Bilderleben (SAGKB)
   Buchenweg 22, CH – 3012 Bern
   Tel. 031-237494

4. Svenska föreningen för Symboldrama (SFS)
   Lyckestigen 7, S – 35244 Växjö
   Tel. 0470-11258

5. Dachorganisation:
   Internationale Gesellschaft für Katathymes Bilderleben und Imaginative Verfahren in Psychotherapie und Psychologie (IGKB)
   International Society for Guided Affective Imagery and Mental Imagery Techniques in Psychotherapy and Psychology (ISGAI)
   Friedländerweg 30, D – 3400 Göttingen
   Tel. 0551-46754

Literaturverzeichnis

Abkürzungen

L., KB Gr.: LEUNER, H.: Katathymes Bilderleben – ein Seminar. Thieme, Stuttgart 1982[3]b.

L., KB Erg. I: LEUNER, H. (Hrsg.): Katathymes Bilderleben, Ergebnisse in Theorie und Praxis. Huber, Bern/Stuttgart/Wien 1983[2].

L.L., KB Erg. II: LEUNER, H.; LANG, O. (Hrsg.): Psychotherapie mit dem Tagtraum, Katathymes Bilderleben, Ergebnisse II, Fallanalysen, Theorie. Huber, Bern/Stuttgart/Wien 1982.

L.H.K., KB Ki.: LEUNER, H.; HORN, G.; KLESSMANN, E.A.: Katathymes Bilderleben mit Kindern und Jugendlichen. Reinhardt, München/Basel 1978[2].

R., KB Erf.: ROTH, J.W. (Hrsg.): Konkrete Phantasie, neue Erfahrungen mit dem Katathymen Bilderleben. Huber, Bern/Stuttgart/Wien 1984.

Lexikalische zusammenfassende Darstellungen des KB in:

1. BASTINE, R. (Hrsg.): Grundbegriffe der Psychotherapie. Edit. Psychologie, Verl. Chemie, Weinheim 1982.
2. CORSINI, R.J. (Hrsg.): Handbuch der Psychotherapie. Beltz, Weinheim/Basel 1983.
3. BATTEGAY, R. (Hrsg.): Handwörterbuch der Psychiatrie. Enke, Stuttgart 1984.
4. TOMAN, W.; EGG, R. (Hrsg.): Handbuch der Psychotherapie. Kohlhammer, Stuttgart 1985.

ADLER, L.: Zur analen Erlebnisthematik in der psycholytischen Therapie. Med. Diss. Göttingen 1981.

ALEXANDER, F.: Zwei Formen der Regression und ihre Bedeutung in der Therapie. Psyche 9, 668, 1955/1956.

ALEXANDER, F.; FRENCH, TH.M.: Psychoanalytic therapy. Principles and application. Ronald Press, New York 1946.

AMMANN, A.N.: Aktive Imagination. Walter, Olten/Freiburg i.Br. 1979.

ARGELANDER, H.: Der Flieger. Suhrkamp, Frankfurt a.M. 1972.

ARGELANDER, H.: Das Erstinterview in der Psychotherapie. Wissenschaftliche Buchgesellschaft, Darmstadt 1970.

ARGELANDER, H.: Die kognitive Organisation psychischen Geschehens. Klett-Cotta, Stuttgart 1979.

ARNOLD, W.; EYSENCK, H.J.; MEILI, R.: Lexikon der Psychologie. Herder, Freiburg i.Br. 1976, S. 681.

AZIMO, A.; WITTKOWER, E.D.: Gratification of basic needs in treatment of schizophrenics. 1953.

BALINT, M.: Therapeutische Regression, Urformen der Liebe und die Grundstörung. Psyche 21, 713, 1967.

BALINT, M.: Angstlust und Regression. Klett, Stuttgart 1962.

BALINT, M.: Therapeutische Aspekte der Regression. Die Theorie der Grundstörung. Klett, Stuttgart 1970.

BALINT, M.; ORNSTEIN, P.H.; BALINT, E.: Fokaltherapie. Suhrkamp, Frankfurt a.M. 1973.

BALMER, H.H.: Die Archetypentheorie von C.G. Jung, eine Kritik. Springer, Berlin/Heidelberg/New York 1972.

BAROLIN, G.: Spontane Altersregression im Symboldrama und ihre klinische Bedeutung. Z. Psychother. med. Psychol. 11, 77, 1961.

BAROLIN, G.; BARTL, G.; KRAPF, G.: Spontane kontrollierte Altersregression im Katathymen Bilderleben. Z. Psychoth. Psychosomat. med. Psycholog. 32, 111, 1983.

BARTL, G.: Persönliche Mitteilung 1978.

BELLAK, L.: Über theoretische und klinische Aspekte der freien Assoziation. Psyche 15, 382, 1961.

BERES, D.: Symbol and object. Bull. Menninger Clin. 29, Nr. 1 and 2. Topeca, Cansas 1965. Dtsch.: Psyche 24, 921, 1970.

BERNA, J.: Die «Réalisation symbolique» in der Kinderanalyse. Psyche 9, 610, 1955.

BIBRING, E.: Das Problem der Depression. Psyche 6, 81, 1952/1953.

BOESCH, E.E.: Projektion und Symbol. Psychologische Rundschau 11, 73, 1960.

BOSS, M.: Der Traum und seine Auslegung. Huber, Bern/Stuttgart 1953.

BOSS, M.: «Es träumte mir vergangene Nacht, . . .». Huber, Bern/Stuttgart/Wien 1975.

BRACHFELD, O.: Gelenkte Tagträume als Hilfsmittel der Psychotherapie. Z. Psychother. med. Psychol. 4, 79, 1954.

BRENGELMANN, J.C.; BRENGELMANN, L.: Deutsche Validierung von Fragebogen der Extraversion, neurotischer Tendenz und Rigidität. Z. exp. angew. Psychol. 7, 261, 1960.

BREUER, K.; KRETZER, G.: Beziehungen zwischen Gesprächstherapie und Katathymem Bilderleben. In: Ausgewählte Vorträge der Zentr. Weiterbildungsseminare der AGKB. Eigenverlag, Göttingen 1974.

CORBOZ, R.J.; GNOS, P.U.: Der Dreibaumtest

in der Volksschule. Acta paedopsychiat. *46*, 83, 1980.

DAHLGREN, H.: Symboldrama, En psykoterapeutisk metod. Diplomuppsats vid S:t Lukasstiftelsens Utbildningsinstitut, Stockholm 1973.

DESOILLE, R.: Introduction à une psychothérapie rationelle. P.U.F., Paris 1945.

DESOILLE, R.: Théorie et pratique du rêve éveillé dirigé. Mont-Blanc, Genève 1961.

DEVAREUX, G.: Acting out in dreams. Am. J. Psychother. *4*, 657, 1955.

DIECKMANN, H.: Träume als Sprache der Seele. Bonz, Stuttgart 1984[3].

DÜHRSSEN, ANNEMARIE: Katamnestische Ergebnisse bei 1004 Patienten nach analytischer Psychotherapie. Z. psychosomat. Med. *8*, 94, 1962.

DÜHRSSEN, ANNEMARIE: Analytische Psychotherapie in Theorie, Praxis und Ergebnissen. Vandenhoeck & Ruprecht, Göttingen 1972, S. 120, 192.

DÜHRSSEN, ANNEMARIE: Die biographische Anamnese unter tiefenpsychologischem Aspekt. Vandenhoeck & Ruprecht, Göttingen 1981.

EHRENZWEIG, A.: The hidden order of art. Univ. Calif. Press, Berkeley/Los Angeles 1967.

EIBACH, H.: Persönliche Mitteilung 1968.

EIBACH, H.: Sterbehilfe in der Klinik unter Einsatz des Katathymen Bilderlebens (KB). Psychother. med. Psychol. *29*, 96, 1979.

EIBACH, H.: Die Psychodynamik einer chronischen Herzneurose im Lichte des Katathymen Bilderlebens – Behandlung und zugleich ein Beitrag zur «endlichen Analyse». In: L.L., KB Erg. II., 1982a.

EIDELBERG, L. (Ed.): Encyclopedia of psychoanalysis. Free Press, New York 1968.

ELHARDT, S.: Aggressionen als Krankheitsfaktor. Vandenhoeck & Ruprecht, Göttingen 1974.

ELIADE, M.: Schamanismus und archaische Ekstasetechnik. Rascher, Zürich/Stuttgart 1956.

ERIKSON, E.H.: Reoriented patient to a period of his early life. Arch. Neur. Psychiat. *38*, 1282, 1937.

ERIKSON, E.H.: Das Problem der Identität. Psyche *10*, 114, 1956/1957.

ERIKSON, E.H.: Identität und Lebenszyklus. Suhrkamp, Frankfurt a.M. 1966.

ERIKSON, E.H.: Kindheit und Gesellschaft. Klett, Stuttgart 1969[3].

ERIKSON, E.H.; KUBIE, E.: The successful treatment of a case of acute hysterical depression by a return under hypnosis to a critical phase of childhood. Psychoanal. Quart. *10*, 583, 1941.

ERLANGER, A.: Katathymes Bilderleben bei alternden Patienten. In: R. KB Erf. 1984.

FAIRBAIRN, W.A.: An objectrelations theory of the personality. Basic Books, New York 1952.

FENICHEL, O.: Psychoanalytische Neurosenlehre, Bd. II. Walter, Olten/Freiburg i.Br. 1975.

FEDERN, P.: Ich-Psychologie und die Psychosen. Huber, Bern 1962.

FERENCZI, S. (1912): Zur Begriffsbestimmung der Introjektion. In: Schriften zur Psychoanalyse I, Conditio humana. S. Fischer, Frankfurt a.M. 1970.

FERENCZI, S. (1913): Entwicklungsstufen des Wirklichkeitssinnes. In: Schriften zur Psychoanalyse I, Conditio humana. S. Fischer, Frankfurt a.M. 1970.

FERENCZI, S.; RANK, O.: The development of psychoanalysis. Nervous, Mental Deseas. Publ. Comp., New York/Washington 1925.

FRANK, L.: Affektstörungen. Springer, Berlin 1914.

FREDERKING, W.: Über die Tiefenentspannung und das Bildern. Psyche *2*, 211, 1948.

FREIWALD, M.; LIEDTKE, R.; ZEPF, S.: Die Imagination des erkrankten Organs von Patienten mit Colitis ulcerosa und funktionellen Herzbeschwerden im Experimentellen Katathymen Bilderleben. Z. Psychother. med. Psychol. *25*, 19, 1975.

FREUD, ANNA (1936): Das Ich und die Abwehrmechanismen. Reprint: Kindler, Akad. Taschenb. 2001, München 1978.

FREUD, ANNA: The psychoanalytic study of the child. Vol. IX, Int. Univ. Press, New York 1954.

FREUD, S. (1895): Studien über Hysterie. G.W. I, Imago, London 1942.

FREUD, S. (1900, 1914[4]): Die Traumdeutung. G.W. II/III, Imago, London 1955[3], S. 598.

FREUD, S. (1905): Bruchstück einer Hysterie-Analyse. G.W. V, Imago, London 1942.

FREUD, S. (1913): Das Motiv der Kästchenwahl. G.W. X, Imago, London 1946.

FREUD, S. (1914): Erinnern, Wiederholen, Durcharbeiten. G.W. X, Imago, London 1946.

FREUD, S. (1918): Wege der psychoanalytischen Therapie. G.W. XII, Imago, London 1947, S. 188 ff.

FREUD, S. (1923): Das Ich und das Es. G.W. XIII, Imago, London 1940, S. 253.

FREUD, S. (1925–1931): «Selbstdarstellung». G.W. XIV, Imago, London 1948, S. 68.

FREUD, S. (1932): Die endliche und die unendliche Analyse. G.W. XVI, Imago, London 1950.

FREUD, S. (1937): Der Mann Moses und die monotheistische Religion. G.W. XVI, Imago, London 1950.

FREUD, S.; BREUER, S. (1895): Studien über Hysterie. Fischer TB 6001, Frankfurt a.M. 1981[70].

FUCHS, R.: Gewißheit, Motivation und beding-
ter Reflex. Hain, Meisenheim 1954.
FULLER, M.: Persönliche Mitteilung 1982.
GABE, S.; GROTJAHN, M.: Neuere Fortschritte
in der analytischen Psychotherapie der Psy-
chosen. Psyche 5, 633, 1952.
GENDLIN, E. T.: Focusing – Technik der Selbst-
hilfe bei der Lösung persönlicher Probleme.
O. Müller, Salzburg 1984[4].
GILL, M.; BRENMAN, M.: Hypnosis and related
states. New York 1966.
GLOVER, E.: A psychoanalytic approach to the
classification of mental disorders. J. Ment.
Sci. 78, 819, 1932.
GLOVER, E.: On the early development of mind.
Int. Univ. Press, New York 1950.
GRASSI, E.: Die Macht der Phantasie. Athe-
näum, Königstein/Ts. 1979.
GREENSON, R. R.: Technik und Praxis der Psy-
choanalyse. Klett, Stuttgart 1975[2].
GRÜNHOLZ, G.: Psychedelische Erfahrung und
Kunst durch Selbsthypnose. Düsseldorfer
Hefte, H. 13, Michael Triltsch, Düsseldorf
1970.
GRUNBERGER, B.: Vom Narzißmus zum Objekt.
Suhrkamp, Frankfurt a. M. 1976.
GRUNERT, U.: Narzißtische Restitutionsversu-
che im Traum. Psyche 31, 1054, 1977.
GUNTRIP, H.: Schizoid phenomena, object rela-
tions and the self. Int. Univ. Press, New York
1968.
HAPPICH, C.: Das Bildbewußtsein als Ansatz-
stelle psychischer Behandlung. Zentralbl.
Psychoth. 5, 633, 1932.
HARONIAN, F.: The ethical relevance of a psy-
chotherapeutic technique. J. Religion and
Health 6, 148, 1967.
HARTMANN, H.: Ich-Psychologie. Klett, Stutt-
gart 1972.
HARTMANN, H.; KRIS, E.; LOEWENSTEIN, R.:
Some psychoanalytic comments on «Culture
and Personality». In: Wilburg, G. B.; Muen-
sterberger, W. (Eds.): Psychoanalysis and cul-
ture. Int. Univ. Press, New York 1951.
HARTMANN, H.; LOEWENSTEIN, R.; KRIS, E.:
Comments on the formation of the psychic
structure. Psychoanal. study child. Int. Univ.
Press, New York 1946, Vol. II.
HARTMANN, H.; KRIS, E.; LOEWENSTEIN, R.:
The function of theory in psychoanalysis. In:
Loewenstein, R. (Ed.): Drives, affects, be-
haviour. Int. Univ. Press, New York 1953.
HARTMANN, R. P.: Sechzehn Maler zeichnen
unter LSD. Brücke 40, 10, Höchst, Frankfurt
a. M. 1970.
HAUPTVOGEL, H.: Persönliche Mitteilung 1980.
HEIGL-EVERS, A.; HEIGL, F.: Interaktionelle
Gruppentherapie. In: Heigl-Evers, A.;
Streeck, U. (Hrsg.): Psychologie des 20. Jahr-
hunderts, Bd. 8: Lewin und die Folgen.
Kindler, München 1979.

HEIGL, F.: Indikation und Prognose. In: Psy-
choanalyse und Psychotherapie. Vanden-
hoeck & Ruprecht, Göttingen 1972.
HEIMANN, P.: Bemerkungen zur Gegenübertra-
gung. Psyche 18, 483, 1964.
HEISS, R.: Allgemeine Tiefenpsychologie. Hu-
ber, Bern/Stuttgart 1956.
HENLE, I.: Die Anwendung des Katathymen
Bilderlebens bei der Therapie der ehelichen
Virginität. In: L. L., KB Erg. II. 1982a.
HEYDT-GUTSCHER, H.: Psychotherapie einer
Magersüchtigen (Teil I und II). Z. Psychoso-
mat. Med. 6, 77, 185, 1959.
HEYER, G. R.: Praktische Seelenheilkunde.
Reinhardt, München 1950.
HITCHCOCK, A.: Meine Lieblingsmorde.
Scherz, Bern/München/Wien 1979.
HOCHE, H.: Das träumende Ich. Jena 1927.
HOLFELD, H.: Psychophysische Korrelation un-
ter der Einwirkung von Psycholytica (LSD,
Psilocybin u. ä.). Med. Exp. 5, 209, 1962.
HOLFELD, H.; LEUNER, H.: Die Behandlung ei-
ner chronisch rezidivierenden psychogenen
Psychose. In: L. L., KB Erg. II, 1982a.
HORN, G.: Therapie eines schwer gestörten Ju-
gendlichen mit dem Katathymen Bilderle-
ben. In: L. H. K. KB Ki., 1978[2].
JASPERS, K.: Allgemeine Psychopathologie.
Springer, Berlin/Göttingen/Heidelberg
1959[7].
JONES, E.: Die Theorie der Symbolik. Int. Z.
ärztl. Ps. a. 5, 273, 1919.
JUNG, C. G.: Psychoanalyse und Assoziations-
experiment. J. Psychol. Neurol. 7, 1905.
JUNG, C. G. (1908): Zit. n. Ammann, A. N.: Ak-
tive Imagination. Walter, Olten/Freiburg
i. Br. 1979.
JUNG, C. G. (1916): Zit. n. Franz, M.-L. v.: Die
aktive Imagination in der Psychologie C. G.
Jungs. In: Bitter, W. (Hrsg.): Meditationen in
Religionen und Psychotherapie. Klett, Stutt-
gart 1957.
JUNG, C. G.: Über psychische Energetik und das
Wesen der Träume. Rascher, Zürich 1948.
JUNG, C. G.: Gestaltung des Unbewußten. G. W.
9/I, S. 183, Rascher, Zürich 1950.
JUNG, C. G.: Symbole der Wandlung. Rascher,
Zürich 1952.
JUNG, C. G. (1943): Über die Psychologie des
Unbewußten. Rascher, Zürich 1966.
JUNG, F. G.; KULESSA, CHR.: Katamnestische
Untersuchungen einer 20-Stunden-Therapie
mit dem Katathymen Bilderleben. – Eine
testpsychologische Studie. L., KB Erg. I,
1983[2].
KASCHNITZ, M.-L.: Das Haus der Kindheit.
Classen, Hamburg 1956.
KAZDIN, A. E.: Covert modeling: the therapeu-
tic application of imagined rehearsal. In: Sin-
ger, J. W.; Pope, K. S.: The power of human
imagination. Plenum Press, New York 1978.

KERNBERG, O.F.: Borderline-Störungen und pathologischer Narzißmus. Suhrkamp, Frankfurt a.M. 1979[2].

KERNBERG, O.F.: Objektbeziehungen und Praxis der Psychoanalyse. Klett-Cotta, Stuttgart 1981.

KLAGES, L. (1933): Die Sprache als Quelle der Seelenkunde. Hirzel, Zürich 1948.

KLAGES, L.: Grundlegung der Wissenschaft vom Ausdruck. Bouvier, Bonn 1950.

KLEIN, MELANIE: Das Seelenleben des Kleinkindes. Klett, Stuttgart 1962.

KLEIN, MELANIE: Das Seelenleben des Kleinkindes und andere Beiträge zur Psychoanalyse. Rowohlt, Reinbek 1972.

KLESSMANN, E.: Katathymes Bilderleben in der Gruppe bei jüngeren Drogenkonsumenten. In: L.H.K., KB Ki. 1978[2].

KLESSMANN, E.: Symbolisierung von Beziehungen im Katathymen Bilderleben – frühe Objektbeziehungen und spätere Familienbeziehungsstörungen. In: L.L., KB Erg. II, 1982a.

KLESSMANN, E.: Das Katathyme Bilderleben als Spiegel gestörter Familienbeziehungen bei Kindern und Jugendlichen. In: L., KB Erg. I. 1983[2].

KLESSMANN, E.: Anorexia nervosa, eine psychotherapeutische Beziehungsfalle? Prax. Ki. Psychol. 32, 257, 1983.

KLESSMANN, E.; KLESSMANN, H.A.: Ambulante Psychotherapie der Anorexia nervosa unter Anwendung des Katathymen Bilderlebens. In: L.H.K., KB Ki. 1978.

KLINE, N.S.; HAGGERTY, F.: Hypnotic age regression and the TAT – a clinical case study of occupational identification. J. clin. exp. Hypnos. 1, 18, 1953.

KLINGER, E.: Katathymes Bilderleben und die neuere Vorstellungsforschung. Vortrag Akad. Feier 65. Geburtstag H. Leuner, Göttingen 28. 1. 1984 (unveröff.).

KLUGE, D.; THREN, D.: Bildstreifendenken als psychotherapeutische Methode. Z. Psychoth. med. Psychol. 1, 13, 1951.

KOCH, W.: Kurztherapie einer zwangsstrukturierten Neurose mit dem Katathymen Bilderleben. Z. Psychoth. med. Psychol. 19, 187, 1969.

KOENIG, O.: Urmotiv Auge. Piper, München 1975.

KÖNIG, K.: Angst und Persönlichkeit. Vandenhoeck & Ruprecht, Göttingen 1981.

KÖHLER, W.: Über Assoziationen und über «verständliche Zusammenhänge». Psychologische Probleme, Berlin 1933.

KOHUT, H.: Formen und Umformungen des Narzißmus. Psyche 20, 561, 1966.

KOHUT, H.: Die psychoanalytische Behandlung narzißtischer Persönlichkeitsstrukturen. Psyche 23, 321, 1969.

KOHUT, H.: Narzißmus. Suhrkamp, Frankfurt a.M. 1975.

KOHUT, H.: Narzißmus. Eine Theorie der psychoanalytischen Behandlung narzißtischer Persönlichkeitsstörungen. Suhrkamp, Frankfurt a.M. 1976[2].

KOHUT, H.: Begriffe und Theorie der Psychoanalyse. Introspektion, Empathie und Psychoanalyse. Suhrkamp, Frankfurt a.M. 1977.

KOLLER, M.: Beobachtungen mit dem musikalischen Katathymen Bilderleben bei Patienten mit psychovegetativen Symptomen. Med. Diss. Göttingen 1980.

KORNADT, H.-J.: Experimentally excited images as function of dynamic systems. Proceedings of the XIII. Congress Ing. Ass. Applied Psychol. Rom 1958.

KOSBAB, F.P.: Symbolismus, Selbsterfahrung und die didaktische Anwendung des Katathymen Bilderlebens in der psychiatrischen Ausbildung. Z. Psychoth. med. Psychol. 22, 210, 1972.

KOTTJE-BIRNBACHER, L.: Paartherapie mit dem Katathymen Bilderleben – eine Falldarstellung. Z. Familiendynamik 6, 160, 1981.

KOTTJE-BIRNBACHER, L.: Das Katathyme Bilderleben (KB) der Dyade als Spiegel von Paarbeziehungen. In: L.L., KB Erg. II, 1982a.

KOTTJE-BIRNBACHER, L.: Persönliche Mitteilung 1982b.

KOTTJE-BIRNBACHER, L.: Erste Ergebnisse der Paartherapie mit dem Katathymen Bilderleben. In: L., KB Erg. I, 1983[2].

KOTTJE-BIRNBACHER, L.: Zur Interventionstechnik beim Dyaden-KB. In: R. KB Erf. 1984.

KRAPF, G.: Persönliche Mitteilung 1978.

KREISCHE, R.: Zur Gruppentherapie mit dem Katathymen Bilderleben. Schriftenreihe der AGKB, Bd. 1, Eigenverlag, Göttingen 1980[3].

KRETSCHMER, E. (1922): Medizinische Psychologie. Thieme, Stuttgart 1950[10].

KRETSCHMER, F.: Gestufte Aktivhypnose. Zweigleichige Standardmethode. Handbuch der Neurosenlehre und Psychotherapie IV. Urban & Schwarzenberg, München/Berlin 1959, S. 130.

KRETZER, G.: Therapeutenvariable der GT, angewandt in der Psychotherapie mit dem Katathymen Bilderleben. Unveröff. Manuskr. 1978.

KRIS, E.: Psychoanalytic Exploration in Art. Int. Univ. Press, New York 1952.

KÜNKEL, F.: Charakter, Leiden und Heilung. Hirzel, Leipzig 1934[2].

KUHLENKAMPFF, C.: Erblicken und Erblicktwerden. Nervenarzt 27, 2, 1956.

KULESSA, CH.: Katathyme Maltherapie. Erfahrungen aus einer Verlaufsbeobachtung. Vortrag 3. Zentr. Weiterbildungsseminare AGKB, Villingen 1975 (unveröff.).

KULESSA, CH.: Supervision eines Falles, persönliche Mitteilung 1976.

KULESSA, CH.; JUNG, F.G.: Die Effizienz einer 20-stündigen Kurzpsychotherapie mit dem Katathymen Bilderleben: Eine testpsychologische Untersuchung. Z. Psychosom. Med. Psychoanal. 25, 274, 1979.

KULESSA, CH.; JUNG, F.G.: Effizienz einer 20-stündigen Kurzpsychotherapie mit dem Katathymen Bilderleben im testpsychologischen prae/post-Vergleich. In: L., KB Erg. I., 1983².

LAING, R.D.: Phänomenologie der Erfahrung. Suhrkamp, Frankfurt a.M. 1971⁴.

LANDAU, E.; LEUNER, H.: Persönl. Kommunikation und gemeinsame Kreativitätsseminare. Göttingen 1978 (unveröff.).

LANDAU, E.: Sterbehilfe mit dem Katathymen Bilderleben. In: L., KB Erg. I., 1983².

LANDAU, E.: Kreatives Erleben. Reinhardt, München/Basel 1984.

LANG, O.: Behandlung einer schweren narzißtischen Störung bei hysterischer Persönlichkeitsstruktur – zugleich ein Beitrag zur Eigenart der Übertragung im Katathymen Bilderleben. In: L.L., KB Erg. II., 1982a.

LANGEN, D.: Anleitung zur gestuften Aktivhypnose. Thieme, Stuttgart 1961.

LAPLANCHE, J.; PONTALIS, J.B.: Das Vokabular der Psychoanalyse. Suhrkamp, wissenschaftl. Taschenbuch, Frankfurt a.M. 1972.

LEBOVICI, S.: Die Aspekte der frühen Objektbeziehungen und die analytische Beziehung. Psyche 10, 82, 1956.

LEFEBRE, L.: Eine Hypothese über den latenten Trauminhalt. Psyche 6, 351, 1952/1953.

LEUNER, H.: Kontrolle der Symbolinterpretation im experimentellen Verfahren. Z. Psychoth. med. Psychol. 4, 201, 1954.

LEUNER, H.: Experimentelles katathymes Bilderleben als ein klinisches Verfahren der Psychotherapie. Z. Psychoth. med. Psychol. 5, 185 und 233, 1955a.

LEUNER, H.: Symbolkonfrontation, ein nichtinterpretierendes Vorgehen in der Psychotherapie. Schweiz. Arch. Neurol. Psychiat. 76, 23, 1955b.

LEUNER, H.: Symboldrama, ein aktives, nichtanalytisches Verfahren der Psychotherapie. Z. Psychoth. med. Psychol. 7, 50, 1957.

LEUNER, H.: Seelische Abbildungsvorgänge als Phänomene der Psychodynamik. In: Winkler, W.Th.; Hirschmann, J.; Kretschmer, W. (Hrsg.): Mehrdimensionale Diagnostik und Therapie. Festschrift zum 70. Geburtstag von Prof. Ernst Kretschmer. Thieme, Stuttgart 1958.

LEUNER, H.: Die experimentelle Psychose. Springer, Berlin/Göttingen/Heidelberg 1962.

LEUNER, H.: Assoziationspsychologie und Psychiatrie. In: Akt. Fragen. Psychiat. Neurol. Vol. 1, Karger, Basel/New York 1964, S. 154.

LEUNER, H.: Das assoziative Vorgehen im Symboldrama. Z. Psychoth. med. Psychol. 14, 196, 1964a.

LEUNER, H.: Kurzpsychotherapie, ihre Problematik und ihre Notwendigkeit. Z. Psychoth. med. Psychol. 17, 125, 1967.

LEUNER, H.: Guided Affective Imagery (GAI): A method of intensive Psychotherapy. Am. J. Psychother. 23, 4, 1969.

LEUNER, H.: Katathymes Bilderleben, Unterstufe, Kleine Psychotherapie mit der Tagtraumtechnik. Thieme, Stuttgart 1970.

LEUNER, H.: Die Bedeutung der Musik in imaginativen Techniken der Psychotherapie. Vortrag gehalten auf dem Ostersymposion der Herbert von Karajan-Stiftung, Salzburg 1972. In: Revers, W.J.; Harrer, G.; Simon, W.C.M. (Hrsg.): Neue Wege der Musiktherapie. Econ, Düsseldorf/Wien 1974.

LEUNER, H.: The role of imagery in Psychotherapy. In: Arieti, S.; Chrzanowski, G. (Ed.): New dimensions in psychiatry: a world view. Wiley & Sons Inc., New York/London/Sydney/Toronto 1975.

LEUNER, H.: Guided Affective Imagery: An account of its developmental history. J. Mental Imagery (USA) 1, 73, 1977.

LEUNER, H.: Das Respiratorische Feedback – eine Entspannungstherapie bei psychovegetativen und neurotischen Krankheitsbildern. Der inform. Arzt 5, 18, 1977a.

LEUNER, H.: Basic principles and therapeutic efficacy of Guided Affective Imagery. In: Singer, J.L.; Pope, K. (Eds.): The power of human imagination. Plenum Publ., Corp. New York 1978.

LEUNER, H.: Regression – Die Entwicklung des Begriffes und ihre Bedeutung für therapeutische Konzepte. Z. Psychosom. med. Psychoanal. 24, 301, 1978a.

LEUNER, H.: Grundzüge der tiefenpsychologischen Symbolik I. Materialien zur Psychoanalyse 5, 166, 1978b.

LEUNER, H.: Halluzinogene. Huber, Bern/Stuttgart/Wien 1981.

LEUNER, H.: Das Katathyme Bilderleben im Lichte der Ich-Psychologie. In: L.L., KB Erg. II., 1982a.

LEUNER, H.: 1982³b = L. KB Gr.

Leuner, H. (Hrsg.): 1983² = L., KB Erg. I.

LEUNER, H.: Zur psychoanalytischen Theorie des Katathymen Bilderlebens. In: L., KB Erg. I, 1983²a.

LEUNER, H.: Die Stellung des Katathymen Bilderlebens in Psychosomatischer Forschung und Therapie. Vortrag gehalten auf der 3. Wissenschaftl. Tagung der IGKB, München 1983b (unveröff.).

LEUNER, H.: Guided Affective Imagery, Mental Imagery in Short-term Psychotherapy. Thieme-Stratton Inc., New York 1984.

LEUNER, H.: Der Tagtraum des Katathymen Bilderlebens als Form der Sterbehilfe. In: Spiegel-Rösing, I.; Petzold, H. (Hrsg.): Die Begleitung Sterbender. Junfermann, Paderborn 1984a.

LEUNER, H.; LANG, O. (Hrsg.): 1982a = L.L., KB Erg. II.

LEUNER, H.; HORN, G.; KLESSMANN, E.: 1978[2] = L.H.K., KB Ki.

LEUNER, H.; SACHSSE, U.: Persönliche Kommunikation und Gruppenarbeit. 1977 (unveröff.).

LEVY, L.H.: Psychological interpretations. New York 1961.

LEWIN, K.: Das Problem der Willensmessung und das Grundgesetz der Assoziationen. Psychol. Forsch. 1, 1921; 2, 1922. – Werkausg. Bd. 5. Huber, Bern und Klett-Cotta, Stuttgart (in Vorbereitung).

LEWIN, K.: Vorsatz, Wille und Bedürfnis. Psychol. Forsch. 7, 294, 1926. – Werkausg. Bd. 5. Huber, Bern und Klett-Cotta, Stuttgart (in Vorbereitung).

LIENHARD, P.: Hypnotisch vermittelte Gefühle und ihre Auswirkungen auf die Imaginationen des Katathymen Bilderlebens. Arbeit Liz. philos. Fak. Univ. Freiburg/Schweiz 1983.

LITTORIN, ST.: Vortrag über einen Fall von Trauerarbeit mit dem Katathymen Bilderleben, gehalten auf dem 1. Internat. Kongreß für Katathymes Bilderleben, Göttingen 1978 (unveröff.).

LOCH, W.: Die theoretischen Voraussetzungen einer psychoanalytischen Kurztherapie. In: Jahrbuch Psychoanal. 4. Huber, Bern 1967.

LOCH, W. (Hrsg.): Die Krankheitslehre der Psychoanalyse. Hirzel, Stuttgart 1983[4].

LORENZER, A.: Kritik des psychoanalytischen Symbolbegriffes. Suhrkamp, Frankfurt a.M. 1970.

MALAN, D.H.: Psychoanalytische Kurzpsychotherapie. Huber/Klett, Bern/Stuttgart 1965.

MARGOLIN, S.G.: Psychotherapeutic principles in psychosomatic medicine. In: Wittkower, E.D.; Cleghorn, R.A.: Recent developments in psychosomatic medicine. Lippincott, Philadelphia 1954.

MASLOW, A.H.: Peak experience as acute identity. Amer. J. Psychoan. 21, 254, 1961.

MASLOW, A.H.: Psychologie des Seins. Kindler, München 1973.

MASTERS, R.E.L.; HOUSTON, J.: Psychedelische Kunst. Droemer-Knaur, München/Zürich 1969.

MATUSSEK, P.: Untersuchungen über die Wahrnehmung. Arch. Psychiat. Nervenkr. 189, 4, 1952.

MEADOW, A., PARNES, S.J.: Influence of brainstorming instructions and problemsolving. J. Appl. Psychol. 1959, S. 189.

MENNINGER-LERCHENTHAL, E.: Über Heautoskopie. 1935. Zit. n. Peters, U.H.: Wörterbuch der Psychiatrie und medizinischen Psychologie. Urban & Schwarzenberg, München/Wien/Baltimore 1977[2].

METZGER, W.: Psychologie. Steinkopf, Darmstadt 1974[2].

MEYER, J.-E.: Der Bewußtseinszustand bei optischen Sinnestäuschungen. Arch. Psychiat. Neurol. 189, 474, 1952.

MICHEAUX, H.: Turbulenz im Unendlichen. Suhrkamp, Frankfurt a.M. 1961.

MORENO, J.L.: Gruppenpsychotherapie und Psychodrama. Thieme, Stuttgart 1959.

MÜLLER-BRAUNSCHWEIG, H.: Die Funktion der Symbolbildung für den Spannungsausgleich in psychopathologischen und kreativen Prozessen. Psychol. Diss. Frankfurt a.M. 1975.

MÜLLER-HEGEMANN, D.: Einige Modifikationen des autogenen Trainings. Nervenarzt 27, 266, 1956.

NERENZ, K.: Die musikalische Beeinflussung des experimentellen katathymen Bilderlebens und ihre psychotherapeutische Wirkung. Med. Diss. Göttingen 1965.

NERENZ, K.: Das musikalische Symboldrama als Hilfsmethode in der Psychotherapie. Z. Psychoth. med. Psychol. 19, 28, 1969.

NIEDERLAND, W.G.: River symbolism. Psychoanal. Quart. 15, 469, 1956.

NUNBERG, H. (1932): Allgemeine Neurosenlehre auf psychoanalytischer Grundlage. Huber, Bern/Stuttgart/Wien 1975[4].

PAHL, J.: Über einige abgrenzbare Formen der Übertragungs- und Gegenübertragungsprozesse während der Arbeit mit dem Katathymen Bilderleben. In: L.L., Erg. II, 1982a.

PAHL, J.: Über narzißtische Entwicklungslinien während des Katathymen Bilderlebens. In: L., KB Erg. I, 1983[2].

PAHL, J.; WILKE, E.: Persönliche Mitteilungen 1983.

PONGRATZ, L.J.: Neue Modelle der Trauminterpretation. In: Graevenitz, J., von (Hrsg.): Bedeutung und Deutung des Traumes in der Psychotherapie. Wissensch. Buchgesellsch., Darmstadt 1968.

PRINDULL, E.: Die Manifestation der depressiven Verstimmung im Katathymen Bilderleben. Med. Diss. Göttingen 1964.

PSZYWYJ, A.: Die imaginative Anwendung des Wassers im Katathymen Bilderleben. In: L., KB Erg. I, 1983[2].

RAD, M. VON: Alexithymie. Springer Monographien, Berlin/Heidelberg/New York 1983.

RANGELL, L.: An examination of nosology according to psychoanalytic concepts. Report Ross, N.: Midwinter Meeting, N.Y., J. Am. Psa. Ass. 8, 535, 1960.

RANK, O.; SACHS, H.: Die Bedeutung der Psychoanalyse für die Geisteswissenschaften. Bergmann, Wiesbaden 1913.

481

RAPAPORT, D.: Die Struktur der psychoanalytischen Theorie. Klett, Stuttgart 1973[3].

REICH, S.: Charakteranalyse. Kiepenheuer, Witsch, Köln/Berlin 1971.

REVERS, W.J.; TAEUBER, K.: Der thematische Apperzeptionstest (TAT). Huber, Bern/Stuttgart 1968[2].

RICHTER, H.-E.; BECKMANN, D.: Herzneurose. Thieme, Stuttgart 1973[2].

RIEMANN, F.: Grundformen der Angst. Reinhardt, München/Basel 1975.

RIGO, L.: Prospettiva sulla struttura e dinamica della personalità attraverso la psicoterapia con il RED (rêve éveillé dirigé). Minerva Medicopsicol. 5, 123, 164.

ROFFENSTEIN, G.: Zentralblatt Neurol. 87, 1923.

ROLLAND, R.: Zit. n. Freud 1913.

Rorschach-Test in: Rickers-Ovsankina, M.A.: Rorschach psychology. Wiley, New York 1960.

ROTH, J.W.: Das Katathyme Bilderleben als Kurzpsychotherapie in der psychosomatischen Gynäkologie. Schw. Med. Rundsch. (PRAXIS) 65, 252, 1976.

ROTH, J.W.: Das Katathyme Bilderleben bei psychosomatischen Frauenkrankheiten und Sexualstörungen beiderlei Geschlechts. In: L., KB Erg. I., 1983[2].

ROTH, J.W.: Über die Bedeutung der introspektiven Imagination des Katathymen Bilderlebens, dargestellt am Beispiel des Spannungskopfschmerzes. In: L., KB Erg. I, S. 224, 1983[2]a.

ROTH, J.W.: Körpersensationen während des Katathymen Bilderlebens – ihr Einsatz als therapeutische Technik. In: R. KB Erf. 1984.

SALVISBERG, H.: Therapie von Zwangsneurosen mit dem Katathymen Bilderleben – ein Beitrag zur Kasuistik und Theorie. In: L.L., KB Erg. II., 1982.

SANDER, F.: Experimentelle Ergebnisse der Gestaltpsychologie. Gestaltpsychologie und Kunsttheorie. Neue psychologische Studien 4, 1932.

SANDLER, J.; JOFFE, W.G.: Die Persistenz in der psychischen Funktion und Entwicklung mit besonderem Bezug auf die Prozesse der Fixierung und Regression. Psyche 21, 138, 1967.

SCHNECK, J.M.G.: Spontaneous regression to an infantile level during self-hypnosis. J. genet. Psychol. 86, 183, 1955.

SCHULTZ, J.H.: Die seelische Krankenbehandlung. G. Fischer, Stuttgart 1958[7].

SCHULTZ, J.H.: Das autogene Training. Thieme, Stuttgart 1973.

SCHULTZ-HENCKE, H.: Lehrbuch der analytischen Psychotherapie. Thieme, Stuttgart 1965.

SCHWIDDER, W.: Neopsychoanalyse (Harald Schultz-Hencke). In: Handbuch Neurosenlehre, Psychother. Urban & Schwarzenberg, München/Berlin 1959.

SCUPIN, E.; SCUPIN, G.: Bubis erste Kindheit. Ein Tagebuch über die geistige Entwicklung eines Knaben während der ersten drei Lebensjahre. Grieben, Leipzig 1907.

SEITHE, A.: Psychotherapie des Falles einer chronischen Anorexia nervosa mit dem Katathymen Bilderleben. In: L.L., KB Erg. II, 1982a.

SECHEHAYE, M.A.: Die symbolische Wunscherfüllung. Huber, Bern 1955.

SHAPE, E.F.: Dream analysis. Norton, Great Britain, ohne Jahreszahl, S. 33.

SHORR, J.E.: Psycho-Imagination therapy: The integration of phenomenology and imagination. Intercont. Med. Book Corp., New York 1972.

SHORR, J.E.: Shorr imagery test. Inst. psycho-imag. therapy, Los Angeles 1974.

SHORR, J.E.: Go see the movie in your head. Popular Library CBS, New York 1977.

SHORR, J.E.: Psychotherapy through imagery. Thieme-Stratton, New York 1983[2].

SIEBENTHAL, W. VON: Die Wissenschaft vom Traum. Springer, Berlin/Göttingen/Heidelberg 1953.

SILBERER, H.: Bericht über die Methode, gewisse symbolische Halluzinationserscheinungen hervorzurufen und zu beobachten. J. b. psychoanal. psychopathol. Fo. 1, 302, 1909.

SILBERER, H.: Symbolik des Erwachens und Schwellensymbolik überhaupt. J. b. psychoanal. psychopathol. Fo. 3, 621, 1912.

SIMMET, H.: Wechselwirkungen von Katathymem Bilderleben und kreativem Prozeß bei einem Fall von Enteritis regionalis (Morbus Crohn). In: L., KB Erg. I, 1983[2].

SIMONTON, O.C.; MATTHEWS-SIMONTON, ST.; CREIGHTON, J.L.: Getting well again. Bantam, Toronto/New York/London 1980.

SINGER, J.L.: Persönliche Mitteilung 1978a.

SINGER, J.L.: Phantasie und Tagtraum: Imaginative Methoden in der Psychotherapie. Pfeiffer, München 1978b.

SINGER, J.L.; POPE, K.S.: The power of human imagination. Plenum Press, New York 1978c.

SOMMER, I.: Die Wirksamkeit der Konfrontation im Katathymen Bilderleben bei der Behandlung kindlicher Phobien. In: L.H.K., KB Ki. 1978[2].

SPITZ, R.: Übertragung und Gegenübertragung. Psyche 10, 63, 1956/1957.

STAABS, G. VON: Stotterheilung durch Wiederholung der einzelnen kindlichen Entwicklungsphasen im Erlebnis einer Scenotest-Spieltherapie. Psyche 5, 688, 1951/1952.

STAMM, S.: Die psychodynamische Wirkung der Hypnose im Spiegel des Katathymen Bilderlebens. In: L., KB Erg. I., 1983[2].

482

STEINER, E.: Pragmatische Kurztherapie von zwei Herzneurosen (Herzphobien) mit dem Katathymen Bilderleben. In: L.L., KB Erg. II., 1982a.

STIERLIN, H.: Conflict and reconsiliation. Anchor, Double Day, Garden City/New York 1969.

STIERLIN, H.: «Rolle und Auftrag» in der Familientheorie und -therapie. Z. Familiendynamik *1*, 36, 1975.

STOLZE, H.: Das obere Kreuz. Lehmann, München 1953.

STRELETZKI, F.: Regressive optische Wahrnehmungsphänomene zu Beginn der Therapie einer narzißtischen Persönlichkeit. Z. Psychosomat. Med. Psychoanal. *17*, 261, 1971.

STURM, M.: Über die Kasuistik der psychotherapeutischen Behandlung mit dem Katathymen Bilderleben und ihre Auswertung. Med. Diss. Göttingen 1984.

SULLIVAN, H.S.: The interpersonal theory of psychiatry. Norton, New York 1953.

SWARLTEY, W.: Initiated symbol projection. In: Assagioli, R.: Psychosynthesis. Hobbs, Dormann Comp. Inc., New York/Buenos Aires 1965.

SZONN, G.: Trauerarbeit mit dem Katathymen Bilderleben. In: L., KB Erg. I., 1983[2].

TEIRICH, H.R. (Hrsg.): Musik in der Medizin. Fischer, Stuttgart 1953.

THOMAS, K.: Praxis der Selbsthypnose des autogenen Trainings. Thieme, Stuttgart 1967.

VOGT, O. (1896): Zit. n. Schultz, J.H.: Die seelische Krankenbehandlung. G. Fischer, Stuttgart 1958, S. 168.

VOLKAN, V.D.: Psychoanalyse der frühen Objektbeziehungen. Klett-Cotta, Stuttgart 1978.

WÄCHTER, H.-M.: Kurztherapie einer neurotischen Depression mit narzißtischen Persönlichkeitsanteilen. In: L.L., KB Erg. II, 1982a.

WÄCHTER, H.-M.: Möglichkeiten des Katathymen Bilderlebens in der Behandlung psychosomatischer Krankheiten. In: R. KB Erf., 1984.

WÄCHTER, H.-M.; PUDEL, V.: Kontrollierte Untersuchung einer extremen Kurzpsychotherapie (15 Stunden) mit dem Katathymen Bilderleben. Psychoth. Psychosomat. med. Psychol. *30*, 193, 1980, sowie: L., KB Erg. I., 1983[2].

WALLNÖFER, H.: Kathartisches und analytisches Geschehen im autogenen Training. In: Binder, H.: 20 Jahre praktische und klinische Psychotherapie. Lehmann, München 1973.

WATZLAWICK, P.; WEAKLAND, J.H. (Hrsg.): Interaction. Norton & Comp., New York 1980. Deutsch: Interaktion. Huber, Bern/Stuttgart/Wien 1980.

WERNER, H.: Einführung in die Entwicklungspsychologie. Barth, München 1953[3].

WILKE, E.: Katathymes Bilderleben (KB) in der Behandlung der Colitis ulcerosa. Schriftenreihe der AGKB, Bd. 2, Eigenverlag, Göttingen 1979.

WILKE, E.: Das Katathyme Bilderleben bei der konservativen Behandlung der Colitis ulcerosa. In: L., KB Erg. I., 1983[2].

WILKE, E.: Eine psychotherapeutische Behandlung von Colitis ulcerosa mit dem Katathymen Bilderleben. In: L.L., KB Erg. II., 1982a.

WILLI, J.: Die Zweierbeziehung. Rowohlt, Reinbek 1976[2].

WINNICOTT, D.W.: Reifungsprozesse und fördernde Umwelt. Kindler, München 1974.

WITTGENSTEIN, O., VON: Märchen, Träume, Schicksale, Reprint: Geist und Psyche 2114. Kindler, München 1973.

WOLBERG, L.R.: Hypnoanalysis. Grune & Stratton, New York/London 1964[2].

WOLBERG, L.R.: The technique of psychotherapy. Grune & Stratton, New York 1967[2].

WOLBERG, L.R.: Kurzzeit-Psychotherapie. Thieme, Stuttgart 1983.

WOLPE, J.: Psychotherapy by reciprocal inhibition. Stanford Univ. Press, 1958.

ZEIGARNIK, B.: Über das Behalten von erledigten und unerledigten Handlungen. Psychol. Forsch. *9*, 1, 1927.

ZEPF, S.: Das Katathyme Bilderleben in der Erforschung der Psychodynamik des Asthma bronchiale. In: L., KB Erg. I., 1983[2].

ZIOLKO, H.U.: Zur Bedeutung spontan-eidetischer Erscheinungen in der Psychiatrie. Z. Psychoth. med. Psychol. *3*, 171, 1953.

ZÜBLIN, W.: Die aktive Imagination in der Kinderpsychotherapie. In: Stud. anal. Psychol. C.G. Jungs. Vol. I. Zürich, Jung-Inst. 1955.

ZULLIGER, H.: Kinderpsychotherapie ohne Deuten unbewußter Inhalte. Psyche *5*, 581, 1951/1952.

Personenregister

Sachregister

490

502

Das Tagtraumverfahren in der Psychotherapie

Konkrete Phantasie

Neue Erfahrungen mit dem Katathymen Bilderleben. Herausgegeben von Jörg Walter Roth. 1984, 139 Seiten, kartoniert Fr. 16.— / DM 19.—
In diesem Band erfährt das Katathyme Bilderleben zusätzliche Differenzierungen und Indikationserweiterungen. Verfahrenstechnische Verfeinerungen werden erläutert, der gemeinsame Tagtraum in der Behandlung von Paaren und Gruppentherapie wird illustriert und es wird gezeigt, wie das Katathyme Bilderleben für die Therapie schwerer Süchte modifizierbar ist. Ein etabliertes psychotherapeutisches Verfahren erweist sich als lebendig und entwicklungsfähig.

Psychotherapie mit dem Tagtraum

Katathymes Bilderleben, Ergebnisse II. Fallanalysen — Theorie. Herausgegeben von Hanscarl Leuner und Otto Lang. 1982, 325 Seiten, 20 Abbildungen, 2 Tabellen, kartoniert Fr. 48.— / DM 53.—
Dieser Ergebnisband II des Katathymen Bilderlebens (KB) (tiefenpsychologisch fundiertes Tagtraumverfahren der Psychotherapie) schliesst an den ersten Band an. Während dort der Akzent auf Studien zur statistischen Erfolgskontrolle lag, konzentriert sich dieser Band auf die Darstellung der Theorie (oft chronischer) Einzelfälle und deren sorgfältiger tiefenpsychologischer Analyse.

Katathymes Bilderleben

Ergebnisse in Theorie und Praxis. Herausgegeben von Hanscarl Leuner. 2., überarbeitete Auflage. 1983, 364 Seiten, 42 Abbildungen, 27 Tabellen, kartoniert Fr. 43.— / DM 48.—
Das von H. Leuner entwickelte Katathyme Bilderleben gilt als das "am besten organisierte und systematisierte" Tagtraumverfahren der Psychotherapie.

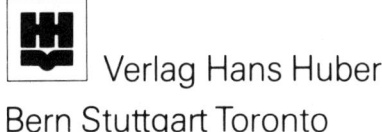 Verlag Hans Huber

Bern Stuttgart Toronto

Psychosomatik / Psychiatrie

Kaspar Weber

Einführung in die psychosomatische Medizin

1984, 263 Seiten, kartoniert Fr. 38.— / DM 44.—

Das Buch vermittelt in den ersten Kapiteln psychologische und physiologische Grundlagen. Im Zentrum der Darstellung steht das Erkennen und Behandeln psychosomatischer Störungen. Es folgen Ausführungen über Physiologie und Psychologie des Traumes, über Sucht, Depression, Hypochondrie. Spezielle psychotherapeutische Methoden werden ebenso beschrieben wie die Anwendung von Psychopharmaka. In einem kurzgefassten Lexikon werden am Ende des Buches einzelne psychosomatische Krankheitsbilder und Begriffe erläutert.

Raymond Battegay

Depression

Psychophysische und soziale Dimension — Therapie. 1985, etwa 200 Seiten, Tabellen, kartoniert etwa Fr. 32.— / etwa DM 37.—

Was ist Depression? Woran erkennt man sie? Wie entsteht sie? Der Autor versucht, im Zusammenhang mit dieser rätselhaften Krankheit, solche Fragen zu beantworten. Der Depression liegt — unabhängig von ihrer Genese — eine narzisstische Leere zugrunde. Dieser Mangel führt zur Domination durch ein archaisches Über-Ich und zum Erlebnis des Verlustes von Objekten und des eigenen Selbst.

Yvonne Maurer

Physikalische Therapie in der Psychiatrie

Physio- und Bewegungstherapie: ein Weg zur psychischen Gesundheit. 1979, 154 Seiten (inkl. Anhang "Trainings-Brevier für Gesunde"), Abbildungen, Tabellen, kartoniert Fr. 28.— / DM 31.—

Hier wird erstmals eine konzepthafte Darstellung einer rational begründbaren physikalischen Therapie (als vierter Eckpfeiler neben Psychopharmaka, Beschäftigungs- und verbaler Psychotherapie) für die verschiedenen Gruppen psychisch und psychosomatisch Kranker gegeben (mit praktischen Beispielen). Mehrere Abbildungen fassen die Leitlinien dieser Therapie übersichtlich zusammen.

 Verlag Hans Huber
Bern Stuttgart Toronto

Ernest Jones

Das Leben und Werk von Sigmund Freud

Aus dem Englischen übersetzt von G. Meili-Dworetzki.
Unter Mitarbeit von K. Jones

- **I. Band: Die Entwicklung zur Persönlichkeit und die grossen Entdeckungen, 1856–1900.** 3., unveränderte Auflage. 1982, 483 Seiten, 1 Porträt, Fr. 62.— / DM 68.—
- **II. Band: Jahre der Reife, 1901–1919.** 3., unveränderte Auflage. 1982, 560 Seiten, 1 Porträt, Fr. 72.— / DM 79.—
- **III. Band: Die letzte Phase, 1919–1939.** 3., unveränderte Auflage. 1982, 592 Seiten, 1 Porträt, Fr. 76.— / DM 84.—
  Alle 3 Bände zusammen Fr. 178.— / DM 198.—

Sandor Ferenczi

1873–1933

Bausteine zur Psychoanalyse

- **I. Band: Theorie.** 3., unveränderte Auflage. 1984, 304 Seiten, gebunden Fr. 38.— / DM 44.—
- **II. Band: Praxis.** 3., unveränderte Auflage. 1984, 316 Seiten, gebunden Fr. 38.— / DM 44.—
- **III. Band: Arbeiten aus den Jahren 1908–1933.** 3., unveränderte Auflage. 1984, 544 Seiten, gebunden Fr. 38.— / DM 44.—
- **IV. Band: Gedenkartikel, Kritiken und Referate, Fragmente, Bibliographie / Sachregister.** 3., unveränderte Auflage. 1984, 412 Seiten, gebunden Fr. 38.— / DM 44.—
  Alle 4 Bände zusammen Fr. 137.— / DM 158.—

Die vier Bände der «Bausteine zur Psychoanalyse» gehören zur klassischen psychoanalytischen Literatur. Sandor Ferenczi ist, neben Karl Abraham, einer der wichtigsten direkten Schüler Sigmund Freuds.

 Verlag Hans Huber
Bern Stuttgart Toronto